水利工程建设项目法人工作实务

水利部建设与管理司　编

黄 河 水 利 出 版 社

图书在版编目（CIP）数据

水利工程建设项目法人工作实务 / 水利部建设与管理司编. —郑州：黄河水利出版社，2008.10
ISBN 978-7-80734-508-4

Ⅰ.水… Ⅱ. 水… Ⅲ. 水利工程 – 基本建设项目–法人–责任制–中国 Ⅳ. D922.66

中国版本图书馆 CIP 数据核字（2008）第 148150 号

出 版 社:黄河水利出版社
地址:河南省郑州市金水路 11 号　　邮政编码:450003
发行单位:黄河水利出版社
发行部电话:0371–66026940　　传真:0371–66022620
E-mail:hhslcbs@126.com
承印单位:黄河水利委员会印刷厂
开本:787 mm×1 092 mm　1 / 16
印张:26.25
字数:662 千字　　印数:1– 2 000
版次:2008 年 8 月第 1 版　　印次:2008 年 8 月第 1 次印刷

定价:68.00 元

编审委员会

前 言

水利是国民经济的基础设施和基础产业，建立现代的水利工程建设管理体系是新形势下水利发展的必然要求，同时也是适应社会主义市场经济发展的必然要求。严格水利工程建设的基本程序，全面落实水利工程建设的“三项制度”，是当前完善我国水利工程建设管理体制的重要内容，并对深化水利工程建设管理体制改革具有积极作用。

水利工程建设项目法人责任制是水利工程建设“三项制度”的核心和主体，它的推行解决了工程建设中责任主体缺位的问题，是建设管理体制改革中的一大成果，对规范建设管理、明确责任主体、提高工程质量和保障资金安全等发挥了重要作用，是保证水利工程建设项目成败的关键。

随着我国构建社会主义和谐社会和推进民生水利的不断深入，国家在兴建大批骨干水利基础设施的同时，大力开展病险水库除险加固、农村饮水安全、灌区节水改造等民生水利建设。此类项目数量多、分布广；工程建设管理水平参差不齐，对水利工程建设管理提出了更高的要求。因此，明确水利工程建设责任主体和提高建设管理水平是当前水利建设管理的一项重要任务。

为了更好地贯彻好项目法人责任制，提高项目法人的水平和水利工程投资效益，根据1995年4月水利部《水利工程建设项目实行项目法人责任制的若干意见》（水建[1995]129号）和《关于进一步做好病险水库除险加固工作的通知》（水建管[2008]49号）的文件精神，水利部建设与管理司组织专家，经过半年多时间，编写了《水利工程建设项目法人工作实务》一书，主要用于水利工程建设项目法人的培训工作，同时也可以作为实际工作的参考资料。

本书内容涉及水利的相关法规、项目法人责任制以及项目法人在建设管理过程中所要掌握的工作内容，强调在建设管理程序、招标投标、合同管理、监理、投资计划、基本建设资金使用和工程验收以及档案管理等方面的体系化建设。

本书在编写过程中得到了国内建设管理专家的大力支持和指导。

由于时间仓促，水平有限，书中内容难免有疏漏和谬误之处，敬请批评指正。

编 者

2008年8月

目 录

第一章　水利工程建设管理法规

《中华人民共和国水法》的颁布施行，标志着我国水利工作已进入了依法治水的新时期。随着我国水法规体系的逐步建立和完善，规范水利工程建设管理的法规体系也已初步形成。依法进行水利工程建设管理，已成为依法治水的重要方面。

市场经济在一定意义上讲就是法制经济。每一个公民、每一个水利工作者都应具备一定的法律素质，具有一定的法律知识。项目法人是水利工程建设项目的责任主体，其法定代表人和全体工作人员都应掌握与水利工程建设直接有关的法律基础知识，并熟悉水利工程建设管理法规和有关政策规定，这样才能逐步提高依法管理的能力，使水利工程建设依法有序地进行，在保证质量的前提下，提高投资效益，确保工期，使水利工程建设项目获得预期的、良好的社会效益和经济效益。

第一节　法律基础知识

一、法律的概念和本质

（一）法律的概念

法律的产生经历了一个漫长的、复杂的过程，法律产生的标志是：国家的产生、诉讼与审判的出现、权利与义务的分离。马克思主义从唯物史观出发，深刻解释了法律的本质，从而把法律定义为：法律是国家制定、认可并依据国家强制力保证实施的，以权利和义务为调整机制，以人的行为及行为关系为调整对象，反映特定物质生活条件所决定的统治阶级或广大人民群众（指在社会主义社会）意志，以确认、保护和发展统治阶级或广大人民群众所期望的社会关系和价值目标为目的的行为规范体系。

简而言之，法律的概念可概括为四个基本特征，即：①法律是调节人们行为的规范；②法律是由国家制定、认可的一种特殊的行为规范；③法律是以规定的权利和义务的方式来运作的行为规范；④法律是由国家强制力保证实施的社会行为规范。

我国是社会主义国家，我国的法律属于社会主义法律范畴。我国的社会主义法律除了具备法律的一般特征外，本质上还具有与其他社会制度国家的法律不同的特征。首先，我国的社会主义法律是工人阶级和广大人民群众意志的表现。在深化改革和社会主义现代化建设中形成的以工人阶级为领导的广大人民群众的共同意志就是协调推进中国特色社会主义经济建设、政治建设、文化建设、社会建设，全面建设小康社会。具体而言，就是解放生产力，发展生产力，消灭剥削，消除两极分化，最终达到共同富裕。我国社会主义法律充分体现了阶级性与人民性的高度统一，也保证了其科学性和进步性。其次，我国社会主义法律虽然也是由国家强制力保证实施的行为规则，但是我国社会主义法律锋芒是指向一小撮敌视和破坏社会主义革命和建设的阶级敌人的，强制的目的是为了保护社会主义经济基础，维护工人阶级和广大人民群众根本利益。我国社会主义法律对人民也具有一定的强制性，人民违法也要受到制裁，但与阶级敌人相比，其强制性有着本质的不同。

综上所述，我国社会主义法律是工人阶级和广大人民群众意志和根本利益的体现，它是由社会主义国家制定或认可并以社会主义国家强制力保证实施的行为规则的总和，目的在于维护广大人民群众的社会关系和社会秩序，是实现广大人民群众根本利益的工具。

（二）法律的本质

根据法律的概念，再分析法律与经济基础、法律与政策、法律与道德的关系，就可以清楚地揭示法律的本质。

1. 法律与经济基础的关系

（1）法律是由社会经济基础决定并为其服务的。法律是建立在一定经济基础之上的上层建筑的组成部分，其性质是由经济基础的性质决定的，在同一社会形态里，当经济基础发生局部变化时，法律也应相应地发生一定的变化，否则作为上层建筑的法律就不能与经济基础相适应，并不能做到为其服务。

（2）法律反作用于产生它的经济基础，起着积极的能动作用。要么促进其发展，要么阻碍其发展。

2. 法律与政策的关系

（1）政策是统治阶级政治的集中体现。政策是统治阶级或广大人民群众为了自己的根本利益而制定的路线、方针和原则。

（2）政策是法律的依据。政策在实行中确为切实可行，达到了预期目标时，按照立法程序将政策条文化、定型化、法制化，即成为具有普遍约束力的法律规范，因此政策是法律的依据和基础。

3. 法律与道德的关系

（1）法律和道德都是社会行为规范。

（2）法律与道德存在重大区别。首先，法律是阶级社会特有的，而道德规范存在于人类社会发展的每一个历史阶段；其次，法律是通过国家制定和认可的并由国家强制力保证施行的，而道德是人们在社会生活中，经过长期实践自然形成的，通常靠社会舆论、传统的习惯力量和人们的信念来维持；此外，道德调整的范围更广泛，不是任何道德上的义务都是法律上的义务，受到道德谴责的行为并非都要受到法律的制裁。

（3）法律与道德是相辅相成、相互作用的。法律以其特有的强制性推行和保护道德，道德则以舆论的力量动员人们守法，也是对现行法律的重要补充。

二、我国法律规范的形式

我国社会主义法律规范的主要形式是规范性文件。规范性文件是相对于非规范性文件而言的。规范性文件是指国家机关在其权限范围内，按照法定程序制定和颁布的含有一定的具有普遍约束力的行为规则的文件。非规范性文件是指国家机关在其权限范围内发布的只对个别人或个别事有效而不包含具有普遍约束力的行为规则的文件，如判决书、任免令、公证书、逮捕证、结婚证等。

我国的国家机关分为以下五类，即：①权力机关。包括全国人民代表大会及其常务委员会以及地方各级人民代表大会及其常务委员会。②行政机关。包括国务院和地方各级人民政府及其所属部门和具有行政管理职能的直属机构。③军事机关。指中华人民共和国中央军事委员会。④司法机关。包括最高人民法院及地方各级人民法院。⑤检察机关。包括最高人民检察院和地方各级人民检察院。

在我国，由于制定规范性文件的国家机关不同，其名称和法律效力也不同，根据《中华人民共和国立法法》的规定，依法律效力的由高至低，我国法律规范依次分为：

（一）宪法

宪法以法律的形式确认了中国各族人民奋斗的成果，规定了国家的根本制度和根本任务、公民的基本权利和义务，以及国家机构等，是我国的根本法，具有最高的法律效力。宪法的修改，必须由全国人大常委会或者五分之一以上的全国人大代表提议，并由全国人民代表大会全体代表的三分之二以上的多数通过。

（二）法律

法律分为基本法律和基本法律以外的其他法律。基本法律是指由全国人民代表大会制定和修改的刑事、民事、国家机构的和其他的法律。全国人民代表大会闭会期间，全国人民代表大会常务委员会可对基本法律进行部分补充和修改，但不得与该法律的基本原则相抵触。如 1999 年 12 月 2 日第九届全国人大常务委员会第十三次会议审议通过并公布了《中华人民共和国刑法修正案》，自公布之日起施行。

基本法以外的其他法律，是指由全国人民代表大会常务委员会制定和修改除应当由全国人民代表大会制定的法律。如现行的《中华人民共和国水法》经第九届全国人大常委会第二十九次会议于 2002 年 8 月 29 日修订通过，以江泽民主席签发的主席令第 74 号公布，自 2002 年 10 月 1 日起施行。

基本法律由全国人民代表大会主席团提请大会全体会议表决，由全体代表的过半数通过；其他法律一般应当经三次常务委员会会议审议后由委员长会议提请常委会全体会议表决，由常委会全体组成人员的过半数通过。全国人民代表大会或其常委会通过的法律由国家主席签署主席令予以公布。

法律解释权属于全国人大常委会，法律解释与法律具有同等效力。

（三）行政法规

行政法规指国务院根据宪法和法律而制定的规范性文件。行政法规由国务院组织起草，其决定程序依照中华人民共和国国务院组织法的有关规定办理，一般经国务院常务会议审议通过，由国务院总理签署国务院令发布、施行。如《建设工程质量管理条例》经 2000 年 1 月 10 日国务院第二次常务会议通过，以朱镕基总理 2000 年 1 月 30 日签发的国务院令第 279 号发布、施行。

按《中华人民共和国立法法》（以下简称立法法）的规定，行政法规应当在公布后的 30 日内由国务院办公厅报全国人大常委会备案。

（四）地方性法规、自治条例和单行条例

1. 地方性法规

地方性法规包括省级地方性法规和较大的市地方性法规。较大的市是指省、自治区的人民政府所在地的市、经济特区所在的市和经国务院批准的较大的市。

省级地方性法规是指省、自治区、直辖市的人民代表大会及其常务委员会根据本行政区域的具体情况和实际需要，在不同宪法、法律、行政法规相抵触的情况下制定的规范性文件。由省级人民代表大会及其常委会制定的地方性法规，分别由大会主席团和常委会发布公告予以公布，并应于公布的 30 日内报全国人大常委会和国务院备案。

较大的市的地方性法规是指较大的市的人民代表大会及其常委会根据本市的具体情况和实际需要，在不与宪法、法律、行政法规和本省、自治区的地方性法规相抵触的前提下制定的规范性文件，但需报省、自治区的人民代表大会常务委员会批准后，由较大的市的人民代表大会常委会发布公告予以公布，并应于公布的30日内，由省、自治区人大常委会报全国人大常委会和国务院备案。

2. 自治条例和单行条例

民族自治地方的人民代表大会有权依照当地民族的政治、经济和文化特点，制定自治条例和单行条例，对法律和行政法规的规定可以作出变通规定，但不得违背法律和行政法规的基本原则，不得对宪法和民族区域自治法的规定以及其他法律、行政法规专门就民族自治地方所作的规定作出变通规定。自治区的自治条例和单行条例，报全国人大常委会批准后生效；自治州、自治县制定的自治条例和单行条例，报省、自治区、直辖市人大常委会批准后生效。自治条例和单行条例经批准后，分别由自治区、自治州、自治县的人大常委会发布公告予以公布，自治区、自治州、自治县制定的自治条例和单行条例，由省、自治区、直辖市的人大常委会报全国人大常委会和国务院备案。

（五）规章

规章包括部门规章和地方政府规章。

1. 部门规章

部门规章是指由国务院各部、委员会、中国人民银行、审计署和具有行政管理职能的直属机构，根据法律和国务院的行政法规、决定、命令，在本部门的权限范围内制定的规范性文件。部门规章应经部务会议或者委员会会议决定，由部门首长签署命令予以公布，并应于公布后的30日内报国务院备案。如《水利工程建设项目招标投标管理规定》于2001年10月29日由汪恕诚部长签署的水利部令第14号公布，自2002年1月1日起施行。

2. 地方政府规章

地方政府规章是指由省、自治区、直辖市和较大的市的人民政府，根据法律、行政法规和本省、自治区、直辖市的地方性法规制定的规范性文件。地方政府规章应当经政府常务会议或者全体会议决定，由省长或自治区主席或者市长签署命令予以公布。在公布后的30日内，报国务院和本级人大常委会备案。较大的市的人民政府制定的规章应当同时报省、自治区的人大常委会和人民政府备案。

此外，我国习惯将“法规”赋予广泛的含义，泛指宪法、法律、行政法规、地方性法规、规章等法律规范的总称。

三、我国法律的效力体系

由于法律规范的权威和强制力的来源不同，各种法律规范之间存在着不同的效力等级，或称法律的位阶。不同位阶的法律规范构成了一个高低有序、效力不同的效力体系。对此，《中华人民共和国立法法》作了明确规定：

（1）宪法具有最高的法律效力，一切法律、行政法规、地方性法规、自治条例和单行条例、规章都不得同宪法相抵触。

（2）法律的效力高于行政法规、地方性法规和规章。行政法规的效力高于地方性法规和规章。

（3）地方性法规的效力高于本级和下级地方政府规章。省、自治区的人民政府制定的规章的效力高于本行政区域内较大的市的人民政府制定的规章。

（4）部门规章之间、部门规章与地方政府规章之间具有同等效力，在各自的权限范围内施行。

（5）同一机关制定的法律、行政法规、地方性法规、自治条例和单行条例、规章，特别规定与一般规定不一致的，适用特别规定；新的规定与旧的规定不一致的适用新的规定。

（6）法律之间对同一事项的新的一般规定与旧的特别规定不一致，不能确定如何适用时，由全国人大常委会裁决。行政法规之间对同一事项的新的一般规定与旧的特别规定不一致，不能确定如何适用时，由国务院裁决。

（7）地方性法规、规章之间不一致时，由有关机关依照下列规定的权限作出裁决：①同一机关制定的新的一般规定与旧的特别规定不一致时，由制定机关裁决；②地方性法规与部门规章之间对同一事项的规定不一致，不能确定如何适用时，由国务院提出意见：国务院认为应当适用地方性法规的，应当决定在该地方适用地方性法规的规定，认为应当适用部门规章的，应当提请全国人民代表大会常务委员会裁决；③部门规章之间、部门规章与地方政府规章之间对同一事项的规定不一致时，由国务院裁决。

（8）根据授权制定的法规与法律规定不一致，不能确定如何适用时，由全国人民代表大会常务委员会裁决。

（9）法律、行政法规、地方性法规、自治条例和单行条例、规章有下列情形之一的，由有关机关依照《立法法》第八十八条规定的权限予以改变或者撤销：①超越权限的；②下位法违反上位法规定的；③规章之间对同一事项的规定不一致，经裁决应当改变或者撤销一方的规定的；④规章的规定被认为不适当，应当予以改变或者撤销的；⑤违背法定程序的。

四、我国社会主义法律关系

为了依法进行水利工程建设，作为建设活动主体的参建各方，应时刻明确自己处于何种法律关系之中，这样才能在建设活动中充分行使法律赋予的权利，并承担相应的法律责任和义务。

（一）法律关系的概念

公民、法人和其他组织在社会生活的各个领域里结成了广泛的社会关系，社会主义法律关系是由社会主义法律规范所调整的社会关系。并不是所有的社会关系都能形成法律关系，只有当社会关系被某一（或某些）法律规范调整，并在这一关系的参加者之间形成一定的权利义务关系时，才能构成法律关系。换言之，法律关系是在法律规范调整一定社会关系的过程中所形成的权利义务关系。例如在工程建设中，项目法人和施工企业，他们之间存在一定的社会关系，当他们受《招标投标法》的调整，通过施工招投标，项目法人与中标施工企业双方根据各种法律、法规签订了施工合同，形成了权利义务关系后，即构成了法律关系。

（二）我国社会主义法律关系的主体和客体

法律关系的参与者，是法律关系的主体，即法律关系中权利的享有者和义务的承担者。

任何一种法律关系，没有主体参加，都不可能成立。在我国，可以成为社会主义法律关系主体的有公民、国家、国家机关、企事业单位、集体经济组织、其他社会组织等。外国人、无国籍人也可以成为我国某些法律关系的主体。法律关系的客体是法律关系主体的权利义务所指向的对象。在我国，社会主义法律关系的客体包括：

（1）财：一般指资金及各种有价证券。

（2）物：法律意义上的物指可为人们控制的并具有经济价值的生产资料和消费资料。

（3）行为：法律意义上的行为是指人的有意识的活动。如比赛、选举、演出、运输等。

（4）非物质财富：法律意义上的非物质财富指人们脑力劳动的成果或智力方面的创作，也称为智力成果。

仅有法律规范并不能形成法律关系，要形成、变更、消灭法律关系必须有法律事实。法律事实分为事件（与个人意志无关）和行为（人的活动）两大类。

（三）我国的法律关系

各种不同的社会关系需要各种不同的法律规范去调整，从而形成各种不同的法律关系。我国的法律关系主要包括行政法律关系、民事法律关系、刑事法律关系。

任何一种法律关系都是靠主体的权利的行使和义务的履行来实现的。权利和义务构成法律关系的具体内容。

1. 民事法律关系

民事法律关系是指由民法调整的平等主体的公民之间、法人之间、公民与法人之间形成的权利义务关系。属于平权型法律关系，即法律关系的主体之间地位在法律上是平等的，相互间没有隶属关系。如在水利工程建设中，项目法人与施工、设计、监理、设备材料供应等单位签订的承包合同、委托合同、采购供应合同等，都构成了民事法律关系，双方享有各自的权利，也履行相应的义务。

2. 行政法律关系

行政法律关系是指由行政法调整的，在行政管理者和行政管理相对人之间形成的权利义务关系。属于隶属型法律关系，即法律关系主体之间存在隶属关系，一方应服从另一方。如一方为国家主管机关，具有依法行使国家管理的职权，在其管辖范围内，作为另一方的公民、法人和其他组织必须服从。如在水利工程建设中，由项目法人与质量监督机构代表上级主管部门签订的“质量监督书”，就是典型的行政法律关系。有些项目法人将其纳入合同的范畴是不对的。此外，水利工程建设项目的前期工作审批、计划和投资下达文件等均构成行政法律关系。

3. 刑事法律关系

刑事法律关系属于保护性法律关系。这种法律关系是在主体的权利与义务不能正常实现的情况下通过法律制裁而形成的，它是在违法行为的基础上产生的，是法律实施的非正常形式。刑事法律关系的主体一方是国家，另一方是违法者，国家拥有实现法律制裁的权利，而违法者具有承担由于实施违法行为所招致的法律责任的义务。在水利工程建设中，由于领导干部或工作人员渎职、玩忽职守或不廉政，造成重大工程质量事故、人身安全事故、环境污染事故或经济案件，给人民生命财产安全和社会安定造成重大损失，触犯刑律，必须追究刑事责任，就构成了刑事法律责任。

第二节　水利工程建设管理法规体系

一、水利工程建设管理法规与技术标准

水利工程建设管理的法规文件与水利工程建设技术标准，其性质是不同的：

法规文件是法律规范的形式，是指国家机关（包括权力机关、行政机关、军事机关、司法审判机关、检察机关等）在其权限范围内，按照法定程序制定和颁布的具有普遍约束力的，并以其强制力保证实施的行为规则的文件。具有法律效力，如不遵守或违反，就要承担法律责任。

技术标准是国家质量技术监督主管机关和行业主管部门审批和发布的，从技术控制的角度来规范和约束科学技术和生产建设等活动的文件，包括国家标准、行业标准和地方标准等。技术标准与法律规范（规范性文件）在制定机关、制定程序和颁布等方面有明显的不同，且技术标准中均未明确设定法律责任，加之很多现行的技术标准中的强制性条款与执行者视具体情况选择采用或推荐采用的技术要求混合在一起，其强制性和约束力大大削弱。因此，技术标准一般均不作为法律规范而纳入法律体系范畴，水利工程建设技术标准一般也未纳入“水利工程建设管理法规体系”中。

水利工程建设管理法规与水利工程建设技术标准的性质虽然不同，但二者又有密切的联系和统一性。首先，二者虽然其规范建设活动的角度和内容不同，但都是从事水利工程建设管理的重要依据。其次，二者的目标指向是一致的，都是为了满足建设项目的质量、工期、投资等约束条件，使其获得应有的社会效益和经济效益。二者相互联系，相辅相成，才能保证水利工程建设活动正常有序地进行，从而使项目建设达到预期的目标。例如水利工程建设项目的验收，其依据包括：有关法律、法规、规章和技术标准；经批准的立项文件、建设文件及相应的设计变更、修改文件、调概文件；施工图纸及主要设备技术说明书；施工合同文件等。现行水利工程建设项目验收的规章是《水利工程建设项目验收管理规定》（水利部令第 30 号，2006 年 12 月 18 日），主要技术标准是《水利水电建设工程验收规程》（SL223—2008）。《水利工程建设项目验收管理规定》主要是为了规范验收管理，明确验收责任，规范验收行为而制定的规章，其中规定验收分为法人验收和政府验收两类，对每类验收的内容和组织作了规定，并设定了罚则，若违反规定将追究法律责任。而《水利水电建设工程验收规程》则从技术控制角度规定了验收应具备的条件、验收组织和程序、验收的主要工作以及有关验收资料和成果性文件等具体要求。因此，要搞好水利工程建设项目验收，上述规章和技术标准都要认真执行。

二、水利工程建设管理法规体系

（一）概述

1988 年 1 月，《中华人民共和国水法》(以下简称《水法》)颁布伊始，水利部就提出要把水利法制建设作为水利的一项重要基础性工作来抓，全面贯彻实施《水法》。各级水行政主管部门坚持以《水法》宣传为先导，以水法规体系建设、水管理体系建设和水行政执法体系建设为重点，大力加强水利法制建设。

水法规体系是指由调整水事活动中社会经济关系、规范水事行为、管理全社会水事活动的法律规范组成的有机整体。为了有计划、有组织地开展水行政立法工作，逐步建立科学严谨、结构合理、相互配套、符合我国国情的水法规体系，水利部于1988年制定了《水法规体系总体规划》并于1994年进行了修订。至2006年11月，已颁布水法律4件、水行政法规和法规性文件30余件、部门水规章80余件、地方性水法规和地方政府水规章800余件，使各项水事活动基本上做到了有法可依，从而为依法行政和依法治水奠定了坚实的基础，为可持续发展水利提供了法律保障。

为了充分体现建设法治政府和中央治水方针及新时期水利发展思路，全面贯彻实施2002年修订《水法》确定的基本原则和水管理体制和制度，水利部于2006年11月又重新修订了《水法规体系总体规划》。确定水法规体系建设的总体思路是：按照落实科学展观、深化体制改革、建设法治政府、构建和谐社会的要求，深入贯彻中央水利工作方针和可持续发展水利的工作思路，统筹经济社会与水利发展、统筹各项水利事业发展，以涉水事务社会管理、公共服务和水利改革方面的法规建设为重点，进一步健全、完善水法规体系，适应全面推进水利依法行政和可持续发展水利的需要。目标是：至2010年，初步建立适合我国国情的比较完备的水法规体系，使各项涉水事务有法可依，基本满足水利社会管理、公共服务和可持续发展的需要。到2020年，建立内容完整、配套协调、层级完善的水法规体系，满足全面推进水利依法行政和可持续发展水利的需要。

水法规按照制定机关和效力等级不同，包括水法律（全国人大及其常委会制定）、水行政法规（国务院制定）、部门水行政规章（水利部及联合有关部门制定），以及地方制定的地方性水法规和地方政府规章。按照调整的内容不同，水法规分为九类，即：①水资源管理；②防洪与抗旱管理；③水域与水工程管理；④水土保持管理；⑤流域管理；⑥水利投资与资产管理；⑦水利工程建设管理；⑧水行政许可与执法监督管理；⑨其他。

目前正在起草或论证，拟在“十一五”期间争取完成论证或争取颁行的立法项目，包括法律4件、行政法规21件、部门规章48件。

水利工程建设管理法规体系是水法规体系的组成部分，是其子体系之一。水利工程建设管理法规体系，是指由调整水利工程建设中的各种社会关系（含行政管理关系、经济协作关系及其相关的民事关系）、规范水利工程建设行为、监督管理水利工程建设活动的法律规范组成的有机整体。

（二）水利工程建设管理法规体系框图

水利工程建设管理法规体系包括与水利工程建设管理有关的法律、行政法规（含法规性文件）和部门规章。省级以下地方国家机关制定的地方性法规、地方政府规章及其他规范性文件也应纳入，但因数量较多，难以一一列出。由于法规文件的法律效力不同，现将水利工程建设管理法规体系以框图（图1-1）表示。

（三）水利工程建设管理常用法规和政策明细

1. 法律

中华人民共和国民法通则

第六届全国人大第四次会议于1986年4月12日通过，以主席令第37号公布，自1987年1月1日起施行。

中华人民共和国水法

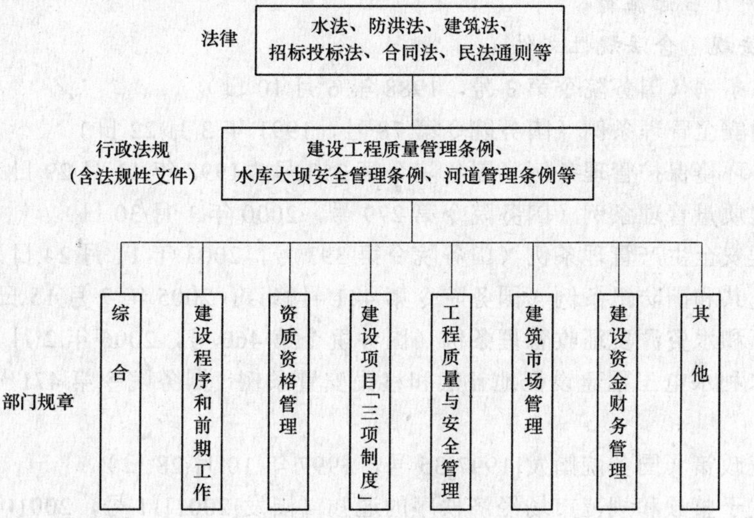

图 1-1　水利工程建设管理法规体系

第九届全国人大常委会第二十九次会议于 2002 年 8 月 29 日修订通过，以主席令第 74 号公布，自 2002 年 10 月 1 日起施行。内容共分 8 章 82 条，其中 33 条涉及工程建设与管理的内容。

中华人民共和国防洪法

第八届全国人大常委会第二十七次会议于 1997 年 8 月 29 日通过，以主席令第 88 号公布，自 1998 年 1 月 1 日起施行。内容共分 8 章 66 条，其中约 30 条涉及工程建设与管理的内容。

中华人民共和国水土保持法

第七届全国人大常委会第二十次会议于 1991 年 6 月 29 日通过，以主席令第 49 号公布，自公布之日起施行。

中华人民共和国建筑法

第八届全国人大常委会第二十八次会议于 1997 年 11 月 1 日通过，以主席令第 91 号公布，自公布之日起施行。

中华人民共和国合同法

第九届全国人大常委会第二次会议于 1999 年 3 月 1 日通过，以主席令第 15 号公布，自 1999 年 10 月 1 日起施行。

中华人民共和国招标投标法

第九届全国人大常委会第十一次会议于 1999 年 8 月 30 日通过，以主席令第 21 号公布，自 2000 年 1 月 1 日起施行。

中华人民共和国安全生产法

第九届全国人大常委会第二十八次会议于 2002 年 6 月 29 日通过，以主席令第 70 号公布，自 2002 年 11 月 1 日起施行。

中华人民共和国行政许可法

第十届全国人大常委会第四次会议于 2003 年 8 月 27 日通过，以主席令第 7 号公布，自 2004 年 7 月 1 日起施行。

2. 行政法规（含法规性文件）

河道管理条例（国务院令第 3 号，1988 年 6 月 10 日）

水库大坝安全管理条例（国务院令第 78 号，1991 年 3 月 22 日）

建设项目环境保护管理条例（国务院令第 253 号，1998 年 11 月 29 日）

建设工程质量管理条例（国务院令第 279 号，2000 年 1 月 30 日）

建设工程安全生产管理条例（国务院令第 393 号，2003 年 11 月 24 日）

中华人民共和国防汛条例（国务院令第 441 号修订，2005 年 7 月 15 日）

取水许可和水资源费征收管理条例（国务院令第 460 号，2006 年 2 月 21 日）

大中型水利水电工程建设征地补偿和移民安置条例（国务院令第 471 号修订，2006 年 7 月 7 日）

水利产业政策（国务院国发[1997]35 号，1997 年 10 月 28 日）

国务院关于整顿和规范市场经济秩序的通知（国发[2001]11 号，2001 年 4 月 27 日）

国务院批转国家计委、财政部、水利部、建设部关于加强公益性水利工程建设管理的若干意见（国发[2000]20 号，2000 年 7 月 15 日）

国务院办公厅关于加强基础设施工程质量管理的通知（国办发[1999]16 号，1999 年 2 月 13 日）

国家重大建设项目稽察办法（国务院办公厅国办发[2000]4 号，2000 年 7 月 21 日）

国务院办公厅关于进一步整顿和规范建筑市场秩序的通知（国办发[2001]81 号，2001 年 10 月 31 日）

国务院办公厅关于进一步规范招标投标活动的若干意见（国办发[2004]56 号，2004 年 7 月 12 日）

3. 部门规章及部委文件

综合

堤防工程建设管理暂行办法（水利部水建管[1999]78 号，1999 年 2 月 14 日）

关于贯彻落实《国务院批转国家计委、财政部、水利部、建设部关于加强公益性水利工程建设管理若干意见的通知》的实施意见（水利部水建管[2001]74 号，2001 年 3 月 9 日）

病险水库除险加固工程项目建设管理办法（国家发改委办公厅、水利部办公厅“关于进一步加强病险水库除险加固工程管理有关部门的通知”之附件一，发改办农经[2005]806 号，2005 年 4 月 26 日）

水土保持工程建设管理办法（国家发改委、水利部关于下达 2007 年水土保持工程项目中央预算内专项资金（国债）投资计划的通知之附件三，发改委投资[2007]1686 号，2007 年 7 月 17 日）

重点小型病险水库除险加固项目管理办法（财政部、水利部财建[2007]1025 号，2007 年 12 月 29 日）

项目前期工作和建设程序管理

水库降等与报废管理办法（试行）（水利部令第 18 号，2003 年 5 月 26 日）

水利工程建设项目管理暂行规定（水利部水建[1995]128 号，1995 年 4 月 21 日）

水利工程建设程序管理暂行规定（水利部水建[1998]16 号，1998 年 1 月 7 日）

国家计委关于重申严格执行基本建设程序和审批规定的通知（计投资[1999]693 号，1999 年 7 月 29 日）

水利水电工程设计概（估）算编制规定（水利部水总[2002]116 号，2002 年 3 月 6 日）

水库大坝安全鉴定办法（水利部水建管[2003]271 号，2003 年 6 月 24 日）

水利基本建设投资计划管理暂行办法（水利部水规计[2003]344 号，2003 年 7 月 30 日）

关于加强水利工程建设项目开工管理工作的通知（水利部水建管[2006]144 号，2006 年 4 月 24 日）

资质资格管理

水利工程建设监理单位资质管理办法（水利部令第 29 号，2006 年 12 月 18 日）

建筑业企业资质管理规定（建设部令第 87 号，2001 年 4 月 18 日）

建设工程勘察和设计企业资质管理规定（建设部令第 93 号，2001 年 7 月 25 日）

工程监理企业资质管理规定（建设部令第 102 号，2001 年 8 月 29 日）

水利水电施工企业承包堤防工程资质等级暂行规定（水利部水建管[1998]541 号，1998 年 12 月 12 日）

堤防工程勘察设计资格分级标准补充规定（水利部水建管[1998]541 号，1998 年 12 月 12 日）

工程设计资质分级标准（水利行业）（建设部建设[2001]22 号，2001 年 1 月 20 日）

工程勘察资质分级标准（建设部建设[2001]22 号，2001 年 1 月 20 日）

建筑业企业资质等级标准（水利水电施工企业部分）（建设部建建[2001]82 号，2001 年 5 月 22 日）

水利工程建设监理工程师注册管理办法（水利部水建管[2006]600 号，2006 年 12 月 30 日）

水利工程建设监理人员资格管理办法（水利部授权中国水利工程协会制定，中水协[2007]3 号，2007 年 1 月 22 日）

水利工程造价工程师注册管理办法（水利部水建管[2007]83 号，2007 年 3 月 13 日）

建设项目“三项制度”管理

水利工程建设项目实行项目法人责任制的若干意见（水利部水建[1995]129 号，1995 年 4 月 21 日）

关于实行建设项目法人责任制的暂行规定（国家计委计建设[1996]673 号，1996 年 4 月 6 日）

关于在建水利工程实行项目法人责任制整改工作的通知（水利部建管综[1999]3号，1999 年 4 月 2 日）

水利工程建设项目招标投标管理规定（水利部令第 14 号，2001 年 10 月 29 日）

工程建设项目招标范围和规模标准规定（国家计委令第 3 号，2000 年 5 月 1 日）

招标公告发布暂行办法（国家计委令第 4 号，2000 年 7 月 1 日）

建设项目可行性研究报告增加招标内容以及核准招标事项暂行规定（国家计委令第 9 号，2001 年 6 月 18 日）

评标委员会和评标方法暂行规定（国家计委、水利部等七部委令第 12 号，2001 年 7 月 5 日）

工程建设项目施工招标投标办法（国家计委、水利部等七部委令第 30 号，2003 年 3 月 8 日）

工程建设项目勘察设计招标投标办法（国家发改委、水利部等八部委令第 2 号，2003 年 6 月 12 日）

国家计委关于进一步贯彻《中华人民共和国招标投标法》的通知（计政策[2001]1400 号，2001 年 7 月 27 日）

水利工程建设项目重要设备材料采购招标投标管理办法（水利部水建管[2002]585 号，2002 年 12 月 25 日）

水利建设工程施工分包管理规定（水利部水建管[2005]304 号，2005 年 7 月 22 日）

水利工程建设监理规定（水利部令第 28 号，2006 年 12 月 18 日）

水利工程建设项目监理招标投标管理办法（水利部水建管[2002]587 号，2002 年 12 月 25 日）

建设工程监理与相关服务收费管理规定（国家发改委发改价格[2007]670 号，2007 年 3 月 30 日）

质量与安全管理

水利工程质量管理规定（水利部令第 7 号，1997 年 12 月 21 日）

水利工程质量事故处理暂行规定（水利部令第 9 号，1999 年 3 月 4 日）

实施工程建设强制性标准监督规定（建设部令第 81 号，2000 年 8 月 2 日）

水利工程建设项目验收管理规定（水利部第 30 号，2006 年 12 月 18 日）

水利工程质量监督管理规定（水利部水建[1997]339 号，1997 年 8 月 25 日）

水利工程质量检测管理规定（水利部水建管[2000]2 号，2000 年 1 月 4 日）

水利工程建设安全生产管理规定（水利部令第 26 号，2005 年 9 月 1 日）

监督管理和建设市场管理

水行政处罚实施办法（水利部令第 8 号，1997 年 12 月 26 日）

工程建设若干违法行为处罚办法（建设部令第 68 号，1999 年 3 月 3 日）

水利基本建设项目稽察暂行办法（水利部令第 11 号，1999 年 12 月 7 日）

水行政许可实施办法（水利部令第 23 号，2005 年 7 月 8 日）

关于进一步整顿和规范水利建筑市场秩序的若干意见（水利部水建管[2001]248 号，2001 年 6 月 29 日）

建设资金财务管理

国有建设单位会计制度（财政部财会字[1995]45 号，1995 年 10 月 4 日）

会计基础工作规范（财政部财会字[1996]16 号，1996 年 6 月 17 日）

国有建设单位会计制度补充规定（财政部财会字[1998]17 号，1998 年 6 月 8 日）

水利基本建设资金管理办法（财政部、水利部财基字[1999]139 号，1999 年 5 月 25 日）

关于规范水利资金管理的意见（水利部水经调[1999]293 号，1999 年 6 月 1 日）

关于国债专项资金实行“专户管理，部门直接拨付资金”的通知（财政部财基字[1999]530 号，1999 年 9 月 29 日）

关于加强水利基本建设项目投资节（结）余管理的通知（水利部水规计[2002]33 号，2002 年 1 月 25 日）

水利基本建设项目竣工决算审计暂行办法（水利部水监[2002]33 号，2002 年 8 月 30 日）

基本建设财务管理规定（财政部财建[2002]394 号，2002 年 9 月 27 日）

内部会计控制规范——工程项目（试行）（财政部财会[2003]30 号，2003 年 10 月 22 日）

建设工程价款结算暂行办法（财政部、建设部财建[2004]369 号，2004 年 10 月 20 日）

其他

工程建设标准强制性条文（水利工程部分）（建设部建标[2004]103 号，2004 年 6 月 25 日）

水利工程建设项目档案管理规定（水利部水办[2005]480 号，2005 年 12 月 10 日）

三、工程建设标准强制性条文（水利工程部分）

根据《中华人民共和国标准化法》、《中华人民共和国标准化实施条例》、《建设工程质量管理条例》，建设部制定了《实施工程建设强制性标准监督管理规定》（建设部令第 81 号）。其中规定“在中华人民共和国境内从事新建、扩建、改建等工程建设活动，必须执行工程建设强制性标准”。“工程建设强制性标准是指直接涉及工程质量、安全、卫生及环境保护等方面的工程建设标准强制性条文。国家工程建设标准强制性条文由国务院建设行政主管部门会同国务院有关行政主管部门确定”。

根据上述规定，建设部会同水利部共同编制了《工程建设标准强制性条文》（水利工程部分），于 2000 年 10 月 18 日以建设部建标[2000]234 号发布施行。此后，建设部又会同水利部共同组织有关单位对 2000 年版《工程建设标准强制性条文》（水利工程部分）进行了修订，于 2004 年 6 月 25 日以建设部建标[2004]103 号发布 2004 年版《工程建设标准强制性条文》（水利工程部分），自 2004 年 10 月 1 日起施行。

《工程建设标准强制性条文》（水利工程部分）（以下简称《强制性条文》）的内容，是从现行水利工程建设技术标准中摘录的，直接涉及水利工程建设安全、卫生和其他公众利益考虑到保护水资源、节约投资、提高经济效益和社会效益的，必须严格执行的强制性条款。《强制性条文》是水利行业贯彻实施行政法规《建设工作质量管理条例》的一个重要技术支撑，是从技术上保证水利工程建设质量的关键，是水利工程建设全过程中的强制性技术规定，是水利工程建设项目参建各方必须执行的强制性技术要求，也是政府对执行工程建设强制性标准实施监督的技术依据。

以国务院令第 279 号发布的《建设工程质量管理条例》规定，勘察、设计、施工等单位必须按照工程建设强制性标准进行勘察、设计和施工，并对其勘察、设计和施工质量负责。要求国务院建设、铁路、交通、水利等有关部门应当加强对有关建设工程质量的强制性标准的执行情况进行监督检查。此外，还对建设单位、勘察、设计、施工等单位违反工程建设强制性标准设定了罚则。实际上由建设部会同水利部编制并正式发布的《工程建设标准强制性条文》（水利工程部分）已成为《建设工程质量管理条例》的配套规章，应纳入“水利工程建设管理法规体系”中，不执行就是违法。

我国现行的工程建设技术标准体制正在着手进行改革。借鉴发达国家的经验和根据 WTO 的有关规定，在我国逐步建立适应社会主义市场经济体制的工程建设技术法规与技术标准双轨体制，已成必然趋势。工程建设技术法规是由国家有立法权的机构批准发布，强制执行，政府主管部门对执行情况进行监督，其内容是对工程建设中直接关系工程质量、安全、卫生、环境保护、公众利益等政府需要控制的技术要求所作的规定。因具有法律属性，应纳入法规体系。技术标准在建设活动中仍具有十分重要的地位和作用，为水利工程项目建设提供重要的技术依据。

附：水利工程建设管理常用技术标准和示范文本

防洪标准（GB50201—94）

水利水电工程可行性研究报告编制规程（DL5020—93）

水利水电工程初步设计报告编制规程（DL5021—93）

小型水电站初步设计报告编制规程（SL/T179—96）

水利水电工程施工测量规范（SL52—93）

水利水电工程地质勘察规范（GB50287—99）

中小型水利水电工程地质勘察规范（SL55—93）

水利水电工程等级划分及洪水标准（SL252—2000）

堤防工程设计规范（GB50286—98）

灌溉与排水工程设计规范（GB50288—99）

水利水电工程施工组织设计规范（试行）（SDJ338—89）

水工混凝土施工规范（SDJ207—82）

堤防工程施工规范（SL260—98）

水工建筑物水泥灌浆施工技术规范（SL62—94）

水工碾压混凝土施工规范（SL53—94）

水闸施工规范（SL27—91）

水库大坝安全评价导则（SL258—2000）

水利工程建设项目施工监理规范（SL288—2003）

水利水电工程施工质量评定规程（试行）（SL176—2007）

水利水电建设工程验收规程（SL223—2008）

堤防工程施工质量评定与验收规程（试行）（SL239—1999）

水利水电建筑安装安全技术工作规程（SD267—88）

水库工程管理设计规范（SL106—96）

水利基本建设项目竣工财务决算编制规程（SL19—2001）

水利水电工程施工合同和招标文件示范文本（GF-2000-0208）

水利工程施工监理合同示范文本（GF-2007-0211）

水利工程施工监理招标文件示范文本（水建管[2007]165号）

堤防和疏浚工程施工合同范本（水建管[1999]765号）

第二章　水利工程建设项目法人责任制

第一节　水利工程建设管理体制

一、建设管理体制概述

新中国成立以来，我国的经济体制经历了逐步建立、完善和深化改革的历程，即由计划经济体制到社会主义市场经济体制的转变。以政府投资为主的建设项目的管理体制也在不断适应经济体制改革的进程中，逐步改革和完善。

在实行计划经济体制时期，工程建设管理体制采用“自营制”，其管理模式主要为政府自营模式、指挥部模式、投资包干责任制模式等。属于基本建设领域的水利工程建设，在此时期也实行“自营制”的管理体制。水利工程基本上由国家出资兴建，政府通过行政手段进行直接管理，由于责任主体缺失和投资效率低，水利水电工程建设普遍形成“投资无底洞，工期马拉松”的局面。

党的十一届三中全会确立了以经济建设为中心和改革开放的战略目标，拉开了经济体制改革的序幕，建设管理体制的“自营制”开始裂变，适应市场经济的建设管理体制萌芽。1982 年云南省鲁布格水电站引水系统利用世界银行贷款，引进了招标承包和以项目业主责任制为中心的建设管理模式，取得了显著成效。1992 年国家计委颁布了《关于建设项目实行业主责任制的暂行规定》，明确今后新开工的建设项目，都应以业主作为责任主体，实行业主责任制。

党的十四届三中全会提出了建立社会主义市场经济体制的总体目标，以政府投资为主的建设项目的建设管理体制也逐步实行了一些深层次的改革。1994 年《中华人民共和国公司法》颁布实行后，国家计委、水利部先后下发文件，明确今后新开工的经营性的基本建设项目和水利建设项目都要实行项目法人责任制。1999 年、2000 年国务院和国务院办公厅又先后下发文件，规定公益性水利工程建设项目都要实行项目法人责任制、招标投标制和建设监理制。至此，建设管理体制已经确立为实行以项目法人制为核心的“三项制度”。

综上所述，水利工程建设管理体制的模式也经历了政府直接自营模式→指挥部模式→包干责任制模式→业主责任制模式→公司法人制模式→项目法人责任制模式的演进过程。此外，有的建设项目已经或将要实行专业化模式（代建制）。

二、现行水利工程建设管理体制

我国现行水利工程建设管理体制的中心是实行“三项制度”，具体内容是：

（1）实行项目法人责任制、招标投标制和建设监理制，积极推行项目管理。

（2）水利工程建设项目要严格执行基本建设程序。

（3）水利工程建设项目实行统一管理、分级管理和目标管理。逐步建立水利部、流域机构、地方水行政主管部门以及建设项目法人分级、分层次管理的建设管理体系。

“三项制度”是一个有机整体，其中项目法人责任制是“三项制度”的核心和主体，未组建项目法人或未实行项目法人责任制，招标投标制和建设管理制就无法推行，因为项目法人作为招标人，主持施工、监理、设计、设备材料的招标工作，择优选定施工、监理、设计等单位。项目法人作为委托人与被委托人签订监理、设计委托合同，开展有关监理、设计工作。项目法人责任制实行的好坏，直接决定招标投标制和建设监理制实行的成败。

招标是一种竞争性的市场采购方式。招标投标制是工程建设领域分配建设任务的一种具有竞争性的交易方式。招标人（项目法人）通过公告等形式，招引或邀请具有相应资质的企业或单位参与投标竞争，通过一定的招标程序，择优选择合格的中标者。实行招标投标制，使水利工程建设项目管理纳入合同法的管理范畴，形成了较为严密的、互相制约的合同关系，从而可以在保证工程质量的前提下，降低工程成本，缩短建设工期。因此，实行招标投标制对水利工程建设项目达到预期目标发挥了重大作用。

建设监理制是一种对建设活动更全面、更完善的监督方式。建设监理是指具有相应资质的监理企业，接受项目法人的委托，依据有关建设管理法律、法规、技术标准、经批准的项目建设文件、施工承包合同和监理委托合同，综合运用法律、经济、技术手段控制工程建设的投资、工期、质量、安全、环保，代表项目法人对参建各方的建设行为进行专业化监督和管理的服务活动。实行建设监理制，改变了我国传统的工程建设项目自营自建的管理体制，建立了由项目法人、承包商、监理人构成的“三方”管理体制，这是一种以合同为纽带，以提高建设水平为目的，以监理工程师为中心的社会化、专业化、现代化管理的新型模式。

一般而言，病险水库除险加固工程与其他水利工程建设项目一样，都应是一个建设项目设立一个项目法人（建设单位）作为责任主体，专门负责建设管理工作，但为了适应病险水库除险加固工程项目多、任务重、时间紧的新形势，建设管理体制应有所创新，可采用集中建设管理模式。为此，水利部《关于进一步做好病险水库除险加固工作的通知》（水建管[2008]49号）作了如下规定：“对项目多、任务重的市（地）、县（市），要创新建设管理模式，推行集中建设管理，由县级以上人民政府负责组建统一的项目法人……”财政部、水利部《重点小型病险水库除险加固项目管理办法》（财建[2007]1025号）也规定：“各地要严格按照有关规定和程序组建和完善项目建设管理机构……各地可根据实际积极探索集中建设管理模式。”“要通过公开招标的方式确定监理单位……确实难以落实监理单位的，应采取多座小型水库监理业务打捆发包的方式确定监理单位。”一个项目法人负责多个（两个以上）项目建设管理和监理打捆发包，使得项目法人工作量增加，工作难度加大，工作要求并未降低。如资金使用方面，虽然规定“中央定额补助，投资按省包干使用”，但仍应根据《国有建设单位会计制度》按项目分别建账，独立进行核算，并不得以任何理由，任何形式截留挪用，也不得用于平衡本级财政。

三、代建制（代建型项目管理）

公益性或社会效益为主的准公益性水利工程建设项目，都是政府投资项目，负责建设管理的项目法人是由政府或主管部门（投资人代表）负责组建，项目法人以自管的模式直接从事项目的建设管理。水利工程建设实践证明，现行的水利工程建设管理体制尚有不足之处，亟待创新，突出表现在项目法人责任制的实施上。很多项目法人都是临时组建的机构，其成员中有相当一部分不熟悉专业性很强的建设管理工作；临时抽调的工作人员需要较长的磨合期，而项目建设周期有限，病险水库除险加固工程建设时间更短，工程竣工后，项目法人即行解散，临时机构和临时兼职人员，使得建设管理水平相对较低，而且管理经验难以积累，只有“一次经验”没有“二次教训”。此外，项目法人的责任和行为约束力没有落实。由于政府投资的水利工程建设项目没有资本金，即除了项目建设资金外，没有任何流动和固定资产，因而没有承担法律责任的能力。同时，项目法人没有独立的投资决策权，一旦政府投资决策失误，将无人承担责任。

虽然项目法人自管模式被广泛采用，而且与计划经济时期的管理体制相比，已有较大突破，但建设管理的总体水平亟待提高。实践证明，提高项目法人的管理水平，规范项目法人的管理行为，必须使工程建设项目管理走向市场，通过市场化、专业化的社会服务方式来实现。采用托管模式是解决上述问题的较好途径。工程托管是指从事工程项目管理的公司（以下简称项目管理公司）受项目法人的委托，按照合同的约定，代表项目法人对工程的组织实施进行全过程或若干阶段的项目管理和服务。项目管理公司不直接与施工承包企业或勘察、设计、监理、供货等企业签订合同，但按合同约定，可以协助项目法人（受委托）监督合同的履行。托管模式分为两种类型，即咨询型项目管理和代建型项目管理。水利工程采用较多的是代建型项目管理。

（一）代建制（代建型项目管理）含义

代建制是指项目法人（业主、使用单位）通过招标或直接委托等其他采购方式，选择具有相应资质等级的社会专业化的项目管理单位（代建单位）或具备相应工程管理能力的其他企业，代理项目法人（业主、使用单位）组织和管理项目的建设，负责项目的投资管理和建设组织实施工作，项目建成后交付给使用单位的制度。可见，代建制的核心是代建单位代理项目法人“组织和管理”项目的建设，代建单位并不具体承担项目的建设。

（二）代建制（代建型项目管理）与工程总承包和工程项目管理的主要区别

（1）代建单位具有项目建设阶段的法人地位，拥有法人权利（包括在业主监督下对建设资金的支配权），换句话说，代建单位是项目建设期间的法人，代建单位按照合同约定代行项目建设的投资主体职责。工程总承包单位和项目管理单位则不具备法人地位，也不拥有法人的权利。

（2）代建单位需要承担投资保值等责任，而工程总承包单位和项目管理单位则不需要承担保值等责任。

（3）在代建制中，合同关系为委托代理关系；在工程总承包和项目管理中，合同关系为承包关系。

（三）代建型项目管理分类

代建型项目管理是在项目法人的监督下代理项目法人管理承包商，对项目进行全过程管理和控制。它又分为以下两种。

1．项目管理承包

项目管理承包是指项目管理公司代表项目法人对工程进行全过程、全方位的项目管理，包括进行工程整体规划、项目前期工作、工程招标、选择设计和施工承包商，对设计、施工全过程进行管理，并对项目法人负责。为保证与项目法人的目标和利益一致，项目管理公司一般不直接参与设计、施工、采购、试运行等具体工作。由于此种代建型项目管理可为项目法人提供管理完善和技术支持的专业化服务，合理地协调设计与施工承包商的关系，可以做到合理利用投资，提高投资效益和工程质量，缩短工期，因而比较适用于项目组织比较复杂、技术和管理难度较大的大型建设项目。

2. 交钥匙管理

交钥匙管理是指项目管理公司负责项目的设计、施工、采购、安装和试运行服务的全过程管理，向项目法人交付具备使用条件的工程。交钥匙管理也分为两类：一类是项目公司选择其他设计、施工、采购单位承担工程建设任务，自身仅承担项目管理工作；另一类是项目管理公司自行承担全部工作，“一条龙”服务，除少数必须分包的内容外，不进行分包。交钥匙管理采用固定总价方式，项目法人只与项目管理公司签订合同，由项目管理公司总揽全部项目管理工作，其契约关系、责任义务和风险分配简单明确。这种模式适用于项目建设规模较小，工期较短，使用功能简单，意图明确的建设项目。对小型水利工程建设项目或小型病险水库除险加固工程项目较为适合。

四、病险水库除险加固工程建设管理体制

党中央和国务院十分重视病险水库除险加固工作，要求在3年内完成列入除险加固专项规划中的6240座病险水库的除险加固，其中包括大型水库86座、中型水库1096座、小型水库5058座。规划总投资约510亿元，其中中央补助277亿元，地方筹集233亿元。水利部也把病险水库除险加固作为当前水利工作的“重中之重”和“当务之急”。

病险水库除险加固工程虽属于改建、扩建的建设项目，但在建设管理体制上与新建项目一样，要实行项目法人责任制、招标投标制和建设监理制。严格执行基本建设程序和审批制度，并认真搞好前期工作中的安全鉴定和安全鉴定成果核查。按照统一管理和分级管理相结合的原则，实行病险水库除险加固责任制，明确地方政府和水行政主管部门责任人，层层签定责任书，落实行政首长负责制。并实行资金安全管理、质量管理、度汛安全管理、工程验收、检查稽察等专项制度。

对于数量较大的重点小型病险水库除险加固，实行项目管理，按照地方负责、中央定额补助、投资按省包干使用、由地方履行基本建设程序、部门监督检查、限期完成的原则实施。

各省级人民政府对本省（区、市）小型病险水库除险加固负总责，地方各级人民政府负责本行政区域内小型病险水库除险加固，并组织有关部门做好项目的实施工作。财政部及地方财政部门负责专项资金预算管理和财务管理，并参与工程项目前期及建设等工作。水利部及地方各级水行政主管部门负责对项目的前期工作和建设管理工作进行监督管理。项目法人负责小型病险水库项目的具体实施。

五、水利工程管理体制改革

《水利工程管理体制改革实施意见》（国办发[2002]45号）（以下简称《实施意见》）于2002年9月17日经国务院批准，由国务院办公厅发布，这是我国水利工作中的一件大事，标志着水利改革和发展迈出了新的重大步伐。随着经济社会发展，水利工程管理体制已不能适应新形势的要求。水利管理单位存在的体制不顺、机制不活、经费短缺、人员臃肿、管理粗放等问题日益突出，导致大量水利工程老化失修、积劳成险、效益衰减，不仅影响着水利工程安全运行，也给国民经济增长和人民生命财产安全带来隐患。《实施意见》

的出台，必将彻底扭转长期以来存在的“重建轻管”的局面，对水利资产的保值增值，促进水管单位逐步走上良性运行道路，具有很大的促进作用。也可以说是水利工程管理工作的重要里程碑。水利系统在提高认识，加强领导的基础上，认真学习《实施意见》，结合各地实际，科学制定实施方案，搞好试点，全面推进，同时要抓紧各项改革配套基础工作，力争 3~5 年（从 2002 年算起）基本完成水管单位体制改革。

水管体制改革的目标是：建立职能清晰、权责明确的水利工程管理体制；建立管理科学、经营规范的水管单位运行机制；建立市场化、专业化和社会化的水利工程维修养护体系；建立合理的水价形成机制和有效的水费计收方式；建立规范的资金投入、使用、管理与监督机制；建立较为完善的政策、法规支撑体系。

水管体制改革的主要内容包括：

（1）明确权责，规范管理。水行政主管部门对各类水利工程负有行业管理责任，负责监督检查水利工程的管理养护和安全运行，对其直接管理的水利工程负有监督资金使用和资产管理责任。水管单位具体负责水利工程的管理、运行和维护，保证工程安全和发挥效益。

（2）划分水管单位类别和性质，严格定编定岗。根据水管单位承担的任务和收益状况，将水管单位分为三类：第一类是指承担防洪、排涝等水利工程管理运行维护任务的水管单位，称为纯公益性水管单位，定性为事业单位。

第二类是指承担既有防洪、排涝等公益性任务，又有供水、水力发电等经营性功能的水利工程管理运行维护任务的水管单位，称为准公益性水管单位。其中不具备自收自支条件的定性为事业单位，具备自收自支条件的定性为企业。

第三类是指承担城市供水、水力发电等水利工程管理、运行、维护任务的水管单位，称为经营性水管单位，定性为企业。

水管单位的具体性质由机构编制部门会同同级财政和水行政主管部门负责确定。

严格水管单位的定编定岗。

（3）全面推进改革，严格资产管理。根据水管单位的性质和特点，分类推进人事、劳动、工资等内部制度改革。规范水管单位的经营活动，严格资产管理。

（4）积极推行管养分离。

（5）建立合理的水价形成机制，强化计收管理。

（6）规范财政支付范围和方式，严格资金管理。

根据水管单位的类别和性质不同，采用不同的财政支付政策，见表 2-1。

中央水利工程维修养护资金来源为中央水利建设基金的 30%（调整后的中央水利建设基金结构为：55%用于水利工程建设；30%用于水利工程维护；15%用于应急度汛），不足部分由中央财政安排。地方水利工程维修养护资金来源为地方水利建设基金和河道工程修建维护管理费，不足部分由地方财政安排。

病险水库除险加固工程要做好建后管护。项目竣工验收后，要及时办理交接手续，完善各项工程管理措施。在进行病险水库除险加固工程建设的同时，要抓紧研究和制定水库管理体制和运行机制的改革方案，与加固工程同步实施。要通过提高效率、精简机构和人员、减少费用等办法，降低管理成本。要明确管护经费渠道，建立严格的责任制和奖惩办法，建立和完善水库管理的良性体制和运行机制。

表 2-1　财政支付政策

水管单位类别		财政支付政策			
		编制内在职人员经费、离退休人员经费、公用经费	日常维修养护经费	工程更新改造费用	其他
纯公益性		同级财政负担	水利工程维修养护岁修资金中列支	纳入基建投资计划由计划部门在非经营性资金中安排	
准公益性	事业性质	同级财政负担	公益性部分由同级财政负担；经营性部分由企业负担	公益性部分同上，经营性部分在折旧资金中列支	经营性资产收益和其他投资收益纳入单位经费预算
	企业性质	自筹	自筹（含运行管理费）	自筹	
经营性		自筹	自筹	自筹	

第二节　水利工程建设项目法人

一、法人

（一）法人的概念和特征

我国《民法通则》第三十六条规定，“法人是具有民事权利能力和民事行为能力，依法独立享有民事权利和承担民事义务的组织”。法人与自然人不同，它不是以生命存在为特征的个人，而是按照法定条件和程序建立起来并取得法规上人格的组织。但它同自然人一样，可以广泛地参加民事活动。因此，法人也是我国重要的民事主体。

法人是按照法定条件和程序，由自然人组成的社会组织，其成员可以是出资者，也可以是劳动者或工作人员。法人不等于法人成员。个人间随意的集合叫“合伙”，“合伙”也是一种社会组织，但不是法人。法人是社会组织，但并不是所有的社会组织都是法人。具体而言，能独立地享有民事权利和承担民事义务的社会组织才是法人。《民法通则》第三十七条规定，一个组织要成为法人，必须具备 4 个条件：①依法成立；②有必要的财产和经费；③有自己的名称、组织机构和场所；④能独立承担民事责任。

（二）法人的民事权利能力和民事行为能力

1. 法人的民事权利能力

法人的民事权利能力是指法律赋予法人享有民事权利、承担民事义务的资格。民事权利能力是一种资格，是实现民事权利的前提和可能性；民事权利是一种具体的权利，是权利能力的实现。任何一个民事主体都具有民事权利能力，但不一定享有民事权利，若要享有民事权利，还必须发生一定的法律事实（进行一定的民事活动）。例如，某水利工程建设项目法人，按规定，他具有负责组织施工招标的权利能力（资格），但只有当项目建设具备了施工招标必备条件（法律事实发生）时，项目法人才能真正享有招标的权利，进行施工招标。民事权利能力作为一种法定资格，既不能转让、改变，也不能放弃；但作为民事权利则可以转让并放弃。民事权利能力不仅指享有民事权利的资格，而且也包括承担民事义务的能力，两者密切联系，不可分割。

法人享有民事权利能力的规定，其重要意义在于确定民事主体所享有的民事权利范围，即从事民事活动的范围。法人的民事权利能力可以通过法律和政策的规定来加以确定，也可通过法人的章程确定，还可根据法人的性质和目的来决定。在法律文件或日常生活中很少使用“权利能力”一词，更多使用的是“权”、“权利”、“有权”、“无权”、“不得”、“禁止”……都是指具有或不具有某种权利能力。法人的民事权利能力产生于法人成立之时，法人解散时，其民事权利能力即行消灭。

2. 法人的民事行为能力

法人的民事行为能力，是指法人在法律规定的范围内，以自己的行为参与民事活动，从而取得享有民事权利、承担民事义务的资格。

法人的民事行为能力与权利能力有明显的区别，也有密切的联系。二者区别在于：权利能力是法律赋予法人的资格，而行为能力是由自己的行为取得的资格。某种权利能力是公民、法人都具有的，但并非所有公民、法人都具有行为能力。二者联系在于：都是“资格”，权利能力是实现行为能力的前提，行为能力是实现权利能力的条件；权利能力与行为能力范围完全一致，受到的限制也一致；而且同时产生，同时消灭。

此外，法人的行为能力只能通过法人的法定代表人的活动来实现。

（三）法人的法定代表人

《民法通则》第三十八条规定“依照法律或法人组织章程规定，代表法人行使职权的负责人，是法人的法定代表人。”法定代表人以法人的名义代表法人进行活动，他的活动就是法人本身的活动，他所作的“意思表示”就是法人的“意思表示”，他行为的一切法律后果由法人承担。日常生活中，有时将“法人”和“法定代表人”相混淆，这是不对的，简而言之，“法人”是组织，不是自然人，而“法定代表人”才是指作为负责人的自然人。

根据法律、法规和法人章程的规定，企业的法定代表人可以由厂长、经理担任，也可由董事长、理事长担任，《中华人民共和国公司法》（以下简称《公司法》）规定，公司董事会董事长是公司的法定代表人。法定代表人既是方针政策、法律法规的贯彻执行者，又是所在组织的经营管理指挥者，对外代表法人参与和处理一切民事活动。法定代表人的行为超出法人授予的权利范围而造成法律责任由自己承担。

根据《公司法》第五十七条的规定，凡有下列情形之一的人员，不得担任公司的董事，也就是不能担任法定代表人：①无民事行为能力或者限制民事行为能力；②因犯有贪污、贿赂、侵占财产、挪用财产罪或者破坏社会经济秩序罪，被判处刑罚，执行期满未逾五年，或者因犯罪被剥夺政治权利、执行期满未逾五年；③担任因经营不善破产清算的公司、企业的董事或者厂长、经理，并对该公司、企业的破产负有个人责任的，自该公司、企业破产清算完结之日起未逾三年；④担任因违法被吊销营业执照的公司、企业的法定代表人，并负有个人责任的，自该公司、企业被吊销营业执照之日起未逾三年；⑤个人所负数额较大的债务到期未清偿。

《公司法》第五十八条规定：“国家公务员不得兼任公司的董事、监事、经理”。因此，国家公务员也不得担任公司法定代表人。企业法人终止，其债权债务尚未清理完结的原法定代表人，不得新任其他企业法人的法定代表人。

法定代表人有以下的权利：企业法定代表人在国家法律、法规以及企业章程规定的职权范围内行使职权、履行义务，代表企业法人参加民事活动，对企业的生产和管理全面负责，并接受本企业全体成员和有关机关的监督。企业法定代表人可以委托他人代行职责；企业法定代表人在委托他人代行职责时，应有书面委托。法律、法规规定必须由法定代表人行使的职责，不得委托他人代行；企业法定代表人一般不得同时兼任另一企业法人的法定代表人。因特殊需要兼任的，只能在有隶属关系或联营、投资入股的企业兼任，并由企业主管部门或登记主管机关从严审核；企业法人的法定代表人是代表企业行使职权的签字人。法定代表人的签字应向登记主管机关备案。法定代表人签署的文件是代表企业法人的法律文书。

根据《民法通则》第四十九条的规定，企业法人有下列情形之一的，除法人承担责任外，对法定代表人可给予行政处分、罚款，构成犯罪的，依法追究刑事责任：①超出登记机关核准登记的经营范围从事经营活动的；②向登记机关、税务机关隐瞒真实情况、弄虚作假的；③抽逃资金、隐匿财产、逃避债务的；④解散、被撤消、被宣告破产后，擅自处理财产的；⑤变更、终止时不及时申请办理登记和公告，使利害关系人遭受重大损失的；⑥从事法律禁止的其他活动，损害国家和社会公共利益的。

根据水利部《关于贯彻落实“国务院批转国家计委、财政部、水利部、建设部关于加强公益性水利工程建设管理若干意见的通知”的实施意见》（水建管[2001]74号）的规定，法定代表人应为专职人员。法定代表人应熟悉有关水利工程建设的方针、政策和法规，有丰富的建设管理经验和较强的组织协调能力。

（四）法人的类型

我国实行法人制度较晚，从1981年《经济合同法》中才开始出现“法人”的称谓。根据我国《民法通则》的规定，我国的法人分为企业法人和非企业法人两大类，主要包括四种类型：

（1）企业法人。指以营利为目的，从事经济活动，并实行独立核算的法人。企业依法经工商行政主管机关核准登记，即取得了法人资格。

（2）机关法人。指依据法律、法规、决议、命令等成立，主要从事国家管理或行使国家权力，以国家预算拨款作为独立活动经费，主要包括具有法人地位的中央和地方各级国家机关，不需要办理法人登记，从成立之日起即具有法人资格。

（3）事业单位法人（事业法人）。指以社会利益为目的，从事社会各项事业，拥有独立经费和财产的各种社会组织。他们依照法律、法规或经政府（或授权的主管部门）批准成立，即取得法人资格，有的需要办理核准登记手续，办理登记手续后方取得法人资格。

（4）社会团体法人。指从事营利性经济活动和行政管理活动以外的其他社会活动，由若干成员为了相同目的而自愿结合组成的社会组织。一般经民政部门注册登记后，即取得法人资格。

二、水利工程建设项目法人

（一）含义

水利工程建设项目法人是指作为水利工程建设项目的责任主体，具有与水利工程项目建设管理或全过程管理有关的民事权利能力和民事行为能力，能在建设管理活动中独立享有有关民事权利和承担民事义务的组织。简而言之，水利工程建设项目法人是专门从事水利工程建设项目建设管理（公益性水利项目）或全过程管理（经营性水利项目）的法人。它是按照法定条件和程序组建，具备民事主体资格。

（二）组建

1. 组建时间

经营性水利工程建设项目，根据国家计委《关于实行建设项目法人责任制的暂行规定》（计建设[1996]673 号）**第六条**规定，新上项目在项目建议书被批准后，应及时组建项目法人筹备组，具体负责项目法人的筹建工作。项目法人筹备组主要由项目投资方派代表组成。有关单位在申报项目可行性研究报告时，须同时提出项目法人的组建方案。否则，可行性研究报告不予审批。"项目可行性研究报告批准后，正式成立项目法人"。

公益性水利工程建设项目，按照水利部《关于贯彻落实加强公益性水利工程建设管理若干意见的实施意见》（水建管[2001]74 号）规定，"项目主管部门应在可行性研究报告批复后，施工准备工程开工前完成项目法人组建"。

2. 组建管辖

组建管辖就是由谁负责组建项目法人。

公益性水利工程建设项目法人，先后有不同的文件作了不同规定，依据法律效力的规定，应以国务院批转国家计委、财政部、水利部、建设部《关于加强公益性水利工程建设管理的若干意见》（国发[2000]20 号）的规定为准。即"中央项目由水利部（或流域机构）负责组建项目法人，任命法人代表；地方项目由项目所在地的县级以上地方人民政府组建项目法人，任命法人代表，其中总投资在两亿元以上的地方大型水利工程项目，由项目所在地省（自治区、直辖市及计划单列市，下同）人民政府负责或委托组建项目法人，任命法人代表。"具体实施中，关键是要正确理解和掌握"负责组建"的含义。负责组建，首先要责成项目法人筹备机构或有关水行政主管部门拟订项目法人组建方案，其内容包括：项目法人类型、模式、名称、内设机构、人员组成、主要负责人和技术负责人人选、办公地点、经费财产落实等。组建方案经研究同意后，以负责组建单位名义发布组建文件。

经营性水利工程建设项目法人，由投资各方共同协商组建。组建项目法人，要按项目管理权限，报上级主管部门审批和备案，并应到有关主管机关办理企业法人注册或事业法人登记等手续。

3. 水利工程建设项目法人的机构类型

根据我国《民法通则》规定，我国法人分为企业法人和非企业法人两类，包括企业法人、机关法人、事业单位法人、社会团体法人四种类型，从理论上讲，均可适用于水利工程建设项目法人，实际情况是至今尚无采用社会团体法人类型的。经营性水利工程建设项目，项目法人均组建了企业法人，如三峡建设总公司、黄河万家寨水利枢纽有限公司等。有些城市防洪工程，因开发了一些经营性项目，也组建了企业项目法人。公益性或公益性较强的水利工程建设项目，均组建了事业单位法人。个别省或地区水利工程建设项目法人采用机关法人类型，即确定地（市）水利局或县（市）水利局作为项目法人。总体来看，水利工程建设项目法人采用事业法人类型的居多，其主要原因是：①组建事业机构获得机构编制主管机关批准的可能性较大；②水利事业单位具有较为丰富的人力资源，专业技术力量雄厚，人才调剂的余地较大；③设计、管理方面的专业技术人员熟悉建设管理业务比较快，适应周期比较短。

（三）成员和结构

要充分发挥项目法人在建设项目实施中的责任主体作用，其组建成员和组织机构应满足以下条件：

（1）项目法定代表人应具备与工程规模和技术复杂程度相适应的政治、业务素质、建设管理能力和组织协调能力。

（2）技术负责人应具有高级技术职称，有丰富的技术管理经验和扎实的专业理论知识，能独立处理工程建设中的重大技术问题。

（3）有适应工程建设需要的组织机构，并建立完善规章制度。

（4）人员结构合理，应包括满足工程建设需要的技术、经济、财务、招标、合同管理等方面的管理人员。主要负责人和管理人员、技术骨干应在工程现场进行管理。

（5）满足工程建设管理需要的其他条件。

大中型水利工程建设项目，项目法人应满足水利部水建管[2001]74 号文件规定。

（四）主要职责

1. 经营性水利工程建设项目

由项目法人对项目的策划、资金筹划、建设实施、生产经营、债务偿还和资产的保值和增值，实行全过程负责，并承担投资风险。主要职责是：

（1）负责筹集建设资金，落实所需外部条件，做好各项前期工作。

（2）按照国家有关规定，审查或审定工程设计、概算、集资计划和用款计划。

（3）负责组织工程设计、监理、设备采购和施工的招标工作，审定招标方案。全面审查投标单位资质，综合评选，择优选择中标单位。

（4）审定项目年度投资和建设计划；审定项目财务预算、决算；按合同规定审定归还贷款和其他债务数额，审定利润分配方案。

（5）按国家有关规定，审定项目（法人）机构编制、劳动用工及职工工资福利方案等，自主决定人事聘任。

（6）建立建设情况报告制度，定期向水行政主管部门报送项目建设情况。

（7）项目投产前，组织运行管理班子，培训管理人员，做好各项生产准备工作。

（8）项目按批准的设计文件内容建成后，及时组织验收和办理竣工决算。

2. 公益性水利工程建设项目

项目法人对项目建设全过程负责，对项目的工程质量、工程进度和资金管理负总责。主要职责是：

（1）组织初步设计文件的编制、审核、申报等工作。

（2）按照基本建设程序和批准的建设规模、内容、标准组织工程建设。

（3）根据工程建设需要组建现场管理机构并负责任免其主要负责人和技术、财务负责人。

（4）负责办理工程质量监督和主体工程开工报告报批手续。

（5）负责与项目所在地地方人民政府及有关部门协调解决好工程建设外部条件。

（6）依法对工程项目的勘察、设计、施工、监理和设备材料等组织招标，并签订有关合同。

（7）组织编制、审核、上报项目年度建设计划，落实年度工程建设资金，严格按照概算控制工程投资，用好管好建设资金。

（8）负责监督检查现场管理机构建设管理情况，包括工程投资、工期、质量、生产安全和工程建设责任制情况等。

（9）负责组织制订、上报在建工程度汛计划、相应的安全度汛措施，并对在建工程安全度汛负责。

（10）负责组织编制竣工决算。

（11）负责按照有关规定和规程组织或参与工程验收。

（12）负责工程档案资料管理，包括对各参建单位所形成档案资料的收集、整理、归档工作进行监督检查。

（五）项目法人与参建各方的关系

实行项目法人责任制，在建设项目管理上形成以项目法人为主体，项目法人向国家和各投资方负责，施工、设计、监理、咨询、物资供应等单位，通过招标投标和履行合同，为项目法人提供建设服务的建设管理模式。要协调和处理好项目法人与参建各方的关系，就是要履行合同规定的权利义务，保证建设项目有序地进行。

项目法人与勘察设计单位的关系是通过双方签订的委托合同体现的。设计委托合同确定了项目法人与勘察设计单位之间的民事法律关系，双方作为合同主体，在法律上是平等的。首先，合同双方的主体资格必须合法。项目法人必须依法按规定的程序组建，符合法人必须具备的条件，具有从事项目建设管理的权利能力和行为能力；勘察设计单位必须具有设计许可证书和与建设项目相应的资质。其次，双方应按约定的权利义务履行合同。如项目法人应在规定的时间内向设计单位提供基础资料、设计任务书，明确设计范围和设计深度，以及要求完成的日期，为派驻现场的设计人员提供必要的工作和生活条件，按合同规定的金额和日期向设计单位支付设计费等。设计单位应根据设计任务书的要求，依据法规、政策、技术标准和强制性条文进行设计，并对设计质量负责。对设计文件的遗漏和错误负责修改和补充。设计文件交付后，要参加有关上级主管部门的设计审查，在现场进行施工配合，负责向项目法人及施工单位进行设计交底、处理设计修改和调整补充等问题，按规定参加工程验收。

项目法人与承包人（施工单位、设备材料供应单位等）的关系也是平等主体之间的民事法律关系，双方的权利义务通过承包合同约定。在实行建设监理制的情况下，形成了项目法人、承包人、监理人"三方"管理体制，监理作为第三方，其管理行为更加有力和客观。在建设过程中发生问题，项目法人不再直接找承包人，而是通过监理与承包人联系解决。项目法人与承包人之间相互提出的工作要求，均应由监理负责送达，不得绕开监理由双方直接处置。在施工中，如有分包活动，应按《招标投标法》第四十八条和水利部《水利建设工程施工分包管理规定》（水建管[2005]304 号）的规定办理。承包人按照合同约定或经项目法人书面认可，可以进行劳务分包和非主要建筑物的非主体结构的工程分包。承包人和分包人应依法签订分包合同，履行合同义务。分包合同必须遵循原承包合同的各项原则，承包人应在分包合同签订后 7 个工作日内，送项目法人备案。分包人必须具备与承包人相应的资质，并不得再分包。承包人应当就分包项目向项目法人负责，分包人就分包项目承担连带责任。

项目法人与监理单位的关系也是平等主体之间的民事法律关系。项目法人依法通过招标择优选定监理单位，签订监理合同。监理单位应具有与工程项目相应的资质，依照有关规定和监理规范实施监理。建设监理是项目法人利用社会力量对建设项目实施的专业化监督管理，监理单位以自己的名义实施监理业务，并承担相应的法律责任。项目法人将合同约定的一些事项委托给监理单位，但监理单位必须按照“公正、独立、自主”的原则开展工作，不受项目法人意志支配。项目法人与监理单位的关系已超越了委托与被委托的关系，体现了监理单位具有的公正独立的第三方中介服务特征。监理单位与承包人、设计单位的关系通过项目施工承包合同、设计、监理合同确定，监理单位不得与承包人签订任何合同或协议。监理单位受项目法人委托会同承包人进行项目划分，审查承包人编制的施工组织设计和进度计划，并督促实施；项目法人委托监理单位组织现场设计交底，核查并签发施工图，但不得修改设计文件。设计文件（包括设计修改通知）由设计单位通过项目法人交给监理单位，经核查后交承包人实施。监理单位对设计变更的要求经项目法人转交设计单位。

第三节　水利工程建设项目法人责任制

一、实行项目法人责任制的重要性和历史沿革

（一）实行项目法人责任制的重要性

项目法人责任制在水利工程建设中推行，解决了工程建设中责任主体缺位的问题，是建设管理体制改革中的一大成果，对规范建设管理、明确责任主体、提高工程质量和保障资金安全等发挥了重要的作用，是保证工程建设项目成败的关键。

经营性水利工程建设项目实行项目法人责任制的重要性十分明显。按规定，经营性水利工程建设项目，要按现代企业制度成立企业（公司）法人，对项目的筹划、筹资、建设实施、生产经营、债务偿还及资产的保值增值实行全过程负责并承担风险。由于项目法人既负责建设实施，又负责生产经营，建设与经营不脱节，可以有效防止投资超概算、工期马拉松、工程质量差等问题。由于项目法人实行现代企业制度，按照“产权清晰，职责明确，政企分开，科学管理”的要求运作，可以避免国有资产流失。由于项目法人享有财产权和投资决策权，可以促进投资活动向法制化、规范化方向发展，从而提高投资效益。

（二）实行项目法人责任制的历史沿革

水利工程建设项目实行项目法人责任制，经历了一个演进过程。党的十一届三中全会以后，随着改革开放的不断深化和扩大，水利工程建设管理体制也发生了相应变化。从1982年云南鲁布革水电站引水系统工程利用世界银行贷款开始，引进了招标承包和以项目业主责任制为中心的建设项目管理模式。1992年国家计委提出了实行项目业主责任制的改革方案，并颁布了《关于建设项目实行业主责任制的暂行规定》，这是我国最早见诸于文件的明确项目建设责任主体即业主的规定。1993年党的十四届三中全会通过的《中共中央关于建立社会主义市场经济体制若干问题的决定》，提出实行企业法人投资责任制。1994年《公司法》颁布施行后，国家计委、水利部先后下发关于建设项目实行项目法人责任制的规定，“项目法人责任制”代替了“业主责任制”的称谓。1995年4月水利部《水利工程建设项目实行项目法人责任制的若干意见》（水建[1995]129号）规定：“今后新开工的生产经营性项目原则上都要实行项目法人责任制；其他类型的项目应积极创造条件，实行项目法人

责任制。”1996 年 4 月国家计委《关于实行建设项目法人责任制的暂行规定》（计建设[1996]637 号）规定：“国有单位经营性基本建设大中型项目在建设阶段必须组建项目法人。项目法人可按《公司法》的规定设立有限责任公司和股份有限公司。”1997 年 10 月国家计委发布的《水利产业政策》中规定，乙类水利建设项目（以经济效益为主的供水、水力发电、水库养殖、水上旅游、水利综合经营等项目），必须实行项目法人责任制和资本金制度；甲类水利建设项目（以社会效益为主，公益性较强的防洪除涝、农田灌排骨干工程、城市防洪、水土保持、水资源保护等项目）要明确具体的政府机构或社会公益机构作为项目的责任主体。在此期间，经营性较强的水利工程建设项目均组建了公司（企业法人），如黄河万家寨水利枢纽有限公司、三峡工程建设总公司等。对于以社会效益为主、公益性较强的甲类水利建设项目均未实行项目法人责任制，而实行了领导小组、工程指挥部等管理体制。

在 1999 年以后，情况发生了变化。1999 年 2 月 13 日，《国务院办公厅关于加强基础设施工程质量管理的通知》（国办发[1999]16 号）规定：“基础设施项目，除军事工程等特殊情况外，都要按政企分开的原则组建项目法人，实行建设项目法人责任制，由项目法定代表人对工程质量负总责。凡没有实行项目法人责任制的在建项目，要限期进行整改。”这一通知，扩大了项目法人责任制实行范围，除军事工程外，包括堤防工程在内的防洪工程等水利工程项目建设都要实行项目法人责任制。

根据上述通知的要求，水利部于同年 2 月 14 日发布了《堤防工程建设管理暂行办法》（水建管[1999]78 号），其中明确规定“堤防工程建设实行项目法人责任制”。“要按照报批的整体建设项目明确建设项目责任主体，组建项目法人。”1999 年 4 月 2 日，水利部建管司印发《关于在建水利工程实行项目法人责任制整改工作的通知》（建管综[1999]3 号），要求“凡是由国家投资的在建水利基础设施项目，没有实行项目法人责任制的，均要进行整改。”并要求“公益性为主的项目，负责征地移民等外部协调的领导（指挥）机构和负责工程建设的项目法人机构应有明确的职责分工，并责任到位”。

2000 年 7 月 15 日，国务院以国发[2000]20 号批转了国家计委、财政部、水利部和建设部《关于加强公益性水利工程建设管理的若干意见》，要求在公益性水利工程建设管理中建立、健全水利工程建设项目法人责任制，并对中央和地方水利工程建设项目的项目法人组建及主要职责作出了规定。

2001 年 3 月 9 日，水利部以水建管[2001]74 号印发《关于贯彻落实加强公益性水利工程建设管理若干意见的实施意见的通知》（以下简称《实施意见》），对公益性水利工程建设实行项目法人责任制进一步作出了详细的规定。

按照上述文件的要求，目前，水利工程建设项目大都适时、按规定组建了项目法人，初步发挥了责任主体作用，项目法人责任制基本得到落实。

二、水利工程建设项目实行项目法人责任制的基本要求

水利工程建设项目法人，是指作为水利工程建设项目的责任主体，具有与水利工程项目建设管理有关的民事权利能力和民事行为能力，能在建设管理活动中依法独立享有民事权利承担民事义务的组织。水利工程建设项目法人是按照法定条件和程序组成的社会组织，具备民事主体资格，是实行项目法人责任制的前提。

我国现行的水利工程建设管理体制最重要的体现就是实行项目法人责任制、招标投标

制和建设监理制。这也是基本建设领域深化改革的重要内容。在实行“三项制度”改革中，起主导作用和关键作用的是实行项目法人责任制。首先，项目法人作为责任主体，对项目建设管理向国家和上级主管部门负责，并接受其监督和管理；其次，项目法人要依法通过招标投标择优选定勘察设计、施工、监理、材料设备供应、咨询单位，并与这些承包人或被委托人签订有关合同，通过履行合同为项目法人提供有关的建设服务。项目法人在履行这些职责时，即实行招标投标制和建设监理制。反之，设计、施工工作不到位，招标投标制、建设监理制不落实，项目法人职责难以履行，项目法人责任制也不能真正落实。

实行项目法人责任制必须达到以下基本要求。

（一）适时、规范地组建项目法人

适时、规范地组建项目法人是实行项目法人责任制重要的基本要求。“适时”就是应该按照国家计委、水利部有关文件的规定，在项目可行性研究批准后正式组建项目法人，且与可行性研究报告中的项目法人组建方案相符合，不得擅自改变。“规范”就是按照国务院、国家计委、水利部规定的组建管辖权由负责组建的政府或主管部门发布组建文件，正式组建项目法人。对于以经济效益为主的经营性水利工程建设项目，项目法人可按《公司法》的规定设立有限责任公司和股份有限公司，办理公司设立登记，经工商行政主管部门批准，取得企业法人证书。对于以社会效益为主的公益性水利工程建设项目，应按照《国务院批转国家计委、财政部、水利部、建设部关于加强公益性水利工程建设管理的若干意见》（国发[2000]20 号）的规定组建项目法人。如地方水利项目，由项目所在地的县级以上地方人民政府负责组建项目法人，任命法人代表。具体而言，就是由项目所在地的人民政府印发组建项目法人的文件，内容应包括项目法人名称、类型、主要职责、人员组成、内设机构、财产经费来源、办公地点、主要负责人（法定代表人）、技术负责人等。按照上述国务院文件规定，对于总投资 2 亿元以上的地方大型水利建设项目，由省、自治区、直辖市人民政府负责或委托组建项目法人。如系委托组建，必须由省政府以书面形式进行委托，即发布委托文件，口头委托无效。

对于河道治理、堤防工程的“打捆”项目，应按照水利部《堤防工程建设管理暂行办法》（水建管[1999]78 号）**第八条**的规定，“要按照报批的整体建设项目明确建设项目责任主体，组建项目法人。”

组建项目法人必须符合《民法通则》第三十七条规定的法人必须具备的四个条件，以充分保证项目法人在建设管理中民事主体资格的合法性和有效性。

此外，水利部水建管[2001]74 号规定“组建项目法人要按项目的管理权限报上级主管部门审批和备案。”上报材料主要包括：项目主管部门名称；项目法人名称、办公地址；法定代表人和技术负责人姓名、年龄、文化程度、专业技术职称、参加工程建设简历；机构设置、职能及管理人员情况；主要规章制度。

地方项目应报上级人民政府或委托的水行政主管部门审批。

（二）项目法人组成应满足项目建设管理的要求

项目法人正式组建后，要根据项目法人履行其主要职责的需要配备适量的称职的工作人员，设置必要的内设机构。按照水利部水建管[2001]74 号，对大中型公益性水利工程建设项目法人的要求，法定代表人应为专职人员，应熟悉有关水利工程建设的方针、政策、法规，有丰富的建设管理经验和较强的组织协调能力。技术负责人应具有高级专业技术职称，有丰富的技术管理经验和扎实的专业理论知识，负责过中型以上水利工程的建设管理，能独立处理工程建设中的重大技术问题。项目法人的组成人员，应拥有满足工程建设需要的技术、经济、财务、招标、合同管理等方面的管理人员。大型工程项目法人中具有各类专业技术职称的人员一般不少于总人数的 50%，其中具有高级职称人员不少于总人数的 10%，具有中级职称人员不少于总人数的 25%。中小型工程项目，可参照此规定，适量减少。

项目法人的内设机构应与所承担工程的规模、重要性和技术复杂程度相适应，一般应设计划、合同、技术、质量、安全、财务等机构。

（三）建立健全和落实各项规章制度

实行项目法人责任制，除了适时、规范地组建项目法人、配备适量的称职的组成人员外，还要建立各项规章制度和工作制度，并认真落实。在明确划分各内设机构和各级各类人员职责、职权范围的基础上，制定和落实各项规章制度。如制定项目法定代表人、技术负责人、各机构负责人、工作人员岗位职责和岗位责任制；各内设机构职责及责任制；质量管理制度、合同管理制度、安全生产管理制度、工程验收制度、建设资金财务管理制度、建设信息管理和档案管理制度、计划管理和统计制度、会议制度、奖励惩罚制度等。

只有满足了以上项目法人的基本要求，才能使项目法人真正成为项目建设的责任主体，才能使水利工程建设项目法人责任制真正落到实处。

三、水利工程建设实行项目法人责任制的情况

自 1995 年 4 月水利部《水利工程建设项目实行项目法人责任制的若干意见》（水建[1995]129 号）和 1996 年 4 月国家计委《关于实行建设项目法人责任制的暂行规定》（计建设[1996]637 号）发布后，以经济效益为主的经营性水利工程建设项目大都组建了企业法人，实行了项目法人责任制。但按上述文件和 1997 年国务院发布的《水利产业政策》的规定，以社会效益为主的公益性较强的甲类水利工程建设项目，“要明确具体的政府机构或社会公益机构作为甲类项目的责任主体，对该项目建设的全过程负责并承担风险”。因此，当时公益性较强的水利工程建设项目均未实行项目法人责任制。

自 1999 年 2 月《国务院办公厅关于加强基础设施工程质量管理的通知》（国办发[1999]16 号）发出起，随后国务院、水利部等一系列文件的发布，包括提防工程在内的防洪工程、水土保持工程、病险水库除险加固工程、灌排工程，人畜饮水工程、水资源保护工程等公益性为主的水利工程建设都实行了项目法人责任制。项目法人在建设过程中初步发挥了责任主体的作用，水利工程建设的质量明显提高，投资和工期得到了较好的控制。没有实行项目法人责任制，或仍沿用指挥部模式的水利工程建设项目为数极少。

有的省结合当地实际情况，在省水利厅下设立基本建设局、重点工程建设局、省河道堤防建设局等事业单位，作为省管建设项目的项目法人，建设管理水平逐步提高。

四、实行项目法人责任制存在的主要问题

（一）有的项目未实行项目法人责任制

有的水利工程建设项目未组建项目法人，仍采用自营式或采用指挥部模式。指挥部为临时协调议事机构，由各有关单位领导临时组成，具体建设管理由水利局负责。未形成项

目建设的责任主体。

（二）有的项目法人组建不符合规定

有的水利工程建设项目未按法定程序和条件组建项目法人，使得项目法人有名无实，不是真正的独立法人，在建设管理活动中，不具备合法的民事主体资格。主要表现在：

（1）组建文件未由具有组建管辖权的行政机关发出。有的水行政主管部门在政府未下达委托组建文件的情况下，以自已的名义发布项目法人组建文件，既不符合规定，也有超越权限之嫌，因水行政主管部门不能代替政府或机构编制主管部门发布机构组建文件，严格说来，这样的文件是无效的，组建的机构也是不合法的。

（2）有的组建项目法人的文件不规范。有的项目法人组建文件以“启用公章通知”来代替；有的组建文件中未明确该机构为该建设项目的项目法人，也未明确其主要职责；有的组建文件未明确机构的性质，也未任命法定代表人。

（3）打捆的建设项目组建项目法人不符合规定。堤防工程或江河治理工程，未执行水利部《堤防工程建设管理暂行办法》（水建[1999]78 号）“按照报批的整体建设项目明确建设项目责任主体，组建项目法人”的规定，而分堤、分段组建若干个项目法人，并分别称之为“总体法人”、“分段法人”、“大法人”、“小法人”；“一级法人”、“二级法人”等。

（三）项目法人组织不健全和结构不合理

有的项目法人成员人数不足，人员结构不合理，与工程规模和技术复杂程度不相适应；法定代表人和技术负责人不具备规定的条件；内部未设专门的质量、安全和财务机构；成员大部为临时兼职，未配备专职人员；内部各项规章制度不健全，或虽制定了规章制度，但流于形式未真正贯彻落实。

（四）项目法人的行为不合法或不规范

有的水利工程建设项目法人的法定代表人由非主要负责人担任；项目法人与监理、质量监督等机构职责不清，人员混岗，项目法人（建设单位）与现场管理机构层次不清、职责分工不明确；项目法定代表人和项目法人成员长期不驻工地现场等。

（五）项目法人责权不到位、不统一

有的项目法人形同虚设，招标投标由上级主管部门或领导（指挥）机构甚至地方政府包办代替；工程建设资金由上级主管部门或地方财政部门直接掌握并管理，但竣工决算却让项目法人编制，还要对资金使用负总责，由于权责不到位、不统一，使项目法人难以成为项目建设的责任主体。

此外，公益性和准公益水利工程大都由政府投资兴建，项目法人是由政府负责组建，它的职责仅限于建设实施阶段的各项建设管理，既没有投资决策权，又没有其他固定和流动资产，因此项目法人的责任和行为约束力都不能落到实处。

五、病险水库除险加固工程实行项目法人责任制的要求

病险水库除险加固工程与其他各类水利工程一样，都要实行项目法人责任制、招标投标制、建设监理制。水利部水建管[2001]74 号对公益性病险水库除险加固工程项目法人组建作了规定，“除险加固、续建配套、改建扩建等建设项目，原管理单位基本具备项目法人条件的，原则上由原管理单位作为项目法人或以其为基础组建项目法人。”实际上，工

程管理单位人力资源有限，而且发生的大规模基建活动不多，工作人员基本未从事过建设管理。所以，在实践中以原管理单位为基础，补充一些骨干人员组建项目法人的居多。

为了搞好 5000 多座重点小型水库除险加固工作，财政部、水利部印发了《重点小型病险水库除险加固项目管理办法》，其中对建设管理作了一系列规定：“小型病险水库项目严格按规定的基本建设程序进行建设管理，落实“三制”（项目法人责任制、招标投标制、建设监理制）。各地要严格按照有关规定和程序组建和完善建设管理机构，选择符合任职条件的人员担任项目法人代表和技术负责人，严格按照工程项目等级、重要性和技术复杂程度确定建设管理人员的数量、质量。各地方根据实际积极探索集中建设管理模式。”由于小型水库规模小、等级低、技术较为简单，且除险加固施工周期为一年，所以有些地方已开始采用集中建设管理模式，即组建一个项目法人负责多个小型病险水库除险加固的建设管理。重点小型病险水库虽规模小，但都对人民生命财产安全和公共事业具有重要作用，除险加固工程仍然要按有关规定和程序认真搞好，不能掉以轻心。

第三章 水利工程项目建设程序和前期工作管理

第一节 项目建设程序管理

一、基本建设程序概述

水利工程建设与其他工程建设一样，是社会化生产，它具有产品体积大、建筑场所固定、建设周期长、占用资源多等特点。在建设过程中，工作量大，牵涉面广，内外协作关系复杂，且存在着活动空间有限与后续工作无法提前进行的矛盾。因此，工程建设就必然存在着一个分阶段、分步骤，各项工作按次序进行的客观规律。建设程序就是在工程建设全过程中各项工作都必须遵守的先后次序，也是工程建设各个环节相互衔接的顺序。建设程序是在认识工程建设客观规律的基础上总结提出的，这种规律是不可违反的，如果人为地将工程建设的顺序颠倒，就会造成严重的资源浪费和经济损失，甚至严重危及工程的质量和安全。所以，世界上很多国家对这一规律给予高度重视，对其进行了认真的探讨和研究，不断总结出更加科学、合理的工程建设程序，并以法律的形式固定下来，强制人们在从事工程建设活动时遵守。我国也制定和颁布了有关工程建设程序方面的法规。为了加强水利工程建设管理，提高投资效益，确保工程质量和工程进度，除贯彻执行有关建设程序的法律、法规外，水利部也制定了水利建设程序管理的规章。

二、水利工程建设程序的阶段划分及工作内容

根据水利部《水利工程建设程序管理暂行规定》（水建[1998]16号）的规定，“水利工程建设程序一般分为：项目建设书、可行性研究报告、初步设计、施工准备（包括招标设计）、建设实施、生产准备、竣工验收、后评价等阶段。”

建设程序各阶段的工作内容如下。

（一）项目建议书阶段

水利部《水利工程建设程序管理暂行规定》**第四条**规定，项目建议书应根据国民经济和社会发展长远规划、流域综合规划、区域综合规划，按照国家产业政策和国家有关投资建设方针进行编制，是对拟进行建设项目的初步说明。项目建议书编制一般由政府委托有相应资格的设计单位承担，并按国家现行规定权限向主管部门申报审批。项目建议书被批准后，由政府向社会公布，若有投资意向，应及时组建项目法人筹备机构，开展下一建设程序工作。项目建议书应按照水利部《水利水电工程项目建议书编制暂行规定》（水规计[1996]608 号）编制。

项目建议书的主要内容包括：

（1）项目建设的必要性；

（2）建设条件，除地形地质、水文等条件外，还要考虑生态、社会、人文、环境等外部条件和因素的影响；

（3）建设任务与规模；

（4）主要建筑物的布置及主要工程量；

（5）初选施工导流方式及主要工程量，初拟主要工程的施工方法及主要施工设备；

（6）简述淹没及占地处理；

（7）建设工期、投资估算和经济评价；

（8）项目建设的主要问题及今后工作的意见；

（9）附图及表格。

（二）可行性研究报告阶段

可行性研究报告是在批准的项目建议书的基础上进行的。根据水利部《水利工程建设程序管理暂行规定》**第五条**规定，可行性研究应对项目进行方案比较，在技术上是否可行和经济上是否合理进行科学的分析和论证。经过批准的可行性研究报告，是项目决策和进行初步设计的依据。可行性研究报告，由项目法人筹备机构（或主管部门）组织编制。可行性研究报告，按国家现行规定的审批权限报批。申报可行性研究报告，必须同时提出项目法人组建方案及运行机制、资金筹集方案、资金结构及资金回收办法，并依照有关规定附具有管辖权的水行政部门或流域机构签署的规划同意书、对取水许可预申请的书面审查意见。审批部门要委托有项目相应资格的工程咨询机构对可行性研究报告进行评估，并综合行业归口主管部门、投资机构（公司）、项目法人筹备机构等方面的意见进行审批。可行性研究报告经批准后，不得随意修改和变更，在主要内容上有重要变动，应经原批准机关复审同意。项目可行性研究报告批准后，应正式成立项目法人，并按项目法人责任制实行项目管理。

可行性研究报告应由具有与建设项目相应资质的设计单位承担，按照电力部、水利部《水利水电工程可行性研究报告编制规程》（DL5020—93）的规定编制。其主要内容包括：

（1）论证工程建设的必要性、确定本工程建设任务和综合利用的主要顺序；

（2）确定主要水文参数和成果；

（3）查明影响工程的主要地质条件和工程地质问题，对工程场地的构造稳定性和地表危险性作出评价，对水库区和主要建筑物的地质条件和地质问题作出初评，进行天然建筑材料初查；

（4）选定工程建设场（坝、厂、站）址；

（5）基本选定工程规模；

（6）选定基本坝型和主要建筑物基本型式和初步计算工程量；

（7）初选机型、电气主结线及其他主要机电设备和布置；

（8）初选金属结构设备型式及布置；

（9）初选工程管理方案；

（10）基本选定对外交通方案，初选施工导流方式，主体工程的主要施工方法和施工总布置，提出控制性工程和实施意见；

（11）基本确定水库淹没、工程占地的范围，查明主要实物指标，提出移民安置可行性规划的投资；

（12）评价工程建设对环境的影响；

（13）提出主要工程量及建材需要量，估算工程投资；

（14）明确工程效益、经济评价和财务分析；

（15）提出综合评价和结论。

（三）设计阶段

根据水利部《水利工程建设程序管理暂行规定》**第六条**的规定，初步设计是根据批准的可行性研究报告和必要而准确的设计资料，对设计对象进行通盘研究，阐明拟建工程在技术上的可行性和经济上的合理性，确定项目的各项基本参数，编制项目的总概算。初步设计文件报批前，一般须由项目法人委托有相应资质的工程咨询机构或组织行业各方面（包括管理、设计、施工、咨询等）的专家，对初步设计中的重大问题，进行咨询论证。设计单位根据咨询论证意见，对初步设计文件进行补充、修改、优化。初步设计由项目法人组织审查后，按国家现行规定权限向主管部门申报审批。初步设计文件经批准后，主要内容不得随意修改、变更，并作为项目建设实施的技术文件基础。如有重要修改、变更，须经原审批机关复审同意。

项目法人应择优选择有与项目相应资质的设计单位承担初步设计任务，依照电力部、水利部《水利水电工程初步设计编制规程》（DL5021—93）的规定编制。初步设计主要内容包括：

（1）复核工程任务及具体要求，确定工程规模。选定水位、流量、扬程等特征，明确运行要求。

（2）复核水文成果。

（3）复核区域构造稳定，查明水库地质和建筑物工程地质条件（渗漏、坍落、浸没等地段的位置、规模、影响范围等），灌区水文地质条件及土壤特性，提出相应的评价和结论。

（4）复核工程等级和设计标准，确定工程总布置，主要建筑物轴线、结构型式和布置，控制尺寸、高程和工程量。

（5）确定电厂或泵站的装机容量，选定机组机型、单机容量、单机流量及台数。确定接入电力系统的方式，电气主结线和输电方式及主要机电设备的选型和布置。选定开关站（变电站、换流站）的型式，选定泵站电源进线路径、距离和线路型式，确定建筑物的闸门和启闭机等型式和布置。

（6）提出消防设计方案和主要设施。

（7）选定对外交通方案、施工导流方式、施工布置和总进度、主要建筑物施工方法及主要施工设备，提出天然和人工建筑材料、劳动力、水和电的需要量及其来源。

（8）确定水库淹没、工程占地的范围，核实水库淹没及工程占地范围的实物指标，提出水库淹没处理、移民安置规划和投资概算。

（9）提出环境保护措施设计。

（10）拟定水利工程的管理机构，提出工程管理范围和保护范围及主要管理设施。

（11）编制初步设计概算，利用外资工程应编制外资概算。

（12）复核经济评价。

（四）施工准备阶段

根据水利部《水利工程建设程序管理暂行规定》**第七条**的规定，在施工准备阶段，项目在主体工程开工前，必须完成的施工准备工作主要包括：①施工现场的征地、拆迁；②施工用水、用电、通信、道路的开通和场地平整等工程；③必须的生产、生活临时建筑工程；④组织设计、咨询、设备和物资采购等服务招标；⑤组织建设监理和主体工程施工招标投标，择优选定监理单位和施工承包单位。

水利工程项目必须满足如下条件，施工准备工程方可进行：

（1）初步设计已经批准；

（2）项目法人已经组建；

（3）项目已列入国家或地方水利建设投资计划，筹资方案已经确定；

（4）有关土地使用权已经批准。

原来**第七条**还规定，在施工准备工作开始前，项目法人或其代理机构应向水行政主管部门办理报建手续，工程项目进行项目报建登记后，方可组织施工准备工作。但是，国务院于2003年2月27日发布了《国务院关于取消第二批行政审批和改变一批行政审批项目管理方式的决定》（国发[2003]5号），其中将“水利水电工程建设项目报建审批”列入第二批被取消的行政审批项目。因此，现在水利工程建设项目在施工准备阶段已不再履行报建程序。

（五）建设实施阶段

根据水利部《水利工程建设程序管理暂行规定》**第八条**的规定，建设实施阶段是指主体工程的建设实施，项目法人按照批准的建设文件，组织工程建设，保证项目建设目标的实现。项目法人必须按审批权限的规定，向主管部门提出主体工程开工申请报告，经批准后，主体工程方能正式开工。项目法人要充分发挥建设管理的主导作用，为施工创造良好的建设条件，通过承包合同和委托合同，使施工、设计、监理、咨询等单位认真履行约定的职责，监理单位要认真做好对项目工期、质量、投资的控制和现场施工的组织协调。要按照“政府监督、项目法人负责、监理控制、施工企业保证”的要求，建立健全质量管理体系。水行政主管部门要设立质量监督机构，行使政府对项目建设的监督职能。

（六）生产准备阶段

水利部《水利工程建设程序管理暂行规定》**第九条**规定，生产准备是项目投产前所要进行的一项重要工作，是建设阶段转入生产经营的必要条件。项目法人应按建管结合和项目法人责任制的要求，适时做好有关生产准备工作，主要包括：生产组织准备、招收和培训生产管理人员、生产技术准备、生产的物资准备和正常的生活福利设施准备。经营性项目，项目法人要及时具体落实产品销售合同协议的签订，提高生产经营效益，为偿还债务和资产的保值增值创造条件。

（七）竣工验收阶段

工程竣工验收是工程完成建设目标的标志，是全面考核基本建设成果、检验设计和工程质量的重要步骤。竣工验收合格的项目即从基本建设转入生产或使用。具备以下条件时项目法人可以向验收主管部门提出验收申请：

（1）建设内容全部完成，并经过单位工程验收，符合设计要求；

（2）按水利部《水利工程建设项目档案管理规定》（水利部水办[2005]480号）的要求完成了档案资料的整理工作；

（3）完成竣工报告、竣工决算（须由审计机关组织竣工审计）的编制。

组织竣工验收应按水利部《水利工程建设项目验收管理规定》（水利部令第30号）和有关验收规程进行。《水利工程建设项目验收管理规定》对竣工验收的主要规定如下：

（1）竣工验收应在工程建设项目全部完成并满足一定运行条件后一年内进行。不能按期进行竣工验收的，经竣工验收主持单位同意，可以适当延长期限，但最长不得超过6个月。

（2）竣工财务决算审计通过15日后，方可进行竣工验收。

（3）工程具备竣工验收条件的，项目法人应当提出竣工验收申请，经法人验收监督管理机关审查后报竣工验收主持单位。竣工验收主持单位应当在收到竣工验收申请之日起20个工作日内决定是否同意进行竣工验收。

（4）竣工验收原则上按照经批准的初步设计所确定的标准和内容进行。

（5）竣工验收分为竣工技术预验收和竣工验收两个阶段。

（6）大型水利工程在竣工技术预验收前，项目法人应按有关规定对建设情况进行竣工验收技术鉴定；中型水利工程，竣工验收主持单位可根据需要决定是否进行竣工验收技术鉴定。

（7）竣工验收委员会的组成包括：竣工验收主持单位、有关水行政主管部门和流域管理机构、有关地方人民政府和部门、该项目质量监督机构和安全监督机构、工程运行管理等单位的代表和专家。工程投资方的代表也可参加。

（8）项目法人全面负责竣工验收前的各项准备工作。设计、施工、监理等工程参建单位应做好有关验收准备和配合工作，派代表出席验收会议，负责解答验收委员会提出的问题，并作为被验收单位在竣工验收鉴定书上签字。

（9）竣工验收主持单位应当自竣工验收通过之日起30个工作日内，制作竣工验收鉴定书，并发送有关单位。

（10）竣工验收鉴定书是项目法人完成工程建设任务的凭据。

（八）后评价

水利部《水利工程建设程序管理暂行规定》第十一条，对后评价的内容、组织实施和遵循的原则及欲达到的目的作了规定。建设项目竣工投产后，一般经过1至2年的生产运营后要进行一次系统的项目后评价。主要内容包括：影响评价——项目投产后对各方面的影响进行评价；经济效益评价——对项目投资、国民经济效益、财务效益、技术进步和规模效益、可行性研究深度等进行评价；过程评价——对项目的立项、设计施工、建设管理、竣工投产、生产经营等全过程进行评价。后评价的组织实施一般分为三个层次，即项目法人的自我评价、项目行业的评价、计划部门（或主要投资方）的评价。后评价遵循的原则是客观、公正、科学。后评价达到的目的是肯定成绩、总结经验、研究问题、吸取教训、提出建议、改进工作，不断提高项目决策水平和投资效果。

三、严格执行建设程序的规定

在水利工程项目建设中，项目法人必须严格执行建设程序，对此，国务院制定的有关行政法规，以及国务院办公厅、水利部、国家计委的文件都作了明确的、严格的规定。

（1）《建设工程质量管理条例》（国务院令第279号）**第五条**规定："从事建设工程活动，必须严格执行基本建设程序，坚持先勘察、后设计、再施工的原则。县级以上人民政府及有关部门不得超越权限审批建设项目或擅自简化基本建设程序。"**第五十七条**规定："建设单位未取得施工许可证或者开工报告未经批准，擅自施工的，责令停止施工，限期改正，处工程合同价款1%以上2%以下的罚款。"

（2）国务院办公厅《关于加强基础设施工程质量管理的通知》（国办发[1999]16号）规定，"严格执行建设程序，按照国家规定履行报批手续……对违反建设程序和审批权限的，要追究有关单位及其领导人的责任。”“工程建设要坚持先勘察、后设计、再施工的原则，严禁搞边勘察、边设计、边施工的‘三边’工程”。

(3)国家计委《关于重申严格执行基本建设程序和审批规定的通知》(计投资[1999]693号）所作规定如下：

①严格执行基本建设程序。尤其是在建设项目前期工作阶段，必须严格按照现行建设程序执行。只有在完成上一环节工作后方可转入下一环节。除国家特别批准外，各地方、部门和企业不得简化建设程序。

②严禁越权审批项目。任何部门、地方和企业，不得超越规定审批权限擅自审批建设项目，不得采取“化整为零”等方式逃避上级主管部门的审批管理。

③今后对违反基本建设程序的建设项目，国家计委不予审批。凡超越审批权限擅自审批的大中型基本建设项目，一经发现，将追究有关审批部门及负责人的责任，并视情节轻重采取暂停审批项目等处罚措施。

（4）水利部印发《关于贯彻落实“加强公益性水利工程建设管理若干意见”的实施意见的通知》（水建管[2001]74号）中规定“工程项目的建设，要严格执行国家基本建设程序，杜绝边勘察、边设计、边施工的‘三边’工程。”

第二节 水利工程建设项目前期工作管理

一、水利工程建设项目前期工作阶段划分及主要工作内容

根据国家计委《关于重申严格执行基本建设程序和审批规定的通知》(计投资[1999]693号）规定，“现行基本建设前期工作程序包括：项目建议书、可行性研究报告、初步设计、开工报告等工作环节。”

水利部《水利基本建设投资计划管理暂行办法》（水规计[2003]344号）规定：水利基本建设项目前期工作阶段报批程序一般包括项目建议书、可行性研究报告、初步设计报告、开工报告的上报、审核和审批。水利基本建设项目的实施，必须首先通过基本建设程序立项。水利基本建设项目的立项报告要根据党和国家的方针政策、已批准的江河流域综合治理规划、专业规划和水利发展中长期规划由水行政主管部门提出，通过基本建设程序申请立项。立项过程主要包括项目建议书和可行性研究报告阶段。因此，项目的前期工作包括立项阶段、初步设计阶段和开工报告阶段。

立项阶段、初步设计阶段的主要工作内容已在前面叙述，此处不再重复，仅对开工报告阶段的主要工作内容作一简介。

开工报告的申报和审批，在前述基本建设程序的阶段划分中应属于“建设实施阶段”的内容，是建设实施的前提。开工管理是基本建设程序的重要环节，是加强建设管理工作的有效手段。为进一步加强水利工程建设项目开工管理工作，根据《建设工程质量管理条例》（国务院令第279号）和《国务院对确需保留的行政审批项目设定行政许可的决定》（国务院令第412号），水利部于2006年4月24日印发了《关于加强水利工程建设项目开工管理工作的通知》（水建管[2006]144号，以下简称《开工管理通知》）。该通知所指开工是指水利工程经过供电、供水、交通、通讯和场地平整等施工准备工作后的主体工程开工。

项目开工前，项目法人应将开工申请报告及有关材料报送项目水行政主管部门审查（应在20个工作日内完成审查）并出具审查意见后，由项目水行政主管部门上报开工审批单位审批（应在20个工作日内予以批复）。

《开工管理通知》对开工审批权限作了如下规定：

（1）国家重点建设工程、流域控制性工程、流域重大骨干工程由水利部负责审批；

（2）中央项目由水利部或流域机构负责审批，其中水利部直接管理或总投资2亿元（含）以上的项目由水利部负责审批，总投资2亿元以下的项目由流域机构负责审批并报水利部备案；

（3）中央参与投资的地方项目中，以中央投资为主的由水利部或流域机构负责审批，其中5亿元（含）以上的项目由水利部负责审批，5亿元以下的项目由流域机构负责审批并报水利部备案；

中央参与投资的地方项目中，以地方投资为主的，由省级水行政主管部门负责审批；

（4）中央补助地方项目和一般地方项目由省级水行政主管部门负责审批。

《开工管理通知》规定，主体工程开工必须具备以下条件：

（1）项目法人（或项目建设责任主体）已经设立，项目组织管理机构和规章制度健全，项目法定代表人和管理机构成员已经到位；

（2）初步设计已经批准，项目法人与设计单位已签订供图协议，且施工详图设计可满足主体工程3个月施工需要；

（3）建设资金筹措方案已经确定，工程已列入国家或地方水利建设投资年度计划，年度建设资金已落实；

（4）质量与安全监督单位已经确定并已办理质量、安全监督手续；

（5）施工、监理单位已经确定，合同已经签订，能满足主体工程开工需要；

（6）施工准备和征地移民能满足主体工程开工需要；

（7）建设所需的主要设备和材料已落实来源，能满足主体工程施工的需要。

二、水利工程建设项目类型划分

根据水利部《水利基本建设投资计划管理暂行办法》（水规计[2003]344号）规定，水利基本建设项目按其功能和作用分为公益性、准公益性和经营性三类。

公益性项目指具有防洪、排涝、抗旱和水资源管理等社会公益性管理和服务功能，自身无法得到相应经济回报的水利项目，如堤防工程、河道整治工程、蓄滞洪区安全建设、除涝、水土保持、生态建设、水资源保护、贫困地区人畜饮水、防汛通信、水文设施等。

准公益性项目指既有社会效益、又有经济效益的项目，其中大部分是以社会效益为主。如综合利用的水利枢纽（水库）工程、大型灌区节水改造工程等。

经营性项目指以经济效益为主的水利项目。如城市供水、水力发电、水库养殖、水上旅游及水利综合经营等。

水利基本建设项目按其对社会和国民经济发展的影响分为中央水利基本建设项目和地方水利基本建设项目。中央项目由水利部（或流域机构）负责组织建设并承担相应责任。地方项目按审批程序和资金来源分为三类：中央参与投资的地方项目；中央补助地方项目；一般地方项目。

水利基本建设项目根据其建设规模和投资额分为大中型项目和小型项目。

三、前期工作审批程序和权限

前期工作审批程序和权限，应严格执行水利部《水利基本建设投资计划管理暂行办法》（水规计[2003]344 号）的规定。

(一)项目建议书和可行性研究报告

审批程序和权限见表 3-1。

表 3-1 审批程序和权限

项目类型		申报单位	报送单位	抄送单位	技术审查组织单位	提出审查意见单位	审批单位
中央项目	大中型		水利部		水利部	水利部	国家发改委
	其他		水利部		水利部或委托流域机构	水利部	水利部或委托流域机构
地方项目	大中型	省计划主管部门	国家发改委	水利部和流域机构	水利部或委托流域机构	水利部	国家发改委
	其他				省级水行政主管部门		使用中央补助投资的由省有关部门按基建程序审批
	省际边界工程				流域机构		流域机构（协调后审批）

（二）初步设计

初步设计审批程序和权限见表 3-2。

表 3-2 初步设计审批程序和权限

项目类型		申报单位	报送单位	技术审查组织单位	审批单位	备 注
中央项目	大中型	流域机构	水利部	水利部	水利部或流域机构	
	其他	流域机构	水利部	流域机构	水利部或流域机构	
地方项目	大中型	省级水行政主管部门	水利部	水利部或委托流域机构	水利部或流域机构	包括地方大中型堤防工程、水库枢纽工程、水电工程及其他技术复杂的项目
	其他			省级水行政主管部门	省级水行政主管部门	
	省际边界工程			流域机构	流域机构	

表中所称“大中型项目”系指满足下列条件之一的项目：

（1）堤防工程：1、2 级堤防；

（2）水库工程：总库容 1 亿立方米以上（含 1 亿立方米，下同）；

（3）水电工程：电站总装机容量 5 万千瓦以上；

（4）灌溉工程：灌溉面积 30 万亩以上；

（5）供水工程：日供水 10 万吨以上；

（6）总投资在国家规定限额以上的项目。

四、病险水库除险加固工程前期工作管理

（一）前期工作要求

根据国家发改委办公厅、水利部办公厅《病险水库除险加固工程项目建设管理办法》（发改办农经[2005]806 号之附件一）规定，“总投资 2 亿元（含 2 亿元）以上或总库容在 10 亿立方米（含 10 亿立方米）以上的病险水库除险加固工程，必须编制可行性研究报告，在此项工作中，要充分论证加固的必要性，根据大坝安全鉴定成果核查意见明确建设内容。要严格按照经批准的可行性研究报告确定的建设规模和内容编制初步设计，初步设计的建设内容要与安全鉴定成果核查意见指出的问题相对应，超出安全鉴定成果核查意见的建设任务，一律不得列入初步设计的建设内容。”“总投资 2 亿元以下且总库容在 10 亿立方米以下的大中型和单位库容（每立方米）建设投资大于 4 元的小型病险水库除险加固工程，可直接编制初步设计，初步设计编制要求同上所述。”

安全鉴定：在大坝安全鉴定工作中，必须委托有相应资质的单位根据《大坝安全评价导则》对水库进行安全评价。按照水利部《水库大坝安全鉴定办法》的有关规定，按照分级负责的原则，由各级水行政主管部门组织安全鉴定。

安全鉴定核查：中央补助投资的病险水库，须按照有关规定将安全鉴定成果报水利部大坝安全管理中心及相应的核查承担单位（水利部大坝安全管理中心、水利建设与管理总站、水利水电规划设计总院江河水利水电咨询中心、中国水利水电科学研究院、长江水利委员会长江勘测规划设计研究院水利水电病险工程治理咨询研究中心等五家单位）之一，由核查承担单位核查后提出安全鉴定成果核查意见，经水利部大坝安全管理中心确认后印送地方。安全鉴定成果核查意见必须具体指出大坝病险的部位、程度和成因，不得涉及与大坝安全无关的内容。

（二）前期工作审批权限

（1）总投资 2 亿元（含）以上或总库容在 10 亿立方米（含）以上的病险水库除险加固工程，其可行性研究报告由水利部提出审查意见后，报国家发改委审批。初步设计，其概算经国家发改委核定后，由水利部审批。

（2）总投资 2 亿元以下且总库容在 10 亿立方米以下的大中型和单位库容（每立方米）建设投资大于 4 元的小型病险水库除险加固工程直接编制的初步设计，由省级水行政主管部门提出初步审查意见，经流域机构复核后，由省级发展改革部门审批，抄送水利部和国家发改委备案。

（3）其他病险水库除险加固工程的审批程序，由省发展改革部门和省水行政主管部门协商确定。

（三）重点小型病险水库除险加固工程前期工作

根据财政部、水利部《重点小型病险水库除险加固项目管理办法》（财建[2007]1025

号）的规定，省级水行政主管部门会同财政等部门负责全省小型病险水库项目的前期工作。有关工作按以下程序进行：

（1）安全鉴定：县级以上水行政主管部门按照水利部《大坝安全鉴定办法》组织有关单位对小型水库进行安全鉴定。大坝安全鉴定承担单位必须具备合格资质。省级水行政主管部门负责对安全鉴定成果进行核查。

（2）初步设计：必须委托有相应资质的设计单位承担。初步设计要根据大坝安全鉴定成果核查意见明确的建设内容，充分论证加固的合理性，超出安全鉴定核查意见的建设任务，原则上不得列入初步设计的建设内容。省级水行政主管部门会同财政等部门对初步设计及概算进行审查和批复。

省级水行政主管部门要加强对全省小型病险水库项目前期工作质量管理，建立小型病险水库项目前期工作管理责任制度，将前期工作各环节责任落实到人，实行责任追究制。

第四章　招标投标管理

工程建设项目招标是最富有竞争的一种采购方式。招标是指项目法人对自愿参加某一特定工程项目投标竞争的投标人，进行审查、评比和选定的过程。工程建设项目的招标是国际与国内普遍采用的、比较成熟的而且科学合理的工程承发包方式。这既能为项目法人获得一个高效率的承包人，又能得到按规定的时间和成本圆满完成的合格工程。对投标人而言，给他们提供了一个公平竞争的市场环境，从建筑市场上靠自己的能力和实力获得工程任务和相应的报酬。在我国社会主义市场经济条件下推行招标投标制，对于健全建筑市场的竞争机制，促进资源的优化配置，对于提高项目管理水平和经济效益，保证项目工期和质量都具有十分重要的意义。

第一节　招标投标应遵循的基本原则

《中华人民共和国招标投标法》（以下简称《招标投标法》）和《水利工程建设项目招标投标管理规定》（水利部令第14号，以下简称《水利工程招标规定》）对招标投标活动应当遵循的基本原则作了明确规定。

（1）招标投标活动应当遵循公开、公平、公正和诚实信用的原则。“公开”就是要求投标信息和招标程序公开，使招标活动有很高的透明度；“公平”就是要求给予所有投标人平等的机会，使其享有同等的权利并履行相应的义务，不歧视任何一方；“公正”就是要求评标时按事先公布的标准对待所有的投标人；“诚实信用”是从事民事活动的基本原则之一，就是要求招标投标当事人应以诚实、守信的态度行使权利，履行义务，以维持双方的利益平衡和自身利益与社会利益的平衡，要求当事人的活动不损害他人和社会的公共利益。

（2）招标投标活动不受地区或部门的限制，任何单位和个人不得以任何方式非法干涉招标投标活动，即要求不得进行部门保护和地区保护。非法干涉不包括上级主管部门和行政监督部门对招标投标活动的监督管理。

（3）任何单位和个人不得将必须进行招标的项目化整为零或以其他方式规避招标。

第二节　招　标

一、招标范围和规模标准

（一）招标范围

根据《招标投标法》和国家计委《工程建设项目招标范围和规模标准的规定》（国家计委令第3号）的规定，关系社会公共利益、公众安全的基础设施项目、公用事业项目；使用国有资金投资的项目；国家融资项目；使用国际组织或外国政府资金的项目等均应进行招标。结合水利工程建设的特点，《水利工程招标规定》对水利工程建设项目的招标具体范围规定如下：

（1）关系社会公共利益、公共安全的防洪、排涝、水力发电、引（供）水、滩涂治理、水土保持、水资源保护等水利工程建设项目；

（2）使用国有资金投资或者国际融资的水利工程建设项目；

（3）使用国际组织或者外国政府贷款、援助资金的水利工程建设项目。

（二）招标规模标准

国家计委《工程建设项目招标范围和规模标准的规定》和《水利工程招标规定》对招标规模标准作了具体规定。凡上述招标范围内的水利工程建设项目的勘察、设计、施工、监理以及与工程建设有关的重要设备、材料等的采购，达到下列标准之一的，必须进行招标：

（1）施工单项合同估算价在200万元人民币以上的；

（2）重要设备、材料等货物的采购，单项合同估算价在100万元人民币以上的；

（3）勘察、设计、监理等服务的采购，单项合同估算价在50万元人民币以上的；

（4）项目总投资额在3000万元人民币以上，但分标单项合同估算价低于第1、2、3项标准的。

《工程建设项目招标范围和规模标准规定》（国家计委令第3号）第十条规定，省、自治区、直辖市人民政府根据实际情况，可以规定本地区必须进行招标的具体范围和规模标准，但不得缩小本规定确定的必须进行招标的范围。

（三）可不进行招标的情况

《水利工程招标规定》第十二条规定，下列项目可不进行招标，但须经项目主管部门批准：

（1）涉及国家安全、国家秘密的项目；

（2）应急防汛、抗旱、抢险、救灾等项目；

（3）项目中经批准使用农民投工、投劳施工的部分（不包括该部分中勘察设计、监理和重要设备、材料采购）；

（4）不具备招标条件的公益性水利工程建设项目的项目建议书和可行性研究报告；

（5）采用特定专利技术或特有技术的；

（6）其他特殊项目。

二、招标程序

《水利工程招标规定》规定，招标工作按下列程序进行：

（1）招标前，按项目管理权限向水行政主管部门提交招标报告备案；

（2）编制招标文件；

（3）发布招标信息（招标公告或投标邀请书）；

（4）发售资格预审文件；

（5）按规定日期接受潜在投标人编制的资格预审文件；

（6）组织对潜在投标人资格预审文件进行审核；

（7）向资格预审合格的潜在投标人发售招标文件；

（8）组织购买招标文件的潜在投标人现场踏勘；

（9）接受投标人对招标文件有关问题要求澄清的函件，对问题进行澄清，并书面通知所有潜在投标人；

（10）组织成立评标委员会，并在中标结果确定前保密；

（11）在规定时间和地点，接受符合招标文件要求的投标文件；

（12）组织开标评标会；

（13）在评标委员会推荐的中标候选人中，确定中标人；

（14）向水行政主管部门提交招标投标情况的书面总结报告；

（15）发中标通知书，并将中标结果通知所有投标人；

（16）进行合同谈判，并与中标人订立书面合同。

三、招标准备

（一）制定招标计划

水利建设项目初步设计得到批准后，应根据国家有关规定和工程特点以及工程项目的组成情况，按照有利于工程实施和便于控制的原则，系统地将工程分为若干个标，一般分为建设监理标、施工标、物资采购标、自动控制标、金属结构制造标等，每个标可根据需要再分为若干个标段。然后初步确定标的划分、计划招标时间、招标内容、招标方式、投标人资格要求等内容。

（二）提交招标报告备案

按照制定的招标计划，按项目管理权限向水行政主管部门提交招标报告备案。报告具体内容应当包括：招标已具备的条件、招标方式、分标方案、招标计划安排、投标人资质（资格）条件、评标方法、评标委员会组建方案以及开标、评标的工作具体安排等。

（三）确认招标必备的条件

根据《水利工程招标规定》，招标前，必须满足以下应当具备的条件时，水利工程项目方可进行招标工作。

1. 勘察设计招标应当具备的条件

（1）勘察设计项目已经确定。勘察、设计项目已经确定，通常是指相应阶段（项目建议书、可行性研究、初步设计、招标设计）的有关任务书已经有关部门批准。

（2）勘察设计所需资金已落实。

（3）必需的勘察设计基础资料已收集完成。

2. 监理招标应当具备的条件

（1）初步设计已经批准；

（2）监理所需资金已落实；

（3）项目已列入年度计划。

3. 施工招标应当具备的条件

（1）初步设计已经批准；

（2）建设资金来源已落实，年度投资计划已经安排；

（3）监理单位已确定；

（4）具有能满足招标要求的设计文件，已与设计单位签订适应施工进度要求的图纸交付合同或协议；

（5）有关建设项目永久征地、临时征地和移民搬迁的实施、安置工作已经落实或已有明确安排。

4．设备、材料招标应当具备的条件

（1）初步设计已经批准；

（2）重要设备、材料技术经济指标已基本确定；

（3）设备、材料所需资金已落实。

四、编制招标文件

根据《水利工程招标规定》，项目法人作为招标人应当根据国家有关规定，结合项目特点和需要编制招标文件。根据水利部“关于印发《水利水电工程施工合同和招标文件示范文本》的通知”（水建管[2000]62 号）的规定，应该使用示范文本，示范文本的合同条件中“通用合同条件”应全文引用，不得删改。“专业合同条款”则应按其条款编号参加内容，根据工程实际情况进行修改和补充。招标文件一般应由具有相应资质的勘察设计单位承担编制。

（一）主要内容

招标文件应当包括招标项目的技术要求、对投标人资格审查的标准、投标报价要求和评标标准等所有实质性要求和条件以及拟签订合同的主要条款。国家对招标项目的技术、标准有规定的，招标人应当按照其规定在招标文件中提出相应要求。招标项目需要划分标段、确定工期的，招标人应当合理划分标段、确定工期，并在招标文件中载明。招标文件应根据工程的具体情况进行编制，一般分为 3 卷：第一卷为商务文件，包括投标须知（含投标截止时间，开标时间及程序，评标标准、办法及程序等实质性内容）、合同条款、协议书（格式）和履约担保证件（格式）、投标文件（格式）等；第二卷为技术条款；第三卷为招标图纸。

（二）标底的确定

标底编制原则和编制要求如下：

（1）招标项目划分、工程量、施工条件等应与招标文件一致。

（2）应根据招标文件、设计图纸及有关资料按照国家和部颁发的现行技术标准、经济定额标准及规范等认真编制，不得简单地以概算乘以系数或用调整概算作为标底。

（3）在标底的总价中，必须按国家规定列入施工企业应得的计划利润。

（4）施工企业基地补贴费和特殊技术装备补贴费可暂不计入标底，使用方法另行规定。

（5）一个招标项目，只能有一个标底，不得针对不同的投标单位而有不同的标底。《水利工程招标规定》规定：标底必须控制在上级批准的总概算内。如有突破，应说明原因，由设计单位进行调整，并在原概算批准单位审批后才可招标。标底一经审定应密封保存至开标，所有接触过标底的人员均负有保密的法律责任，不得泄露。

（6）项目法人（建设单位）应委托具有资质的设计、咨询、监理单位编制标底，标底编制应按照水利工程的有关定额、市场材料价格、费用标准严格控制，不得随意压低工程项目标价。

（三）投标保证金的标准

要求投标人提交一定金额的投标保证金，是招标人的一项权利，其金额应足以督促投标人在中标后签订合同。保证金的形式和金额需在招标文件中规定，可以采用现金、支票、担保书或银行保函等形式提供。招标文件中应当明确投标保证金金额，一般可按以下标准控制：合同估算价 10000 万元人民币以上，投标保证金金额不超过合同估算价的千分之五；合同估算价 3000 万元至 10000 万元人民币之间，投标保证金金额不超过合同估算价的千分之六；合同估算价 3000 万元人民币以下，投标保证金金额不超过合同估算价的千分之七，但最低不得少于 1 万元人民币。

五、资质要求和资格（资质）预审

（一）资质要求

《招标投标法》第二十六条规定“投标人应当具备承担招标项目的能力；国家有关规定对投标人资格条件或者招标文件对投标人资格条件有规定的，投标人应当具备规定的资格条件”。

所谓资格（资质）是指从事某种活动所具备的条件、身份，也是指企业（事业）单位的业绩、人员素质、管理水平、资金数量、技术装备的综合认证。

对于勘察设计单位，按照《建设工程勘察设计企业资质管理规定》（建设部令第 93 号）和《工程勘察资质分级标准》、《工程设计资质分级标准》（建设部建设[2001]22 号）的规定：工程勘察资质分为工程勘察综合资质（只设甲级）、专业资质（分甲、乙、丙级）和劳务资质（不分级）；工程设计资质分为工程设计综合资质、行业资质（设甲、乙、丙级）和装修资质。工程设计行业资质是按煤炭、电力、水利等划分为 21 个行业，分别制定资质标准。工程勘察单位和工程设计单位必须取得《工程勘察证书》和水利行业《工程设计证书》方能承担水利工程建设项目勘察设计任务。

对于施工单位，根据《建筑业企业资质等级标准》（水利水电施工企业部分）（建建[2001]82 号）的规定，水利水电工程分为施工总承包企业资质，（资质分为特级、一级、二级、三级）以及 7 个专业承包企业资质（即水工建筑物基础处理工程、水工金属结构制作与安装工程、河湖整治工程、堤防工程、水利水电机电设备安装工程、水工大坝工程、水工隧洞工程），资质等级均分为一级、二级和三级。

对于监理单位，根据《水利工程建设监理规定》（水利部令第 28 号）和《水利工程建设监理单位资质管理办法》（水利部令第 29 号）的规定，监理单位资质分为水利工程施工监理、水土保持工程施工监理、机电及金属结构设备制造监理、水利工程建设环境保护监理四类，均分为甲级、乙级和丙级。

在勘察设计、施工、监理等单位的资质等级标准的有关规定中，都明确规定了允许承包工程的范围。如水工大坝工程专业承包二级企业允许承包的工程范围为“可承担单项合同额不超过企业注册资本金（1000 万元以上）5 倍、70 米及以下各类坝型的坝基处理、永久和临时水工建筑物及其辅助生产设施的施工。”因此，在水利工程建设项目招标时，都应根据工程项目的等级、规模、重要性、技术复杂程度等，确定对勘察设计、施工、监理等投标人资质的要求。国家发改委和水利部还要求病险水库除险加固工程各阶段工作必须实行严格的资质管理，“大中型水库除险加固的勘察、设计、施工和监理任务，要由具有甲级或乙级（大型水库必须是甲级）资质的单位承担。”

（二）资格（资质）预审

招标人对投标人的资格（资质）审查通常主要包括如下内容：

1. 投标人投标合法性审查

包括投标人是否是正式注册的法人或其他组织；是否具有独立签约的能力；是否处于正常经营状态，如是否处于被责令停业，有无财产被接管、冻结等情况；是否有相互串通投标等行为；是否正处于被暂停参加投标的处罚期限内等等；经过审查，确认投标人有不合法的情形的，应将其排除。

2. 对投标人资格（资质）和能力的审查

主要包括如下几个方面：

（1）投标人的资格（资质）是否符合招标文件要求，资质证书是否真实、有效；

（2）了解投标人的概况，即投标人的名称、住所、电话，经营等级和资本，近几年的财务状况，已承担的工程任务，目前的剩余能力等；

（3）审查投标人的经验与信誉，看其是否有曾圆满完成过与招标项目在类型、规模、结构、复杂程度和所采用的技术以及施工方法等方面相类似项目的经验或者具有曾提供过同类优质货物、服务的经验，是否受到以前项目业主的好评，在招标前一个时期内的业绩如何，以往的履约情况等等；

（4）审查投标人的财务能力，主要审查其是否具备完成项目所需的充足的流动资金以及有信誉的银行提供的担保文件，审查其资产负债情况；

（5）审查投标人的人员配备能力，主要是对投标人承担招标项目的主要人员的学历、管理经验进行审查，看其是否有足够的有相应资质的人员具体从事项目的实施；

（6）审查完成项目的设备配备情况及技术能力，审查其是否具有实施招标项目的相应设备、机械，并是否处于良好的工作状态，是否有技术支持能力等。

3. 审查方式

招标人对投标人的资格审查可以分为资格预审和资格后审两种方式。资格预审是指招标人在发出招标公告或投标邀请书以前，先发出资格预审的公告或邀请，要求潜在投标人提交资格预审的申请及有关证明资料，经资格预审合格的，方可参加正式的投标竞争。资格后审是指招标人在投标人提交投标文件后或经过评标已有中标人选后，再对投标人或中标人选是否有能力履行合同义务进行审查。实践中，对于大型或复杂的土建工程或成套设备，在正式招标前，一般都采用资格预审的办法确定潜在投标人。资格预审方式通过招标人在招标前对潜在投标人进行筛选，预选出有资格参加投标的人，从而大大减少了招标的工作量，有利于提高招标的工作效率，降低招标成本，也为潜在投标人节约了资金，有利于吸引力量雄厚的投标人前来投标。资格预审还可以帮助招标人了解潜在投标人对项目投标的兴趣，以便于及时修正招标要求，扩大竞争。因此，资格预审同时受到招标人和投标人的青睐，成为招标人对投标人进行资格审查的主要方式。对投标人进行资格审查的规定，既适用于资格预审，也适用于资格后审。

4. 审查要求

审查投标人的投标资格是招标人的一项权利，但由于资格审查的结果直接导致潜在投标人或预选中标人投标或中标权利的丧失，因此如果招标人滥用这一权利，将会直接侵害潜在投标人的合法权益，影响招标的公正性。为此，招标人应当根据招标项目本身的要求对投标人进行资格审查，不得以不合理的条件限制或者排斥潜在投标人，不得对潜在投标人实行歧视待遇。比如，实践中有的招标人超过招标项目的自身要求，故意抬高项目的技术指标，从而达到排斥其他潜在投标人，而让某一特定的投标人中标的目的；有的招标人在招标预审文件中规定对本地区的潜在投标人和其他地区的投标人适用不同的资格评审标准，造成对其他地区投标人的歧视待遇，还有的招标人不公开资格预审程序和标准，暗箱操作，使资格预审处于不公开不透明的状态，投标人公平竞争的权利难以得到保护。所有这些行为均违反了规定，构成招标人资格审查权利的滥用。

六、招标方式

根据《招标投保法》规定，“招标分为公开招标和邀请招标”。

（一）公开招标

公开招标，是指招标人以招标公告的方式邀请不特定的法人或其他组织投标。也称无限竞争性招标。

1. 必须实行公开招标的项目

国家重点水利项目（指国家重点建设项目中的水利项目）；地方重点水利项目（指省、自治区、直辖市重点建设项目的水利项目）；全部使用国有资金投资项目（实际上还包括国家融资项目，因为国家融资项目以国家信用为担筹集，由政府统一筹措、安排、使用、偿还的资金也应视为国有资金）或者国有资金投资占控股或者主导地位的项目（指实际拥有控制权）都应实行公开招标。当情况特殊时部分招标项目需经过批准，方可采用邀请招标，这也是符合水利工程实际情况和需要的。

2. 公开招标的要求

（1）招标人需向不特定的法人或者其他组织（有的科研项目的招标还可包括个人）发出投标邀请。招标人应当通过为全社会所熟悉的公共媒体公布其招标项目、拟采购的具体设备或工程内容等信息，向不特定的人提出邀请。任何认为自己符合招标人要求的法人或其他组织、个人都有权向招标人索取招标文件并届时投标。采用公开招标的，招标人不得以任何借口拒绝向符合条件的投标人出售招标文件，依法必须进行招标的项目，招标人不得以地区或者部门不同等借口违法限制任何潜在投标人参加投标。

（2）公开招标须采取公告的方式，向社会公众明示其招标要求，使尽量多的潜在投标商获取招标信息，前来投标，从而保证了公开招标的公开性。实际生活中人们经常在报纸上看到“XXX 招标通告”，此种方式即为公告招标方式。采取其他方式如向个别供应商或承包商寄信等方式采购的都不是公告方式，不应为公开招标人所采纳。招标公告的发布有多种途径，如可以通过报纸、广播、网络等公共媒体。公开招标的优点在于能够在最大限度内选择投标商，竞争性更强，择优率更高，同时也可以在较大程度上避免招标活动中的贿标行为，因此国际上政府采购通常采用这种方式。

根据《招标投保法》和国务院的授权，国家计委指定《中国日报》、《中国经济导报》、《中国建设报》和《中国采购与招标网》（http://www.chinabidding. com.cn）为发布招标公告的媒介。此外《水利工程招标规定》还规定，大型水利工程建设项目、中央项目、地方重点项目除应在国家计委指定的媒介发布招标公告外，同时还应在《中国水利报》发布招标公告，并要求公告正式媒介发布至发售资格预审文件（或招标文件）的时间间隔一般不少于10日。

招标公告至少应包括如下内容：

（1）招标人的名称、地址，委托代理机构进行招标的，还应注明该机构的名称和地址。

（2）招标项目的性质，是属于工程项目的采购还是货物或服务的采购。

（3）招标项目的数量。

（4）招标项目的实施地点，通常是指货物的交货地点、服务提供地点或建设项目施工地点。

（5）招标项目的实施时间即交货或完工时限。

（6）招标文件的获取办法，包括发售招标文件的地点，文件的售价及开始和截止出售的时间。招标文件的售价一般应只收成本费，以免投标者因价格过高而失去购买招标文件的兴趣。

（7）对投标人的资格（资质）要求。

（8）提交投标文件的时间、地点及投标截止时间。

（9）招标项目的资金来源等。

（二）邀请招标

邀请招标，是指招标人以投标邀请书的方式邀请特定的法人或其他组织投标，通过竞争从中选定中标人的招标方式。

1. 特点

（1）招标人在一定范围内邀请特定的法人或其他组织（有的科研项目的招标还可包括个人）投标。与公开招标不同，邀请招标不须向不特定的人发出邀请，但为了保证招标的竞争性，邀请招标的特定对象也应当有一定的范围，根据《招标投标法》第十七条的规定，招标人应当向3个以上的潜在投标人发出邀请。

（2）邀请招标无须发布公告，招标人只要向特定的潜在投标人发出投标邀请书即可。接受邀请的人才有资格参加投标，其他人无权索要招标文件，不得参加投标。应当指出，邀请招标虽然在潜在投标人的选择上和通知形式上与公开招标有所不同，但其所适用的程序和原则与公开招标是相同的，其在开标、评标标准等方面都是公开的，因此邀请招标仍不失其公开性。

（3）由于邀请的特定潜在投标人数量有限，因此对其资质应提出相对严格的要求，尽量达到业绩好、信誉佳、承担招标项目的能力强。

（4）投标邀请书和招标公告虽形式不同，但内容基本相同，不能因潜在投标人的特定性而改变招标的公开性和公平竞争的本质特征。

2. 有关规定

《水利工程建设招标投标管理规定》第十条规定，依法必须招标的项目中，国家重点水利项目、地方重点水利项目及全部使用国有资金投资或者国有资金投资占控股或者主导地位的项目应当公开招标，但有下列情况之一的，按第十一条的规定经批准后可采用邀请招标：

（1）属于第三条第二项第4目规定的项目；

（2）项目技术复杂，有特殊要求或涉及专利权保护，受自然资源或环境限制，新技术或技术规格事先难以确定的项目；

（3）应急度汛项目；

（4）其他特殊项目。

采用邀请招标的，招标前招标人必须履行下列批准手续：

（1）国家重点水利项目经水利部初审后，报国家发展计划委员会批准；其他中央项目报水利部或其委托的流域管理机构批准。

（2）地方重点水利项目经省、自治区、直辖市人民政府水行政主管部门会同同级发展计划行政主管部门审核后，报本级人民政府批准；其他地方项目报省、自治区、直辖市人民政府水行政主管部门批准。

邀请招标可以采取两阶段方式进行。当招标人对新建项目缺乏足够的经验，对其技术指标尚无把握时，可以通过技术交流会等方式广泛摸底，博采众议，在收集了大量的技术信息并进行评价后，再向选中的特定法人或组织发出投标邀请书，邀请被选中的投标人提出详细的报价。

七、招标的组织形式

（一）自行招标

《水利工程建设招标投标管理规定》第十三条规定，当招标人具备以下条件时，按有关规定和管理权限经核准可自行办理招标事宜：

（1）具有项目法人资格（或法人资格）；

（2）具有与招标项目规模和复杂程度相适应的工程技术、概预算、财务和工程管理等方面专业技术力量；

（3）具有编制招标文件和组织评标的能力；

（4）具有从事同类工程建设项目招标的经验；

（5）设有专门的招标机构或者拥有3名以上专职招标业务人员；

（6）熟悉和掌握招标投标法律、法规、规章。

《水利工程建设招标投标管理规定》第十五条规定，招标人申请自行办理招标事宜时，应当报送以下书面材料：项目法人营业执照、法人证书或者项目法人组建文件；与招标项目相适应的专业技术力量情况；内设的招标机构或者专职招标业务人员的基本情况；拟使用的评标专家库情况；以往编制的同类工程建设项目招标文件和评标报告，以及招标业绩的证明材料；其他材料。

（二）代理招标

招标是一项复杂的系统化工作，有完整的程序，环节多，专业性强，组织工作繁杂，招标代理机构由于其专门从事招标投标活动，在人员力量和招标经验方面有得天独厚的条件，因此国际上一些大型招标项目的招标工作通常由专业招标代理机构代为进行。近年来，我国的招标代理业务有了长足的发展，相继出现了机电设备招标公司、国际招标公司、设备成套公司等专业招标代理机构，这些机构的出色工作对保证招标质量，提高招标效益起到了有益的作用。但是招标代理工作中也存在着一些不容忽视的问题，特别是招标代理机构的法律性质不明确，长期政企不分，处于无序竞争的状态；一些招标代理机构为承揽项目无原则地迁就招标人的无理要求，从而损害了投标人的合法权益，违反了招标的公正性原则，影响了招标的质量，甚至给国家和集体财产造成损失。因此，实践中迫切需要明确招标代理机构的法律地位，加强对招标代理机构的管理。《中华人民共和国招标投标法》第一次在法律中明确规定了招标代理机构的性质和设立条件，对规范我国招标代理工作将起到促进作用。

《招标投标法》第十二条规定，招标人有权自行选择招标代理机构，委托其办理招标事宜。**任何单位和个人不得以任何方式为招标人指定招标代理机构。**

（1）招标人委托招标代理机构属自愿委托，即是否委托招标代理机构由招标人自行决定，法律不要求所有招标活动都必须委托招标机构代理招标。

（2）委托哪一家招标代理机构代理招标由招标人自主决定，不受任何单位和个人的限制。任何单位和个人包括招标人的上级主管部门、有关领导人都不得以任何方式，包括以规章规定、作出行政决定或领导人批条子、打电话等方式，为招标人指定招标代理机构，不得采取任何方式给招标人施加各种压力，迫使其委托特定的招标代理机构代理招标。

（3）招标人和招标代理机构的关系是委托代理关系。根据我国民法通则的规定，这种委托代理关系表现为：招标代理机构受招标人委托，在招标代理权限范围内，以招标人的名义组织招标工作，招标人为委托人，招标代理机构为受托人；招标人对招标代理机构的代理行为承担民事责任。招标人委托招标代理机构从事招标工作的，应当与招标代理机构签订书面委托合同，明确规定招标代理机构的代理权限，以分清责任，避免越权代理和不必要的纠纷，保证招标代理工作的顺利进行。

招标代理机构的法律地位决定了其既要遵守《招标投标法》对招标代理机构的规定，也要遵守该法关于招标人的规定。

八、招标过程中的其他工作

（一）组织现场考察（踏勘）

对于土木建筑工程项目招标，一般情况下由招标人和监理工程师组织投标人进行工程现场的考察。其目的是使投标人进一步了解工程所在地的社会与经济状况，了解自然环境、建筑材料、劳务市场、进场条件和手段、工程地质地貌和地形、当地气象和水文情况、施工条件、住宿条件和医疗条件等状况，以及收集施工布置和编制投标文件所需要的资料等。作为招标人和监理人应主动创造各种条件，使得投标人能方便地用较少的时间完成解决上述问题的考察，为编制投标报价和投标文件奠定基础。同时投标人就招标文件和现场考察提出的问题，招标人和监理人先以口头方式答复，再以书面方式正式解答和澄清。书面通知应发给所有购买招标文件并参加了现场考察的投标人。选择现场考察的时间不宜过早，过早会使投标人来不及很好地研究招标文件，无法就招标文件提出问题。然而时间过晚会导致现场考察后没有足够的时间完成投标文件的编制。应防止有丰富经验和实力的具有竞争力的投标人，由于时间不足，投标文件编制得粗糙，而失掉得标机会，这对招标人来说失掉了一个很好的承包人。

（二）对招标文件的修订和补遗

在投标准备阶段，由于投标人以各种方式向招标人提出需要澄清和解决的问题，以及招标人和监理工程师查阅招标文件发现问题，需要修订和补遗招标文件，这是招标人的权利，但必须要在招标文件要求提交投标文件截止时间至少15日前，以书面形式通知所有潜在投标人，以便投标人均能作出响应，否则会形成投标报价不在同一基础上作出。

（三）对投标人质疑的答复

投标人可以通过通信方式和招标人组织投标人会议（即标前会）的方式提出质疑。招标人或监理人也是通过上述方式解答和澄清。投标人提出书面质疑必须在截止投标日前的一定时间（一般情况下，国际招标为42天）内。招标人和监理工程师答复必须在截止投标日前的一定时间（一般情况下，国内招标为15天，国际招标为28天）内。这些限定既便于招标人和监理人准备答复文件，也便于投标人作出响应。无论任何投标人提出的质疑，答复时均应以书面方式通知所有的投标人。

第三节 投 标

投标人是响应招标、参加投标竞争的法人或者其他组织。依法招标的科研项目允许个人参加投标。国家有关规定或招标文件对投标人资格条件有规定的，投标人应具备规定的资格条件。

一、投标准备

（一）研究招标文件

招标文件（包括招标参考资料）是投标的主要依据。投标人应认真细致地阅读招标文件，进行仔细的分析研究。研究的内容主要有：

（1）弄清采用何种标准合同条件、投标报价书及其附件；

（2）研究合同内容、范围和工程规模；

（3）评估监理工程师的权利和职责；

（4）报价条件、工程质量标准和使用的规范；

（5）工程支付方式、工程价格调整和物价调价方式；

（6）弄清解决争议的方式，包括争议调解和仲裁方式；

（7）弄清合同变更、索赔和违约等的处理；

（8）完工和保修的有关规定；

（9）研究招标文件对投标联营体的要求。

通过对招标文件的研究，找出问题，带着这些问题，参加招标人和监理人组织的标前会和现场考察。

（二）参加现场踏勘

投标人应参加由招标人和监理人组织的现场踏勘。通过现场踏勘可进一步了解招标项目的具体情况及建设项目所在地的社会经济状况，地质、地形、地貌，水文气象，施工场地和对外交通等，收集编制投标文件所需资料。同时，还可就招标文件中和现场踏勘中发现的问题向招标人提出，可获得招标人的口头答复和随后的书面正式解答和澄清。

（三）对招标文件提出澄清、质疑

投标人可以以各种方式向投标人提出需要澄清和解决的问题，包括书面质疑，招标人应在招标文件要求提交投标文件截止时间至少15日前，以书面形式通知所有招标文件收受人，以便投标人能及时作出响应。

二、投标文件的编制和送达

（一）投标文件的编制

投标人应当按照招标文件的要求编制投标文件。投标文件应当对招标文件提出的实质性要求和条件作出响应。

招标项目属于建设施工的，投标文件的内容应当包括拟派出的项目负责人与主要技术人员的简历、业绩和拟用于完成招标项目的机械设备等。

编制投标文件的基本要求。

1. 按照招标文件的要求编制投标文件

招标文件是由招标人编制的希望投标人向自己发出要约的意思表示，从合同法的意义上讲，招标文件属于要约邀请。招标文件通常应包括如下内容：编制投标书的说明；投标人的资格条件；投标人需要提交的资料；招标项目的技术要求；投标的价格要求；投标人提交投标文件的方式、地点、截标的具体时间；对投标担保的要求；评标标准；与投标人联系的具体地址和人员等。投标人只有按照招标文件载明的要求编制自己的投标文件，方有中标的可能。

2. 投标文件应当对招标文件提出的实质性要求和条件作出响应

对招标文件提出的实质性要求和条件作出响应，是指投标文件的内容应当对与招标文件规定的实质要求和条件（包括招标项目的技术要求、投标报价要求和评标标准等）一一作出相对应的回答，不能遗漏或有重大的偏离。否则将被视为废标，失去中标的可能。编制建设施工项目的投标文件，除符合上述两项基本要求外，还应当包括如下内容：

（1）拟派出的项目负责人和主要技术人员的简历。包括项目负责人和主要技术人员的姓名、文化程度、职务、职称、参加过的施工项目等情况。

（2）业绩。一般是指近 3 年承建的施工项目。通常应具体写明建设单位、项目名称与建设地点、结构类型、建设规模、开竣工日期、合同价格和质量达标情况等。

（3）拟用于完成招标项目的机械设备。通常应将投标人自有的拟用于完成招标项目的机械设备以表格的形式列出，主要包括机械设备的名称、型号规格、数量、国别产地、制造年份、主要技术性能等内容。

（4）其他。如近两年的财务会计报表及下一年的财务预测报告等投标人的财务状况；全体员工人数特别是技术工人数量；现有的主要施工任务，包括在建或者尚未开工的工程；工程进度等招标文件所要求在投标文件中载明的内容。

（二）投标文件送达

1. 送达方式

按照通常的理解，送达包括直接派人将投标文件送到招标地点（直接送达）、通过邮局将投标文件寄给招标人（邮寄送达）、委托他人将投标文件送到招标地点（委托送达）等方式。从投标的严肃性和安全性来讲，直接送达更为适宜。

2. 送达要求

（1）投标文件应当按照招标文件要求的时间送达，即在招标文件要求提交投标文件的截止时间前送达。如招标人在招标文件发出后，由于某种原因需要改变原定的截标时间（应只限于延长而不得缩短），以书面方式通知招标文件的所有收受人的，送达投标文件的截止时间即为改变后的时间。

（2）投标文件应当按照招标文件要求的地点送达。也就是在规定的时间内将投标文件送达招标文件预先确定的投标地点。

3. 送达签收

投标人将投标文件按照招标文件规定的时间、地点送达以后，招标人应当签收。

签收时应有签收的书面证明，列有签收的时间、地点、具体的签收人、签收的包数和密封状况等，同时直接送达的送达人也应当签字。签收人签收时一般要检查投标人送达的投标文件是否按照招标文件的要求进行了密封和加写了标志，如果没有按照要求密封和加写标志的，招标人或者招标的代理人员应予拒收，或者告知投标人招标人不承担投标文件提前开封的责任，以防给以后的开标、评标带来不必要的争议。招标人签收后，应当妥善保存，直至开标前不得启封。

4. 送达拒收

投标人送达投标文件时已经超过了招标文件所确定的截止时间，招标人应当拒收。本条规定在这种情况下拒收的理由有二：一是投标人超过规定的时间送达投标文件，过错属于投标人，其不利的法律后果当然由过错人自己承担；二是按照《招标投标法》规定，开标的时间应与截标的时间相一致，如果在开标后还允许接收迟到的投标文件，则可能会给有的投标人在掌握了已开标的其他投标人的投标的情况后再对自己的投标文件进行修改留下可乘之机，这显然是有悖于招标投标活动应当公平、公正的原则的。

三、投标规则

准备参与投标的投标人应依据招标文件的要求和投标条件，以及招标人以书面形式发出的修改通知、答疑和澄清等编制投标文件和投标报价。投标时应注意以下问题。

（1）投标人应对招标文件提出的实质性要求和条件作出响应。

（2）投标人在投标文件中载明拟中标后将准备进行工程分包的非主要建筑物非主体结构的项目和工作。

（3）投标人不得相互串通投标价格，不得排挤其他投标人的公平竞争，损害招标人或者其他投标人的合法权益；投标人不得与招标人串通投标；禁止投标人以向招标人或者评标委员会成员行贿的手段谋取中标；投标人不得以低于成本的报价竞标，也不得以他人名义投标或者以其他方式弄虚作假，骗取中标；依法接受行政监督部门对投标行为的监督。

（4）投标人是以联合体投标时，联合体均应是法人或者其他组织，各方均应当具有承包招标项目的相应能力、资格条件和资质等级。还应签订共同投标协议，明确各方拟承担的工作和责任，并将协议和投标文件一并提交招标人。联合体中标时，联合体各方共同与招标人签订合同，并应明确联合体的责任方，联合体各方就中标项目向招标人承担连带责任。

（5）依据投标人须知关于投标文件递交的规定，应在投标截止日前寄达或由专人将投标文件送达招标人指定的地点。投标文件应标明“正本”和“副本”字样，并应分开装袋密封，不密封的投标文件无效。招标人认为有必要时可以发补充通知延长投标截止时间。若投标人同意延长，则招标文件规定招标人和投标人与投标截止时间有关的义务和权利，亦将适用至延长后的投标截止时间。邮寄的迟到投标文件将原封退回。另外，已递交的投标文件，在投标截止日期前允许投标人修改或撤回。这样的投标应在封面上标明“修改”或“撤回”字样。如果修改涉及其价格，则在正本中的投标报价书之前附一封声明信，明确写明：“价格修改，请在开标会上予以宣读”。投标截止时间以后不得再撤回或修改。

四、联合体投标

（一）定义

（1）联合体的联合各方为法人或者其他组织。形式可以是两个以上法人组成的联合体、两个以上非法人组织组成的联合体、或者是法人与其他组织组成的联合体。

（2）联合体为共同投标并在中标后共同完成中标项目而组成的临时性的组织，不具有法人资格。如果属于共同注册并进行长期的经营活动的“合资公司”等法人形式的联合体，则不属于联合体。组成联合体的目的是增强投标竞争能力，弥补有关各方技术力量的相对不足，提高共同承担的项目完工的可靠性，同时还可分散联合体各方的投标风险。

（3）联合体的组成是“可以组成”，也可以不组成。是否组成联合体由有关各方自己决定。联合体的组成属于各方自愿的共同的一致的法律行为。

（4）联合体对外“以一个投标人的身份共同投标”。也就是说，联合体虽然不是一个法人组织，但是对外投标应以联合体的名义进行，不能以其中一个主体或者两个主体（多个主体的情况下）的名义进行，即由联合体各方“共同与招标人签订合同”。这里需要说明的是，联合体内部之间权利、义务、责任的承担等问题则需要以联合体各方订立的协议为依据。

（二）必备条件

联合体投标的各方应具备一定的条件，主要包括：

（1）联合体各方均应具备承担招标项目的相应能力。这是《中华人民共和国招标投标法》对于联合体投标各方的基本要求。这里所讲的承担招标项目的相应能力，是指完成招标项目所需要的技术、资金、设备、管理等方面的能力。不具备承担招标项目的相应能力的各方组成的联合体，招标人也不得确定其为中标人。

（2）国家有关规定或者招标文件对投标人资格条件有规定的，联合体各方均应当具备规定的相应资格条件。这一要求实际上是保证“联合体各方均应具备承担招标项目的相应能力”的规定得以落实的进一步规定。这里所讲的投标人的“资格条件”分为两类：一类是“国家有关规定”确定的资格条件。这里的“国家有关规定”包括三个方面：一是《中华人民共和国招标投标法》和其他有关法律的规定；二是行政法规的规定；三是国务院有关行政主管部门（比如国务院发展计划委员会、建设部、水利部等）的规定。另一类是招标文件规定的投标人资格条件，招标文件的要求条件一般应包括国家规定的条件和国家规定的条件以外的其他特殊条件。

（3）由同一专业的单位组成的联合体，按照资质等级较低的单位确定资质等级。这一规定的目的是，防止资质等级较低的一方借用资质等级较高的一方的名义取得中标人资格，造成中标后不能保证建设工程项目质量现象的发生。

（三）相互关系

共同投标的联合体的内外关系，包括：

（1）内部关系以协议的形式确定。为此，联合体各方在确定组成共同投标的联合体时，应当依据《中华人民共和国招标投标法》和有关合同立法的规定共同订立投标协议。对协议内容有两项特殊要求：一是应在协议中约定联合体各方拟承担的具体工作；另一项是各方应承担的责任，这里所讲的责任应当是在中标后对中标项目有什么样的权利、义务和违反义务后应当承担的责任等内容。

（2）共同投标的联合体对外的关系包括两个方面：第一，中标的联合体各方应当共同与招标人签订合同。这里所讲的共同“签订合同”，是指联合体各方均应参加合同的订立，并应在合同书上签字或者盖章；第二，“就中标项目向招标人承担连带责任”。这里所讲的“连带责任”，一是指在同一类型的债权、债务关系中，联合体的任何一方均有义务履行招标人提出的债权要求；二是指招标人可以要求联合体的任何一方履行全部的义务，被要求的一方不得以“内部订立的权利义务关系”为由而拒绝履行。当然，就联合体的内部关系上来讲，代他人履行义务的一方，仍有求偿权，即依据内部约定，要求他人承担其按照联合协议的约定应当承担的义务。

（四）招标人不得强迫投标人组成联合体

投标人组成的联合体属于投标人自己的事情，是否组成，如何组成完全由投标人自己确定，招标人不能强迫投标人组成联合体共同投标。“强制”组成联合体的作法与市场经济的法则相悖，难以体现招标中的平等竞争原则；被招标人“强制”组成联合体，也往往会被招标人内定作为中标人，这对其他投标人显然是不公平的。对此，世界银行信贷采购准则也规定，“银行不接受强制要求联合投标或者由本国和外国企业组成的其他强制性联合形式的投标条件”。

第四节　开标、评标、中标和合同签订

一、开标

开标应在招标公告（国家指定的报刊、信息网络或者其他媒介发布）或者投标邀请书规定的时间、地点公开进行，所有的投标人均应派代表参加，并在招标人指定的登记册上签名报到。由招标人或委托的招标代理机构的代表主持开标会议，招标人和监理单位派代表参加，必要时主管部门和贷款单位派代表参加。开标时间的选定，应当在招标文件中明确规定，于提交投标文件截止的同一时间开标，以免造成投标文件失密或被怀疑泄密。开标前应由投标人或者其推选的代表检查投标文件的密封情况，也可以由招标人委托的公证机构检查并公证。经确认无误后，按投标文件接到的时间次序，公开启封投标文件正本。公布投标人名称、投标总价（如国际招标要宣读人民币和外币部分）、投标价格折扣或修改函、投标保函、投标替代方案价格等。在开标会议上既不允许投标人对投标文件作任何修改或说明，也不允许投标人提任何问题，招标人也不解答任何问题。宣读完各投标人投标价格和招标人认为适当的其他情况后，会议即结束。会后由招标人（招标代理机构）尽快编写开标纪要，经招标人批准后报有关部门和贷款单位。开标会议纪要通常包括：招标工程项目名称、合同号、贷款编号、刊登招标公告日期、发售招标文件日期和地点、购买招标文件投标人的名称、投标截止时间、开标时间和地点、按投标货币表示的投标价格和会议进行情况，以及参加开标会议的单位和人员情况（包括主管部门、招标人、招标代理机构、监理单位、贷款单位和投标人的名称和代表的姓名等）。

二、评标

（一）评标标准

评标标准，是指评标时，对投标文件进行审查的标准。是由价格标准与非价格标准的综合，即如何运用这些标准来确定中选的投标文件。

1. 制定原则

标准的制定应合理。非价格标准应尽可能客观和定量化，并按货币额表示，或规定相对的权限（即系数或得分）。

2. 标准的内容

评标标准的分类及应包含的主要内容，可以用权重、分值或资金来表示。《水利工程建设招标投标管理规定》第三十四条规定，评标标准分为技术标准和商务标准。所谓“技术标准”，是指从有利于项目建设出发，制定衡量投标人在投标文件中，在规程、规范引用，实施方案，方案的可操作性，先进性；所谓“商务标准”，主要是指投标人的投标文件中，有关投标人的财务、商誉状况、报价、资金分配等方面的衡量方法。一般包含以下内容：

（1）勘察设计评标标准。勘察、设计招标属于服务招标。服务招标应首先考虑非价格因素，在非价格因素均合格的前提下，再考虑价格因素。投标人的业绩和资信；勘察总工程师、设计总工程师的经历；人力资源配备；技术方案和技术创新；质量标准及质量管理措施；技术支持与保障；投标价格和评标价格；财务状况；组织实施方案及进度安排。

（2）监理评标标准。投标人的业绩和资信；项目总监理工程师经历及主要监理人员情况；监理规划（大纲）；投标价格和评标价格；财务状况。

（3）施工评标标准。**①施工方案（或施工组织设计）与工期技术上的可行性，施工布置的合理性；②投标价格和评标价格，对于工期短的项目着重是投标价格，工期长的同时应考核评标价格；③施工项目经理及技术负责人的经历，主要应考虑从事类似工程的经验与其本人的素质；④组织机构及主要管理人员应设置合理、高效、素质满足要求；⑤主要施工设备数量和质量能否保证顺利施工；⑥质量标准、质量和安全管理措施的正确性与可靠性；⑦投标人的业绩、类似工程经历和资信；⑧财务状况，财务盈亏情况，财务资料的时效与真实性。**

（4）设备、材料采购评标标准。投标价格和评标价格；质量标准及质量管理措施；组织供应计划；售后服务；投标人的业绩和资信；财务状况。

3. 标准的应用

《水利工程建设招标投标管理规定》第三十二条规定，评标标准和方法应当在招标文件中载明，在评标时不得另行制定或修改、补充任何评标标准和方法。评标时，必须使用招标文件（包括补充澄清函）规定的标准和方法。招标人在一个项目中，对所有投标人评标标准和方法必须相同。

（二）评标方法

《水利工程建设招标投标管理规定》第三十五条规定，评标方法可采用综合评分法、综合最低评标价法、合理最低投标价法、综合评议法及两阶段评标法。

1. 综合评分法

评标委员会根据评标标准确定的每一投标不同方面的相对权重（即“得分”），在对标书进行横向比较的前提下，对每一标书进行打分，得分最高的投标即为最佳的投标，可作为中选投标。一般适应于勘察、监理以及技术较复杂的施工项目招标。

2. 综合最低评标价法

评标委员会根据评标标准确定的每一投标不同方面的货币数额，对投标文件进行横向比较，将投标标价以外的投标因素货币化，然后将这些货币数额与投标标价相加。相加估值后价格（即“评标价”）最低的投标可作为中选投标。

3．合理最低投标价法

即能够满足招标文件的各项实质要求，除低于其个别成本的外，投标价格最低的投标即可作为中选投标。

《水利工程建设项目招标投标管理规定》第三十六条规定，施工招标设有标底的，评标标底可采用：①招标人组织编制的标底 A；②以全部或部分投标人报价的平均值作为标底 B；③以标底 A 和标底 B 的加权平均值作为标底；④以标底 A 作为确定有效标的标准，以进入有效标内投标人的报价平均值作为标底。

施工招标未设标底的，按不低于成本价的有效标进行评审。

（三）评标程序

1．评标委员会的组成

评标工作由评标委员会负责。评标委员会由招标人的代表和有关技术、经济、合同管理等方面的专家组成，成员人数为 7 人以上（《招标投标法》规定为 5 人以上）单数，其中专家（不含招标人代表人数）不得少于成员总数的三分之二。国务院办公厅《关于进一步规范招投标活动的若干意见》（国办发[2004]56 号）规定，“严格执行回避制度，项目主管部门和行政监督部门的工作人员，不得作为专家或评标委员会成员参与评标。”

依照《水利工程建设招标投标管理规定》和《水利工程建设项目评标专家管理办法》组建评标委员会。公益性水利工程建设项目中，中央项目的评标专家应当从水利部或流域管理机构组建的评标专家库中抽取；地方项目的评标专家应当从省、自治区、直辖市人民政府水行政主管部门组建的评标专家库中抽取，也可从水利部或流域管理机构组建的评标专家库中抽取。

评标专家，指符合条件，经过培训，取得水利工程建设项目评标专家资格证，可以从事项目评标的专家。

专家库指专家名册（也称人才库）。根据水利部《水利工程建设项目评标专家管理办法》（草稿），水利建设项目设水利部评标专家库（含流域机构分库）和省级专家库。

评标专家的选择应当采取随机的方式抽取。根据工程特殊专业技术需要，经水行政主管部门批准，招标人可以指定部分评标专家，但不得超过专家人数的三分之一。

当项目由于科研、技术特别复杂，采取随机抽取方式确定的专家可能不能胜任评标工作或者只有少数专家能够胜任时，招标人可以直接指定部分评标专家，但首先需办理批准手续，即按《水利工程建设招标投标管理规定》的行政监督，到相应部门办理批准手续。

评标委员会成员不得与投标人有利害关系。所指利害关系包括：是投标人或其代理人的近亲属；在 5 年内与投标人曾有工作关系；或有其他社会关系或经济利益关系。

评标委员会成员名单在招标结果确定前应当保密。

2．一般步骤

《水利工程建设招标投标管理规定》第四十四条规定，评标工作一般按以下程序进行：

（1）招标人宣布评标委员会成员名单并确定主任委员；

（2）招标人宣布有关评标纪律；

（3）在主任委员主持下，根据需要，讨论通过成立有关专业组和工作组；

（4）听取招标人介绍招标文件；

（5）组织评标人员学习评标标准和方法；

（6）经评标委员会讨论，并经二分之一以上委员同意，提出需投标人澄清的问题，以书面形式送达投标人；

（7）对需要文字澄清的问题，投标人应当以书面形式送达评标委员会；

（8）评标委员会按招标文件确定的评标标准和方法，对投标文件进行评审，确定中标候选人推荐顺序；

（9）在评标委员会三分之二以上委员同意并签字的情况下，通过评标委员会工作报告，并报招标人。评标委员会工作报告附件包括有关评标的往来澄清函、有关评标资料及推荐意见等。

一般情况下评标工作分初评和终评两阶段，分述如下。

3. 初评

本阶段是对所有投标人的投标文件做总体综合评价，以便初选出几家具有竞争优势的投标人，供下阶段深入评审。首先核查投标报价是否正确无误，对有计算错误的报价进行修正。招标文件通常规定的修正原则是：如果文字量和数字量不一致，则以文字量为准；如果《工程量清单》中任一项目的单价与其工程量的乘积与该项目的总价不一致时应以单价为准，对总价进行修正。但经招标人与投标人共同核对后认为单价有明显小数点错位时，则应以总价为准，对单价进行修正；若分组工程量清单中的合计金额与投标汇总表中金额不一致，以修正计算错误后的各分组工程量清单中的合计金额为准。然后按投标报价的高低进行排队。初评主要内容如下：

（1）评投标文件的完整性和响应性。①完整性评定，主要是指投标报价书和合同格式及内容是否按招标文件要求填报；②响应性评定，响应性投标文件是指遵从招标文件的所有项目、条款和技术规范，而无实质性偏离和保留的投标文件。实质性偏离或保留是指以任何方式对工程的范围、质量或实施造成影响，或者由于与招标文件相悖，对合同中规定的招标人的权利或投标人的义务的实施产生限制，而纠正这种偏离或保留又会不公平地影响提出响应性投标的其他投标人的竞争地位。如果投标文件对招标文件有实质性的偏离或保留，招标人将拒绝其投标。

（2）评法律手续和企业信誉。核查投标人是否是在所在国和所在地注册的实体公司。国内投标人应有注册证明和企业的资质等级的证明；国外投标人要有所在国的注册证明，还要有我国驻外使馆经参处的证明，证明其是否是合法的开业公司。同时该公司的法定代表人对投标人是否按招标文件规定给予授权，并应由公证机关证明。企业信誉的评定，主要从投标人所报资料和实地调查资料评定。评定已实施合同的执行情况，业主是否满意，有无中止合同，或有无被投诉或被诉讼等方面的记录。

（3）评价财务能力。利用以下各指标进行综合分析，评定投标人的财务实力（如果资格预审阶段详细评定了，该阶段只核查是否有变化，只对财务状况变化的投标人再评审）：①根据企业的年生产能力分析承担本工程的履约能力；②用年完成本工程计划资金量与净流动资产比率指标衡量投标人是否有足够的营运资本来履行本合同；③用长期平衡系数指标衡量投标人目前自有资产对承包本合同工程的保证程度；④用债务比率和收益与利息比率衡量企业还债能力和举债经营的限度；⑤用速动比率指标测定企业迅速偿还流动负债能力；⑥用销售利润率和资产利润率指标衡量企业获利能力；⑦用银行提供的资信证明了解投标人在金融界的信誉及银行对投标人所持的态度。

（4）评施工方法的可行性和施工布置的合理性。以监理工程师编制的施工规划评定各投标人选用的施工方法是否可行，施工布置是否合理，是否适应工程实际的情况，应变能力是否强等；并比较其优缺点，提出存在的问题，以便进一步澄清。

（5）施工能力和经验的比较。对各投标人拟派驻现场的项目经理、总工程师、高级专业工程师、施工工程师和经济师等主要管理人员资历、经验和语言能力等进行评价；对现场机构的设置进行评价；对实施本工程项目投入现有设备、拟购设备和拟租用设备等的名称、规格、型号、产地、新旧程度和价值、数量、出厂日期等进行评价；对已建成或在建或已承诺的类似本工程的项目的状况进行评价。通过上述内容评价各投标人是否有能力和经验完成本工程项目并评价其适应和应变能力。

（6）评价保证工程进度、质量和安全等措施的可靠性。

（7）评价投标报价的合理性。投标人的投标报价经计算错误纠正之后，用招标人核定的标底或成本价为依据，分别评价投标人的投标报价。特别要以工程量清单中各主要项目的投标单价对比相应项目的标底单价。从监理工程师编制的施工规划与投标人编制的施工方法说明中，评价高低差的合理性。如果主要项目单价差过大，且不合理，或者投标人的投标价格低于成本价时，招标人有权不接受这样的投标。

上述前6条评价内容主要是为评定投标人是否能够满足招标文件的实质性要求。如果不能满足实质性要求，则应淘汰其投标。如果满足实质性要求则再按**第七条**评价投标人投标价格的合理性。如果投标价格合理，且不低于成本价时，按投标价格大小顺序排队，选择较低的3～4个投标人进入终评。

4. 终评

本阶段是对经初评有竞争优势的潜在中标候选人进一步全面评审，从中确定中标候选人。为深入评审，本阶段第一项任务是，对进入终评的投标人投标文件中存在的问题进行澄清。首先把存在的问题以书面方式分别发给投标人，并要求以书面方式作出澄清答复。在此基础上，再召开投标澄清会议，分别进行招标人和各投标人面对面的澄清。澄清会议结束后，即开始终评，主要从以下几个方面评审：

（1）进行投标人资格后审。该阶段还应继续核查投标人的资质、施工企业的信誉和财务状况，如资格条件有实质性的改变时，发包人有权取消其投标或中标资格。

（2）进一步评价投标人能否满足招标文件实质性要求。在初评和澄清的基础上，进一步核查施工方法、施工布置、施工能力、施工经验、施工进度、确保工程质量和安全的措施。如有实质性的改变，已不能够满足招标文件实质性要求时，招标人也有权取消其潜在中标候选人的资格。上述两方面评价中如投标人有实质性改变，并被取消投标和中标资格，且剩余的潜在中标候选人又不足3家时，应从初选淘汰的投标人中补进。

（3）计算经评审的投标价格（也称评标价）。对仍然能够满足招标文件实质性要求的潜在中标人，进行经评审的投标价格计算，主要考虑以下几方面因素：①改正投标价格的计算错误；②扣除投标价格的备用金（包括不参与竞争的计日工报价）；③招标人认为可接受的替代方案所引起的增减金额；④招标人认为可接受的非重大偏离和保留，并以货币定量值加到投标报价之中。

现以小浪底水利枢纽工程计算评标价为例。在评标过程中，业主将按以下方式调整投标价格以确定每份投标的评估后的评标价：①被确认为具有响应性的投标文件，将由业主检查在计算上的错误；②扣除工程量清单汇总表中的暂定金额（也称备用金）、关税和不可预见费（如果有的话），但应包括计日工（参与投标竞争）；③为便于投标文件的评价和比较，业主将可支付的投标价格的各种货币额转换为人民币，转换比率以指定的开标日期前28天由中国银行信息中心公布的卖出价为准；④对投标人按投标价格（不包括暂定金额和不可预见费）的0%～12%以内申请的预付金额，以及可使业主产生的费用变化，并计算随时间可定量变化的货币费用以月为单位计入纯现金流项，再按以上第三款的指定日期及10%的年贴现率折成现值，然后加到投标人的投标价格中，以资比较；⑤对没有在投标价格或上述其他调整中反映的任何其他可接受的且可用货币数量表示的变更、偏离作适当的调整。

通过上述评审和计算经评审的投标价格，对能够满足招标文件实质性要求的潜在中标候选人，按经评审的投标价格排队，以最低价格的投标人为推荐的中标候选人，第二低价格的投标人为备补中标候选人。评标委员会完成评标后，向招标人提出书面评标报告，并推荐合格的中标候选人。至此评标工作结束。

在招标投标中要防止片面追求“最低价”中标的现象。对于水利工程建设项目的招标，属于较复杂的招标项目，招标人考虑的不单是招标报价，更重要的是要考虑投标人的技术、知识和能力，因此采用经评审的最低投标价法和综合评估法进行评标是合适的。有些投标人故意压低投标报价，以低于自己的个别成本价竞标，如果中标，在履行合同时必然为了节省开支而想方设法偷工减料，粗制滥造，质量和进度不能保证，对建设项目危害极大。因此，在评标时要严格把关，要把低于个别成本的投标作为废标处理，不予评审，当然就不可能中标。

（四）无效标和废标处理

1．无效标界定

《水利工程建设招标投标管理规定》第四十五条规定，招标人对有下列情况之一的投标文件，可以拒绝或按无效标处理：

（1）投标文件密封不符合招标文件要求的；

（2）逾期送达的；

（3）投标人法定代表人或授权代表人未参加开标会议的；

（4）未按招标文件规定加盖单位公章和法定代表人（或其授权人）的签字（或印鉴）的；

（5）招标文件规定不得标明投标人名称，但投标文件上标明投标人名称或有任何可能透露投标人名称的标记的；

（6）未按招标文件要求编写或字迹模糊导致无法确认关键技术方案、关键工期、关键工程质量保证措施、投标价格的；

（7）未按规定交纳投标保证金的；

（8）超出招标文件规定，违反国家有关规定的；

（9）投标人提供虚假资料的。

2．废标界定和处理

根据《评标委员会和评标方法暂行规定》（国家计委、水利部等七部委令第12号）第二十一条、第二十三条、第二十五条、第二十七条对废标的认定和处理作了以下规定。

（1）在评标过程中，评标委员会发现投标人的报价明显低于其他投标报价或者是在设有标底时明显低于标底，使得其投标报价可能低于其个别成本的，应当要求该投标人作出书面说明并提供相关证明材料。投标人不能合理说明或者不能提供相关证明材料的，由评标委员会认定该投标人以低于成本价竞标，其投标应作废标处理。

（2）未能在实质上响应招标文件的投标，应作废标处理。

（3）投标文件有“重大偏差”，未能对招标文件作出实质性响应的，应作废标处理。

评标委员会界定无效标和废标后，因有效投标不足三个使得投标明显缺乏竞争的，评标委员会可以否决全部投标。投标人少于三个或所有投标被否决的，投标人应当重新招标。

（五）其他规定

（1）《水利工程建设招标投标管理规定》第四十六条规定，评标委员会经过评审，认为所有投标文件都不符合招标文件要求时，可以否决所有投标，招标人应当重新组织招标。对已参加本次投标的单位，重新参加投标不应当再收取招标文件费。

（2）《水利工程建设招标投标管理规定》第四十七条规定，评标委员会应当进行秘密评审，不得泄露评审过程、中标候选人的推荐情况以及与评标有关的其他情况。

（3）《水利工程建设招标投标管理规定》第四十八条规定，在评标过程中，评标委员会可以要求投标人对投标文件中含义不明确的内容采取书面方式作出必要的澄清或说明，但不得超出投标文件的范围或改变投标文件的实质性内容。

（4）根据国家计委《关于进一步贯彻〈招标投标法〉的通知》（计政策[2001]1400号）的规定，标底不能作为决定废标的直接依据。

三、中标

（一）中标条件

《招标投标法》第四十一条规定，中标条件应符合下列两项条件之一：

(1)能够最大限度地满足招标文件中规定的各项综合评价标准。投标文件的评价标准应按法律的规定都在招标文件中载明，评标委员会在对投标文件进行评审时，应当按照招标文件中规定的评标标准进行综合性评价和比较。比如，按综合评价标准对建设工程项目的投标进行评审时，应当对投标人的报价、工期、质量、主要材料用量、施工方案或者施工组织设计、以往业绩、社会信誉等方面进行综合评定，以能够最大限度地满足招标文件规定的各项要求的投标作为中标。以综合评价标准最优作为中标条件的，在评价方法中通常采用打分的办法，在对各项评标因素进行打分后，以累计得分最高的投标作为中标。

(2)能够满足招标文件的实质性要求，并且经评审的投标价格最低；但是投标价格低于成本的除外。

能够满足招标文件的实质性要求。这是中标的前提条件。

经评审的投标价格最低。是指对投标文件中的各项评标因素尽可能折算为货币量，加上投标报价进行综合评审、比较之后，确定评审价格最低的投标（通常称为最低评标价），以该投标为中标。这里需要指出的是，中标的是经过评审的最低投标价，而不是指报价最低的投标。

为了保证招标项目的质量，防止某些投标人以不正常的低价中标后粗制滥造、偷工减料，对投标价格低于成本的投标将不予考虑。

（二）中标人确定

排序推荐中标候选人，即应提出第一中标候选人，以此类推，一般情况下（即招标文件中应标明）为1～3个，供招标人确定中标人。

《水利工程建设招标投标管理规定》第五十一条规定，招标人可授权评标委员会直接确定中标人，也可根据评标委员会提出的书面评标报告和推荐的中标候选人顺序确定中标人。当招标人确定的中标人与评标委员会推荐的中标候选人顺序不一致时，应当有充足的理由，并按项目管理权限报水行政主管部门备案。

《水利工程建设招标投标管理规定》第四十九条规定，评标委员会经过评审，从合格的投标人中排序推荐中标候选人。由于中标人的原因放弃中标时，招标人可以确定次候选人中标。这时要向有关水行政主管部门备案。

评标委员会经评审，认为所有投标都不符合招标文件要求的，可以否决所有投标。即将所有投标都作为废标处理。所有投标文件都不符合招标文件的要求，通常有以下三种情况：

（1）最低评标价大大超过标底或合同估价，招标人无力接受投标；

（2）所有投标人在实质上均未响应投标文件的要求；

（3）投标人过少，没有达到预期的竞争性。

依法必须进行招标的项目的所有投标被否决的，招标人应当依照《中华人民共和国招标投标法》重新进行招标。对于依法必须进行招标的项目，如果所有的投标都被否决，招标人不得再从落选的投标中进行挑选，也不得找另外的人进行一对一的谈判，自己确定中标人。而是应当按照《中华人民共和国招标投标法》规定的招标程序，重新进行招标。当然，如属原招标条件规定不当的，招标人应当在重新修改招标文件后再重新进行招标。如确因时间较紧来不及进行重新招标或确有其他特殊情况不宜再进行招标的，经批准，也可采用其他采购方式。对于招标人自愿选择招标采购方式的项目，招标人可以重新招标，也可以采用其他采购方式。

中标人确定后，招标人应向中标人发出中标通知书，并同时将中标结果通知所有未中标的投标人。因中标通知书具有法律效力，且是合同文件的组成部分，在采用代理招标时，中标通知书也应由招标人发出，不应由代理机构发出。

四、签订合同

（一）签定时间

《水利工程建设招标投标管理规定》第五十二条规定，自中标通知书发出之日起30日内，招标人和中标人应当按照招标文件和中标人的投标文件订立书面合同，中标人提交履约保函。签订书面合同，一方面可以弥补中标通知书过于简单的缺陷，另一方面可以将招标文件和投标文件中规定的有关实质性内容（包括对招标文件和投标文件所做出的澄清、修改等内容）进一步明晰化和条理化，并以合同形式统一固定下来，保证合同的履行。

（二）内容要求

招标人与中标人双方签订的书面合同，仅仅是将招标文件和投标文件的规定、条件和条款（包括招标、评标过程中的补充、修订、澄清）以书面合同的形式固定下来，招标文件和投标文件是该合同的依据，因此，订立书面合同，不得要求投标人承担招标文件以外的任务或修改投标文件的实质性内容（工期、报价、材料供应、单价等），更不能背离合同实质性内容（因为中标通知书发出后，合同即告成立，其实质性内容是招标文件和投标文件）另外签订协议；否则因该合同（协议）违背了招标投标的原旨，合同（协议）应为无效，也是违法行为。

（三）合同生效

规定书面合同签订时合同生效，根据《合同法》第四十四条规定，“依法成立的合同，自成立时生效。法律、行政法规应当办理批准、登记等手续生效的，依照其规定”。这是关于合同生效的一般规则。但由于招标方法的特定情况，故采购合同的生效也比较特殊。

对采购合同的生效国际上大致的三种不同规定。一是招标人向中标人发出中标通知书时开始生效，即自合同成立时合同生效。这个规定与我国《合同法》的上述一般规定相同。二是中标人在符合其投标的书面采购合同上签字时，合同生效，即签订书面合同时合同生效。三是采购合同报请行政主管部门批准时生效。由此可见，除第一种外，其余两种规定都表明，合同成立与合同生效有一定的时间间隔，合同成立并不意味合同立即生效。

（四）履约保证金

招标文件要求中标人提交履约保证金的，中标人应当提交。履约保证金是指招标人要求投标人在接到中标通知后，提交的保证履行合同各项义务的担保。

履行担保的形式

履行担保一般有三种形式：银行保函、履约担保书和保留金。

（1）银行保函。由商业银行开具的担保证明。银行保函分为有条件的和无条件的银行保函。有条件的保函是指下述情形：在投标人没有实施合同或者未履行合同义务时，由招标人出具证明说明情况，并由担保人对已执行合同部分和未执行部分加以鉴定，确认后才能收兑银行保函，由招标人得到保函中的款项。建筑行业通常偏向于这种形式的保函。无条件的保函是指下述情形：招标人不需要出具任何证明和理由，只要看到承包人违约，就可对银行保函进行收兑。

（2）履约担保书。当中标人在履行合同中违约时，由开出担保书的担保公司或者保险公司用该项担保金去完成施工任务或者向招标人支付该项保证金。工程采购项目保证金提供担保书形式的，其金额一般为合同价的30%～50%。

（3）保留金。在合同支付条款中，规定一定百分比的保留金。如果作为中标人的承包商或者供货商没有按照合同规定履行义务，招标人将扣除这部分支付金额作为损失补偿。

需要说明的是，履约保证金额的大小取决于招标项目的类型与规模，但大体上应能保证中标人违约时，招标人所受损失能得到补偿。在投标须知中，招标人要规定使用哪一种形式的履约担保。中标应当按照招标文件中的规定提交履约担保。履约保证金担保中标人正确履行合同。

国外也对履约保证金多有规定。如《世行采购指南》规定，工程的招标文件要求一定金额的保证金。其金额足以抵偿借款人在承包商违约时所遭受的损失。该保证金应当按照借款人在招标文件中的规定以适当的格式和金额采用履约担保书或者银行保函形式提供。担保书或者银行保函的金额将根据提供保证金的类型和工程的性质和规模有所不同。

（五）其他规定

（1）中标人由于自身原因而放弃中标（即已中标不签订合同）时，招标人可以向排序第二的中标候选人发中标通知，并与其签订合同（但一定要在退投标保证金之前进行）。此时，第一中标人的投标保证金将被招标人没收，并发通知取消其中标资格，通知所有投标人，当给投标人造成的损失包括精神损失、名誉损失费等超过投标保证金金额时，应当对超出部分予以赔偿。

（2）《水利工程建设招标投标管理规定》第五十五条规定，由于招标人自身原因致使招标工作失败（包括未能如期签订合同），招标人应当按投标保证金双倍的金额赔偿投标人，同时退还投标保证金。

（3）《水利工程建设招标投标管理规定》第五十四条规定，当确定的中标人拒绝签订合同时，招标人可与确定的候补中标人签订合同，并按项目管理权限向水行政主管部门备案。

第五节 转包和分包

一、转包

《中华人民共和国建筑法》第四十六条（转包禁止）：禁止承包单位将其承包的建设工程转包给他人或者将其承包的全部建设工程肢解以后以分包的名义分别转包给他人。

总承包人或者勘察、设计、施工承包人经发包人同意，可以将自己承包的部分工作交由第三人完成。第三人就其完成的工作成果与总承包人或者勘察、设计、施工承包人向发包人承担连带责任。承包人不得将其承包的全部建设工程转包给第三人。

虽然合同法规定有些合同可以转让，包括全部或部分权利、全部或部分义务、全部或部分权利和义务可以转让。但是，《中华人民共和国合同法》和《中华人民共和国建筑法》明确规定：建设工程合同不得整体转让。

《水利建设工程施工分包管理规定》（水建管[2005]304 号）第十六条规定，禁止将承包的工程进行转包。承包人有下列行为之一者，属转包：①承包人未在施工现场设立项目管理机构和派驻相应管理人员，并未对该工程的施工活动（包括工程质量、进度、安全、财务等）进行组织管理的；②承包人将其承包的工程发包给他人的，或者将其承包的全部工程肢解后以分包的名义分别发包给他人的。

二、分包

根据水利部《水利建设工程施工分包管理规定》（水建管[2005]304 号）规定：

（1）水利工程施工分包按分包性质分为工程分包和劳务分包。工程分包是指承包人将其所承包工程发包给其他企业或组织完成的活动；劳务作业分包是指承包人将其承包的劳务作业发包给其他企业或组织完成的活动。

（2）水利建设工程的主要建筑物的主体结构不得进行工程分包。本规定所称主要建筑物是指失事以后将造成下游灾害或严重影响工程功能和效益的建筑物，如堤坝、泄洪建筑物、输水建筑物、电站厂房和泵站等。主要建筑物的主体结构，由项目法人要求设计单位在设计文件或招标文件中明确。

（3）承揽工程分包的分包人必须具有与所分包承建的工程相应的资质，并在其资质等级许可范围内承揽业务。

（4）工程分包应在施工承包合同中约定，或经项目法人书面认可。劳务作业分包由承包人与分包人通过劳务合同约定。分包人必须自行完成所承包的任务。

（5）在合同实施过程中，有下列情况之一的，项目法人可向承包人推荐分包人：由于重大设计变更导致施工方案重大变化，致使承包人不具备相应的施工能力；由于承包人原因，导致施工工期拖延，承包人无力在合同规定的期限内完成合同任务；项目有特殊技术要求、特殊工艺或涉及专利权保护的。

如承包人同意，则应由承包人与分包人签订分包合同，并对该推荐分包人的行为负全部责任；如承包人拒绝，则可由承包人自行选择分包人，但需经项目法人书面认可。

（6）项目法人一般不得直接指定分包人。但在合同实施过程中，如承包人无力在合同规定的期限内完成合同中的应急防汛、抢险等危及公共安全和工程安全的项目，项目法人经项目的上级主管部门同意，可根据工程技术、进度的要求，对该应急防汛、抢险等项目的部分工程指定分包人。因非承包人原因形成指定分包条件的，项目法人的指定分包不得增加承包人的额外费用；因承包人原因形成指定分包条件的，承包人应负责因指定分包增加的相应费用。

由指定分包人造成的与其分包工作有关的一切索赔、诉讼和损失赔偿由指定分包人直接对项目法人负责，承包人不对此承担责任。职责划分可由承包人与项目法人签订协议明确。

（7）承包人和分包人应当依法签订分包合同，并履行合同约定的义务。分包合同必须遵循承包合同的各项原则，满足承包合同中技术、经济条款。承包人应在分包合同签订后7个工作日内，送发包人备案。

（8）发包人或其委托的监理单位要对承包人和分包人签订的分包合同的实施情况进行监督检查。

（9）除指定分包外，承包人对其分包项目的实施以及分包人的行为向发包人负全部责任。承包人应对分包项目的工程进度、质量、安全、计量和验收等实施监督和管理。

（10）分包人应当按照分包合同的约定对其分包的工程向承包人负责，分包人应接受承包人对分包项目所进行的工程进度、质量、安全、计量和验收的监督和管理。承包人和分包人就分包项目对发包人承担连带责任。

（11）承包人和分包人应当设立项目管理机构，组织管理所承包或分包工程的施工活动。项目管理机构应当具有与所承担工程的规模、技术复杂程度相适应的技术、经济管理人员。其中项目负责人、技术负责人、财务负责人、质量管理人员、安全管理人员必须是本单位人员。

（12）禁止将承包的工程进行违法分包。承包人有下列行为之一者，属违法分包：承包人将工程分包给不具备相应资质条件的分包人的；将主要建筑物主体结构工程分包的；施工承包合同中未有约定，又未经项目法人书面认可，承包人将工程分包给他人的；分包人将工程再次分包的；法律、法规、规章规定的其他违法分包工程的行为。

第六节　行政监督和审计

一、监督主体及职责

（1）水利部是全国水利工程建设项目招标投标活动的行政监督与管理部门，其主要职责是：①负责组织、指导、监督全国水利行业贯彻执行国家有关招标投标的法律、法规、规章和政策；

②依据国家有关招标投标法律、法规和政策，制定水利工程建设项目招标投标的管理规定和办法；

③受理有关水利工程建设项目招标投标活动的投诉，依法查处招标投标活动中的违法违规行为；

④对水利工程建设项目招标代理活动进行监督；

⑤对水利工程建设项目评标专家资格进行监督与管理；

⑥负责国家重点水利项目和水利部所属流域管理机构（以下简称流域管理机构）主要负责人兼任项目法定代表人的中央项目的招标投标活动的行政监督。

（2）流域管理机构受水利部委托，对除水利部负责监督管理以外的中央项目的招标投标活动进行行政监督。

（3）省、自治区、直辖市人民政府水行政主管部门是本行政区域内地方水利工程建设项目招标投标活动的行政监督与管理部门，其主要职责是：

①贯彻执行有关招标投标的法律、法规、规章和政策；

②依照有关法律、法规和规章，制定地方水利工程建设项目招标投标的管理办法；

③受理管理权限范围内的水利工程建设项目招标投标活动的投诉，依法查处招标投标活动中的违法违规行为；

④对本行政区域内地方水利工程建设项目招标代理活动进行监督；

⑤组建并管理省级水利工程建设项目评标专家库；

⑥负责本行政区域内除水利部和流域管理机构进行监督管理以外的地方项目的招标投标活动的行政监督。

二、监督内容

（一）水行政主管部门的行政监督内容

水行政主管部门依法对水利工程建设项目的招标投标活动进行行政监督，内容包括：

（1）接受招标人招标前提交备案的招标报告。

（2）可派员监督开标、评标、定标等活动。对发现的招标投标活动的违法违规行为，应当立即责令改正，必要时可做出包括暂停开标或评标以及宣布开标、评标结果无效的决定，对违法的中标结果予以否决。

（3）接受招标人提交备案的招标投标情况书面总结报告。

（二）行政监督部门的监督内容

有关行政监督管理部门对招标投标活动实施监督管理的事项主要应包括：

（1）对依法必须招标的项目是否进行了招标进行监督。凡属《中华人民共和国招标投标法》第三条规定的工程建设项目及有关的重要设备、材料的采购，其采购规模达到国务院有关部门依照《中华人民共和国招标投标法》制定的规模标准以上的，必须依法进行招标投标。对这些法定强制招标的项目是否依法进行了招标投标，有关行政监督部门应依法进行监督。

（2）对法定招标投标项目是否依照《中华人民共和国招标投标法》规定的规则和程序进行招标投标实施监督。凡属法定招标的项目，必须依照《中华人民共和国招标投标法》

规定的规则、程序进行招标投标，以确保招标投标符合公开、公平、公正的原则，发挥其应有的优越性。包括：对招标人是否采用适当的招标方式进行监督；对招标代理机构是否具有法定代理资格以及是否依照法律和招标人的委托进行招标代理活动进行监督；对招标人是否依法提供招标信息，依法接受投标人的投标，依法进行开标、评标和定标，直至依法与中标人签订合同进行监督；对投标人是否依法参加投标活动，进行正当竞争进行监督等。

（3）依法查处招标投标活动中的违法行为。依照《中华人民共和国招标投标法》第五章关于法律责任的规定，有关行政监督部门对违反《中华人民共和国招标投标法》规定的行为，包括对法定强制招标项目不进行招标的，招标人、投标人、招标代理机构不按《中华人民共和国招标投标法》规定的规则和程序进行招标投标活动的等，除责令改正外，依法给予罚款、没收违法所得、取消资格、责令停业、吊销营业执照等行政处罚。

三、依法接受监督

（1）法律一经颁布施行，各方面就必须严格遵守。除了要求当事人自觉依法办事外，还要建立相应的监督制约机制，依靠国家的强制力来保证法律的贯彻施行。制定招标投标法，是为了确定招标投标活动必须遵守的基本规则和程序，规范招标投标活动当事人的行为。招标投标活动的当事人对有关行政监督部门依照《中华人民共和国招标投标法》和有关规章和规定对招标投标活动实施的监督管理时，有关当事人应当服从与配合，包括向有关行政监督管理部门如实提供资料、接受依法进行的检查等。对拒不接受依法实施的监督检查的，要承担相应的法律责任，有关行政机关可以依法采取强制措施或申请法院强制执行。

（2）有关行政管理部门对招标投标活动的监督检查必须依法进行，包括有关部门监督管理的职权必须符合法律、行政法规、规章和其他规定；监督管理的内容、监督管理的措施以及对违法行为实施行政处罚的处罚种类、处罚幅度等，都必须遵守法律、行政法规的规定，不能自行其事。对依法应当进行监督管理的事项，如不依法实施监督管理，就是失职；对不属于行政监督管理范围内，而应由招标投标活动当事人自主决定的事项，行政机关不得凭借其行政权力违法进行干预（如，强令招标人将采购项目交给行政机关指定的供应商、承包商；自行作出违反《中华人民共和国招标投标法》的行政性规定，限制或者排斥本地区、本系统以外的法人或者其他组织参加本地区、本系统的投标活动等），造成越权或滥用职权。对行政机关工作人员违法失职或者滥用职权的，将依法追究其法律责任；情节严重，构成犯罪的，将依法追究其刑事责任。当事人认为行政机关的行政行为违法，侵害其合法权益的，可以依照《行政复议法》的规定向上级行政机关申请行政复议，或者依照《行政诉讼法》的规定，向人民法院提起行政诉讼。

第七节 《标准施工招标文件》简介

《〈标准施工招标资格预审文件〉和〈标准施工招标文件〉试行规定》及相关附件（以下简称《标准文件》）已经由国家发展改革委、财政部、建设部、交通部、铁道部、信息产业部、水利部、民航总局、广电总局令第56号于2007年11月1日联合发布，自2008

年5月1日起试行。

《标准文件》是国务院九部门在总结现有行业施工招标文件范本实施经验，针对实践中存在的问题，并借鉴世界银行、亚洲开发银行做法的基础上编制的。《标准文件》定位于通用性，着力解决各行业施工招标文件编制中带有普遍性和共同性的问题，规范了招标投标活动当事人的权利义务，标志着政府对招标投标活动的管理已经从单纯依靠法律制度深化到结合运用技术操作规程进行科学管理。《标准文件》的贯彻实施，对于进一步统一工程招标投标规则、提高招标文件质量、规范招标投标活动、加强政府投资管理，预防和遏制腐败，促进形成统一开放、竞争有序的招标投标市场，具有重要意义。

《标准文件》包括《标准施工招标资格预审文件》和《标准施工招标文件》两个文件。《标准施工招标资格预审文件》共分资格预审公告、申请人须知、资格审查办法、资格预审申请文件格式、项目建设概况等五章；《标准施工招标文件》共分招标公告（或投标邀请书）、投标人须知、评标办法、合同条款及格式、工程量清单、图纸、技术标准和要求、投标文件格式等八章。

与以前的行业标准施工招标范本相比，《标准文件》在指导思想、体例结构、主要内容以及使用要求等方面都有较大的创新和变化。《标准文件》首次专门对资格预审作出详细规定，结合我国实际情况对通用合同条款作了较为系统的规定，除增设合同争议专家评审制度外，在加强环境保护、制止商业贿赂、保证按时支付农民工工资等方面，也提出了新的更高要求。

行业施工招标文件范本和《标准文件》的衔接。试行规定明确，国务院有关行业主管部门可根据《标准施工招标文件》并结合本行业施工招标特点和管理需要，编制“行业标准施工招标文件”。《标准文件》和行业施工招标文件范本采取两个本子的形式，《标准文件》规定通用部分，行业施工招标文件范本规定本行业专用部分，两个本子结合起来，构成完整的施工招标文件。《标准文件》发布实施后，已有行业施工招标文件范本的成员单位，要尽快根据《标准文件》修订形成新的行业施工招标文件范本；准备编制行业施工招标文件范本的，根据《标准文件》并结合本行业施工招标特点和管理需要编制；不准备编制行业施工招标文件范本的，按照《〈标准施工招标资格预审文件〉和〈标准施工招标文件〉试行规定》执行。

《标准施工招标文件》的主要内容如下：

第一章　招标公告（未进行资格预审）

1　招标条件

2　项目概况与招标范围

3　投标人资格要求

4　招标文件的获取

5　投标文件的递交

6　发布公告的媒介

7　联系方式

第一章　投标邀请书（适用于邀请招标）

1.1　招标条件

1.2　项目概况与招标范围

1.3 投标人资格要求

1.4 招标文件的获取

1.5 投标文件的递交

1.6 确认

1.7 联系方式

第一章 投标邀请书（代资格预审通过通知书）

第二章 投标人须知

投标人须知前附表

1 总则

1.1 项目概况

1.2 资金来源和落实情况

1.3 招标范围、计划工期和质量要求

1.4 投标人资格要求（适用于已进行资格预审的）

1.4 投标人资格要求（适用于未进行资格预审的）

1.5 费用承担

1.6 保密

1.7 语言文字

1.8 计量单位

1.9 踏勘现场

1.10 投标预备会

1.11 分包

1.12 偏离

2 招标文件

2.1 招标文件的组成

2.2 招标文件的澄清

2.3 招标文件的修改

3 投标文件

3.1 投标文件的组成

3.2 投标报价

3.3 投标有效期

3.4 投标保证金

3.5 资格审查资料（适用于已进行资格预审的）

3.6 备选投标方案

3.7 投标文件的编制

4 投标

4.1 投标文件的密封和标记

4.2 投标文件的递交

4.3 投标文件的修改与撤回

5 开标

5.1　开标时间和地点
5.2　开标程序
6　评标
6.1　评标委员会
6.2　评标原则
6.3　评标
7　合同授予
7.1　定标方式
7.2　中标通知
7.3　履约担保
7.4　签订合同
8　重新招标和不再招标
8.1　重新招标
8.2　不再招标
9　纪律和监督
9.1　对招标人的纪律要求
9.2　对投标人的纪律要求
9.3　对评标委员会成员的纪律要求
9.4　对与评标活动有关的工作人员的纪律要求
9.5　投诉
10　需要补充的其他内容
附表一：开标记录表
附表二：问题澄清通知
附表三：问题的澄清
附表四：中标通知书
附表五：中标结果通知书
附表六：确认通知
第三章　评标办法（经评审的最低投标价法）
评标办法前附表
1　评标方法
2　评审标准
2.1　初步评审标准
2.2　详细评审标准
3　评标程序
3.1　初步评审
3.2　详细评审
3.3　投标文件的澄清和补正
3.4　评标结果
第三章　评标办法（综合评估法）

评标办法前附表

1 评标方法

2 评审标准

2.1 初步评审标准

2.2 分值构成与评分标准

3 评标程序

3.1 初步评审

3.2 详细评审

3.3 投标文件的澄清和补正

3.4 评标结果

第四章 合同条款及格式（见第八章合同管理）。

说明：《标准施工招标文件》用相同序号标示的章、节、条、款、目，供招标人和投标人选择使用。如文中有两个“第三章评标办法”，分别规定“经评审的最低投标价法”和“综合评估法”，供招标人根据招标项目特点和实际需要选择其中之一适用。

第五章　建设实施阶段管理

第一节　概　述

建设实施阶段是项目法人及工程设计的意图最终实现并形成工程实体的阶段，也是最终形成工程产品质量和工程项目使用价值的重要阶段。

项目法人按照建设程序和批准的建设规模、内容、标准组织工程建设实施，保证项目建设目标的实现；在这一阶段项目法人的主要工作如下。

一、施工准备

负责工程的拆迁、安置、补偿及外部环境等协调工作，解决好工程建设外部条件。对工程项目的勘察、设计、监理、施工、材料及设备采购等组织招标，并签订有关合同。明确并落实各参建单位质量与安全责任制。办理工程质量监督、安全监督、主体工程开工报批手续。组织施工用水、电、道路、通讯和场地平整等准备工作及必要的生产、生活临时设施的建设。

二、组建现场管理机构

根据工程建设需要组建现场管理机构并负责任免其主要行政及技术、财务负责人。检查、监督参建各方和现场建设管理情况，包括工程投资、工期、质量、生产安全责任制的落实情况等。

三、工程实施

组织研究和处理建设过程中出现的技术、经济和管理问题，加强施工现场管理。组织（或委托监理单位组织）施工图审查和技术交底。组织重大设计变更的审核与报批。组织编制、审查、上报项目年度建设计划，落实年度工程建设资金，严格按照概算控制工程投资，用好、管好建设资金。按时编制和上报计划、财务、工程建设情况等统计报表，接受政府和水行政主管部门的检查监督和稽察，定期向其报告建设情况。

四、安全度汛、环保

负责组织制订、上报在建工程度汛方案，落实安全度汛措施，对在建工程安全度汛负责。负责建设项目范围内的环境保护、水土保持、劳动卫生和安全生产等管理工作。

五、工程验收、运行准备

负责组织工程各阶段的验收和竣工验收工作。组织编制竣工决算并送审。负责组织项目运行准备和运行管理，办理项目移交手续。

六、档案管理

负责工程档案资料的建立和管理，包括对各参建单位所形成档案资料的收集整理、验收，并对归档工作进行监督、检查。

建设监理单位协助项目法人，完成以上建设管理的相关工作。

第二节 施工准备

施工准备是保证建设项目具备开工和连续施工的基本条件，施工准备充分与否，直接影响到项目的建设能否以预期的工期目标、较好的工程质量及较低的投资费用完成。

一、建设项目的开工条件

（1）建设项目法人已经设立；

（2）建设项目初步设计及总概算已经批复；

（3）建设项目的施工单位已确定并进场；

（4）建设项目的监理单位已选定；

（5）工程建设资金已落实；

（6）建设项目施工组织设计已经编制完成，并经监理单位审核，项目法人确认；

（7）设计单位施工图纸已提交，并能满足连续施工要求；

（8）建设项目征地、拆迁安置和施工场地“四通一平”（水、电、路、通讯及场地平整）已完成,工程建设外部条件已具备。

（9）具有必须的生产、生活临时建筑工程；

（10）建设项目需要的主要设备和材料已订货，所需材料来源、采购计划、运输条件等已落实。

（11）工程质量和安全监督已申报、开工报告已批复。

二、施工组织准备

（一）项目法人的组织机构及主要工作

项目法人建立项目管理机构，该项目建设管理机构一般应有计划、合同、财务、技术、质量、安全等职能部门或管理人员。

项目法人在项目监理部的协助下完成以下主要建设管理工作：

（1）根据建设项目批准的基建年度计划，分期签订征地协议，办理征地、补偿、拆迁等手续，并拨付、缴纳各项有关费用；

（2）办理开工许可（或开工报告报批）；

（3）委托勘测单位完成工程测量和地质勘察，为设计及施工提供详尽依据；

（4）完成施工现场的“四通一平”，落实施工用水、电、路、通讯等外部条件，保证施工的需要；

（5）向参建单位提供施工现场的有关资料，如地质、水文、气象及原地下管网、障碍物等；

（6）组织（或委托监理组织）图纸会审、技术交底；

（7）协调处理施工现场周围地下管线和邻近建筑物、构筑物的保护，并承担有关费用；

（8）按建设年度计划筹措资金到位，并做好同银行、物资供应及设备生产厂家等部门的协调工作，保证资金、材料及大型设备能够及时供应；

（9）审核施工组织设计，按施工进度要求为施工单位提供临时用房和材料堆放、构件预制、临时设施等用地；

（10）建立现场定期工作会商和汇报制度。

（二）检查监理、施工单位组织机构和人员配备落实情况

工程建设施工承包合同签订后，施工单位应尽快建立该项目的施工组织机构，即施工项目经理部。

工程监理单位承接项目监理任务后，应尽快落实监理单位的组织机构，即项目监理部，配足有关人员并明确相应的职责。

三、施工技术准备

（一）主持图纸会审和技术交底

施工图是进行施工的具体依据，图纸会审是施工前的一项重要准备工作。

图纸会审工作一般在施工单位完成自审的基础上，由项目法人（或委托监理单位）主持，监理单位、设计单位、施工单位、必要时包括设备、材料供应单位等有关人员参加。

技术交底是在图纸会审的基础上，按施工技术管理程序，在重要单位工程或重要的分部、单元工程施工前逐级进行。设计单位应对图纸的设计意图、工程技术、质量和安全施工要求等向监理、施工单位做出明确的技术交底。

（二）施工组织设计

施工组织设计是指导现场施工全过程的重要技术经济文件，在满足国家或项目法人对拟建工程要求的前提下，依据设计文件与图纸、现场的施工条件和编制施工组织设计的基本原则由施工单位进行编制。

在下达开工令前，项目法人（或委托监理单位）对施工组织设计进行审查。主要审查内容包括施工方案、施工进度计划、施工总平面布置、施工质量和安全措施等。

四、施工现场准备

项目法人应协助施工单位做好现场准备工作，并对施工单位的施工现场准备工作进行检查和监督。

（一）完成“四通一平”及临时设施的建设

检查“四通一平”是否合理及满足施工需要；并要求施工道路及各种管线的敷设尽量利用永久性的设施。临时设施（可分为生产设施和办公生活设施）要充分利用原有的或将来运行管理需建造的永久性建筑物与设施，做到既能满足施工需要，又能降低成本，同时还应满足防火与施工安全的要求。

（二）落实施工安全、水土保持和环保措施

落实安全施工的有关规章制度；审查易燃、易爆、有毒、腐蚀等危险物品管理和使用的安全技术措施；落实土方与高空作业、上下立体交叉作业、土建与设备安装作业等的施工安全措施。施工弃渣与生活垃圾、废水的处理应符合水土保持和当地环境保护的要求。

（三）做好施工测量放线及物资准备

组织监理和施工单位复核（或校核）建筑物的定位、放线、各类施工基桩及测量控制网。督促施工单位做好建筑材料、永久设备、施工机具的准备。

五、办理相关手续

（一）工程质量监督

项目法人在工程开工前到有管辖权的水行政主管部门委托的水利工程质量监督机构办理质量监督手续，签订《水利工程质量监督书》，并按规定缴纳质量监督费，同时提交以下材料：

（1）工程项目建设审批文件（初步设计审批文件、列入计划的文件、工程设计说明及主要图纸）。

（2）项目法人与监理、设计、施工单位签订的合同（协议）副本。

（3）项目法人、监理、设计、施工等单位的基本情况和工程质量管理组织情况等资料。

（4）施工组织设计及监理实施细则。

（二）工程安全监督

项目法人在工程开工前到有管辖权的水行政主管部门或者流域管理机构委托的安全生产监督机构办理施工安全监督手续。项目法人提供下列资料：

（1）工程项目施工安全监督申请登记表。

（2）资质证书包括：施工单位、项目经理、施工员、安全员；勘察单位、注册岩土工程师；监理单位、总监理工程师；设计单位、注册建筑师和注册结构工程师。施工企业安全生产许可证。

（3）工程项目的项目经理、安全生产责任人、消防责任人任命书。工程项目、管理人员一览表及其证件，特种作业人员上岗证。

（4）安全生产、文明施工的责任制、目标管理要求、检查制度，安全教育制度。

（5）施工组织设计。脚手架、施工临时用电等专项安全施工组织设计（方案、措施）。起重机械设备和施工机具进场及安装使用管理制度。

（6）拟进入施工现场使用的施工起重机械设备清单（包括型号、数量）。

（7）生产安全事故应急救援预案。

（8）安全防护、文明施工措施费用的计取、使用计划、安全生产投入及相关保证措施。

（9）工伤保险及意外伤害保险办理情况。

（三）工程开工报告

项目法人必须按审批权限，向工程所在地县级以上人民政府水行政主管部门提出主体工程开工申请报告，经批准后，主体工程方能正式开工。主体工程开工须具备《水利工程建设项目管理规定（试行）》（水利部水建[1995]128号）明确的条件。

1. 项目法人申请应提交的材料

工程开工申请报告，可行性研究报告批复文件，初步设计批复文件，投资计划下达文件，水利工程质量监督书。

2. 开工时限管理

项目法人应当自工程开工报告批复（或领取施工许可证）之日起3个月内开工。因故不能按期开工的，应当向发证机关申请延期；延期以两次为限，每次不超过3个月。既不开工又不申请延期或者超过延期时限的，工程开工报告（或施工许可证）自行废止。

已批准开工的建筑工程，因故不能按期开工或者中止施工的，应当及时向批准机关报告情况。因故不能按期开工超过6个月的，应当重新办理开工报告的批准手续。

六、征地、移民安置、补偿工作

（一）移民安置规划

项目法人应组织编制移民安置规划；依法缴纳耕地占用税、耕地开垦费、森林植被恢复费，依法进行征地补偿和移民安置工作。

（二）移民安置

水利工程开工前，项目法人应当根据经批准的移民安置规划，与移民区和移民安置区所在的政府和有关单位签订移民安置协议。

项目法人根据移民安置年度计划，按照移民安置实施进度，将征地补偿和移民安置资金支付给与其签订移民安置协议的地方人民政府。

病险水库除险加固工程，若没有新的移民安置问题，以上工作则可省略。

第三节　工程技术管理

一、设计的质量、投资、进度管理

设计过程是指从选址、可行性研究开始，直到竣工验收、投产回访总结的全过程，即设计贯穿于工程建设的全过程，所以项目法人对设计的控制也贯穿于建设的全过程。设计阶段的不同，项目法人对设计的控制也有所不同。控制的重点则放在可行性研究和初步设计，即项目的决策和前期阶段。一个建设项目的成败，主要集中于建设前期工作上。施工图设计阶段则具体到工程实施问题，虽然设计量大，内容具体，但由于大方案已定，项目法人的控制相对可少些。

在建设实施阶段，项目法人的技术管理工作重点是组织研究和处理建设过程中出现的技术、经济和管理问题；组织施工图审查、优化和技术交底；组织重大设计变更的审核与报批。

（一）设计的管理目标

项目法人对项目设计要求达到下列三大目标：安全可靠、适用和经济。项目法人根据这三大目标要求，向设计单位提供设计资料、文件，全面检查设计成果的质量。

（1）安全可靠性。是要保证工程项目的使用价值不致丧失、投资不致浪费；即生产使用上有效和耐久，建筑结构上保证强度、刚度和稳定，总体规划上满足防灾、抗灾的安全要求。

（2）适用性。是工程项目要具有良好的使用功能和美观效果，有利于提高生产效率和产量质量，既方便生产，又方便生活。

（3）经济性。是指保证工程安全可靠和适用的前提下，做到建设周期短、工程投资低、投产使用后经济效益高。

决定投资和工程成本的关键因素是设计阶段设计方案和设计参数的正确选择。项目法人提供的原始数据必须准确、有根据；设计单位选定的参数，必须要先进、合理、具有科学性；有些关键参数，项目法人应审查。

设计单位对方案进行技术经济分析，用投资回收期和内部收益率来综合评价项目设计的经济性。项目的经济评价，不仅要评价项目法人自身的效益，还要从社会效益来评价，从对国民经济和整个社会的受益或受损（包括环境污染等）来正确评价。项目法人应认真审查设计的经济性评价文件，进行必要的咨询调研，避免走入误区。

经济性的主要内涵有节约用地、节约能源、回收期短、内部收益率高；即投资省、工期短、成本低、维修少、运行费用低。

设计的三大目标是相互制约、相辅相成的。既不能为了降低造价而降低设计标准；又不能为了安全而片面追求高标准。对于重要的标准和主要的非规范性标准，要经过详细调查、试验，并结合设计的三大目标，综合平衡后，慎重采用。

（二）设计质量

1. 对设计的质量目标要求

统一规划，合理布局，因地制宜，综合开发，配套建设；做到适用、经济、美观、安全、节约与环境协调。

2. 设计质量控制

设计招标。根据项目建设有关批文、资料，编制出设计大纲或方案招标文件，组织设计招标或方案竞争，评定设计方案。进行勘察、设计单位的资质审查，优选勘察、设计单位，签订合同和按合同实施。

设计方案审查。以保证项目设计符合国家有关工程建设的方针政策，符合现行设计规范、标准，符合国情、省情；工艺合理，技术先进，能充分发挥工程项目的社会效益、经济效益、环境效益。

设计图纸的审核。设计图纸是设计工作的成果，又是施工的直接依据。所以，设计阶段质量控制最终要体现在设计图纸的审查上。

初步设计决定工程采用何种技术方案。审查重点是：所采用的技术方案是否合理，是否符合总体方案的要求，是否达到项目决策阶段的质量标准；同时审查工程概算是否在控制限额之内。

施工图是对设备、设施、建筑物、管线等工程对象物的尺寸、布置、选材、构造、相互关系、施工及安装质量要求的详细图纸和说明，是指导施工的直接依据，从而也是设计阶段质量控制的一个重点。审查重点是：使用功能是否满足质量目标和水平。

设计技术交底和配合施工。

项目法人组织设计单位进行技术交底和配合施工的任务有两方面：一是解决施工过程中发生的设计问题，解决施工单位、监理单位和项目法人提出的技术和质量问题；二是设计变更和概算调整。

竣工验收既是对施工质量的最后考核，也是对设计质量的最后审定。通过验收，达到预期的工程质量。设计质量控制也就终止。

（三）设计进度

建设项目的实施进度，也受制于设计单位所做的工程设计。设计所采用的总体规划，外部协作条件设计，主体工艺流程，设备制造及安装方式，主体建筑结构形式，施工方法等等，都直接决定或影响着项目实施进度。

项目法人对设计所形成的项目进度的控制，就是要对设计内容审查其实施过程所需的劳动力投入和时间进程，是否能在预定的（决策阶段）计划工期内完成。

（四）设计投资

设计阶段投资控制的目标是初步设计概算不超过可行性研究报告中的总投资估算，施工图设计预算不超过设计概算，施工配合过程中设计变更引起的概预算改变不超过批准的总投资额。

1. 建设项目投资概念

建设项目投资是建设项目有计划地进行固定资产再生产和形成最低量流动资金的一次性费用的总和。随着工程实践的深入，投资控制的结果才逐渐清晰、准确，这就是投资估算、设计概算、投资包干价和承包合同价。因此，投资控制目标也是分阶段设置的。它们之间相互制约、相互补充，前者控制后者，后者补充前者，共同组成投资控制的目标系统。

一般，可行性研究能影响整个投资目标，影响可能性按 100%计；初步设计阶段，影响项目投资的可能性则为 75%～95%；技术设计阶段，影响投资的可能性为 35%～75%；施工图设计阶段影响投资的可能性为 5%～20%；施工阶段影响投资的可能性仅为 10%左右。所以，投资控制的重点在设计前期和设计阶段。

水利水电工程设计概算由工程部分、移民和环境两部分构成，其中工程部分包括建筑工程、机电设备及安装工程、金属结构设备及安装工程、临时工程、独立费用、预备费、建设期贷款利息，移民和环境部分包括水库移民征地补偿、水土保持工程、环境保护。

2. 设计概算的审查

设计概算由三级概算组成：单位工程概算、单项工程综合概算和建设项目总概算。

设计概算编得准确合理，才能保证投资计划的真实性。审核概算的目的就是力求投资的准确、完整，防止扩大投资规模或出现漏项，减少投资缺口。要打足投资、不留缺口，提高建设项目的经济效益。

审查编制依据：编制依据是否合法；定额、标准、价格、取费标准的时效性；编制依据的适用范围。

审查概算的构成：工程量、定额单价、收费标准；审查经济效益和各项经济技术指标。

审查时应掌握建设概况，在弄清设计意图和概算编制说明的基础上与同类国内外工程项目的投资进行对比分析，了解国内外的新情况新问题，研究总概算，并报审批单位，催办审批下达文件。

3. 施工过程中概算的调整审查

项目法人由于工程变化要求修改设计，设计者本身对设计的变更和施工单位在施工过程中要求的设计上的变动，均需由设计单位出具设计变更书，监理单位审核，项目法人认可后执行。由于这些变更，会引起的工程费用的增减，这就要求调整概算。项目法人对发生变更的费用要审查，使其尽量不超过批准的总投资额。

（五）技术设计的管理

技术设计是根据已批准的初步设计，对设计中比较复杂的项目、遗留问题或特殊需要，通过更详细的设计和计算，进一步研究和阐明其可靠性和合理性，更准确地决定各主要技术问题。

技术设计是初步设计的补充和深化，一般不再进行审核。项目法人直接上报审批技术设计的主管部门，经审批后转设计、施工单位，开展施工图设计。

对一般的工程，初步设计批复后可直接进入施工图设计阶段。

二、施工图设计的管理

（一）开展施工图设计的条件

（1）上级文件，包括项目法人已取得经上级机关或主管部门对初步设计的审核批准文件、年度基本建设计划。

（2）初步设计审查时提出的重大问题和初步设计的遗留问题，诸如补充勘探、勘察、试验、模型等已经解决；施工图阶段勘察及地形测绘图已经完成。

（3）外部协作条件，水、电、交通运输、征地、安置的各种协议已经签订或基本落实。

（4）主要设备订货基本落实，设备总装图、基础图资料已收集齐全，可满足施工图设计的要求。

（二）施工图的内容

工程施工、安装所需的全部图纸，重要施工、安装部位和生产环节的施工操作说明，施工图设计说明，预算书和设备、材料明细表。

在施工总图（平、剖面图）上应有设备、构筑物、结构，管线各部分的布置，以及它们的相互配合、标高、外形尺寸、坐标；设备和标准件清单；预制的建筑配构件明细表等。在施工详图上应设计非标准详图，设备安装及工艺详图，设计建、构筑物及一切配件和构件尺寸，联接、结构断面图，材料明细表及编制预算。图纸要按有关专业配套出齐。

（三）施工图设计审查

施工图是对设备、设施、建筑物、管线等工程对象物的尺寸、布置、选材、构造、相互关系、施工及安装质量要求的详细图纸和说明，是指导施工的直接依据，从而也是设计阶段质量控制的一个重点。

1．总体审核

首先要审核施工图纸的完整性和完备性，及各级的签字盖章。其次审核工程施工设计总布置图和总目录。

2．总说明审查

所采用的设计依据、参数、标准是否满足质量要求，各项工程做法是否合理，选用设备、仪器、材料等是否先进、合理，工程措施是否合适，所提技术标准是否满足工程需要。

3．具体图纸审查

施工图是否符合现行规范、规程、标准、规定的要求；图纸是否符合现场和施工的实际条件，深度是否达到施工和安装的要求，是否达到工程质量的标准；对选型、选材、造型、尺寸、关系、节点等图纸自身的质量要求的审查。

4. 其他及政策性要求

审核是否满足勘察、观测、试验等提供的建设条件；外部水、电、气及集疏运条件是否满足；是否满足和当地各级地方政府签订的建设协议书，如征地、水电能源、通信等是否满足环境保护措施和“三废”排放标准；是否满足施工和安全、卫生、劳动保护的要求。

（四）施工图的审批

除上级机关或主管部门指定之外，一般不再单独组织对施工图的审批。

项目法人将需要审批的施工图直接上报要求审批的主管部门。

三、设计优化

（一）设计优化的必要性

据研究分析，设计费一般只相当于建设工程全寿命费用的1%以下，但正是这少于1%的费用对投资的影响却高达75%以上，单项工程设计中，其建筑和结构方案的选择及建筑材料的选用对投资又有较大影响；在满足同样功能的条件下，技术经济合理的设计，可降低工程造价5%～10%，甚至可达10%～20%。

设计成果的优劣不仅影响项目建设的一次性投资，而且还影响使用阶段的经常性费用，一次性投资与经常性费用有一定的反比关系，但通过设计优化可努力寻求这两者的最佳结合，使项目建设的全寿命费用最低。

设计优化是从所有可能的方案中选择一个，以使预先规定的目标达到最满意。

（二）设计优化的措施

1. 严格执行审查制度

对设计成果进行全面审查后方可实施。审查主要是对方案的经济性、功能的合理性、建设法规、规范的执行、新材料新工艺的推广应用等方面的内容。

技术较复杂或重要的大中型工程可以考虑引入设计监理的方式，发挥设计监理作用，通过设计监理可打破设计单位自己控制自己的单一局面。

2. 优选设计单位及设计方案

项目法人对拟建项目应有明确的功能及投资要求；实行设计招标的，应编制完整的招标文件；招标时应对投标单位的资质信誉等方面进行必要的资格审查；应设立合理的设计评标方法，以保证设计单位公平竞争。

设计单位为提高竞争能力，在内部管理上应把设计质量同个人效益挂钩，促使设计人员加强经济观念，把技术与经济统一起来；项目法人也应运用经济手段、奖励措施，鼓励设计单位进行优化设计。

3. 设计优化的综合性

通过设计优化来控制投资是一个综合性问题，不能片面强调节约投资，要正确处理技术与经济的对立统一是控制投资的关键环节。设计人员要用价值工程的原理来进行设计方案分析，要以提高价值为目标，以功能分析为核心，以系统观念为指针，以总体效益为出发点，从而真正达到设计优化效果。

四、设计变更

（一）变更的范围

（1）取消合同中任何一项工作，或增加合同外的任何一项工作。

（2）增加或减少合同中工程项目的工程量超过专用合同条款约定的百分比。

（3）改变合同中任何一项工作的标准和性质。

（4）改变工程建筑物的形式、基线、标高、位置或尺寸。

（5）改变合同中任何一项工程的完工日期或改变已经批准的施工顺序。

（6）增加为完成工程所必需的任何附加工作。

（二）变更的处理程序

（1）设计变更的审查和实施。参与工程建设的有关方提出设计变更申请后，监理单位应对变更引起的合同工期、质量、进度、造价等要素进行审查后，提出书面设计变更方案的意见，由项目法人审查同意；由项目法人委托原设计单位提出设计方案及估算，经项目法人同意后，原设计单位负责完成具体的设计变更工作，签发出正式的设计变更通知书（包括施工图纸）。监理单位对设计变更通知书进行核实并经项目法人批准后，对施工单位下达工程变更令，由施工单位组织实施。

（2）改变原设计标准和规模时，应由项目法人上报并经原设计审批部门批准。

（3）设计变更的程序应接受上级水行政主管等部门的监督检查。

（4）在办理设计变更和现场签证程序中，项目法人、施工和设计、监理等单位之间的函件往来均须办理有关签收手续，并作为工程结算的证据。

（5）变更指示的内容应包括变更项目的详细变更内容、变更工程量和有关文件、图纸以及变更处理原则。

（三）变更的有关要求

设计变更通知书应由设计单位做出，并经由设计单位项目负责人或其委托的代理人签字、加盖设计单位图章，报送项目法人。项目法人确认同意时，须签字并加盖单位公章，然后按合同约定的程序送达监理单位和施工单位。

施工单位在收到设计变更通知单后，应在 14 天内提出变更合同价款的报告，报项目法人和监理单位进行审查确认，否则，该项设计变更视为不涉及合同价款的变更。

项目法人和监理单位应在 14 天内就变更合同价款的报告给予答复，逾期没有答复的，变更合同价款的报告视为已被认可。

经项目法人确认的设计变更和变更合同价款的报告作为工程结算的依据。

五、质量检验

工程质量检验是通过检查、量测、试验等方法，对工程质量特性进行符合性评价；水利工程质量检测是指水利工程质量检测单位对水利工程施工质量或用于水利工程建设的原材料、中间产品、金属机构、机电设备等进行测量、检查、试验或度量，并将结果与规定要求进行比较以确定质量是否合格所进行的活动；工程质量检测是工程质量检验的重要手段之一。

（一）质量检验的作用

在水利工程的施工中，搞好质量检验工作，不但可以对工程的原材料或原始数据、施工中构配件质量、中间工序质量以及分项工程质量是否满足要求作出正确的判断，而且还能收集到有关工程质量与操作质量的动态信息，为改进质量管理工作提供可靠的依据，从而使整个水利工程的质量工作处于可控制状态之中，对工程质量特性进行的符合性评价。

质量检验对保证水利工程项目质量有下列三项作用：

（1）把关作用。把关就是通过对工程实体的检查或测试，防止不符合技术质量标准的工程或产品流入下道工序或用户，把住质量关。

（2）预防作用。就是采用先进的检查方法和手段，把发生或可能发生的质量问题解决在设计、施工过程之中，防止最终出现不合格的工程。

（3）反馈作用。就是把在工程质量检测中所收集到的数据、情况做好记录，进行汇总分析，综合评价，然后向有关部门报告，即把质量信息反馈给这些部门。

（二）施工质量检验的要求

施工质量检验是工程质量形成过程中不可缺少的环节，是依据一个既定的质量标准、采用一定的方法和手段来评价工程或产品的质量特性的工作。

1. 检测单位及人员

承担工程检测业务的检测单位应具有水行政主管部门颁发的资质证书。其设备和人员的配备应与所承担的任务相适应，有健全的管理制度。

工程施工质量检验中使用的计量器具、试验仪器仪表及设备应定期进行检定，并具备有效的检定证书。国家规定需强制检定的计量器具应经县级以上计量行政部门认定的计量检定机构或其授权设置的计量检定机构进行检定。

检测人员应熟悉检测业务，了解被检测对象性质和所用的仪器设备性能，经考核合格后，持证上岗。参与中间产品及混凝土（砂浆）试件质量资料复核的人员应具有工程师以上工程系列技术职称，并从事过相关试验工作。

2. 检验标准

工程质量检验项目、数量和检验方法，应符合《单元工程评定标准》和国家及行业现行技术标准的有关规定。工程质量检验数据应真实可靠，检验记录及签证应完整齐全。

3. 检验实施

项目法人、监理、设计、施工和工程质量监督等单位根据工程建设需要，可委托具有相应资质等级的水利工程质量检测单位进行工程质量检测。施工单位自检性质的检测项目及数量，按《单元工程评定标准》及施工合同约定执行。对已建工程质量有重大分歧时，应由项目法人委托第三方具有相应资质等级的质量检测单位进行检测，检测数量视需要确定，检测费用由责任方承担。

项目法人应对施工单位自检和监理单位抽检过程进行监督检查，对报工程质量监督机构核备、核定的工程质量等级进行认定。

临时工程质量检验项目及评定标准，由项目法人组织监理、设计及施工单位，根据工程特点，参照《单元工程评定标准》和其他相关标准确定，并报相应的质量监督机构核备。

4. 检验内容

中间产品与原材料质量检验，水工金属结构、启闭机及机电产品质量检验，单元工程质量检验，质量事故检验和质量缺陷备案，工程外观质量检验等。

（三）质量检验的分类

选择检验方式的基本原则是准确高效；根据不同的对象适宜地选择合理的检测方式，

要尽可能准确地反映出实际情况，保证检验质量；要尽可能方便设计和施工，减少检测工作人员，节省检测费用，缩短检验时间。

1. 按检查内容分类

外形检查。就是运用比较简单的检测工具对设备成品或分项工程的外形尺寸等进行检查。

物理性能检测。即对原材料、半成品、成品、构件、设备、容器等进行耐压、抗渗、抗热、绝缘等性能的检测；又如对混凝土和砂浆试块、结构构件等的抗压、抗弯等力学性能的检测。

化学性能检测。主要是分析化验物质的化学成分，如对水泥、钢材、沥青等原材料进行化学成分的分析检测等。

2. 按检测数量分类

全数检测。即对被检测的对象进行逐个、逐项（指有检测内容的项目或分项工程）检测。如对工程的重要部位、关键设备、关键工序等进行的全面检查。

抽样检测。就是从某一工程或某一工序的某些检测项目中抽取一部分作为检查对象所进行的检查，用抽样检查的结果代替该工程或工序的全貌。

审核检验。即运用随机抽样的方法抽取极少数样品（工程、工序或检测项目均可视为样品）进行复查性检验或检测，以观察整体工程质量水平的变化。

在水利工程施工中，生产施工班组工人的自检和互检具有全数检测的性质。质量检验部门的专职检测主要是抽样检测性质（也有某些全数检测的时候），而上级部门组织的检查则有审核检验的性质。

第四节　工程建设进度管理

一、概述

水利建设项目进度是指对水利工程建设各阶段的工作内容、工作程序、持续时间和衔接关系。根据进度总目标和资源的优化配置原则编制计划，将该计划付诸实施，在实施的过程中经常检查实际进度是否按计划要求进行，对出现的偏差分析原因，采取补救措施或调整、修改原计划，直到工程竣工验收交付使用。进度控制的最终目的是在保证工程质量和不增加投资的条件下，缩短施工工期，使项目提前竣工投产。水利建设项目进度控制的总目标是建设总工期。

二、进度控制计划

项目法人编制（或委托监理单位编制）的进度计划包括工程项目前期工作计划、工程项目建设总进度计划和工程项目年度计划。

（一）工程项目建设总进度计划

工程项目建设总进度计划是指初步设计被批准后，对工程项目从开始建设至竣工投产全过程的统一部署。其主要目的是安排各单位工程的建设进度，合理分配年度投资，组织各方面的协作，保证初步设计所确定的各项建设任务的完成。工程项目建设总进度计划对于保证工程项目建设的连续性，增强工程建设的预见性，确保工程项目按期动用，都具有十分重要的作用。

工程项目建设总进度计划的主要表格有工程项目一览表、工程项目总进度计划表、投资计划年度分配表、工程项目进度平衡表。

在此基础上，可进一步细化、编制综合进度控制计划、设计进度控制计划、采购进度控制计划、施工进度控制计划、验收进度控制计划等。

（二）工程项目年度计划

工程项目年度计划是依据工程项目建设总进度计划和批准的设计文件进行编制的。该计划既要满足工程项目建设总进度计划的要求，又要与当年可能获得的资金、设备、材料、施工力量相适应。应根据分批配套投产或交付使用的要求，合理安排本年度建设的工程项目。

工程项目年度计划的主要表格有年度计划项目表、年度竣工投产交付使用计划表、年度建设资金平衡表、年度设备平衡表。

三、进度控制的措施和主要任务

（一）影响工程进度的主要因素

项目法人因素；勘察设计因素；施工技术因素；社会环境因素；组织管理因素；材料设备因素；资金因素。

（二）管理措施

1. 组织措施

建立进度控制目标体系，明确建设工程现场进度控制人员及其职责分工；建立工程进度月报（旬报）制度及进度信息沟通网络；建立进度计划审核制度和进度计划实施中的检查分析制度；建立进度协调会议制度，包括协调会议举行的时间、地点、参加人员等；建立图纸审查、工程变更和设计变更管理制度。

2. 技术措施

审查施工单位提交的进度计划，使施工单位能在合理的状态下施工；编制进度控制工作细则，由监理具体实施进度控制；采用网络计划技术及其他科学适用的管理方法，对建设工程进度实施动态控制。

3. 经济措施

及时办理工程预付款及工程进度款；对应急赶工给予优厚的赶工费用；对工期提前给予奖励；对工程延误收取误期损失赔偿金。

4. 合同措施

加强合同管理，协调合同工期与进度计划之间的关系，保证合同中进度目标的实现；严格控制合同变更，对各方提出的工程变更和设计变更，严格审查后再补入合同文件之中；加强风险管理，在合同中应充分考虑风险因素及其对进度的影响，以及相应的处理方法；加强索赔管理，公正地处理索赔。

（三）实施阶段进度控制的主要任务

编制设计阶段工作计划，并控制其执行；要求设计单位提出或编制出图计划，并控制其执行。

要求设计单位编制施工总进度计划，并控制其执行；施工单位编制施工进度计划，并控制其执行；编制工程年、季、月实施计划，并控制其执行。

四、施工进度控制工作内容

项目法人对水利建设项目施工进度控制是从审核施工单位提交的施工进度计划开始，直到建设项目保修期满为止。项目法人应确定进度总目标和进度控制目标体系，加强施工单位进度计划的协调与监督实施；加强关键路线上项目的进度控制，做好进度协商工作。

（一）施工进度控制目标的确定的依据

工程建设总进度目标对施工工期的要求；工期定额、同类工程项目的实际进度；工程难易程度和工程条件的落实情况等。

（二）确定合理的进度目标应考虑的因素

（1）对于大型工程建设项目，应根据尽早提供可使用单位工程的原则，集中力量分期分批建设，以便尽早投入使用，尽快发挥投资效益。

（2）合理安排土建与设备的综合施工。

（3）做好资金供应、施工力量配备、物资（材料、构配件、设备）供应与施工进度需要的平衡工作。

（4）积极协调外部协作条件。

（5）考虑工程项目所在地区地形、地质、水文、气象等方面的限制条件。

（三）督促施工进度计划的实施

监督合同有关各方按照批准的计划投入资源，并按批准的施工方案组织施工；及时检查施工单位报送的施工进度报表和分析材料，进行必要的现场实地检查，核实所报送的已完项目时间及工程量。

在对工程实际进度资料进行整理的基础上，将其与计划进度相比较，以判定实际进度是否出现偏差。如果出现进度偏差，分析此偏差的原因，研究对策、提出纠偏措施。必要时还应对后期工程进度计划作适当的调整。

（四）组织现场协调会

定期组织召开现场协调会议，以解决工程施工过程中的相互协调配合问题，特别是施工单位无力解决的内外协调问题。

对于某些未曾预料的突发变故或问题，督促有关单位采取应急措施维护工程施工的正常秩序。

（五）签发工程进度款支付凭证

对施工单位申报的已完的分项工程量进行核实，在监理人员通过检查验收后，签发工程进度款支付凭证，及时支付工程进度款。

（六）工程延期和延误

在水利建设项目施工过程中，工期的延长有两种情况：工程延误和工程延期。如果是由于工程延误，则由此造成的一切损失均应由施工单位承担，同时，项目法人还有权对施工单位施行误期违约罚款；而如果是属于由项目法人方面造成的工程延期，则施工单位不仅有权要求延长工期，而且还有权向项目法人提出赔偿费用的要求，以弥补由此造成的额外损失。

（七）单项合同工程验收

当工程竣工后，施工单位在自行预验基础上提交单项合同工程验收申请，项目法人和监理人应对施工单位报送的全部单项合同工程验收资料及各专业工程的质量情况进行全面检查。对发现和遗留的问题，应督促施工单位及时整改。

（八）工程移交

工程具备验收条件后，项目法人应及时申请项目主管部门组织工程单项合同工程验收，办理工程移交手续，颁发工程移交证书。在工程移交后的保修期内，还要处理验收后的遗留问题，并督促责任单位及时修复和整改。当保修期结束且再无争议时，水利建设项目进度控制的任务即告完成。

（九）施工进度控制工作流程

项目法人在计划执行过程中，应掌握动态控制原理，不断进行检查，将实际情况与计划安排进行对比，找出偏离计划的原因，特别是找出主要原因，然后采取相应的措施。

施工进度控制流程见图 5-1。

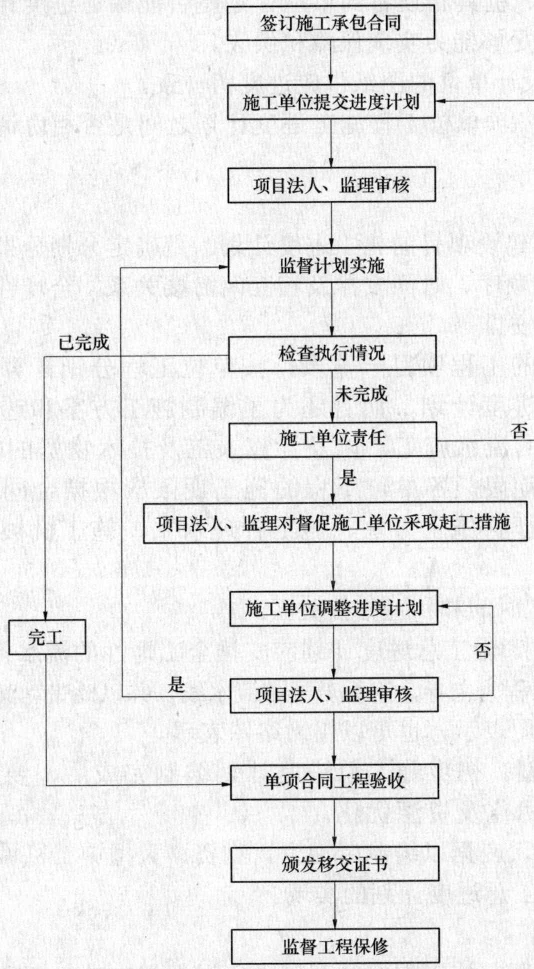

图 5-1　施工进度控制流程图

五、审核工程进度计划

施工进度计划是表示各项工程的施工顺序、开始和结束时间以及相互衔接关系的计划。它既是施工单位进行现场施工管理的核心指导文件，也是实施进度控制的依据。

根据其范围不同，水利建设项目施工进度计划的类型有施工总进度计划、单位工程施工进度计划、作业进度计划。

项目法人应审核和督促落实施工单位编制的工程施工进度计划。

（一）施工进度计划审核的内容

（1）进度安排是否符合工程项目建设总进度计划中总目标和分目标的要求，是否符合施工合同中开工、竣工日期的规定。

（2）施工总进度计划中的项目是否有遗漏。分期施工是否满足分批使用的需要和配套使用的要求。

（3）施工顺序的安排是否符合施工程序的要求。

（4）劳动力、材料、构配件、机具和设备的供应计划是否能保证进度计划的实现，供应是否均衡、需求高峰期是否有足够能力实现保障和供应。

（5）施工进度的安排是否与设计单位的图纸供应进度相一致。

（6）总分包单位分别编制的各项单位工程施工进度计划之间是否相协调，专业分工与衔接是否明确合理。

（二）施工总进度计划

施工总进度计划一般是指工程建设项目的施工进度计划。是确定分期分批建设的项目组成，各批工程项目的开工、竣工顺序、时间安排及相互间衔接关系，全场性准备工程、特别是首批准备开工的工程与进度安排等。

（1）计算工程量。根据批准的工程项目一览表，按单位工程分别计算其主要实物工程量，不仅是为了编制施工总进度计划，而且还为了编制施工方案和选择施工、运输机械，初步规划主要施工过程的流水施工，以及计算人工及技术物资的需要量。

（2）确定各单位工程的施工期限。各单位工程的施工期限应根据合同工期确定，同时还要考虑建筑类型、结构特征、施工方法、施工管理水平、施工机械化程度及施工现场条件等因素。

（3）确定各单位工程的开竣工时间和相互搭接关系。

（4）编制初步施工总进度计划。施工总进度计划应安排全工地性的流水作业，应以工程量大、工期长的单项工程或单位工程为主导，组织若干条流水线，并以此带动其他工程。

施工总进度计划既可以用横道图表示，也可以用网络图表示。

（5）编制正式施工总进度计划。初步施工总进度计划编制完成后，要对其进行检查。应分别进行工期优化、费用优化及资源优化。

正式的施工总进度计划确定后，应据以编制劳动力、物资、大型施工机械等资源的需用量计划，以便组织供应，保证施工总进度计划的实现。

（三）单位工程施工进度计划

单位工程施工进度计划，是在既定施工方案的基础上，根据规定的工期和各种资源供应条件，对单位工程中的各分部分项工程的施工顺序、施工起止时间及衔接关系进行合理安排的计划。

六、施工进度的检查与调整

（一）施工进度的检查与监督

定期地、经常地收集、检查施工单位提交的有关进度报表资料；现场跟踪检查工程项目的实际进展情况。

经过整理的实际进度数据与计划进度数据进行比较，从中发现是否出现进度偏差以及进度偏差的大小。在分析其产生原因的基础上采取有效措施，解决矛盾，排除障碍，继续执行原进度计划。

（二）施工进度计划的调整

通过检查分析，如果发现原有进度计划已不能适应实际情况时，为了确保进度控制目标的实现或需要确定新的计划目标，就必须对原有进度计划进行调整，以形成新的进度计划，作为进度控制的新依据。

施工进度计划的调整方法，一是通过压缩关键工作的持续时间来缩短工期；二是通过组织搭接作业或平行作业来缩短工期。

七、建设物资（含设备）供应的进度控制

工程建设物资供应是实现三大目标控制的物质基础。正确的物资供应渠道与合理的供应方式可以降低工程费用，有利于投资目标的实现；完善合理的物资供应计划是实现进度目标的根本保证；严格的物资供应检查制度是实现质量目标的前提。

（一）审核供应计划

物资（含设备）供应单位或设计、施工单位编制的材料物资供应计划必须进行审核，并得到认可后方可执行。审核的主要内容包括：供应计划是否能按工程项目进度计划的需要及时供应材料和设备；有关由于物资供应紧张或不足而易产生的施工拖延现象；物资的库存量是否合理，是否在时间上和数量上作出较经济合理的物资采购安排以及库存安排；是否产生对项目施工进度计划执行的不利影响。

（二）物资供应计划的实施控制

监督检查订货；掌握物资（含设备）供应全过程的情况；采取有效措施保证急需物资的供应；审查和签署物资供应情况分析报告；协调各有关单位的关系。

第五节　投资管理

一、概述

水利工程投资控制就是把概算投资额作为水利建设项目投资的控制目标值，再将建设项目实施过程中的实际支出额与建设项目投资控制目标进行比较，通过比较发现并找出偏差值，在分析偏差产生原因的基础上，采取措施加以纠正。

项目法人的投资控制，应贯穿于工程建设的全过程；首先应在建设前期正确确定建设规模，采用技术先进、功能合理、经济节约的设计方案，做到投资决策正确；同时，施工阶段在工程监理的配合下做好工程价款结算的审查与管理，对工程变更及时确定调整价款，合理处理索赔和进行反索赔。

（一）投资控制的动态原理

投资控制的动态原理见图 5-2。

（二）工程款支付控制流程

工程款支付控制流程见图 5-3。

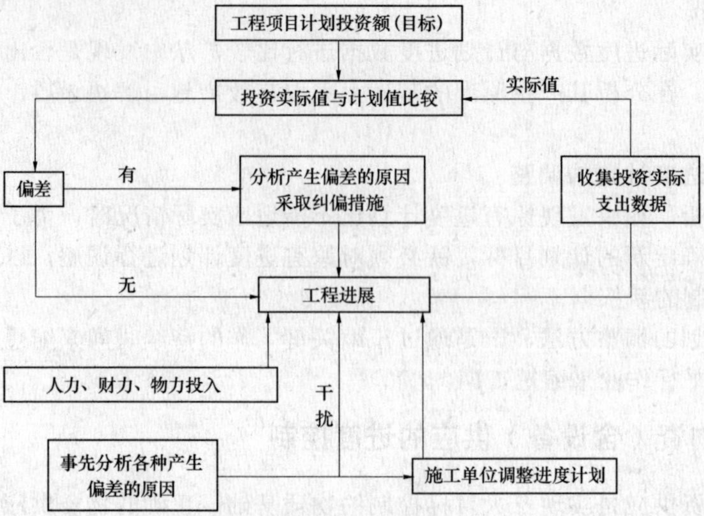

图 5-2 投资控制的动态原理

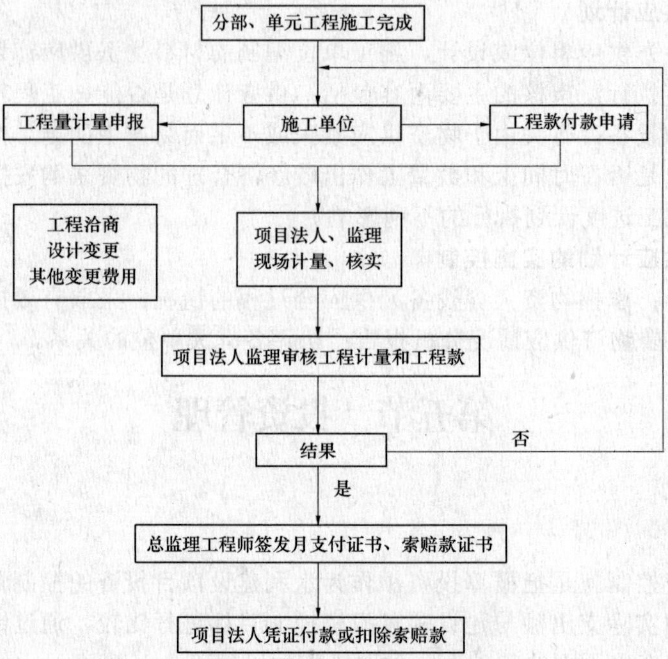

图 5-3 工程款支付控制流程图

（三）投资控制的措施

要有效地控制项目投资，应从组织、技术、经济、合同和信息管理等多方面采取措施，其中技术与经济相结合是控制项目投资最有效的手段。

二、施工阶段投资控制的工作内容

项目法人应制定计量与支付程序及相应的管理制度，规范计量与支付行为；审查每个单位、分部、单元工程的清单与单价，按形象进度拟定拨付款计划；加强对完工结算工作的管理。

（一）做好预付工程款的工作

项目法人与施工单位应当在施工承包合同中约定预付工程款的时间和数额，开工后按约定的时间和比例逐次扣回。

（二）做好工程价款的结算工作

工程价款的结算是施工阶段投资控制的主要工作内容，贯穿于施工的全过程。工程价款的预付与结算支付，必须实行监理签证制度，以确保投资资金既不超付又能满足施工进度的要求。

（三）做好工程价款调整的控制工作

首先，应预测工程风险及可能发生索赔的诱因，采取防范措施；其次，在施工过程中搞好各方与各项工作的协调，慎重决定工程变更，严格执行监理签证制，并按合同规定及时向施工单位支付进度款；第三，应审核施工单位提交的工程结算书，对工程费用的超支进行分析，采取控制措施，并公正处理施工单位提出的索赔。

三、工程价款结算

我国现行建筑安装工程价款的主要结算方式：

（1）按月结算方式。每月按照实际完成的分部分项工程结算工程价款。跨年度竣工的工程，在年终进行工程盘点，办理年度结算，竣工后清算。

（2）竣工后一次结算方式。水利建设项目或单项工程全部建筑安装工程建设期在一年以内，或者工程承包合同价值在100万元以下的，可实行工程价款每月预支、竣工后一次结算的方式。

（3）分段结算方式。当年开工、当年不能竣工的单项工程或单位工程，按照工程形象进度，划分不同阶段进行结算。分段结算可按月预支工程款。

（4）结算双方约定的其他结算方式。

四、工程款的计量支付

按照我国《建设工程施工合同（示范文本）》规定，施工单位根据合同所规定的时间、方式和中间计量，按照构成合同价款相应项目的单价和取费标准提出付款申请（包括对所完成的工程量的付款以及工程变更费用、索赔、价格调整等），向（监理）工程师提出已完工程的报告，（监理）工程师接到报告后，在3天内按设计图纸和工程实际完成情况核实已完工程数量，并在计量24小时前通知施工单位，施工单位须为（监理）工程师进行计量提供便利条件，并派人参加予以确认。在（监理）工程师审核签字后，由项目法人予以支付。

五、索赔控制

（一）索赔概念

索赔是工程承包合同履行过程中，当事人一方因对方不履行或不完全履行既定义务，或者由于对方的行为使权利人受到损失时，要求对方补偿损失的权利。由于施工现场条件、气候条件的变化，施工进度、物价的变化，以及合同条款、规范、标准文件和施工图纸的变更、差异、延误等因素的影响，使得工程承包中不可避免地出现索赔。

按索赔涉及有关当事人，工程索赔划分为施工单位与项目法人之间的索赔、施工单位与分包人之间的索赔、施工单位与供货人之间的索赔、施工单位向保险公司的索赔。按索赔的目的，将工程索赔划分为工期索赔、费用索赔。

（二）常见的索赔内容

不利的自然条件与人为障碍引起的索赔；工程变更引起的索赔；工程延期及其费用索赔；加速施工引起的费用索赔；项目法人不正当地终止工程而引起的索赔；物价上涨引起的索赔；法规、货币及汇率变化引起的索赔；拖延支付工程款的索赔；项目法人风险和特殊风险的索赔。

（三）施工索赔的处理程序

（1）提出索赔要求，报送索赔资料。

（2）（监理）工程师审核。

（3）会议协商解决或邀请中间人调解，提交仲裁加以公断。

（4）反索赔。反索赔是指项目法人向施工单位提出的索赔，由于施工单位不履行或不完全履行约定的义务，或者由于施工单位的行为使项目法人受到损失时，项目法人向施工单位提出的索赔。

六、工程变更的控制

严格控制工程变更是防止工程投资超概算的重要环节，项目法人应严格工程变更的工作程序，加强变更审核、确认、执行和费用支付等环节的管理。工程变更程序主要包括提出工程变更、审查工程变更、形成文件及下达变更指令、变更实施的监督管理等。

一般土建工程变更流程见图 5-4。

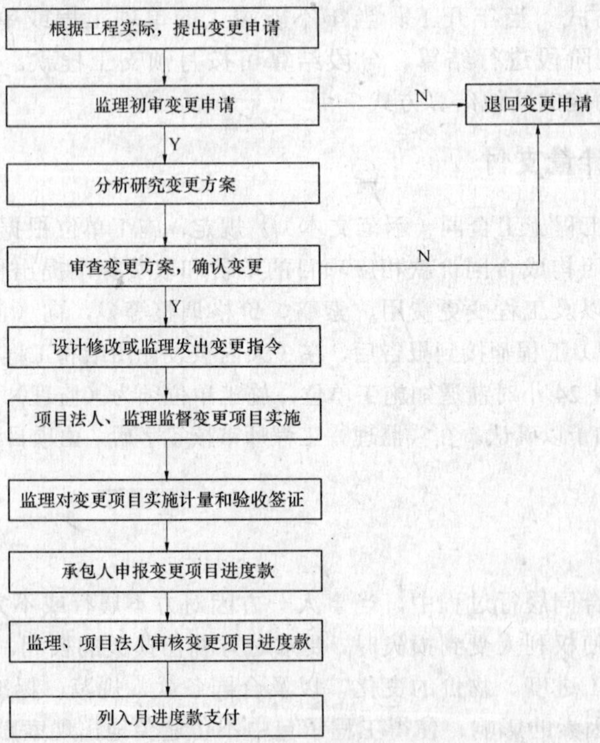

图 5-4 土建工程变更流程图

工程变更需要调整合同价格时，宜按以下原则确定其单价或合价：

合同中有适用于变更工程的价格，按合同已有的价格计算变更合同价款；

合同中只有类似变更情况的价格，可以此作为基础，确定变更价格，变更合同价款；

合同中没有适用和类似的价格，由施工单位提出适当的变更价格，由项目法人、监理审核后批准执行。

第六节　施工单位的管理

项目法人为更好地实现建设项目对质量、工期、成本、安全等目标，要求施工单位必须建立、健全项目经理责任制。它是以工程项目为对象，项目经理负责为前提，以施工图预算为依据，以创优质安全为目标，以承包合同为纽带，求得最终产品的最佳经济效益，实现从工程项目开工到竣工验收交付使用的一次性全过程的施工承包经营管理。

一、检查施工单位的组织体系

（一）检查资质情况

施工单位从事水利工程的新建、扩建、改建、加固和拆除等活动，应当具备国家规定的注册资本、专业技术人员、技术装备和安全生产等条件，依法取得相应等级的资质证书，并在其资质等级许可的范围内承揽工程。

（二）检查组织机构设置

检查施工单位派驻现场的主要管理、技术人员数量及资格是否与施工合同文件一致。

检查施工项目管理组织机构是否按高效精干、管理跨度、系统化管理的原则设置。部门设置和技术力量是否满足工程施工管理要求。

根据《建筑施工企业项目经理资质管理办法》的规定，项目经理应已取得项目经理或建造师的资质证书，具有一定年限的施工生产实践经验和经营管理水平，具有坚持原则、善于管理、勇于负责和从事工程建设较强的事业心。在保证施工承包项目按合同规定目标全面完成的同时，合理地运用各施工生产要素（即六 M，包括①劳动力、②资金、③材料、④设备、⑤方法、⑥技术），在其授权范围内进行最优配置。

检查施工单位的施工安全、环境保护措施及规章制度的制定情况，核查关键岗位施工人员的资格情况。督促施工单位建立健全教育培训制度，加强对职工的教育培训；健全档案管理制度，明确相关部门、人员的档案管理职责。

（三）建立质量管理体系

检查施工单位的质量保证体系。施工单位要推行全面质量管理，建立健全质量保证体系，制定和完善规章制度及明确各类部门、人员的职责权限、质量责任及考核办法，落实质量责任制。在施工过程中要加强质量检验工作，认真执行“三检制”，切实做好工程质量的全过程控制。

二、审核施工组织准备

审批施工单位提交的施工组织设计、施工措施计划、施工进度计划和资金流计划等技术方案。

检查施工单位进场施工设备的数量和质量。

检查施工单位进场原材料、构配件的质量、规格、性能是否符合有关技术标准和技术条款的要求，原材料的储存量是否满足工程开工及随后施工的需要。

检查施工单位试验室的条件是否符合有关规定要求。

检查、督促施工单位对测量基准点进行复核，并督促施工单位在此基础上完成施工测量控制网的布设及施工区原始地形图的测绘。

检查施工单位砂石料系统，混凝土拌和系统及场内交通、供水、供电、供风等施工辅助设施的准备情况。

三、施工管理

（一）施工目标控制

对工程施工的进度、质量、变更、安全和成本等进行检查、检验、管理、验收。施工单位必须依据国家、水利行业有关工程建设法规、技术规程、技术标准的规定以及设计文件和施工合同的要求进行施工，并对其施工的工程质量负责。

（二）分包管理

施工单位不得将其承接的水利建设项目的主体工程进行转包。对工程的分包，分包单位必须具备相应资质等级，并对其分包工程的施工质量向总包单位负责，总包单位对全部工程质量向项目法人负责。工程分包必须经过项目法人的认可。

（三）监督质量检验

根据工程施工进度，检查是否及时、保值、保量进行中间产品与原材料质量检验，水工金属结构、启闭机及机电产品质量检查，单元工程质量检验，质量事故检查和质量缺陷备案，工程外观质量检验等。

督促施工单位建立健全施工质量检验制度，严格工序管理做好隐蔽工程的质量检查和记录。

在项目法人或监理单位的监督下，对原材料、试块、试件进行见证取样，规范送检。

（四）质量事故处理

工程发生质量事故，施工单位必须按照有关规定向监理单位、项目法人及有关部门报告，并保护好现场，接受工程质量事故调查，认真进行事故处理。

（五）风险转移与保险

通过购买法律法规和合同规定的保险，施工单位将本应由自己承担的工程风险转移给保险公司，从而使自己免受风险损失。

四、施工安全和环保

施工单位应遵守有关部门对施工场地交通、施工噪音以及环境保护和安全管理等规定，并做好施工现场原有地下管线和邻近建筑物、构筑物、古树名木的保护工作；保证施工现场清洁符合环境保护和卫生管理规定。

（一）督促做好安全度汛

1. 度汛准备工作

施工单位应接受项目法人的统一指挥和调度，做好度汛有关工作；参与编制度汛方案；

在洪水来临之前，及时撤出施工机械和人员，保护已建工程；工地备置柴油发电机，保证应急供电正常；备好必要的度汛器材，如：车辆、水泵、救生衣、袋装粘土、雨具等。

2. 应急保障措施

一旦出现险情，按照防汛预案或应急预案在最短时间内，组织有关人员，赶赴现场，进行抢险工作。全力配合项目法人、地方政府的公安、消防、卫生等专业单位抢险力量，开展事故抢险救援工作；同时协助有关部门保护现场，维护现场秩序，妥善保管有关物证，配合有关部门收集证据。

（二）检查安全制度的落实

检查施工中存在的安全隐患以及施工单位的安全保障体系、专项安全保证措施；定期组织对工程施工现场进行安全检查。

各施工单位应按合同项目设立项目经理部，项目经理直接承担安全生产领导责任，各专职安全员直接负责安全生产责任。

1. 各项安全制度的制定与落实

检查并督促施工单位建立健全项目经理、施工员、安全员、班组长、班组兼职安全员、生产工人的安全生产责任制，做到纵向到底，横向到边。

电工、焊工、搅拌工、爆破员、监炮员、爆炸物品管理员、隧洞钻爆工、泥工、混凝土工、机械工、搭架工、木工、钢筋工、起吊工等特殊工种应进行安全生产培训，制订安全生产工作规程，并严格执行，把各项安全制度和安全责任层层分解、层层落实。

2. 安全教育

督促各施工单位按规定执行安全教育，安全教育合格的工人方能进入操作岗位；各级安全管理人员每年进行一次安全培训；特殊作业人员按有关规定培训、考核，经考核合格发证后，方能进行独立操作，并按规定进行期间复审。

组织班前安全教育活动，在关键部位、关键工序操作前进行安全技术交底。

（三）安全检查、文明施工

主管部门、安检部门、项目法人、监理应定期进行安全检查，施工项目部应定期自查，对查出的隐患应立即整改；对不能立即整改的制定整改计划，定人、定措施、定时间限期整改；在隐患未消除前，必须采取可靠的防护措施，如有危机人身安全的紧急险情，应立即停止作业、撤出人员。

1. 安全检查体系

施工前各班组对安全情况进行检查，项目经理部专职安全员在平时进行巡检，监理人员进行抽检，形成安全检查体系，确保施工安全。

2. 施工现场安全防护

进入施工现场的人员必须按规定穿戴安全防护用品；施工作业区主要交通道口设围栏，有明显的防护标志；现场内沟、深坑等危险区应设安全护栏和明显警告标志。

3. 施工用电安全

必须执行“施工现场临时用电安全技术规范”，场内架设临时线路必须用绝缘支持；各种电气设备的安装、检查、维修，必须由专业电工进行，并戴绝缘手套。

4. 防火、防盗安全工作

应遵守防火规定，严禁烟火，以防火灾；生产生活工棚按防火规定保持必需的安全净距（大于7米）。组织联防，搞好治安工作，特别是夜间治安、防盗工作，必要时与公安部门联系，设立工地派出所。

5. 创建文明工地

合理安排场内用地，绘制场地布置图；保持施工场地道路畅通、平坦、整洁、不积水、不乱堆乱放；材料、沙石应集中堆放，边用边清理；水泥堆放工棚应整洁、无上漏下渗；工地生活设施清洁文明。

五、施工质量自检

（一）一般单元（工序）工程

一般单元（工序）工程完工后，施工单位要按“三检制”对工程进行初检、复检、终检，对每个单元（工序）进行自检合格后，及时填写单元工程（工序）质量评定表，请监理工程师检查、复核。

（二）重要隐蔽工程及工程关键部位

重要隐蔽（单元）工程及工程关键部位（单元）工程完工后，由施工单位自检合格，并整理、完善施工管理报告、单元工程评定等工程验收资料后，向项目法人提交工程验收申请报告。

（三）其他验收

施工单位应配合项目法人做好各项工程验收工作，及时做好分部、单位、专项、阶段、竣工等工程验收的检测、检验及其资料整理。

竣工工程质量必须符合国家和水利行业现行的工程标准及设计文件要求，应向项目法人提交完整的技术档案、试验成果及有关资料。

六、搜集整理信息资料

（一）工程报告

施工单位应及时总结经验，以工程简报或施工总结等形式，定期向项目法人报告工程施工情况。

（二）工程档案资料

应接受项目法人对所形成档案资料的收集、整理、归档工作进行监督、检查。

施工单位应明确本单位相关部门和人员的归档责任，切实做好职责范围内水利工程档案的收集、整理、归档和保管工作。

根据工程实施进度，在完成收集、整理、审核工作后，及时提交项目法人等单位移交的应归档文件材料。

工程建设的专业技术人员和管理人员是归档工作的直接责任人，须按要求将工作中形成的应归档文件材料，进行收集、整理、归档，如遇工作变动，须先交清原岗位应归档的文件材料。

总包单位对各分包单位提交的归档材料负有汇总责任。

（三）竣工图编制

施工单位应以单位工程或专业为单位编制竣工图。竣工图是水利工程档案的重要组成部分，必须做到完整、准确、清晰、系统、修改规范、签字手续完备；每套竣工图应附编制说明、鉴定意见及目录。

（四）使用、共享工作

按照国家信息化建设的有关要求，充分利用新技术，开展水利工程档案数字化工作，尽可能建立工程档案数据库，提高档案管理水平，为工程建设与管理服务。

第七节 组织协调管理

组织协调指以一定的组织形式、手段和方法，对项目管理中产生的关系不畅进行疏通，对产生的干扰和障碍予以排除的活动。在控制与管理的过程中，由于各种条件和环境的变化，必然形成不同程度的干扰，使原计划的实施产生困难，这就必须协调。协调为顺利“控制”服务，协调与控制的目的都是保证目标实现。

一、内部管理

（一）制度建设

建立现代企业制度，制定质量管理、进度管理、费用管理、合同管理、安全生产管理、信息管理、文档资料管理、勘测设计科研图纸资料管理以及物资供应管理等工作制度，指导工作的开展。

规定责任部门和责任岗位，明确相关职责和工作程序、工作目标；工作人员在业务授权范围内有序地开展工作。

所有与工程建设和内部管理有关的重大决策都必须经过集体讨论、指定专人做好会议记录，必要时形成纪要；并保留完整的过程记录和决策结果记录随时备查。

注重规章制度的贯彻落实，促进管理工作规范有序进行。

（二）费用管理

对项目费用的控制和管理采取“核定控制指标”和“分部门归口管理”相结合的原则，制定会议费、通信费、职工差旅费、项目成本费用等费用管理规定。实行全面预算管理，采用事先预算、事中控制、事后分析的方法，专款专用、加强费用核算，实现对各项费用开支和经济活动的动态管理。

（三）资产管理

对负责采购和管理的资产，严格进行资产需求计划和立项、预算的审核，组织采购询价，按照优质优价、比售后服务来选择供货单位；建立资产台账，登记建卡，做好资产调拨记录，落实责任部门和责任人。年终对资产进行清查、核实，编制资产清查统计报表。

（四）信息管理

项目法人应建立与监理、设计、承包单位来往的信函、资料、文件、信息的传递流程，建立档案资料管理制度。制定文档资料收集、分类、整编、归档、保管、传阅、查阅、复制、移交、保密等制度。制定文件资料签收、送阅与归档及文件起草、打印、校核、签发、传递等管理程序。建立信息采集、分析、整理、保管、归档、查询系统及计算机辅助信息管理系统。

统筹信息系统开发建设、信息集成、应用和管理工作。发布合同管理、成本管理、财务结算信息处理流程。实现合同、成本、财务、物资管理子系统的上网运行。

（五）协调及联系

在工地形成项目法人为核心、设计单位是灵魂、施工单位是主体、监理单位协助、地方政府支持的良好局面；对内及时编印工程建设简报、会议纪要等；对外与政府有关部门建立联系通道，介绍工程建设进展和管理措施、征地移民工作动态，争取有关部门的指导和支持。

（六）风险管理

项目法人应加强建设资金的计划与筹措，保证建设资金及时到位；加强重大工程技术问题的论证与决策管理，以避免技术失误而影响工程质量、安全、进度和工程效益。加强对恶劣自然条件以及工程施工中可能遇到的不利现场条件的分析、预报、预防和应急预案的制定，对发生的紧急事件应积极组织力量抢险救护。

（七）财务管理

项目法人应建立规范的内部财务和会计管理制度，落实人员岗位职责，做好财务设置和财务管理工作。按工程进度，科学编制资金使用计划，积极筹措和落实建设资金。规范财务审核管理，严格按照合同及工程进度付款，严格控制概算外项目支付和各项费用的开支，杜绝建设资金被挤占、挪用、浪费和流失。

二、参建单位管理

项目法人应根据施工进度要求，协调监理、设计、施工、设备制造、征地移民、地方等工作的衔接、协作关系。

建立协调制度，明确协调的程序、方式、内容和合同责任；建立工地例会制度，解决需要协调的有关事项；复杂问题组织专题会议研究解决；及时解决质量、进度、支付之间的矛盾；做好各种会议的记录，并整理好、保管好各有关工程资料。

（一）与监理的协调

根据《水利工程施工监理规范》和《水利工程建设监理合同示范文本》，实行“小业主，大监理”的建设管理模式，按监理合同中规定的权力交给监理单位，由监理人员管理具体工程实施工作；提高科学管理意识，科学地确定建设工程目标，及时协助、解决监理工作的重点和难点。

（1）检查监理机构组织设置、人员到位、各部门的目标、职责和权限、规章制度规定等情况。

（2）检查、督促监理机构的工程实施控制体系的建立与采取旁站、巡视、平行、跟踪检测等监理措施的实施情况。

（二）与施工单位的协调

（1）坚持原则，实事求是，严格按施工合同和施工规范、规程办事，讲究科学态度。

（2）注意语言艺术、感情交流和用权适度问题；处理好人际关系。

（3）施工阶段的协调主要工作内容：与施工单位项目经理关系；进度问题；质量问题；结算问题；安全问题；对施工单位违约行为；合同争议；对分包单位的管理等。

（三）与设计单位的协调

（1）组织图纸审查、技术交底、分部工程和阶段验收、专项验收、竣工验收等工作。尊重设计单位的意见，在设计单位介绍工程概况、设计意图、技术要求、施工难点等时，注意防止标准过高、设计遗漏、图纸差错等问题，并将其解决在施工之前；施工阶段严格按图施工；若发生技术问题或质量事故，认真听取设计单位的处理意见，等等。

（2）施工中发现设计问题，应及时向设计单位提出，以免造成大的直接损失；为使设计单位有修改设计的余地而不影响施工进度，协调各方达成协议，约定一个期限，争取设计单位、施工单位的相互理解和配合。

（3）注意信息传递的及时性和程序性。

（4）督促检查设计单位按合同及时提供施工图，并确保设计质量；督促设计单位按工程规模，派出设计代表进驻施工现场解决施工中出现的设计问题。

三、外部协调

一个建设工程的开展还有赖于政府部门及其他单位的外部配合协调，如政府部门、金融组织、社会团体、新闻媒介等，它们对建设工程起着一定的控制、监督、支持、帮助作用，这些关系若协调不好，建设工程实施也可能严重受阻。

（一）外部协作内容

对一般项目，常有以下8方面外部协作内容：

（1）征地和移民安置：征地规划、用地移民实物调查、移民安置规划。

（2）原料、材料、燃料等供应：来源、供应能力、供应方式、资源规划等。

（3）动力供应：水源、电源及其供应线路、供应方式、供应指标。

（4）通讯：通讯方式、线缆、通道、网络等。

（5）集散条件：交通储运、站场等设施。

（6）外部配套条件：热、气、汽等供应，或输出水、电、气等接入系统。

（7）重大设备：工程中的重大设备或特殊装备预安排。

（8）生态环境保护及水土保持。

对于病险水库除险加固工程，因原工程已建，因此与新建工程相比以上的工作内容可适当简化。

（二）建设项目的外部协调

（1）外部协调是由项目法人与提供协作条件的建设所在地有关部门或单位，签订协议或取得批准，或承诺，或供应协议。

（2）为了给项目建设创造良好的外部环境，根据具体情况，可以成立有政府领导、有关部门、项目主管部门、项目法人等参加的项目建设协调领导小组，负责协调处理工程建设项目外部环境中的重大问题。

（3）发生重大质量或安全事故，在施工单位采取急救、补救措施的同时，应立即向政府有关部门报告情况，接受检查和处理。

（4）征地、拆迁、移民要争取政府有关部门支持和协作；现场消防设施的配置，宜请消防部门检查认可；要敦促施工单位在施工中注意防止环境污染，做好水土保持，坚持文明施工。

（三）与社会团体的协调

一些大中型建设工程建成后，会给该地区的经济发展带来好处，同时给当地人民生活带来方便，因此必然会引起社会各界关注。要积极争取社会各界对建设工程的关心和支持。

四、监督和稽查

项目法人应用制度来规范工程建设行为，加强自我约束；自觉接受有关部门依法进行的监督、检查、审计、稽查等；接受监察的对象主要是项目法人和项目建设中的管理人员；接受监督工作主要是项目招标、工程变更、建设资金管理、索赔处理、工程款支付、工程质量检验、工程验收等。

（一）项目法人组建和接受监督

公益性水利建设项目的项目法人，由政府或其授权的水行政主管部门负责组建。

经营性水利建设项目按《公司法》等有关规定确定项目法人。

水利项目法人建设管理行为的行政监管工作，由组建项目法人的同级水行政主管部门负责，并接受上级水行政主管部门的指导。

公益性项目法人在项目建设期间，项目法人的机构设置和人员配备应保持相对稳定；主要负责人和技术负责人及其人员的任免与调动，应上报主管部门审批。

（二）招标监管、开工管理

招标过程中，接受监督工作主要是标底编制、标底的保密、评标决标等。

各级水行政主管部门是本行政区域内水利工程建设项目的招标活动行政监督管理部门；负责本行政区域内需由上级水行政主管部门进行开工审批项目的开工申请报告及有关材料的初审，并提出初审意见报上级水行政主管部门。

（三）验收管理

1. 法人验收监督管理

水行政主管部门是水利工程建设项目法人验收的监督机构，并直接对其组建的项目法人和直属单位负责建设的水利工程项目的法人验收实施监督管理。

由县级以上人民政府组建水利工程项目法人的，该地方人民政府水行政主管部门直接负责本项目的法人验收监督管理；并接受上级水行政主管部门的指导。

2. 政府验收管理

水行政主管部门是水利工程建设项目的政府验收组织部门，直接负责由其管辖的水利工程项目的政府验收。

（四）质量监督

工程质量监督机构是由政府授权的工程质量监督的实施机构，质量监督机构核查勘察设计单位、施工单位和监理单位的资质，监督检查这些单位的质量行为和工程质量。

（五）项目稽查

项目法人要接受、配合上级发改和水利部门对工程的稽察、检查工作，稽察的主要内容是工程建设体制、资金使用、建设管理、质量和安全等工作。对检查中发现的问题，要及时组织整改；对发生质量和安全事故的，要做到原因没有查清不放过，事故责任者没有处理不放过，干部职工没有受到教育不放过，防范措施没有落实不放过。

五、财政评审

财政投资评审，是财政投资评审机构对财政资金建设性支出的投资评价和控制审查，即审查财政资金在使用过程中有无被挪用、套取透支等现象。目的是合理、合法、合规地确定建设性支出，强化财政投资的监督管理，使有限的财政资金发挥最大的投资效益。评审结果作为财政部门审批项目、办理财政拨款、项目竣工验收和固定资产交付使用的依据。

项目法人要接受、配合财政投资评审机构进行本工程的财政投资评审。

（一）财政投资评审的主要内容

（1）程序性评审。评审项目是否按国家规定程序进行建设，从立项到竣工决算是否遵循基本建设程序。

（2）制度性评审。评审项目是否严格执行建设管理制度和专项资金项目管理制度。

（3）财务评审。评审项目是否执行基建财务制度或建设单位会计制度。

（4）工程造价评审。是投资评审的核心内容，根据现行的政策制度、定额标准、费率等相关资料审定项目的合理造价，依法维护项目法人和施工单位的合法权益。

（二）评审程序

（1）评审准备。财政投资评审机构需要了解建设项目及项目法人的基本情况，收集项目所涉及主要材料、设备的市场价格信息，制定恰当的评审计划和方案，并将评审计划通知项目法人。

（2）评审实施和复核。组织评审组，向被评审单位下达财政评审通知；项目法人应积极配合评审工作，提供有关资料和财务报表。

评审机构对出具的项目评审结论真实性、完整性负责；在评审报告提交财政部门前，应征求项目法人的意见。

（3）建立评审档案。将审核工作计划、审核证据、资料及审核意见书、审核结论书等归档，建立评审档案信息库。

六、工程审计

水利基本建设项目竣工决算审计，是指水利基本建设项目正式竣工验收前，审计部门对其竣工决算的真实性、合法性和效益性进行的审计监督。

项目法人应积极配合审计部门或被其委托的社会审计机构的审计工作，并对提供资料的真实性、完整性、及时性负责。

（一）审计依据

水利部的《水利基本建设项目竣工决算审计暂行办法》，《基本建设财务管理若干规定》，《水利基本建设项目竣工财务决算编制规程》，经审查批复的工程初步设计报告和批复文件。

（二）水利建设项目审计内容

（1）竣工财务决算报表；

（2）投资及概算执行情况；

（3）建设支出；

（4）交付使用资产情况；

（5）未完工程及所需资金；

（6）建设收入；

（7）结余资金；

（8）工程和物资招投标执行情况。

（三）审计管理

工程的审计由当地政府的审计部门或主持该项目竣工验收的水行政主管部门的同级审计部门负责审计。审计部门应对受委托的社会审计机构办理的水利基本建设项目竣工决算审计加强指导和监督。

项目法人在申请进行竣工决算审计前，可通过相关经济合同预留部分工程尾款，待竣工决算审计结论下达后再予清算。

水利基本建设项目中从事建设、勘察、设计、施工、监理、采购、供货等单位与竣工决算审计有关的财务收支，应当接受审计部门的审计调查，并提供有关证明材料。

水利基本建设项目竣工决算未经审计，有关单位和部门不得办理水利基本建设项目竣工验收。

水利基本建设项目竣工决算审计意见和审计决定，可以作为对项目法人代表进行任期经济责任审计的重要依据和参考。

（四）审计程序

1. 审计申请

项目法人在水利基本建设项目竣工财务决算编制完成后10日内向其主管审计部门提出水利基本建设项目竣工决算审计书面申请。审计部门应在接到项目法人竣工决算申请后10日内提出安排意见。

2. 制订审计方案

审计部门或受委托的社会审计机构对水利建设项目进行竣工决算审计，应拟定审计实施方案，组织审计组，并向被审计单位下达审计通知书，审计通知书应当于审计组进驻被审计单位3日前送达。

3. 项目法人提供资料

水利基本建设项目建议书、可行性研究报告；水利基本建设项目初步设计的批准文件；水利基本建设项目的预算（概算）批复资料；水利基本建设项目的年度投资计划或资金筹措文件；水利基本建设项目的合同文本和招标、投标有关文件和资料；水利基本建设项目的施工图纸和设计变更的资料；水利基本建设项目的内控制度；水利基本建设项目有关的财务账簿、凭证、报表及工程结算资料；水利基本建设项目的竣工初步验收报告；水利基本建设项目工程竣工财务决算报表；病险水库除险加固项目还要提供安全鉴定资料。

4. 提出审计报告

审计组或受委托的社会审计机构对水利基本建设项目竣工决算审计终结后，应当及时提出审计报告，并征求被审计的项目法人的意见。

5. 提出审计意见书和审计决定

审计部门根据水利建设项目竣工决算审计报告、被审计单位的书面反馈意见，提出水利建设项目竣工决算审计意见书和审计决定。

6. 执行审计意见书和审计决定

审计部门应及时下达水利建设项目竣工决算审计意见书和审计决定。项目法人必须执行审计意见书和审计决定，按照审计的要求进行整改，并在60日内以书面形式将整改情况报告审计部门。

七、运行准备

运行准备是项目正常运行前所要进行的一项重要工作，项目法人应按照建管结合和项目法人责任制的要求，适时做好有关运行准备工作。运行准备的主要包括以下内容。

（一）运行组织准备

建立运行的管理机构及相应管理制度。

按照有关要求，配备生产运行管理人员，并通过各种形式的培训，提高人员素质，使之能满足运营要求。运行管理人员要尽早介入工程的施工建设，参加设备的安装调试，熟悉情况，掌握好生产技术和流程，为顺利衔接基本建设和运行阶段做好准备。

正常的生活福利设施准备。

（二）运行技术准备

技术资料的汇总、运行技术方案的制定、岗位操作规程制定和准备。

（三）运行的物资准备

落实运营所需要的原材料、工器具、备品备件和其他协作配合条件的准备。

第八节 病险水库除险加固工程实施管理特点

一、建设管理

（一）规范管理

病险水库除险加固项目必须按基建程序进行管理，严格执行项目法人责任制、招标投标制、建设监理制等各项制度，严格执行《工程建设项目招标范围和规模标准规定》（国家计委令第 3 号）及有关规定，加强计划管理和财务审计。

凡进行施工的项目，必须有经过批准的施工设计方案，严禁边施工、边勘察、边设计的“三边工程”。

病险水库除险加固工程各阶段工作必须实行严格的资质管理，大中型水库除险加固的勘察、设计、施工和监理任务，要由具有甲级或乙级（大型水库必须是甲级）资质的单位承担。

（二）严把质量关

要建立项目法人负责、监理单位控制、施工单位保证、政府部门监督的质量管理体系，各单位要严把质量关，对因本单位的工作质量所产生的工程质量承担责任，避免加固工程完成后再发生病险情况，确保工程质量和按期完工。

（三）及时验收

病险水库除险加固工程完工后，按《水利水电建设工程验收规程》（SL223—2007）和水利部《关于切实做好病险水库除险加固工作的通知》（水建管[2004]68 号）的有关规定，严格组织竣工验收，及时进行主体工程完工验收和项目竣工验收，重点小型项目原则上应在中央财政专项补助资金下达之日起 1 年内完工并验收。

二、监督管理

（一）接受稽察和监督检查

水行政主管部门一贯重视水利工程建设项目的稽察和监督检查工作，病险水库除险加固工程为水利稽察和监督检查的重点。

水利部对全国病险水库除险加固实施统一监督管理；县级以上地方人民政府水行政主管部门对本行政区域内的病险水库除险加固实施监督管理。

在项目实施阶段，不定期对项目执行情况进行检查，主要检查国家规定的落实、工程进度、工程质量、资金到位及使用、合同执行管理等情况，对违反规定和存在问题限期改正，逾期不改将追究有关单位和当事人的责任。

项目法人在做好内部监管的同时，应积极配合上级有关部门进行专项检查、稽察和审计等工作。

（二）销号公告制度

为保证项目的顺利完成，应建立病险水库除险加固工程销号公告制度，落实除险加固责任单位及责任人，做到加固一批，公告一批，销号一批。

三、资金管理

（一）投资计划管理

建立严格的建设计划上报审核制度，组织编制、审查、上报项目年度建设计划，落实年度工程建设资金。

要落实各个渠道承诺的配套投资，确保各方资金按时、足额到位。

（二）资金使用管理

严格按照概算控制工程投资，用好、管好建设资金。中央补助资金只能用于主体工程，严禁对建设资金的滞留、挤占和挪用。

（三）稽查和监督检查

按时编制和上报计划、财务、工程建设情况等统计报表；接受政府或水利行政主管部门对计划安排、资金使用等情况的检查监督和稽察。

四、水库安全监管

（一）强化安全意识

项目法人牢固树立以人为本、科学发展、安全发展、和谐发展的理念，坚决贯彻安全第一、预防为主、综合治理的方针。

（二）明确安全责任

明确各级水行政主管部门的监管责任和水库管理单位、项目法人单位及参建各方的主体责任，切实做到工作到位、任务到岗、责任到人。

（三）制订应急预案

项目法人要制订完善水库大坝安全管理应急预案和病险水库控制运用方案，加强安全检查、隐患排查、应急管理等各项工作，确保水库度汛和运行安全。

正在实施除险加固的病险水库，要严格按照施工组织设计和度汛方案的要求安排施工，处理好施工进度、质量与水库运用、安全度汛的关系。确保施工安全，防止发生重大安全事故，坚决杜绝在建项目垮坝失事。

（四）病险水库的管理

除险加固项目完成后必须履行验收程序，未经验收的水库一律不得投入蓄水运行。凡经大坝安全鉴定为**三类坝且尚未**进行除险加固的水库，主管部门要严格按照三类坝的运行要求，由水行政主管部门组织专家进行专题论证，制定安全度汛预案，水库运行管理单位要严格执行调度运用方案，不得超汛限水位蓄水，要对病险部位加强巡视检查。有重大险情的水库，必要时要空库迎汛。

五、建后管护

项目法人在抓紧病险水库除险加固工程建设的同时，根据国务院办公厅转发的《关于水利工程管理体制改革实施意见》（国办发[2002]45 号）要求，抓紧制定或改革水库管理体制和运行机制，与加固工程同步实施。

实行定岗和定编，落实人员基本支出和工程维修养护经费，健全管理制度。要通过提高效率、精简机构和人员、减少费用等办法，降低管理成本。

要明确管护经费渠道，建立严格的责任制和奖惩办法，提高养护水平，降低运行成本，加强和改善对水库的管理。

建立和完善水库管理的良性体制和机制；做好信息报送工作。

项目竣工验收后，要完善各项工程管理措施，确保大坝安全运行。

第六章　建设监理管理

我国自1982年鲁布革水电站采用建设监理模式以来，水利水电工程建设监理的探索与实践已有20多年的历程，进行了监理理论研究，取得了大量的实践经验，摸索出比较适合我国水利水电工程的监理模式。目前，我国大中型水利水电工程均实行了建设监理制，对控制工程质量、加快工程进度、提高工程项目的经济效益起到了重大作用。建设监理制已成为我国工程建设的一项重要制度，纳入了法律法规的范畴。《水利工程建设项目施工监理规范》旨在进一步规范水利水电工程施工监理行为，明确监理单位、监理机构和监理人员的职责，提高监理工作水平。

按照《水利工程建设监理规定》，我国只在大、中型水利水电工程建设项目中强制推行建设监理制，许多小型水利水电工程也已开展监理工作，因此小型水利水电工程监理工作可参照《水利工程建设项目施工监理规范》施行。

第一节　监理工作的委托与承接

一、承接条件

（一）资质要求

监理单位应当按照水利部的规定，取得《水利工程建设监理单位资质等级证书》，并在其资质等级许可的范围内承揽水利工程建设监理业务。

两个以上具有资质的监理单位，可以组成一个联合体承接监理业务。联合体各方应当签订协议，明确各方拟承担的工作和责任，并将协议提交项目法人。联合体的资质等级，按照同一专业内资质等级较低的一方确定。联合体中标的，联合体各方应当共同与项目法人签订监理合同，就中标项目向项目法人承担连带责任。

（二）其他要求

（1）监理单位与被监理单位以及建筑材料、建筑构配件和设备供应单位有隶属关系或者其他利害关系的，不得承担该项工程的建设监理业务。

监理单位不得以串通、欺诈、胁迫、贿赂等不正当竞争手段承揽水利工程建设监理业务。

（2）监理单位不得允许其他单位或者个人以本单位名义承揽水利工程建设监理业务。监理单位不得转让监理业务。

二、委托方式

按照本规定必须实施建设监理的水利工程建设项目，项目法人应当按照水利工程建设项目招标投标管理的规定，确定具有相应资质的监理单位，并报项目主管部门备案。

目前，发包人在选择监理人的过程中，存在一些不规范的做法，包括采购方式选择不当、评标方法不当、对监理性质理解不当等。发包人应根据法律、行政法规、规章选择相应的采购方式择优选择监理单位。采购方式包括招标采购、非招标采购，其中招标采购具有竞争性强、能充分发挥市场竞争机制作用等，但招标采购也存在诸如采购成本高、采购周期长、采购过程复杂等缺点，为此，发包人应正确选择采购方式。《水利工程建设项目施工监理规范》规定发包人应遵照《中华人民共和国招标投标法》以及相关行政法规、规章的规定采用招标或直接委托方式，公开、公平、公正择优选择监理单位。

发包人选择采购方式时应参照的主要法律、行政法规、部门规章包括：

（1）《中华人民共和国招标投标法》（2000 年 1 月 1 日施行）。

（2）《水利工程建设项目监理招标投标管理办法》（水建管[2002]587 号）。

（3）《水利工程建设项目招标投标管理规定》（第 14 号部长令，2002 年 1 月 1 日起施行）。

三、授权

（一）监理人职权

从合同角度，监理人的主要职责是合同管理，其核心是控制工程进度、质量和费用，同时进行工程担保、工程保险、工程索赔、工程变更以及协调合同有关各方的工作关系等。当然，监理人必须行使或履行法律、行政法规、规章、规范规程赋予的权利和义务。

鉴于目前我国水利水电工程有关合同中关于监理人职责与权限不够明确，《水利工程建设项目施工监理规范》（SL288—2003）第 3.2.2 条对于监理机构的基本职责与权限作出规定。

（1）协助发包人选择承包人、设备和材料供货人。

（2）审核承包人拟选择的分包项目和分包人。

（3）核查并签发施工图纸。

（4）审批承包人提交的各类文件。

（5）签发指令、指示、通知、批复等监理文件。

（6）监督、检查施工过程及现场施工安全和环境保护情况。

（7）监督、检查工程施工进度。

（8）检验施工项目的材料、构配件、工程设备的质量和工程施工质量。

（9）处置施工中影响或造成工程质量、安全事故的紧急情况。

（10）审核工程计量，签发各类付款证书。

（11）处理合同违约、变更和索赔等合同实施中的问题。

（12）参与或协助发包人组织工程验收，签发工程移交证书；监督、检查工程保修情况，签发保修责任终止证书。

（13）主持施工合同各方之间关系的协调工作。

（14）解释施工合同文件。

（15）监理合同约定的其他职责与权限。

（二）需要发包人批准或同意的事项

发包人与监理人在监理合同中约定了监理人的职责。从水利水电工程监理实践看，关于监理人职责范围的约定存在较大差别，包括监理人在履行某项职责之前是否需要得到发包人的批准或同意。尽管相关的法律、行政法规、规章等对有些问题作了规定，但是对于大多数职责的履行未作出明确规定。为此，本监理规范为保证监理人能够正常开展工作，并充分考虑监理人的素质以及发包人的要求及观念等因素，在规范相应的条文中对需要发包人批准或同意的事项作出规定（见表 6-1）。

表 6-1　需要发包人批准或同意的事件

序号	监理事件	监理人	发包人批准或同意	规范条文号
1	调整监理人员配置	提出	同意	3.1.3
2	总监理工程师担任两个标段的工作	提出	同意	3.3.5
3	承包商主要人员变化	审查	认定	5.2.2
4	工程项目划分	提出	同意	5.2.5
5	进场通知	签发	同意	6.1.1
6	工期索赔申请	审查	批准	6.3.4
7	进度调整影响总目标	提出	批准	6.3.4
8	暂停施工通知	提出	同意	6.3.5
9	剩余缺陷保留金	提出	同意	6.4.8
10	付款证书	提出	批准	6.4 和 6.4.10
11	计日工指示	提出	批准	6.4.7
12	变更费率	审查	批准	6.6.1
13	工程变更	指示	同意	6.6.1
14	一般分包申请	审核	批准	6.6.6

（三）发包人授权的事项

鉴于目前我国水利水电工程发包人在向监理人授权时存在的问题，例如授权不充分、权利与义务不对等，给监理工作带来许多不利，降低管理效率。为此，发包人应结合项目实际情况，在合同专用条款中给予监理人必要的授权。

以工程变更为例，如果单次工程变更所增加金额在规定数额内，监理人可以自行处理，无需得到发包人批准。这样做，既有利于监理人开展正常监理工作，同时能大大提高监理工作效率。

第二节　监理工作的实施

一、监理工作的原则

监理单位受项目法人委托对建设工程实施监理时，应遵守以下基本原则。

（一）公正、独立、自主的原则

监理工程师在建设工程监理中必须以“廉洁、守法、公正、诚信”为职业准则，尊重科学、尊重事实，组织各方协同配合，维护有关各方的合法权益。为此，必须坚持公正、独立、自主的原则。业主与承建单位虽然都是独立运行的经济主体，但他们追求的经济目标有差异，监理工程师应在按合同约定的权、责、利关系的基础上协调双方的一致性。只有按合同的约定建成工程，项目法人才能实现投资的目的，承建单位也才能实现自己生产的产品的价值，取得工程款和实现盈利。

（二）权责一致的原则

监理工程师承担的职责应与项目法人授予的权限相一致。监理工程师的监理职权，依赖于项目法人的授权。这种权力的授予，除体现在项目法人与监理单位之间签订的委托监理合同之中，而且还应作为业主与承建单位之间建设工程合同的合同条件。因此，监理工程师在明确项目法人提出的监理目标和监理工作内容要求后，应与项目法人协商，明确相应的授权，达成共识后明确反映在委托监理合同中。据此，监理工程师才能开展监理活动。

总监理工程师代表监理单位全面履行建设工程委托监理合同，承担合同中确定承担的义务和责任。因此，在委托监理合同实施中，监理单位应给总监理工程师充分授权，体现权责一致的原则。

（三）总监理工程师负责制的原则

总监理工程师是工程监理全部工作的负责人。要建立和健全总监理工程师负责制，就要明确权、责、利关系，健全项目监理机构，具有科学的运行制度、现代化的管理手段，形成以总监理工程师为首的高效能的决策指挥体系。

总监理工程师负责制的内涵包括：

（1）总监理工程师是工程监理的责任主体。责任是总监理工程师负责制的核心，它构成了对总监理工程师的工作压力与动力，也是确定总监理工程师权力和利益的依据。所以，总监理工程师应是向业主和监理单位所负责任的承担者。

（2）总监理工程师是工程监理的权力主体。根据总监理工程师承担责任的要求，总监理工程师全面领导建设工程的监理工作，包括组建项目监理机构，主持编制建设工程监理规划，组织实施监理活动，对监理工作总结、监督、评价。

（四）严格监理、热情服务的原则

严格监理，就是各级监理人员严格按照国家政策、法规、规范、标准和合同控制建设工程的目标，依照既定的程序和制度，认真履行职责，对承建单位进行严格监理。

监理工程师还应为业主提供热情的服务，“应运用合理的技能，谨慎而勤奋地工作”。

二、监理工作的内容

由于水利工程建设普遍存在时间紧（汛前完成），任务重（工程量大）的特点，监理单位应根据工程施工的具体情况，制定详细、切实可行的监理规划和监理实施细则，建立健全质量控制体系和各项规章制度，针对水利工程不能跨汛施工的特点，做好“三控制”工作，即质量控制、进度控制、投资控制，严格按照基建程序和监理程序进行监督和检查，确保工程按质按量如期完成，使有限的资金发挥更大的作用。

（一）质量控制

质量控制是监理控制的前提，也是监理工作的重点。质量控制是对为达到质量要求所采取的作业技术和活动的控制。质量控制的宗旨之一是施工过程是工程质量形成的主要过程，主要管理目标是在施工过程中通过各种方法来控制并提高施工质量。

1. 质量控制的工作任务

质量控制实行“以工序质量控制为基础，以单元工程质量评定、分部工程验收为手段”的程序化管理。在工程实施阶段，质量控制的主要工作任务包括以下几个方面。

（1）核实承包单位必须遵循的设计文件、技术标准和施工规范，审查承包单位的质量控制体系和保证工程质量措施，督促承包单位进行全面质量管理。

（2）审查承包单位施工过程中各工序的质量自检报告。对施工全过程和各工序的质量进行全面的检查和监督，并对原材料和工程质量进行抽样检查。

（3）对承包单位实验室的各种试验程序与成果进行全面检查；及时发出工程质量方面的各种指令。

（4）对各种观测设备的采购、运输、保存、率定、安装、埋设、观测和维护等进行全面检查，其中观测设备的率定、安装、埋设和观测必须在有监理工程师在场的情况下进行。观测资料及时呈报给监理工程师，以便及时进行分析工作。

（5）主持单元和分部验收、参加单位工程和竣工验收的质量检查及验收工作。

2. 质量控制的方式与手段

（1）旁站检查。旁站是指监理人员对重要工序（质量控制点）的施工过程进行的现场监督和检查，目的在于纠正不规范的施工行为和发现事故苗头，避免发生质量问题。旁站是驻地监理人员的一种主要现场检查形式。根据工程施工难度、复杂性及稳定程度，可采用全过程旁站、部分时间旁站两种方式。

（2）测量。测量是对建筑物的几何尺寸进行控制的重要手段。开工前，施工单位要进行施工放样，监理人员应对施工放样及高程控制进行核查，不合格者不准开工。已完工程的几何尺寸、高程、宽度、厚度、坡度等质量指标，应按规范要求进行测量验收。施工单位的测量记录，均要事先经监理人员审核签字后才能使用。

（3）试验。试验是监理工程师确认各种材料和工程部位的内在品质的主要依据。试验包括材料检验、工程检验等。

（4）指令文件的应用。指令文件也是监理的一种手段。所谓指令文件，如质量整改通知单、备忘录、情况纪要等，是用以指出施工中的各种问题，提请施工单位注意的书面指令和文件。在监理过程中，双方来往都以书面文字为准。所有这些指令和记录，要作为主要的技术资料存档备查，作为今后解决纠纷的重要依据。

（5）有关技术文件、报告、报表的审核。对技术文件、报告、报表的审核，是监理工程师进行全面控制的重要手段。监理工程师应按施工顺序、施工进度和监理计划及时审核和签署有关质量文件、报表，以最快速度判明质量状况、发现质量问题，并将质量信息反馈给施工单位。

（6）规范各种验收签证制度，完善各种资料，确保资料完整、真实。

（7）进行工程验收。

（二）进度控制

进度控制作为工程建设项目监理中的三大控制目标之一，是十分重要的。进度控制就是监理工程师以周密、合理的进度计划为指导，对工程施工进度跟踪检查、分析、调整与控制。

1. 进度控制的工作任务

（1）依照合同规定的工程控制性工期和总工期，审核承包单位呈报的施工进度计划和详细分项工程进度计划。

（2）在工程实施过程中，依据工程进展、工程资金、工程质量和安全等情况，下达开工、停工和复工的指令；处理工程误期，并协调和合理分配由此产生的风险和责任。

（3）全面监督工程施工进度。定期或不定期地召开承包单位参加的生产会议，监督和协调各工程项目的施工进度。如实际进度落后于合同规定的要求，承包单位必须提出挽救措施，加快其施工速度；或经监理工程师审批后修改原进度计划。

（4）审核承包单位的月进度报告，包括工程形象、实物工程量、设备和材料用量、劳动力使用量等。

（5）按合同规定各主要业务程序和时间限定进行监督和管理。

2. 进度控制的方法

施工阶段进度控制的方法有单位工程形象控制法、控制曲线法、网络计划控制法等。进度控制是一个动态的、有组织的行为过程，控制的基础是监理工程师必须了解检查现场施工进展情况。通常，监理工程师可采取如下方法了解现场施工进展情况。

（1）监督、检查和分析施工单位的日进度报表和作业状况表。为了保证施工单位施工记录的真实性，监理工程师一般提出要求，施工日志应始终保留在现场，供监理工程师监督、检查。

（2）进驻施工现场，检查进度执行情况，做好监理日志。为了了解工程进度的实际进展，避免施工单位超报完工数量，监理人员有必要进行现场实地检查和监督。通过检查，比较实际进度与计划进度是否一致。如不一致，监理工程师应深入现场进行调查，查明原因，并分析由此产生的影响，确定进度可调整范围以及总工期允许变化的范围，将有关进度现状及必要的分析通知施工单位，在明确责任的前提下，施工单位提出赶工措施，征得监理工程师同意后方可实施。不按年度施工进度要求，而按当月（或季）达到的或预计比较容易达到的进度来安排下月（或季）施工进度计划的做法，是符合进度控制要求的。

（3）对于超过合同工期的进度进行调整。监理日志作为监理工程师建立的重要施工合同管理记录，应正式整理存档。

（4）定期召开现场施工会议。

3. 进度控制的措施

（1）组织措施：①建立监理单位、项目法人和施工单位的进度控制体系，落实监理内部的进度控制人员，专人负责，明确任务和职责，建立信息收集和反馈系统；②建立进度报告制度和进度信息沟通网络；③建立进度协调会议制度；④建立进度计划审核制度；⑤建立进度控制检查制度和调度制度；⑥建立进度控制分析制度；⑦建立图纸审查、及时办理工程变更和设计变更手续的制度。

（2）技术措施：①推广采用多级网络计划技术和其他先进适用的计划技术；②组织流水作业，保证作业连续、均衡、有节奏；③缩短作业时间、减少技术间歇；④采用先进高效的设备；⑤审批施工单位所拟定的各种加快施工进度的措施；⑥向项目法人和施工单位推荐先进、科学、合理、经济的技术方法和手段，以加快工程的进度。

（3）经济措施：①对应急赶工给予优厚的赶工费；②制定奖惩措施；③按合同规定的期限，对施工单位进行项目的检验、计量，及时办理预付款和工程进度款手续；④督促项目法人按时支付进度款；⑤加强索赔管理。

（4）合同措施：①利用合同条件所赋予的权利，督促施工单位按期完成工程项目；②利用合同文件规定可采取的各种手段和措施，监督施工单位加快工程进度；③加强合同管理，加强组织、指挥、协调，以保证合同目标的实现；④严格控制合同变更。

（三）投资控制

投资控制作为监理控制质量和进度的手段，督促施工单位确保工程质量并按施工进度计划施工。投资控制应以合同价款为目标，以工程承包合同及月工程量为依据，通过计量和支付手段进行费用控制。投资控制一方面要与进度控制相结合，按月进度付款，防止超前支付；另一方面要与质量控制相结合，单元工程不合格或没有现场监理签字认可的工程不进行计量和支付。

投资控制的目的是为了确保投资目标的实现。监理工程师在施工阶段进行投资控制的基本方法是，把计划投资额作为投资控制的目标值。监理工程师必须编制资金控制计划，合理地确定建设项目的投资控制目标值。在工程施工过程中，定期进行投资实际值与目标值的比较，通过比较发现并找出实际支出额与投资控制目标值之间的偏差，然后分析产生偏差的原因，并采取有效的措施加以控制，以保证投资控制目标的实现。

1. 投资控制的措施

（1）组织措施：①在监理部中设立专门的投资控制人员（一般由总监理工程师办公室人员兼任），明确责任和职能分工；②编制阶段投资控制工作计划和详细的工作流程图。

（2）经济措施：①要求施工单位编制资金使用计划，由监理工程师确定、分解投资控制目标，监理工程师带领监理员进行工程量计量，最后由总监理工程师复核工程付款账单，签发工程款支付证书；②在施工过程中由监理工程师进行投资跟踪控制，定期进行投资实际支出值与计划目标值的比较，如发现偏差，分析产生偏差的原因，及时采取纠偏措施；③监理工程师应对工程施工过程中的投资支出做好分析与预测，经常或定期向建设单位提交项目投资控制及其存在问题的报告。

（3）技术措施：①监理工程师应对设计变更进行技术经济比较，严格控制设计变更；②审核施工单位编制的施工组织计划，对主要施工方案进行技术经济分析。

（4）合同措施：①对于索赔问题，监理工程师要做好工程施工记录，保存各种文件图纸，特别是注有实际施工变更情况的图纸，注意积累素材，为正确处理可能发生的索赔提供依据；②索赔发生后，监理工程师要主动参与处理索赔事宜，参与合同签订、修改和补充工作，着重考虑其对投资控制可能产生的影响。

2. 工程计量与计价控制

在施工过程中，对施工单位完成工程量的测量和计算简称计量，工程计量是监理工程师投资控制的重要内容。水利水电工程施工合同和招标文件示范文本规定，工程量清单中开列的工程量是该招标时的估算工程量，不是承包方为履行合同应当完成的和用于结算的实际工程量。结算的工程量，应是承包方实际完成的并按合同有关计量规定计量的工程量。承包方应按合同规定的计量方法，按月对已完成的质量合格的工程进行准确计量，并在每月末随同月支付款申请单，按工程量清单的项目分项向监理工程师提交完成工程量月报表和有关计量资料。因此，项目的计量支付，必须以监理工程师确认的中间计量作为支付的凭证，未经监理工程师计量确认的任何项目，一律不予支付。在计量工作中，监理工程师既要做到公正、诚信、科学，又必须使计量审核统计工作在工程一开始就达到系统化、程序化、标准化和制度化。

（1）计量原则。在工程计量中，监理工程师应遵守以下原则：①计量的项目必须是合同中规定的项目；②计量项目应确属完工或正在施工项目的已完成部分；③计量项目的质量应达到合同规定的技术标准；④计量项目的申报资料和验收手续应该齐全；⑤计量结果必须得到监理工程师和施工单位双方确认；⑥计量方法的一致性，即测量实际完成的工程量时必须与工程量表编制时采用的方法一致。

（2）计量工作的内容。在施工阶段所做的计量工作，是以合同中的工程量清单为基础的。监理工程师应熟悉工程量清单及其说明，把工程量清单与招标文件、合同条款、图纸和技术规范联系起来阅读，掌握工程具体项目的工作范围、工作方式和计量方法。监理工程师要进行以下计量：①永久工程的计量（包括中间计量和竣工计量）；②施工单位为永久工程使用的运进现场的材料和工程永久设备的计量；③对施工单位进程额外工作的计量。

（3）计量方式。工程计量工作方式有以下几种：①由监理工程师独立计算。采用这种方式，监理工程师对计量的控制较好，但是程序复杂，并且所需的监理人员也比较多。②由施工单位进行计量，但监理工程师应对施工单位的计量提出具体的要求，施工单位计量完成后，须将计量的结果及有关记录资料，报送监理工程师审核，以监理工程师审核的结果作为支付的凭据。采用这种方式，唯一的优点是所需的监理人员较少，但容易使计量失控。③监理工程师与施工单位联合计量。采用这种方式，由于双方在现场共同确认计量结果，与上述两种方式相比，减少了计量与结果确认的时间，同时也保证了计量的质量，是目前提倡的计量方式。

（4）计量方法。监理工程师对工程项目采用的计量方法，应按合同技术条款中规定的有关计量方法严格执行。监理工程师要尽量使计量工作系统化、程序化、标准化和制度化。一般情况下，有以下几种计量方法：①现场测量，就是根据现场实际完成的工程情况，按规定的方法进行丈量、测算，最终确定支付工程量；②按设计图纸计量，即根据施工图对完成的工程进行计算，以确定支付的工程量；③仪表测量，通过使用仪表对所完成的工程进行计量；④按总监理工程师批准的工程量计量，是指在工程实施中以总监理工程师批准确认的工程量直接作为支付工程量，施工单位据此进行支付申请工作；⑤个别项目采用的包干计价项目的计量。

（5）计价方式。在水利工程的固定单价合同中，项目的计价一般采用单价计价、包干计价、计日工计价 3 种计价支付方式。水利水电工程施工中，大多数项目采用单价计价方式进行工程价款的支付。对于施工单位已完项目的价款，应根据工程量清单中的单价与监理工程师计量的工程数量来确定。对于工程量清单中没有单价或款额的项目，将被认为该项的费用已包括在其他单价或款项中。因此，对工程量清单中没有标价的项目，一律不予支付任何款项。

3. 工程款的支付

项目法人将工程款支付的审批权限授予总监理工程师，是监理工程师监督施工单位全面履行合同的重要条件。合同中一般规定，项目法人将合同工程量报价表中付款、预付款的支付、竣工支付、保留金的退还等合同内支付的权利全面授权监理工程师。监理工程师应熟练了解各种支付的性质、依据、作用和程序。合同管理中一般涉及的支付内容包括：

①预付款的支付与扣还；②阶段付款；③保留金的扣留与退还；④竣工支付与最终支付；⑤工程变更支付；⑥暂定金额支付；⑦合同内支付的价格调整；⑧索赔支付。

（1）支付条件。支付控制是监理工程师投资控制的重要环节。监理工程师既要熟悉计量支付业务，又要具有严谨、廉洁、公正的工作作风。按照施工合同条件的规定，工程支付必须符合以下条件：①工程项目的质量合格；②符合合同文件的规定；③月支付款应大于合同规定的最低限额；④施工单位的工程活动使监理工程师满意。

（2）预付款支付及其扣还。在项目法人与施工单位签订合同后，为做好施工准备，施工单位需要大量的资金投入。由于工程项目一般投资巨大，施工单位往往难以承受。项目法人为了使工程顺利进展，除了做好施工现场准备外，也愿意以预付款的形式付给施工单位一部分资金，帮助施工单位尽快开始正常施工。预付款是无息的，总额度一般为合同价的 10%～20%。开工以后，支付的预付款要从施工单位取得的工程进度款中陆续扣还，扣还的办法应在合同中明确规定。一般从已发生的支付总额超出合同价的 50%之后的下一个临时支付证书开始扣还。扣还方式为：按阶段付款累计支付额或月支付额（不包括保留金）的一定比例随月支付款陆续扣还，并保证到合同期满之前全部偿清。

（3）月进度付款。月进度付款是按照工程施工进度，分阶段地对施工单位支付的一种付款方式。按月结算是在上月结算的基础上，根据当月的合同履行情况进行的结算。这种支付方式公平合理，风险小，便于操作和控制。一般来说，工程施工月支付可按如下程序进行：①施工单位每月月初向监理工程师递交上月施工进度报告；②监理工程师对施工单位递交的进度报告进行审核，然后将审核后的材料返回施工单位；③施工单位根据监理工程师审核后的工程量和其他项目，计算应支付的费用，并向监理工程师正式递交进度支付申请；④项目监理工程师收到支付申请后，组织有关方面在 7 日内按技术条款规定的方法核实已完工程量和应支付的工程款；⑤项目法人在核实监理工程师提交的中期付款凭证后，在规定时间内由财务部门通过银行办理支付。阶段付款的费用控制，是合同管理中投资控制的基础。总费用是一次次的阶段付款累计而成的，因此，对每次阶段付款，监理工程师都应认真审查、核定、分析，严格把关。

（4）保留金的扣留与退还。保留金是为了促使施工单位抓紧工程扫尾工作，尽快完成合同任务，确保在工程竣工移交后，在缺陷责任期内施工单位仍能履行修补缺陷的义务。合同一般规定，项目法人应有权从施工单位得到的阶段支付款额中扣留一定比例（一般为 10%）的金额，直到该项保留金款额达到规定的保留金限额为止。

随着工程项目的竣工和维修期满，项目法人应退还相应的保留金。

（5）完工（竣工）支付。在永久工程竣工、验收、移交后，监理工程师应开具完工支付证书，在项目法人与施工单位之间进行竣工结算。完工支付证书是对项目法人以前支付过的所有款额，以及施工单位按合同有权得到的款额的确认，指出项目法人（建设单位）还应支付给施工单位或施工单位还应支付给项目法人（建设单位）的余额，具有结算的性质。因此，完工支付也叫竣工结算。完工支付证书必须以所有月进度付款证书为基础，但又必须处理好各种有争议的款项，在支付证书中不再出现已经解决的有争议的款项。完工支付证书是对监理工程师费用控制工作的全面总结，要全面清理和准确审核工程全过程发生的实际费用。完工支付的程序为：①施工单位提出工程移交申请报告；②监理工程师颁发移交证书；③施工单位提交竣工结算报表；④总监理工程师开具付款证明。

4. 依据合同处理工程变更所引起的工程费用

（1）工程变更。在土木工程承包施工中，合同变更是最普遍的合同管理工作。合同双方如何妥善解决工程变更问题，是施工合同管理中的一个重要课题。引起工程变更的原因很多，一般情况下主要有下列原因：①施工现场条件的变化；②设计变更；③工程范围发生变化（新增项目）；④进度协调引起监理工程师发出的变更指令。无论何种原因引起的工程变更，都可能导致工程费用和施工进度的变化。合同价款的变更，是在双方协商的时间内，由施工单位提出变更价格，报监理工程师批准后调整合同价款和竣工日期。

（2）费用索赔的控制。索赔是工程承包合同履行中，当事人一方因对方不履行或不完全履行既定的义务，或者由于对方的行为使权利人受到损失时，要求对方补偿损失的权利。费用索赔的目的是得到费用补偿，是使施工单位所遭遇到的超出工程计划成本的附加开支得到补偿，仅仅是施工单位要求对实际损失或额外费用给予补偿。正确处理索赔，成为控制工程投资的一个重要内容。尽管监理工程师受聘于项目法人（建设单位），但当其遇到索赔事件时，则必须以完全独立的身份，站在客观、公正的立场上审查索赔要求的正当性。监理工程师处理索赔的基本方法是：①加强预见性，凡是项目法人有可能不按时向施工单位提供条件的，建议项目法人签订合同时留有余地，尽量不违约。②对项目相互干扰，影响施工进度的，做好协调工作，避免停工索赔。③因项目法人造成的暂停、中止合同可能引起的索赔，积极安排施工单位进行其他项目的施工，减少索赔量。④对必须索赔的，要严格审查，以合同为依据，按合同规定赔偿。监理工程师必须对合同条件、协议条款等有详细的了解，以合同为依据来公平处理合同双方的利益纠纷。根据规定，合同文件能互相解释、互为说明，除合同另有约定外，其组成和解释顺序如下：协议条款；合同条件；洽商、变更等明确双方权利义务的纪要协议；招标承包工程的中标通知书、投标书和招标文件；工程量清单或确定工程造价的工程预算书和图纸；标准、规范和其他有关技术资料、技术要求。⑤监理工程师必须注意资料的积累，积累一切可能涉及索赔论证的资料，同时应建立严密的监理日志，建立业务往来的文件编号档案等业务记录制度，做到处理索赔时以事实和数据为依据。

（3）及时、合理地处理索赔。索赔发生后，总监理工程师必须依据合同的准则及时地对索赔进行处理。尽量将单项索赔在执行过程中陆续加以解决，这样做不仅对施工单位有益，同时也体现了监理工程师处理问题的独立性，既维护了项目法人的利益，又照顾了施工单位的实际情况。监理工程师处理索赔，必须注意双方计算索赔的合理性。

（4）加强主动监理，减少工程索赔。

三、监理工作实施方式

（一）监理单位开展工作的原则

监理单位开展监理工作，应遵守下列规定：

（1）严格遵守国家法律、法规、规章和政策，维护国家利益、社会公共利益和工程建设当事人各方合法权益。

（2）不得与所承担监理项目的承包人、设备和材料供货人发生经营性隶属关系，也不得是这些单位的合伙经营者。

（3）禁止转让、违法分包监理业务。

（4）不得聘用无监理岗位证书的人员从事监理业务。

（5）禁止采取不正当竞争手段获取监理业务。

（二）工作方式——总监理工程师负责制

（1）总监理工程师负责全面履行监理合同约定的监理单位职责，发布有关指令，签署监理文件，协调有关各方之间的关系。

监理工程师在总监理工程师授权范围内开展监理工作，具体负责所承担的监理工作，并对总监理工程师负责。监理员在监理工程师或者总监理工程师授权范围内从事监理辅助工作。

（2）监理单位应当将项目监理机构及其人员名单、监理工程师和监理员的授权范围书面通知被监理单位。监理实施期间监理人员有变化的，应当及时通知被监理单位。监理单位更换总监理工程师和其他主要监理人员的，应当符合监理合同的约定。

（3）监理单位应当按照监理合同，组织设计单位等进行现场设计交底，核查并签发施工图。未经总监理工程师签字的施工图不得用于施工。

监理单位不得修改工程设计文件。

（4）监理单位应当协助项目法人编制控制性总进度计划，审查被监理单位编制的施工组织设计和进度计划，并督促被监理单位实施。

（5）监理单位应当协助项目法人编制付款计划，审查被监理单位提交的资金流计划，按照合同约定核定工程量，签发付款凭证。

未经总监理工程师签字，项目法人不得支付工程款。

（6）监理单位应当审查被监理单位提出的安全技术措施、专项施工方案和环境保护措施是否符合工程建设强制性标准和环境保护要求，并监督实施。

监理单位在实施监理过程中，发现存在安全事故隐患的，应当要求被监理单位整改；情况严重的，应当要求被监理单位暂时停止施工，并及时报告项目法人。被监理单位拒不整改或者不停止施工的，监理单位应当及时向有关水行政主管部门或者流域管理机构报告。

（7）项目法人应当向监理单位提供必要的工作条件，支持监理单位独立开展监理业务，不得明示或者暗示监理单位违反法律法规和工程建设强制性标准，不得更改总监理工程师指令。

（三）监理人员职责

1. 总监理工程师职责

（1）主持编制监理规划，制定监理机构规章制度，审批监理实施细则；签发监理机构的文件。

（2）确定监理机构各部门职责分工及各级监理人员职责权限，协调监理机构内部工作。

（3）指导监理工程师开展工作；负责本监理机构中监理人员的工作考核，调换不称职的监理人员；根据工程建设进展情况，调整监理人员。

（4）主持审核承包人提出的分包项目和分包人，报发包人批准。

（5）审批承包人提交的施工组织设计、施工措施计划、施工进度计划和资金流计划。

（6）组织或授权监理工程师组织设计交底；签发施工图纸。

（7）主持第一次工地会议，主持或授权监理工程师主持监理例会和监理专题会议。

（8）签发进场通知、合同项目开工令、分部工程开工通知、暂停施工通知和复工通知等重要监理文件。

（9）组织审核付款申请，签发各类付款证书。

（10）主持处理合同违约、变更和索赔等事宜，签发变更和索赔的有关文件。

（11）主持施工合同实施中的协调工作，调解合同争议，必要时对施工合同条款做出解释。

（12）要求承包人撤换不称职或不宜在本工程工作的现场施工人员或技术、管理人员。

（13）审核质量保证体系文件并监督其实施；审批工程质量缺陷的处理方案；参与或协助发包人组织处理工程质量及安全事故。

（14）组织或协助发包人组织工程项目的分部工程验收、单位工程完工验收、合同项目完工验，参加阶段验收、单位工程投入使用验收和工程竣工验收。

（15）签发工程移交证书和保修责任终止证书。

（16）检查监理日志；组织编写并签发监理月报、监理专题报告、监理工作报告；组织整理监理合同文件和档案资料。

总监理工程师不得将以下工作授权给副总监理工程师或监理工程师：①主持编制监理规划，审批监理实施细则。②主持审核承包人提出的分包项目和分包人。③审批承包人提交的施工组织设计、施工措施计划、施工进度计划和资金流计划。④主持第一次工地会议，签发进场通知、合同项目开工令、暂停施工通知、复工通知。⑤签发各类付款证书。⑥签发变更和索赔的有关文件。⑦要求承包人撤换不称职或不宜在本工程工作的现场施工人员或技术、管理人员。⑧签发工程移交证书和保修责任终止证书。⑨签发监理月报、监理专题报告和监理工作报告。

2. 专业监理工程师的职责

（1）负责编制本专业的监理实施细则。

（2）负责本专业监理工作的具体实施。

（3）组织、指导、检查和监督本专业监理员的工作，当人员需要调整时，向总监理工程师提出建议。

（4）审查承包单位提交的涉及本专业的计划、方案、申请、变更，并向总监理工程师提出报告。

（5）负责本专业分项工程验收及隐蔽工程验收。

（6）定期向总监理工程师提交本专业监理工作实施情况报告，对重大问题及时向总监理工程师汇报和请示。

（7）根据本专业监理工作实施情况做好监理日记。

（8）负责本专业监理资料的收集、汇总及整理，参与编写监理月报。

（9）核查进场材料、设备、构配件的原始凭证、检测报告等质量证明文件及其质量情况，根据实际情况认为有必要时对进场材料、设备、构配件进行平行检查，合格时予以签认。

（10）负责本专业的工程计量工作，审核工程计量的数据和原始凭证。

3. 监理员的职责

（1）在专业监理工程师的指导下开展现场监理工作。

（2）检查承包单位投入工程项目的人力、材料、设备及其使用、运行状况，并做好检查记录。

（3）复核或从施工现场直接获取工程计量的有关数据并签署原始凭证。

（4）按设计图及有关标准，对承包单位的工艺过程或施工工序进行坚持和记录，对加工制作及工序施工质量检查结果进行记录。

（5）担任旁站工作，发现问题及时指出并向专业监理工程师报告。

（6）做好监理日记和有关的监理记录。

（四）监理措施

1. 合同管理

（1）合同管理的概念。合同管理主要是指合同当事人为保证合同依法订立和全面履行，维护自己的合法权益，通过计划、监督、控制、协调等手段，使施工单位获得发包方在合同中承诺的履约条件，使发包方获得符合合同规定要求的工程产品。合同管理属于项目管理的范畴，具有综合性、全面性和连续性的特点。

（2）合同管理的作用。合同管理是建设监理的重要内容之一，它贯穿于项目建设的全过程，是确保合同正常履行、维护合同双方正当权益，全面实现工程项目建设目标的关键性工作。监理工程师在对项目实施监理的过程中，是以合同管理为中心，加强投资、进度、质量三大目标的控制，建立健全信息管理系统，协调好各方的关系，维护国家和合同双方的利益；使项目法人（建设单位）在合同的投资条件下，按期、保质、保量和安全地得到合格工程，施工单位按照合同规定得到效益。因此，合同管理是监理工程师的中心工作，也是整个工程施工过程的核心。所以，监理工程师在合同执行过程中，是在项目法人授权范围内以合同为准则，合理平衡合同双方的权利和义务，公平分配合同双方的责任和风险。通过严格的合同管理，督促合同双方严格执行合同规定的义务和权利，督促建设单位严格按合同规定的质量标准、工期，利用尽可能少的投资完成合同目标。监理工程师通过合同管理，严格控制索赔及其因素的发生，使合同目标得以最优的实现。

（3）合同管理的内容。监理工程师所进行的合同管理，有广义和狭义之分。广义的合同管理，是指对工程合同的签订、履行、变更和终止进行监督、检查和考核，对合同争议与纠纷进行调解和处理，以保证工程合同依法订立和全面履行。广义的合同管理内容十分广泛，涉及为实现建设项目目标所做的全部监督、管理、协调和服务工作。狭义的合同管理，是指合同的行政管理工作，包括文件管理、会议管理、工程付款、合同变更控制、违约处理、施工索赔以及工程风险分摊等内容。

（4）合同管理应具备的条件。监理工程师做好合同管理工作的前提是要有一个好的合同文件，其次是要有一位熟悉合同管理的工程师。通过确认合同条件，编制一个好的合同文件，就为监理工程师恪守合同和管理合同创造了条件。合同文件编制不理想，很容易造成争议和索赔，严重影响项目法人（建设单位）、施工单位、监理工程师之间的关系，履约不佳，使监理工程师的合同管理陷入困境。监理工程师做好合同管理工作应注意以下问题：①要用正确的指导思想管理合同，应以合同管理为准则，既要维护项目法人（建设单位）的利益，也要尊重施工单位的合法权益。也就是说，在保证工期和质量的前提下，应允许施工单位获得合理的利润，这是胜利完成合同目标的重要基础。②监理工程师要熟知合同规定和恪守合同准则。监理工程师要全面、正确、公正地理解合同文件，依据合同规定进行管理，并依此对合同双方进行服务和协调。在工作中要防止片面性、防止强行改变施工单位的施工方法。③监理工程师必须在现场对施工单位进行监督和管理。

2. 信息管理

监理信息管理的主要工作内容包括以下几个方面：

（1）建立信息目录和信息管理制度。

（2）设计信息流内容及常用报告、报表格式。

（3）建立具有信息采集、整理、存储、查询系统的监理信息管理系统。

（4）建立现场监理信息分析系统。

（5）建立现场监理常用报告、报表编制处理系统。

（6）建立文件档案管理系统，对监理工程项目的设计、施工等工程技术档案资料和图片、录像资料进行收集、整理、保管，竣工后按监理合同规定移交项目法人。

（7）按期编制监理旬报、月报和年报，并上报项目法人，涉及工程质量的有关资料应报工程质量监督站。监理月报、年报应包括的主要内容为：①工程施工情况综述；②工程质量情况及其分析、评价、改进以及预控措施；③工程量、进度计划执行情况及进展分析，应采取的进度预控措施；④工程费用支付情况及其分析；⑤施工承包单位施工设备进场及使用状况，施工材料、劳动力进场情况，以及应采取的措施；⑥施工承包单位施工组织情况；⑦各合同项目间施工承包单位的协调中有关问题及处理意见；⑧重大质量及安全情况；⑨防汛、度汛情况；⑩监理机构及监理工作情况；⑪监理合同中要求报送的其他资料。

信息的收集和整理监理工程师应对现场施工进行监督管理，并对各种具体情况如实地加以记录，做好监理日志，收集各种信息。监理日志填写包括两方面，一方面是当天施工出现的各种情况，主要有当天天气情况、施工内容、人力投入、机械投入、完成情况等；另一方面是当天监理工程师对出现问题的描述和处理。总监理工程师要定期检查监理日志的记录内容，其周期一般不超过 1 个月。监理大事记的记录包括以下内容：①影响施工的气象情况及日期；②监理机构的重要活动和重大事项；③监理机构重要批准事项和向外发送的重要监理文件情况；④监理机构在施工过程中向施工单位发出的重要指令及情况；⑤建设单位、施工单位发给监理单位的重要文件；⑥工程质量与安全事故情况；⑦施工过程中的外部干扰，停工、窝工、违规、违纪及处理情况；⑧合同履行以及设计变更和索赔等的处理情况；⑨项目法人和监理单位领导对监理工作中的重要指示和意见；⑩重要会议与活动情况；⑪与工程有关的涉及“三控制两管理一协调”的其他事项。监理大事记要有专人编写，总监理工程师应当定期进行检查审核，对误记、漏记事项给以纠正和补充，并签署姓名。在工程项目施工过程中，监理要建立完善的资料存储、调用、传递、管理制度，对施工详图、基本资料、各种发文、现场检验单、试验资料等进行登录、存放和管理。

监理资料归档范围为：①上级单位、有关领导、业主对监理工作的有关指示、规定、批复文件；②设计单位、施工单位提供的设计图纸、修改通知、施工技术要求、施工计划措施等资料；③监理单位提出的方案、措施、意见和建议；④监理单位发出的文件和信函；⑤监理合同和施工合同；⑥监理月报、季报、年报、工作总结、工程阶段验收和竣工验收报告；⑦监理工程师发出的一切指令、通知、通报、报告、会议纪要和备忘录；⑧监理单位制定的各项制度、规定、办法；⑨其他重要材料如监理大事记等。

3. 组织协调

协调又称协调管理或界面管理，是指通过协商、沟通、调度，联合所有的力量，使各项活动衔接有序地正常开展，以实现预定目标。随着改革开放的不断深化，我国在基本建设领域内全面推行了招标承包制和各种经济责任制，项目建设投资也形成了多元化的格局，由此产生了大量的协调问题。同时，由于招标承包制带来了新的甲乙方关系，建设单位和施工承包单位成为构筑在经济合同基础上的新型关系，原来的不是行政隶属关系。因此，合同双方的责、权、利矛盾，不能采用行政命令的办法来解决，只能通过协调的方法化解。特别是大中型工程建设项目，涉及面广、时间性强、技术复杂、参与单位多，众多的合同本身也不可能没有疏漏，合同的履行也难免不产生偏差，加之设计变更、施工条件变化和自然力的作用，都会不同程度地制约合同的履行。所有这些，都需要进行大量的协调工作。

1）协调的对象

协调的对象为监理单位与建设各方的关系：

（1）监理单位与项目法人的关系。项目法人与监理单位之间是委托与被委托的合同关系。项目法人是工程项目建设的组织者，负有建设中筹集资金、征地、移民、协调与当地关系等职责，对工程项目建设全面负责。建设监理单位是在项目法人授予的责权范围内，公正监督管理施工合同，解决和报告合同实施过程中出现的各种情况，完成所承担的任务，保证工程按合同正常进展。另外，也应明确指出，一般监理单位应是项目法人唯一的现场施工管理者，项目法人的决策和意见应通过监理单位贯彻执行，以避免现场指挥系统混乱。项目法人与监理单位之间的关系是合同关系，是委托与被委托、授权与被授权的关系。

（2）监理单位与设计单位的关系。在项目法人委托监理单位进行设计监理时，监理单位与设计单位是监理与被监理的关系，在项目法人没有委托设计监理时，他们是分工合作的关系。监理单位在监理过程中，对设计变更按合同及有关规定办理。设计单位的有关通知、图纸、文件等必须通过监理单位审核，由监理单位下达给施工单位，施工单位要求修改设计时，也必须通过监理单位向设计单位提出。在工作程序上，对设计单位来说，建设监理制的实施，就意味着不再是直接与项目法人打交道，而是与监理单位打交道。同样，对项目法人来说，建设监理制的实施，就意味着不再直接与设计单位打交道，而是通过监理单位与设计单位打交道。也就是说，设计单位对项目法人的任何要求以及项目法人对设计单位的任何要求，都必须通过监理单位传到对方，而不得绕过监理单位双方直接作出处置，即使某些要求的处置权不在监理单位权限之内也应如此。

（3）监理单位与施工单位的关系。按照建设监理制度，在工程建设的三方关系中，监理单位与施工单位的关系不是合同关系，它们之间不得签订任何合同或协议。它们二者之间的关系，只是工程建设中监理和被监理的关系。项目法人通过与工程承包单位签订的工程承包合同确立了这种关系，合同中明确地授予了监理单位监督管理的权利，监理单位依照国家和有关部门颁发的有关法律、法规、技术标准，以及批准的建设计划、施工承包合同等进行监理。施工单位在执行施工承包合同的过程中，必须接受监理单位的合法监理，并为监理工作的开展提供合作与方便，按规定提供完整的有关施工的技术经济资料。施工单位按照施工承包合同的要求和监理工程师的指示施工。在施工过程中，施工单位要随时接受监理工程师的监督和管理，而监理工程师则是按照项目法人（建设单位）所委托的权限，并在这个权限的范围内指导检查施工单位是否履行合同，是否按合同规定的技术要求、质量要求、进度要求和费用要求进行施工建设。在监理过程中，监理工程师也要注意维护施工单位的合法利益，正确而公正地处理好款项支付、验收签证、索赔和工程变更的支付问题。

（4）监理单位与政府质量监督部门的关系。质量监督部门与监理单位的关系，是监督与被监督的关系。质量监督是政府行为，建设监理是企业行为，两者的性质、职责、权限、方式和内容有原则性的区别。

2）协调的内容

协调工作贯穿于工程项目建设的全过程，渗透到项目建设的每一个环节。协调工作的内容主要包括以下几个方面：①协调日常施工干扰和相关单位或层次的协作配合；②平衡调配资源供给；③协调由设计变更引起的施工组织、施工方案的调整；④协调工程建设的外部条件及其他重大问题。根据上述协调内容，协调管理的范围可分为项目系统内部的协调和项目系统外部的协调。

项目系统内部的协调主要包括：①参与项目建设各方内部的协调；②项目系统供求关系的协调；③建设各方之间的协调。参与项目建设的单位和部门，除作为建筑市场主体的建设、设计、施工、制造、供应和监理等单位外，还有国家主管部门、各级地方政府、当地有关部门等。协调好项目系统与外部的关系，争取各方面的支持，改善建设环境，对于实现项目目标，具有十分重要的意义。

3）协调的依据和原则

建设项目的协调工作，普遍存在着面广量大、错综复杂、协调难度大的特点。监理工程师应坚持原则，紧紧把握协调依据，实事求是地做好各方面的协调工作。协调的依据有：①国家和政府有关部门颁发的法令、法规、规范、标准；②国家发展与改革委员会、主管部门和地方政府对项目建设所作的各种批文、批示；③国家批准的项目初步设计文件、建设工期、总投资；④投资各方达成的投资协议；⑤董事会或管理委员会历次会议纪要；⑥建设各方相互签订的具有法律效力的合同和协议。

协调的原则是：①坚持以国家利益和工程项目建设为大局，以全面实现项目建设目标为协调工作的出发点；②实事求是，平等协商；③公正合理，兼顾合同双方的利益；④充分调动各方的积极性，融洽各方关系，有利于后续工程的进行。

4）协调的程序和制度

协调的程序是：由监理单位牵头，合同有关方面参加的业务层之间的协调和主（总）包与分包之间的协调，通常由协调各方收集情况、发现问题，然后通过例会协商解决，并形成文件（协调简报和纪要），分发给各方依照执行，最后还要督促、检查各方的执行情况。项目协调最常用的方式是召开协调会，协调制度即为协调会议制度。一般利用每周或每旬的进度例会进行，月末一次的协调会往往结合安排下月的生产计划。会议通常由监理单位召集，项目法人与监理单位的有关业务部门、设计代表以及施工单位的相应业务部门参加，主要协调施工中的进度、质量、施工安全、施工干扰和协作配合等问题。根据协调问题的涉及面，会议的形式灵活多样，有时为双边会议，协调与某一承包单位的问题；有时为多边会议，主要协调带有共性的问题和需要多方协作配合的问题。

5）协调的方法

协调作为项目管理的一种重要职能，在项目建设中发挥着重要的作用。协调的方法和艺术，是协调是否富有成效、发挥作用的关键。坚持以合同为依据，以经济调控为主要手段。承、发包双方通过签署具有法律效力的经济合同，明确在项目建设中的责、权、利关系。因此，项目实施中的一切矛盾，干扰和协作配合问题，都必须以合同为依据，以经济调控为主要手段，通过平等协商，协调处理好各单位、各部门、各环节之间的关系，以维护合同双方的合法权益，确保项目目标的实现。坚持思想领先的原则。在项目协调中，要坚持项目建设的大局，坚持按照国家、集体、个人三者利益的辩证统一关系。建设项目参与各方的利益是息息相关的，如何从不同角度把各方的利益和项目建设的总目标结合起来，这是协调中思想工作的重要任务。在坚持履行经济合同的基础上，要强调团结、强调风格、强调把项目建设大局放在首位，以此来统一全体建设者的思想。实施必要的行政干预。完全依靠经济手段和思想工作，还难以协调所有问题，有些较大的关系调整和工作协调，已超出了建设、设计、施工和监理单位的协调权限和能力。在这种情况下，还得采取必要的行政手段，依靠各自的行政上级给予必要的干预和协调帮助，以进一步完善工程经济合同，理顺相互之间的关系，促进各方面履约，保证快速、高效地完成项目建设。

（五）监理程序

监理单位应当按下列程序实施建设监理：

（1）按照监理合同，选派满足监理工作要求的总监理工程师、监理工程师和监理员组建项目监理机构，进驻现场；

（2）编制监理规划，明确项目监理机构的工作范围、内容、目标和依据，确定监理工作制度、程序、方法和措施，并报项目法人备案；

（3）按照工程建设进度计划，分专业编制监理实施细则；

（4）按照监理规划和监理实施细则开展监理工作，编制并提交监理报告；

（5）监理业务完成后，按照监理合同向项目法人提交监理工作报告、移交档案资料。

监理程序见图 6-1。

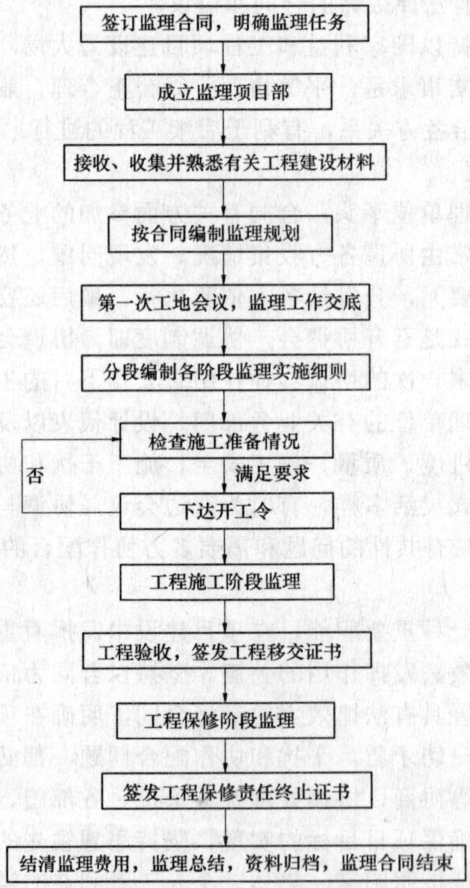

图 6-1　监理程序

（六）监理工作制度

监理采用的主要工作制度见表 6-2。

表 6-2　监理主要工作制度对比

序号	工作制度	内容
1	审核（审批）制度	施工图纸、施工组织设计、施工措施计划、施工进度计划、开工申请
2	材料，设备检验制度	原材料、构配件和工程设备
3	工程质量检验制度	工序或单元工程质量
4	计量付款签证制度	申请付款的工程量均应进行计量并经监理机构确认
5	会议制度	第一次工地会议、监理例会和监理专题会议及会议纪要
6	紧急情况报告制度	针对施工现场可能出现的紧急情况编制处理程序、处理措施等文件
7	工作报告制度	监理月报或监理专题报告；在工程验收时，提交监理工作报告；在监理工作结束后，提交监理工作总结报告
8	工程验收制度	参与、组织或协助发包人组织工程验收

1. 技术文件审核、审批制度

根据施工合同约定由双方提交的施工图纸以及由承包人提交的施工组织设计、施工措施计划、施工进度计划、开工申请等文件均应通过监理机构核查、审核或审批，方可实施。

所有技术文件均需要经过监理人的审核、审批、核查后才能实施。对于承包人提交的文件，如图纸、施工组织设计、施工进度计划、开工申请、技术措施、安全措施等，《水利工程建设项目施工监理规范》一般用审批等字眼，而对于发包人提供的文件，如施工图纸等，《水利工程建设项目施工监理规范》一般用审核、核查等字眼。在合同项目开工前，监理机构应建立文件核查、审核或审批的程序，并形成制度。但是监理人的审批、核查、审核等并不能减轻相对人（承包人、发包人等）应当承担的责任。

需要引起监理人重视的是，在监理过程中，如发生承包人或发包人对于技术文件进行调整的，监理人应当对于调整后的技术文件重新进行审核、审批、核查等，经过调整的技术文件才能付诸实施。如果发包人或承包人没有主动向监理人提交调整的技术文件，监理人应当要求发包人或承包人提交，对于拒绝提交调整技术文件的，视情况采取相应的措施，如暂停施工等。

2. 原材料、构配件和工程设备检验制度

进场的原材料、构配件和工程设备应有出厂合格证明和技术说明书，经承包人自检合格后，方可报监理机构检验。不合格的材料、构配件和工程设备应按监理指示在规定时限内运离工地或进行相应处理。

根据合同约定，所有需要进场的原材料、构配件和工程设备的质量均应得到监理机构的认可。对于不合格的材料、构配件和工程设备，监理机构应作出不允许投入使用的决定，并按要求运离现场。对于可以考虑降级使用的原材料、构配件等，应得到监理机构的批准和认可。

3. 工程质量检验制度

承包人每完成一道工序或一个单元工程，都应经过自检，合格后方可报监理机构进行

复核检验。上道工序或上一单元工程未经复核检验或复核检验不合格，不得进行下道工序或下一单元工程施工。

根据合同约定，任何一道工序完工后，首先由承包人进行“三检”（即班组初检、施工队复检、公司终检），经“三检”合格后报请监理人检验。因此，监理人应坚持工程质量检验制度，对于“三检”资料不完善的工序或“三检”不合格的工序应予以拒绝检验。

4. 工程计量付款签证制度

所有申请付款的工程量均应进行计量并经监理机构确认。未经监理机构签证的付款申请，发包人不应支付。

工程计量、签发付款证书等是监理人的工作内容之一。监理人应严格按照承包合同技术条款中关于计量与支付的约定，对于承包人申请支付的工程量进行计量。

在计量工作中，监理人应分清支付工程量、承包人实际完成工程量、施工图纸工程量等区别，不应将它们混淆在一起。支付工程量与其他各种工程量之间的关系详见《水利工程建设项目施工监理规范》6.4.2（工程量）的导读与应用。

5. 会议制度

监理机构应建立会议制度，包括第一次工地会议、监理例会和监理专题会议。会议由总监理工程师或由其授权的监理工程师主持，工程建设有关各方应派员参加。各次会议应符合下列要求：

（1）第一次工地会议。应在合同项目开工令下达前举行，会议内容应包括工程开工准备检查情况；介绍各方负责人及其授权代理人和授权内容；沟通相关信息；进行监理工作交底。会议的具体内容可由有关各方会前约定。会议可由总监理工程师主持或由总监理工程师与发包人的负责人联合主持。

（2）监理例会。监理机构应定期主持召开由参建各方负责人参加的会议，会上应通报工程进展情况，检查上次监理例会中有关决定的执行情况，分析当前存在的问题，提出问题的解决方案或建议，明确会后应完成的任务。会议应形成会议纪要。总监理工程师应组织编写由监理机构主持召开的会议纪要，并分发与会各方。

监理例会是施工过程中定期召开的会议，一般每周或每旬召开一次。监理例会是有关各方交流情况、协调关系、解决问题和处理纠纷的一种重要途径，监理机构应在会前准备会议议程，开会过程中应做好会议记录，并在会后的规定时间内及时作出会议纪要，并分发给有关各方。监理例会一般应包括如下内容：①检查上次例会和上次例会以来议定的事项的完成情况，分析未完事项的原因；②检查、总结项目进度完成情况，落实下一步的进度计划及其措施；③检查工程质量状况，对于存在的问题提出改进建议和措施；④商议解决有关需要议定的事项，例如工程变更、未定费率等；⑤解决需要协调的有关事宜。

（3）监理专题会议。监理机构应根据需要，主持召开监理专题会议，研究解决施工中出现的涉及施工质量、施工方案、施工进度、工程变更、索赔、争议等方面的专门问题。

（4）监理工程师应组织编写由监理机构主持召开的会议纪要，并分发与会各方。关于会议纪要的合同效力问题，在监理实践中存在不同的观点，从而导致不同的处理方法，为此，《水利工程建设项目施工监理规范》规定：会议纪要仅为会议的原始记录之一，不具备约束力，不能作为文件执行。因此，监理机构应特别注意会议纪要的合同效力问题，即如果需要承包人执行会议纪要的内容，监理人应另行签发监理指示。

6. 施工现场紧急情况报告制度

监理机构应针对施工现场可能出现的紧急情况编制处理程序、处理措施等文件。当发生紧急情况时，应立即向发包人报告，并指示承包人立即采取有效紧急措施进行处理。

监理机构对施工现场可能出现的紧急情况（如各类自然灾害、事故，影响施工正常进展，危及财产和生命等），应编制处理程序、处理措施等文件。一旦紧急情况发生时，应立即向发包人报告，并根据发包人指示或依据上述文件，指令承包人采取防护、处理措施，将损失、损伤降低到最小程度，必要时可以直接向主管部门报告。有关施工现场紧急情况报告问题，我国法律、行政法规、规章等给予了监理人相应的权力。因此，监理人应正确、及时履行这项制度。

7. 工作报告制度

监理机构应及时向发包人提交监理月报或监理专题报告；在工程验收时，提交监理工作报告；在监理工作结束后，提交监理工作总结报告。上述报告可参照《水利工程建设项目施工监理规范》附录D编写。

工作报告制度包括监理人向发包人呈送的监理报告、内部监理报告、监理人向验收部门呈送的监理报告。同时，广义的工作报告制度也包括承包人向监理人提交的月进度报告等。

工作报告主要反映工程阶段进展、施工中发生的重要事件、事故及其处理情况；出现的合同问题及其处理情况；支付结算情况等。工作报告是工作情况汇报、检查、通告、考核的重要方式，因此监理人应恰当地使用工作报告，为监理服务。

8. 工程验收制度

在承包人提交验收申请后，监理机构应对其是否具备验收条件进行审核，并根据有关水利工程验收规程或合同约定，参与、组织或协助发包人组织工程验收。

合同项目或工程项目结束时需要解决两个方面的问题：一是需要明确承包人和发包人就工程承包合同义务履行情况；二是需要明确工程项目能否交付使用。根据我国相关法律、行政法规、水利工程规程、合同示范文本等，需要对合同项目或工程项目组织验收，并通过验收明确上述两个方面的问题。

（1）合同项目验收。通过合同项目验收，明确发包人和承包人各自义务的履行情况，例如承包人是否全面履行了合同约定的义务，同时，以合同项目验收为基础，确定照管合同项目义务的转移日期、保修期起算日期、退还保留金日期、退还履约担保日期等。由此可见，保修期起算日期是以合同项目验收为准，并非以工程项目竣工验收日期作为保修期起算标准。监理人应在合同项目完成后，及时督促承包人提出合同项目验收申请，提请发包人及时组织合同项目验收。

合同项目验收包括：单位工程验收、部分工程验收和完工验收三种。

（2）工程项目验收。通过工程项目验收，判断工程项目是否达到设计规模、要求，是否满足投入使用的条件，可见工程项目验收并非针对合同，而是针对整个工程项目或工程项目某一阶段。

（七）监理工作方法

在施工监理阶段，监理主要工作方法包括现场记录、发布文件、旁站监理、巡视检验、跟踪检测、平行检测、协调解决等7种。这7种监理工作方法的内涵及对应的条文见表6-3。

表 6-3 监理主要工作方法对比

序号	工作方法	内容
1	现场记录	施工现场的人员、设备和材料、天气、施工环境以及施工中出现的各种情况
2	发布文件	施工全过程的控制和管理
3	旁站监理	对重要部位和关键工序的施工，实施连续性的全过程检查、监督与管理
4	巡视检验	定期或不定期的检查、监督和管理
5	跟踪检测	实施全过程的监督，确认其程序、方法的有效性以及检测结果的可信性，并对该结果确认
6	平行检测	独立抽样进行的检测，核验承包人的检测结果
7	协调解决	对参加工程建设各方之间的关系以及工程施工过程中出现的问题和争议进行的调解

1. 现场记录

监理机构认真、完整记录每日施工现场的人员、设备和材料、天气、施工环境以及施工中出现的各种情况。

现场记录是现场施工情况最基本的客观记载，也是计量支付、索赔处理、合同争议解决、质量检验、工程变更处理等的重要原始记录资料。监理人员应认真、完整地对当日各种情况做详细的现场记录。对于隐蔽工程、重要部位、关键工序的施工过程，监理人员更应采用照相、摄像等手段予以记录。监理机构应妥善保管各类原始资料。

《水利工程建设项目施工监理规范》提供了用于现场记录的相关表格，包括由监理人填写的《监理巡视记录》（JL36）。

2. 发布文件

监理机构采用通知、指示、批复、签认等文件形式进行施工全过程的控制和管理。

指令文件既是施工现场监督管理的重要手段，也是处理合同有关问题的重要依据，包括变更通知、施工暂停令、复工令、警告通知、整改通知等。

《水利工程建设项目施工监理规范》提供了指令文件的相关表格。较为通用的表格包括由监理人填写的《监理通知》（JL06）、《批复表》（JL05）、《监理报告》（JL07）、《整改通知》（JL11）、《工程现场书面指示》（JL9）、《警告通知》（JL10）。对于专用表格，将放在其他相关部分，例如变更通知则放入工程变更部分。

3. 旁站监理

监理机构按照监理合同约定，在施工现场对工程项目的重要部位和关键工序的施工，实施连续性的全过程检查、监督与管理。

旁站是指监理人员在现场进行的监督活动，是一种主要的现场监督检查方法。通过旁站监理，可以达到有效控制施工过程中的人、机械设备、材料、工法、环境。旁站监理对于控制质量及施工进度具有重要的作用。根据工程施工难度、复杂性及稳定程度，可采用全过程旁站监理、部分时间旁站监理两种具体方式。

《水利工程建设项目施工监理规范》只规定了重要部位、关键工序需要实施旁站监理，但没有作出具体规定，监理机构应在开工前，依据施工监理合同约定，结合工程特点，在监理实施细则或在其他文件中应进一步明确旁站监理的内容、程序和方法，并在施工过程中实施旁站监理。

《水利工程建设项目施工监理规范》提供旁站监理的相关表格，即监理人填写的《旁站监理值班记录》（JL35）。

4. 巡视检验

监理机构对所监理的工程项目进行的定期或不定期的检查、监督和管理。

巡视检验是监理人员对正在进行施工的部位或工序在现场进行的定期或不定期的监督活动，它是针对施工中一般作业进行的经济有效的监督检查手段。

监理人员应经常有目的地对承包人的施工过程进行巡视。巡视主要内容包括：

（1）是否按照设计文件、施工规范和批准的施工方案、工法施工。

（2）是否使用合格的材料、构配件和工程设备。

（3）施工现场管理人员，尤其是质检人员是否到岗到位。

（4）施工操作人员的技术水平、操作条件是否满足工艺操作要求，特种操作人员是否持证上岗。

（5）施工环境是否对工程质量、安全产生不利影响。

（6）已完成施工的部位是否存在质量缺陷。

5. 跟踪检测

在承包人进行试样检测前，监理机构对其检测人员、仪器设备以及拟订的检测程序和方法进行审核；在承包人对试样进行检测时，实施全过程的监督，确认其程序、方法的有效性以及检测结果的可信性，并对该结果确认。

承包人的自检包括初检、复检、终检三道程序。监理机构应重点对承包人试验样品采样部位的选择、样品的采取及送达试验室等过程进行跟踪。尤其在发包人不愿意承担检验检测费用的情况下，跟踪检测更能发挥其优势和作用。

6. 平行检测

监理机构在承包人对试样自行检测的同时，独立抽样进行的检测，核验承包人的检测结果。

平行检测是监理机构利用一定的检查或检测手段，在承包人自检合格的基础上，按照一定比例独立进行检查或检测的活动。

监理机构实施平行检测首先需要明确和解决检测费用问题。按照《水利工程建设项目施工监理规范》的规定，如果监理过程中需要实施平行检测，则由此所发生的平行检测费用由发包人承担。因此，如果发包人不愿意承担平行检测费用，监理机构可以不进行平行检测，可以改为跟踪检测，这是《水利工程建设项目施工监理规范》所允许的。

7. 协调

监理机构对参加工程建设各方之间的关系以及工程施工过程中出现的问题和争议进行的调解。

根据合同约定，协调发包人与承包人之间的关系、施工现场各承包人之间的关系、施工进度与资源供给的关系等。可见，协调是监理机构开展正常工作的重要方法。在合同项目开工前，监理机构应建立监理协调制度，明确监理协调的程序、方式和方法。

工程项目施工过程中，监理机构应运用监理协调权限，及时解决施工中各标段之间的矛盾，安全、质量、进度、投资之间的矛盾，以及施工合同双方权利、义务之间的矛盾。

第三节 项目法人对监理工作的管理

项目法人与监理单位是一种经济法律关系，即委托与被委托的合同关系。他们这种关系是通过监理合同或咨询委托合同确定下来的，并各自负有一定的权力和义务。

工程师接受项目法人的委托对工程项目的实施进行项目目标监控与管理，并对项目法人负责，但是他的一切有关行为都是以合同为依据，（包括承包合同和监理合同）以其自己的名义独立进行的，也就是说工程师与项目法人之间不是某种从属关系，而是一种委托协作关系。即在工程的实施中工程师是作为独立于项目法人与承包商之外的第三方而执行其职责和任务，在其工作中项目法人不得违约侵权超越合同，随意干涉工程师的工作.

一、通知和联系

项目法人应指定一名联系人，负责与监理机构联系。更换联系人时，应提前通知监理人。在监理合同实施过程中，双方的联系均应以书面函件为准。在不做出紧急处理即可能导致安全、质量事故的情况下，可先以口头形式通知，并在48小时内补做书面通知。

项目法人对委托监理范围内工程项目实施的意见和决策，应通过监理机构下达，法律、法规另有规定的除外。

二、项目法人的权利

项目法人享有如下权利：

（1）项目法人应当依据监理合同对监理工作进行监督、检查，并提出撤换不能胜任监理工作人员的建议或要求；

（2）对工程建设中质量、安全、投资、进度方面的重大问题的决策权；

（3）核定监理人签发的工程计量、付款凭证；

（4）要求监理人提交监理月报、监理专题报告、监理工作报告和监理工作总结报告；

（5）当监理人发生本合同专用条款约定的违约情形时，有权解除本合同。

第四节 病险水库除险加固工程的建设监理

一、强化监理委托程序

项目法人选用建设监理单位应严格按《招标投标法》的规定实行公开招标或邀请招标，直接委托应按规定办理委托手续，选择符合资质条件的单位进行监理，不应使用内部监理单位搞自我“监理”及施工、监理为同一行政管理单位的同体监理。业主应与中标的工程监理单位签订委托监理合同，明确双方的权利、义务和责任。

二、严格监理资质管理

当前，监理单位资质方面要解决的突出问题是，监理单位必须是自主经营，独立核算，自负盈亏的法人实体。

三、审核监理队伍的素质和监理能力

选择监理单位时，要对其素质和能力进行严格审核。当然这依赖于政府管理部门的工作。政府管理部门在审批成立监理单位和整顿监理单位时，要严格把关，对不符合资质标准的不能迁就，对固定人员不足和建制上不独立的，不应再批准为监理单位。要重视考核监理单位的人员配备和全过程监理能力。作为监理单位，不仅要具备工程施工的监理能力，而且应当具备设计监理能力，以及工程项目前期工作的咨询能力，以适应全过程监理和咨询的需要。

四、规范招投标工作

为规范病险水库除险加固项目的招标活动，节省招投标成本，强化监督管理工作，有些厅已出台病险水库除险加固工程施工和施工监理项目捆绑招标和集中招标办法，大中型项目由我厅组织集中招标，重点小Ⅰ型项目由市（州）水利（水务）局组织集中招标。

从制度建设和源头管理上入手，规范招投标备案、招标文件核准、招标公告发布等行为，改革评标方法，尽量减少人为打分因素，并解决好资质挂靠、围标串标、违法分包、非法转包等问题。

五、选用多种监理委托模式

考虑到病险水库加固任务重、时间集中，以及受监理单位、总监理工程师数量的限制，项目法人在选择监理单位时，可以选用多种监理委托模式：

（1）对于大型水库除险加固工程，项目法人可以将一个大型水库作为一个分标单位，通过招标方式择优委托一家监理单位；

（2）对于中小型水库除险加固工程，项目法人可以以一个县作为分标单位，即将一个县内的所有中小型病险水库的除险加固监理工作委托给一家监理单位。

第七章　质量与安全生产管理

第一节　质量管理

一、建设工程项目质量概述

（一）水利建设工程项目质量的概念

水利水电工程质量是工程满足国家和水利行业相关标准及合同约定要求的程度，在安全、功能、适用、外观及环境保护等方面的特性总和（见水利部新发布的《水利水电工程施工质量检验与评定规程》（SL176—2007）行业标准）。

水利建设工程项目质量管理的目的是，为水利建设工程项目法人提供一个高质量的工程和服务，令项目法人满意，关键是建设过程和工程实体的质量都必须满足项目目标。项目质量管理过程和目标适用于所有项目管理职能和过程，还包括项目决策的质量、项目计划的质量、项目控制的质量等。

水利工程建设项目质量管理的主要对象是工程质量，它是一个综合性的指标，包括如下几个方面：

（1）水利建设工程结构设计与施工的安全性和可靠性；

（2）所使用的材料、设备、工艺、结构的质量以及它们的耐久性和整个水利建设工程的寿命；

（3）水利建设工程的其他方面，如外观造型、与环境的协调，项目运行费用的高低以及可维护性和可检查性等。

（4）水利建设工程投产运行后，所生产的产品（或服务）的质量，该工程的可用性、使用效果和产出效益，运行的安全度和稳定性。

由于水利建设工程项目是一次性的，项目初期质量（功能、技术要求等）的定义不是很清楚，而项目质量管理与通常的企业生产质量管理又有很大的区别，致使在现代水利建设工程中，项目质量管理十分困难，尽管水利建设市场主体已经作了很大的努力，但问题依然较多，效果不大。在项目管理目标系统中，当出现工期拖延、成本超支时质量目标最容易作为牺牲品而被放弃。

水利建设工程项目的建设过程是不可逆的，即如果出现质量问题，或项目不可行，则不能重新回到原状态，最终可能导致工程的使用功能受限制、甚至报废。

（二）影响水利工程质量的主要因素

对于一般产品的质量，顾客只需在市场上直接购置时确保一个最终产品的质量即可，而不必介入该产品具体生产过程的质量管理。而水利工程的建设过程是十分复杂的，其项目法人必须直接介入整个建设过程，参与全过程的、各个环节的、对各种要素的质量管理。

要达到水利建设工程项目的目标，取得一个高质量的工程，必须对整个项目过程实施严格的质量管理。质量管理必须达到微观和宏观的统一，过程和结果的统一。

1. 项目的质量控制过程

由于水利建设项目是个渐进的过程，在如图 7-1 所示的项目控制过程中，任何一个方面出现问题，必然会影响后期的质量管理，进而影响工程的质量目标。

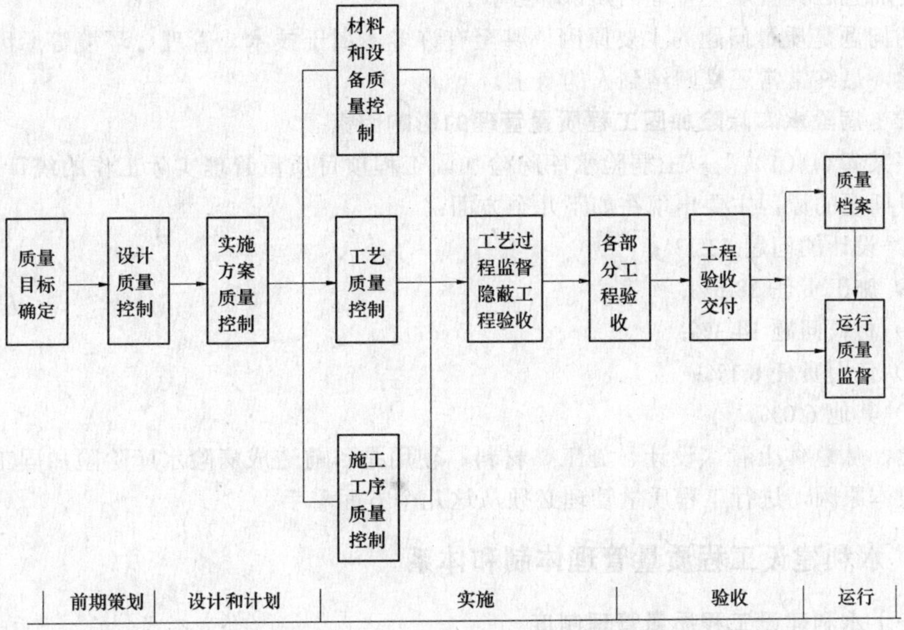

图 7-1　工程项目质量控制过程图

2. 水利工程各个生产要素的质量管理

水利工程建设，是通过人工、材料、设备、方法、环境即施工工艺（即 5M）来完成单元工程，进而完成分部工程、单位工程，以至整个工程的。水利建设工程质量管理必须着眼于各个要素、各个单元工程的施工，并直接渗入到材料的采购、供应、储存、使用过程中。

3. 对建设市场主体各层次管理人员的控制

水利工程建设是通过各个建设市场主体的参与进行的，质量管理必须重视对人，及对人的工作的管理。由于项目参加者来自不同的单位，通过合同确定各自的责权利关系，各有其不同的经济利益和目标，这会影响对质量的管理能力和积极性。所以应做到：

（1）认真选择任务承担者，重视被委托者的能力。无论是选择咨询公司、设计单位、施工单位和供应商，还是招聘管理人员，不仅要审查他们的资质等级，业务范围，还要审查他们的质量能力及信誉（如是否经过 ISO9000 贯标），审查他们过去工程的质量水平、技术水平和装备水平，切不可将工程任务委托给那些没有质量能力的单位、部门或人。

（2）加强对人员的培训。对项目法人来说，自己招聘的各种项目管理人员及为项目运行招聘的各种操作和管理人员，都应作培训。有时还要对承包商或分包商的人员进行培训或为其培训提供帮助。

对承包商来说，各种操作人员、管理人员的上岗培训，是质量保证的前提。通过培训增加项目技术知识，以防止出现施工、操作、保养、维修方面的问题。

（3）正确的引导。通过合同、责任制、经济奖励等手段激发人们对质量管理的积极性。

在水利工程建设过程中，所有项目建设市场主体都应具有质量意识。这里不仅是指重视质量，而且应具备质量管理的知识和经验。

人的问题是质量问题的主要原因，甚至有许多本属于技术、管理、环境等原因造成的质量问题，最终常常还是归结到人的身上。

（三）病险水库除险加固工程质量管理的影响因素

按照某省小（1）型以上病险水库除险加固工程项目质量管理实际工作的统计与分析，工程质量问题的原因主要出现在如下几个方面：

（1）设计的问题 43.1%；

（2）施工责任 28.5%；

（3）材料问题 14.3%；

（4）使用责任 8.1%；

（5）其他 6.0%。

因此，从总体上看，设计、施工、材料、使用是目前造成病险水库除险加固工程质量问题的根本原因，进行工程质量管理必须从这几个方面着手。

二、水利建设工程质量管理体制和体系

（一）水利建设工程质量管理制度

水利建设工程质量管理法规确认的质量管理制度主要有：

（1）《中华人民共和国建筑法》推行的质量体系认证制度：国际标准化组织（ISO）正式发布的 ISO9000《质量管理和质量保证》系列标准，国家标准 GB/T19000—ISO9000《质量管理和质量保证》系列标准，其倡导以过程管理为基础的全面质量管理体系模式。

（2）《建设工程质量管理条例》规定的质量监督制度：国家实行建设工程质量监督管理制度。

国务院建设行政主管部门对全国的建设工程质量实施统一监督管理。国务院铁路、交通、水利等有关部门按照国务院规定的职责分工，负责对全国的有关专业建设工程质量的监督管理。县级以上地方人民政府建设行政主管部门对本行政区域内的建设工程质量实施监督管理。县级以上地方人民政府交通、水利等有关部门在各自的职责范围内，负责对本行政区域内专业建设工程质量的监督管理。

（3）《建设工程质量管理条例》规定的监理制度：规定工程建设监理单位接受项目法人委托所实施“三控制、二管理、一协调”职能的法律制度。

（4）《建设工程质量管理条例》规定的开工报告审批制度：规定水利建设工程项目法人在工程开工前应当向相关水行政主管部门申请开工报告审批的制度，是政府对水利建设工程质量监督的主要手段之一。

（5）《建设工程质量管理条例》规定的竣工验收制度：规定水利建设工程竣工后，由政府相关主管部门对水利建设工程组织的政府验收制度，是加强政府对工程质量管理，防止不合格工程流向社会的一个重要手段。

（6）《水利工程质量检测管理规定》规定的质量检测制度：规定由工程质量检测机

构依据国家有关法律、法规和水利工程建设强制性标准，对涉及结构安全项目的抽样检测和对进入施工现场建筑材料、构配件的见证取样检测。

（7）《水利水电工程施工质量检验与评定规程》规定的质量验评制度：规定采用统一的水利水电工程施工质量检验与评定的方法，促使检验与评定工作标准化、规范化，保证水利建设工程质量的技术规程。

（8）《建设工程质量管理条例》规定的建筑材料使用许可制度：主要有：①建筑材料生产许可证制度；②建筑材料产品质量认证制度；③建筑材料产品推荐使用制度；④建筑材料进场检验制度。

（9）《建设工程质量管理条例》规定的质量保修制度：是对建设工程在交付使用后的一定期限内发现的质量缺陷，由施工企业承担维修责任的一种法律制度。

（10）有关行政主管部门规范性文件规定的质量奖励制度主要有：①建设工程鲁班奖；②全国土木工程界最高工程荣誉奖——詹天佑奖；③全国水利建设工程优质工程大禹奖。

（二）水利工程质量管理体制

《水利工程质量管理规定》（水利部令第7号）中明确规定：水利工程质量实行项目法人负责、监理单位控制、施工单位保证和政府监督相结合的质量管理体制。

1. 水利工程质量管理组织机构

（1）对水利工程质量负总责的项目法人，系处于主导地位的水利工程质量管理组织机构。

（2）对水利工程质量负控制职责的监理单位，系接受项目法人委托处于控制地位的水利工程质量管理组织机构。

（3）对水利工程质量负保证职责的施工单位，系按照工程施工承包合同负责质量保证的水利工程质量管理组织机构。

（4）对水利工程质量负保证职责的勘察设计单位，系按照工程设计合同负责质量保证的水利工程质量管理组织机构。

（5）对水利工程质量负强制监督的质量监督机构，系接受政府委托负责强制性质量监督的水利工程质量管理组织机构。

2. 水利建设市场主体的质量责任与义务

1）项目法人的质量责任与义务

（1）依法报批并接受政府监督的责任。项目法人应根据国家和水利部有关规定依法设立，主动接受水利工程质量监督机构对其质量体系的监督检查。在水利建设工程设计完成后，应将初步设计、施工图设计文件报县级以上水行政主管部门审查、审批，未经审查批准的施工图设计文件，不得使用。项目法人在工程开工前，应向水利工程质量监督机构办理工程质量监督手续，并应按规定向水利项目审批主管部门申请开工报告审批。在工程施工过程中，应主动接受质量监督机构对工程质量的监督检查。项目法人要加强水利工程质量管理，建立健全施工质量检查体系，根据工程特点建立质量管理机构和质量管理制度。

（2）依法发包工程的责任与义务。项目法人应根据水利建设工程规模和工程特点，按照水利部有关规定，通过招标投标选择勘察设计、施工等单位并实行合同管理。项目法人应当将工程发包给具有相应资质等级的单位。但有的项目法人不遵守有关法律及规定，将工程发包变成谋取团体利益和私人利益的手段。为此，《建设工程质量条例》规定：项目法人不得将应由一个承包单位完成的建设工程项目肢解成若干部分发包给几个承包单位。不得迫使承包单位以低于成本的价格竞标。同时，发包单位及其工作人员在建设工程发包中不得收受贿赂、回扣或索取其他好处。

（3）依法委托监理的责任。项目法人对水利建设工程应进行必要的监督、管理，对于国家规定强制实行监理的水利工程，项目法人应委托具有相应资质等级的工程监理单位进行监理，也可委托具有工程监理相应资质等级并与被监理工程的施工承包单位没有隶属关系或其他利害关系的该工程的设计单位进行监理。

（4）遵守国家规定及技术标准的责任。水利工程建设过程中，项目法人不得明示或暗示设计单位、施工单位违反工程建设强制性标准，降低工程质量。项目法人不得明示或暗示施工单位使用不合格的建筑材料、建筑构件和设备。按合同约定由项目法人提供的建筑材料、建筑构配件和设备，也必须保证其符合设计文件和合同要求。不得任意压缩合理的建设工期。

（5）依法签订合同并组织设计交底的责任。项目法人在签订水利工程建设合同时，必须有工程质量条款，明确图纸、资料、工程、材料、设备等的质量标准及合同双方的质量责任。同时，项目法人应组织设计、施工等单位进行设计交底。

（6）依法提供资料并组织验收的责任。在水利工程建设的各个阶段，项目法人应负有向有关的勘察、设计、施工、监理等单位提供工程有关的原始材料，并保证其真实、准确、齐全的责任。项目法人应组织设计、施工、监理等有关单位对水利建设工程进行项目法人验收，并应按照国家有关档案管理规定，及时收集、整理水利建设项目各环节的文件资料。同时，向项目主管部门提出应实行政府验收的申请。

如项目法人未尽上述责任，将分别受到限期改正、责令停工、处以罚款等处罚；构成犯罪的，还将追究单位、直接责任人及直接负责的主管人的刑事责任。

2）勘察设计单位的质量责任与义务

（1）遵守执业资质等级制度的责任。勘察设计单位应当依法取得相应等级的资质证书，并在其资质等级允许范围内承接工程勘察设计任务，不得擅自超越资质等级或以其他勘察、设计单位的名义承接工程，也不得允许其他单位或个人以本单位的名义承接工程，且不得转包或违法分包所承接的工程。

（2）建立勘察设计质量保证体系的责任。勘察设计单位应建立健全质量保证体系。水利工程勘察企业的法定代表人、项目负责人、审核人、审定人等相关人员应在勘察文件上签字或盖章，并对勘察质量负责，其相关责任分别是：企业法定代表人对勘察质量负全面责任，项目负责人对项目的勘察文件负主要质量责任，项目审核人、审定人对其审核、审定项目的勘察文件负审核、审定的质量责任。设计单位应加强设计过程的质量控制，健全设计文件的审核会签制度。注册土木工程师（水利水电）等执业人员应在设计文件上签字，并对设计文件的质量负责。

（3）遵守国家工程建设强制性标准及有关规定的责任。勘察设计单位必须按照工程建设强制性标准及有关规定进行勘察设计。水利工程勘察文件要反映工程地质、地形地貌、水文地质状况，其勘察成果必须真实准确、评价应准确可靠。勘察文件应符合国家规定的勘察深度要求。设计单位要根据勘察成果文件进行设计，设计文件的深度应符合国家规定，满足相应设计阶段的技术要求，并注明工程合理使用年限。设计单位在设计文件中选用的建筑材料、建筑构配件和设备，应注明规格、型号、性能等技术指标，其质量必须符合国家规定的标准；除有特殊要求的建筑材料、专用设备、工艺生产线等外，设计单位不得指定生产厂家或供应商。

（4）施工验槽、技术交底和事故处理责任。水利工程勘察企业应当参与施工验槽，及时解决工程设计和施工中与勘察工作有关的问题。设计单位应就审查合格的施工图向施工企业、监理单位作出详细说明，做好设计文件的技术交底工作，在施工过程中要随时掌握施工现场情况，优化设计，解决有关设计问题。对大中型水利工程，设计单位应按合同规定在施工现场设立设计代表机构或派驻设计代表。当其设计的水利工程发生质量事故时，设计单位应参与质量事故分析，并对因设计造成的质量事故，提出相应的技术处理方案。

（5）提出验收评价意见的责任。水利工程设计单位应按照水利部有关规定在阶段验收、单位工程验收和竣工验收中，对施工质量是否满足设计要求提出评价意见。

勘察设计单位应对本单位编制的勘察设计文件的质量负责。当其违反国家的法律、法规及相关规定，没有尽到上述质量责任时，根据情节轻重，将会受到责令改正、没收违法所得、罚款、责令停业整顿、降低资质等级、吊销资质证书等处罚。造成损失的，依法承担赔偿责任。注册土木工程师等执业人员因过错造成质量事故的，责令停止执业 1 年；造成重大事故的，吊销执业资格证书，5 年内不予注册；情节特别恶劣的，终身不予注册。勘察设计单位违反国家规定，降低工程质量标准，造成重大安全事故、构成犯罪的，要依法追究直接责任人员的刑事责任。

3）施工企业的质量责任与义务

（1）遵守执业资质等级制度的责任。施工企业应当依法取得相应等级的资质证书，并在其资质等级允许范围内承接工程施工任务，不得擅自超越资质等级或以其他施工企业的名义承接工程，禁止施工企业允许其他单位或个人以本单位的名义承接工程，且不得转包或违法分包所承接的工程。

（2）建立质量保证体系的责任。施工企业应当建立健全质量保证体系，建立并落实质量责任制度，要明确确定工程项目的施工项目负责人、技术负责人、质量负责人和安全负责人。施工企业必须建立、健全并落实质量责任制度，严格工序管理，做好隐蔽工程的质量检查和记录。水利工程质量监督机构对他们共同检查核定的质量等级进行核备，不参加重要隐蔽工程的联合检查。施工企业还应当建立、健全教育培训制度，加强对职工的教育培训，未经教育培训或者考核不合格的人员，不得上岗作业。在施工过程中应加强计量、检测等基础工作，认真执行“三检制”，切实做好工程质量的全过程控制。

（3）总承包单位与分包单位之间的质量责任。建设工程实行总承包的，总承包单位应对全部建设工程质量负责；实行勘察、设计、施工、设备采购的一项或多项总承包的，总承包单位应对其承包单位或采购设备的质量负责。总承包单位依法进行分包的，分包单位应按分包合同的约定对其分包工程的质量向总承包单位负责，总承包单位与分包单位对分包工程的质量承担连带责任。

（4）遵守技术标准、严格按图施工的责任。水利施工企业必须依据国家、水利行业有关工程建设法规、技术规程、技术标准的规定以及设计文件和施工合同的要求进行施工，并对其施工的水利工程质量负责。施工企业必须按照工程设计图纸和施工技术标准施工，不得擅自修改工程设计，不得偷工减料。施工过程中如发现设计文件和图纸的差错，应及时向设计单位提出意见和建议，不得擅自处理。施工企业必须按照工程设计要求、施工技术标准和合同约定，对建筑材料、建筑构配件、设备及商品混凝土进行检验，并做好书面记录，由专人签字，未经检验或检验不合格的上述物品，不得使用。施工企业必须按有关施工技术标准留取试块、试件及有关材料的取样，应在项目法人或工程监理单位监督下在现场进行，并送具有相应资质等级的质量检测单位进行检测。施工企业对施工中出现质量问题的建设工程或竣工验收不合格的工程，应负责返修。

（5）质量事故处理的责任。水利工程发生质量事故的，施工企业必须按照有关规定向监理单位、项目法人及有关部门报告，并保护好现场，接受工程质量事故调查，认真进行事故处理。

竣工工程质量必须符合国家和水利行业现行的工程标准及设计文件要求，并应向项目法人提交完整的技术档案、试验成果及有关资料。

施工企业未尽上述质量责任时，根据其违法行为的严重程度，将受到责令改正、罚款、降低资质等级、责令停业整顿、吊销资质证书等处罚。对不符合质量标准的工程，要负责返工、修理，并赔偿因此造成的损失。对降低工程质量标准的工程，造成重大安全事故，构成犯罪的，要追究直接责任人的刑事责任。

4）监理单位的质量责任与义务

（1）遵守执业资质等级制度的责任。监理单位应当依法取得水利部颁发的相应等级资质证书，并在其资质等级允许范围内承接工程监理任务，不得擅自超越资质等级或以其他监理单位的名义承接工程监理业务，禁止监理单位允许其他单位或个人以本单位的名义承接工程监理业务，且不得转让所承接的工程监理业务。

（2）回避责任。水利工程监理单位与被监理工程的施工企业以及建筑材料、建筑构配件和设备供应单位有隶属关系或其他利害关系的，不得承担该项目水利建设工程的监理业务，以保证监理活动的公平、公正。

（3）建立质量控制体系的责任。监理单位应当建立健全质量控制体系，严格执行国家法律、水利行业法规、技术标准，严格履行监理合同。监理单位应向水利工程施工现场派出相应的监理机构，人员配备必须项目要求。监理工程师上岗必须持有水利部颁发的监理工程师岗位证书，监理员上岗必须取得监理员上岗资格证书。

（4）坚持质量标准、依法进行现场监理的责任。工程监理单位应当选派具有相应资格的总监理工程师和监理工程师进驻施工现场。采取旁站、巡视和平行、跟踪检测等形式，对水利建设工程实施监理，对违反有关规范及技术标准的行为进行制止，责令改正；对工程使用的建筑材料、建筑构配件和设备的质量进行检验，不合格者，不得准许使用，不得进行下道工序的施工。未经总监理工程师签字，项目法人不支付工程款，不进行竣工验收。工程监理单位不得与项目法人或施工企业串通一气，弄虚作假，降低工程质量。

（5）签发图纸、参加验收的责任。监理单位应根据监理合同参与招标投标工作，从保证工程质量全面履行工程承建合同出发，签发施工图纸；审查施工企业的施工组织设计的技术措施；指导监督合同中有关质量标准、要求的实施；参加工程质量检查、工程质量事故调查处理和工程验收工作。

水利工程监理单位未尽上述责任影响工程质量的，将根据其违法行为的严重程度，给予责令改正、没收非法所得、罚款、降低资质等级、吊销资质证书等处罚。造成重大安全事故、构成犯罪的，要追究直接责任人员的刑事责任。

（三）水利建设工程质量管理体系

水利建设工程具有建设周期长、工程投资大、涉及面广、不可逆性等特点，水利建设工程质量的优劣直接关系到社会经济的发展和人民生命财产的安全。所以，建立水利建设工程质量管理体系，是一个非常重要的问题。依据目前我国有关法律法规规定，我国水利建设工程质量管理体系包括纵向管理体系和横向管理体系。

1. 水利建设工程纵向质量管理体系

纵向质量管理体系是指国家对水利建设工程质量所进行的监督管理，即由水行政主管部门及其授权机构实施的，对水利建设工程的全过程和各个环节的质量监督管理。其包括三个部分：①对参与水利工程建设市场主体资质认定和审查、成果质量审查、检测、评定和奖励等方面进行的监督管理；②对水利建设工程计划、规划、土地管理、环保、消防等方面进行的监督管理；③对水利工程建设活动中招标投标、工程施工、评定验收等方面进行的监督管理。

1）对水利建设市场主体的监督管理体系

水利工程建设市场主体是水利建设工程的各方参与者，对其质量监督管理的内容主要有：

（1）对项目法人的资格和能力进行审查管理。审查项目法人是否具备与发包工程相适应的资格、技术和经济管理能力、编制招标文件及组织开标、评标、定标的能力，若其不具备上述能力，则要求其委托代建单位代建或招标代理机构代为办理招标事宜。

（2）对勘察设计单位、施工企业、监理、构配件生产单位等实行资质等级认证、生产许可证和业务范围的监督管理。以上水利建设市场主体必须按照国家有关规定申请并取得相应资质证书后，方可从事其资质等级允许范围内的业务活动。各级水行政主管部门将严格监督管理其相应的建设活动。

（3）对实行注册执业制度相关人员的监督管理。目前，我国法律法规规定从事水利工程建设市场主体应当实行执业资格的有：①水利建设设计人员应持注册土木工程师（水利水电）执业证书从事水利建设工程设计工作；②水利建设监理人员应持注册水利建设监理工程师执业证书从业；③水利施工企业项目负责人应持注册水利水电工程建造师执业证书从业；④水利建设造价人员应持注册造价工程师执业证书从业；各级水行政主管部门将负责考试、注册及执业活动的监督管理，以保证执业资格制度的严肃性和有效性。

2）对水利建设工程过程质量的监督管理体系

政府对水利建设工程过程质量的监督管理主要以保证工程使用安全和环境质量为主要目的，以法律、法规和强制性标准为依据，以开工报告审批、水利工程质量检测、水利工程质量监督机构的质量监督、政府验收为主要手段。

（1）开工报告审批。项目法人在水利建设工程项目已具备《水利工程建设项目管理规定》第十三条所规定的条件时，可向项目审批部门提出主体工程开工申请报告，经政府的项目审批部门审查批准后，建设工程方能开工。这是政府对水利建设工程过是否符合主体工程开工条件质量监督管理的主要手段。

（2）水利工程质量检测。在政府质量监督过程中，水利工程质量检测是进行质量监督和质量检查的重要手段。根据需要，水利工程质量监督机构可委托经计量认证合格的水利工程质量检测单位，对水利工程有关部位以及所采用的建筑材料和工程设备进行抽样检测。

（3）水利工程质量监督机构的质量监督。根据《水利工程质量监督管理规定》（水建[1997]339号），水利工程质量监督机构是水行政主管部门对水利工程进行监督管理的专职机构，对水利工程质量进行强制性的监督管理。其目的在于维护社会公共利益，保证技术性法规和标准贯彻执行，不代替项目法人、监理、设计、施工单位的质量管理工作。

水利工程建设项目质量监督方式以抽查为主。项目法人、监理、设计、施工单位在工程建设过程中，必须接受质量监督机构的监督。工程竣工验收前，必须经质量监督机构对工程质量进行等级核验。未经工程质量等级核验或核验不合格的工程，不得交付使用。

（4）政府验收。根据水利部于2006年12月18日颁布的《水利工程建设项目验收管理规定》，政府验收包括：专项验收、阶段验收、竣工验收。

a．专项验收包括移民安置专项验收、环境保护专项验收、水土保持专项验收、工程档案专项验收。专项验收成果文件是阶段验收或竣工验收成果文件的组成部分。

b．阶段验收包括工程导（截）流、水库下闸蓄水、引（调）排水工程通水、首（末）台机组启动等阶段验收。阶段验收鉴定书是竣工验收的备查资料。

c．水利建设工程具备竣工验收条件的，项目法人应当提出竣工验收申请，经项目法人验收监督管理机关审查后报竣工验收主持单位。竣工验收分为竣工技术预验收和竣工验收两个阶段。竣工验收鉴定书是项目法人完成水利工程建设任务的凭证，它是工程通过竣工验收，验收遗留问题处理完毕和尾工完成并通过验收的，验收主持单位向项目法人颁发工程竣工证书。工程竣工证书格式由水利部统一制定。

通过对水利建设工程的验收工作，可以检查水利建设工程是否按照批准的设计进行建设；检查已完工工程在设计、施工、设备安装等方面的质量监督管理，并对验收遗留问题提出处理要求。

2. 水利建设工程横向质量管理体系

横向质量管理体系是指水利工程建设市场主体对水利建设工程质量的管理。包括三个方面，一是项目法人对所建水利工程的管理，其可成立相应的机构和人员，对所建水利工程的质量进行检查管理，即项目法人质量检查体系。二是勘察设计单位、施工企业的质量保证体系。三是监理单位的质量控制体系。本书针对水利工程建设的主要阶段着重叙述项目法人质量检查体系，同时兼顾质量保证体系和质量控制体系。

1）水利工程设计质量管理

（1）任何项目法人都应在水利工程设计工作上花大力气，舍得花时间、金钱和精力，进行及早的控制和严格的协调。涉及水利建设工程质量方面的设计质量包括如下两个方面：

a．水利建设工程的质量标准。例如采用的技术标准，设计使用年限，工程规模，达到的生产能力。它是设计工作的对象。工程质量的标准应符合项目目标的要求。

b．设计工作质量。即设计成果的正确性、各专业设计的协调性、文件的完备性，及要求设计文件清晰、易于理解、直观明了，符合规定的详细程度和设计成果数量要求。这一切都要求严格的质量控制。

（2）水利工程设计单位的选择。设计单位对设计的质量负责。水利工程设计单位的选择对水利工程设计质量有根本性的影响，而许多项目法人在项目初期对它没有引起足够的重视，有时为了方便、省钱或其他原因（例如关系）将水利工程设计委托给不合格的设计单位，结果造成很大的麻烦和经济的损失。设计工作属于高智力型的，技术与艺术相结合的工作，其成果评价比较困难。设计方案以及整个设计工作的合理性、经济性、新颖性等常常不能从设计文件，如图纸、规范、模型的表面反映出来。所以水利工程设计质量很难控制。这就要对设计单位的选择予以特别的重视。

水利工程设计单位必须是：①大的、著名的设计院。②不仅本项目设计在它的业务范围内，而且具有与项目相符合的资质等级证书。③有同类工程经验，在过去的项目中与项目法人合作良好，信誉好。

（3）水利工程设计工作控制：

a．对阶段设计成果应审批签章，再进行更深入的设计，否则无效。无论是国内还是国外，设计分为几个阶段，逐渐由总体到详细，各个阶段都必须经过一定的权力部门审批，作为后续设计的依据，这是一个重要的控制手段。

b．由于设计工作的特殊性，对一些大的、技术复杂的水利建设工程，项目法人常常不具备相关的知识和技能，所以常常必须聘请专家咨询，对设计进度和质量、设计成果进行审查。这是十分有效的控制手段。

c．由于设计单位对项目的经济性不承担责任，所以常常从自身效益的角度出发尽快出方案、出图，不希望也不愿意作多方案的对比分析，有时尽管做了也不是真做，或不认真做。对此常须作如下考虑：

（a）采用设计招标，在中标前审查方案，而且可以对比多家方案，这样定下一个设计单位就等于选择了一个好的方案，但这需要时间和花费。

（b）采取奖励措施。鼓励设计单位进行设计方案优化，将由优化所降低的费用取一部分作为奖励。

（c）另外请科研单位专门对方案进行试验或研究，进行全面技术经济分析，最后选择优化的方案。多方案的论证不仅对项目的质量有很大的影响，而且对项目投资的节约，经济性有很大的影响。

（4）对设计工作质量进行检查。这是一项十分细致的，同时又是技术性很强的工作。在设计阶段发现问题和错误，纠正是最方便、最省事、最省钱的，影响也最小。

a．设计工作以及设计文件的完备性，应包括说明工程形象的各种文件，如各种专业图纸、规范、模型，相应的概预算文件，设备清单和工程的各种技术经济指标说明以及设计依据的说明文件、边界条件的说明等。设计文件应能够为施工单位和各层次的管理人员所理解。

b．从宏观到微观上分析设计构思、设计工作、设计文件的正确性、全面性、安全性，识别系统错误和薄弱环节。分析这样的设计若付诸实施，建成工程后能否安全、高效率、稳定、经济地运行，以及是否美观，能否与环境协调一致。设计工作的评价，包括工程功能组合的科学性，数量和质量符合项目的定义。

c．设计应符合规范的要求特别是强制性的规范，如防火、安全、环保、抗震的标准，以及有些质量标准、卫生标准。

d．设计工作的检查常常不仅要有项目法人、设计咨询参与，而且有可能让施工单位、制造厂家、将来工程的运行使用单位参加，作各种会审。

在实际中经常发生如下问题：①技术设计没考虑到施工的可能性、便捷和安全性。②未考虑到将来运行、维修、设备更换、保养的方便。③设计中未考虑到运营的安全性、方便和运行费用的高低。在检查中必须找出各种问题和薄弱环节，在实施前所有的设计文件都应是确定的、正确的，不能有任何疑问。

2）水利工程施工质量管理

（1）施工质量管理要点：

a. 施工企业对施工质量负责。

水利工程施工中的质量管理属于生产过程的质量管理。水利工程质量管理不仅要保证工程的各个要素（材料、设备、工作、工艺等）符合规定（合同、设计文件）要求，而且要保证各部分的成果，即分部工程符合规定，还要保证最终整个工程符合质量要求，达到预定的功能，整个系统能经济、安全、高效率地运行。这个阶段质量控制的对象是承（分）包商、供应商。

b. 在水利工程实施工程中，如果发生工程问题，质量目标最容易受到损害。

c. 质量管理的关键因素是实施者，所以项目法人应重视对承（分）包商、供应商的选择。在委托任务、商讨价格、签订合同时应注意考查他们的质量能力、信誉，包括：技术水平、装备水平；管理能力，特别是项目负责人、技术负责人的经历、经验；承包企业质量管理体系，如是否经过国际质量管理贯标认证；以往工程的质量标准，企业等级、资信及企业形象、声誉等，将它们作为评标，授予合同的一个重要指标。如果选择出错，则项目法人对质量的控制会很困难，而且会有许多麻烦。由于水利建设工程项目的特殊性，实施工程的方案、技术措施、工艺应是先进的同时又是成熟的。

d. 必须向实施者落实质量责任，灌输质量意识。

（a）要保证质量，必须将水利工程的质量责任落实到具体的实施者（承包者），而不是（或不仅仅是）检查者。建立工程的技术管理制度，并经常进行考核。

（b）在合同、委托书或任务单中明确质量的要求，确定质量的标准、检查和评价方法，奖惩办法和标准，不能用含糊不清的笼统的质量要求或标准，在合同中应规定项目管理者对质量的绝对的检查和监督的权力。

（c）要求各投标单位在投标文件中说清楚质量保证体系，在项目中保证质量的措施和方法，并由专家审查这些措施和方法的适用性、科学性、安全性，并作为选择承包商的依据。

（d）在实际工作中，防止实施者为了追求高效率和低费用而牺牲质量，发现工期拖延、费用超支时，首先应考虑选择修改或制定周密的计划，防止以牺牲质量为代价赶工和降低费用。由于质量是工程的内在因素，它的指标常常不硬，所以人们特别容易忽视。

e. 确定质量控制程序和权力。

（a）质量控制程序和权力由合同条件、规范和项目功能规程规定，通常合同中确定质量控制权力和责任的划分，确定主要控制过程，工程的检查验收的规定，在规范中常常包含专业分项的质量检查标准、过程、要求、时间、方法、业务工作条例包括涉及项目参加各方面的协调方法和过程。

（b）质量控制程序应包括极其广泛的内容：设备和材料采购，工艺，隐蔽工程，单元工程，分部工程，单位工程，整个工程项目的最终检验和试运行等。检查应包括常规检查、专项检查、非常规检查、现场检查以及现场以外的结构件、设备、生产场地检查。对每一项检查应确定查什么，怎样检查，在何处何时查，谁检查谁，检查频度。

（c）当然要使质量控制有效，必须与其他控制手段，如工程款支付、计量、合同处罚等结合起来，明确规定（合同中）管理者对不符合质量的工程材料、工艺的处置权，例如拒绝验收和付款，指令拆除不合格工程，重新施工，由此引起的一切费用，工期拖延由责任者负责，当然对高质量应有奖励措施。

f. 质量文件。

图纸、规范、模型是由设计者提出的质量要求文件，经工程实施应反馈出能够证明和反映实际工程状况的质量报告文件。工程实施以及各种控制过程中应收集、整理这些文件，应有完备的技术档案。这在工程质量评价、质量问题分析、索赔和反索赔中有重要作用，它们应能系统地、全面地说明（证明）已建工程的各部分（工程、技术、设备等）的质量状况。

（二）技术文件的会审

要将技术设计付诸实施，首先实施者要对技术设计进行会审。这应作为一个工程制度。

（1）作为实施单位，必须全面理解设计文件、设计意图。只有这样才能正确制定实施方案和报价。

（2）对设计文件中发现的问题，例如矛盾、错误、二义性、说明不清楚或无法实施的地方，在会审中提出，向设计单位质询或要求修改。

（3）由于设计和实施单位很多，必须解决之间的协调问题，即各个承包商的实施方案必须在质量要求和时间上协调一致。通过会审可以解决沟通和协调问题。

（三）材料质量控制

建筑材料的采购是工程项目质量和费用控制的重点。因为一方面材料费用占工程费用大部分（一般50%以上），另一方面材料是构成工程实体的要素，它决定了工程内在质量。可以这样说，材料不合格则不会有合格的工程，当然有合格的材料也可能有不合格的工程。材料质量控制措施有：

（1）采购前必须将项目所需材料的质量要求（包括品种、规格、规范、标准等）、用途、投入时间、数量说明清楚，作出材料计划表并在采购合同申明规定这些内容。

（2）采购选择。供应商通常是很多的，对各种供应的质量应有深入的了解，多收集一些说明书、产品介绍方面的信息。

①采购前要求提供样品认可，特别对承包商（或分包商）自己采购的材料。样品认可后封存，在供应到现场时，再作对比检查。

②尽可能选择有长期合作伙伴关系的供应商。一个大型的承包公司周围应有一些长期的合作伙伴，这有利于保证质量、保证供应、抗御风险。

③要求供应商提供他的产品证书，如官方认可的质量系统文件和证明、生产许可证、质量认证书，也可以走访以前的用户。

④对重要的、大批量供应或专项物资供应，可以派自己的人员在生产厂进行巡视，检查产品质量及生产管理系统，验收产品。

⑤与供应商或其生产厂家一起研究质量改进措施。

⑥供应的可靠度，即供应商的生产（供应）能力，现已承接的业务的数量，供应时间。这不仅影响工程质量，而且会影响工期。通常超过能力进行生产，供应时间不能保证，质量也不能保证。

（3）入库和使用前的检查。检查供应的质量，并作出评价，保存记录。不合格的材料不得进入工地，更不得使用。对设备、工艺的质量控制基本上同材料控制过程。

（四）工程质量检查和监督

工程施工是一个渐进的过程，质量控制必须在整个过程中起作用，这里有两个层次。

（1）实施单位（如承包商、供应商）内部有质量的管理工作，如领导、协调、计划、组织控制，通过生产过程的内部监督和调整及质量特征的检查达到质量保证的结果，这里有许多技术监督工作和质量信息的收集、判断工作。

（2）项目法人对质量的控制权，包括：①行使质量检查的权力；②行使对质量文件的批准、确认、变更的权力；③对不符合质量标准的工程（包括材料、设备、工程）的处置的权力；④在工程中做到隐蔽工程不经签字不得覆盖，工序间不经验收下道工序不能施工；不经质量检查，已完的分项工程不能验收、不能计量，很显然也不能结算工程价款。这一切必须在合同中明确规定，并在实际工作中得到不折不扣地执行。

（五）水利建设工程质量管理应注意的问题

在实际的水利建设工程项目质量管理工作中有如下几个问题必须引起注意的：

（1）水利建设工程项目质量管理不是追求最高的质量和最完美的工程，而是追求符合预定目标的，符合合同要求的工程。工程质量是按照工程使用功能的要求设计的，它是经过与工期、费用优化后确定的，符合工程的整体效益目标。如果追求高质量就会损害其它两个目标，而最终会损害工程整体效益。无论谁提出变动工程质量时一定要先顾及另两个方面。

同时，在符合项目功能、工期和费用要求的情况下，又必须追求尽可能地提高质量，不出质量事故，保证一次性成功，通过质量管理避免或减少损失和错误。

（2）要减少重复的质量管理工作。具体分部工程（工作包的任务）由承包商、实施负责人完成的，这些企业或部门中应有专门从事生产和技术管理的人员，他们应有具体的质量管理工作。这些企业有完备的质量管理体系，它是属于企业内部的领导、协调、计划、培训和组织的任务，实施负责人应负责这些工作，这属于合同内的工作，而项目法人不必再具体地重复这些工作（除了发现重大问题），但其必须监督各参加单位在任职负责的范围内用适当的措施、工具和方法来解决质量保证问题。当然也包括对实施中的质量管理工作提供帮助、解答，并积极介入，但如果存在质量问题仍由实施者负责。实践证明，在许多大型水利建设工程项目质量管理中，质量管理的重复工作现象是普遍存在的，这将导致管理人员的浪费、费用的浪费、时间的延长和信息的泛滥。

（3）质量管理是一项综合性的管理工作，除了工程项目的各个管理过程以外还需要一个良好的社会质量环境，最主要的有：

①企业的基础管理工作，如标准化工作、质量管理教育、职员的质量意识、信息工作等；

②整个社会的价值观念，国民素质。在一个浮躁、急功近利、不讲信用的社会里是不可能产生高质量的工程的。

（4）注意合同对质量管理的决定作用。一方面要利用合同达到对质量进行有效的控制，同时又要在合同范围内进行质量管理，超过合同范围则会导致赔偿问题：

①合同中对质量要求的说明文件，如图纸、规范，工作量表等应正确、清楚、详细、没有矛盾、应给各方面一个清晰的质量目标。应有定量化的、可执行、可检查的指标，防止质量问题争执。

②在合同中应规定承包商的质量责任，划分界限、赋予项目管理者以绝对的质量检查

权，并定义检查方法、手段及检查结果的处理方式。

③在合同中定义材料采购、图纸设计、工艺使用的认可和批准制度，即采购前先送样品认可，图纸使用前先批准。

④在工程中，多层次的分包和将工程肢解得太细发包会严重损害工程的质量。

（5）质量问题大多是技术性工作，例如设计、实施方案、采购等工作，甚至许多书中介绍的许多质量的统计方法、检测方法、分析方法实质上在很大程度上属于技术和技术管理问题。项目的质量管理的技术性很强，但它又不同于技术性工作。长期以来人们过于注重质量技术方面的问题，而忽视管理方面的问题。质量控制应着眼于质量控制程序的建立，质量、工期、成本目标的协调和平衡，质量保证体系的建立，以及工作监督、检查、跟踪、诊断，以减少技术工作的错误和不完备性，以保证技术工作的有效性。

（6）质量管理的目标不是发现质量问题，而是应提前避免质量问题的发生。在各项工作之前应有明确的质量的要求，在工作中应有质量的保证体系。

（7）注意过去同类项目的经验和反面的教训，特别是过去的项目法人、设计单位、施工单位反映出来的对技术、质量有重大影响的关键性问题。

第二节　水利建设工程项目划分和质量评定

为加强水利水电工程建设质量管理，保证工程施工质量，统一施工质量检验与评定方法，使施工质量检验与评定工作标准化、规范化，水利部《水利水电工程施工质量检验与评定规程》（SL196—2007），自 2007 年 10 月 14 日起实施。

一、水利建设工程项目划分

一项水利建设工程的建成，由施工准备工作开始至竣工交付、使用，要经过若干工序、工种的配合施工。而水利建设工程质量的形成不仅取决于原材料、配件、产品的质量，同时也取决于各工种、工序的作业质量。所以，为实现对水利建设工程全方位、全过程的质量控制和检验评定，按照水利建设工程的形成过程，考虑设计布局、施工布置等因素，将水利建设工程依次划分为单位工程、分部工程、单元工程。

（一）定义

（1）单位工程：具有独立发挥作用或独立施工条件的建筑物。

（2）分部工程：在一个建筑物内能组合发挥一种功能的建筑安装工程，是组成单位工程的部分。对单位工程安全、功能或效益起决定性作用的分部工程称为主要分部工程。

（3）单元工程：在分部工程中由几个工序（或工种）施工完成的最小综合体，是日常质量考核的基本单位。

（4）关键部位单元工程：对工程安全、或效益、或功能有显著影响的单元工程。

（5）重要隐蔽单元工程：主要建筑物的地基开挖、地下洞室开挖、地基防渗、加固处理和排水等隐蔽工程中，对工程安全或功能有严重影响的单元工程。

（6）主要建筑物及主要单位工程：主要建筑物，指其失事后将造成下游灾害或严重影响工程效益的建筑物，如堤坝、泄洪建筑物、输水建筑物、电站厂房及泵站等。属于主要建筑物的单位工程称为主要单位工程。

（二）项目划分程序

（1）由项目法人组织监理、设计及施工等单位进行工程项目划分，并确定主要单位工程、主要分部工程、重要隐蔽单元工程和关键部位单元工程。项目法人在主体工程开工前应将项目划分表及说明书面报相应工程质量监督机构确认。

（2）工程质量监督机构收到项目划分书面报告后，应在14个工作日内对项目划分进行确认并将确认结果书面通知项目法人。

（3）工程实施过程中，需对单位工程、主要分部工程、重要隐蔽单元工程和关键部位单元工程的项目划分进行调整时，项目法人应重新报送工程质量监督机构确认。

（三）项目划分原则

水利水电工程项目划分应结合工程结构特点、施工部署及施工合同要求进行，划分结果应有利于保证施工质量以及施工质量管理。

1. 单位工程项目的划分应按下列原则确定

（1）枢纽工程，一般以每座独立的建筑物为一个单位工程。当工程规模大时，可将一个建筑物中具有独立施工条件的一部分划分为一个单位工程。

（2）堤防工程，按招标标段或工程结构划分单位工程。规模较大的交叉联结建筑物及管理设施以每座独立的建筑物为一个单位工程。

（3）引水（渠道）工程，按招标标段或工程结构划分单位工程。大、中型引水（渠道）建筑物以每座独立的建筑物为一个单位工程。

（4）除险加固工程，按招标标段或加固内容，并结合工程量划分单位工程。

2. 分部工程项目的划分应按下列原则确定

（1）枢纽工程，土建部分按设计的主要组成部分划分。金属结构及启闭机安装工程和机电设备安装工程按组合功能划分。

（2）堤防工程，按长度或功能划分。

（3）引水（渠道）工程中的河（渠）道按施工部署或长度划分。大、中型建筑物按工程结构主要组成部分划分。

（4）除险加固工程，按加固内容或部位划分。

（5）同一单位工程中，各个分部工程的工程量（或投资）不宜相差太大，每个单位工程中的分部工程数目，不宜少于5个。

3. 单元工程项目的划分应按下列原则确定

（1）按《水利水电基本建设工程单元工程质量等级评定标准（试行）》（SDJ249、1～6—88、SL38—92及SL239—1999）（以下简称《单元工程评定标准》）规定进行划分。

（2）河（渠）道开挖、填筑及衬砌单元工程划分界限宜设在变形缝或结构缝处，长度一般不大于100米。同一分部工程中各单元工程的工程量（或投资）不宜相差太大。

（3）《单元工程评定标准》中未涉及的单元工程可依据工程结构、施工部署或质量考核要求，按层、块、段进行划分。

二、水利建设工程质量评定标准

（一）水利建设工程质量评定的原则

（1）水利水电工程施工质量等级分为“合格”、“优良”两级。

（2）水行政主管部门及其委托的工程质量监督机构对水利水电工程施工质量检验与评定工作进行监督。

（3）水利建设工程质量评定的顺序：单元工程、分部工程、单位工程、工程项目。

（二）合格标准

合格标准是工程验收标准。不合格工程必须进行处理且达到合格标准后，才能进行后续工程施工或验收。水利水电工程施工质量等级评定的主要依据有：①国家及相关行业技术标准；②《单元工程评定标准》；③经批准的设计文件、施工图纸、金属结构设计图样与技术条件、设计修改通知书、厂家提供的设备安装说明书及有关技术文件；④工程承发包合同中约定的技术标准；⑤工程施工期及试运行期的试验和观测分析成果。

1. 单元工程质量评定合格标准

单元（工序）工程施工质量合格标准应按照《单元工程评定标准》或合同约定的合格标准执行。当达不到合格标准时，应及时处理。处理后的质量等级应按下列规定重新确定：①全部返工重做的，可重新评定质量等级。②经加固补强并经设计和监理单位鉴定能达到设计要求时，其质量评为合格。③处理后的工程部分质量指标仍达不到设计要求时，经设计复核，项目法人及监理单位确认能满足安全和使用功能要求，可不再进行处理；或经加固补强后，改变了外形尺寸或造成工程永久性缺陷的，经项目法人、监理及设计单位确认能基本满足设计要求，其质量可定为合格，但应按规定进行质量缺陷备案。

2. 分部工程质量评定合格标准

分部工程施工质量同时满足下列标准时，其质量评为合格：①所含单元工程的质量全部合格。质量事故及质量缺陷已按要求处理，并经检验合格。②原材料、中间产品及混凝土（砂浆）试件质量全部合格，金属结构及启闭机制造质量合格，机电产品质量合格。

3. 单位工程质量评定合格标准

单位工程施工质量同时满足下列标准时，其质量评为合格：①所含分部工程质量全部合格。②质量事故已按要求进行处理。③工程外观质量得分率达到70%以上。④单位工程施工质量检验与评定资料基本齐全。⑤工程施工期及试运行期，单位工程观测资料分析结果符合国家和行业技术标准以及合同约定的标准要求。

4. 工程项目质量评定合格标准

工程项目施工质量同时满足下列标准时，其质量评为合格：①单位工程质量全部合格；②工程施工期及试运行期，各单位工程观测资料分析结果均符合国家和行业技术标准以及合同约定的标准要求。

（三）优良标准

优良等级是为工程项目质量创优而设置的，其评定标准为推荐性标准，是为鼓励工程项目质量创优或执行合同约定而设置的。

1. 单元工程质量评定优良标准

单元工程施工质量优良标准应按照《单元工程评定标准》以及合同约定的优良标准执行。全部返工重做的单元工程，经检验达到优良标准时，可评为优良等级。

2. 分部工程质量评定优良标准

分部工程施工质量同时满足下列标准时，其质量评为优良：①所含单元工程质量全部合格，其中70%以上达到优良等级，重要隐蔽单元工程和关键部位单元工程质量优良率达

90%以上，且未发生过质量事故。②中间产品质量全部合格，混凝土（砂浆）试件质量达到优良等级（当试件组数小于30时，试件质量合格）。原材料质量、金属结构及启闭机制造质量合格，机电产品质量合格。

3. 单位工程质量评定优良标准

单位工程施工质量同时满足下列标准时，其质量评为优良：①所含分部工程质量全部合格，其中70%以上达到优良等级，主要分部工程质量全部优良，且施工中未发生过较大质量事故。②质量事故已按要求进行处理。③外观质量得分率达到85%以上。④单位工程施工质量检验与评定资料齐全。⑤工程施工期及试运行期，单位工程观测资料分析结果符合国家和行业技术标准以及合同约定的标准要求。

4. 工程项目质量评定优良标准

工程项目施工质量同时满足下列标准时，其质量评为优良：①单位工程质量全部合格，其中 70%以上单位工程质量达到优良等级，且主要单位工程质量全部优良。②工程施工期及试运行期，各单位工程观测资料分析结果均符合国家和行业技术标准以及合同约定的标准要求。

三、质量评定工作的组织与管理

（1）单元（工序）工程质量在施工单位自评合格后，由监理单位复核，监理工程师核定质量等级并签证认可。

（2）重要隐蔽单元工程及关键部位单元工程质量经施工单位自评合格、监理单位抽检后，由项目法人（或委托监理）、监理、设计、施工、工程运行管理（施工阶段已经有时）等单位组成联合小组，共同检查核定其质量等级并填写签证表，报工程质量监督机构核备。

（3）分部工程质量，在施工单位自评合格后，由监理单位复核，项目法人认定。分部工程验收的质量结论由项目法人报工程质量监督机构核备。大型枢纽工程主要建筑物的分部工程验收的质量结论由项目法人报工程质量监督机构核定。

（4）单位工程质量，在施工单位自评合格后，由监理单位复核，项目法人认定。单位工程验收的质量结论由项目法人报工程质量监督机构核定。

（5）工程项目质量，在单位工程质量评定合格后，由监理单位进行统计并评定工程项目质量等级，经项目法人认定后，报工程质量监督机构核定。

（6）阶段验收前，工程质量监督机构应提交工程质量评价意见。

（7）工程质量监督机构应按有关规定阶段验收前，工程质量监督机构应提交工程质量评价意见。在工程竣工验收前提交工程质量监督报告，工程质量监督报告应有工程质量是否合格的明确结论。

四、水利工程质量检测

随着水利工程建设技术的发展，水利建设工程的规模、复杂程度、工程质量均有了很大的发展。现代水利建设工程质量管理是实行全过程管理的质量管理，实行全过程质量管理最重要工作是加强施工过程的质量检测，取得代表质量特征的有关数据，科学地评价水利工程建设质量，这就是质量检测工作的主要目的。

水利工程质量检测是质量监督、质量检查和质量评定、验收的重要手段。

（一）质量检测的定义

为加强水利工程质量管理，规范水利工程质量检测行为，提高水利工程质量检测水平，根据《国务院办公厅关于加强基础设施工程质量管理的通知》和有关规定，水利部制定了《水利工程质量检测管理规定》。该规定明确水利工程质量检测是指水利工程质量检测单位对水利工程施工质量或用于水利工程建设的原材料、中间产品、金属结构、机电设备等进行的测量、检查、试验或度量，并将结果与规定要求进行比较以确定质量是否合格所进行的活动。

（二）质量检测的要求

水行政主管部门、流域机构或其他有关部门、水利工程质量监督机构和工程验收主持单位可根据规定或其他特定需要，要求项目法人委托具有相应资格的水利工程质量检测单位对水利工程进行质量检测。

工程建设项目法人、设计、施工、监理（监造）等单位根据工程建设需要，可委托具有相应水利工程质量检测资格的水利工程质量检测单位进行质量检测。

水利工程质量检测的成果是水利工程质量检测报告。检测单位对其出具的检测报告承担相应法律和经济责任。

1. 项目法人质量检测

（1）项目法人应建立健全质量检查体系，对工程规模大、技术要求高的项目应设立质检部门，其他工程应有专人负责质检工作。

（2）项目法人应督促监理单位对施工单位的工地试验室进行核查，并及时将监理的核准意见备案归档。

（3）项目法人应按水行政主管部门、流域机构、水利工程质量监督机构和验收主持单位的要求，委托具有相应资格的专业质量检测单位对水利工程质量进行综合或专项检测；堤防工程应按《堤防工程施工质量评定与验收规程（试行）》（SL239—1999）有关规定进行质量检测。

（4）项目法人对检测单位检查发现的问题，应要求监理单位督促施工单位及时整改。

2. 施工单位质量检测

（1）施工单位应建立健全质量保证体系，积极实行质量体系认证。质检工作应按班组初检、施工队复检、质检科终检的“三检制”程序进行。

（2）质检科应全面管理工程测量放样、原材料和中间产品试验、工程实体质量检测等工作。

（3）专职质检员应持有省级以上水利或相关行业行政主管部门核发的工程质量检查员证书，实行持证上岗。

（4）施工单位应按所承建工程的规模和建筑物的等级，配备相应的工地试验室。如没有条件建立工地试验室的，应按规定取样送有相应资格的专业质量检测单位进行检测。

（5）工地试验室应建立健全各项管理制度，包括岗位责任管理、试验操作管理、仪器设备管理、标准养护室管理等，以确保试验结果的可靠性。试验室的测试仪器、设备等必须经计量部门检定。

（6）工地试验室可承担的试验项目、参数必须经监理单位核准；不能承担的试验项目、参数，可送施工单位本部有资格试验室或其他有相应资格的专业质量检测单位进行检验测试。

（7）试验人员应熟悉水利及相关行业的有关规程、规范、标准，并能熟练使用试验仪器设备，且持有省级以上水利或相关行业行政主管部门核发的工程试验员证书，实行持证上岗。

（8）外购的构配件、机电设备等应有厂内检查试验记录、出厂合格证等资料，并按规定进行现场检验、保管；原材料（钢材、水泥等）的品质，除应有厂家试验记录、产品合格证等资料外，还应抽样复验，分类存放。

3. 监理单位质量检测

（1）监理单位应建立健全质量控制体系，大中型工程项目应配备专职质量管理技术人员，有些项目经项目法人同意，也可由总监或副总监兼任质量管理技术人员。监理单位应对工程施工质量进行全过程控制。

（2）质量管理技术人员应具有丰富的测量、试验方面的专业知识和能力，并取得《水利工程建设监理工程师资格证书》和《水利工程建设监理工程师岗位证书》，具体负责对施工单位质量检测工作的监督管理。

（3）监理单位应对施工单位的施工放样和沉降、位移等测量成果进行复验。

（4）监理单位应对工程原材料、构配件、设备等进行抽检，不合格的工程原材料、构配件、设备等不得使用。

（5）监理单位应对施工单位的工地试验室进行核查。核查范围包括试验设备的配置及计量检定证明、试验人员的配备及资格证书、试验室的管理制度等。由此确定试验室可承担的试验项目、参数。监理单位应将对工地试验室的核准意见书面通知施工单位并报项目法人备案。

（6）监理单位应对工程中所用的原材料、试块、试件等进行跟踪检测，跟踪检测的数量不少于施工单位应检测数量的10%。跟踪检测是指施工单位在进行试样检测前，监理单位对其检测人员、仪器设备以及拟定的检测程序和方法进行审核；在施工单位试验人员对试样进行检测时，监理人员实施全过程的监督，确认其程序、方法的有效性及检测结果的可信性，并对该结果签字确认。

（7）监理单位应对工程中所用的原材料、试块、试件等进行平行检测，平行检测的数量一般不少于施工单位应检测数量的5%，抽样母体不应与跟踪检测的母体相同。重要部位每种标号混凝土最少取样1组；重要部位土方至少取样3组。平行检测是指监理单位在施工单位对试样自行检测的同时，独立抽样进行检测，以核验施工单位检测结果。平行检测应送有相应资格的专业质量检测单位检测。

4. 质量监督机构质量检测

（1）质量监督机构的质量检测以抽查为主，除常规的查看外，宜配备一些便携式检测仪器，对原材料和工程实体质量进行随机检测。

（2）质量监督机构可要求项目法人委托具有相应资格的专业质量检测单位对受监工程进行质量综合或专项检测。

（3）质量监督机构根据需要，可直接委托具有相应资格的专业质量检测单位对受监工程进行质量检测。

（三）见证取样送样检测

1. 见证取样的规定

取样是按国家有关技术标准、规范的规定，从检测对象中抽取试验样品的过程；送检是指取样后将试样从现场移交给具有检测资格单位承检的过程。取样和送检是水利工程质量检测的首要环节，其真实性和代表性直接影响检测数据的公正性。

在当前市场经济影响下，不少检测单位热衷于为其他单位提供委托试验服务，同时部分水利施工企业的现场取样缺少必要的监督管理机制，产生了由于试样取样的不规范，以及少数单位弄虚作假而出现样品合格但工程实体质量不合格的现象，导致检测手段失去对工程质量的控制作用。因此，对水利工程质量检测应加强管理。

为保证试件能代表工程实体的质量状况和取样的真实，制止出具只对试件（来样）负责的检测报告，保证水利建设工程质量检测工作的科学性、公正性和准确性，以确保水利建设工程质量，根据有关规定，在水利建设工程质量检测中实行见证取样和送检制度，即在项目法人或监理单位人员见证下，由施工人员在现场取样，送至试验室进行试验。

2. 见证取样送样的管理

（1）各级水行政主管部门是水利建设工程质量检测见证取样工作的主管部门，水利建设工程质量监督管理部门负责对见证取样工作的组织和管理。

（2）各质量检测机构对见证取样送样检验的试件，无见证人员签名的检验委托单及无见证人员伴送的试件一律拒收；未注明见证单位和见证人员的检验报告，不得作为见证检验资料，质量监督机构可指定法定检测单位重新检测。

（3）项目法人、施工企业、监理单位和检测单位凡以任何形式弄虚作假，或者玩忽职守者，应按有关法律法规、规章严肃查处，情节严重者，依法追究刑事责任。

第三节　安全生产管理

一、项目法人安全生产职责

党中央、国务院高度重视安全生产。新中国成立以来，党和政府十分重视安全生产，已形成一整套相对完善的有关安全生产法规体系和管理体系，为保障国家安全生产发挥了积极作用。党的十六届五中全会确立了“安全发展”的指导原则，纳入科学发展观，完善了“安全第一、预防为主、综合治理”的方针；六中全会把安全生产作为构建社会主义和谐社会的重要内容，纳入社会管理的范畴。本届政府采取一系列重大举措加强改进安全生产工作。各级党委政府高度重视，加强领导、落实责任；广大生产经营单位依法依规、履行安全生产主体责任；社会各界大力支持、积极参与、广泛监督。经过上下各方的共同努力，全国安全生产呈现总体稳定、趋向好转的发展态势，事故总量逐年减少，主要指标持续下降。但形势依然严峻，事故总量仍然偏大，重特大事故多发，重点行业领域的问题尚待进一步解决。一些地区的水行政主管部门和一些企业没有真正树立安全发展的理念，没有按照要求将安全工作纳入发展规划和重要议程。一些施工企业甚至一些高资质的施工企业，管理方式粗放，安全生产条件不符合要求，安全投入欠账严重。部分项目法人和工程监理单位对自身应负的安全职责不清，未起到应有的安全管理和监理作用。在水利工程建设市场环境方面，不合理低价中标、不依法履行建设程序、违法分包、转包、资质挂靠等现象依然比较普遍。水利施工行业一线作业人员以农民工为主，他们的安全意识比较淡薄、基本操作技能较差。因此，安全生产工作任重道远。

国务院《建设工程安全生产管理条例》规定“国务院建设行政主管部门对全国的建设工程安全生产实施监督管理。国务院铁路、交通、水利等有关部门按照国务院规定的职责分工，负责有关专业建设工程安全生产的监督管理。县级以上地方人民政府建设行政主管部门对本行政区域内的建设工程安全生产实施监督管理。县级以上地方人民政府交通、水利等有关部门在各自的职责范围内，负责本行政区域内的专业建设工程安全生产的监督管理”。

2002 年 6 月 29 日颁发的《中华人民共和国安全生产法》（以下简称《安全生产法》）规定了安全生产的目的、意义和作用，明确了“国务院有关部门依照本法和其他有关法律、法规的规定，在各自的职责范围内对有关的安全生产工作实施监督管理；县级以上地方各级人民政府有关部门依照本法，和其他有关法律、法规的规定，在各自的职责范围内对有关的安全生产工作实施监督管理”。《安全生产法》还要求“国务院负责安全生产监督管理的部门依照本法，对全国安全生产工作实施综合监督管理；县级以上地方各级人民政府负责安全生产监督管理的部门依照本法，对本行政区域内安全生产工作实施综合监督管理”。

水利部颁发的《水利工程建设安全生产管理规定》指出：“水利工程建设安全生产管理，坚持安全第一，预防为主的方针。

发生生产安全事故，必须查清事故原因，查明事故责任，落实整改措施，做好事故处理工作，并依法追究有关人员的责任。

项目法人（或者建设单位，下同）、勘察（测）单位、设计单位、施工单位、建设监理单位及其他与水利工程建设安全生产有关的单位，必须遵守安全生产法律、法规和本规定，保证水利工程建设安全生产，依法承担水利工程建设安全生产责任。

《水利工程建设安全生产管理规定》第二章还专门对项目法人的安全责任进行了具体规定：

（1）项目法人在对施工投标单位进行资格审查时，应当对投标单位的主要负责人、项目负责人以及专职安全生产管理人员是否经水行政主管部门安全生产考核合格进行审查。有关人员未经考核合格的，不得认定投标单位的投标资格。

（2）项目法人应当向施工单位提供施工现场及施工可能影响的毗邻区域内供水、排水、供电、供气、供热、通讯、广播电视等地下管线资料，气象和水文观测资料，拟建工程可能影响的相邻建筑物和构筑物、地下工程的有关资料，并保证有关资料的真实、准确、完整，满足有关技术规范的要求。对可能影响施工报价的资料，应当在招标时提供。

（3）项目法人不得调减或挪用批准概算中所确定的水利工程建设有关安全作业环境及安全施工措施等所需费用。工程承包合同中应当明确安全作业环境及安全施工措施所需费用。

（4）项目法人应当组织编制保证安全生产的措施方案，并自开工报告批准之日起 15 日内报有管辖权的水行政主管部门、流域管理机构或者其委托的水利工程建设安全生产监督机构（以下简称安全生产监督机构）备案。建设过程中安全生产的情况发生变化时，应当及时对保证安全生产的措施方案进行调整，并报原备案机关。

保证安全生产的措施方案应当根据有关法律法规、强制性标准和技术规范的要求并结合工程的具体情况编制，应当包括以下内容：①项目概况；②编制依据；③安全生产管理机构及相关负责人；④安全生产的有关规章制度制定情况；⑤安全生产管理人员及特种作业人员持证上岗情况等；⑥生产安全事故的应急救援预案；⑦工程度汛方案、措施；⑧其他有关事项。

（5）项目法人在水利工程开工前，应当就落实保证安全生产的措施进行全面系统的布置，明确施工单位的安全生产责任。

（6）项目法人应当将水利工程中的拆除工程和爆破工程发包给具有相应水利水电工程施工资质等级的施工单位。

项目法人应当在拆除工程或者爆破工程施工 15 日前，将下列资料报送水行政主管部门、流域管理机构或者其委托的安全生产监督机构备案：①施工单位资质等级证明；②拟拆除或拟爆破的工程及可能危及毗邻建筑物的说明；③施工组织方案；④堆放、清除废弃物的措施；⑤生产安全事故的应急救援预案。

《水利工程建设安全生产管理规定》第二十六条规定："水行政主管部门和流域管理机构按照分级管理权限，负责水利工程建设安全生产的监督管理。水行政主管理部门或者流域管理机构委托的安全生产监督机构，负责水利工程施工现场的监督检查工作"，进一步明确了水行政主管部门及其相应的安全监管机构的职责，体现了政府对水利行业安全生产的监督与指导作用，为水行政主管部门对行业安全生产进行有效地监督与管理提供了重要的法律保障。

近十年以来，国家推行"项目法人责任制，建设招标投标制，施工监理制"三项基本制度，项目法人责任制是核心制度，项目法人在工程项目建设中是一个关键角色，它对项目实施的全过程负总责，对工程质量、安全、投资、工期、计划等各关键要素履行向政府负责的职责。当前，在水利工程项目管理上，一些开明能干的项目法人提倡全面推进项目精细化管理，要求在质量管理上"精雕细刻"；在安全管理上"精查细改"；在设备管理上"精调细分"；在施工管理上"精耕细作"；在材料管理上"精打细算"。这种精细化管理真正体现了管理出效益的经营理念，项目法人始终把质量与安全管理放在精细化管理的首位。工程的质量与安全一直也是政府部门关注的重点，成为政府衡量一个项目法人管理水平高低、能否圆满完成建设任务的关键。项目法人的重要职责之一就是搞好安全生产管理，在保障安全的前提下促进工程建设的顺利实施。按照国家有关安全生产的法律规章，项目法人应认真履行安全生产管理的基本职责义务：①必须遵守《安全生产法》和其他有关安全生产的法律、法规；②必须加强安全生产管理；③必须建立健全安全生产责任制；④必须完善安全生产条件，其中建立健全安全生产责任制是一项核心工作内容。项目法人要全面负责本项目的安全生产状况，根据"安全第一，预防为主"的安全生产基本方针，在项目实施过程中，要保证项目应当支付的安全资金；建立健全项目建设实施的安全责任制；依据工程建设项目的特点，督促参建各方特别是施工单位认真制定本单位的安全作业规章制度和操作规程，保证安全生产三同时（建设项目的安全措施应当与主体工程同时设计、同时施工、同时投入生产和使用）。项目法人具体安全管理措施主要有：①安全生产责任制及其落实；②安全操作规程及执行；③安全计划的制定与实施；④安全教育、检查、事故处理、隐患整改等；⑤对设备、设施、装置、工具等检查、维修、管理等；⑥日常监督检查、检测检验等。

二、项目安全生产管理

国家有关安全生产管理的规定和安全生产技术标准都是强制性的，任何单位和个人都必须遵照执行。项目法人在进行安全生产管理时，首先根据项目实施的具体情况，加强安全生产准入管理，建设文明工地；依据现场作业危险源目录及其分析，开展安全评价，编制安全对策；进行专项核查与整治；制定安全应急预案。

将文明工地建设纳入安全生产管理的范畴，是一个开明的项目法人应尽的职责和义务，一个彩旗飘展、车来人往、井井有条的施工场面，将给参观者一种愉悦的感觉，并留下深刻的印象，让人觉得项目法人具体较高的现场管理水平。通过文明工地建设可以营造安全生产、文明施工的良好氛围。所以，应认真贯彻执行国家有关部、省颁发的《建设工程施工现场管理规定》和《文明施工十二条标准》，规范现场管理：各类设备、物资、工器具堆码存放整齐有序并符合安全规定；工地上各类标语、标志、提示、警示、警告准确无误；生产、生活设施布局合理。

（一）安全生产准入

安全生产危险性较大的三个行业，一是矿山开采；二是建筑施工；三是危险物品的生产、经营、储存。从事水利建筑施工及其管理的项目法人和施工、监理等单位，必须设置安全生产管理机构或者配备专职安全生产管理人员。这些人员必须经过上岗培训，学习掌握安全生产管理方面的知识，取得上岗合格证书，才能作为安全生产个人资格准入，从事安全作业或管理。此外，还应加强水利建设工程安全生产条件准入管理工作，有关单位根据安全施工业绩应取得安全生产许可证书，作业人员特别是特殊工种、特殊岗位作业人员与安全管理专职人员都应通过相应的技术培训并取得合格证书，这些证书还须在政府质量安全监督机构进行备案。凡未取得水行政主管部门安全生产考核合格证书的施工企业项目法人、项目经理、专职安全管理人员、施工作业人员一律不得参加水利工程建设与管理活动。当前，施工承包单位普遍使用农民工，项目法人应监督施工承包单位加强对农民工进行安全生产教育培训，对农民工进行足够的安全生产制度、基本常识、操作规程和应急安全救护与避让等方面的教育培训。

有关安全技术教育培训工作，一些项目法人和生产经营单位的主要负责人存有侥幸心理和麻痹思想，对安全生产与管理本质的认识比较模糊。实际上，在“以人为本”、构建“和谐社会”的今天，一个管理者或领导者应当充分认识到，保障安全生产是从业人员的一种的权利与义务，不是可有可无的事情。从业人员的权利主要有：①有安全生产的知情权；②有获得劳动保护用品的权利；③对有关安全生产有批评建议权；④有对违章指挥的拒绝权；⑤有紧急避险权；⑥遇到工伤事故，有获得及时抢救和医治的合法权益。从业人员的义务主要有：①服从单位的安全生产管理规章；②接受安全培训；③遇安全事故或隐患有义务报告；④正确使用劳保用品。

项目法人和生产经营单位主要负责人是安全生产与管理的第一责任人，对本单位的安全生产、安全管理、安全状况负有直接的责任，首先全面负责本单位的安全生产情况；其次保证本单位安全资金的投入；第三建立健全本单位的安全生产责任制；第四组织制定本单位的安全生产规章制度和操作规程；第五监督本单位各类从业人员按照安全操作规程进行作业，奖优罚劣。一个单位搞得好不好，安全生产环境和秩序是不可忽视的重要方面。

（二）施工现场作业危险源目录

施工现场作业危险源目录是在一般情况下，从事水利工程建设，在项目施工、系统运行中出现的一个个环节所面临的可能发生的危害因素，这些危害一旦发生将产生安全事故，导致经济损失和人员伤亡。通过对施工作业危险源的分析，采取有力措施，应对安全操作的薄弱环节，许多安全事故是可以避免的。因此，施工现场作业危险源分析是水利工程安全生产管理的基础，项目法人安全生产专职管理人员应督促施工单位进行施工现场作业危险源分析，找出潜在危害，提出整改措施，必要时，还应联系工程设计代表、监理共同分析研究，制定出较为详细的安全施工作业计划和应急处理方案。

施工现场作业危险源分析对有效地进行安全生产监督管理具有十分重要的意义。针对水利工程建筑施工的实际，我们将水利工程施工现场作业危险源分为十大类，它们是：①土建工程作业；②登高架设与高处作业（2 米以上）；③易燃易爆场所作业；④爆破作业；⑤起重吊装作业；⑥拆除作业；⑦电气与带电作业；⑧重特大事故抢险作业；⑨水面（下）作业；⑩场内车辆作业。这些作业面基本上涵盖了水利工程施工现场作业的潜在危险源，包括主要危害因素，从中可以分析发生安全事故可能产生的危害程度。表 7-1（水利工程建设施工危险源作业目录）列出了水利工程建筑施工作业危险源目录，从表 7-1 可知，例如对于地下洞室作业，主要危害因素有：坍塌；爆破伤害；瓦斯爆炸；中毒和窒息；有害气体；物体打击；摔倒；地下水；触电（电危害）；机械伤害等。项目法人安全生产管理人员和现场施工、监理就应当根据具体地质条件，分析在水工隧洞掘进过程中，可能出现的主要危害因素，并采取相应的安全防护措施。如果隧洞掘进段岩石破碎，易出现坍塌等事故，则应加强支护、衬砌、超前固结灌浆和超前地质预报等安全作业与防护措施；如果隧洞存在有害气体，有可能产生瓦斯爆炸、中毒和窒息等危害，则应加强通风排气，进行有害气体监测、防火、施工人员健康防护等综合措施。

施工现场作业危险源目录对安全生产管理有的放矢，明确危险源，落实施工安全防护措施具有重要的指导意义。

（三）开展安全评价，编制安全对策措施

在水利行业开展水利工程施工安全评价是近几年兴起来的一种方法，水利工程施工安全评价是采用系统工程的方法对拟建或已建项目、系统可能存在的危险性及其可能产生的后果进行综合评价和预测；并根据可能产生的事故风险大小，提出相应安全对策措施，以达到项目、系统运作安全的目的。安全评价贯穿于项目、系统整个生命周期的各阶段。安全评价是项目法人和施工承包单位搞好自身安全建设与生产的需要，也是政府进行安全监督与管理的需要。

安全评价一般分为安全预评价、安全现状（过程）评价和安全验收评价，对水利工程项目法人来说，搞好安全现状（过程）评价是加强安全生产管理职能的重要手段，如前所述，安全评价建立在施工现场作业危险源目录及其分析基础之上。从理论上讲，存在危险或危险源与受到危害或伤害不是一回事，也就是说，有危险不一定有危害，因此，危险是潜在的，危害是现实的。如果措施得当，危险就不会转化为危害；措施不当，危险必然转化成危害。危险常指危害或危害因素及其发生的程度，危险是存在危害因素、危害发生程度和危害造成不利影响的总和。安全作为危险的对立面，它是指免遭不可接受危险的伤害。

表 7-1　水利工程建设施工危险源作业目录

作业类别	潜在危险源	主要危害因素
土建工程作业	基坑开挖、支护与降水作业（坑深 2 米以上）	坑壁坍塌；高处坠落；淹溺；触电（电危害）；物体打击；运动物危害；爆破伤害；机械伤害；高处坠落等。
	土石方开挖与危岩清除、锚固作业	物体打击；高处坠落；运动物危害；粉尘；坍塌；爆破伤害；机械伤害等。
	坝体填筑、砌筑、浇筑作业	高处坠落；运动物危害；粉尘；跨塌；滚石；爆破伤害；机械伤害、触电（电危害）；车辆伤害、噪声等。
	地下洞室作业	坍塌；爆破伤害；瓦斯爆炸；中毒和窒息；有害气体；物体打击；摔倒；地下水；触电（电危害）；机械伤害等。
	公路、铁路附近处理作业	车辆伤害；高处坠落；边坡坍方；物体打击；机械伤害；爆破伤害等。
	高边坡开挖及支护（2 米以上）	高处坠落；边坡坍方；物体打击；机械伤害；爆破伤害等。
	压力管道施工作业（坡度 20° 以上）	高处坠落；边坡坍方；物体打击；机械伤害等。
登高架设与高处作业（2 米以上）	模板安装作业（2 米以上）	高处坠落；物体打击；模板倒坍；风等。
	脚手架（料架、泵管等）搭设作业（2 米以上）	高处坠落；物体打击；脚手架倒坍；风等。
	地质勘探井架安装作业（5 米以上）	强度及刚度不够；稳定性差；高处坠落；物体打击；风等。
	外墙装饰、维护和清洗作业	高处坠落；物体打击等。
	渡槽及桥梁作业	高处坠落；物体打击；机械伤害；触电（电危害）；吊装物坠落；风等。
易燃易爆场所作业	油库；炸药库房等	火灾；爆炸；触电（电危害）等。
爆破作业	各类爆破作业面	爆破伤害；中毒和窒息；物体打击；粉尘；触电（电危害）等。
起重吊装作业	各类起重吊装作业面	高处坠落；物体打击；设备失事等。
拆除作业	各类拆除作业面	高处坠落；物体打击；机械伤害；爆破伤害；淹溺；垮塌；粉尘；噪声；设备及建（构）筑物倒塌等。
电气与带电作业	各类作业面	触电（电危害）；电弧烧伤；高处坠落；物体打击；设备失事等。
重特大事故抢险作业		洪水；淹溺；滑坡；泥石流；火灾爆炸；机械伤害；指挥失误；措施不当；疏散不及时等。
水面（下）作业	深井作业；水上施工、架设作业；潜水作业等作业面	坠落；淹溺；摔倒；物体打击；碰撞等。
场内车辆作业	运输车辆作业；车辆施工作业等作业面	车辆伤害；机械伤害；物体打击；设备失事；粉尘；噪声等。

实质是防止事故，消除导致人的伤害（如疾病、受伤、死亡）和项目、系统不正常运行与财产损失产生的各种条件。安全评价就是对项目施工、系统运行中出现的一个个环节（或称为工序）所面临的可能发生的危害因素进行分析并研究对策，安全评价方法常分为四类，一是按评价结果量化程度的分类法（定性、定量二种）；二是按评价的推理过程分类法（归纳法、演绎法二种）；三是按针对的系统性质分类法；四是按安全评价要达到的目的分类法（事故致因因素评价法、危险性分级评价法、事故后果评价法三种）。

安全评价方法的选择首先应认真分析与熟悉被评价系统或对象，选择合适的安全评价方法。选择安全评价方法的原则应遵循充分性、适应性、系统性、针对性和合理性。充分性是指对被评价系统的充分认识和对评价方法的充分选择；适应性是指评价方法与对象要相互适应；系统性是指对系统的评价不是片面的而是全面的、深入的；针对性是说评价方法应有说服力、可靠；合理性是指结果符合实际情况，在经济上也是力所能及的。安全评价方法选择应注意下列几个问题：①要充分考虑被评价系统的特点；②评价的具体目标和要求的最终结果；③评价资料的占有情况；④安全评价人员的水平高低、素质大小。应当注意的是，安全评价方法不是一个单一确定的方法，不存在“最佳”方法，评价方法也并非结果的唯一因素。

目前，由于水利行业缺乏大量的实验结果、广泛的事故资料统计分析以及相关指标或模型，在水利行业开展定量安全评价方法尚不具备条件。水利工程安全评价方法基本停留在定性的评价方法上，安全评价专家主要根据经验和直观判断能力对水利工地现场各类施工与生产系统的工艺、设备、设施、环境、人员和管理六个方面的状况进行定性分析，其结果也只能是定性的。这类评价方法主要有：安全检查表法（SLC），专家现场询问观察法（WI），因素图分析法，事故引发与发展分析，作业条件危险性评价法（格雷厄姆—金尼法或 LEC 法），故障类型和影响分析法，危险可操作性研究等七种。定性安全评价法的优点是容易理解，便于掌握，评价过程简单，应用比较广泛，适用于水利工程绝大多数施工作业面（点）。其缺点是不能定量化；存在局限性；由于评价人员的经验经历不同，存在一定的人为因素；不同类型对象之间的安全评价结果缺乏可比性。对水利工程诸如水工隧洞、高边坡、料场开采、大坝基础开挖与回填等施工作业面（点）可以选用安全检查法或安全检查表法（SR，SCA）、事故引发与发展分析法、故障类型和影响分析法（FMEA）等定性安全评价方法进行评价。表 7-2（水利工程施工作业危险源安全监督检查与评价）为采用安全检查表（SCA）法所做的土建工程作业面主要危害因素的评价分析，通过现场分析、评分，可以得出某一主要危害因素在现场作业危险源中所占的百分比，进而得出危险等级，提出针对某一个或几个主要危害因素需要整改的对策与措施。

众所周知，安全评价只是项目法人加强安全生产管理的一项重要手段，而不是目的。通过安全评价机构所做出的安全评价报告（主要指安全预评价和安全现状评价），项目法人感兴趣的是基于安全评价之后的安全对策措施，它是为了保障安全生产，防止事故的发生和减少事故发生后产生损失而采取的方法、手段、规定、制度、技术和做法等等。主要包括安全技术措施和安全管理措施两个大方面。安全技术措施侧重于安全生产“硬件”的建设，如技术力量配置、设备装备、劳保必需口、现场安全标识等；安全管理措施主要指单位有关安全规章制度、安全责任制、组织保证措施、安全检查机制、人员安全意识等“软件”配置。安全对策措施的五点基本要求：①消除减弱施工与生产过程中的危险、危害因素；②将危险、危害因素降低到国家规定的限度内；③预防施工与生产装置和误操作产生的危险、有害因素；④有效预防重大事故和职业危害；⑤意外事故发生时，能为遇险人员提供自救和互救途径或方法。

表 7-2　水利工程施工作业危险源安全监督检查与评价

作业分类	施工作业类型	施工方法或种类	主要危害因素	应得分	潜在危害因素分析与安全分值				实得分	危险得分率（%）	危险等级
					轻微	一般	较严重	严重			
一、土建工程作业	基坑开挖、支护与降水作业（坑深2米以上）	各类开挖方式、各类支护方式、各类降水方式	机械伤害								
			爆破伤害								
			坑壁坍塌								
			支撑坍塌								
			围堰垮塌								
			淹溺								
			高处坠落								

项目法人在制定安全对策措施时，应遵循以下原则：①满足法律法规的要求；②当与经济基础效益产生矛盾时，应优先考虑安全生产的要求，其次考虑经济效益；③应按预防事故，消除危害，降低风险，隔离危害，使用连锁装置和警告的顺序；④应具有较强的针对性、可操作性和经济合理性。此外，水利工程项目参建各方（包括项目法人、设代、监理、施工承包企业等）均应了解、掌握、服从安全对策措施的有关规定。安全对策措施应按“三同时”的原则进行落实。

（四）制定安全应急预案，加强专项核查与整治

水利工程建设中经常会遇到突发性的事故发生，如隧洞突发垮塌等突发安全生产事故灾难及强透水，施工围堰遭遇汛期超标洪水形成垮坝等突发自然灾害。一般来讲，遇到突发性事故，常常会造成人员伤亡和比较严重的经济损失。由于事故的突发性，让人防不胜防，一旦发生，正常的工作秩序被打乱，人们很容易出现心理恐慌，事态易失控。既然发生这类事故不可避免，但通过采取紧急措施，减少人员伤亡和经济损失是完全可行的。因此，各级地方人民政府水行政主管部门应当根据本级人民政府的要求，制定本行政区域内水利工程建设特大生产安全事故应急救援预案，并报上一级人民政府水行政主管部门备案。流域管理机构应当编制所管辖的水利工程建设特大生产安全事故应急救援预案，并报水利部备案。项目法人应当组织制定本建设项目的生产安全事故应急救援预案，并定期组织演练。应急救援预案应当包括紧急救援的组织机构、人员配备、物资准备、人员财产救援措施、事故分析与报告等方面的方案。

安全应急预案是一种事故发生之前就已经预先制定好的、经过多次演练的事故救援方案。一旦事故突发，有关单位就立即按照预案中确定的救援方案开展工作，避免了事故救援的盲目性。因此，制定安全应急预案十分重要，有了预案就能做应对冷静，处之泰然，万无一失。

项目专项核查与整治是在项目建设期间，项目法人配合政府或者由于自身工作需要针对存在的突出问题而开展的专门安全管理行动。例如，近几年来，国务院及有关政府部门针对一些大型水利工程的地下洞室、大坝基坑、高边坡、起重设备等作业面（点）进行的专项安全隐患整治检查、核查与排查行动。对这类专项检查行动，除进一步落实安全对策措施外，还应建立经常性的专项整治与检查的长效机制。

专项检查的主要内容有：以项目法人为首的参建各方安全生产运行、管理体制是否建立，运行和监管机制是否健全；立项审批程序是否完备并依法办理相关手续；勘察、设计、建设施工、监理单位是否符合国家有关法律法规要求的资质、是否履行了职责；工程质量是否存在问题，质量和安全监管是否到位；是否按要求完成“环境影响评价”、“安全评价”，以及安全生产“三同时”的落实完成情况；项目法人是否建立了制度化的安全隐患排查评估机制；对存在的重大隐患是否能够及时发现，是否采取了有效防范、补救措施；设计、施工、维护与当前实际运行状况是否存在明显差异，强制性标准、规范是否严格执行；应急管理体制和机制是否到位；防范自然灾害、事故灾难和其它突发事件的应急预案是否健全；应急措施和救援力量是否满足快速响应和紧急处置的需要。专项检查内容可分成细项，按 100 分制量化评分。表 7-3 为大中型水利设施安全隐患专项检查评分表。

项目法人开展的专项检查是一种自查，也是政府有关部门进行专项检查的依据和基础，应当组织力量，认真对待，做到安全隐患疏而不漏，安全检查勤而不怠。

除此之外，项目法人还应当做到：

（1）全面加强和落实安全生产责任制。在接受政府监管的同时，要研究工程建设各方责任主体特别是项目法人（业主）自身的安全责任落实问题。

（2）强化安全生产许可证动态管理。进一步加强水利建设工程安全生产许可证的动态监管工作，防止已取得安全生产许可证企业降低安全生产条件。

（3）不断加强施工机械安全监督管理，认真做好从业人员特别是农民工和特种作业人员的安全培训考核工作。

（4）继续深化开展安全隐患排查治理工作和意外伤害保险工作。

（5）要按照“四不放过”的原则，积极配合地方安全监督管理部门和水行政主管部门对发生的安全生产事故，依法严肃查处事故的责任单位和责任人，尤其是要强化对个人执业资格、岗位证书的处罚力度，真正起到惩罚警戒作用。

第四节 工程施工安全度汛与应急预案

为有效防止灾害发生和减轻灾害的损失，有计划、有步骤、有准备地防御洪水，迅速、及时和有效地控制险情，有必要编制水利工程施工度汛方案和抢险应急预案。这已成为水利工程建设的常规。水利工程施工安全度汛方案是由技施设计单位根据工程进展情况和有关技术标准编制完成的，主要侧重从技术上提出工程安全度汛的方案措施；而工程抢险应急预案则是项目法人考虑遭遇非常情况或突发事件下所需采取的紧急措施，这种预案侧重组织保障、人员落实应对策略和物料有序。

表 7-3　大中型水利枢纽工程安全隐患专项检查评分表

项目	排查内容	分值	实际得分	总分	备注
紫坪铺水库	安全监管体制是否建立	0～10			总库容 11.12 亿立方米
	运行和监管机制是否健全	0～10			
	立项审批程序是否完备并依法办理相关手续	0～6			
	勘察、设计、建设施工、监理单位是否符合国家有关法律法规要求的资质，履行职责的情况	0～8			
	工程质量是否存在问题	0～10			
	是否按要求完成“环境影响评价”、“安全评价”安全设施是否实行“三同时”验收	0～10			
	产权单位是否建立制度化的安全隐患排查评估机制				
	对存在的重大隐患是否能够及时发现，是否采取了有效防范、补救措施	0～10			
	设计、施工、维护与当前实际运行状况是否存在明显差异，强制性标准、规范是否严格执行	0～6			
	应急管理体制和机制是否到位	0～10			
	防范自然灾害、事故灾难和其他突发事件的应急预案是否健全	0～10			
	应急措施和救援力量是否满足快速响应和紧急处置的需要	0～10			
武都水库	安全监管体制是否建立	0～10			总库容 5.719 亿立方米
	运行和监管机制是否健全	0～10			
	立项审批程序是否完备并依法办理相关手续	0～6			
	勘察、设计、建设施工、监理单位是否符合国家有关法律法规要求的资质，是否履行了职责	0～8			
	工程质量是否存在问题，质量和安全监管是否到位	0～10			
	是否按要求完成“环境影响评价”、“安全评价”安全设施是否实行“三同时”	0～10			
	产权单位是否建立制度化的安全隐患排查评估机制				
	对存在的重大隐患是否能够及时发现，是否采取了有效防范、补救措施	0～10			
	强制性标准、规范是否严格执行	0～6			
	应急管理体制和机制是否到位				
	防范自然灾害、事故灾难和其他突发事件的应急预案是否健全	0～10			
	应急措施和救援力量是否满足快速响应和紧急处置的需要	0～10			

一、工程施工安全度汛

（一）度汛方案制定

水利工程施工安全度汛方案应根据工程建设的实际情况和《水利水电工程等级划分及洪水标准》（SL252—2000）、《水利水电工程施工组织设计规范》（SL303—2004）等有关国家标准和行业标准进行设计。

施工度汛方案设计首先进行水文资料的收集，依据工程坝址所在的流域洪水特性，计算出年内逐月分配洪水流量（洪量）成果表、施工洪水成果表、水位—流量关系曲线等，做出施工导流设计。根据设计单位提交的施工安全度汛方案，项目法人应对挡水、过水、临时建筑物采取一定的安全处理措施，确保整个工程安全度汛或工程在汛期的施工安全。例如，根据导流洞的运行条件、结构设计工况，确保泄洪安全和结构安全，保证进口明渠段、闸室段、洞身段和出口明渠段等部位在设计工况下的安全运行。对于多汛期使用的导流洞，还应在汛前专门安排洞内检查、巡查，对导流洞上游河段应进行检查淤积状况，视具体情况进行河道清淤，以保障泄洪效果。对于围堰工程重点是保证其抵御标准内的施工洪水，不被洪水冲毁基坑。还应在汛前加强对土石围堰的检查与巡查，防止渗透变形破坏导致围堰失事。

工程度汛方案的制定一般包括下列内容：

（1）工程概况：①地理位置与对外交通；②枢纽建筑物；③水文气象资料；④施工导游设计方案。

（2）工程施工进展情况与度汛设计要求：①导流工程；②围堰工程；③坝体工程；④基础工程；⑤放水设施；⑥其他。

（3）结论与建议。

（二）度汛工作的实施

根据技施设计单位提交的工程施工安全度汛报告，项目法人应组织技术力量进行落实，对设计方提出的需重点加强的部位，一定要安排人员、经费进行逐项落实，针对度汛方案，采取措施，绝不能心存侥幸，麻痹大意。在汛前要加强检查与落实；在汛期要加强巡查与防范。

二、防洪抢险应急预案

（一）防洪抢险应急预案基本含义

防洪抢险应急预案是在遭遇非常情况或突发事件下所需采取的紧急措施，是项目法人以不变应万变的一种手段。

编制的依据是根据《中华人民共和国水法》、《中华人民共和国防洪法》、《中华人民共和国防洪条例》、《水库大坝安全管理条例》、水利部《水库工程管理通则》和国家防汛抗旱总指挥部办公室《水库防洪抢险应急预案编制大纲》等国家有关法律、法规、条例的规定，以及水利工程有关设计、施工方案和水行政主管部门已批准的初步设计批文，上、下游防洪标准，工程建设现状等制订而成的。

编制原则是“以人为本”，以对人民生命财产高度负责的态度，始终把确保人民群众生命安全放在首位；增强防洪抗灾意识，克服侥幸麻痹思想；防重于抢，抓好施工安全度汛，确保安全建设；要做到“标准内洪水不垮围堰，超标准洪水不死人”；立足于防大汛、抢大险、抗大灾的思想准备。

应急预案适用条件是：①超标准洪水：即超过围堰的过水标准，围堰可能溢顶溃决。②工程隐患可能危及围堰安全，诸如围堰发生严重的堰体裂缝、滑坡、管涌、以及漏水、大面积散浸、集中渗流、决口等危及堰体安全导致堰体溃决的险情。③导流洞严重塌方或堵塞等情况造成堰前水位急剧上升危及围堰堰体安全的险情。④坝体基坑在施工过程中出现大流量的涌水从而影响围堰堰体安全的险情。⑤地震导致围堰堰体严重裂缝、基础破坏等危及工程安全的险情。⑥山体滑坡、泥石流等地质灾害造危及工程安全的险情。⑦上游大型漂浮物撞击危及工程安全的险情。⑧人为破坏制造恐怖事件等危及工程安全的险情。⑨其他不可预见的突发事件可能危及工程安全的险情。

应急预案的启动，当遭遇到应急预案适用条件时，应立即启动应急预案。要在上级主管部门防汛指挥机构统一协调下开展工作，实行全面部署，保证重点，统一指挥，统一调度，服从大局，团结抗洪，全力抢险的原则。一是明确各级领导、各部门防洪工作职责，防汛工作规范化、制度化；二是落实以行政首长负责制为核心的防汛安全责任制，防洪工作分级部门负责制、工程技术人员技术负责制；三是要调动全社会力量投入防洪、抗洪工作；四是建立责任监督机制和追究制度，把责任落实到防汛行政责任人、具体部门和技术负责人。

（二）突发事件危害性分析

在防洪抢险应急预案中应对突发事件的危害性进行分析。预测遭遇突发事件对工程乃至下游城镇造成的潜在威胁。主要内容有：①遭遇超标洪水时的危害。②工程隐患危及围堰安全，导致堰体溃决的危害。③导流洞严重塌方或堵塞造成堰前水位急剧上升导致围堰堰体失稳的危害。④山体滑坡、泥石流等地质灾害造危及工程安全的险情等。

（三）险情监测与报送

根据工程突发性事件的危害分析，针对可能出险的工程情况，应进行工程险情监测。

（1）工程险情监测。工情监测主要有各参建单位对各自工程部位进行监测，施工范围内工情及道路、线路等公用设施的观测和维护原则上按工程划分，由各施工单位负责设置专人 24 小时进行巡视。

（2）重点监测部位。对上游围堰、导流洞等地下洞室、坝体、两岸边坡（特别是高边坡）等危险部位进行监测，另外还要加强上游水情雨情的监测。

这些监测应落实责任单位和责任人，形成工程各部位险情监测报告，并及时会商，通报情况，研究对策。工程一旦发生险情，各责任单位和责任人应在第一时间（不超过 2 分钟）迅速通报项目法人，经核实后，一般险情由项目法人负责组织抢险。重大险情要在 3 分钟内通报项目法人的上级主管部门或单位（包括县、市级水行政主管部门），2 小时内将初步核实的险情数据报项目法人的主管上级单位或部门直至省防汛指挥部。

（四）抢险措施

关于工程抢险措施，在防洪期间，如发现工程运行异常或有出险的征兆，责任人应果断地确定可行的技术处理方案和应急措施，组织防汛人员进行抢险，以排除或控制险情，并在第一时间报告项目法人。当出现较大的险情时，项目法人要尽快组织现场抢险工作，调动各种力量全力以赴进行抢险，确保安全，并将抢险情况随时向上级主管部门或单位（包括县、市级水行政主管部门）汇报。

此外，应紧急落实下游沿河各部门、单位及各乡镇人员、群众转移方案。一是人员转移应急措施。当遭遇超标洪水威胁时，工程防洪设施已无力承受洪水侵蚀或抗洪抢险无法控制，要及时通知下游两岸受洪水威胁的居民实施转移，转移应遵循向高处撤离、就近选择的原则。二是制定群众疏散转移方案。水利工包括病险水库整治下游各部门、单位及各乡镇在汛前要制定详细的群众疏散转移方案，包括洪水量级、涉及群众、疏散组织、疏散秩序、疏散线路及安置位置等。确保洪水来临前，群众转移到洪水淹没线以上。三是保障措施。当地防汛指挥部下达疏散转移群众命令后，要求在 1 小时内迅速将下游影响地区的所有人员转移到安全地区，尽可能的转移一切物资财产，供电部门在所有人员转移撤离后，停止向该区域供电，疏散转移群众时，公安武警做好治安秩序维护，确保撤离有序。在群众疏散转移过程中，执行命令不及时，或转移不迅速彻底，造成人员重大伤亡和其它损失，将依法对责任人追究行政或法律责任。

（五）组织保障

水利工程或病险水库除险加固整治的防洪应急抢险工作按工程规模分别由省、市、县（市、区）人民政府防汛抗旱指挥部、统一指挥，成立相应的工程防汛协调小组。各级党委、政府要落实行政首长责任制，各有关单位要落实法定代表人责任制。要进一步落实各级、各部门的责任，做到职能层层分解，责任层层落实，图 7-2 为工程防洪应急抢险组织结构简图。

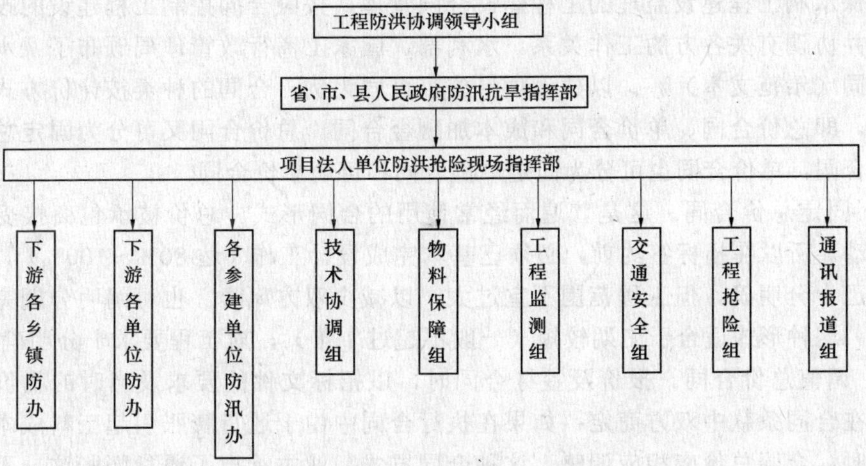

图 7-2　工程防洪应急抢险组织结构简图

第八章　合同管理

第一节　合同的概述

一、合同的概念和种类

（一）概念

1. 合同概念

合同是平等主体的法人、自然人、其他组织之间设立、变更、终止民事权利义务关系的协议。

2. 建设工程合同概念

建设工程合同是发包方和承包方为完成拟定的建设工程项目而设立、变更、终止权利义务关系的协议。

（二）种类

1. 按计价方式划分

为确保水利工程建设监理的工程建设合同管理，按照合同控制工程建设的投资、工期和质量，并协调有关各方的工作关系。水利部、国家工商行政管理局颁布了《水利工程建设监理合同（示范文本）》。以建设项目施工合同为例，合同的种类按计价方式划分，有三大类型，即总价合同、单价合同和成本加酬金合同。总价合同又可分为固定总价合同和调整总价合同，单价合同也可分为固定单价合同和可调单价合同。

（1）固定总价合同。这是普遍而经常使用的合同形式。总价被承包商接受以后，一般不得变动。所以在招标签约前，必须已基本完成设计工作（达 80%～100%），工程量和工程范围已十分明确。但工程范围不宜过大，以减少双方风险。也可阐明分期完成和分期付款办法。这种形式适合于工期较短（一般不超过 1 年），对工程要求十分明确的项目。

（2）调值总价合同。报价及签订合同时，以招标文件的要求及当时的物价计算总价合同。但在合同条款中双方商定：如果在执行合同中由于通货膨胀引起工料成本增加达到某一限度时，合同总价应相应调整。这种合同方式，业主承担了通货膨胀这一不可预见的费用因素的风险，承包商承担其他风险。工期较长的工程（如 1 年以上），适合采用这种合同形式。

（3）固定单价合同。这也是经常采用的合同形式。特别是在设计或其他建设条件（如地质条件）还不太落实的情况下（技术条件应明确），而以后又需增加工程内容或工程量时，可以按单价适当追加合同内容。这种合同形式也便于评标、议标。

（4）成本加酬金合同。成本加酬金合同也称成本补偿合同，即业主向承包商支付实际工程成本中的直接费，按事先协议好的某一方式支付管理费以及利润的一种合同方式。工程内容及其技术经济指标尚未完全确定而又急于上马的工程，或是完全崭新的工程，以及施工风险很大的工程可采用这种合同。其缺点是发包单位对工程总造价不易控制，而承包商在施工中也不注意精打细算，因为是按照一定比例提取管理费及利润的，所以成本越高，管理费及利润也越高。

以上几种合同类型的方式也是经常采用的合同形式。特别是大型项目，往往分成若干个子项目，分别采取不同承包方式。除以上所述的合同类型以外，还有可调单价合同、目标合同等，但目前应用得并不多。

2. 按合同联系结构划分

建设工程合同根据合同联系结构不同，可分为总承包合同与分别承包合同，还可分为总包合同与分包合同。

1）总承包合同与分别承包合同

总承包合同，是指发包人将整个建设工程承包给一个总承包人而订立的建设工程合同。总承包人就整个工程对发包人负责。

分别承包合同，是指发包人将建设工程的勘察、设计、施工工作分别承包给勘察人、设计人、施工人而订立的勘察合同、设计合同、施工合同。勘察人、设计人、施工作为承包人，就其各自承包的工程勘察、设计、施工部分，分别对发包人负责。

2）总包合同与分包合同

总包合同，是指发包人与总承包人或者勘察人、设计人、施工人就整个建设工程或者建设工程的勘察、设计、施工工作所订立的承包合同。总包合同包括总承包合同与分别承包合同，总承包人和承包人都直接对发包人负责。

分包合同，是指总承包人或者勘察人、设计人、施工人经发包人同意，将其承包的部分工作承包给第三人所订立的合同。分包合同与总包合同是不可分离的。分包合同的发包人就是总包合同的总承包人或者承包人（勘察人、设计人、施工人）。分包合同的承包人即分包人，就其承包的部分工作与总承包人或者勘察、设计、施工承包人向总包合同的发包人承担连带责任。

3. 按工程内容划分

根据工程内容分类，水利水电工程合同分为勘察合同、设计合同、施工合同、监理合同、设备及材料采购合同、设备租赁合同、保证合同、定金合同、抵押合同、质押合同等。各类合同的具体特性见表 8-1。

表 8-1 水利水电工程合同分类一览

序号	分类依据 / 水利水电工程合同	按合同法分类	按是否互负义务分类	按付出代价分类	按形式和手续分类	按交付合同标的物分类
1	勘察合同	建设工程合同	双务合同	有偿合同	格式合同	诺成合同
2	设计合同	建设工程合同	双务合同	有偿合同	格式合同	诺成合同
3	施工合同	建设工程合同	双务合同	有偿合同	格式合同	诺成合同
4	监理合同	委托合同	双务合同	有偿合同	格式合同	诺成合同
5	设备及材料采购合同	买卖合同	双务合同	有偿合同	格式合同	诺成合同
6	设备租赁合同	租赁合同	双务合同	有偿合同	租赁期限 6 个月以上：格式合同；6 个月以下：非格式合同	诺成合同
7	保证合同	担保合同	单务合同	有偿合同	格式合同	诺成合同
8	定金合同	担保合同	双务合同	有偿合同	格式合同	实践合同
9	抵押合同	担保合同	双务合同	有偿合同	格式合同	诺成合同
10	质押合同	担保合同	双务合同	有偿合同	格式合同	实践合同

（三）工程合同体系

按照项目任务的结构分解，就得到不同层次、不同种类的合同，它们共同构成该工程的合同体系（见图 8-1）。

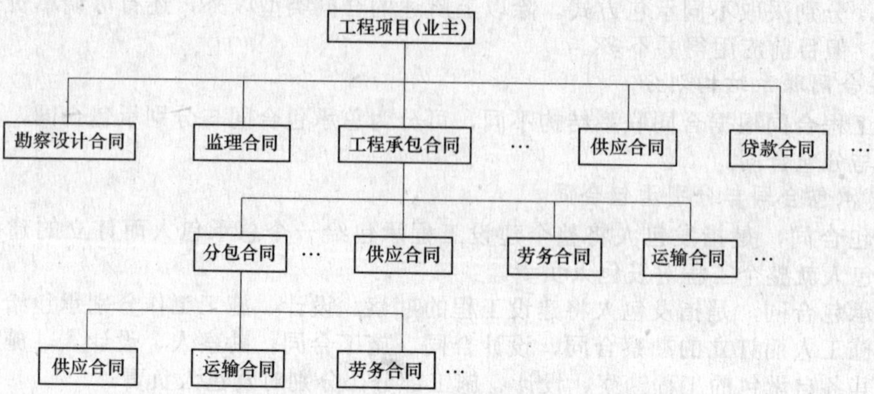

图 8-1 工程项目合同体系图

在一个工程中，这些合同都是为了完成业主的工程项目目标，都必须围绕这个目标签订和实施。由于这些合同之间存在着复杂的内部联系，构成了该工程的合同网络。其中，工程承包合同是最有代表性、最普遍，也是最复杂的合同类型，在工程项目的合同体系中处于主导地位，是整个工程项目合同管理的重点。无论是业主、监理工程师或承包商都将它作为合同管理的主要对象。深刻了解承包合同将有助于对整个项目合同体系以及对其他合同的理解。本书即以业主与承包商之间签订的工程承包合同作为主要研究对象。

二、建设工程勘察设计合同

（1）工程勘察、设计合同是发包人与承包人（勘察人、设计人）为完成特定的工程建设项目的勘察、设计任务确立（变更、终止）双方之间权利义务关系的协议，属于工作性合同，标的是具有知识产权性质的智力劳动成果。

（2）工程勘察、设计合同的承包人必须是具有国家有关部门颁发的《工程勘察证书》、《工程设计证书》以及与拟承揽其勘察、设计任务的工程建设项目相适应的资质等级的勘察设计单位。

（3）工程勘察、设计合同的承包人拟承揽的工程建设项目勘察、设计任务所涉及的专业领域、性质必须与承包人《工程勘察证书》、《工程设计证书》中规定的承包人承揽工程勘察、设计任务的专业范围、性质领域相适应。我国工程勘察、设计单位按专业性质、领域不同分为：石油、钢铁、建材、机械等 23 类。

（4）工程勘察、设计合同的订立必须遵守国家规定的工程建设项目建设程序的有关规定。如《中华人民共和国合同法》规定：国家重大工程建设项目的建设工程合同（包括工程勘察、设计合同），应当按照国家规定的程序（建设程序）和国家批准的投资计划、可行性研究报告等文件订立。

（5）工程设计合同的承包商将承担较大的质量风险责任。

根据《中华人民共和国合同法》、《建设工程质量管理条例》的有关规定，工程勘察、设计合同的承包人对工程勘察、设计质量不符合要求，造成发包人损失的，承包人（勘察人、设计人）除继续完成勘察、设计，减收或免收勘察、设计费用外，必须赔偿发包人的损失。

三、水利工程建设监理合同

（1）建设工程委托监理合同是发包人与承包人（监理人）为完成特定的工程建设项目的监理任务确立（变更、终止）双方之间权利义务关系的协议，属于劳务性合同（服务性合同）。

（2）建设工程委托监理合同的标的是监理单位根据合同要求提供的工程建设管理服务。

（3）建设工程委托监理合同的承包人（监理人）必须具有《法人营业执照》和与其拟监理的工程建设项目相适应的工程建设监理《资质等级证书》。

（4）建设工程委托监理合同的承包人与被监理的建设工程合同的承包人之间不存在直接的合同关系。为确保建设工程委托监理合同的有效履行有一个稳定的合同法律基础，建设工程委托监理合同的发包人在该合同中授予承包人的监理权力、权限、责任范围和内容，必须在被监理的相应的建设工程合同中以该建设工程合同承包人义务的形式确立下来。

四、水利水电工程施工合同

（1）工程施工合同是发包人与承包人（施工人）为完成特定的工程建设项目的建造任务确立（变更、终止）双方之间权利义务关系的协议，属于工作性合同。

（2）工程施工合同的承包人必须是具有与拟承接其工程建造任务的工程建设项目相适应的《资质等级证书》和安全生产能力。

（3）工程施工合同的承包人拟承揽的工程建设项目的工程建造任务所涉及的专业领域、性质必须与承包人的《法人营业执照》、《资质等级证书》中规定的承包人承揽工程建造任务的专业范围、性质领域相适应。

（4）由于工程建设项目建设过程的特点，导致工程施工合同结构和双方权利义务关系复杂、条款数量和确立双方权利义务关系的相关文件数量多，因此多采用合同文件式合同。

（5）工程施工合同纠纷多采用较为温和的纠纷解决方法（ADR）进行处理，以期在工程建设项目建设期间有效维系合同关系的稳定。

（6）工程施工合同有效期较长、风险大、工程变更多，导致合同履行过程中合同争议多，工程索赔多，价款支付、结算工作繁杂。

（7）工程施工合同的承包商将承担较大的质量风险责任。

第二节 项目法人的施工合同管理

一、合同拟订

（一）合同拟订原则

1. 完备性

内容齐全，条款完整，不能漏项。合同虽在工程实施前起草和签订，但应对工程实施过程中的各种情况都要作出预测、说明和规定，以防止扯皮和争执。合同内容应具体、详细，不能笼统，不怕条文多。

2. 强调双方的合作和双方利益的一致性

强调诚实信用，互相信任；强调发挥各方面的积极性，创造性，保护双方利益；强调公平合理，合理分配风险，公平地分担工作和责任，工程（工作）和报酬之间应平衡。实践证明，这一切有助于项目总目标的实现。

3. 符合工程管理的需要

合同作为现代项目管理的一种手段和措施，人们希望通过合同促进良好的管理。

（1）设计良好的、适用的工作程序，例如质量管理程序，账单审查程序，付款程序等。

（2）所确立的管理机制能够调动双方的积极性，特别是使承包商有管理和革新的积极性、创造性、合作的态度，同时增加承包商获利的可能性，例如使用目标合同。

（3）达到有效的控制。例如，加强工程师对承包商质量保证体系的控制；要求承包商在提供工程质量管理详细计划和程序；要求承包商将分包商及分包合同条件交工程师认可，否则不能使用该分包商；加强承包商在计划和施工中协调的责任，对承包商的进度计划的执行情况进行严格的控制。

4. 使用工程语言，更接近实际工程，而不是接近法律

文体清晰，简洁，易读，易懂。对工程合同争执强调通过工程专家解决，而不是通过法律程序解决。

5. 合同的标准化即颁布标准文本

在工程中，尽可能采用标准的合同文本。

（二）订立施工合同的程序

（1）接受中标通知书。

（2）组成包括项目经理的谈判小组。

（3）草拟合同专用条件。

（4）谈判。

（5）参照发包人拟定的合同条件或施工合同示范文本与发包人订立施工合同。

（6）合同双方在合同管理部门备案并缴纳印花税。

（三）施工合同的组成部分

在施工合同履行中，发包人、承包人有关工程洽商、变更等书面协议或文件，应为本合同的组成部分。

施工合同文件组成及其优先顺序应符合下列要求：

（1）协议书。

（2）中标通知书。

（3）投标书及其附件。

（4）专用条款。

（5）通用条款。

（6）标准、规范及有关技术文件。

（7）图纸。

（8）具有标价的工程量清单。

（9）工程报价单或施工图预算书。

（四）非标准合同

在一般意义上，人们常将合同协议书称为合同。以前由于没有标准文本，人们常常自己起草合同协议书。在合同协议书中包括了所有的合同条款，常见的形式有：

工程承包合同

本合同经如下双方：

（业主的情况介绍，如名称，地点、法人代表、业主代表、通信地点）

（承包商的情况介绍，如名称、地点、法人代表、承包商代表、通信地点）

充分协商，就如下条款达成一致：

1．合同工程范围

（对工程项目作简要介绍，说明合同工程范围，承包商最主要的合同责任）

2．合同文件的范围和优先次序

3．合同价格

（说明合同价格，合同价格的调整条件）

4．合同工期

（说明合同工期，合同工期的延长条件）

5．业主的一般责任

（如提供施工场地和图纸，分布指令，支付工程款）

6．承包商的一般责任

（如对现场环境调查，施工方案，报价的正确性负责，对自己的分包商负责，按合同要求施工，竣工和保修等等）

7．履约担保条款

（包括履约担保金额，担保方式，提供担保的单位，承包商的担保责任，对履约担保的索赔）

8．工程变更条款

（工程变更的权力，变更程序，变更的范围，变更的计价）

9．工程价款的支付方式和条件

（包括合同计价方式，工程量计量过程，付款方式，预付款，保留金，暂定金额等条款）

10．保险条款

11．合同双方的违约责任

12．其他条款

（如不可抗力等）

合同双方代表签字

日期

非标准文本的合同在国内外工程中用得依然很普遍。这是由于：

（1）有些业主习惯于自己起草合同文本，认为使用自己起草的文本比较自由，更反映工程的实际需要，受到的限制较少。

（2）有些合同类型没有标准的合同文本，例如在我国没有设计—施工总承包合同，分包合同，工程联营合同，以及特种专业工程的承包合同标准文本。另外，在工程实践中，如果采用固定总价合同，或成本加酬金合同一般也使用非标准的合同文本。

非标准文本的形式和内容随意性较大，常常不反映工程惯例，内容又不完备，执行起来风险很大，通常对双方都不利。

（五）合同文本的标准化

由于某一类工程合同的实质性内容有统一性，体现着工程惯例，但每一个工程又有它的特殊性，人们把原非标准合同的内容分解成三个部分：

（1）将一些普遍适用的，带统一性的，反映工程惯例的内容提取出来，并标准化，作为标准的合同条件，形成一个独立的文本。它是本合同最重要的内容。例如，FIDIC 施工合同条件的通用条款，我国的建设工程施工合同条件。

（2）将合同的首部（包括合同双方介绍，工程名称，合同文件组成等）以及尾部（双方签字和日期）取出仍作为合同协议书。当然这里的合同协议书内容很少，而且很空洞。

（3）将反映工程特殊性，合同双方对工程，对合同的一些专门的要求和规定作为特殊条款，或专用条款，以用于对合同通用条款进行重新定义、补充、删除，或作特别说明。

这样既保证了合同文本的标准化和规范化，又可以满足合同双方对合同的特殊要求和反映工程的特殊性。

（六）标准的施工合同条件

近 20 多年来，我国水利水电工程施工合同的标准化方面做了许多工作，颁布了一些合同范本。其中最重要、最典型的是 2000 年颁布的《水利水电土建工程施工合同条件》（GF—2000—0208）。它作为在我国国内水利水电工程中使用最广的施工合同标准文本。经过近 10 年的使用，人们已积累了丰富的经验。

2007 年国家发展改革委、财政部、建设部、交通部、铁道部、信息产业部、水利部、民航总局、广电总局九部委联合发布《标准施工招标文件》（以下简称《标准文件》），于 2008 年 5 月 1 日起试行，内含标准施工合同通用条款和专用条款。《标准文件》在相关章节中设置了“专用合同条款”。对于不可能事先确定下来，以及需要招标人根据招标项目具体特点和实际需要补充细化的内容，由招标人在“专用合同条款”中再行补充。通用合同条款主要内容如下：

1　一般约定

1.1　词语定义

1.2　语言文字

1.3　法律

1.4　合同文件的优先顺序

1.5　合同协议书

1.6　图纸和承包人文件

1.7　联络

1.8　转让

1.9　严禁贿赂

1.10　化石、文物

1.11　专利技术

1.12　图纸和文件的保密

2　发包人义务

2.1　遵守法律

2.2　发出开工通知

2.3　提供施工场地

2.4　协助承包人办理证件和批件

2.5　组织设计交底

2.6　支付合同价款

2.7　组织竣工验收

2.8　其他义务

3　监理人

3.1　监理人的职责和权力

3.2　总监理工程师

3.3　监理人员

3.4　监理人的指示

3.5　商定或确定

4　承包人

4.1　承包人的一般义务

4.2　履约担保

4.3　分包

4.4　联合体

4.5　承包人项目经理

4.6　承包人人员的管理

4.7　撤换承包人项目经理和其他人员

4.8　保障承包人人员的合法权益

4.9　工程价款应专款专用

4.10　承包人现场查勘

4.11　不利物质条件

5　材料和工程设备

5.1　承包人提供的材料和工程设备

5.2　发包人提供的材料和工程设备

5.3　材料和工程设备专用于合同工程

5.4　禁止使用不合格的材料和工程设备

6　施工设备和临时设施

6.1　承包人提供的施工设备和临时设施

6.2　发包人提供的施工设备和临时设施

6.3　要求承包人增加或更换施工设备

6.4　施工设备和临时设施专用于合同工程

7　交通运输

7.1　道路通行权和场外设施

7.2 场内施工道路

7.3 场外交通

7.4 超大件和超重件的运输

7.5 道路和桥梁的损坏责任

7.6 水路和航空运输

8 测量放线

8.1 施工控制网

8.2 施工测量

8.3 基准资料错误的责任

8.4 监理人使用施工控制网

9 施工安全、治安保卫和环境保护

9.1 发包人的施工安全责任

9.2 承包人的施工安全责任

9.3 治安保卫

9.4 环境保护

9.5 事故处理

10 进度计划

10.1 合同进度计划

10.2 合同进度计划的修订

11 开工和竣工

11.1 开工

11.2 竣工

11.3 发包人的工期延误

11.4 异常恶劣的气候条件

11.5 承包人的工期延误

11.6 工期提前

12 暂停施工

12.1 承包人暂停施工的责任

12.2 发包人暂停施工的责任

12.3 监理人暂停施工指示

12.4 暂停施工后的复工

12.5 暂停施工持续 56 天以上

13 工程质量

13.1 工程质量要求

13.2 承包人的质量管理

13.3 承包人的质量检查

13.4 监理人的质量检查

13.5 工程隐蔽部位覆盖前的检查

13.6 清除不合格工程

14 试验和检验

14.1 材料、工程设备和工程的试验和检验

14.2 现场材料试验

14.3 现场工艺试验

15 变更

15.1 变更的范围和内容

15.2 变更权

15.3 变更程序

15.4 变更的估价原则

15.5 承包人的合理化建议

15.6 暂列金额

15.7 计日工

15.8 暂估价

16 价格调整

16.1 物价波动引起的价格调整

16.2 法律变化引起的价格调整

17 计量与支付

17.1 计量

17.2 预付款

17.3 工程进度付款

17.4 质量保证金

17.5 竣工结算

17.6 最终结清

18 竣工验收

18.1 竣工验收的含义

18.2 竣工验收申请报告

18.3 验收

18.4 单位工程验收

18.5 施工期运行

18.6 试运行

18.7 竣工清场

18.8 施工队伍的撤离

19 缺陷责任与保修责任

19.1 缺陷责任期的起算时间

19.2 缺陷责任

19.3 缺陷责任期的延长

19.4 进一步试验和试运行

19.5 承包人的进入权

19.6 缺陷责任期终止证书

19.7　保修责任

20　保险

20.1　工程保险

20.2　人员工伤事故的保险

20.3　人身意外伤害险

20.4　第三者责任险

20.5　其他保险

20.6　对各项保险的一般要求

21　不可抗力

21.1　不可抗力的确认

21.2　不可抗力的通知

21.3　不可抗力后果及其处理

22　违约

22.1　承包人违约

22.2　发包人违约

22.3　第三人造成的违约

23　索赔

23.1　承包人索赔的提出

23.2　承包人索赔处理程序

23.3　承包人提出索赔的期限

23.4　发包人的索赔

24　争议的解决

24.1　争议的解决方式

24.2　友好解决

24.3　争议评审

（七）水利水电土建工程施工合同条件

为加强水利水电建设市场的管理，规范招标投标工作和合同管理，切实保障发包、承包双方的合法权益，确保水利水电工程的建设管理和工程招标在公平、公正、公开的基础上健康有序地进行，根据《中华人民共和国合同法》和《中华人民共和国招标投标法》的规定，水利部、国家电力公司、国家工商行政管理局联合颁发了《水利水电工程施工合同和招标文件（示范文本）》。该范本包括《水利水电土建工程施工合同条件》和《水利水电土建工程施工招标文件》。《水利水电土建工程施工合同条件》包括《通用合同条款》和《专用合同条款》两部分。凡列入国家或地方建设计划的大中型水利水电工程必须使用该范本，小型水利水电项目可参照使用。《通用合同条款》应全文引用，不得删改。若确因工程的特殊条件需要变更《通用合同条款》的内容时，应按工程建设项目管理的隶属关系报水利部、国家电力公司及国家工商行政管理局的业务主管部门批准。

通用合同条款主要包括词语含义、合同文件、双方的一般义务和责任、履约担保、监理人和监理工程师、联络、图纸、转让和分包、承包方的人员及其管理、材料和设备、交通运输、工程进度、工程质量、文明施工、计量与支付、价格调整、变更、违约与索赔、争议的解决、风险和保险、完工和保修、其他等22大项内容。

专用合同条款则应按其条款编号和内容，根据工程实际情况进行修改和补充。这些内容均是合同管理工作的主要依据之一，监理单位应根据合同的规定对工程工期、质量、投资与支付等方面进行全面管理，当然还需要承包方自身在合同管理方面认真履行规定的义务、合理主张权利方面的配合，才能达到合同管理的目标，取得最大的经济效益和社会效益。

二、合同谈判

合同谈判，是工程施工合同签订双方对是否签订合同以及合同具体内容达成一致的协商过程。通过谈判，能够充分了解对方及项目的情况，为高层决策提供依据。作为承包方，进行谈判主要有以下几个目的：第一，争取中标，即通过谈判宣传自己的优势，以争取中标；第二，争取合理的价格，既要对付发包方的压价，当发包方拟修改设计、增加项目或提供标准时又要适当增加报价；第三，争取改善合同条款，主要是争取修改过于苛刻的不合理条款，澄清模糊的条款，增加保护自身利益的条款。

（一）依据

谈判施工合同各条款时，发包人和承包人都要以下列内容为依据。

1. 法律、行政法规

这是订立和履行合同的最基本的原则，必须遵守。也就是在双方谈判合同具体条款时，不能违反法律、行政法规的规定。谈判只能在法律和行政法规允许的范围内进行，不能超越法律和行政法规允许范围进行谈判。例如：《中华人民共和国招标投标法》第九条规定："招标人应当有进行招标项目的相应资金或者资金来源已经落实，并应当在招标文件中如实载明。"根据这一规定，如要求承包人垫付建设资金，这是与法律相抵触的，如果签订这类合同，是属于无效条款。

2. 通用条款

《通用合同条款》各条款中有40多处需要在专用条款内具体约定。因而《专用合同条款》具体约定的内容，在谈判时，都要依据《通用合同条款》这条谈判约定。

3. 发包人和承包人的工作情况和施工场地情况

建设工程的工程固定、施工流动、施工周期长及涉及面广等特点使发包人和承包人双方都要结合双方具体的工作情况和施工现场等因素谈合同，离开双方的实际工作情况，妄谈合同具体条款，会造成合同履行中产生纠纷或违约事件。双方在《专用合同条款》内对《通用合同条款》要进行细化，补充或修改。

4. 投标文件和中标通知书

根据法律规定，招标工程必须依据投标文件和中标通知书订立书面合同。同时，还规定招标人和中标人不得再订立背离合同实质性内容的其他协议。

（二）谈判的内容

（1）工程范围。包括施工、设备采购、安装和调试等。在签订合同时要做到范围清楚、责任明确，否则可能导致报价漏项。

（2）合同文件。应将双方一致同意的修改意见和补充意见整理为正式的"附录"，并由双方签字作为合同的组成部分。应将投标前发包方回应各承包方质疑的书面答复作为合同的组成部分。因为这些答复既是标价计算的依据，也可能是今后索赔的依据。应该注明“同时由双方签字确认的图样属于合同文件”，以防止发包方借补图样的机会增加工程内容。对于工程量清单及价格清单，应该根据议标阶段做出的修正重新审定，并经双方签字。即使采用标准合同文本，在签字前依然需要进行全面检查，对于关键词和数字更应该反复核对，不得有任何大意。

（3）不可预见的自然条件和人为障碍问题。必须在合同中明确界定“不可预见的自然条件和人为障碍”的内容。若招标文件中提供的气象、地质、水文资料与实际情况有出入，则应争取列出“遇非正常气象和水文情况时，由发包方提供额外补偿费用”的条款。

（4）关于工程的开工和工期。要保证工程按期竣工，首先要保证按时开工。应将发包方影响开工的因素列入合同条件之中。如果由于发包方的原因导致承包方不能如期开工，则工期应顺延。施工中，如因变更设计造成工程量增加或修改原设计方案，或不能按时验收工程，承包方有权要求延长工期。必须要求发包方按时验收工程，以免拖延付款，影响承包方的资金周转和工期。发包方向承包方提交的现场应包括施工临时用地，并写明其占用土地的一切补偿费用均由发包方承担。应规定现场移交（包括场地测量图样、文件和各种测量标志）的时间和移交的内容。承包方应有“由于工程变更、恶劣气候影响，或其他由于发包方的原因要求延长竣工时间”的正当权利。

（5）材料和操作工艺。对于报送给监理工程师或发包方审批的材料样品，应规定答复期限。发包方或监理工程师在规定答复期限内不予答复，则视作“默许”。经“默许”后再提出更换，应该由发包方承担延误工期和原报批的材料已订货而造成的损失。

如果发生材料代用、更换型号及其标准问题时，承包方应注意将这些问题载入合同“附录”；如有可能，承包方可趁发包方提出材料代用意见之时，更换那些原招标文件中规定的高价或难以采购的材料，并提出用自身熟悉货源并可获得优惠价格的材料代替。

对于应向监理工程师提供的现场测量和试验的仪器设备，应在合同中列出清单，写明名称、型号、规格、数量等。如果超出清单内容，则应由发包方承担超出的费用。

（6）关于工序质量检查问题。如果监理工程师延误了上道工序的检查时间，往往使承包方无法按期进行下一道工序，从而严重影响工程进度。因此，应对工程检验制度做出具体规定，特别是对需要及时安排检验的工序要有时间限制。超出限制时，监理工程师未予检查，则承包方可认为该工序已被接受，可进行下一道工序的施工。

争取在合同或“附录”中写明材料化验和试验的权威机构，以防止事后因化验结果的权威性产生争执。

（7）关于工程维修。应当明确维修工程的范围、维修期限和维修责任。一般工程维修期届满应退还维修保证金。承包方应争取以维修保函替代工程价款的保证金。因为维修保函具有保函有效期的规定，可以保障承包方在维修期满时自行撤销其维修责任。

（8）关于工程的变更和增减。工程变更应有一个合适的限额，超过限额，承包方有权修改单价。对于单项工程的大幅度变更，应在工程施工初期提出，并争取规定限期：超过限期且大幅度增加的单项工程，由发包方承担材料、工资价格上涨而引起的额外费用；大幅度减少的单项工程，发包方应承担因材料业已订货而造成的损失。

（9）关于争端及其他。应争取用协商和调解的方法解决双方争端。应注意税收条款。在投标之前应对当地税收进行调查，将可能发生的各种税收计入报价中。并应在合同中规定，对合同价格确定以后由于当地法令变更而导致税收或其他费用的增加，应由发包方按票据进行补偿。

（三）谈判的策略和技巧

谈判不是一项简单的机械性工作，而是集合了策略与技巧的艺术，在谈判过程中应充分运用各种谈判策略和技巧。

（1）掌握谈判进程，合理分配各议题的时间。工程建设的谈判涉及诸多需要讨论的事项，而各谈判事项的重要性并不相同，谈判双方对同一事项的关注程度也不相同。谈判者要善于掌握谈判进程，在充满合作气氛的阶段，展开自己所关注的议题，从而达成有利于己方的协议；而在气氛紧张时，则引导谈判进入双方具有共识的议题，一方面缓和气氛，另一方面缩小双方差距，推进谈判进程。同时，谈判者应懂得合理分配谈判时间。对于各议题商讨时间的分配应得当，不要过多拘泥于细节性问题。这样可以缩短谈判时间，降低交易成本。

（2）分配谈判角色。任何一方的谈判团都由众多人士组成，谈判中应根据各人不同的性格特征扮演不同的角色，有的唱红脸，有的唱白脸，这样可以达到事半功倍的效果。

（3）注意谈判氛围。谈判各方往往存在利益冲突，要兵不血刃即获成功是不现实的。但有经验的谈判者会在双方分歧严重、交锋激烈时采取润滑措施，舒缓压力。在我国最常见的方式是饭桌式谈判。

（4）充分利用专家的作用。科技的高速发展致使个人不可能成为各方面的专家，而工程项目谈判又涉及广泛的学科领域，因此充分发挥各领域专家的作用，既可以在专业问题上获得技术支持，又可以利用专家的权威给对方以心理压力。

三、施工合同管理

（一）合同管理的依据

合同管理的依据是：国家和主管部门颁发的有关工程建设管理工作的政策、法规、法令和规定，有关劳动保护、环境保护、生产安全、国家法律和经济合同法等；合同文件以及合同规定的施工规程、规范和技术标准；合同当事人以及监理工程师之间的会议纪要、信函、各种指令；监理工程师发出的书面通知及项目法人批准的重大合同（包括工程设计）变更文件等；项目法人向监理工程师授权范围文件；经监理工程师审定颁发的设计文件、施工图纸、设计变更通知和有关工程资料等。

（二）合同管理的组织实施措施

水利工程建设项目的合同管理主要依靠各项目法人组织实施。在项目建设工程中，工程建设监理受项目法人委托负责具体的合同管理工作，各有关单位包括设计单位、施工单位、设备制造和材料供应、移民征地等部门在各自的合同范围内负责各自的合同管理工作。各级水行政主管部门负责对水利工程建设项目的合同管理进行监督指导。合同管理制的实施措施如下：

（1）须建立和健全各级水行政主管部门的合同管理机构，明确各自职责和分工。制订水利工程建设项目合同管理的各项规章制度，明确项目法人和各有关单位的合同管理任务。

（2）加强培训，全面提高各级水行政主管部门、项目法人和相关各单位合同管理人员的合同管理水平。

（3）大中型水利工程合同备案制度。凡是列入大中型水利基建工程和列入各级基建管理的工程，主管部门审批工程建设项目开工报告时，要求项目法人必须将建设项目的有关合同包括监理合同、勘察设计合同、施工承包合同、设备材料采购合同等按审批权限报送有关主管部门备案，凡不将合同附送备案的，主管部门不批开工报告。小型水利工程的合同管理备案制度由各市自行规定。

（4）水利工程合同管理月报制度。建立水利工程合同管理月报制度的目的是为了加强对合同的监督管理。对于省级水行政主管部门来说，主要是对大中型水利工程进行合同的宏观监督管理，对于小型水利工程的合同管理则由各市水行政主管部门规定和管理。工程建设各方相互配合，严格履行各自合同义务，是工程建设按计划顺利完成的基础和必要条件。项目法人与设计、监理、工程施工单位的关系都是以缔结合同的形式建立的。项目法人和中标单位在中标通知发出 30 天内，应按招标文件和中标人的投标文件订立书面合同，并不得再行订立背离合同实质内容的其他协议。在与监理的合同关系中，项目法人要避免把工程监理当做自己的驻工地代表，同时要充分信任工程监理，使之能独立负责项目的建设工期、质量、投资的控制和现场施工的组织协调。在工程建设项目实施过程中，由于某些客观原因需要进行变更时，需经工程监理核定后，报项目法人同意，再由原设计单位出具工程变更设计或通知，如果是重要的修改或变更，项目法人须报原审批机关复审同意后方能实施。而工程工期与质量仍应严格按合同要求执行，但也不能提出超过合同范围与标准的过分要求。工期延长、质量未达标的，必须按合同采取相应的处理措施。为了更好地贯彻合同管理制，在工程项目建设过程中：首先，项目法人在思想观念上必须做到从行政管理方式到合同管理方式的转变，提高合同意识，依法办事；其次，在执行合同的过程中参建各方要摆正自己的位置，要真正做到各司其职；第三，项目法人应树立服务意识，积极主动地解决随时出现的各种实际问题，为工程建设创造良好的外部条件。

（三）合同管理制中各方主要职责

1. 行政主管部门建设管理机构的职责

（1）宣传贯彻执行国家、地方政府、上级水行政主管部门的有关建设项目合同管理的法律、法规和方针政策。

（2）指导、监督、检查所负责范围内水利工程合同管理工作，培训建设工程合同管理人员。

（3）总结交流所负责水利工程的合同管理工作经验。

（4）调解处理所负责范围内水利工程合同实施中出现的纠纷。

（5）监督所负责范围内水利工程合同的签订和履行。

（6）接受上级水行政主管部门交办的其他工作。

2. 项目法人的主要职责

（1）对工程建设的重大问题进行决策，保证按合同要求筹集建设资金，满足工程建设的需要。

（2）组织并主持工程建设项目的招标投标工作，按要求与各承建单位签订合同，对工程合同进行宏观管理。

（3）选好建设监理单位，明确建设监理的职责，委托监理单位对工程建设合同进行具体管理，并对建设监理的工作进行监督。

（4）负责向有关主管部门办理好国家规定的工程建设程序等手续，协调处理好工程建设与上级有关部门的关系。

（5）负责工程建设征地和移民安置，按合同要求及时提供工程建设用地。

（6）协调处理好工程建设与当地政府及群众的关系。

（7）协调处理好工程建设与移民搬迁的关系。

（8）负责处理合同规定的其他需要项目法人承担的工作。

3. 监理单位的主要职责

（1）提供承包单位进场条件，落实合同规定的有关施工准备工作等。

（2）提供施工图纸并负责解释图纸，签发设计变更通知，向承包方提供合同指定的所有材料和工艺方面的技术标准和要求，向承包方提供必要的地质资料、水文气象资料、测量三角控制网和测量基准点的基本数据。

（3）审核承包方施工设备数量、种类、能力及状况，评定其是否能顺利完成工程任务，审查承包方进场物资的种类、数量和质量，以作为付款的依据。

（4）审批承包方的各种作业进度计划、月进度计划，全面监督进度计划执行情况，不定期召开承包方生产会议，协调各部位的施工进度。

（5）全面协调处理设计、施工、设备材料生产单位的工作关系、协调工程建设和移民搬迁的关系，检查设计单位的设计进度和质量是否按合同履行。

（6）审查承包方施工技术措施，批准施工方法和程序，审批确保工程质量的技术措施、工艺详图等；审查认可承包方施工需要的各种临时设施，检查、鉴定、批准工程原材料，解决施工中存在的各种技术问题。

（7）针对工程实施过程中出现的具体问题，负责解释或说明合同条款，具体包括技术、经济、商务、法律、税收、劳务等方面的条款。

（8）调解发包方与承包方的争议。

（9）审批、批准各工序质量检查报告，对工程进行抽样检查，对各单位实验室的各种试验程序与成果进行全面检查。

（10）组织或主持分部工程验收，组织单位工程、单项工程和阶段验收；组织对施工单位的完工验收，签发工程保修合格证书，协助项目法人申请国家有关部门的竣工验收。

4. 设计、施工单位的职责

设计单位、施工单位和设备材料供应单位在合同管理中的职责，主要是负责履行各自与项目法人（建设单位）签订的合同中所规定的义务，建立各自的合同管理责任制，互相配合，按合同要求协调完成各自承担的建设任务。项目法人（建设单位）与设计、施工和设备材料提供单位签订的合同中必须有工程质量条款，明确图纸、资料、工程、材料、设备等的质量标准及合同双方的质量责任。设计、施工和设备材料提供单位按照合同及有关规定对各自承担的工作负责。

（1）设计单位：①设计单位必须按其资质等级及业务范围承担勘测设计任务，并应主动接受水利工程质量监督机构对其资质等级及质量体系的监督检查。②设计单位必须建立健全设计质量保证体系，加强设计过程质量控制，健全设计文件的审核、会签批准制度，做好设计文件的技术交底工作。③设计文件必须符合下列基本要求：设计文件应当符合国家、水利行业有关工程建设法规、工程勘测设计技术规程、标准和合同的要求；设计依据的基本资料应完整、准确、可靠，设计论证充分，计算成果可靠；设计文件的深度应满足相应设计阶段有关规定要求，设计质量必须满足工程质量、安全需要并符合设计规范的要求。④设计单位应按合同规定及时提供设计文件及施工图纸，在施工过程中要随时掌握施工现场情况，优化设计，解决有关设计问题。对大中型工程，设计单位应按合同规定在施工现场设立设计代表机构或派驻设计代表。⑤设计单位应按水利部有关规定在阶段验收、单位工程验收和竣工验收中，对施工质量是否满足设计要求提出评价意见。

（2）施工单位：①施工单位必须按其资质等级和业务范围承揽工程施工任务，接受水利工程质量监督机构对其资质和质量保证体系的监督检查。②施工单位必须依据国家、水利行业有关工程建设法规、技术规程、技术标准的规定以及设计文件和施工合同的要求进行施工，并对其施工的工程质量负责。③施工单位不得将其承接的水利建设项目的主体工程进行转包。对工程的分包，分包单位必须具备相应资质等级，并对其分包工程的施工质量向总包单位负责，总包单位对全部工程质量向项目法人（建设单位）负责。工程分包必须经过项目法人（建设单位）的认可。④施工单位要推行全面质量管理，建立健全质量保证体系，制定和完善岗位质量规范、质量责任及考核办法，落实质量责任制。在施工过程中要加强质量检验工作，认真执行“三检制”，切实做好工程质量的全过程控制。工程发生质量事故，施工单位必须按照有关规定向监理单位、项目法人（建设单位）及有关部门报告，并保护好现场，接受工程质量事故调查，认真进行事故处理。其竣工工程质量必须符合国家和水利行业现行的工程标准及设计文件要求，并应向项目法人（建设单位）提交完整的技术档案、试验成果及有关资料。

（四）施工合同管理的主要内容

工程承包施工合同的管理，在所有合同管理中具有最重要的地位，它直接关系到工程质量和投资效益。以合同文件为依据进行的合同管理工作其主要内容有以下几方面：①提供施工单位进场条件；②落实合同规定的有关施工准备工作，包括交通、供水、供电、通信、办公场地及施工征地及现场场地规划；③提供施工图纸及相关资料；④按合同规定向施工单位提交审定的施工图纸和有关原始资料（水文、地质、气象资料、测量控制网点）、根据工程实际变化提供经审定的设计变更通知和图纸、指定规范和使用标准；⑤核查承包单位进场人员、施工设备、材料和工程设备；⑥核查承包单位提交的人员情况报告，其内容包括管理机构的设置、主要技术人员资历以及各种技术工人的配备情况，对不合格的人员监理工程师有权要求撤换；⑦核查按合同规定的承包人提供的材料和工程设备是否按进度计划进场、材料和设备是否专用于本工程，以及发包人提供的工程设备的名称、数量、规格、交货地点和计划交货日期是否符合专用条款的规定；⑧核查进场物资种类、数量、规格和质量是否符合规定的标准，否则，监理工程师可要求更换或增加数量。

1. 工程进度控制

（1）审核工程施工进度计划。按期完工是承包方的主要义务，也是监理单位进行工程监理的主要内容之一。承包方应按《技术条款》规定的内容和期限以及监理单位的指示，编制施工总进度计划报监理单位审批。监理单位应在合同《技术条款》规定的期限内批复承包方。经监理单位批准的施工总进度计划称为合同进度计划。作为控制工程进度的依据，并据此编制年、季度和月进度计划报监理单位审批。在施工总进度计划批准前，应按签订协议书时商定的进度计划和监理单位的指示控制工程进度。并在每月末向监理单位提交完成工程量月报表。在履行合同过程中，监理单位若发现实际完成情况落后于计划进度时，可要求承包方修订进度计划。经批准后的修订进度计划作为合同进度计划的补充文件。不论何种原因造成进度计划拖后，承包方均应按监理单位的指示，采取有效措施赶上进度，并编制赶工计划报监理单位审批。监理单位为了有利于对某项单位工程（或分部工程）进度的监控，可以要求承包方在批准的合同进度计划基础上编制和提交某项单位工程（或分部工程）的进度计划，特别是在关键线路上的单位工程（或分部工程），通常均需向监理单位报送进度计划。承包方向监理单位报送施工总进度计划的同时，还应向监理单位提交按月的资金流估算表供发包方筹资参考，有利于按计划向承包方付款。

（2）决定暂停施工。监理单位认为有必要时，可向承包方发出暂停工程（或部分工程）施工的指示，承包方应按指示的要求立即暂停施工。由于发包方的原因需要暂停施工的情况时，若监理单位未及时下达暂停施工指示，承包方可提出暂停施工的书面请求，监理单位在接到请求后的48小时内予以答复，若不按期答复，可视为承包方请求已获同意。工程暂停施工后，监理单位应与发包方和承包方协商，采取有效措施积极消除停工因素的影响。当工程具备复工条件时，监理单位应立即向承包方发出复工通知，承包方收到复工通知后应在监理单位指定的期限内复工。若承包方无故拖延和拒绝复工，由此增加的费用和工期延误责任由承包方承担。

（3）工期延误的处理。在施工过程中，发生下列情况之一使关键项目施工进度计划拖后而造成工期延误时，承包方可要求发包方延长合同规定的工期：①增加合同中任何一项的工作内容；②增加合同中关键项目的工程量超过专用合同条款中变更的范围和内容规定的百分比；③增加额外的工程项目；④改变合同中任何一项工作的标准或特性；⑤合同中涉及的由发包方责任引起的工期延误；⑥异常恶劣的气候条件；⑦非承包方原因造成的延误。若发生上述事件时，承包方应立即通知发包方和监理单位，并在发出通知后的28天内，向监理单位提交一份细节报告，详细说明发生该事件的情节和对工期的影响程度，并修订进度计划和编制赶工措施报告报相关监理单位审批。若发包方要求保证工程按期完工，则应由发包方承担由于采取赶工措施所增加的费用。若事件的持续时间较长或事件影响工期较长，当承包方采取了赶工措施而无法实现工程按期完工时，承包方应在事件结束后的14天内，提交一份补充细节报告，详细说明要求延长工期的理由，并修订进度计划，此时发包方应按规定的程序批准给予承包方延长工期的合理天数。监理单位应及时调查核实承包方提交的细节报告和补充细节报告，并在审批修订进度计划的同时，与发包方和承包方协商确定延长工期的合理天数和补偿费用的合理额度，并通知承包方。由于承包方原因未能按合同进度计划完成预定工作，承包方应采取赶工措施赶上进度。若仍未能按合同规定的完工日期完工，承包方除自行承担采取赶工措施增加的费用外，还应支付逾期完工违约金。其金额在专用合同条款中规定。若因承包方的原因使工期延误造成违约时，应按承包方违约的规定处理。

（4）工期提前。①承包方提前工期。承包方征得发包方同意后，在保证工程质量的前提下，若能比合同规定的完工日期提前完工时，则应由监理单位核实提前天数，并由发包方按专用合同条款的规定向承包方支付提前完工奖金。②发包方要求提前工期。发包方要求提前合同规定的完工日期时，由监理单位与承包方共同协商采取赶工措施和修订合同进度计划，并由发包方和承包方按成本加奖金的办法签订提前完工协议。

2. 工程质量控制

监理工程师检查工程质量的范围包括：承包方是否建立和健全质量保证体系，推行全面质量管理，采取的施工质量保证措施；对原材料、工程设备、工艺试验、施工工艺、永久工程和临时工程等施工活动进行全过程质量监督和质量控制，并对工程质量有否决权。监理工程师检查工程质量的内容包括：要求承包方在组织和制度上落实质量管理工作，即要求并督促承包方建立和健全质量保证体系，全面推行质量管理，在工地设置专门的质量检查机构，配备专职的质量检查人员，建立完善的质量检查制度；承包方应在接到开工通知的84天内，提交一份包括质量检查机构的组织和岗位责任及质检人员组成、质量检查程序和实施细则等内容的工程质量保证措施报告，报送监理工程师审批。监理工程师负责审查承包方在工程施工期间提交的各单位工程和分部工程的施工方法和施工质量保证措施。

（1）材料和工程设备的检验和交货验收。承包方负责采购的材料和工程设备，应由承包方会同监理工程师进行检验和交货验收，检验材质证明和产品合格证书。承包方还应按合同《技术条款》的规定进行材料的抽样检验和工程设备的检验测试，并将检验结果提交给监理单位。

（2）现场的工艺试验。承包方应按合同规定和监理工程师的指示进行现场工艺试验。其试验成果应提交监理工程师核准，否则不得在施工中使用。在施工过程中，若监理工程师要求承包方进行额外的现场工艺试验时，承包方应遵照执行。但所需费用应由发包方另行支付，可按变更的规定处理。

（3）工程观测设备。监理工程师检查承包方对各种观测设备的采购、运输、保存、滤定、安装、埋设、观测和维护等。其中，观测设备的滤定、安装、埋设和观测必须有监理工程师在场的情况下进行。观测资料应及时呈报监理工程师，以便及时进行分析工作。

（4）现场材料试验。监理工程师监督检查承包方在工地建立的实验室，包括试验设备和用品、试验人员数量和专业水平，并核定其试验方法和程序等。

（5）工程施工质量的检验。承包方应依监理工程师提供测量基准点、基准线和水准点及其书面资料布设自己的施工控制网，并将资料报送监理工程师审批。承包方在各项目施工测量前还应将测量措施报告报送监理工程师审批。监理工程师可以指示承包方在监理工程师监督下或联合进行抽样复测，当复测中发现有错误时，必须按监理工程师指示进行修正或补测。监理工程师有权对全部工程的所有部位及任何一项工艺、材料和工程设备进行检查和检验。也可随时提出要求，在制造地、装配地、储存地、现场以及合同规定的任何地点进行检查、测量和检验，以及查阅施工记录。承包方也应按监理工程师的指示，进行现场取样试验、工程复核测量和设备性能检测，提供试验样品、试验报告和测量成果以及监理工程师要求进行的其他工作。施工过程中承包方应对工程项目的每道施工工序认真进行检查，并应把自行检查的成果报送监理工程师备查。重要工程或关键部位承包方自检成果须经监理工程师核准后才能进行下一道工序施工。如果监理工程师认为必要时，也可随时进行抽样检验，承包方必须提供抽查条件。如果抽查结果与合同规定不符，必须进行返工处理，处理合格后，方可继续施工；否则将按质量事故处理。据合同规定的检查和检验，应由监理工程师与承包方按商定的时间和地点共同进行检查和检验。如果承包方未按合同规定进行自行检查和检验，监理工程师有权指示承包方另作这类检查和检验，承包方应遵照执行；若监理工程师指示承包方对合同中未作规定的项目进行额外检查和检验时，也应遵照执行。承包方未按监理工程师的指示完成上述检查和检验时，监理工程师有权指派自己的人员或委托其他有资质的检验机构和人员进行检查和检验，承包方不得拒绝，并提供一切方便，其成果也必须承认。

（6）隐蔽工程和工程隐蔽部位的检查。经承包人自行检查确认的隐蔽工程或工程的隐蔽部位在已具备覆盖条件的24小时内，承包方应通知监理工程师到现场检查，当确认符合合同规定的技术质量标准时，监理工程师在检查记录上签字后，承包方才能进行覆盖。事后对质量有怀疑时，监理工程师可要求承包方对已覆盖的部位进行钻孔探测直至揭开重新检验。

（7）不合格工程、材料和工程设备的处理。监理工程师可以随时发出指示对不合格材料和工程设备加以改正，并采取措施补救，直至彻底清除工程的不合格材料和工程设备。

3. 工程投资控制

在工程承包合同实施阶段，工程投资（造价）管理是监理工程师的重要任务。工程投资管理的目的是：在保证工程质量、进度和施工安全的条件下，将工程投资控制在合同价格范围内，并保证工程价款的支付都符合合同规定，防止不合理的超支。工程投资管理的主要内容是：协助项目法人编制整个工程、单项工程和各合同投资控制性目标；编制各合同的年、季度、月投资计划；审查承包方提交的现金流量和年、季度、月资金使用计划。按工程进展情况和资金提供情况不断修改上述投资计划。依此进行经常性的分析，调整工程进度计划，并采取相应措施，确保工程总目标的实现。全面审核承包单位支付申请。核定完成的工作量、计量单位和计算方法。核定工程预付款、材料预付款、保留金的支付和扣还。核定价格调整、合同变更。核定和签署进度付款证书、完工付款证书。

（1）工程量及计量。合同《工程量清单》中开列的工程量是合同的估算工程量，不是承包方为履行合同应当完成的和用于结算的工程量。结算的工程量应是承包方实际完成的并按合同有关计量规定计量的工程量。承包方应按合同规定的计量方法，按月对已完成的质量合格的工程进行准确计量，并在每月随同月付款申请单，按合同《工程量清单》所列的项目向监理单位提交完成工程量月报表和有关计量资料。监理单位应对月报表进行复核，以确定当月完成的工程量，有疑问时可进行抽样复测。此时，承包方应派代表参加复测并按监理单位的要求提供补充的计量资料，否则监理单位复核的工程量应视为承包方实际完成的工程量。监理单位认为有必要时，可要求与承包方联合进行测量计量，承包方应遵照执行。承包方完成了合同《工程量清单》中每个项目的全部工程量后，监理单位应要求承包方派员共同对项目的历次计量进行汇总和通过测量核实该项目的最终结算工程量，并可要求承包方提供补充计量资料，以确定该项目最后一次进行付款的准确工程量。如承包方按监理单位的要求派员参加，监理单位最终核实的工程量应被视为该项目完成的准确工程量。计量方法按合同《技术条款》的规定执行，计量单位均应采用国家法定的计量单位。

（2）工程预付款。工程预付款的总金额不应低于合同价格的10%，分两次支付给承包方。第一次预付款的金额应不低于工程预付款总金额的40%。第二次预付款需待承包方主要设备进入工地后，其估算价值已达到本次预付款金额时，由承包方提出书面申请，经监理单位核实后出具付款证书报送发包方，发包方应在收到监理单位出具的付款证书后14天之内支付给承包方。工程预付款由发包方从月进度付款中扣回。在合同累计完成金额达到专用合同条款规定的数额时开始扣款，直至合同累计完成金额达到专用合同条款的数额时全部扣清。

（3）工程材料预付款。专用合同条款中规定的工程主要材料到达工地并满足了相关条件后，承包方可向监理单位提交材料预付款支付申请单。若工程施工合同中包含有价值较高的、由承包方负责采购的工程设备时，发包方还应支付工程设备预付款。

（4）工程进度付款。承包方应在每月末按监理单位规定的格式提交月进度付款申请单（一式四份），并附有工程量月报表。监理单位在收到月进度付款申请单后的14天内完成核查，并向发包方出具月进度付款证书，提出认为应当到期支付给承包方的金额。监理单位有权通过对以往历次已签证的月进度付款证书的汇总和复核中发现的错、漏或重复并进行修正或更改，应列入月进度付款证书中予以支付或扣除。合同《工程量清单》中的总价承包项目，应按总价承包项目分解表统计实际完成情况，确定分项的应付金额，列入月进度付款申请单中进行支付。

（5）保留金。监理单位应从第一个月开始，在给承包方的月进度付款中扣留专用合同条款规定的百分比的金额作为保留金（其计算额度不包括预付款和价格调整金额），直至扣留的保留金总额达到专用合同条款规定的数额为止。若保修期满时尚需承包方完成剩余工作，则监理单位有权在付款证书中保留与剩余工作所需金额相应的保留金余额。

（6）价格调整。价格调整分为因物价波动引起的价格调整和因法规更改引起的价格调整。①因物价波动引起的价格调整。由于工程投标时，承包方是按投标截止日期前28天或42天的物价水平编制的投标报价；另外，大中型土木建筑工程的施工期较长，在此期间的物价波动很难预测，一般均应在合同实施期间根据市场物价波动情况进行价格调整。国内以往多采用文件证据法调价，此方法操作繁琐，且易失实。由于我国改革开放初期建筑材料市场不规范，发包方大都采用自供材料的办法来控制价差，这样不仅增加了发包方的人员编制，又当材料供应延误或工程出现质量事故时，常常难以划清双方责任而引起合同纠纷。为此，在现今建筑材料购销已全面开放的市场环境下，《合同条件》规定由承包方负责工程材料的采购、验收、运输、保管，以及按合同《技术条款》的规定用于施工，承包方应对工程质量负全部责任。采用公式法较易操作，可以得出实际价差的近似值。除在专用合同条款中另有规定外，其余因素引起的物价波动均不另行调价。由于目前国内尚未普遍使用公式法调价，可能在应用时会遇到一些问题，例如，若个别可变因子尚无机构能发布价格指数或价格，而这种因子在合同价格中所占比例又不容忽视，则应在专用合同条款中作补充规定。②因法规更改引起的价格调整。在投标截止日前的28天后，国家的法律、行政法规或国务院有关部门的规章和工程所在地的省、自治区、直辖市的地方法规和规章发生变更，导致承包方在实施合同期间所需要的工程费用发生除物价波动引起价格调整以外的增减时，应由监理单位与发包方和承包方进行协商后确定需调整的合同金额。在物价波动引起的价格调整中，有的可调因子的价格指数若已包括了法规更改的因素，则不应重复调价。

4. 争议及解决

1）争议的原因及解决方式

在建设项目合同管理中，由于当事人对合同条款的不同解释或履约时的不同心态，因而发生争议是常有的事情。

特别是水利工程，由于履行时间长，难免会遇到国际和国内环境条件、法律法规和管理条例以及发包人意愿的变化，这些变化又都可能导致合同双方在履行合同上发生争议。

解决争议的方式有：和解、调解、仲裁和诉讼。

2）争议的和解、调解与仲裁

（1）和解。合同争议的和解，是在双方自愿的基础上，通过友好协商，达成和解协议。一般来讲，和解是合同争议最好的解决办法。

（2）调解。合同争议的调解，包括社会调解、行政调解、仲裁调解和司法调解。无论采用那种调解方式，都应遵守自愿和合法两项原则。

（3）仲裁或诉讼。争议双方不愿通过和解或调解，或者经过和解或调解不能解决争议时，可以选择由仲裁机构进行仲裁或由法院进行诉讼审判方式。

我国实行"或裁或审制"，即当事人只能选择仲裁或诉讼两种解决争议方式中的一种，如果合同中有仲裁条款，则应申请仲裁，且经过仲裁的合同争议不得再向法院起诉。

工程建设合同纠纷的仲裁，应由双方选定的仲裁委员会进行仲裁。

平等主体的公民、法人和其他组织之间发生的合同纠纷和其他财产权益纠纷，可以仲裁。

当事人采用仲裁方式解决纠纷，应当双方自愿，达成仲裁协议。没有仲裁协议，一方申请仲裁的，仲裁委员会不予受理。

当事人达成仲裁协议，一方向人民法院起诉的，人民法院不予受理，但仲裁协议无效的除外。

仲裁委员会应当由当事人协议选定。仲裁不实行级别管辖和地域管辖。

仲裁应当根据事实，符合法律规定，公平合理地解决纠纷。

仲裁依法独立进行，不受行政机关、社会团体和个人的干涉。

仲裁实行一裁终局的制度。裁决作出后，当事人就同一纠纷再申请仲裁或者向人民法院起诉的，仲裁委员会或者人民法院不予受理。

裁决被人民法院依法裁定撤销或者不予执行的，当事人就该纠纷可以根据双方重新达成的仲裁协议申请仲裁，也可以向人民法院起诉。

仲裁委员会独立于行政机关，与行政机关没有隶属关系。仲裁委员会之间也没有隶属关系。

中国仲裁协会是社会团体法人。仲裁委员会是中国仲裁协会的会员。中国仲裁协会的章程由全国会员大会制定。

四、施工合同变更

（一）合同变更的范围和内容

（1）增加或减少合同中任何一项工作内容。

（2）增加或减少合同中关键项目的工程量超过一定的百分比（比如在15%～25%范围内，视工程具体情况酌定）。

（3）取消合同中任何一项工作（但被取消的工作不能转由发包方或其他承包方实施）。

（4）改变合同中任何一项工作的标准或性质。

（5）改变工程建筑的形状、基线、标高、位置或尺寸。

（6）改变合同中任何一项工程的完工日期或改变已批准的施工程序。

（7）追加为完成工程所需的任何额外工作。

上述变更范围内的变更项目未引起工程施工组织和进度计划发生实质性变动和不影响其原定的价格时，不予调整该项目的单价。

（二）合同变更的处理原则

1. 非承包方原因引起的合同变更处理原则

在合同执行过程中，非承包方原因的合同变更使关键项目的施工进度计划拖后而造成工期延误时，由监理单位与发包方协商，发包方应延长合同规定的工期；若合同变更使合同工作量减少，监理工程师与发包方和承包方协商，发包方可以把变更项目的工期提前。确定合同变更价格的原则：

（1）如果施工合同工程量清单中有适用于变更工作内容的项目时，应采用该项目的单价或合价。

（2）如果施工合同工程量清单中无适用于变更工作内容的项目时，可引用施工合同工程量清单中类似项目的单价或合价作为合同双方变更议价的基础。

（3）如果施工合同工程量清单中无此类似项目的单价或合价、单价或合价明显不合理和不适用的，经协商后，由承包人依照招标文件确定的原则和编制依据，重新编制单价或合价，经监理机构审核后，报发包人确认。

当完工结算时，若由于合同的全部变更工作，以及实际工程量与本合同《工程量清单》中列明的估算工程量的差值引起合同价格增减的金额（不包括备用金、物价波动和立法改变的价格调整）的总和，超过原合同价格（不包括备用金）的15%时，在除了按合同变更工作规定的增减金额外，还需对超过原合同价格15%的部分进行价格调整。此款额应由监理单位考虑合同中承包方的现场费用和总管理费用后予以确定。监理工程师与发包方和承包方适当协商之后再作确定，并通知承包方和呈报发包方。

2. 承包方原因引起的合同变更处理原则

（1）若承包方根据工程施工需要，要求监理工程师对合同的任何项目和工作进行合同变更时，则应提交详细的变更申请报告，由监理工程师审批。批准的原则必须是技术可行和经济合理。未经批准，承包方不得擅自变更。

（2）承包方要求的合同变更属于合理化建议的性质时，经与发包方协商，建议被采纳，由监理工程师发出变更决定后方可实施。发包方将酌情给予奖励。

（3）承包方违约或其他由于承包方原因引起的变更，其增加的费用和工期延误责任由承包方自行承担。其延误的工期，承包方必须采取适当的赶工措施，确保工程按期完成。

（三）工程变更管理流程

项目部应按以下程序进行合同变更处理：

（1）建立项目合同变更审批制度、程序或规定。

（2）提出合同变更申请。

（3）合同变更按规定报项目经理审查、批准；必要时，经工程总承包企业合同管理部门负责人签认。

（4）合同变更应送业主签认，形成书面文件，作为总承包合同的组成部分。

（5）当合同项目遇到不可抗力或异常风险时，项目部合同管理人员应根据合同约定和《中华人民共和国合同法》的规定，提出合同当事人应承担的风险责任和处理方案，报项目经理审核，并经工程总承包企业合同管理部门确定后予以实施（见图 8-4 工程变更管理流程图）。

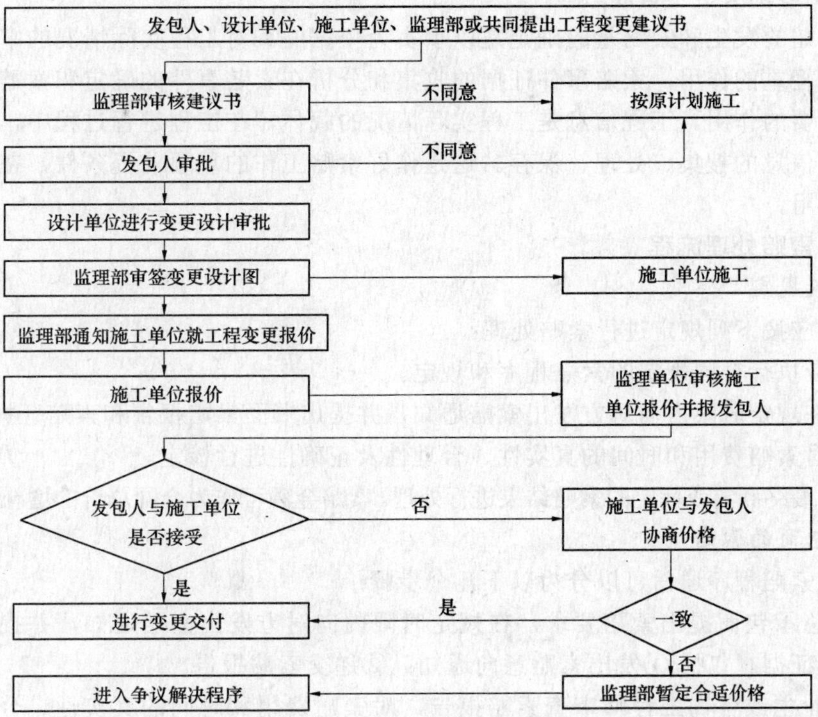

图 8-4　工程变更管理流程图

五、施工合同索赔

一般来说，索赔是在合同实施过程中合同当事人根据合同及法律规定，对非自己的过错，并且属于应由合同其他当事人承担责任的情况所造成的实际损失，凭一定的程序，向责任承担者提出请求给予补偿的要求。

（一）索赔原则

1. 公平性原则

根据合同法理以及合同救济理论，在大型工程项目中合同双方在法律地位上是平等的。进行索赔或进行辩护都是法律赋予当事人的正当权利，不容剥夺。索赔的公平性原则也决定了索赔方的合理索赔应是补偿性的，责任方也仅对自己责任范围内的对对方的损害负责。

2. 索赔的合同、合意标准原则

在进行索赔时，索赔的基本出发点是合同或合同的合意。从法律的角度看，人们就某项工程签订合同是因为国家颁布的法律不能具体适用该工程，而在国家法律的基础上订立的仅仅适用该项工程的“法律”，是法律的扩展。所以，合同具有法律的地位，合同双方都必须严格遵守。索赔发生的必要条件是合同的执行有悖合同的规定，合同的执行是否有悖合同的规定的判断标准应该是合同条款，如果合同中没有与合同执行中发生的某事件相对应的条款，就需要对合同条款进行分析推演，以得到双方在订立合同时的某种合意，从而确认合同中隐含的某种合同合意。如果连合意也没有，那就必须就该事件进行新的谈判，订立新的合同（或补充条款）来对该事件（或该类型的事件）进行风险分配。

3. 索赔的事实、事由原则

识别索赔的发生和索赔量的确定是以事实为依据的。对工程实际情况的掌握在索赔工作中有举足轻重的作用，索赔事件证据的收集和分析在索赔事件的确定和索赔量的决定方面有十分重要的作用。工程信息是工程实际情况的载体，在工程进行过程中，合同各方都要重视工程信息的搜集、处理、保存。这是作好索赔工作的重要前提条件，在索赔中起着决定性的作用。

（二）索赔处理流程

1. 一般规定

项目部应按下列规定进行索赔处理：

（1）应执行合同规定的索赔程序和规定。

（2）在规定时限内向对方发出索赔通知，并提出书面索赔报告和索赔证据。

（3）对索赔费用和时间的真实性、合理性及正确性进行核定。

（4）按最终商定或裁定的索赔结果进行处理。索赔金额可作为合同总价的增补款或扣减款。

2. 承包商的索赔

项目部索赔程序通常可以分为以下几个步骤：

（1）总承包商提出索赔要求，在规定时限内向对方发出索赔通知，并提出书面索赔报告和索赔证据。包括:①发出索赔意向通知；②递交索赔报告。

（2）业主或咨询工程师审查索赔报告，对索赔费用和时间的真实性、合理性及正确性进行核定。包括：①业主或咨询工程师审查总承包商的索赔申请；②判定索赔成立的原则；③对索赔报告的审查。

（3）业主（或咨询工程师）提出索赔处理决定（报业主审查、批准）。

（4）承包商是否接受最终索赔处理。

（三）索赔的解决

在索赔管理中，索赔的解决方案的确定也是一个十分重要的环节，提出一个好的索赔解决方案会降低索赔事件处理的成本、加快合同纠纷的解决。

（1）将不同的索赔事件分类，先解决事实、证据清楚，对其他索赔事件的解决有影响的索赔事件。

（2）多项索赔事件组合解决方案。这种方案是将多个索赔事件并案处理，拿出一个总的解决办法。有时，这些索赔事件有内在的联系，在证据收集上可以相互佐证，索赔事件中可能有一个相对重要一些；有时，是一些没有内在联系的索赔事件，只是在设计解决方案时合在一起处理。

（3）一揽子解决方案。一般来说，大多数索赔事件的证据都是比较模糊的，很难分清双方责任的比例，这时要采取较为灵活的处理方式——先将其搁置起来，以待某个合适时机的到来。

提出的索赔要价在满足己方的要求，补偿己方的损失的前提下，尽量使对方的损失更小，这样能尽快地达成协议。

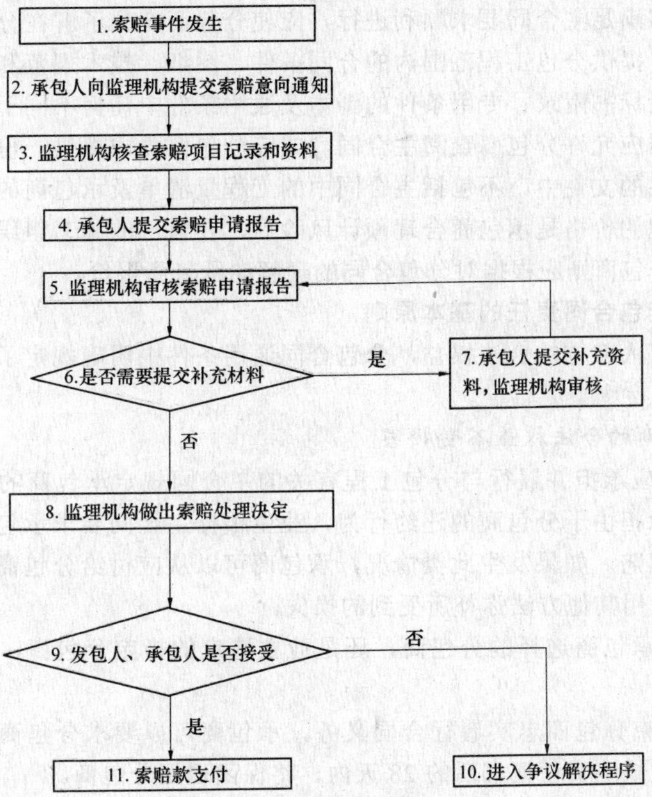

图 8-3　索赔处理流程

六、施工分包合同

（一）分包合同的特点

分包合同是承包商将主合同内对业主承担义务的部分工作交给分包商实施，双方约定相互之间的权利义务的合同。分包工程既是主合同的一部分，又是承包商与分包商签订合同的标的物，但分包商完成这部分工作的过程中仅对承包商承担责任。由于分包工程同时存在于主从两个合同内的特点，承包商又居于两个合同当事人的特殊地位，因此承包商会将主合同中对分包工程承担的风险合理地转移给分包商。

（二）分包合同的订立

承包商可以采用邀请招标或议标的方式与分包商签订分包合同。

1. 分包工程的合同价格

承包商采用邀请招标或议标方式选择分包商时，通常要求对方就分包工程进行报价，然后与其协商而形成合同。分包合同的价格应为承包商发出“中标通知书”中接受的价格。由于承包商在分包合同履行过程中负有对分包商的施工进行监督、管理、协调责任，应收取相应的分包管理费，并非将主合同中该部分工程的价格都转付给分包商，因此分包合同的价格不一定等于主合同中所约定的该部分工程价格。

2. 分包商应充分了解主合同对分包工程规定的义务

签订合同过程中，为了能让分包商合理预计分包工程施工中可能承担的风险，以及分包工程的施工能够满足主合同要求顺利进行，应使分包商充分了解在分包合同中应承担的义务。承包商除了提供分包工程范围内的合同条件、图纸、技术规范和工程量清单外，还应提供主合同的投标书附录、专用条件的副本及通用条件中任何不同于标准化范本条款规定的细节。承包商应允许分包商查阅主合同，或应分包商要求提供一份主合同副本。但以上允许查阅和提供的文件中，不包括主合同中的工程量清单及承包商的报价细节。因为在主合同中分包工程的价格是承包商合理预计风险后，在自己的施工组织方案基础上对业主进行的报价，而分包商则应根据对分包合同的理解向承包商报价。

（三）划分分包合同责任的基本原则

为了保护当事人双方的合法权益，分包合同通用条件中明确规定了双方履行合同中应遵循的基本原则。

1．保护承包商的合法权益不受损害

（1）分包商应承担并履行与分包工程有关的主合同规定承包商的所有义务和责任，保障承包商免于承担由于分包商的违约行为，业主根据主合同要求承包商负责的损害赔偿或任何第三方的索赔。如果发生此类情况，承包商可以从应付给分包商的款项中扣除这笔金额，且不排除采用其他方法弥补所受到的损失。

（2）不论是承包商选择的分包商，还是业主选定的指定分包商，均不允许与业主有任何私下约定。

（3）为了约束分包商忠实履行合同义务，承包商可以要求分包商提供相应的履约保函。在工程师颁发缺陷责任证书后的28天内，将保函退还分包商。

（4）没有征得承包商同意，分包商不得将任何部分转让或分包出去。但分包合同条件也明确规定，属于提供劳务和按合同规定标准采购材料的分包行为，可以不经过承包商批准。

2．保护分包商合法权益的规定

（1）任何不应由分包商承担责任事件导致竣工期限延长、施工成本的增加和修复缺陷的费用，均应由承包商给予补偿。

（2）承包商应保障分包商免于承担非分包商责任引起的索赔、诉讼或损害赔偿，保障程度应与业主按主合同保障承包商的程度相类似（但不超过此程度）。

（四）分包合同的履行管理

分包工程的施工涉及两个合同，因此比主合同的管理复杂。

1．业主对分包合同的管理

业主不是分包合同的当事人，对分包合同权利义务如何约定也不参与意见，与分包商没有任何合同关系。但作为工程项目的投资方和施工合同的当事人，他对分包合同的管理主要表现为对分包工程的批准。

2．工程师对分包合同的管理

工程师仅与承包商建立监理与被监理的关系，对分包商在现场的施工不承担协调管理义务。只是依据主合同对分包工作内容及分包商的资质进行审查，行使确认权或否定权；对分包商使用的材料、施工工艺、工程质量进行监督管理。为了准确地区分合同责任，工程师就分包工程施工发布的任何指示均应发给承包商。分包合同内明确规定，分包商接到工程师的指示后不能立即执行，需得到承包商同意才可实施。

3．承包商对分包合同的管理

承包商作为两个合同的当事人，不仅对业主承担整个合同工程按预期目标实现的义务，而且对分包工程的实施负有全面管理责任。承包商需委派代表对分包商的施工进行监督、管理和协调，其地位优点类似工程师。承包商的管理工作主要通过发布一系列指示来实现。接到工程师就分包工程发布的指示后，应将其要求列入自己的管理工作内容，并及时以书面确认的形式转发给分包商令其遵照执行。也可以根据现场的实际情况自主地发布有关的协调、管理指令。

（五）分包合同管理程序

（1）明确分包合同的管理职责。

（2）分包招标的准备和实施。

（3）分包合同订立。

（4）对分包合同实施监控。

（5）分包合同变更处理。

（6）分包合同争端处理。

（7）分包合同索赔处理。

（8）分包合同文件管理。

（9）分包合同收尾。

七、施工劳务合同

2001 年 4 月 18 日建设部发布施行的《建筑业企业资质管理规定》，标志着我国建筑的组织结构由单一的劳动密集型的施工企业组织结构过渡到以智力密集型的施工总承包企业为龙头，以专业承（分）包企业和劳务分包企业为依托，总包与分包分工协作、互为补充的新型建筑业企业组织结构。施工总承包、专业承包、劳务分包资质序列的建立，有利于发挥专业施工企业的专业特长和以资金、管理、技术为核心的智力密集型施工企业的发展与壮大。

自实行新的资质管理规定以来，劳务分包企业成为建筑业企业序列之一，在一定程度上改变了过去松散的、非独立方式进行的劳务施工生产活动，从而形成有组织形式和技能配套的分包方式提供施工劳务服务，使得我国建筑劳务市场的混乱状况有所改善。但是，由于长期对施工分包管理重视不够，尤其是对劳务分包合同管理的忽视，导致建筑劳务分包合同管理很不规范：违法分包大量存在；分包合同五花八门，劳务用工多数只有口头约定，没有书面协议；劳务分包商的合法权益得不到保障；民工工资被拖欠严重，引发大量的劳资纠纷，影响社会稳定；分包合同条款不全面，缺项漏项较普遍，语言含糊，约定不明确，较易产生合同纠纷等等。鉴于此，尽快推广应用《建设工程施工劳务分包合同（示范文本）》尤为必要。

（一）推行《建设工程施工劳务分包合同（示范文本）》的作用

合同是平等主体的自然人、法人、其他组织之间设立、变更、终止民事权力义务关系的协议。建设工程施工劳务分包合同是施工总承包商或专业工程承（分）包商将承包合同范围内的劳务委托给劳务分包商，由施工总承包商或专业承（分）包商和劳务分包商之间签订的合同，是规范总承包商或专业承（分）包商与劳务分包商的行为准则。推广应用《建设工程施工劳务分包合同（示范文本）》的意义如下。

1. 有利于维护合同当事人的合法权益

在建设工程施工总分包合同关系中，施工总承包商或专业承（分）包商与劳务分包商的地位并不完全对等，总承包商或专业承包（分）包商往往处于强势地位，在签订劳务分包协议过程中，总承包商或专业承（分）包商利用这一优势地位迫使劳务分包商接受一些苛刻条款，劳务分包商为了能得到劳务任务，不得不接受苛刻的合同条款。随着劳务分包合同示范合同文本的施行，这种不合理的状况将会改变。因为示范文本以公平原则为前提，按照公平原则确定合同各方的权力和义务，防止出现显失公平和违法条款，保护了当事人各方的合法权益，使之能更好地履行合同义务，共同实现合同目的。

2. 有利于提高合同管理水平

目前，劳务分包企业普遍存在法制观念不强、合同意识淡薄合同管理经验不足等问题。然而，合同管理工作是一项高度准确、严密和精细的工作，若使用不同的合同条件，管理者须不断改变思维方式和管理方式，合同管理水平难以提高。使用劳务分包合同示范文本，则有助于合同管理的标准化和规范化，易于积累合同管理经验，必将促进我国建设工程施工领域的分包管理水平特别是分包合同管理水平的提高。

3. 有利于维护建筑市场秩序

劳务分包合同示范文本比较合理地反映了合同当事人的权利和义务，公平地分配风险和责任，比非标准合同要科学、全面和严谨，因而避免了合同双方的不信任和争执，减少了合同当事人之间的误解和冲突，也就减少了违约的可能，有利于合同的顺利履行和预防违约事件的出现，从而确保工程施工顺利进行，促进建筑市场的健康发展。

4. 有利于合同管理机关加强对合同的监督检查，有利于仲裁机构和人民法院及时裁判纠纷

在过去，一些总承包商或专业承（分）包商的劳务用工很不规范，多数没有签订书面协议，只有口头承诺，一旦出现劳务纠纷，由于没有书面合同，处理起来难度很大、时间较长，一些劳务分包商往往发动民工以静坐、堵大门等过激的讨债方式。正因为书面证据的缺乏，就很难通过仲裁机构或人民法院来解决。

（二）劳务分包合同示范文本的主要内容及特点

劳务分包是指施工总承包企业或专业承（分）包企业将其承包工程中的劳务发包给劳务分包企业完成的活动。与其他施工合同示范文本一样，劳务分包合同示范文本同样具有公正性、规范性、完备性、准确性和适用性等特点。

劳务分包合同示范文本共 35 条，主要包括：劳务分包人资质情况、劳务分包工作对象及提供劳务内容、工作期限、质量标准、双方义务、安全施工、保险、劳务报酬、工程量确认、施工变更、施工验收、违约责任、索赔、合同解除等内容。

1. 明确了劳务分包商对总（分）包合同的知情权

劳务分包合同示范文本第 7 条规定：工程承包人应提供总（分）包合同（有关承包工程的价格细节外）供劳务分包人检阅，当劳务分包人要求时，工程承包人应向劳务分包人提供一份总承包合同或专业分包合同（有关承包工程的价格细节除外）的副本或复印件。

以前施工总承包商或专业承（分）包商与劳务分包商签定劳务合同时，多数总承包商或专业承（分）包商一般不会向分包商出示总包合同，一些承包商不仅不出示总（分）包合同，甚至还千方百计隐瞒工程承包真相。由于这种信息不对称现象的确存在，劳务分包

商在签订合同时往往带有相当大的盲目性，缺乏对整个工程的了解，尤其是缺乏对发包方与承包方的一些约定的了解导致劳务分包商缺乏全局观念。其实，劳务分包商越是全面了解总承包合同或专业承（分）包合同的各种规定，越是有助于增强双方的信任感，使劳务分包商心中有数，也有助于劳务分包更好地履行合同条款，进而更好地完成合同任务。

2. 劳务分包商的安全责任重大

我们知道，建设工程施工领域属于安全事故多发行业，这是因为建设工程施工具有高空作业多、室外作业多、劳动强度大、交叉作业、劳动者工作条件差、环境较恶劣等特点，较易导致伤亡事故。以前总承包商或专业承（分）包商使用非建制劳务，一旦发生安全事故，其安全责任多由总承包商或专业承（分）包商承担，即使是因劳务人员自身的责任而造成的安全事故也是如此。

劳务分包合同示范文本第 12 条规定：劳务分包人应遵守工程建设安全生产有关规定，严格按安全标准进行施工，并随时接受行业安全检查人员依法实施的监督检查，采取必要的安全防护措施，消除事故隐患。由于劳务分包人安全措施不力造成事故的责任和因此而发生的费用，由劳务分包人承担。施工总承包商或专业承（分）包商使用成建制的劳务企业以后，情况则不同了，劳务分包企业作为具有独立承担民事行为能力的法人，自然应当承担其应负的法律和经济责任。因此，劳务分包企业必须高度重视安全施工，充分认识自身的安全责任，加强对职工的安全教育，提高职工的安全素质和自我保护能力，严把安全施工关，变事后把关为事前预防实行预防为主的原则，确保安全生产。

3. 施行强制意外伤害保险制度

劳务分包企业是以劳务输出而赚取劳务费的企业，属于典型的劳动密集型企业，是微利企业，其承担风险的能力非常有限，为本企业的职工办理意外伤害保险是抵御风险的最有效的办法。从示范文本中不难看出劳务分包商的安全生责任比过去大了，加之劳务人员大都是第一线的民工，素质较低，安全知识缺乏，安全意识薄弱，自我防护能力差，较易发生安全事故。鉴于现阶段建筑企业的保险意识不强，为职工建立意外伤害保险尚未成为建筑企业的自觉行为，因此强制在建设工程施工领域施行意外伤害保险制度尤其必要。意外伤害保险制度的建立，有利于分散劳务分包企业的职业伤害风险，提高企业的抗风险能力，减少劳务分包企业和职工的后顾之忧。

《建筑法》第四十八条为建筑业推行职工意外伤害保险奠定了法律基础，该条规定建筑施工企业必须为从事危险作业的职工办理以外伤害保险。示范文本以建筑法为依据，在第 15 条中规定：劳务分包人施工前，工程承包人应获得发包人为施工场地内的自有人员及第三方人员生命财产办理的保险，且不需要劳务人员支付保险费用。劳务分包人必须为从事危险作业的职工办理意外伤害保险，并为施工场地内自有人员和施工机械设备办理保险，支付保险费用。

目前，为职工建立意外保险尚未成为建筑企业的自觉行为，虽然《建筑法》等法律法规规定施工企业必须为从事危险作业的职工办理意外伤害保险，但由于缺乏与建筑法相配套的具体措施，在我国建筑施工领域意外伤害保险制度至今还没有推广开来。一些地区进行了有益的探索，制定了强制性的措施，在办理施工许可证之前，施工企业需办理职工意外保险，否则不予办理职工许可证，从而确保了意外保险制度的实行。

4. 工程款支付

长期以来，工程款拖欠问题一直是我国基本建设领域的一个顽疾，施工企业大量的工程款被拖欠，产生大量的三角债问题，其负面影响非常严重：一是造成施工企业的严重困难，严重影响施工企业的正常生存和发展；二是大量的民工工资被拖欠，会引发许多社会问题，影响社会稳定。因此，如何使劳务工资能得到按时支付，防止劳务报酬被拖欠，是劳务分包合同示范文本不能回避的一个问题，在合同中必须有明确的规定。

劳务分包合同示范文本中有关劳务报酬的中间支付事项是以双方约定为准，未作具体规定。示范文本第 24 条对劳务报酬的最终支付作出了具体规定：全部工作完成，经工程承包人认可后 14 天内，劳务分包人向工程承包人递交完整的结算资料，双方按照本合同约定的结算方式，进行劳务报酬的最终支付。同时还规定工程承包人收到劳务分包人递交的结算资料后 14 天内进行核实。给予确认或者提出修改意见，工程承包人确认结算资料后 14 天内向劳务分包人支付报酬尾款。对劳务报酬结算时间和尾款的最终支付作出明确规定，既可以防止承包人无限期拖延劳务报酬结算时间达到合法拖欠劳务报酬的目的同时也为劳务分包人节约了人力和时间。

第九章 计划管理

第一节 年度投资计划申请和下达

年度投资计划管理主要包括年度投资建议计划的编制、上报和年度投资计划的下达、调整和检查监督。

一、计划的编制与建议计划申请

（一）编制原则

水利工程年度投资计划编制遵照坚持保重点、保续建、保收尾，优先安排在建水利项目；根据国家的方针政策，满足列入已批准的江河流域综合规划、专业和专项规划及水利发展中长期规划并业经国务院或有关部委批复确定的项目，并完成全部前期审批程序、符合开工条件的项目。

凡列入中央年度投资计划的项目，必须具备以下条件：①批复的初步设计；②流域机构或省级水行政主管部门上报的年度建议计划，或对于具体项目提出的当年申请中央投资补助的请示报告；③应急项目要有批复的应急可行性研究报告或年度应急初步设计（或实施方案）；④符合中央投资事权范围。

（二）编制方法

根据中央与地方事权划分，水利工程分为中央项目、中央补助地方项目和地方项目。中央项目和补助地方项目由中央安排全部投资或按一定比例补助地方，前者审批权限在中央，中央补助地方重大水利工程的新建或扩建，其审批权限在中央；中央补助地方中型或小型项目其余项目的审批权限在地方。2 种工程编制方法分别说明如下。

1. 重大水利建设工程

主要包括大江大河防洪工程、重要城市防洪工程、骨干枢纽及重点水源工程。该类工程年度投资计划是根据已批复的初步设计报告中确定的投资渠道、投资概算、工程建设总工期进行编制。按照水利基建项目的功能和作用，国家发展改革委在批复工程可行性研究阶段，对工程投资总概算中的中央补助、地方配套（省级及项目所在地（市）、县（区）级配套资金）、银行贷款（利用外资）等不同渠道分别予以明确。

重点水利工程年度投资计划编制的主要内容为：①项目名称、地点、建设性质、建设起止年限；②建设规模、设计工程量、总投资、投资来源、前期工作状况；③已完成投资和实物工程量、形象进度等建设内容；④建议计划工程量、工程形象进度、建议计划投资量等。编报时必须有详细的文字说明、图表等。项目法人编制年度投资建议计划时，要落实地方配套资金，要说明地方资金的具体来源，并出具证明，确保地方配套资金与中央投资同步安排；地方配套投资不能落实的项目不列入中央年度投资计划。

项目法人根据投资总概算和中央补助投资规模，按施工总工期和工程建设内容，合理分配年度投资，编制下一年度建议计划和下下一年度框架性计划，并由省发展改革委和水利（务）厅（局）在每年 8 月底前联合向国家发展改革委和水利部报送建议计划。

以申请 2008 年度中央投资建议为例，分别填写表 9-1 和表 9-2。

2. 面上水利项目

面上水利项目主要包括农村饮水安全、病险水库除险加固、大型灌区续建配套与节水改造、大型排涝泵站更新改造、水土保持生态建设、水电农村电气化县建设、小水电代燃料、塔里木河、黑河、石羊河流域重点治理等项目。这类项目投资概算中一般分为中央投资和地方配套。除有明确规定外，面上水利项目一般由地方履行建设程序，由地方安排投资进行建设，中央根据年度水利投资规模和东、中、西部地区不同比例，对地方予以补助。

项目法人按照根据省级计划部门批复初步设计概算，按所在地区中央补助标准，向上级发展改革和水行政主管部门逐级申请投资建议计划，由省发展改革委和水利(务)厅(局)联合向国家发展改革委和水利部上报投资建议计划。

以申请 2008 年度中央预算内投资病险水库除险加固建议计划为例，分别填写表 9-1 和表 9-3。

3. 填报表格要求

水利基建项目年度投资计划编制已形成固定的表格形式，表格内容一般包括项目名称、建设性质、建设规模、建设起止年限、投资来源、至上年度累计完成投资、申请投资建议、主要建设内容。项目法人按照规定的格式进行编制，并注意以下要求：

项目名称：与批复该工程初步设计名称一致，要填写项目全称，不要填写简称，也不要随意更改。如“新建县幸福水库除险加固”，不能只填“幸福水库”。

建设性质：主要包括新建、改建、扩建等。新建：一般是指从无到有、“平地起家”开始建设的工程。扩建：是指为扩大原有生产能力（或效益），而增建主要工程。单位增建业务用房也作为扩建。改建：是指对原有设施进行技术改造或更新（包括相应配套的辅助性生产、生活福利设施），不能新增主要的生产能力的工程。如病险水库除险加固、大型灌区续建配套与节水改造项目。迁建：指为城市环境保护等原因而搬迁另地建设的工程。恢复：是指因自然灾害等原因重新恢复建设的工程。尚未建成投产的基本建设项目，因自然灾害损坏重建的，不作为恢复项目，仍按原有建设性质划分。新开工项目为新建，在原有基础上不扩大项目投资规模和建设标准为改建。

建设规模：与批复该工程初步设计确定的建设规模一致。重点水利枢纽工程要填写水库总库容、发电装机、灌区面积等主要指标；重点水源工程填写水库总库容、年供水量、灌溉面积或受益人数等；面上项目如病险水库除险加固，按照批复初步设计确定的水库库容进行填写；农村饮水安全项目按项目建设拟解决人口填写；大型灌区续建配套与节水改造建设规模按水利部批复灌区规划报告的规模进行填写；水土保持项目按治理水土流失、坡改梯面积或淤地坝数量填写。

建设起止年限：按工程施工总工期或投资安排年限填写。

至上年度累计安排投资：截至上年末，累计安排投资情况，按总投资、中央投资和地方配套进行填写。骨干枢纽及水源工程还要填写银行贷款数额。

投资来源：根据批复初步设计报告或初步核定概算，按总投资、中央预算内投资、中央预算内专项资金、地方配套、银行贷款等渠道填写；面上水利项目只需填写总投资、中央预算内投资（或中央预算内专项投资）、地方配套。

表 9-1　2007 年在建大中型项目建设情况调查

（工程量单位：土石方（万立方米）；混凝土（立方米）；投资（万元））

项目名称	总工程量		到 2006 年底累计完成工程量		2006 年预计完成				到 2006 年底工程预计形象面貌
	土石方	混凝土	土石方	混凝土	土石方	混凝土	投资来源	投资数额	
合计							小计		
							中央：		
							预算内投资		
							水利建设基金		
							财政预算内专项资金中央部分		
							贷款（建行或开行）		
							利用外资		
							地方：（分来源注明）		
一、大江大河治理									1．堤防长度（公里）；2．堤身断面达标（公里）；3．基础防渗处理（公里）；4．护坡（公里）；5．崩岸处理（公里）；6．险工险段处理（公里）；7．重大险情处理（个数）；8．填塘固基（长度及方量）等
……									
二、控制性枢纽									主（副）坝设计高程（米），累计填筑高程（米）；设计装机（台），累计装机（台）等
……									
三、水资源配置工程									主（副）坝设计高程（米），累计填筑高程（米）
……									
四、其他									
……									

注：（1）项目范围为近两年下达过中央预算内投资的所有在建大中型项目；（2）按单项工程填写。

表 9-2　2008 年中央预算内水利项目投资建议计划

（单位：万元）

项目名称	建设性质	建设规模	建设起止年限	投资来源	总投资	到 2007 年底已下达投资	到 2007 年底预计完成投资	2008 年建议计划			前期工作进展情况	备注
								投资	主要建设内容	新增能力		
1	2	3	4	5	6	7	8	9	10	11	12	13
				小计								
				中央:								
				中央预算内资金								
				中央水利建设基金								
				中央预算内专项资金								
				地方:								
				贷款:								
				利用外资:								
续建												
1.防洪工程												
2.水资源配置工程												
3.其他												
建议新开工												
1.防洪工程												
2.水资源配置工程												
3.其他												

注：（1）请填列到具体项目，前期工作进展情况填写批复文件文号和批复阶段或进展程度；（2）地方配套投资分来源注明。

表 9-3 ××省 2008 年中央预算内投资病险水库除险加固工程建议计划

（投资：万元）

序号	项目名称	建设起止年限	总库容（万立方米）	投资来源	初步设计批复投资	流域机构复核投资	至上年底累计下达投资	2008 年建议计划		安全鉴定单位资质等级	安全鉴定报告书完成时间	初步设计批复文号	流域机构复核文号	规划批次	备注
								投资	主要建设内容						
合计				小计											
				中央预算内投资											
				地方配套											
一	大型			小计											
				中央预算内投资											
				地方配套											
	……			小计											
				中央预算内投资											
				地方配套											
二	中型			小计											
				中央预算内投资											
				地方配套											
	……			小计											
				中央预算内投资											
				地方配套											

申请投资建议：本年度拟申请总投资规模、中央补助投资及地方配套。骨干枢纽及水源工程按照国家发展改革委核定工程概算分项投资情况，年度建议计划原则上按工期平均申请中央投资。面上水利项目，中央对地方补助原则上按东、中、西部各补助总投资的 1/3、1/2、2/3 的比例，申请中央投资时，按此比例控制，超额视为无效建议计划，水利部一般不予受理。

主要建设内容：指相应投资中进行项目建设的主要内容。大型水利项目填写主体工程建设等；病险水库除险加固年度建设内容填写防渗处理、输水隧洞（涵管）、溢洪道加固等。大型灌区续建配套与节水改造填写渠道衬砌长度等。

二、计划的下达与执行

在国家发展改革委确定了年度中央水利基本建设投资规模基础上，水利部根据流域机构和省级发展改革委和水行政主管部门联合报送的建议计划以及流域机构审核意见，编制中央年度水利基本建设投资计划，报送国家发展改革委。

中央项目水利基本建设投资计划由国家发展改革委下达到水利部；地方项目由国家发展改革委与水利部联合下达各省计划和水行政主管部门。列入中央预算内投资的项目，由国家发展改革委单家下达到省发展改革委。

流域机构、各省计划和水行政主管部门接到中央投资计划后，由发展改革和水利部门联合或由发展改革部门单家市、县，由县级计划部门、水行政主管部门下达到项目建设单位（项目管理单位）。中央投资计划下达后，财政部门将资金预算下达到县级财政部门，县级财政部门将资金预算存入指定的账户上，实行专户储存，并根据项目建设进度拨付资金。

项目法人根据下达的中央年度投资计划，组织编制大中型项目年度工程实施计划，由所在地（市）上报省级水行政主管部门审批；跨省际边界的项目，由省水行政主管部门报所在的流域机构批准；跨七大流域或国际界河项目，报水利部批准或由水利部委托流域机构批准。

建设单位按照《财政基本建设支出预算管理办法》的规定对预算内基本建设资金进行管理。各级财政基本建设支出预算一经审批下达，一般不得调整。确需调整的，必须按原审批程序报批。

建设单位申请领用预算内基本建设资金，应根据年度基本建设支出预算、年度投资计划以及工程建设的实际需要，向水利主管部门或同级财政部门提出申请。

财政部门根据水利主管部门申请，按照基本建设程序、基本建设支出预算、年度投资计划批复用款计划。

三、病险水库除险加固年度投资计划与下达

（一）计划编制

根据国务院批准的《全国病险水库除险加专项规划》，大中型和重点小型病险水库除险加固中央资金渠道有所不同，大中型病险水库除险加固项目由中央水利基建投资中安排，重点小型病险水库除险加固项目由中央财政安排专项补助资金。

项目法人需按表 9-1 和表 9-3 填报病险水库除险加固中央投资建议计划表。

项目法人在申报项目和年度计划应提交以下文件和材料：

大中型病险水库除险加固项目：

（1）大坝安全鉴定书和水利部大坝安全管理中心出具的安全鉴定成果核查意见报告。

（2）省级计划部门初步设计批复文件。

（3）地方各级政府有关部门对建设投资的承诺文件。

（4）水库管理体制改革实施方案和进度。

（5）水库除险加固工程所在地政府及主管部门、水库管理单位责任人名单。

（6）病险水库除险加固项目年度建设投资计划建议。

重点小型病险水库除险加固项目：

（1）县级以上水行政主管部门安全鉴定报告及省级水行政主管部门对安全鉴定成果的核查意见。

（2）省级水行政主管部门批复的初步设计文件。

（3）水库管理体制改革实施方案和进度。

（4）水库除险加固工程所在地政府及主管部门、水库管理单位责任人名单。

（二）年度投资计划下达方式

大中型病险水库除险加固项目投资计划和资金预算分两级线下达。投资计划由国家发展改革委单家或与水利部两家联合逐级下达到县计划和水利部门，资金预算由财政部门下达到县级财政部门。重点小型病险水库除险加固项目中央财政专项补助资金由财政部门按定额补助方式，逐级下达到县财政部门。

资金下达后，项目法人及时与县计划、财政部门和水行政主管部门衔接，按照下达的投资计划或资金，及时与计划和财政部门做好项目的请款，要求县级财政部门及时将病险水库除险加固资金，拨付到指定的专户上。

第二节　年度工程实施计划管理的基本要求

一、水利工程年度实施计划管理的基本要求

年度投资计划管理主要包括年度投资建议计划的编制、上报和年度投资计划的下达、调整和检查监督。

（一）年度投资计划编制的主要内容

项目名称、地点、建设性质、建设起止年限；建设规模、设计工程量、总投资、投资来源，前期工作状况；已完成和实物工程量、形象进度等建设内容；建议计划工程量、工程形象进度、建议计划投资等。编报时必须有详细的文字说明、图表等。

凡列入年度投资计划的项目，必须具备以下条件：批复的初步设计；流域机构或省级水行政主管部门上报的年度建议计划，或对于具体项目提出的当年申请中央投资补助的请示报告；应急项目要有批复的应急可行性研究报告或年度应急初步设计（或实施方案）。

（二）年度投资计划下达

水利部根据进度、地方配套资金落实情况等，将中央项目投资计划按项目下达到流域机构，部直属单位或项目法人下达的资金，要按批准的设计方案、建设标准、工程规模和

施工定额使用。

根据下达的年度投资计划，流域机构、省级水行政主管部门和项目法人要组织编制大中型项目和省际边界项目年度工程实施计划，报主管部门批准。

项目年度工程实施要严格按照批复的初步设计建设方案和建设标准编制，不符合初步设计建设内容和建设标准的年度工程实施计划不予批复。年度工程实施计划批复后，项目法人单位应据此认真组织实施。年度工程实施计划需要调整的，按原审批渠道，由原审批部门调整。

水利基本建设项目年度投资计划因各种原因不能按计划执行而需要调整的，由项目主管部门及时提出调整意见，原下达投资计划的部门进行审核批准。

（三）年度投资计划检查监督

各部门要严格计划管理，制订计划管理检查监督制度，加强对投资计划执行情况的监管，发现问题要及时纠正和处理。计划检查监督的主要内容包括：投资计划执行进度与工程量完成情况，是否越权调整投资计划、擅自更改设计内容、扩大建设规模、提高建设标准及不合理压低或提高工程单价等。

项目法人要在每季末及时将工程建设进展、工程质量、投资计划安排和执行、资金到位情况等上报主管部门，主管部门发现问题要及时出具整改通知，督促有关主管部门和项目法人进行整改，对未按要求整改的，很必要时可调整计划和停止安排计划，对地方配套投资到位不足的，要督促地方补足，必要时可采取调整计划等措施，督促地方建设资金落实到位。

项目主体工程投入运行后，水行政主管部门要加强对工程设计能力的发挥、产生的财务效益、经济效益和社会效益进行跟踪。会同有关部门对项目的立项决策、勘测设计、施工、生产运行、效益进行系统评价，综合研究分析项目实际状况及其预测状况的偏差，分析原因，总结经验，提出改进措施，并将评估结果上报水行政主管部门。

（四）年度基建投资计划管理程序及内容

1. 程序

工程建设期间，投资计划管理日常工作的重点是对年度内的工程项目进行投资控制，控制的目标是为了保障投资重点，把握资金流向，以确保总体建设目标和年度建设目标的顺利实现。控制主要依据是国家批准的年度基建投资计划。

计划管理工作的程序为：根据批准的年度基建投资计划→批复年度内工程项目计划→批准项目开工时间→跟踪检查计划执行情况→调整年度基建投资计划。

项目的立项审批是投资计划管理的首要任务。首先要明确需报批项目的范围，然后明确审批条件，对申报的工程项目，归口管理部门应按规定编制项目立项申请报告，附项目实施技术方案、施工组织设计、有关设计文件、资料、图纸和说明，以及其他必要的附件材料；最后根据投资性质的不同，按不同的工作流程进行审批。

建筑安装工程项目的审批流程：归口管理部门报送项目立项申请报告→计划管理部门审核资金来源→技术部门审定技术方案→报上级批准→计划管理部门发出立项通知→签订项目合同→实施。

2. 内容

（1）整个项目（工程概算）的计划管理。工程概算总投资是建设单位实现工程建设总体目标的内容之一，投资计划管理的最终目的就是要控制工程总投资不突破国家批准的概算。

工程的年度投资计划管理工作包括两项内容。首先在概算总投资管理的前提下，进行分项概算、单项概算的控制和管理，确保总概算目标的实现；其次是对资金使用动向的管理。

把握年度投资重点和合理控制资金流向，是年度投资计划管理的重要任务之一。在制订年度投资计划时，首先根据工程建设总进度要求，有的放矢地安排当年的项目任务，按照轻重缓急将年度项目投资分解到月。投资的控制时段为一个季度，以安排主体工程投资为主。

投资计划管理主要采取了以下措施：一是在做好总概算控制的同时，严格控制单项工程概算执行，力求各个单项工程不突破分项概算，受客观因素影响而必须增加投资的，需通过其他项目节约投资调剂解决；二是严格执行基本建设程序，对于个别确需调整单项工程投资额度或概算项目以外需动用预备费的，均按规定报请批准；三是跟踪项目投资计划执行情况，做好项目实施过程中的监督检查，对不合理的支出及时进行调整；四是定期进行项目投资的分析和总结工作，为下一步投资计划管理奠定基础。

（2）费用项目的投资计划管理。围绕工程建设管理的需要，概算投资中有许多费用开支项目，投资较大的如建设单位管理费、勘测规划设计费等。这些费用项目往往不与主体工程完成形象相对应，有些需要提前发生，且受人为影响因素大。

建设单位管理费。工程概算总投资中核定的建设单位管理费，主要包括建设单位开办费、建设单位经常费、工程监理费、业主管理费、项目管理费等内容，这些费用主要用于建设期管理人员的费用开支，其特点是年度费用控制与人员数量控制紧密相关。

首先，计划管理部门根据国家批准的概算，以及工程规划建设任务和总体进度安排，合理确定分年度管理人员投入数量，然后按照国家规定的人员经费标准核定分年度管理费控制额度，在项目概算投资额度下平衡确定分年控制计划，最后根据工程建设的实际进度情况合理调整各年度间的控制指标。

勘测规划设计费。在设计工作满足工程进展的前提下，有效控制勘测设计费用，需要做好这项费用的计划管理与相应的协调工作。首先，计划管理部门要根据工程建设的总体规划设计，确定枢纽工程包含的所有单项工程勘测规划设计任务量清单，再依据相关专业、行业的取费标准计算相关项目的勘测设计费额度，最后根据工程总进度计划安排，把所有项目纳入分年度投资计划，经汇总平衡后，确定勘测设计费的分年度投资控制计划，在建设期内分年进行控制管理。

（3）专题项目。规划设计内容中包括了一部分既为枢纽工程运行服务、同时又为流域管理服务的大型专题项目，如水库水文泥沙观测、水情自动测报系统、水库运用方式研究等项目。

业主采取项目概算总承包方式对这些外委项目进行投资管理。在此基础上，业主与有关单位签订了各专题项目承包合同，计划管理部门根据项目实施进度安排制定相应的投资计划，并会同其他职能部门定期对专题项目的执行情况进行检查，对照项目实施进度，核定项目分期拨款额度。

二、病险水库除险加固年度工程实施计划管理的基本要求

（1）中央下达的资金，要按批准的设计方案、建设标准、工程规模和施工定额使用，

做到专款专用，不得以任何名义滞留、克扣和挪用。

（2）项目年度工程实施计划要严格按照批复的初步设计建设方案和建设标准编制，不符合初步设计建设内容和建设标准的年度工程实施计划不予批复。年度工程实施计划批复后，项目法人单位应据此认真组织实施。

（3）项目法人要加强投资计划执行情况的监管，发现问题要及时纠正和处理。

（4）项目法人严格按照有关规定，按工程量合理安排计划执行进度，不得越权调整投资计划、擅自更改设计内容、扩大建设规模、提高建设标准及不合理压低或提高工程单价等。

第三节　地方配套资金计划落实和安排

一、一般水利工程地方配套资金

地方配套资金足额到位关系到工程能否建成并发挥效益。通过历次稽查、审查、专项核查经及检查工作中发现，不少项目在建设过程中资金到位不及时，尤其是地（州、市）、县（市、区）级的配套资金不落实、到位率低的现象是当前水利工程建设中存在的突出问题。

一般水利工作地方配套资金是指总投资中，除中央补助资金、银行贷款外，其余投资为地方配套资金，地方配套资金由省、地（州、市）、县（市、区）和项目建设单位共同筹集。群众投工投劳折款部分不列入配套资金范畴。

由中央立项的重点水利枢纽工程、骨干水源工程，国家发展改革委在批复工程可研阶段中，对省、地（州、市）、县（市、区）和项目建设单位承担额度在文件中予以明确。目前，面上水利项目地方配套资金未明确各级配套比例或配套额度，水利部只有农村饮水安全、病险水库除险加固工程在相应文件中，明确了省级配套资金的比例，其余项目如大型灌区续建配套与节水改造、水土保持、水利血防、蓄滞洪区安全建设、农村电气化县建设、小水电代燃料等项目均未明确省级配套资金的比例。

项目法人在争取中央水利建设投资后，也应积极落实好省、地（州、市）、县（市、区）等配套资金。省、地、县应与有关部门根据各类水利工程实际，加强与发改、财政等部门沟通协商，积极制订配套资金落实比例，落实好地方配套资金。

地方配套资金可统筹各级预算内水利专项资金、财政专项资金、水利非税收入（水资源费、河道采砂费、水土保持设施补助费、水土流失防治费）等规费。还可在受益乡镇落实部分资金。同时，可出台优惠政策、整合支农资金、拓宽市场融资和或有效益项目通过贷款等方式落实好地方配套资金。

地方配套资金的安排，原则上由各级水利、计划、财政部门按本级筹集资金的额度进行。其安排原则应按轻重缓急、突出重点的原则，优先落实好中央有补助资金的水利项目，如大型骨干水利枢纽、重点水源、农村饮水安全、病险水库除险加固、大型灌区续建配套与节水改造、水土保持、水利血防、蓄滞洪区安全建设、农村电气化县建设、小水电代燃料、农田水利基本建设等工程。

地方各级在落实配套资金时，还应注重实效，不图虚名，不搞“钓鱼”项目，不留资金缺口，切实落实好配套资金，防止弄虚作假。

二、病险水库除险加固地方配套资金

病险水库除险加固省级及省级以下的建设资金为地方配套资金。大中型病险水库除险加固项目地方配套占总投资比例分别为：东部为2/3、中部为1/2、西部1/3。国家对重点小型病险水库除险加固项目实行定额补助，补助标准为中部地区每座225万元、西部地区（含中部地区享受西部大开发政策的243个县）每座补助300万元，其余投资为地方配套资金。

中央补助投资全部用于病险水库大坝稳定、基础防渗、泄洪安全等主体工程建设。根据初步设计批复的工程建设内容，地方配套资金可用于主体工程以外的项目建设。

项目法人要积极争取落实地方各级配套资金的及时足额到位。特别是申请落实好省级配套资金。省级配套资金，东、中部地区不低于配套资金中的30%，西部地区不低于50%予以落实。

项目法人编制年度投资建议计划要落实地方配套资金，要说明地方资金的具体来源，并出具证明，确保地方配套资金与中央投资同步安排；地方配套投资不能落实的项目不列入中央年度投资计划。

第四节　计划调整、动用预备费

一、计划调整

年度工程实施计划需要调整的，按原审批渠道，由原审批部门调整。项目年度投资计划因各种原因不能按计划执行而需要调整的，由项目主管部门及时提出调整意见，报原下达投资计划的部门进行审核批准，并报上级有关部门备案。

项目法人要对工程建设进展（完成土石方量/总土石方量、完成混凝土量/总混凝土量、完成灌浆量/总灌浆量）、工程质量、投资计划安排和执行、中央及地方（省、市、县及项目单位）资金到位情况等进行统计，统计工作要做到及时、准确。同时要在每季度末及时等上报主管部门。

另外，要掌握病险水库基本信息，主要包括项目所在地（市）县（区）、库容、所在河流、建成年限、坝高、坝型等内容。

在工作过程中，要及时跟踪了项目责任制落实、大坝安全鉴定、初步设计前期工作进展情况。

二、动用预备费

（一）概念及内容

预备费包括基本预备费和价差预备费。基本预备费主要为解决工程施工过程中，经上级部门批准的设计变更和国家政策性变动而增加的投资及为解决意外事故而采取的措施所增加的工程项目和费用。价差预备费主要为解决在工程项目建设过程中由于人工工资、材料和设备价格上涨以及费用标准调整而增加的投资。目前，在初步设计文件及概算中难以事先预料而在建设期可能发生的工程和费用，预备费包括：①在设计和施工过程中，在批准的初步设计和概算范围内所增加的工程和费用；②由于一般自然灾害造成的损失和预防自然灾害所采取的预防措施费用；③竣工验收时，竣工验收组织为鉴定工程质量，必须开挖和修复隐蔽工程的费用；④价差预备费。

（二）动用预备费基本原则及有关要求

动用预备费按照先批准后实施的原则执行。

项目法人和建设单位要加强工程建设管理，严格按照初步设计（或单项设计）批准的建设规模、标准、主要内容、工期、投资等组织实施，尽量避免或减少设计变更的发生。

需要动用预备费时，项目法人要及时组织动用预备费项目文件的编报工作，动用预备费要及时上报，严禁擅自变更。预备费文件应按以下规定实行：

（1）编制书面文件，设计文件应由原设计单位负责编制。经原设计单位书面同意，项目法人亦可委托其他具有相应资质的设计单位承担设计文件的编制任务。

（2）设计单位要严格按照初步设计编制规程、有关规范要求、工程实际情况做好的编制工作，设计单位要对设计变更或动用预备费项目的真实性、可靠性负责。设计文件应加盖设计单位资质证章，参加设计人员应签名并按国家有关执业资格规定加盖个人专业资格证章。

（3）设计文件要达到初步设计报告编制深度要求，报告中应包含的主要内容：工程概况（包括原初步设计批复情况）、动用预备费的缘由、内容、必要性及合理性、方案比较、必要的勘测设计相关基础资料以及其他需说明的情况或问题等。

第五节　统计分析和统计报表

统计工作是实施项目和投资计划管理的一项基础工作。水利部根据当前投资体制、建管体制和财务会计制度的要求以及建设管理、计划管理等的要求，在全国范围内推广使用了水利统计管理系统。根据该系统的要求，以水利基本建设投资统计为主，简要介绍统计分析和统计报表应重点掌握的内容。

一、统计范围

根据系统管理的特点，水利基本建设投资统计范围包括：

（1）列入中央和各种地方本年水利基本建设计划的建设项目，以及虽未列入本年基本建设计划，但使用以前年度水利基本建设计划内结转投资（包括利用基建库存设备材料）在本年继续施工的建设项目。

（2）本年水利基本建设计划内投资与其他水利建设资金结合安排的新建项目和新增生产能力达到大中型项目标准的扩建项目。

（3）水利国有单位既未列入水利基本建设计划，总投资在 50 万元以上的新建、扩建、恢复项目和改建项目，以及行政、事业单位增建业务用房和行政单位增建生活福利设施的项目。

水利基本建设投资统计范围应注意以下几点；

（1）列入水利基本建设投资计划的项目不管投资来源，项目的全部投资和当年投资均应统计。包括列入概算的群众投劳（投物）折资，不包括概算以外的群众投劳折资。

（2）没有列入各级水利基本建设投资计划的项目，如果建设单位不隶属各级水行政主管部门，在水利基本建设投资统计中作为拨付其他单位基建款统计，不计算水利基本建设投资完成额。

二、统计指标体系、投资统计标准表

现行的水利基本建设投资统计指标体系由以下八部分组成，每一部分包括若干个统计指标。

（1）建设项目统计指标（本年施工项目、本年新开工项目，本年建成投产项目等）。

（2）投资额统计指标（投资按资金来源分组指标，按用途分组指标等）。

（3）资金到位统计指标。

（4）新增固定资产统计指标。

（5）新增生产能力（或工程效益）统计指标。

（6）房屋建筑面积统计指标。

（7）投资效益统计指标。

（8）工程量统计指标。

这八个指标体系有机地结合在一起，从而能较系统的反映投资规模、投资来源、使用方向、投资进度、投资结构、投资成果及投资效益。

根据国家统计局、国家发改委的要求，结合水利部的实际需要，水利部每年印发水利统计报表制度。按照国家统计局制定的部门统计管理办法规定，报表右上角必须注明统计报表制度批准文号、备案机关。

三、统计工作步骤

统计工作包括统计报表制度、统计调查、统计资料整理、统计分析四个阶段。

水利枢纽工程基层建设单位投资统计工作步骤可用图 9-1 表示。

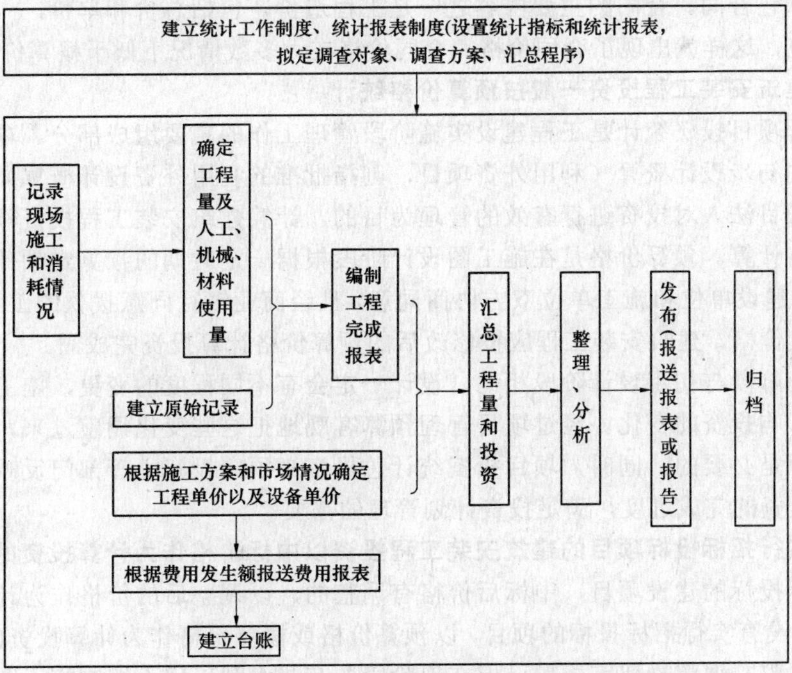

图 9-1　水利枢纽工程基层建设单位投资统计工作步骤

首先，为了实现统计工作的目的，完成统计工作的任务，基层单位要根据上级部门的要求和工程建设、管理的需要，制定统计工作制度和统计报表制度，使统计工作有章可循。

统计工作制度根据各单位的实际情况制定，需要明确统计工作任务、统计管理体制（统一领导、分级负责或归口管理）、设置统计机构和人员、明确统计机构和人员的职责、制定统计工作程序、工作原则和方法、奖惩办法等。

统计报表制度包括具体设置统计指标（包括建设项目、投资额、资金到位、新增固定资产、新增生产能力、房屋建筑、工程量指标等）、拟定调查对象或范围、调查方案、确定调查方法（统计报表、抽样调查、重点调查）、规定报送程序和时间等。

其次，根据机构、人员的设置，按照部门划分、工程项目划分，有关部门分工协作，组织实施统计工作制度和报表制度，完成统计任务。

投资统计数据的源头，一般起点于施工单位人员记录施工和消耗情况，反映工程量及人工、机械、材料等使用情况，建立原始记录；统计人员根据原始记录和概预算确定的单价计算建筑安装费用和设备费用，记录财务部门的财务支出账目，统计其他费用，建立工程量、投资统计台账；提高统计数据质量，必须从数据源头抓起，规范基层工作和基础工作。

根据统计工作和建设管理的需要，对当期及以前各期数据进行分类、整理、分析，编制统计报表、编写分析报告。

最后，按档案管理的有关规定对统计资料进行归档。

四、统计依据

在计划经济时期，工程施工队伍由国家统一安排，不签合同，也就没有合同价格，工程完成投资一般按概算计算。建设管理体制改革后，工程施工实行招标，项目法人要与中标单位签订承包合同。合同的主要内容之一是工程造价，包括总价和单价，一般主体工程都是单价承包，这样就出现了合同价格，合同价格在大多数情况下低于概算价格。

（一）建筑安装工程投资一般按预算价格统计

水利工程项目投资统计是工程建设实施阶段管理工作的重要组成部分。项目投资统计在国家批准的初步设计概算（利用外资项目，则指批准的利用外资设计概算）基础上，以利投资人和项目法人对投资进行有效的管理为目的。计算建筑安装工程投资额的价格，一般按预算价格计算。预算价格是在施工图设计阶段根据一定时期的预算定额计算出来的工程总费用。经建设单位和施工单位双方协商同意，且经商业银行同意拨款的工程价差量价，视同修改预算价格，建筑安装工程应按修改后的预算价格计算投资完成额。

项目实施阶段与初步设计阶段相比，设计一定会有不同程度的变更，施工方案也将有变化，必将影响投资的变化。经过项目管理预算客观地把这些变化调整过来，反映出来，对项目的管理是必要的。同时，项目投资统计总投资必须向投资主管部门反映国家批准的设计概算总投资的完成进度，满足投资计划管理的需要。

（二）实行招标投标项目的建筑安装工程投资以中标价格作为计算投资的价格依据

实行招标投标的建设项目，中标后价格有调整的，以调整后的价格作为计算投资完成额价格依据。没有实行招标投标的项目，以预算价格或概算价格作为计算投资的价格依据，发生的价格调整，调整投资完成额。但在现阶段，有些水利工程不编制施工图预算，只有概算价和中标价，如果用概算价或中标价作为投资完成额的依据，皆有不妥之处。概算单价属综合性单价，不能确切代表施工阶段的价格，到施工阶段，有时施工方案变化较大，再套用概算单价不符合实际，施工时，个别地产材料预算价格变化较多，概算价格已经包不住；如采用中标价，等于是实报实销，反映不出招投标和加强管理的绩效。另外，同一工程，不同标段或不同中标人的人、材、机价格水平及取费内容和标准都不一样，如果按中标价，会出现同工不同价的情况。一个工程项目，向国家列报完成投资应采用同一标准，因此，工程建设实施阶段编制项目管理预算，按预算价格计算完成投资额度是比较合理的。

（三）总价合同、单价合同、总价和单价相结合合同

预算项目大都与合同有对应关系，一个单项工程一般包括一个或几个合同，预算金额也大于合同金额，为合同变更、索赔留有余地。在合同的执行过程中，应时常与预算进行对比检查，严把变更索赔关。在水利工程建设中，应建立三道控制投资的防线。第一道防线是合同。合同分三种，一是总价合同，二是单价合同，三是总价和单价相结合的合同。总价合同适用于工期短（2 年以内）、投资小、工程量计算繁杂的项目，如道路、房屋、供电线路等。总价承包项目一般留用 5%左右的备用金，适应小的变更，保证结算不超过合同额。二是单价合同，适用于施工内容单一，且工程量可能变化较大的项目，如灌浆、石料供应等项目。单价和总价相结合的项目，适用于工期长、工程量大、施工复杂的主体工程项目，如大坝、厂房、溢洪道等。这样的合同总价承包部分一般数额不大，一次包死不再调整。关键的是单价承包部分，单价严格按合同单价执行，不轻易修改。对确因施工条件变化需要修改单价的，我们规定了“三原”原则，即投标报价时使用的原定额、原价格（人工、材料、机械台班）、原取费标准，这样对合同变更项目控制投资起到了重要的作用，同时避免扯皮，及时结算。第二道防线是项目管理预算，在编制项目管理预算时，一般都是按照招标工程量和实际施工方案编制，额度略大于合同额，主体工程合同都有变更和索赔，根据预测，一般都能控制在预算的范围内。第三道防线是动用可调剂预留费用。结合中标情况编制项目管理预算，与概算比较，节约部分投资。尼尔基水利枢纽工程投资的约 6.6%作为可调剂预留费用，在发生重大的设计或施工变更时，项目法人可以随时使用，保证投资最终不突破概算。

五、工程量统计

实物工程量。实物工程量是以自然物理计量单位表示的水利工程建设完成的各种工程数量，包括各类主体工程、施工导流和围堰的工程数量，不包括一般房屋建筑、附属工程、临时工程完成的数量。实物工程量是计算工作量的依据，是反映水利基本建设的成果、考核工程进度的重要指标之一。

（一）主要工程量统计指标

水利基本建设实物工程量种类很多，如：土方（立方米）、石方（立方米）、混凝土（立方米）、打桩（根平方米）、金属结构安装（吨）、隧洞（米）等。土方、石方、混凝土是水利工程中量最大、具有代表性的主要实物工程量指标。

水利基本建设实物工程量统计，包括水利枢纽、防洪、除涝、灌溉、水电等各类工程的主体工程，以及有长期用途的施工导流和围堰的土方、石方和混凝土方。不包括一般房屋建筑、附属工程（如公路、铁道等）和临时工程所做的土方、石方和混凝土的数量。

（1）土方。包括土方的开挖、回填、堆筑（包括砂砾石、土毛石）的数量。在水利基本建设投资统计中包括河道清淤、放淤固堤等土方，不包括土地平整、植树造林中的土方。

（2）石方。包括石方的开挖、堆筑、砌石（包括干砌石、浆砌石和块石）在水利基本建设投资统计中包括石方开挖、石方回填、石方砌筑、抛石护岸等。

土、石方工程在施工过程中，平时用收方测量数字，完工后应按竣工测量数字调整。开挖和疏浚计算下方，即开挖方数。填筑应按上方，即堆筑后的实际方数。在施工过程中可用下方折上方或用上堤方折算，但折合时应采取比较切合实际的折合率，竣工后或一定时间内按测量的上方调整。

石方开挖时，平时可估方，完工后，按测量数字调整。土坝的实际完成量，必须采用测量或实测高程按图纸计算，不能按下方折算。利用挖方进行回填，不需要夯实的，只计算一次，需要夯实的可计算两次。已经完成的土、石方被洪水冲毁，再挖填的土、石方，其数量及价值均要统计。

（3）混凝土。包括浇筑、衬砌的混凝土的数量和大坝中埋块石的数量，不包括各种灌浆的数量。

混凝土方实际完成量的确定，一般应根据测量数字（即中间验收数字），无法测量断面时，可根据实测高程按图纸确定。对个别部位测量有困难，无法按上述办法进行测量取得实物量时，可按拌和方（即下料的数量）折算。

实物量的计算均为实际完成工程的实体的数量，不包括尚未用到工程实体的数量。这部分备料属于原材料的工作。

（二）实物工程量统计指标

（1）全部计划实物工程量：是指建设项目的设计文件中计算的实物工程量。全部计划实物工程量按以下办法填报：①有批准总体设计文件的，按批准总体设计文件中的实物工程量填列。总体设计文件又批准修改时，应填批准后调整数字；②没有批准总体设计文件的，按上报设计文件中的工程量数填列；③前两者都没有的，填年内施工工程的计划实物工程量；④当累计完成实物工程量超过全部计划实物工程量时，用累计完成实物工程量加未完工程计划实物工程量。

（2）本年计划实物工程量：是指年度施工计划中的工程量计划，年度施工计划又有调整的，填调整数。

（3）累计完成实物工程量：是指建设项目自开始建设到报告期止累计完成的实物工程量。

（4）本年完成实物工程量：一般是指从本年1月1日起至本年最后一天止完成的全部实物工程量。由于水利建设的特殊性，本年完成的实物工程量中不包括次年预拨投资完成的工程量，这部分实物工程量包括在下一年度中。

（三）工程量计算方法

1. 设计（图纸）工程量计算

为了准确计算实物工程量，使实际完成工程量有一个对比和参照，统计人员应具有识图能力、了解设计意图、设计说明、设计要求、施工方法和工程量计算依据等，熟悉设计（图纸）工程量计算。

设计工程量是按设计图纸上计算出来的工程量。设计（图纸）工程量计算方法有：

土方工程的工程量应按设计断面和施工技术规范的加宽及增放坡度计算；

石方工程的工程量应按设计开挖的尺寸，并加允许超挖部分的工程量计算；允许超挖部分的工程量在项目概算中已列入。

土石方利用挖方进行回填或为填筑进行的挖方，不需要压实或夯实的只计算一次，需要压实或夯实的计算两次；

混凝土衬砌工程量应包括设计衬砌厚度加允许超挖部分的工程量。

基础处理工程坝基固结与帷幕灌浆的工程量自基岩面算起，钻孔深度自孔顶高度算起。

地下工程顶部的回填灌浆按设计的混凝土外缘面积以平方米计算。

施工导流与截流应按永久建筑物工程量计算要求进行。

金属结构及安装工程，各种门型按设计规程中的自重计算公式算出，各种钢闸门配套的门槽埋件及各种启闭机的重量可参照有关标准计算。在永久工程中作为建材类的钢结构，是混凝土的组成部分，一般不能列入金属结构中。

2. 实际完成工程量

实际完成工程量按照工程进度参照设计工程量的确认条件进行计量，按不同类别、不同部位及不同材料分列。

目前，水利枢纽工程实物工程量的计量，一般由承包单位测量，监理单位或建设单位复核确认；或由承包单位和监理单位或建设单位联合测量确认。

单项工程工程量计算见表 9-4。

表 9-4 单项工程工程量计算表

序号	项目名称	单位	概算或合同量	上月末累计	本月完成	开工至本月末累计	备注
A	B	D	E	F	G	H	I
1	挡水工程（合计）						
1.2	拦河土石坝（小计）						
1.2.2	土石方填筑（小计）	m^3					
	分土石类别及部位						
1.2.2.1	1A 区塑性心墙	m^3					
1.2.2.2	2A 区下游第一反滤层	m^3					
1.2.2.3	2B 区下游第二反滤层	m^3					
1.2.2.8	3 区堆石过渡层	m^3					
	……						
1.2.2.9	5 区混合防渗铺盖层	m^3					
1.2.2.10	6A 区上游抛石护坡	m^3					
1.2.2.11	6B 区上游抛石护坡	m^3					
1.2.2.12	7 区堆石护坡	m^3					

注：（1）在序号栏内分项目编号、分部编号、分项编号列出；

（2）在项目名称栏内按概算或预算分部分项工程（分类型 / 分部位）列出，并以拦河土石坝填筑举例。

六、基层单位（项目法人）投资统计工作

投资统计的基层单位，是指有水利基本建设投资任务的建设单位或投资单位。建设单位统计是对本单位水利基本建设投资进行统计调查、统计分析、提供统计信息，实行统计监督，为本单位提高投资经济效益服务，为各级主管部门提供统计资料。

（一）统计岗位职责和主要任务

（1）岗位职责。主要包括以下几方面内容：贯彻执行统计法规和有关规定，传达和布置上级主管部门布置的统计报表制度，制定本单位统计报表制度，做好本单位投资统计工作的各项业务建设，编写统计分析报告，开展统计业务培训。

（2）主要任务：①准确、及时、全面地反映水利基本建设投资的规模、速度及其比例关系，并进行分析和预测，为领导和有关部门制定政策、编制计划和进行宏观调控提供依据；②通过对水利基本建设投资统计所取得的各种原始资料进行加工整理，运用各种形式提供统计服务，使统计资料在水利建设中发挥作用；③通过水利基本建设投资统计取得的资料，反映和分析水利基本建设投资实现过程中的情况和问题，监督建设方针和政策的贯彻执行情况，同时，利用定期报表和年度报表取得的资料，检查计划执行过程和结果，考核各项经济效果指标，反映建设过程中存在的问题，并提出建议，以供领导采取措施；④积累和整理历史资料，分析各个时期水利基本建设投资的变化特点，研究水利建设中的新情况，新问题，并对投资的趋势做出有科学的预测，必须把积累的历史资料，系统地进行加工整理，以发挥占有统计资料的优势，为水利建设服务。

（二）统计基础工作

基层单位统计基础工作的内容，一般有以下几个方面：原始记录、统计台账、内部报表、统计资料管理、统计岗位职责、统计数字质量标准、统计分析、统计人员业务培训等方面。基础工作要逐步作到制度化、程序化，即基层单位要建立健全投资统计基础工作的各项规章制度，使基层单位投资统计基础工作规范化。

（三）统计报表的工作程序

水利基本建设必须严格按照程序进行。投资统计也同样有它的工作程序、工作步骤。

（1）学习报表制度。它是完成统计报表的前提。学习的内容主要包括以下几方面：①学习投资统计报表制度和统计指标解释，搞清报表的指标体系和相互关系，尤其是新增指标的含义。②学习工程项目设计文件，熟悉建设预（概）算的有关内容，如单项工程、单位工程以及分部分项工程的划分，计划总投资、投资构成。概（预）算是统计投资完成额的依据，也是检查计划完成的重要依据。③学习有关项目建设和统计知识等。

（2）理顺各业务部门间搜集报送关系。特别是大中型项目建设单位，要与规划、计划、施工、管理等部门建立资料、报送关系。

（3）做好编报统计报表的各项准备工作。例如，提前核对计划下达文件，核对项目、计划投资及计划调整，上年度统计报表，本年度月报表。对于工程形象进度、文字说明也须做好工作，以便同时报送。大量事实说明，由于准备工作不足，许多单位迟报或报送报表期间工作忙乱。

（4）编审报送统计报表。投资统计月报指标较少，但时间要求高，所以必须做好各项准备工作。年报采用一张基层标准表，经过多年实践，指标已相对稳定，指标体

系科学完整，有统一代码，便于利用微机进行数据处理。

（5）资料整编及统计分析工作。

（四）投资统计报表的编审要点

投资统计报表的编审是统计工作的重要内容，也是统计工作的重要环节。一般要注意以下几个方面。

（1）必须反复学习水利基本建设投资统计指标解释，水利基本建设投资统计报表制度，对于各项指标填报范围、方法，都有详细说明，对于常见错误，一般也进行说明。

（2）统计指标间的逻辑关系审核。在指标体系中，各项指标之间都有一定的逻辑关系。如计划投资大于或等于本年计划投资；累计投资额大于或等于累计新增固定资产等。本年完成投资可以大于、等于或小于本年计划投资。按资金来源等的投资之和等于完成投资合计。累计完成投资（固定资产、效益）=上年累计投资（固定资产、效益）＋本年完成投资（固定资产、效益）。凡本年建成投产的项目，必须有新增生产能力或效益；本年施工、竣工房屋面积大于或等于住宅施工、竣工面积。类似的指标之间逻辑关系还有很多，不一一列举。对这些指标间的逻辑关系也可以通过计算机进行审核。

（3）不同年度之间的关系审核。在建设项目概况指标中，项目名称、开工时间、所在流域、地点、建设规模、建设性质、计划总投资一般应与上年相同。计划总投资因调概而增加，需经上级业务主管部门批准后更改。由于上年填报错误而需本年更改指标，必须加以说明。

（五）原始资料及统计台账

1. 原始资料

原始资料是对建设活动的第一手记载，是对现场进行观测、计量取得的数据。

原始资料作为基础资料，必须是对建设活动的直接、具体记录，且不能间断，应尽量详细、全面，每项完成和每笔费用都应有记录，做到文字摘要完整、数字准确，以满足各方面的需要。

为了规范原始资料，应建立原始记录制度，包括确定记录的项目、内容，设计记录指标、表式，规定记录方式、传递流程、审核汇总方式等。记录项目或指标应涵盖建设活动的方方面面，包括投入的人工（分工种列）、材料（分规格、品种列）、机械（分型号列）、风、水、电等。

原始资料的处理。由于原始资料比较具体、分散和不系统，只能说明个别的表面现象和外部联系或某一侧面，而不能反映被工程建设的总貌。为了正确认识工程建设在不同时期的具体情况，综合说明工程建设中出现的新情况、新问题，必须根据统计任务的要求，对这些原始资料在审核、纠正误差的基础上进行科学的加工整理、分组汇总，使之系统化、条理化，并按一定的规则制成表格反映建设活动的数量特征。统计资料整理的好坏，直接影响统计工作的质量。

2. 统计台账

（1）统计台账。为了积累统计资料、及时准确地编制报表，便于查找、核对各个时期的统计资料，应建立统计台账。

统计台账是根据建设管理情况和填制报表的需要，将原始资料依据一定的标志、按一定的时间顺序、用一定的表格登记过录，系统地积累资料，并定期进行总结的账册。

统计台账是原始记录分类汇总的结果，是统计报表数据的来源，在统计工作中起着承上启下的作用，是保证统计工作质量的重要手段；同时又是结算、决算的依据，在建设管理中起着不可替代的作用。

（2）统计台账的建立。统计台账的建立以满足统计工作的需要、满足建设管理的需要、方便实用为原则。各种统计资料，凡适合登录台账的，尽量设置简明可行的台账。

统计台账从时间上分，应包括月统计台账、年统计台账和历年统计台账；从内容或指标上分，应包括建设项目、投资、实物工程量、资金到位、新增固定资产、房屋建筑等统计台账。

投资统计台账一、二级项目严格按照批准的概算列项，以便和计划、财务保持一致；实物工程量统计台账至少包括土方开挖、填筑、石方明挖、洞挖、填筑、混凝土等量较大、具有代表性的主要实物工程量；房屋建筑统计台账按房屋用途不同列项，反映出施工面积、新开工面积、竣工面积、房屋价值等指标。实物工程量、房屋面积、投资数据来源于经过整理、汇总的原始记录，来源必须真实可靠。

资金到位台账按融资种类列项，按实际到位数登录。

统计台账登录要建立复核制度，保证数据的质量。

为了方便查询、保管，统计台账手工登录的同时，在计算机上建立相应的统计台账。表 9-5 为水利枢纽工程统计台账表型。

表 9-5 ______工程统计台账

	项目名称	单位	单价		概算（或合同价）		开工到上年末累计完成		本年计划		一月		……		十二月		本年完成		实际/计划		自开工累计		累计/概算		备注
					工程量	投资	工程量	投资	工程量	投资	工程量	投资	工程量	投资	工程量	投资	工程量	投资	工程量	投资	工程量	投资	工程量	投资	
a	b	c	d	e	f	g	h	i	j	k	l	m	n	o	p	q	r	s	t	u	v	w	x	y	z
一	挡水工程			本月																					
				累计																					
1	大坝工程			本月																					
				累计																					

注：项目名称按概算项目划分，工程量清单或预算项目顺序将所有发生的费用详细列出。

第十章　基本建设资金使用与管理

第一节　水利基本建设财务管理

一、水利基本建设财务管理概述

（一）水利基本建设项目的含义和特性

建设项目是指需要一定数量的投资，经过决策、设计、施工等一系列工作程序，在质量、工期、投资、安全等约束条件下，形成固定资产的一次性活动。建设项目包括基本建设项目和技术改造项目。基本建设项目是指以新建、扩建等扩大生产能力为目的的建设项目。

水利工程建设项目（新建、扩建、改建和恢复等）是固定资产的扩大再生产，其主要内容包括水利建筑工程、安装工程、设备和工器具等固定资产购置、装饰装修等建设活动以及与之相关的工作，因此应属于基本建设项目，通常也称其为水利基本建设工程。

水利基本建设项目与其他基本建设项目一样，具有自己的特性，这种特性是由建设产品的特殊性和建设活动的特殊性构成的。建设产品的特殊性表现在总体性和固定性。总体性是指：①它是由许多材料、半成品、产成品经施工、装配而组成的建筑物或构筑物；②它是由许多单位和劳动者分工协作的总成果；③它是由许多不同功能的建筑物有机结合形成的完整工程体系。固定性表现在建设产品只能固定在建设场址使用，不能移动。工程建设活动的特殊性表现在：①建设周期长，资源消耗大；②建设过程的连续性和协作性要求高，组织工作复杂；③建设活动受自然和社会条件的制约性强；④施工流动性大等。

（二）水利基本建设工程项目分类

水利基本建设工程简称“水利基建工程”，是指按照总体设计方案在一个或几个施工场地上进行施工的各工程项目的总称。在行政上有相应独立的组织形式，在经济上是实行独立核算的建设单位。

按建设性质分为：新建工程、扩建工程、改建工程、恢复工程、迁建工程。

按建设规模分为：大型工程、中型工程、小型工程及其他。

按投资用途分为：经营性工程项目、非经营性工程项目。经营性工程项目是指直接用于物质生产或直接为物质生产服务的项目；非经营性工程项目是指直接用于满足人们物质文化需要的项目，水利基本建设工程项目大都是非经营性项目。

（三）基本建设资金使用与管理的职责

水利工程建设项目法人（建设单位，下同）是执行基本建设计划并负责实施建设的组织。一般情况下，一个工程建设项目设立一个建设单位，若同时负责实施两个以上工程建设项目，必须分别建账，独立进行核算。建设单位基本建设资金使用与管理的主要职责是：

（1）贯彻执行水利基本建设规章制度。

（2）建立健全基本建设资金内部管理制度。

（3）及时筹集（或落实）项目建设资金，保证工程用款。

（4）编制年度建设支出预算和年度基本建设财务决算。

（5）办理工程与设备价款结算，控制费用性支出，合理、有效使用基本建设资金。

（6）编制项目的工程概预算，组织实施项目筹资、工程招投标、合同签订、竣工验收等工作。

（7）收集汇总并上报基本建设资金使用管理信息，编报建设项目的效益分析报告。

（8）做好项目竣工验收前各项准备工作，及时编制竣工财务决算。

二、水利基本建设财务管理制度

水利基本建设财务管理、会计核算工作要以财政部《基本建设财务管理规定》、《国有建设单位会计制度》、《会计基础工作规范》等作为基本管理制度，但是每个工程项目都有其具体情况，项目法人（建设单位，下同）应根据工程建设管理实际，建立健全以下各项财务管理制度：

（1）建设单位财务管理体制。

（2）财务管理基础工作制度。

（3）建设资金筹集管理制度。

（4）建设资金支出预算、使用管理制度。

（5）工程建设成本管理制度。

（6）工程资产管理制度。

（7）基本建设收入管理制度。

（8）工程结余资金管理制度。

（9）工程财务报告制度。

（10）建设单位财务监督检查制度。

三、水利基本建设财务管理

水利基本建设财务管理的主要任务包括：保证国家财经法律法规的贯彻执行；筹集或组织建设资金供应；做好资金预算、进行成本与费用控制与核算、合理使用资产；正确处理各种经济关系等。水利基本建设财务管理的内容很多，主要包括：财务管理基础工作、资金筹措管理、资金预算管理、资金使用管理、建设成本管理、资产管理、基建收入管理、基建结余资金管理等。水利基本建设财务管理形式和内容的繁简，应依据工程项目的规模、管理模式、管理要求等的不同而有所区别。常用的财务管理办法如下。

（一）财务管理机构与人员管理

水利基本建设工程建设单位按照规定应设立财务管理机构、配备符合规定要求的专职会计人员，建立财务人员岗位责任制。

法定代表人应遵守国家法律法规，根据工程投资计划、支出预算组织工程实施。建立健全财务管理制度，自觉接受和配合国家有关主管机关的监督检查。

财务管理机构负责人要贯彻执行国家财务政策，严格审核重大财务事项，协调经济财务关系，编制实施财务预算，检查、分析、解决财务预算执行中的问题，组织实施会计核算，组织编制年度和竣工财务决算等。

财务管理机构具体履行财务管理、会计核算职能，具体编制、执行、控制、分析、考核财务预算和编制财务决算，负责工程建设资金的筹集、管理、使用，参与工程建设全部经济管理活动。

建设单位其他职能机构要积极配合财务管理机构认真落实财务预算，检查、分析、评价、控制、调整财务预算执行情况。

（二）基本建设拨款管理

基本建设拨款包括预算拨款、基建基金拨款、自筹资金拨款、其他基建拨款。国家对基本建设资金的拨付实行“四按”原则。

1．按基本建设投资计划拨款

国家计划内工程项目的建设资金必须按照国家计划批准的建设内容使用，严禁挪作他用，不得随意扩大建设规模、提高建设标准。

年度建设资金使用量必须控制在国家计划和财政预算所确定的数额内，确需突破的要履行原计划、预算报批程序。

工程竣工后的结余资金，要按照国家规定的分配比例留成、上缴。

对指导性计划工程项目的资金使用，必须符合国家规定的投资方向、产业结构、投资结构等要求。

2．按基本建设程序拨款

在工程项目初步设计批准之前，建设单位只能支用前期工作经费，无前期工作经费的由项目立项前的工作承担单位自行解决。

在工程初步设计、年度投资计划批准后，才能拨付勘察设计费、土地征用费、地面附着物补偿费等。

工程施工图预算、开工报告批准后，才能支付工程价款。

3．按基本建设支出预算拨款

4．按工程建设进度拨款

主管部门要准确、及时地把握工程建设进度、拨付工程价款。对设备、材料和其他基本建设费用的拨付要同工程建设进度相适应。建设单位与施工企业、设备（材料）供应商等的结算要与实际进度相符。

工程在试运行的适当时间内，建设单位要留有一定比例的工程尾款。

（三）工程建设成本管理

工程建设成本是指工程建设单位在投资活动中计入交付使用价值的各项投资支出。工程建设成本按照完全成本法归集各项费用，基本建设过程中的一切合理的费用支出都应纳入工程建设成本。

工程建设成本按照费用支出的作用划分为，能够构成工程建设成本的支出和不能够构成工程建设成本的支出。

能够构成工程建设成本的支出，包括建安投资、设备投资、待摊投资、其他投资。

不能够构成工程建设成本的支出，包括待核销基建支出、转出投资。

建安投资、设备投资直接构成交付使用资产价值；待摊投资需要分摊计入交付使用资产价值；其他投资单独形成交付使用资产价值；待核销基建支出、转出投资在下年初直接冲销资金来源。

（四）货币资金与其他资产管理

货币资金是指建设单位所拥有的处于货币资金形态的那部分资金。货币是商品交换的等价物，是等价交换和流通的媒介。建设单位的资本筹集、材料设备的采购、工程价款的支付、费用的开支、工资的发放、借款的取得和归还、债权与债务的结算等各项经济活动，都是通过货币资金的收支来进行的。

货币资金是以货币形态存在的资产，包括：现金、银行存款、其他货币资金。加强货币资金管理，重点放在内部控制制度的建立和有效执行上。

货币资金的收付、保管应由被授权批准的专人负责，其他人员不得参与。

出纳人员不能同时负责总分类账登记、保管，不能同时负责非货币资金账户的记账工作，要与货币资金审批人员、稽核人员、会计档案保管人员相分离，实施严格的审批制度。

货币资金收付与货币资金收支印鉴的控制不得由同一人负责。

负责货币资金收付的人员应与负责现金清查盘点人员和负责与银行对账的人员相分离。

建立出纳、印鉴保管、会计、稽核、会计档案保管及货币资金清查人员的责任制度。

货币资金收付必须取得合法有效的凭证，会计业务处理要及时。

建设单位要建立清查盘点制度，对库存材料、设备、低值易耗品进行定期清查盘点，加强实物管理。

固定资产是指建设单位购置、建造的为工程建设服务的自用的使用年限超过一年的单位价值在 1500 元以上的设备、器具、工具等。合理确定固定资产的使用寿命和残值，按规定计提固定资产折旧，固定资产折旧方法一经确定不得随意变更。

无形资产是指建设单位取得的专利、发明、专有技术等。

递延资产是指工程建设期间发生的不计入工程成本而应当结转生产使用单位的各项递延费用，包括生产职工培训费等。

（五）建设单位往来款管理

建设单位往来款包括：预付备料款、预付工程款、其他应收款、应付工程款、应付工资、其他应付款、应交税金等。往来款项核算的依据包括：经济业务的协议、合同；工程价款结算单或其他付款申请单；有关发票、收据；付款审批件；货币资金付款凭证。

每一笔往来款的发生都必须经过批准。合同款项支付时，收款单位及银行账号必须与合同记载相符，如有变更需经过原合同单位及法人代表签署书面文件。工程款的支付必须取得总监理工程师的签证。预付工程款的支付必须在取得银行预付款保函及经监总理工程师签证的支付申请后支付。建安工程发票一般要取得施工工程所在地税务发票。

水利基本建设工程投资实行零税率。建设单位核算的是代扣代交施工企业应交营业税。实行代扣代交施工企业营业税的建设单位要与税务部门签订代扣代交施工企业营业税协议。

（六）工程价款结算管理

关于工程价款结算管理在本章第三节具体介绍。

（七）建设单位财务报告管理

建设单位财务报告是反映工程财务状况和工程建设成果的书面文件，包括年度财务报告、竣工财务决算、其他财务报告。

财务报告要有财务情况说明书，主要说明项目概算、计划、预算执行情况，项目投资完成情况，各项资产的增减变动情况等。

基本建设财务评价指标有交付使用资产率、投资完成率、资金到位率等。

四、病险水库除险加固工程财务管理的特点

病险水库除险加固工程特别是小型病险水库除险加固工程，不同于其他水利基本建设工程，在财务管理方面具有下列特点。

（一）病险水库数量多，筹资任务繁重

截止 2006 年底全国有各类病险水库 3.7 万多座，除险加固任务异常繁重，同时，病险水库除险加固工程的资金筹集、使用、管理等财务管理难度大。特别是小型病险水库，有的县有几十座甚至上百座小型病险水库，有的还是“串联”库、“头顶”库，凡是水库多的地区大都是山丘区，当地财政状况一般不好，集中 3 年时间完成除险加固任务，筹资压力很大，还会因为多个病险水库同时进行除险加固而引起地方材料、劳动力价格上涨使工程投资超过批准概算等。

（二）加固时间紧迫，投资密度超常

根据《全国病险水库除险加固专项规划》，6240 座病险水库，要在 3 年内完成除险加固任务，每年需要投入巨额资金，年均需中央安排投资 90 多亿元、地方筹集 77 亿多元，资金投入集中、核算任务艰巨。由于各地财政状况不同、财政部门对于国家财政资金的具体管理方式各异，不少县级财政对部门资金实行报账制等，会计核算流于形式，不能体现水利基本建设工程财务管理、会计核算的特点和通用《国有建设单位会计制度》的要求。

（三）转移支付方式，“打捆”核算困难

小型病险水库除险加固工程的中央财政专项资金通过财政转移支付方式下拨，中央财政专项资金实行定额补助、投资按省包干使用。省市两级也大都采取了类似中央财政专项资金的管理办法，对于中央、省、市财政专项资金按各级规定标准对县级政府也实行定额补助、投资按县（市区）包干使用，但是，虽然同属重点小型病险水库，由于库容大小不一、病险程度不同，每座水库除险加固所需要的资金量也不一样。以县为单位在上级总补助资金一定的前提下，应准许建设单位根据各小型病险水库除险加固项目的实际情况在工程间调剂使用上级补助资金。因此，加大了会计核算、财务管理难度。

第二节　水利基本建设工程投资构成和资金来源

水利基本建设工程是通过固定资产投资形成水利固定资产并发挥社会和经济效益的水利工程，属于国民经济基础设施。根据公益性、准公益性、经营性项目的划分，工程建设投资应由中央、地方、受益地区和部门等分别或共同承担。同时，鼓励企业、集体、个人筹资兴建。

一、水利基本建设工程的投资构成

水利基本建设工程按其对社会和国民经济发展的影响分为中央水利基本建设工程和

地方水利基本建设工程。中央水利基本建设工程是指对国民经济全局、社会稳定和生态环境有重大影响的防洪、水资源配置、水土保持、生态建设、水资源保护等项目，及中央认为负有直接建设责任的项目；地方水利基本建设工程是指局部收益的防洪除涝、城市防洪、灌溉排水、河道整治、供水、水土保持、水资源保护、中小型水电建设等项目，按资金来源分为中央参与投资的地方工程、中央补助地方工程、一般地方工程。

中央水利基本建设投资工程的投资以中央为主，地方收益地区按受益范围、收益程度、经济实力分担部分投资。地方水利基本建设投资工程的投资按照“谁收益，谁负担”的原则，主要由地方、收益区域和部门按受益程度共同投资建设，中央视情况可参与投资或给予适当补助。

中央水利基本建设投资主要用于公益性和准公益性水利基本建设工程；对于经营性水利基本建设工程，中央适度安排政策性引导资金，鼓励水利产业的发展。

地方水利基本建设投资主要用于地方水利基本建设和作为中央工程的地方配套资金。地方水利基本建设在建工程在地方财力不足的情况下，可根据国家投资政策申请中央投资补助。

二、水利基本建设工程的资金来源

水利基本建设工程资金来源包括：国家基本建设资金拨款，经营性建设项目的项目资本，基本建设投资借款，短期借款，建设单位自筹资金，结算中形成的应付工程款、应付票据、其他应付款等，上级拨入资金，留成收入。

按资金性质分类：预算内拨款（非经营性资金、预算内专项拨款）、水利建设基金、项目自筹、银行贷款、其他资金等。

按投资来源渠道分类：中央财政拨款、地方财政拨款、项目自筹、银行贷款、其他资金。经省级人民政府批准征收的，用于水利工程和防洪设施建设的各项基金，统一纳入地方水利建设基金。

三、水利基本建设资金的使用管理

（一）项目法人在资金使用管理中的主要职责

贯彻执行水利基本建设规章制度；建立健全水利基本建设资金内部管理制度；及时筹集工程建设资金，加强地方配套资金管理，保证各种建设资金按比例同步到位；编报年度基本建设支出预算和年度基本建设财务决算；办理工程与设备价款结算、控制费用性支出，合理有效使用工程建设资金；编制工程概预算，组织、实施建设资金筹集、工程招投标、合同签订、竣工验收等工作；收集、汇总并上报基本建设资金使用、管理信息，编报建设项目的效益分析报告；做好工程竣工、验收前各项准备工作，及时编制工程竣工财务决算。

（二）基本建设资金使用要求、程序、审查内容

1. 建设资金使用要求

水利基本建设工程资金的使用必须符合国家关于水利资金用途的规定，符合工程概算和预算确定的范围和标准，使用手续要完备、程序要合规。

2. 建设资金使用审查内容

建设单位对建设资金的使用要认真审查。建设资金使用审查的内容包括：支出凭证是

否合法、手续是否齐全、金额是否正确，是否符合支出预算和用款计划，是否符合合同约定，支付方式是否合规，相关附件是否完备等。

3. 建设资金支付程序

经办人对支付凭证的合法性、手续完备性和真实性进行核实，工程预付款、价款结算等还需经总监理工程师签字认可；对支付凭证核实无误后送建设单位有关业务机构和财务机构分别审核；审核无误后送建设单位负责人核准。有下列情形之一的，应不予支付工程建设资金：违反国家法律、法规和财经纪律的；不符合批准的建设内容，不符合合同条款规定的；结算手续不完备、支付审批程序不规范的；不合理的负担和摊派等。

（三）重点小型病险水库除险加固工程财政专项资金的使用管理

重点小型病险水库除险加固工程中央财政专项资金通过转移支付方式下拨。省级财政部门在收到资金后，会同水行政主管部门在 2 个月内将资金落实到具体项目，并将具体项目清单报财政部、水利部备案。

中央财政专项资金要全部用于规划内重点小型病险水库项目的大坝稳定、基础防渗、泄洪安全等主体工程建设，不得用于非主体工程建设。中央财政专项资金不得用于《全国病险水库除险加固专项规划》以外的项目和规划内前期准备不充分的项目。

地方财政、水利等部门应加强项目前期工作，积极筹措地方配套资金，确保地方配套资金及时足额到位。

中央财政专项补助资金下达之日起一年内完工，并在规定的期限内进行竣工验收。

中央财政专项资金由地方使用，具体项目结余资金由地方财政部门会同水利部门在规划确定的项目间调剂使用。

有关单位要严格按规定使用专项资金，任何单位和个人不得以任何理由和形式截留、挪用，也不得用于平衡本级财政预算。

项目建设应严格按照《国有建设单位会计制度》要求设账核算，并按规定编报竣工财务决算。

四、病险水库除险加固工程投资构成和资金来源的特点

病险水库除险加固工程大都是公益性工程，投资以国家和地方财政投资为主、其他社会资金为补充。具有以下特点。

（一）投资形式多样，财政投资为主

病险水库除险加固工程公益性的特点，决定了工程投资以财政投资为主。在财政投资中，省以上财政投资为主体，地、县财政投资为补充。特别是小型病险水库除险加固工程，国家财政分东中西地区按每座平均投资额 450 万元计算，中部地区按每座平均投资额的 1/2 进行补助（225 万元），西部地区按每座平均投资额的 2/3 进行补助（300 万元），东部地区按每座平均投资额的 1/3 进行补助（150 万元）；各省市关于小型病险水库除险加固工程的财政补助投资，因各地情况不同而有所差别，基本是按县域内小型病险水库的数量进行定额补助；县乡财政通过财政预算安排部分财政资金。

有的地区，特别是工矿区，一些效益好的企业投资金支持地方开展小型病险水库加固工作；有的财政比较困难的县，通过出台相关税费减免政策、“一事一议”群众投劳等抵顶部分配套资金；有的县通过对小型水利工程拍卖、租赁等进行产权制度改革，筹集资金

用于小型病险水库加固等。

（二）工程建设资金来源结构单一

由于病险水库除险加固工程投资几乎没有直接投资回报，社会资金参与工程建设的积极性不高，投资来源主要是财政预算资金。

（三）配套资金缺口地区间差异性大

病险水库大都集中在山丘区，这些地区在省内是经济欠发达、财政比较困难的地区，且病险水库数量多、除险加固任务艰巨，虽然国家财政对其补助绝对额大，但需要其配套的资金总量巨大，配套投资缺口大。相反，在省内经济较发达、财政相对宽余的地区，病险水库数量相对较少，配套资金总量相对较小，配套资金缺口不大。配套资金缺口地区间差异性特别大。

第三节　水利基本建设工程款的管理

加强水利基本建设工程款管理是建设单位内部管理的需要，为准确、及时计算工程成本、节约工程投资服务，确保水利基本建设资金安全、降低工程建设成本、提高建设资金使用效益。

一、工程预付款的管理

（一）工程预付款的支付条件

水利基本建设工程施工承包合同和设备、材料等采购合同已经签订。承包商或供货单位提交了项目法人财务机构认可的银行履约保函或履约保证金；合同具体载明预付款的支付金额、支付方式、抵扣时间、抵扣方式；合同款项支付时，收款单位及银行账号与合同记载相符（如有变更需经过原合同单位及法人代表签署书面文件）；支付款必须得到总监理工程师的签证。

预付工程款按已签订的合同条款，注明支付金额（包工不包料的工程，预付金额不低于合同价的10%，若分两次预付，第一次按40%，第二次按60%；包工包料的工程预付款不高于合同价的30%，且分两次预付）。

预付工程款按合同约定的起扣点、比例等在工程价款结算时足额扣回。

对于未批准开工的工程不得支付工程预付款。

（二）工程预付款的支付程序和方式

承包商申报，总监理工程师审核，建设单位的工程管理、合同管理、财务管理机构审核，建设单位负责人审批，承包商提供预付款收据。工程预付款必须以银行转账方式进行结算，严禁使用现金支付。

二、工程价款结算的管理

（一）工程价款结算方式

工程价款结算按照合同签订的条款、实际完成的工程量及监理认证情况进行结算，结算形式有以下几种：

1. 竣工一次性结算

当年开工，当年不能竣工的工程，可按形象进度实行分期结算，但总额不超过合同价的 90%。

2. 分期预付，完工一次性结算

按结算量计入工程成本，并扣回全部预付工程款。这种形式适用于工期较短、施工技术简单、当年能完工的工程。

对工程量较大、工期长工程，可按合同约定预付施工单位部分工程款或备料款，月终按实际完成的工程量和监理认定情况进行结算，同时，要按合同扣留已结算价款的 5%作为质量保证金。质量保证金挂“其他应付款”处理，若一年内没有出现工程质量问题，可将质量保证金退给施工单位。

结算工程价款时按合同约定比例抵扣预付工程款。

3. 定期结算

对工程量大、工期长的工程，根据工程特点确定一个结算周期，按此周期定期结算。

4. 按工程形象进度结算

按工程形象进度确定结算时点，工程建设达到一定的形象时依据合同约定的单价、完成的工程量结算工程价款。

5. 结算项目增加的结算

由于设计、施工方案和工艺的变更而增加的工程款要以变更内容和增加的工程量为依据，经监理核定确认后进行结算。

工程价款结算的程序和方式按照《水利水电工程施工合同和招标文件示范文本》、《建设工程价款结算暂行办法》等执行。

（二）工程价款结算依据

工程价款结算根据国家的法律法规和有关规定，以一个合同项目为工程价款结算的基本单位，结算项目和合同项目要相互对应。合同的项目要按合同变更处理，价款结算要单独反映。工程价款结算执行《中华人民共和国合同法》、水利部《水利工程建设监理合同示范本文》、财政部《基本建设财务管理规定》、水利部《关于规范水利资金管理的意见》、财政部《建设工程价款结算暂行办法》等的现行法律法规。工程价款结算的依据，包括：工程承包合同、招标投标文件、经批准实施的施工图设计文件、设计变更通知、与工程量和预算定额相关的文件资料。

（三）工程价款结算的程序

承包商申报，总监理工程师审核，建设单位的工程管理、合同管理、财务管理机构审核，建设单位负责人审批，承包商提供结算发票。

（四）工程价款结算支付方式

工程价款结算以银行转账、汇票、汇兑等为支付方式，不得用现金支付。

三、质量保证金、履约保证金、完工结算的管理

质量保证金、履约保证金是为保证承包商履行合同义务而承诺的保证。质量保证金按合同约定的比例在工程价款结算时足额扣留，按工程价款的支付程序和方式支付。质量保证金按合同项目和往来单位进行一一对应管理；履约保证金必须按合同约定交足，在没有

交足前不得支付工程预付款。履约保函必须是无条件保证，在承包商全面履行合同规定义务后由建设单位负责人批准退回。

完工结算是承发包双方的最后一次价款结算，凡合同执行过程中的遗留问题均须在本次结算中处理完毕。在完工结算前，要对工程预付款是否扣完、质量保证金是否按合同约定扣足、合同执行过程中的遗留问题是否协商一致等进行清理，在进行完工结算的同时将履约保证金或履约保函退还。

第四节　建设单位管理费的使用与管理

建设单位管理费是指经批准成立的建设单位从项目筹建之日起到办理竣工财务决算之日止发生的管理性质的支出，包括项目前期筹建期间的管理性开支。建设单位管理费开支具有规定的范围，实行预算控制，间接构成工程建设成本。

一、工程概预算及前期工作经费管理

（一）工程概预算管理

工程概预算是设计阶段对工程项目所需全部建设费用计算成果的通称。在设计的不同阶段，其名称、内容各有不同。总体设计阶段称估算，初步设计阶段称概算，技术设计阶段称修正概算，施工图设计阶段称预算。工程概预算的主要内容包括：

建筑安装工程费用，包括：人工、材料、机械使用费等直接工程费，管理人员工资、临时设施费等施工管理费和其他间接费等，法定利润和税金等其他费用。

设备、工具、器具购置费是指设计规定为购置机械、设备、办公家具等支出的全部费用。

工程建设其他费用是指除建筑安装工程费、设备、家器具购置费以外的土地征用及迁占补偿费、勘测设计费等。

预备费是指在初步设计和概算中难预料的工程和费用。

（二）前期工作及其经费管理

前期工作是指从工程立项申请、可行性研究、初步设计到工程开工前所进行的一系列工作，包括：项目建议书、可行性研究报告、初步设计等环节的材料编制、招标、评估、审查、报送及相关工作。

前期工作经费的使用范围，包括：勘查费，设计费，研究试验费，可行性研究费，前期工作的标底编制及招标管理费，概算审查费，咨询评审费，管理费用（技术图书资料费、差旅交通费、业务招待费等），经同级财政部门批准的与前期工作相关的其他费用。

二、建设单位管理费支出的管理

（一）建设单位管理费开支范围

建设单位管理费是指批准单独设置管理机构的工程建设单位，为工程筹建、建设、验收等工作所发生的管理性费用。建设单位管理费是批复概算内容的一部分，应严格执行。建设单位管理费的开支范围，包括：不在原单位发工资的工作人员工资、基本养老保险费、基本医疗保险费、失业保险费，办公费、差旅交通费、劳动保护费、工具使用费、固定资

产使用费、零星购置费、招募生产工人费、技术图书资料费、印花税、业务招待费、施工现场津贴、竣工验收费和其他管理性支出。

建设单位管理费与工程概算独立费用中的单位开办费、建设单位人员经常费、工程管理经常费的部分项目间有对应关系。

业务招待费支出不得超过建设单位管理费总额的10%。

施工津贴比照当地财政部门制定的差旅费标准执行。

项目法人要严格按照建设单位管理费的开支范围和标准管理费用。有权拒绝任何机关和单位摊派的物力、财力和各种非法收费，不得巧立名目乱挤乱占管理费用或将应冲减其他建设成本的收入冲减了建设单位管理费。

（二）建设单位管理费支出审批手续

经办人填制或取得原始凭证，并对原始凭证的合法性、手续的完备性、金额的真实性进行检查。

建设单位的业务部门负责人对经检查的原始凭证予以证明或验收。

建设单位分管负责人审核。

建设单位负责人或其授权人员为建设单位管理费支出进行审批。

（三）建设单位管理费支出的控制重点

建设单位管理费实行预算管理。

严格按照规定的内容和开支标准控制管理费用支出。控制的重点是办公费、差旅费、会议费、业务招待费开支。对建设单位管理费的支出情况要定期进行分析考核，提出控制和降低费用开支的有效措施。

工作人员的工资按照劳动工资制度规定、考勤、工资标准等逐月发放。

社会保险费用按《社会保险征缴暂行条例》和建设工程所在地政府有关规定据实列支。

汽车燃料费、汽车等设备大修费、建设单位自用固定资产折旧费、施工现场津贴等要实行预算管理、从严控制。

第五节　水利基本建设工程竣工财务决算编制

水利基本建设工程竣工要及时编制竣工财务决算。水利基本建设工程竣工财务决算是正确核定新增固定资产价值，反映竣工项目建设成果的文件，是办理固定资产交付使用手续的依据。

一、竣工财务决算的基本内容

竣工验收是工程完成建设目标的标志，是全面考核基本建设成果、检验设计和工程质量的重要步骤。竣工验收合格的工程即从基本建设阶段转入生产或使用阶段。

当工程建设内容全部完成，工程竣工财务决算等竣工验收必须的文件编制完成后，项目法人向验收主管部门提出申请，根据《水利工程建设项目验收管理规定》（水利部令第30号）和《水利水电建设工程验收规程（SL223—2008）》组织验收。

工程竣工财务决算内容包括从工程筹建到竣工验收的全部费用，即：建筑工程费、安装工程费、设备费、临时工程费、其他费用、预备费、建设期还贷利息等。工程竣工财务决算由竣工决算封面及目录、竣工工程的平面示意图及主体工程照片、竣工决算说明书和竣工财务决算报表四部分组成。

工程竣工财务决算说明书是反映竣工项目建设过程、建设成果的书面文件，主要内容有：

（1）项目概况，包括项目建设缘由、历史沿革、项目设计、建设过程等情况。

（2）概（预）算及计划执行情况，包括概（预）算批复及调整、概（预）算执行、计划下达及执行等情况。

（3）投资来源，包括投资构成、性质，资本结构等。

（4）招（投）标及合同执行情况。

（5）投资包干及包干结余、基建收入、基建结余资金的形成和分配情况。

（6）移民及土地征用情况。

（7）财务管理情况。

（8）项目效益及主要技术经济指标的分析计算。

（9）存在的主要问题及其处理意见。

（10）其他需要说明的问题。

（11）编表说明。

二、竣工财务决算的编制要求

建设单位要严格执行国家有关基本建设财务管理、会计核算办法，严肃财经纪律，实事求是地编制水利基本建设工程竣工财务决算，做到编报及时、数字准确、内容完整。

建设单位及其主管部门要加强对水利基本建设工程竣工财务决算工作的组织领导，组织专门人员，及时编制工程竣工财务决算，计划、设计、监理、施工等单位要积极配合。在工程竣工财务决算批复之前，建设单位不得撤销，项目法定代表人和财务主管人员不得调离。

建设周期长、建设内容多的工程，单项工程竣工具备交付使用条件的，可编制单项工程竣工财务决算，建设项目全部竣工后编制竣工财务总决算。

水利基本建设工程按批复的建设内容基本建成，要按照《水利基本建设项目竣工财务决算编制规程》（SL19—2001）的要求，在规定期限内及时编制完成竣工财务决算。大中型基建工程的规定期限为 3 个月，小型工程及其他项目的规定期限为 1 个月。

非经营性项目投资额在 3000 万元以上的为大中型项目，3000 万元以下的为小型项目及其他。

工程项目符合验收条件的，若有少量未完工程或竣工验收等费用，可预计纳入竣工财务决算。预计未完工程大中型项目控制在总概算的 3%以内，小型项目控制在 5%以内。

工程竣工验收时，项目法人应将预计未完工程的工程量及其投资作出详细说明，提交验收委员会确认。

工程已建成具备验收条件而在 3 个月内不办理竣工验收和固定资产移交手续的，视同项目已正式投产，不得再从基本建设投资中支付。

工程竣工财务决算要按照《会计档案管理办法》的要求，整理归档，永久保存。

三、结余资金的分配

结余资金是指项目完建后，剩余的货币资金、库存材料及应收账款等。根据《基本建设财务管理规定》（财建[2002]394号）的规定，基本建设工程在编制竣工财务决算之前，要认真清理结余资金。应变价处理的库存设备、材料、自用的固定资产要公开变价处理，应收、应付款项要及时清理。清理出来的非经营性项目的结余资金，首先用于归还工程贷款。如有结余，30%作为建设单位留成收入，主要用于项目配套设施建设、职工奖励和工程质量奖；70%按投资来源比例归还投资方。应交财政的结余资金应在工程竣工财务决算批复后30日内上交。

清理出来的经营性项目的结余资金，相应转入生产经营企业的有关资产。

工程设计变更、在建项目调整建设标准、概预算调整等要按程序上报原审批单位审批。由此形成的中央投资结余，要报原国家审批单位审批后用于其他经过批准的水利工程建设；国债投资项目形成的投资结余只能用于经批准的水利工程建设；其他中央水利建设资金项目由于政策性变化、物价变化、静态差价、水库淹没处理、土地征用费标准降低，不可预见的水文、地质、气象等因素造成的工程量减少形成的中央投资结余，只能用于经批准的水利工程建设项目。

第六节　水利基本建设工程审计

水利基本建设工程审计是指审计部门对水利基本建设工程建设活动、经济活动及内部控制进行独立的审查和评价，确定其经济活动的真实性、合法性、有效性及内部控制的健全性、有效性，最终形成检查和评价结论的过程。

一、基本建设工程审计的特点及职能

水利基本建设工程审计是专门针对水利工程建设全过程经济活动、内部控制程序进行的审计，具有专一性；水利基本建设工程审计的内容包含了水利工程建设的全过程，既涉及投资、计划、财务、会计等经济活动，又涉及工程建设管理、生产技术、安全生产等，具有复杂性；水利基本建设工程审计是对水利基本建设工程的全过程审计，而水利基本建设工程建设分为若干个建设阶段，审计监督需分阶段进行，具有阶段性。

水利基本建设工程审计职能主要是监督、评价、鉴证、控制。

监督职能是指监督、督促水利基本建设工程相关人员在其职责范围内有效地履行职责，保证水利基本建设工程经济活动符合法律法规和内控制制度的要求，检查、评价经济活动的真实性、有效性。

评价职能是指评估和确定水利基本建设工程管理制度是否健全，决策、计划、预算是否可行，经济活动是否按预定目标进行，经济效益（果）如何。

鉴证职能是指鉴定和证明水利基本建设工程经济活动及相关资料是否客观地反映经济活动的实际情况，确定其可信赖程度。

控制职能是指水利基本建设工程审计通过衡量、评价水利基本建设工程内部控制的健全性、适当性，为内部控制提出意见和建议，是对控制的再控制。

二、工程审计的内容

根据水利基本建设工程的建设程序和特点，水利基本建设工程审计一般分为水利基本建设工程前期准备工作的审计、建设期间的审计、工程竣工后的审计，审计的内容涉及工程勘察、设计、招标投标、监理、施工、财务收支、竣工财务决算等。

（一）工程前期准备工作的审计内容

水利基本建设工程前期准备工作的审计内容主要包括：

（1）对水利基本建设工程内部控制进行检查和评价，具体检查和评价内部控制的健全性和有效性。

（2）工程投资决策审计。主要检查和评价投资决策的工作程序是否符合规定、是否经过适当的授权审批。

（3）工程勘察设计审计。主要检查合同的真实、合法、完整性，勘察设计单位是否具备相应的资质，勘察设计的日程安排是否与建设项目计划或施工进度相符合。

（4）工程建设资金筹措的审计。主要检查和评价水利基本建设工程投资来源、资金管理使用、投资承诺内容，确定建设资金是否能为水利基本建设工程的顺利实施提供稳定、及时的资金保障。

（5）工程开工前准备工作的审计。审计内容很多，在本节第三部分作具体介绍。

（6）工程招投标审计。主要审查水利基本建设工程的勘察、设计、施工、监理、采购供货等的招投标程序、结果的真实性和合法性。

（7）工程施工合同审计。主要是对合同的真实、完整、合法性进行审查，重点检查工程发包的真实、合法性。

（二）工程建设期间的审计内容

水利基本建设工程建设期间的审计内容主要包括：

（1）对工程准备阶段资金运用情况的审计。主要审查水利基本建设工程用地是否经过必要的审批，是否按照批准数量征用，土地使用是否符合审批的规划要求，征地拆迁补偿费用支出管理是否符合规定。

（2）对工程调整概算的审计。主要审查工程调整概算是否按照国家规定程序进行报批；调整概算采用的定额、标准是否合规；编制调整概算的单位是否具备相应的资质；设计变更的内容是否真实，手续是否齐全；影响工程建设规模的单项工程间的投资调整和建设内容的变更是否按照规定程序报批，有无擅自扩大建设规模、提高建设标准的问题。

（3）对工程经济合同实施情况的审计。主要审查水利基本建设工程合同订立过程、效力、履行、变更及转让、终止的真实性和合法性，合同当事人是否按照合同条款执行。

（4）对工程概（预）算执行情况的审计。主要检查和分析水利基本建设工程概（预）算执行情况，对工程概（预）算执行中发生的重大差异要进行重点检查，查明原因。

（5）对工程建设资金管理使用情况的审计。主要检查工程建设资金来源是否合法、是否落实、是否按照年度投资计划及时到位；是否按照批准的用途使用资金，有无转移、挤占、挪用建设资金情况，有无非法集资、乱摊派和乱收费问题；建设单位是否将工程建设资金与生产资金分开核算，有无核算混乱问题。在本节第三部分作具体介绍。

（6）对建设成本核算的审计。主要检查工程价款结算的真实性、合法性；财务报表及相关资料的真实性；建设单位是否严格按照批准的概算内容对建设成本进行正确归集；单位工程成本是否准确；工程投资超概算或形成结余资金的数量是否准确、原因是否客观、会计处理是否正确；是否存在与其他工程建设成本混淆的问题。

（7）对设备、材料采购及其管理情况的审计。主要检查设备、材料的采购、使用、核算的真实性、合法性和效益性；审查设备、材料是否按设计要求进行采购，有无盲目采购行为；设备、材料的验收、保管、使用和维护是否有效；工程用设备、材料是否与建设单位生产用物资分开管理、核算。

（8）对税费计缴情况的审计。主要检查工程建设单位是否按照有关法律法规要求及时、足额计提和缴纳税费。

（9）对执行环境保护政策法规情况的审计。主要检查工程设计、施工等各环节是否执行国家有关环境保护的政策法规；有关环境治理项目是否与本水利基本建设工程同步实施；有关环境治理项目是否对环境起到有效的保护作用。

（10）对工程设计单位的审计。主要检查工程设计是否按照批准的工程建设规模、标准进行设计；承担设计任务的设计单位是否具备相应的设计资质；设计费是否按国家规定标准收取。

（11）对工程施工单位的审计。主要检查施工单位是否具备相应的资质；是否存在非法转包工程的行为；工程价款结算是否真实、合法；有无偷工减料、高估冒算、虚报冒领工程价款等问题。

（12）对工程监理单位的审计。主要检查监理单位是否具备相应的资质；监理工作是否符合监理合同要求；监理费是否按国家规定标准和中标价收取。

（13）对施工质量管理的审计。主要检查勘察设计、施工、监理等单位的资质；工作开展情况及对工程质量控制的有效性。

（14）对建设单位会计报表的审计。主要检查建设单位年度会计报表、竣工财务决算报表的真实性、合法性。

（三）工程竣工后的审计内容

水利基本建设工程竣工后的审计内容，主要包括：

（1）工程竣工财务决算审计。在本节第三部分作具体介绍。

（2）工程投资及概算执行情况的审计。主要审查建设资金来源的合法性，资金到位情况及未到位资金的数量、原因及对工程建设造成的影响；工程实际投资额，概算调整原则、调整系数、设计变更和估算增加费用，核实概算总投资的真实性、合法性；核实工程超概算的金额、分析超概算的原因；有无扩大建设规模、提高建设标准和批准设计外投资的情况。

（3）各项投资的审计。主要审查建筑安装工程投资、设备投资、待摊投资、其他投资、待核销基建支出、转出投资支出的真实性、合法性、效益性。

（4）交付使用资产审计。主要检查交付使用的固定资产是否真实、是否办理验收手续；流动资产、无形资产、递延资产移交的真实性、合法性。

（5）竣工未完工程量及其投资审计。主要检查未完工程量的真实性，查明造成未完工程的原因，投资是否留足。

（6）工程结余资金审计。主要审查银行存款、现金、其他货币资金、库存物资实存量的真实性，有无隐瞒、转移等问题；检查往来款的真实性，核实债权债务，有无转移、隐瞒建设资金和债权债务不清的问题；结余资金分配、上缴是否真实、合法、及时。

（7）工程投资效益审计。主要是分析、评价工程建设工期对投资效益的影响，分析工程造价，通过预测投资回收期、净现值、内部收益率等指标分析贷款偿还能力，评价工程的经济效益、社会效益和环境效益等。

三、水利基本建设工程审计的重点

基本建设工程审计的内容、形式很多，根据水利基本建设工程建设的实际和特点，一般情况下，水利基本建设工程必须进行开工前审计、财务收支审计和竣工财务决算审计。

（一）工程开工前审计

主体工程开工前要进行开工前审计，工程开工前审计报告是主管部门下达开工令的重要依据。工程开工前审计的主要内容包括：

（1）工程可行性研究报告、工程初步设计、工程施工图设计等的批复情况。

（2）年度投资计划下达和财政性资金支出预算的安排情况。

（3）成立项目法人的批复文件。

（4）主管部门同意项目法人成立的批复文件。

（5）土地使用权（包括林地科研、地质灾害评估、占压矿产资源调查报告）的批复情况。

（6）地方配套资金筹措方案的可行性。

（7）账簿设置、银行账户设立、资金到位情况。

（8）监理、施工招标总结报告。

（9）年度施工计划安排情况，内部规章制度是否建立健全等。

（二）工程财务收支审计

基本建设工程建设期间的财务收支审计是水利基本建设工程审计的重点。基本建设工程财务收支审计的主要内容包括：

（1）建设资金来源是否合法、是否落实、是否按计划及时足额到位。

（2）建设资金是否按批准的标准、范围使用，有无转移、挤占、挪用，有无非法集资、乱收费、乱摊派等问题。

（3）检查工程价款结算的真实性、合法性，财务报告及相关资料的真实性，建设成本的归集是否正确，核实单项工程投资超支节支金额、分析造成的原因、检查会计处理是否正确。

（4）检查设备、材料等采购、使用、管理、核算的真实性、合法性、效益性，设备、材料等的验收、保管、领用等管理是否有效。

（5）建设单位是否按规定及时、足额计提和缴纳有关税费。

（三）工程竣工财务决算审计

工程竣工财务决算编制完成后，须由审计机关组织竣工财务决算审计，其审计报告作为竣工验收的基本资料。竣工财务决算审计报告下达后的 15 天后方可组织竣工验收。**工程竣工财务决算审计的内容包括：**

（1）建设项目竣工财务决算报表编制审计。审查竣工财务决算编制工作有无专门组织，竣工财务决算报表编制的依据是否符合国家有关规定，资料是否完整，内容是否真实，数据是否准确。

（2）建设项目投资及概算执行情况审计。审查工程建设是否按批准的概算执行，有无概算外项目、提高建设标准和扩大建设规模的问题，有无重大质量事故和经济损失。

（3）工程建设成本的审计。审核建筑安装投资、设备投资、待摊投资、其他投资的内容是否真实，有无挤占成本，有无以高估冒算、多计工程量等手段提高工程造价、虚列工程建设成本、转移建设资金等问题。

（4）交付使用资产和在建工程审计。审查交付使用的固定资产、无形资产、递延资产、流动资产是否真实、完整，是否符合交付条件、移交手续是否齐全、合规；核实在建工程投资完成额，查明未能全部完成、及时交付使用的原因。

（5）未完工程审计。根据修正总概算和工程形象进度，核实未完工程的未完工程量，是否留足投资。防止将新增项目列作未完工项目、增加新的工程内容和自行消化投资包干结余。

（6）结余资金的审计。核实银行存款、现金和其他货币资金，审查实际库存物资，有无积压损失浪费。核实债权债务，有无虚列往来款或私设小金库、隐匿结余资金等问题。

（7）基建收入审计。审查收入是否真实，有无隐瞒、转移收入，是否按规定计算分成，留用部分分配使用是否合理。

（8）应交款项审计。审查各项税金、质量监督费等是否足额及时缴纳，缓征或减免的款项是否经过审批。

（9）投资效益审计。从投资决策、投资回收期、资金使用、建设工期、工程造价、贷款偿还能力及各项经济技术指标是否达到设计要求等方面综合分析，全面评价项目投资、项目建设的社会效益和经济效益。

第七节 水利基本建设资金管理使用中易出现的问题

近年来，随着“三制”管理在水利基本建设工程建设管理中的普遍实行，建设单位法制观念的增强，水利基本建设资金使用管理质量和效率有了很大提高。但是，由于项目法人管理观念、管理水平等所限，有的水利基本建设工程在建设资金使用管理中还不同程度地存在如下问题。

一、财务会计机构设置、人员配备不符合规定

有的建设单位未设置专门的财务机构，有的未配备符合规定条件的专职基建财务会计人员，有的配备符合规定条件的专职基建财务会计人员数量不足，有的财务会计人员未经培训仓促上岗、对有关法规政策不掌握、对基本建设会计核算不熟悉，有的甚至没有从业资格证书。

二、财务控制不健全，财务会计岗位设置不科学

有的建设单位财务控制制度不健全；有的虽制定了一些管理制度和办法，但可操作性不强，甚至形同虚设；有的财务管理职责不明确，财务会计岗位责任不清、混岗现象严重，

不能够形成内部牵制；有的建设单位管理制度比较健全，但贯彻执行不力，人为因素干扰大；有的建设单位制定了控制制度、设置了财务会计岗位，但岗位职责履行不到位。

三、会计基础工作薄弱，管理、核算不规范

有的建设单位未按“专户存储、专款专用”的规定对建设资金进行专户管理，多头开户、开户手续不全；原始凭证与记账凭证内容不符，记账凭证中各岗位人员签字不全或无签字；账证、账实、账表不符；现金“白条”抵库、大额现金支出；银行存款余额与银行对账单不符；不按《国有建设单位会计制度》要求设置账簿和使用会计科目；工程建设成本未按初步设计批复的建设内容进行核算，建设成本不实；建设资金银行存款利息用于冲减“建设管理费”或作为“基建收入”。

四、建设资金不能按计划及时、足额到位

省以上财政补助资金经过财政部门层层下拨、拨款环节多、资金在途时间长，有的财政部门滞留、挪用省以上财政补助资金；地方配套资金不落实，不能够和省以上补助资金同比例到位；有的地方出台优惠政策或减免地方税费抵顶地方配套资金，但折算数量不可靠、折算依据不充分；由于财政投资体制的关系，不少经济困难地区水利基本建设工程的资金配套压力大，甚至根本不可能配套，有的工程由于地方配套资金不到位，导致部分工程无法按期完成或不能按批复内容完成，工程无法按设计正常发挥作用，工程竣工财务决算无法编制、资产不能及时移交，资产的安全性受到威胁；有的建设单位在地方配套资金不到位的情况下，通过银行贷款筹集资金完成工程建设任务，加大了工程建设成本。

五、相关工作不严谨，建设资金安全隐患多

有的水利基本建设工程投资计划下达不够规范，工程投资计划下达时附有与上级有关职能部门制定的资金管理办法不太吻合的管理办法，造成建设单位具体执行难；《国有建设单位会计制度》的规定严重滞后于财政投资体制、工程建设管理体制改革的需要，给工程建设财务管理、会计核算工作造成许多不应有的麻烦；在现行水利建设投资体制下，水利建设投资管理模式强调计划管理，投资的评估审批环节繁杂，前期工作费用过大；有关部门对工程初步设计的审查，由于受投资限制对工程建设过程必须发生的压矿调查、林地科研等行业规定的取费不认可，核定工程概算大都取标准的下限，水利基本建设工程用地的迁占补偿标准与其他行业相比明显偏低，势必造成工程建设过程中建设资金被挤占；有的中小型水利基本建设工程招投标不规范，设计、监理、施工、建设管理存在“同体”现象，为违规使用建设资金提供了条件，建设资金安全受到威胁。

六、违反规定使用建设资金，建设资金管理不规范

有的工程不按批复的工程概算和年度投资计划确定的工程建设规模和内容使用建设资金；有的建设单位违反基建程序，在开工令尚未下达的情况下擅自开工建设、支出建设资金；有的工程擅自调整项目计划、改变建设内容、提高建设标准、扩大建设规模；有的项目单项工程建设超概算；有的工程发生重大设计变更未按规定进行报批；动用基本预备费未按基本建设程序进行报批；由于工期拖延、物价上涨、监督检查频繁、津补贴发放范

围和标准控制不严、管理支出控制不严等，造成建设单位管理费超支严重；有的工程建设单位超标准购买交通工具；有的工程和单位通过虚列支出等形式挪用水利建设资金，用于非工程支出、概算外项目建设、平衡年度预算、地方统筹基金等。

七、预付工程款的支付和抵扣不按合同约定执行

有的工程预付工程款预付额超出合同约定比例，有的不按合同约定在工程价款结算时抵扣预付工程款；有的承包人不按建设单位指定的银行办理预付工程款履约保函；有的建设单位通过预付工程款形式借出、转移、挪用建设资金；有的建设单位支付预付工程款取得的收款收据上的签章单位与中标签定施工合同的单位名称不一致；由于建设单位内设机构间缺乏协调、配合，内设机构间封闭信息、相互不提供或不及时提供有关资料，造成多付预付工程款、预付工程款抵扣不及时或抵扣不准确；工程价款结算不主动，使得资金支付控制不严。

八、工程价款结算不规范、不及时

有的工程不按合同约定的时间和数额结算工程价款，长期挂往来账，账面不能真实、适时反映投资完成情况；有的工程价款结算不及时、不规范，结算手续不完备、资料不齐全，质量保证金未按合同约定扣留；有的工程违反国务院《现金管理条例》规定，工程价款使用大宗现金支付和“白条”入账等；工程价款结算未使用施工现场所在地税务部门开据的税务发票；土地征用和移民迁占补偿费支出手续不完备，易出现“以拨列支”问题，有的建设单位未与地方政府签订包干使用协议即支付补偿费；有的工程未按实际完成的工程量进行工程价款结算，有的建设单位通过虚假结算套取建设资金。

九、竣工财务决算编制不及时、质量不高

有的工程建设单位在编制竣工财务决算前没有对往来账款、库存物资、库存设备进行清理和作价处理，造成竣工财务决算不能及时编制或编制不实；有的工程待摊投资分配不严谨，造成单项工程成本不实；有的工程建设单位在工程竣工财务决算编制完成前，就将工程概算投资与合同总价之差作为结余资金，用于其它基本建设工程；结余资金计算不实、未按规定比例分配、应上交部分上交不及时；竣工财务决算数字不实、说明不详、分析不透。

第十一章 水利工程验收

第一节 水利工程建设项目验收概述

一、水利工程建设项目验收的目的和要求

水利工程验收是水利工程建设程序中一个不可或缺的重要环节，是保障工程建设质量和安全，有效发挥工程效益的重要环节，其主要目的是检验工程项目在建设期间各个阶段的建设管理工作是否规范，施工质量、标准是否符合设计和规范要求。尤其是在项目竣工验收阶段，作为对整个项目完工后和正式移交前的最后一次把关，须从规划设计、建设管理、运行效益等全方位进行总体检验和评价。

当工程具备验收条件时，应及时组织验收。未经验收或验收不合格的工程不应交付使用或进行后续施工，工程验收应在是施工质量检验与评定的基础上，对工程质量提出明确结论意见。验收工作应相互衔接，不应重复进行。工程项目中需要移交非水利行业管理的工程，验收工作宜同时参照相关行业主管部门的有关规定。

二、水利工程验收管理规程

近几年来，国家发展与改革委、水利部高度重视水利工程项目的竣工验收工作，并把竣工验收制度列为建设管理的重要制度之一。《水利水电建设工程验收规程》（SL223—1999）颁布以来，在规范水利水电建设工程验收行为，保证验收工作质量方面发挥了重要作用。随着《中华人民共和国招标投标法》、《建设工程质量管理条例》、《建设工程安全生产管理条例》等一系列法律法规的颁布，水利工程建设管理体制的不断深化，验收工作面临新的形势和要求。2006 年水利部颁发了《水利工程建设项目验收管理规定》（水利部令第 30 号），从制度上全面理顺和规范了水利工程建设项目的验收程序和验收工作，为进一步加快推进水利工程验收步伐，提高水利工程验收质量提供了制度保证。依据水利部《水利工程建设项目验收管理规定》（水利部令第 30 号）等有关文件，按照《水利技术标准编写规定》（SL1—2002）的要求，对《水利水电建设工程验收规程》（SL223—1999）进行修订。2008 年 3 月水利部以关于批准发布水利行业标准的公告 2008 年第 2 号批准《水利水电建设工程验收规程》（SL223—2008）为水利行业标准，自 2008 年 6 月 3 日实施，替代《水利水电建设工程验收规程》（SL223—1999），从制度上加强了财政参与投资的大中型水利水电建设工程项目验收管理，进一步明确验收责任，规范验收行为。

三、水利工程建设项目验收的分类

根据水利部验收管理规定和现行验收规程，水利工程建设项目的验收，按工程进展情况划分，分为分部工程验收、阶段工程验收、单位工程验收、单项合同验收和项目竣工验收 5 个层次；按验收主持单位可分为法人验收和政府验收。法人验收应包括分部工程验收、

单位工程验收、水电站（泵站）中间机组启动验收、合同工程完工验收等，法人验收是政府验收的基础。政府验收是指由有关人民政府、水行政主管部门或者其他有关部门组织进行的验收，包括专项验收、阶段验收和竣工验收。验收主持单位可根据工程建设需要增设验收的类别和具体要求。

四、水利工程建设项目验收的主要内容和依据

（一）验收的主要内容

（1）检查工程是否按照批准的设计进行建设；

（2）检查已完工程在设计、施工、设备制造安装等方面的质量及相关资料的收集、整理和归档情况；

（3）检查工程是否具备运行或进行下一阶段建设的条件；

（4）检查工程投资控制和资金使用情况；

（5）对验收遗留问题提出处理意见；

（6）对工程建设作出评价和结论。

（二）验收的主要依据

（1）国家有关法律、法规、规章和技术标准；

（2）有关主管部门的规定；

（3）经批准的工程立项文件、初步设计文件、调整概算文件；

（4）经批准的设计文件及相应的工程变更文件；

（5）施工图纸及主要设备技术说明书等；

（6）法人验收还应当以施工合同为验收依据。

五、水利工程验收组织

（一）验收组织

政府验收应由验收主持单位组织成立的验收委员会负责；法人验收应由项目法人组织成立的验收工作组负责。验收委员会（工作组）由有关单位代表和有关专家组成。竣工验收主持单位按照以下原则确定并应在工程开工报告的批准文件中明确：

（1）国家重点水利工程建设项目，竣工验收主持单位依照国家有关规定确定。

（2）除前述规定以外，在国家确定的重要江河、湖泊建设的流域控制性工程、流域重大骨干工程建设项目，竣工验收主持单位为水利部。

（3）其他水利工程建设项目的竣工验收主持单位：

①水利部或者流域管理机构负责初步设计审批的中央项目，竣工验收主持单位为水利部或者流域管理机构；

②水利部负责初步设计审批的地方项目，以中央投资为主的，竣工验收主持单位为水利部或者流域管理机构，以地方投资为主的，竣工验收主持单位为省级人民政府（或者其委托的单位）或者省级人民政府水行政主管部门（或者其委托的单位）；

③地方负责初步设计审批的项目，竣工验收主持单位为省级人民政府水行政主管部门（或者其委托的单位）。

竣工验收主持单位为水利部或者流域管理机构的，可以根据工程实际情况，会同省级

人民政府或者有关部门共同主持。

（二）验收顺序

单元工程验收和质量评定是分部工程验收的基础，分部工程验收是阶段工程验收的前提，对一些规模较大的工程项目，项目法人可分批次组织分部工程验收；对一些工程项目规模较小、基础处理及结构形式不复杂、可在一个冬春季节实施完成并且汛前能够具备投入使用验收条件的地方中小型工程，可省去工程阶段验收，纳入单位工程一并验收；在单位工程验收阶段，若该项工程就为一个单位工程，其主体结构和重要建设内容在阶段工程验收中已基本完成并通过验收，或者单位工程完工后没有急需投入使用要求的工程项目，该单位工程可由项目法人组织单项合同验收；在项目竣工验收阶段，项目法人还应事先完成各专项验收、质量总评和竣工财务决算审计等工作，方可申请项目竣工验收。

（三）验收资料

验收资料制备由项目法人统一组织，有关单位应按要求及时完成并提交。项目法人应对提交的验收资料进行完整性、规范性检查。验收资料分为应提供的资料和需备查的资料。有关单位应保证其提交资料的真实性并承担相应责任。

（四）工程验收准备工作

主要包括以下几个方面，一是工程验收的内容是否已按批准的设计完成；二是工程档案是否已收集、整理、立卷；三是工程验收资料汇编是否已按验收规程要求编写完成；四是各专项验收是否已通过，质量评定、竣工审计是否已完成，工程资金到位、确权划界、运行管理等事项是否已落实。

（五）验收鉴定书

验收的成果性文件是验收鉴定书，验收委员会（工作组）成员应在验收鉴定书上签字。对验收结论持有异议的，应将保留意见在验收鉴定书上明确记载并签字。工程验收结论应经 2/3 以上验收委员会（工作组）成员同意。验收过程中发现的问题，其处理原则应由验收委员会（工作组）协商确定。主任委员（组长）对争议问题有裁决权。若 1/2 以上委员（组员）不同意裁决意见时，法人验收应报请验收监督管理机关决定；政府验收应报请竣工验收主持单位决定。

（六）验收费用

工程验收所需费用应进入工程造价，由项目法人列支或按合同约定列支。

六、水利工程建设项目验收的监督管理

（一）监督管理分工

水利部负责全国水利工程建设项目验收的监督管理工作。水利部所属流域管理机构（以下简称流域管理机构）按照水利部授权，负责流域内水利建设项目验收的监督管理工作。县级以上地方人民政府水行政管理部门按照规定权限负责本行政区域内水利工程建设项目验收的监督管理工作。

由水行政主管部门或者流域管理机构组建项目法人的，该水行政主管部门或者流域管理机构是本工程的法人验收监督管理机关；由地方人民政府组建项目法人的，该地方人民政府水行政主管部门是本工程的法人验收监督管理机关。法人验收监督管理机关应对工程的法人验收工作实施监督管理。

（二）监督管理的方式

工程验收监督管理的方式应包括现场检查、参加验收活动、对验收工作计划与验收成果性文件进行备案等。水行政主管部门、流域管理机构以及法人验收监督管理机关可根据工作需要到工程现场检查工程建设情况、验收工作开展情况以及对接到的举报进行调查处理等。

（三）监督管理的主要内容

工程验收监督管理的应包括以下主要内容：

（1）验收工作是否及时。

（2）验收条件是否具备。

（3）验收人员组成是否符合规定。

（4）验收程序是否规范。

（5）验收资料是否齐全。

（6）验收结论是否明确。

（四）项目法人接受监督管理的职责

（1）项目法人应在开工报告批准后 60 个工作日内，制定法人验收工作计划，报法人验收监督管理机关备案。当工程建设计划进行调整时，法人验收工作计划也应相应地进行调整并重新备案。法人验收工作计划内容包括：工程概况、工程项目划分、工程建设总进度计划、法人验收工作计划。

（2）项目法人应当向法人验收监督管理机关提交验收备案文件，并对提交的资料真实性、完整性负责。

第二节　项目法人验收

工程建设完成分部工程、单位工程、单项合同工程，或者中间机组启动前，应当组织法人验收，法人验收鉴定书是政府验收的备查资料。项目法人可根据工程建设的需要增设法人验收的环节。

一、分部工程验收

（一）验收应具备的条件

（1）所有单元工程已完成。

（2）已完单元工程施工质量经评定全部合格，有关质量缺陷已处理完毕或有监理机构批准的处理意见。

（3）合同约定的其他条件。

（二）验收的组织

分部工程验收应由项目法人（或委托监理单位）主持。验收工作组应由项目法人、勘测、设计、监理、施工、主要设备制造（供应）商等单位的代表组成，参加分部工程验收的每个单位代表人数不宜超过 2 名。运行管理单位可根据具体情况决定是否参加。质量监督机构宜派代表列席大型枢纽工程主要建筑物的分部工程验收会议。大型工程分部工程验收工作组成员应具有中级及其以上技术职称或相应执业资格；其他工程的验收工作组成员应具有相应的专业知识或执业资格。

（三）验收的主要内容

（1）鉴定工程是否达到设计标准。

（2）按现行国家或行业技术标准，评定工程质量等级。

（3）对验收遗留问题提出处理意见。

（四）分部工程验收鉴定书

分部工程验收成果性文件是《分部工程验收鉴定书》，自验收鉴定书通过之日起 30 个工作日内，由项目法人发送有关单位，并报送法人验收监督管理机关备案。分部工程验收鉴定书的大纲为：

（1）前言（包括验收依据、组织机构、验收过程等）。

（2）分部工程开工完工日期。

（3）分部工程建设内容。

（4）施工过程及完成的主要工程量。

（5）质量事故及质量缺陷处理情况。

（6）拟验工程质量评定（包括单元工程、主要单元工程个数、合格率和优良率；施工单位自评结果；监理单位复核意见；分部工程质量等级评定意见）。

（7）验收遗留问题及处理意见。

（8）结论。

（9）保留意见（保留意见人签字）。

（10）分部工程验收工作组成员签字表。

（11）附件：验收遗留问题处理记录。

二、单位工程验收

（一）验收应具备的条件

（1）所有分部工程已完建并验收合格。

（2）分部工程验收遗留问题已处理完毕并通过验收，未处理的遗留问题不影响单位工程质量评定并有处理意见。

（3）合同中约定的其他条件。

需要提前投入使用的单位工程应进行单位工程投入使用验收，还应满足：

（4）工程投入使用后，不影响其他工程正常施工，且其他工程施工不影响该单位工程安全运行。

（5）已经初步具备运行管理条件，需移交运行管理单位的，项目法人与运行管理单位已经签订提前使用协议书。

（二）验收的组织

单位工程验收由项目法人主持。验收工作组由项目法人、勘测、设计、监理、施工、主要设备制造（供应）商、运行管理等单位的代表组成，验收工作组成员应当具有中级以上技术职称或相应执业资格，每个单位代表人数不宜超过 3 名。必要时，可邀请上述单位以外的专家参加。

单位工程完工并具备验收条件时，施工单位应当向项目法人提出验收申请报告，申请报告的主要内容是：验收范围、工程验收条件的检查结果、建议验收具体时间。项目法人应当在收到验收申请报告之日起 10 个工作日内决定是否同意进行验收。

项目法人组织单位工程验收时，应提前通知质量和安全监督机构。主要建筑物单位工程验收应通知法人验收监督管理机关。法人验收监督管理机关可视情况决定是否列席验收会议，质量监督和工程安全监督机构应派员列席验收会议。

（三）验收的主要内容

（1）检查工程是否按批准的设计内容完成；

（2）评定工程施工质量等级；

（3）检查分部工程验收遗留问题处理情况及相关记录；

（4）对验收中发现的问题提出处理意见。

单位工程投入使用验收除上述工作内容外，还应对工程是否具备安全运行条件进行检查。

（四）单位工程验收鉴定书

项目法人应当在单位工程验收通过之日起 10 个工作日内，将验收质量结论和相关资料报质量监督机构核定。单位工程验收的成果文件是单位工程验收鉴定书，自验收鉴定书通过之日起 30 个工作日内，由项目法人发送有关单位并报法人验收监督管理机关备案。单位工程验收鉴定书主要内容包括：

（1）前言（包括验收依据、组织机构、验收过程等）。

（2）单位工程概况。

①单位工程名称及位置；

②单位工程主要建设内容；

③单位工程建设过程（包括工程开工、完工时间，施工中采取的主要措施等）。

（3）验收范围。

（4）单位工程完成情况和完成的主要工程量。

（5）单位工程质量评定。

①分部工程质量评定。

②工程外观质量评定。

③工程质量检测情况。

④单位工程质量等级评定意见。

（6）分部工程验收遗留问题处理情况。

（7）运行准备情况（投入使用验收需要此部分）。

（8）存在的主要问题及处理意见。

（9）意见和建议。

（10）结论。

（11）保留意见（应有本人签字）。

（12）单位工程验收工作组成员签字表。

三、合同工程完工验收

（一）验收应具备的条件

（1）合同范围内的工程项目和工作已经按合同约定完成。

（2）工程已经按规定进行了有关验收。

（3）观测仪器和设备已经测得初始值及施工期各项观测值。

（4）工程质量缺陷已按要求进行处理。

（5）工程完工结算完成。

（6）施工现场已经进行清理。

（7）需移交项目法人的有关档案已按始资料已经整理完毕。

（8）合同约定的其他条件。

当合同工程仅包含一个单位工程（分部工程）时，宜将单位工程（分部工程）验收与合同工程完工验收一并进行，但应同时满足相应的验收条件。

（二）验收的组织

合同工程具备验收条件时，施工单位应向项目法人提出合同工程完工验收申请报告，其内容包括：验收范围、工程验收条件的检查结果、建议验收时间（年.月.日）。项目法人应在收到验收申请报告之日起 20 个工作日内决定是否同意进行验收。

合同工程完工验收应由项目法人主持，验收工作组应由项目法人以及与合同工程有关的勘测、设计、监理、施工、主要设备制造（供应）商的代表组成。

（三）验收的主要内容

（1）检查合同范围内工程项目和工作完成情况；

（2）检查施工现场清理情况；

（3）检查已投入使用工程的运行情况；

（4）检查验收资料整理情况；

（5）鉴定工程施工质量；

（6）检查工程完工结算情况；

（7）检查历次验收遗留问题的处理情况；

（8）对验收中发现的问题提出处理意见。

（9）确定合同工程完工日期；

（10）讨论并通过合同工程完工验收鉴定书。

（四）合同工程完工验收鉴定书

合同工程完工验收的成果文件是合同工程完工验收鉴定书，自验收鉴定书通过之日起 30 个工作日内，应由项目法人发送有关单位，并报送法人验收监督管理机关备案。合同工程完工验收鉴定书主要内容包括：

（1）前言（包括验收依据、组织机构、验收过程等）。

（2）合同工程概况。

①合同工程名称及位置；

②合同工程主要建设内容；

③合同工程建设过程。

（3）验收范围。

（4）合同执行情况（包括合同管理、工程完成情况和完成的主要工程量、结算情况等)。

（5）合同工程质量评定。

（6）历次验收遗留问题处理情况。

（7）存在的主要问题及处理意见。

（8）意见和建议。

（9）结论。

（10）保留意见（应有本人签字）。

（11）合同工程验收工作组成员签字表。

（12）附件施工单位向项目法人移交资料目录。

（五）工程交接

通过合同工程完工验收或投入使用验收后，项目法人与施工单位应在 30 个工作日内组织专人负责工程的交接工作，交接过程应有完整的文字记录且有双方交接负责人签字。项目法人与施工单位应在施工合同或验收鉴定书约定的时间内完成工程及其档案资料的交接工作。同时，施工单位应向项目法人递交工程质量保修书，保修书的内容应符合合同约定的条件。一般包括：合同工程完工验收情况、质量保修的范围和内容、质量保修期、质量保修责任、质量保修费用、其他。

除合同另有约定的外，工程质量保修期应从工程通过合同工程完工验收后开始计算。在施工单位递交了工程质量保修书、完成施工场地清理以及提交有关资料后，项目法人应在 30 个工作日内向施工单位颁发合同工程完工证书。

四、水电站（泵站）中间机组启动验收

（一）验收应具备的条件

（1）与机组启动运行有关的建筑物基本完成。

（2）与机组启动运行有关的金属结构及启闭设备安装完成，并经过试运行。

（3）暂不运行使用的压力管道等已进行必要的处理。

（4）过水建筑物已具备过水条件。

（5）机组和附属设备以及油、水、气等辅助设备安装完成，经调整试验合格并经分部试运行，满足机组启动运行要求。

（6）必须的输配电设备安装完成，送（供）电准备工作已就绪，通信系统满足机组启动运行要求。

（7）机组启动运行的测量、监视、控制和保护等电气设备已安装完成并调试合格。

（8）有关机组启动运行的安全防护和厂房消防措施已落实，并准备就绪。

（9）按设计要求配备的仪器、仪表、工具及其他机电设备已能满足机组启动运行的需要。

（10）运行操作规程已经编制。

（11）运行人员的组织配备可满足启动运行要求。

（12）水位和引水量满足机组运行最低要求。

（二）验收的组织

中间机组启动验收应由项目法人组织的机组启动验收工作组负责。验收工作组由项目法人、设计、施工、监理等单位有关专业技术人员组成，并应有所在地区电力部门的代表，必要时可以邀请工程运行管理单位等参建单位以外的代表及专家参加。

机组启动验收前，项目法人应组织成立机组启动试运行工作组开展机组启动试运行工作。根据工程完成情况，机组可以单台单独验收，也可以多台同时验收。

（三）机组启动试运行主要工作

机组启动试运行具体操作过程和有关要求可参照《水轮发电机组启动试验规程》（DL/T507—2002）执行，主要工作有：

（1）审查批准施工单位编制的机组启动试运行试验文件和机组启动试运行操作规程等。

（2）检查机组及相应附属设备安装、调试、试验以及分部试运行情况，决定是否进行充水试验和空载试运行。

（3）检查机组充水试验和空载试运行情况。

（4）检查机组带主变压器与高压配电装置试验和并列及负荷试验情况，决定是否进行机组带负荷连续运行。

（5）检查机组带负荷连续运行情况；应符合以下要求：

①水电站机组带额定负荷连续运行时间为 72 h；泵站机组带额定负荷连续运行时间为 24 h 或 7 d 内累计运行时间为 48 h，包括机组无故障停机次数不少于 3 次；

②受水位或水量限制无法满足上述要求时，经过项目法人组织论证并提出专门报告报验收主持单位批准后，可适当降低机组启动运行负荷以及减少连续运行的时间。

（6）检查带负荷连续运行结束后消缺处理情况。

（7）审查施工单位编写的机组带负荷连续运行情况报告。

（四）机组启动验收的主要工作

（1）检查机组和有关工程施工和设备安装以及运行情况，鉴定工程施工质量。

（2）听取工程建设管理报告和技术预验收工作报告。中间机组启动验收由项目法人决定是否进行技术预验收。技术预验收的要求与首（末）台机组启动验收的技术预验收相同。

（3）讨论并通过机组启动验收鉴定书。

（五）机组启动验收鉴定书

机组启动验收鉴定书是机组启动验收的成果文件，是机组交接和投入使用运行的依据。机组启动验收鉴定书的主要内容包括：前言（包括验收依据、组织机构、验收过程等）、工程概况（工程主要建设内容、机组主要技术指标、机组及辅助设备设计制造和安装情况、与机组启动有关工程形象面貌）、验收范围和内容、工程质量评定、验收前已完成的工作（试运行、带负荷连续运行情况）、技术预验收情况、存在的主要问题及处理意见、建议、结论、验收委员会（工作组）成员签字表、附件：技术预验收工作报告（如有时）。

第三节　项目法人在政府验收中的主要职责

政府验收是指由有关人民政府、水行政主管部门或者其他有关部门组织进行的验收，包括阶段验收、专项验收和竣工验收。

一、阶段验收

当工程建设达到一定关键阶段时（如基础处理完毕、截流、水库蓄水、机组启动、输水工程通水等），应进行阶段验收。阶段验收应包括枢纽工程导（截）流验收、水库下闸蓄水验收、引（调）排水工程通水验收、水电站（泵站）首（末）台机组启动验收、部分工程投入使用验收以及竣工验收主持单位根据工程建设需要增加的其他验收。

（一）验收的组织和程序

阶段验收应由竣工验收主持单位或其委托的单位主持。阶段验收委员会应由验收主持单位、质量和安全监督机构、运行管理单位的代表以及有关专家组成；必要时，可邀请地方人民政府以及有关部门参加。大型工程在阶段验收前，验收主持单位根据工程建设需要，可成立专家组先进行技术预验收。验收会议应包括以下主要内容和程序。

1. 现场检查工程建设情况及查阅有关资料

2. 召开大会

（1）宣布验收委员会组成人员名单；

（2）观看工程建设声像资料；

（3）听取工程建设管理工作报告；

（4）听取技术预验收工作报告；

（5）听取验收委员会确定的其他报告；

（6）讨论并通过验收鉴定书；

（7）验收委员会委员和被验收单位代表在验收鉴定书上签字。

（二）验收的条件和工作内容

验收的条件和工作内容见表11-1。

表11-1 验收的条件和工作内容

名称	验收应具备的条件	验收的主要内容	验收鉴定书内容
枢纽工程导（截）流验收	1.导流工程已基本完成，具备过流条件，投入使用（包括采取措施后）不影响其他后续工程继续施工； 2.满足截流要求的水下隐蔽工程已完成； 3.截流设计已获批准，截流方案已编制完成，并做好各项准备工作； 4.工程度汛方案已经有管辖权的防汛指挥部门批准，相关措施已落实； 5.截流后壅高水位以下的移民搬迁安置和库底清理已完成并通过验收； 6.有航运功能的河道，碍航问题已得到解决。	1.检查已完水下工程、隐蔽工程、导（截）流工程是否满足导（截）流要求； 2.检查建设征地、移民搬迁安置和库底清理完成情况； 3.审查截流方案，检查导（截）流措施和准备工作落实情况； 4.检查为解决碍航等问题而采取的工程措施落实情况； 5.鉴定与截流有关已完工程施工质量； 6.对验收中发现的问题提出处理意见； 7.讨论并通过阶段验收鉴定书。	前言（包括验收依据、组织机构、验收过程等）、工程概况（工程位置及主要任务、工程主要技术指标、项目设计简况（包括设计审批情况，工程投资和主要设计工程量）、项目建设简况（包括工程建设主要单位，工程施工和完成工程量情况等）、验收范围和内容、工程形象面貌（对应验收范围和内容的工程完成情况）、工程质量评定、验收前已完成的工作（包括安全鉴定、移民搬迁安置和库底清理验收、技术预验收等）、截流（蓄水、通水等）总体安排、度汛和调度运行方案、未完工程建设安排、存在的主要问题及处理意见、建议、结论、验收委员会成员签字表、附件：技术预验收工作报告（如有时）

续表 11-1

名称	验收应具备的条件	验收的主要内容	验收鉴定书内容
水库下闸蓄水验收	1.挡水建筑物的形象面貌满足蓄水位的要求； 2.蓄水淹没范围内的移民搬迁安置和库底清理已完成并通过验收； 3.蓄水后需要投入使用的泄水建筑物已基本完成，具备过流条件； 4.有关观测仪器、设备已按设计要求安装和调试，并已测得初始值和施工期观测值； 5.蓄水后未完工程的建设计划和施工措施已落实； 6.蓄水安全鉴定报告已提交； 7.蓄水后可能影响工程安全运行的问题已处理，有关重大技术问题已有结论； 8.蓄水计划、导流洞封堵方案等已编制完成，并做好各项准备工作； 9.年度度汛方案（包括调度运用方案）已经有管辖权的防汛指挥部门批准，相关措施已落实。	1.检查已完工程是否满足蓄水要求； 2.检查建设征地、移民搬迁安置和库区清理完成情况； 3.检查近坝库岸处理情况； 4.检查蓄水准备工作落实情况； 5.鉴定与蓄水有关的已完工程施工质量； 6.对验收中发现的问题提出处理意见； 7.讨论并通过阶段验收鉴定书。	
引（调）排水工程通水验收	1.引（调）排水建筑物的形象面貌满足通水的要求； 2.通水后未完工程的建设计划和施工措施已落实； 3.引（调）排水位以下的移民搬迁安置和障碍物清理已完成并通过验收； 4.引（调）排水的调度运用方案已编制完成；度汛方案已得到有管辖权的防汛指挥部门批准，相关措施已落实。	1.检查已完工程是否满足通水的要求； 2.检查建设征地、移民搬迁安置和清障完成情况； 3.检查通水准备工作落实情况； 4.鉴定与通水有关的工程施工质量； 5.对验收中发现的问题提出处理意见； 6.讨论并通过阶段验收鉴定书。	
水电站（泵站）机组启动验收	1.技术预验收工作报告已提交； 2.技术预验收工作报告中提出的遗留问题已处理。	1.听取工程建设管理报告和技术预验收工作报告； 2.检查机组和有关工程施工和设备安装以及运行情况； 3.鉴定工程施工质量； 4.讨论并通过机组启动验收鉴定书。	前言（包括验收依据、组织机构、验收过程等）、工程概况（工程主要建设内容、机组主要技术指标、机组及辅助设备设计制造和安装情况、与机组启动有关工程形象面貌）、验收范围和内容、工程质量评定、验收前已完成的工作（试运行、带负荷连续运行情况）、技术预验收情况、存在的主要问题及处理意见、建议、结论、验收委员会（工作组）成员签字表、附件：技术预验收工作报告（如有时）

续表 11-1

名称	验收应具备的条件	验收的主要内容	验收鉴定书内容
部分工程投入使用验收	1.拟投入使用工程已按批准设计文件规定的内容完成并已通过相应的法人验收； 2.拟投入使用工程已具备运行管理条件； 3.工程投入使用后，不影响其他工程正常施工，且其他工程施工不影响拟投入使用工程安全运行（包括采取防护措施）； 4.项目法人与运行管理单位已签订工程提前使用协议； 5.工程调度运行方案已编制完成；度汛方案已经有管辖权的防汛指挥部门批准，相关措施已落实。	1.检查拟投入使用工程是否已按批准设计完成； 2.检查工程是否已具备正常运行条件； 3.鉴定工程施工质量； 4.检查工程的调度运用、度汛方案落实情况； 5.对验收中发现的问题提出处理意见； 6.讨论并通过部分工程投入使用验收鉴定书。	前言（包括验收依据、组织机构、验收过程等）、工程概况（工程名称及位置、工程主要建设内容）、验收范围和内容、拟投入使用工程概况（工程主要建设内容、工程建设过程，包括工程开工、完工时间，施工中采取的主要措施等）、拟投入使用工程完成情况和完成的主要工程量、拟投入使用工程质量评定（工程质量评定、工程质量检测情况）、验收遗留问题处理情况、调度运行方案、度汛方案、存在的主要问题及处理意见、建议、结论、保留意见（应有本人签字）、部分工程投入使用验收委员会成员签字表

（三）项目法人在阶段验收中的职责

（1）项目法人要充分考虑工程应急度汛的特点，当工程具备验收条件时，要及时申请验收。验收中发现不符合施工质量要求的，由项目法人责成施工单位限期返工处理，直至达到质量要求；对未经验收及验收不合格就交付使用或进行后续工程施工的，追究项目法人的责任。未经验收而参与度汛的工程，由项目法人负责组织研究制定度汛方案，保证安全度汛。

（2）工程建设具备阶段验收条件时，项目法人应提出阶段验收申请报告，其内容包括：工程基本情况、工程验收条件的检查结果、工程验收准备工作情况、建议验收时间、地点和参加单位。

（3）验收资料制备由项目法人统一组织，有关单位应按要求及时完成并提交。项目法人应对提交的验收资料进行完整性、规范性检查。

（4）项目法人做好验收的准备和服务工作，组织工程参建单位应派代表参加阶段验收，并作为被验收单位在验收鉴定书上签字。

二、专项验收

工程竣工验收前，应按有关规定进行专项验收。包括：征地补偿和移民安置、水土保持设施、环境保护、工程档案、消防设施（验收情况及主要结论）及其他。专项验收成果性文件应是工程竣工验收成果性文件的组成部分。项目法人应按国家和相关行业主管部门的规定，向有关部门提出专项验收申请报告，并做好有关准备和配合工作。项目法人提交竣工验收申请报告时，应附相关专项验收成果性文件复印件。

（一）工程档案验收

详见第十二章第二节。

（二）水土保持设施验收

水土保持设施验收合格手续，是开发建设项目竣工验收的重要依据之一。

1. 验收组织

在开发建设项目土建工程完成后，项目法人应当会同水土保持方案编制单位，依据批复的水土保持方案报告书、设计文件的内容和工程量，对水土保持设施完成情况进行检查，编制水土保持方案实施工作总结报告和水土保持设施竣工验收技术报告。对于符合验收合格条件的，方可向审批该水土保持方案的机关提出水土保持设施验收申请。

县级以上人民政府水行政主管部门或者其委托的机构，负责开发建设项目水土保持设施验收工作的组织实施和监督管理。县级以上人民政府水行政主管部门按照开发建设项目水土保持方案的审批权限，负责项目的水土保持设施的验收工作。县级以上地方人民政府水行政主管部门组织完成的水土保持设施验收材料，应当报上一级人民政府水行政主管部门备案。

县级以上人民政府水行政主管部门在受理验收申请后，应当组织有关单位的代表和专家成立验收组，依据验收申请、有关成果和资料，检查建设现场，提出验收意见。其中，对依照规定，需要先进行技术评估的开发建设项目，建设单位在提交验收申请时，应当同时附上技术评估报告。

项目法人、水土保持方案编制单位、设计单位、施工单位、监理单位、监测报告编制单位应当参加现场验收。验收合格意见必须经 2/3 以上验收组成员同意，由验收组成员及被验收单位的代表在验收成果文件上签字。

县级以上人民政府水行政主管部门应当自受理验收申请之日起 20 日内作出验收结论。

2. 验收内容

水土保持设施验收的范围应当与批准的水土保持方案及批复文件一致。水土保持设施验收工作的主要内容为：检查水土保持设施是否符合设计要求、施工质量、投资使用和管理维护责任落实情况，评价防治水土流失效果，对存在问题提出处理意见等。

3. 验收合格的条件

水土保持设施符合下列条件的，方可向审批该水土保持方案的机关提出水土保持设施验收申请。水土保持设施符合下列条件的，方可确定为验收合格：

（1）开发建设项目水土保持方案审批手续完备，水土保持工程设计、施工、监理、财务支出、水土流失监测报告等资料齐全；

（2）水土保持设施按批准的水土保持方案报告书和设计文件的要求建成，符合主体工程和水土保持的要求；

（3）治理程度、拦渣率、植被恢复率、水土流失控制量等指标达到了批准的水土保持方案和批复文件的要求及国家和地方的有关技术标准；

（4）水土保持设施具备正常运行条件，且能持续、安全、有效运转，符合交付使用要求。水土保持设施的管理、维护措施落实。

开发建设项目水土保持设施经验收合格后，该项目方可正式投入生产或者使用。

4. 水土保持方案实施工作总结报告编制提纲

（1）前言：有关工程、水土保持方案报批、实施过程情况简介。

（2）主体工程及水土保持工程概况：

①主体工程主要技术经济指标，主要建设内容，有关设计文件批复、调整过程。

②水土保持方案报批过程，主要建设内容、建设时限、投资概算，水土保持方案中确定的防治措施设计落实、调整情况。

（3）工程建设管理：

①组织领导。包括水土保持工作领导及具体管理机构，水土保持工程建设、设计、施工、监理单位。

②规章制度。有关水土保持工程建设过程中建立的各类规章、制度、办法。

③监督管理。各级水行政主管部门及水土保持监督管理部门检查、监督情况。

④建设过程。包括水土保持工程招标投标过程，合同及其执行情况，施工材料采购及供应。

⑤建设监理。包括监理规划及实施细则，监理制度、机构、人员、检测方法，水土保持工程的质量、进度、投资控制情况。

⑥工程投资。包括批准的水土保持投资概算，资金到位时间，年度安排，概算调整情况，经费支出。

⑦完成主要工程。包括治理措施类型及数量变更情况，实际完成水土保持工程、植物、临时防护工程等的类型、数量，与设计工程量增减情况及原因分析。

（4）经验、存在问题及建议。在水土保持方案实施过程的主要经验，目前存在的主要问题，对今后管理运行的建议。

（5）运行管理。水土保持工程移交、使用，管理维修养护责任、办法。运行期水土保持监测任务。

（6）附件：

①水土保持方案及其批复文件；

②水土保持工程设计批复文件；

③水土保持工程设计变更审批文件；

④投资到位及使用情况说明；

⑤有关水行政主管部门的监督检查意见；

⑥主体工程总平面图。

5. 水土保持设施竣工验收技术报告编制提纲

（1）简要说明：有关水土保持方案实施情况说明。

（2）防治责任范围：

①批复的水土流失防治责任范围与实际发生的责任范围对比，调整变化的原因。

②扰动土地的治理面积、治理率。

（3）工程设计。水土保持方案确定的水土保持措施，在设计报告中的设计要点，重大设计变更。

（4）施工：

①工程量及进度。各项防治工程完成的数量、实施时间，与批准的方案实施时间、工程量比较，并分析其原因。

②施工质量管理。施工单位质量保证体系，建设单位和监理单位的质量控制体系，施工事故及其处理。

③工程建设大事。包括有关批文，较大的设计变更，有关合同协议，重要会议等。

④价款结算。批准的工程量及其投资，施工合同价与实际结算价对比，分析增减的原因。

（5）工程质量：

①项目划分。水土保持工程的单位工程、分部工程、单元工程划分情况。

②质量检验。监理工程师、质量监督机构的质量检验方法，检验结果。

③质量评定。初步验收确定的各单位工程的质量等级，对整体水土保持工程质量评价。

（6）工程初期运行及成效评价：

①工程运行情况。各项水土保持工程建成运行后，其安全稳定性、暴雨后的完好情况，工程维修、植物补植情况。

②工程效益：

a）水土流失治理。工程试运行期间控制水土流失面积，治理水土流失面积及治理程度，项目区水土流失强度变化值。废弃土、石、渣的拦挡量、拦渣率，各类开挖面、拆除后的施工营地的平整、护砌量，植被恢复数量。

b）植被变化。建设前、施工期间、竣工后林草植被面积，植被恢复指数。

c）土地整治及生产条件恢复。土地整治率，施工临时占用耕地的恢复数量，土地生产力恢复能力。

d）水土流失监测。根据水土流失专项监测报告，提出施工期间、工程运行后水土流失量，是否达到国家规定的限值。对水系、下游河道径流泥沙影响，水土流失危害情况变化。

e）综合评价。主体工程建设对水土流失及生态环境的实际影响范围、程度、时间，水土保持工程的控制效果，防治成效。

（7）附件及有关资料：

①工程竣工后水土流失防治责任范围图；

②水土保持工程设计文件、资料；

③水土保持工程施工合同、验收报告；

④工程质量等级评定报告；

⑤水土流失专项监测报告；

⑥水土保持设施竣工验收图；

⑦水土保持工程实施过程中的影像资料。

编制水土保持方案报告表的开发建设项目水土保持设施的验收，可以参照以上办法执行。

（三）环境保护专项验收

在项目报批过程中，单独批复环境影响报告书（表）且批复专项投资的，应进行环境保护专项验收；其他项目可不单独进行专项验收，但应在建设管理工作报告中设立专门章节，叙述有关工作内容。

1．验收组织

国务院环境保护行政主管部门负责制定建设项目竣工环境保护验收管理规范，指导并监督地方人民政府环境保护行政主管部门的建设项目竣工环境保护验收工作，并负责对其审批的环境影响报告书（表）或者环境影响登记表的建设项目竣工环境保护验收工作。县级以上地方人民政府环境保护行政主管部门按照环境影响报告书（表）或环境影响登记表的审批权限负责建设项目竣工环境保护验收。

建设项目完工后，建设单位应当向有审批权的环境保护行政主管部门，申请该建设项目竣工环境保护验收。进行试生产的建设项目，建设单位应当自试生产之日起3个月内，向有审批权的环境保护行政主管部门申请该建设项目竣工环境保护验收。环境保护行政主管部门应自收到建设项目竣工环境保护验收申请之日起30日内，完成验收。

环境保护行政主管部门在进行建设项目竣工环境保护验收时，应组织建设项目所在地的环境保护行政主管部门和行业主管部门等成立验收组（或验收委员会）。验收组（或验收委员会）应对建设项目的环境保护设施及其他环境保护措施进行现场检查和审议，提出验收意见。建设项目的建设单位、设计单位、施工单位、环境影响报告书（表）编制单位、环境保护验收监测（调查）报告（表）的编制单位应当参与验收。

2. 验收申请材料

建设单位申请建设项目竣工环境保护验收，应当向有审批权的环境保护行政主管部门提交以下验收材料：

（1）对编制环境影响报告书的建设项目，为建设项目竣工环境保护验收申请报告，并附环境保护验收监测报告或调查报告；

（2）对编制环境影响报告表的建设项目，为建设项目竣工环境保护验收申请表，并附环境保护验收监测表或调查表；

（3）对填报环境影响登记表的建设项目，为建设项目竣工环境保护验收登记卡。

环境保护验收监测报告（表），由建设单位委托经环境保护行政主管部门批准有相应资质的环境监测站或环境放射性监测站编制。

环境保护验收调查报告（表），由建设单位委托经环境保护行政主管部门批准有相应资质的环境监测站或环境放射性监测站，或者具有相应资质的环境影响评价单位编制。承担该建设项目环境影响评价工作的单位不得同时承担该建设项目环境保护验收调查报告（表）的编制工作。承担环境保护验收监测或者验收调查工作的单位，对验收监测或验收调查结论负责。

3. 验收条件

（1）建设前期环境保护审查、审批手续完备，技术资料与环境保护档案资料齐全；

（2）环境保护设施及其他措施等已按批准的环境影响报告书（表）或者环境影响登记表和设计文件的要求建成或者落实，环境保护设施经负荷试车检测合格，其防治污染能力适应主体工程的需要；

（3）环境保护设施安装质量符合国家和有关部门颁发的专业工程验收规范、规程和检验评定标准；

（4）具备环境保护设施正常运转的条件，包括：经培训合格的操作人员、健全的岗位操作规程及相应的规章制度，原料、动力供应落实，符合交付使用的其他要求；

（5）污染物排放符合环境影响报告书（表）或者环境影响登记表和设计文件中提出的标准及核定的污染物排放总量控制指标的要求；

（6）各项生态保护措施按环境影响报告书（表）规定的要求落实，建设项目建设过程中受到破坏并可恢复的环境已按规定采取了恢复措施；

（7）环境监测项目、点位、机构设置及人员配备，符合环境影响报告书（表）和有关规定的要求；

（8）环境影响报告书（表）提出需对环境保护敏感点进行环境影响验证，对清洁生产进行指标考核，对施工期环境保护措施落实情况进行工程环境监理的，已按规定要求完成；

（9）环境影响报告书（表）要求建设单位采取措施削减其他设施污染物排放，或要求建设项目所在地地方政府或者有关部门采取“区域削减”措施满足污染物排放总量控制要求的，其相应措施得到落实。

4. 验收成果

对符合验收条件的建设项目，环境保护行政主管部门批准建设项目竣工环境保护验收申请报告、建设项目竣工环境保护验收申请表或建设项目竣工环境保护验收登记卡。

对填报建设项目竣工环境保护验收登记卡的建设项目，环境保护行政主管部门经过核查后，可直接在环境保护验收登记卡上签署验收意见，作出批准决定。

三、竣工验收

竣工验收应在工程建设项目全部完成并满足一定运行条件后 1 年内进行。不能按期进行竣工验收的，经竣工验收主持单位同意，可适当延长期限，但最长不应超过 6 个月。一定运行条件是指：泵站工程经过一个排水或抽水期；河道疏浚工程完成后；其他工程经过 6 个月（经过一个汛期）至 12 个月。

（一）竣工验收应具备的条件

（1）工程已按批准设计全部完成。若工程有少量建设内容未完成，但不影响工程正常运行，且能符合财务有关规定，项目法人已对尾工作出安排的，经竣工验收主持单位同意，可进行竣工验收。

（2）工程重大设计变更已经有审批权的单位批准。

（3）各单位工程能正常运行。

（4）历次验收所发现的问题已基本处理完毕。

（5）各专项验收已通过。

（6）工程投资已全部到位。

（7）竣工财务决算已通过竣工审计，审计意见中提出的问题已整改并提交了整改报告。

（8）运行管理单位已明确，管理养护经费已基本落实。

（9）质量和安全监督工作报告已提交，工程质量达到合格标准。

（10）竣工验收资料已准备就绪。

（二）竣工验收的程序

竣工验收分为竣工技术预验收和竣工验收两个阶段。大型水利工程在竣工技术预验收前，应按照有关规定进行竣工验收技术鉴定。中型水利工程，竣工验收主持单位可根据需要决定是否进行竣工验收技术鉴定。

（1）项目法人组织进行竣工验收自查。

（2）项目法人提交竣工验收申请报告。

（3）竣工验收主持单位批复竣工验收申请报告。

（4）进行竣工技术预验收。

（5）召开竣工验收会议。

（6）印发竣工验收鉴定书。

（三）竣工技术预验收

1. 竣工技术预验收的组织

竣工技术预验收应由竣工验收主持单位组织的专家组负责。技术预验收专家组成员应具有高级技术职称或相应执业资格，成员的 2/3 以上应来自工程非参建单位。工程参建单位的代表应参加技术预验收，负责回答专家组提出的问题。专家组可下设专业工作组，并在各专业工作组检查意见的基础上形成竣工技术预验收工作报告。

2. 竣工技术预验收的程序

（1）现场检查工程建设情况并查阅有关工程建设资料。

（2）听取项目法人、设计、监理、施工、质量和安全监督机构、运行管理等单位工作报告。

（3）听取竣工验收技术鉴定报告和工程质量抽样检测报告。

（4）专业工作组讨论并形成各专业工作组意见。

（5）讨论并通过竣工技术预验收工作报告。

（6）讨论并形成竣工验收鉴定书初稿。

3. 竣工技术预验收的主要内容

竣工技术预验收应包括以下主要内容：

（1）检查工程是否按批准的设计完成。

（2）检查工程是否存在质量隐患和影响工程安全运行的问题。

（3）检查历次验收、专项验收的遗留问题和工程初期运行中所发现问题的处理情况。

（4）对工程重大技术问题作出评价。

（5）检查工程尾工安排情况。

（6）鉴定工程施工质量。

（7）检查工程投资、财务情况。

（8）对验收中发现的问题提出处理意见。

4. 竣工技术预验收工作报告

竣工技术预验收工作报告是竣工技术预验收的成果文件，是竣工验收鉴定书的附件，其格式见表 11-2。

表 11-2　竣工技术预验收工作报告

××××××工程 **竣工技术预验收工作报告** ××××××工程竣工技术预验收专家组 年　　月　　日

续表 11-2

前言（包括验收依据、组织机构、验收过程等）

第一部分　工程建设

一、工程概况

（一）工程名称、位置

（二）工程主要任务和作用

（三）工程设计主要内容

1.工程立项、设计批复文件

2.设计标准、规模及主要技术经济指标

3.主要建设内容及建设工期

二、工程施工过程

1.主要工程开工、完工时间（附表）

2.重大技术问题及处理

3.重大设计变更

三、工程完成情况和完成的主要工程量

四、工程验收、鉴定情况

（一）单位工程验收

（二）阶段验收

（三）专项验收（包括主要结论）

（四）竣工验收技术鉴定（包括主要结论）

五、工程质量

（一）工程质量监督

（二）工程项目划分

（三）工程质量检测

（四）工程质量评定

六、工程运行管理

（一）管理机构、人员和经费

（二）工程移交

七、工程初期运行及效益

（一）工程初期运行情况

（二）工程初期运行效益

（三）初期运行监测资料分析

八、历次验收及相关鉴定提出的主要问题的处理情况

九、工程尾工安排

十、评价意见

第二部分　专项工程（工作）及验收

一、征地补偿和移民安置

（一）规划（设计）情况

（二）完成情况

（三）验收情况及主要结论

续表 11-2

二、水土保持设施 （一）设计情况 （二）完成情况 （三）验收情况及主要结论 三、环境保护 （一）设计情况 （二）完成情况 （三）验收情况及主要结论 四、工程档案（验收情况及主要结论） 五、消防设施（验收情况及主要结论） 六、其他 **第三部分　财务审计** 一、概算批复 二、投资计划下达及资金到位 三、投资完成及交付资产 四、征地拆迁及移民安置资金 五、结余资金 六、预计未完工程投资及费用 七、财务管理 八、竣工财务决算报告编制 九、稽查、检查、审计 十、评价意见 **第四部分　意见和建议** **第五部分　结论** **第六部分　竣工技术预验收专家组专家签名表**

（四）竣工验收

1. 竣工验收的组织

竣工验收委员会可设主任委员 1 名，副主任委员以及委员若干名，主任委员应由验收主持单位代表担任。竣工验收委员会应由竣工验收主持单位、有关地方人民政府和部门、有关水行政主管部门和流域管理机构、质量和安全监督机构、运行管理单位的代表以及有关专家组成。工程投资方代表可参加竣工验收委员会。

项目法人、勘测、设计、监理、施工和主要设备制造（供应）商等单位应派代表参加竣工验收，负责解答验收委员会提出的问题，并应作为被验收单位代表在验收鉴定书上签字。

2. 竣工验收会议的主要内容和程序

（1）现场检查工程建设情况及查阅有关资料。

（2）召开大会：

①宣布验收委员会组成人员名单；

②观看工程建设声像资料；

③听取工程建设管理工作报告；

④听取竣工技术预验收工作报告；

⑤听取验收委员会确定的其他报告；

⑥讨论并通过竣工验收鉴定书；

⑦验收委员会委员和被验收单位代表在竣工验收鉴定书上签字。

3. 竣工验收鉴定书

竣工验收鉴定书是竣工验收的成果文件，自鉴定书通过之日起 30 个工作日内，应由竣工验收主持单位发送有关单位。其格式见表 11-3。

表 11-3　竣工验收鉴定书

××××××工程竣工验收

鉴定书

××××××工程竣工验收委员会

年　　月　　日

前言：简述竣工验收的依据、主持单位和参加单位、验收的时间、地点和简要过程等。

一、工程设计和完成情况。

（一）工程名称及位置。

（二）工程主要任务和作用。

（三）工程设计主要内容：

1.工程立项、设计批复文件，包括审批机关、时间、文件名称和文号；

2.设计标准、规模及主要技术经济指标；

3.主要建设内容及建设工期；

4.工程投资及投资来源。

（四）工程建设有关单位，包括项目法人、项目代建机构、设计、监理、施工、主要设备制造、质量和安全监督机构、工程运行管理等单位，参建单位多的可附表。

（五）工程施工过程，包括工程开工日期及完工日期、主要设计变更和重大技术问题及处理方案等。

1.主要工程开工及完工时间、主要项目的施工情况及开工和完工日期；

2.重大设计变更；

3.重大技术问题及处理情况。

（六）工程完成情况和完成的主要工程量，包括竣工验收时工程形象面貌、实际完成工程量与批准设计工程量对比等。

（七）征地补偿及移民安置，包括移民安置管理体制、批准征地、移民数量，实际完成量等。

续表 11-3

（八）水土保持设施，包括设计和完成情况。
（九）环境保护工程，包括设计和完成情况。
二、工程验收及鉴定情况，包括验收、鉴定的类别名称、主持单位、时间和主要结论等。
（一）单位工程验收；
（二）阶段验收；
（三）专项验收；
（四）竣工验收技术鉴定（如没有可不写）。
三、历次验收及相关鉴定提出的主要问题的处理情况，包括专项验收、安全鉴定、竣工验收技术鉴定等。
四、工程质量，工程质量检测工程质量评定。
（一）工程质量监督；
（二）工程项目划分，包括单位工程、分部工程、单元工程；
（三）工程质量抽检（如有时），包括竣工验收委员会要求的质量抽检；
（四）工程质量评定，指质量监督机构评定的质量等级情况。
五、概算执行情况。
（一）投资计划下达及资金到位；
（二）投资完成及交付资产；
（三）征地补偿和移民安置资金；
（四）结余资金；
（五）预计未完工程投资及预留费用；
（六）竣工财务决算报告编制；
（七）审计。
六、工程尾工安排，包括尾工名称、实施单位、完成时间和验收单位。
七、工程运行管理情况。
（一）管理机构、人员和经费情况；
（二）工程移交。
八、工程初期运行及效益。
（一）初期运行管理；
（二）初期运行效益；
（三）初期运行监测资料分析。
九、竣工技术预验收，包括主持单位、会议时间、主要意见和结论。
十、意见和建议，对验收中发现问题的处理意见和对工程运行管理的建议等。
十一、结论，包括对工程建设内容完成情况（基本完成、完成、全部完成）；工程质量（合格、不合格）；财务管理（基本规范、规范、不规范）；投资控制（基本合理、合理）；竣工决算（已通过审计）；专项验收（已通过验收）；工程初期运行（基本正常、正常、存在问题）；效益发挥（初步发挥、已发挥；良好或显著；社会和经济）等作出明确的评价。
最后结论：竣工验收委员会同意××××××工程通过竣工验收。
十二、保留意见（应有本人签字）。
十三、验收委员会成员和被验单位代表签字表。
十四、附件：竣工技术预验收工作报告。

（五）项目法人在竣工验收的主要职责

1. 统一组织验收资料并进行完整性、规范性检查

（1）应提供的资料和需备查的资料，见表 11-4、表 11-5。

表 11-4　验收应提供的资料清单

序号	资料名称	分部工程验收	单位工程验收	合同工程完工验收	机组启动验收	阶段验收	技术预验收	竣工验收	提供单位
1	工程建设管理工作报告		√	√	√	√	√	√	项目法人
2	工程建设大事记						√	√	项目法人
3	拟验工程清单、未完工程清单、未完工程的建设安排及完成时间		√	√	√	√	√	√	项目法人
4	技术预验收工作报告				*	*	√	√	专家组
5	验收鉴定书（初稿）				√	√	√	√	项目法人
6	度汛方案				*	√	√	√	项目法人
7	工程调度运用方案					√	√	√	项目法人
8	工程建设监理工作报告		√	√	√	√	√	√	监理机构
9	工程设计工作报告		√	√	√	√	√	√	设计单位
10	工程施工管理工作报告		√	√	√	√	√	√	施工单位
11	运行管理工作报告						√	√	运行管理单位
12	工程质量和安全监督报告					√	√	√	质安监督机构
13	竣工验收技术鉴定报告						*	*	技术鉴定单位
14	机组启动试运行计划文件				√				施工单位
15	机组试运行工作报告				√				施工单位
16	重大技术问题专题报告					*	*	*	项目法人

注：符号“√”表示“应提供”，符号“*”表示“宜提供”或“根据需要提供”。

表 11-5　验收应准备的备查档案资料清单

序号	资料名称	分部工程验收	单位工程验收	合同工程完工验收	机组启动验收	阶段验收	技术预验收	竣工验收	提供单位
1	前期工作文件及批复文件		√	√	√	√	√	√	项目法人
2	主管部门批文		√	√	√	√	√	√	项目法人
3	招标投标文件		√	√	√	√	√	√	项目法人
4	合同文件		√	√	√	√	√	√	项目法人
5	工程项目划分资料	√	√	√	√	√	√	√	项目法人
6	单元工程质量评定资料	√	√	√	√	√	√	√	施工单位
7	分部工程质量评定资料		√	*	√	√	√	√	项目法人
8	单位工程质量评定资料		√	*			√	√	项目法人
9	工程外观质量评定资料		√				√	√	项目法人
10	工程质量管理有关文件	√	√	√	√	√	√	√	参建单位
11	工程安全管理有关文件	√	√	√	√	√	√	√	参建单位
12	工程施工质量检验文件	√	√	√	√	√	√	√	施工单位
13	工程监理资料	√	√	√	√	√	√	√	监理单位
14	施工图设计文件		√	√	√	√	√	√	设计单位
15	工程设计变更资料	√	√	√	√	√	√	√	设计单位
16	竣工图纸			√		√	√	√	施工单位
17	征地移民有关文件		√			√	√	√	承担单位
18	重要会议记录	√	√	√	√	√	√	√	项目法人
19	质量缺陷备案表	√	√	√	√	√	√	√	监理机构
20	安全、质量事故资料	√	√	√	√	√	√	√	项目法人
21	阶段验收鉴定书						√	√	项目法人
22	竣工决算及审计资料						√	√	项目法人
23	工程建设中使用的技术标准			√			√	√	参建单位
24	工程建设标准强制性条文			√			√	√	参建单位
25	专项验收有关文件						√	√	项目法人
26	安全、技术鉴定报告						√	√	项目法人
27	其他档案资料	根据需要由有关单位提供							

注：符号“√”表示“应提供”，符号“*”表示“宜提供”或“根据需要提供”。

（2）竣工验收主要工作报告的主要内容。

①工程建设管理工作报告：

1.1　工程概况

1　工程位置

2　立项、初设文件批复
3　工程建设任务及设计标准
4　主要技术特征指标
5　工程主要建设内容
6　工程布置
7　工程投资
8　主要工程量和总工期
1.2　工程建设简况
1　施工准备
2　工程施工分标情况及参建单位
3　工程开工报告及批复
4　主要工程开完工日期
5　主要工程施工过程
6　主要设计变更
7　重大技术问题处理
8　施工期防汛度汛
1.3　专项工程和工作
1　征地补偿和移民安置
2　环境保护工程
3　水土保持设施
4　工程建设档案
1.4　项目管理
1　机构设置及工作情况
2　主要项目招标投标过程
3　工程概算与投资计划完成情况
1）批准概算与实际执行情况
2）年度计划安排
3）投资来源、资金到位及完成情况
4　合同管理
5　材料及设备供应
6　资金管理与合同价款结算
1.5　工程质量
1　工程质量管理体系和质量监督
2　工程项目划分
3　质量控制和检测
4　质量事故处理情况
5　质量等级评定
1.6　安全生产与文明工地
1.7　工程验收

1　单位工程验收

2　阶段验收

3　专项验收

1.8　蓄水安全鉴定和竣工验收技术鉴定

1　蓄水安全鉴定（鉴定情况、主要结论）

2　竣工验收技术鉴定（鉴定情况、主要结论）

1.9　历次验收、鉴定遗留问题处理情况

1.10　工程运行管理情况

1　管理机构、人员和经费情况

2　工程移交

1.11　工程初期运行及效益

1　工程初期运行情况

2　工程初期运行效益

3　工程观测、监测资料分析

1.12　竣工财务决算编制与竣工审计情况

1.13　存在问题及处理意见

1.14　工程尾工安排

1.15　经验与建议

1.16　附件

1 项目法人的机构设置及主要工作人员情况表

2 项目建议书、可行性研究报告、初步设计等批准文件及调整批准文件。

②工程建设大事记

2.1　根据水利工程建设程序，主要记载项目法人从委托设计、报批立项直到竣工验收过程中对工程建设有较大影响的事件，包括有关批文、上级有关批示、设计重大变化、主管部门稽查和检查、有关合同协议的签订、建设过程中的重要会议、施工期度汛抢险及其他重要事件、主要项目的开工和完工情况、历次验收等情况。

2.2　工程建设大事记可单独成册，也可作为“工程建设管理工作报告”的附件。

③工程施工管理工作报告

3.1　工程概况

3.2　工程投标

3.3　施工进度管理

3.4　主要施工方法

3.5　施工质量管理

3.6　文明施工与安全生产

3.7　合同管理

3.8　经验与建议

3.9　附件

1　施工管理机构设置及主要工作人员情况表

2　投标时计划投入的资源与施工实际投入资源情况表

3　工程施工管理大事记

4　技术标准目录

④工程设计工作报告

4.1　工程概况

4.2　工程规划设计要点

4.3　工程设计审查意见落实

4.4　工程标准

4.5　设计变更

4.6　设计文件质量管理

4.7　设计服务

4.8　工程评价

4.9　经验与建议

4.10　附件

1　设计机构设置和主要工作人员情况表

2　工程设计大事记

3　技术标准目录

⑤工程建设监理工作报告

5.1　工程概况

5.2　监理规划

5.3　监理过程

5.4　监理效果

5.5　工程评价

5.6　经验与建议

5.7　附件

1　监理机构的设置与主要人员情况表

2　工程建设监理大事记

⑥运行管理工作报告

6.1　工程概况

6.2　运行管理

6.3　工程初期运行

6.4　工程监测资料和分析

6.5　意见和建议

6.6　附件

1　管理机构设立的批文

2　机构设置情况和主要工作人员情况

3　规章制度目录

⑦工程质量监督报告

7.1　工程概况

7.2　质量监督工作

7.3 参建单位质量管理体系

7.4 工程项目划分确认

7.5 工程质量检测

7.6 工程质量核备与核定

7.7 工程质量事故和缺陷处理

7.8 工程质量结论意见

7.9 附件

1 有关该工程项目质量监督人员情况表

2 工程建设过程中质量监督意见（书面材料）汇总

⑧工程安全监督报告

8.1 工程概况

8.2 安全监督工作

8.3 参建单位安全管理体系

8.4 现场监督检查

8.5 安全生产事故处理情况

8.6 工程安全生产评价意见

8.7 附件

1 有关该工程项目安全监督人员情况表

2 工程建设过程中安全监督意见（书面材料）汇总

2. 编制完成竣工财务决算并送有关部门审查和审计

项目法人编制完成竣工财务决算后，应报送竣工验收主持单位财务部门进行审查和审计部门进行竣工审计。财务部门的审查，主要检查竣工财务决算是否按照《水利基本建设项目竣工财务决算编制规程》（SL19—2001）的要求编制，内容是否完整、科目是否合适，对不符合要求的提出调整意见，审查后不用提正式审查意见；审计部门根据有关审计规定进行审计后，出具竣工审计意见。项目法人应对审计意见中提出的问题进行整改并提交整改报告。

3. 组织竣工验收自查

申请竣工验收前，项目法人应组织竣工验收自查。自查工作应由项目法人主持，勘测、设计、监理、施工、主要设备制造（供应）商以及运行管理等单位的代表参加。竣工验收自查主要内容包括：检查有关单位的工作报告；检查工程建设情况；评定工程项目施工质量等级、检查历次验收、专项验收的遗留问题和工程初期运行所发现问题的处理情况；确定工程尾工内容及其完成期限和责任单位；对竣工验收前应完成的工作作出安排；讨论并通过竣工验收自查工作报告。

项目法人应自竣工验收自查工作报告通过之日起 30 个工作日内，将自查报告报法人验收监督管理机关。竣工验收自查工作报告主要内容包括：前言（包括组织机构、自查工作过程等）、工程概况（工程名称及位置、工程主要建设内容、工程建设过程）、工程项目完成情况（工程项目完成情况、完成工程量与初设批复工程量比较、工程验收情况、工程投资完成及审计情况、工程项目移交和运行情况）、工程项目质量评定、验收遗留问题处理情况、尾工情况及安排意见、存在的问题及处理意见、结论、工程项目竣工验收自查工作组成员签字表。

4. 提出竣工验收申请

工程具备验收条件时，项目法人应提出竣工验收申请报告，竣工验收申请报告应由法人验收监督管理机关审查后转报竣工验收主持单位。其内容包括：工程基本情况、竣工验收条件的检查结果、尾工情况及安排意见、验收准备工作情况、建议验收时间、地点和参加单位、附件：竣工验收自查工作报告。

工程未能按期进行竣工验收的，项目法人应向竣工验收主持单位提出延期竣工验收专题申请报告。申请报告应包括延期竣工验收的主要原因及计划延长的时间等内容。

5. 组织工程质量抽样检测

当竣工验收主持单位可以委托具有相应资质的工程质量检测单位对工程质量进行抽样检测时，项目法人应与工程质量检测单位签订工程质量检测合同。并根据竣工验收主持单位的要求和项目的具体情况，项目法人应负责提出工程质量抽样检测的项目、内容和数量，经质量监督机构审核后报竣工验收主持单位核定。

项目法人应自收到工程质量检测单位提交的检测报告 10 个工作日内将检测报告报竣工验收主持单位。对抽样检测中发现的质量问题，项目法人应及时组织有关单位研究处理。堤防工程质量抽检要求为：

（1）土料填筑工程质量抽检主要内容为干密度和外观尺寸，并满足以下要求：每 2000 m 堤长至少抽检一个断面；每个断面至少抽检 2 层，每层不少于 3 点，且不得在堤防项层取样；每个单位工程抽检样本点总数不得少于 20 个。

（2）干（浆）砌石工程质量抽检主要内容为厚度、密实程度和平整度，必要时应拍摄图像资料，并满足以下要求：每 2000 m 堤长至少抽检 3 点；每个单位工程至少抽检 3 点。

（3）混凝土预制块砌筑工程质量抽检主要内容为预制块厚度、平整度和缝宽，并满足以下要求：每 2000 m 堤长至少抽检 1 组，每组 3 点；每个单位工程至少抽检 1 组。

（4）垫层工程质量抽检主要内容为垫层厚度及垫层铺设情况，并满足以下要求：每 2000 m 堤长至少抽检 3 点；每个单位工程至少抽检 3 点。

（5）堤脚防护工程质量抽检主要内容为断面复核，并满足以下要求：每 2000 m 堤长至少抽检 3 个断面；每个单位工程至少抽检 3 个断面。

（6）混凝土防洪墙和护坡工程质量抽检主要内容为混凝土强度，并满足以下要求：每 2000 m 堤长至少抽检 1 组，每组 3 点；每个单位工程至少抽检 1 组。

（7）堤身截渗、堤基处理及其他工程，工程质量抽检的主要内容及方法由工程质量监督机构提出方案报项目主管部门批准后实施。

6. 派代表出席竣工验收会议

项目法人全面负责竣工验收前的各项准备工作，组织设计、施工、监理等参建单位应做好有关验收准备和配合工作，派代表出席竣工验收会议，负责解答验收委员会提出的问题，并作为被验收单位在竣工验收鉴定书上签字。

7. 工程移交

工程通过投入使用验收后，项目法人宜及时将工程移交运行管理单位管理，并与其签订工程提前启用协议。在竣工验收鉴定书印发后 60 个工作日内，项目法人与运行管理单位应完成工程移交手续。工程移交应包括工程实体、其他固定资产和工程档案资料等，应按照初步设计等有关批准文件进行逐项清点，并办理移交手续。

办理工程移交，应有完整的文字记录和双方法定代表人签字。

8. 验收遗留问题及尾工处理

验收遗留问题和尾工的处理应由项目法人负责。项目法人应按照竣工验收鉴定书、合同约定等要求，督促有关责任单位完成处理工作。

验收遗留问题和尾工处理完成后，有关单位应组织验收，并形成验收成果性文件。项目法人应参加验收并负责将验收成果性文件报竣工验收主持单位。

9. 颁发工程质量保修责任终止证书并申请领取竣工证书

工程质量保修期满后 30 个工作日内，若保修责任范围内的质量缺陷已处理完成，项目法人应向施工单位颁发工程质量保修责任终止证书。

工程质量保修期满以及验收遗留问题和尾工处理完成后，项目法人应向工程竣工验收主持单位申请领取竣工证书。申请报告应包括以下内容：

（1）工程移交情况；

（2）工程运行管理情况；

（3）验收遗留问题和尾工处理情况；

（4）工程质量保修期有关情况。

工程竣工证书是项目法人全面完成工程项目建设管理任务的证书，也是工程参建单位完成相应工程建设任务的最终证明文件。正本应由项目法人、运行管理单位和档案部门保存，副本应由工程主要参建单位保存。

10. 工程档案管理

项目法人应按工程档案管理的相关规定，按完整化、准确化、规范化、标准化、系统化的要求整编归档，并妥善保管，为今后项目维修、管理、改建等提供依据。

第五节　病险水库除险加固项目验收

水利部要求病险水库除险加固项目，要按照国家有关规定做好验收工作，及时进行主体工程完工验收和项目竣工验收，大中型项目在主体工程完工验收后 3 年内必须进行竣工验收，重点小型项目原则上应在中央财政专项补助资金下达之日起 1 年内完工并验收，确保加固一座，验收一座，销号一座，发挥效益一座。

一、验收依据

大中型病险水库除险加固工程完工后，严格按《水利水电建设工程验收规程》（SL223—2008）和水利部《关于切实做好病险水库除险加固工作的通知》（水建管[2004]68 号）的有关规定，严格组织竣工验收。列入专项的小型病险水库项目建设各个阶段、各个环节的验收工作参照《水利水电建设工程验收规程》和国家其他有关规定进行。

二、验收组织

大型及重点中型水库、投资规模在 3000 万元以上的一般中型水库、省直管工程的除险加固项目，由省级水行政主管部门组织竣工验收；流域机构验收其直管工程项目；其他项目各地根据本地实际情况，由省级或地市级水行政主管部门组织验收。工程竣工后要及时组织验收。各省级水行政主管部门要加强对验收工作的领导和监督。列入专项的小型病险水库项目竣工验收由省级水行政主管部门组织，具体办法由省级水行政主管部门会同财政部门制定。

三、验收工作简化

（1）中小型病险水库除险加固项目，通常仅包含一个单位工程（分部工程），此时，宜以分部工程验收或单位工程验收名义结合合同工程完工验收一并进行，但应同时满足相应的验收条件。

（2）专项验收。在项目报批过程中，单独批复环境影响报告书（表）和水土保持方案报告书（表）且批复专项投资的，应进行环境保护和水土保持专项验收；其他项目可不单独进行专项验收，仅在建设管理工作报告中设立专门章节，叙述有关工作内容。

（3）中小型病险水库除险加固项目，若其建设内容单一，技术简单时，验收资料制备可以适当简化，或将有关报告内容合并，在保证验收质量的前提下提高效率。

（4）小型病险水库除险加固项目的竣工技术预验收和竣工验收两阶段工作宜连续进行，以提高工作效率。

四、蓄水安全鉴定

蓄水安全鉴定是大型水利水电建设工程蓄水验收的必要依据，未经蓄水安全鉴定不得进行蓄水验收。大型水库蓄水阶段验收前应委托有资质的单位进行蓄水安全鉴定；中型水库由竣工验收主持单位决定是否进行蓄水安全鉴定，不进行蓄水安全鉴定的，蓄水阶段验收前，竣工验收主持单位应组织专家进行水库蓄水安全评价，提出蓄水安全评价和能否蓄水的结论。既未进行蓄水安全鉴定，又未进行蓄水安全评价的中型水库，不得进行蓄水阶段验收。

（一）蓄水安全鉴定的组织

水利部负责监督和指导全国水利水电建设工程蓄水安全鉴定工作。各级水行政主管部门按照工程竣工验收的分级管理权限负责监督和指导蓄水安全鉴定工作。

蓄水安全鉴定由项目法人负责组织实施。设计、施工、监理、运行、设备制造等单位负责提供资料，并有义务协助鉴定单位开展工作。项目法人认为工程符合蓄水安全鉴定条件时，可决定组织蓄水安全鉴定。蓄水安全鉴定，由项目法人委托经水利部认定有资格的单位承担，与之签定蓄水安全鉴定合同，并报工程建设项目上级主管部门核备。接受委托负责蓄水安全鉴定的单位（即鉴定单位）应成立专家组，并将专家组组成情况报工程验收主持单位和相应的水利工程质量监督部门核备。

鉴定专家组应由专业水平高、工程设计、施工经验丰富、具有高级工程师以上职称的专家组成，包括水文、地质、水工、施工、机电、金属结构等有关专业。鉴定专家组三分之一以上人员须聘请责任单位以外的专家参加。项目法人应组织建设各方认真做好配合鉴定专家组进行的工作，包括：

（1）准确、及时提供鉴定工作所需的各种工程资料。

（2）根据专家组的要求，组织相对固定的专业人员和工作人员，向专家组介绍有关工程情况，对专家组提出的问题进行解答。

（3）根据专家组的要求，对有关问题进行补充分析工作，并提出相应的专题报告。

（4）为专家组在现场工作提供必要的工作条件。第十六条项目法人、设计、施工、监理、运行、设备制造等参建单位的在职人员或从事过本工程设计、施工、管理的其他人员，不能担任专家组成员。

（二）蓄水安全鉴定内容

蓄水安全鉴定的范围是以大坝为重点，包括挡水建筑物、泄水建筑物、引水建筑物的进水口工程、涉及工程安全的库岸边坡及下游消能防护工程等与蓄水安全有关的工程项目。

（1）检查工程形象面貌是否符合蓄水要求。

（2）检查工程质量（包括设计、施工等）是否存在影响工程安全的隐患。对关键部位、出现过质量事故的部位以及有必要检查的其他部位要进行重点检查，包括抽查工程原始资料和施工、设备制造验收签证，必要时应当使用钻孔取样、充水试验等技术手段进行检测。

（3）检查洪水设计标准，工程泄洪设施的泄洪能力，消能设施的可靠性，下闸蓄水方案的可靠性，以及调度运行方案是否符合防洪和度汛安全的要求。

（4）检查工程地质条件、基础处理、滑坡及处理、工程防震是否存在不利于建筑物的隐患。

（5）检查工程安全检测设施、检测资料是否完善并符合要求。

（三）蓄水安全鉴定程序

（1）安全鉴定前，安全鉴定单位制定蓄水安全鉴定工作大纲，明确鉴定的主要内容，提出鉴定工作所需资料清单。

（2）听取项目法人、设计、施工、监理、运行等建设各方的情况介绍。

（3）进行现场调查，收集资料。

（4）设计、施工、监理、运行等建设各方分别编写自检报告。

（5）专家组集中分析、研究有关工程资料，与建设各方沟通情况，必要时进行设计复核、现场检查或检测。专家组讨论并提出鉴定报告初稿。

（6）在与建设各方充分交换意见的基础上，作出工程安全评价，完成蓄水安全鉴定报告，专家组全体成员签字认可。

（四）蓄水安全鉴定报告

鉴定单位应将鉴定报告提交给项目法人，并抄报工程验收主持单位和水利工程质量监督部门。工程验收前，项目法人应负责将鉴定报告分送给验收委员会各成员。水利水电建设工程蓄水安全鉴定报告编写大纲如下：

1　蓄水安全鉴定工作概况

1.1 任务和鉴定范围

1.2 基本要求

1.3 主要内容

2　工程基本情况

2.1 工程概况

2.2 工程设计与审批过程

2.3 项目法人、监理、设计、施工、运行及质量监督单位

2.4 工程建设过程及当前形象

2.5 下闸蓄水前应达到的工程形象要求

3　工程防洪与度汛

3.1 设计洪水复核

3.2 工程防洪能力

3.3 导流洞（孔）封堵方案及施工

3.4 导流洞（孔）封堵后次年工程度汛要求及工程进度安排

3.5 导流洞（孔）封堵与下游用水要求

3.6 水库蓄水安排

3.7 水库调度运行方案及操作运用方式

3.8 工程防洪安全评价

4　枢纽工程地质

4.1 区域构造条件

4.2 地形地质条件

4.3 水文地质条件及水库渗漏

4.4 枢纽区综合地质条件评价

5　单位工程安全鉴定意见

5.1 挡水建筑物（包括：工程地质及开挖后的工程地质条件变化、设计及设计变更、施工质量及施工缺陷处理、施工期安全监测的评价意见、存在问题及建议）

5.2 泄（溢）洪、冲沙、放空及消能建筑物（包括：工程地质及开挖后的工程地质条件变化、设计及设计变更、水工模型试验、施工质量及施工缺陷处理、金属结构及电源、施工期安全监测的评价意见、存在问题及建议）

5.3 影响工程安全的边坡、引水建筑物的进水口及防护工程（包括：工程地质、设计、施工质量、施工期安全监测、评价意见、存在问题及建议）

5.4 与蓄水有关的发电引水系统（包括：工程地质及开挖的工程地质条件件、设计及设计变更、施工质量及施工缺陷处理、施工期安全监测、金属结构及电源、评价意见、存在问题及建议）

5.5 下闸蓄水对环境的影响及下游用水的要求

6　特殊工程问题安全鉴定意见

7　蓄水安全鉴定意见

7.1 工程等别、建筑物级别及设计洪水标准

7.2 区域构造稳定和枢纽工程地质

7.3 挡水建筑物

7.4 泄（溢）洪、排沙、放空、引水及消能建筑物

7.5 边坡稳定

7.6 金属结构

7.7 安全监测

7.8 下闸蓄水方案及工程安全度汛

7.9 特殊工程问题

7.10 蓄水安全鉴定结论及建议

8 安全鉴定专家签名表（注明单位、职务、职称、专业）

附：安全鉴定工作依据的主要文件、资料目录及图纸

五、竣工验收技术鉴定

大型水库竣工技术预验收前应委托有相应资质单位进行竣工验收技术鉴定，未经技术鉴定不得进行竣工验收。中型水库由验收主持单位决定是否进行竣工验收技术鉴定，不进行竣工验收技术鉴定的，应委托有关专家进行竣工验收技术评价；技术评价应以质量检测和施工过程中的观测数据为重点，分析水库除险加固成效，提出能否进行技术预验收的结论，竣工验收技术评价作为技术预验收的重要依据。

竣工验收技术鉴定与蓄水安全鉴定的组织、程序相同，但是目的不同，技术鉴定的目的是评估工程建设内容及工程质量是否达到《水利水电建设工程验收规程》和有关规程、规范的要求，对建设阶段的工程设计、工程施工质量和工程运行情况做出技术评价，提出工程竣工验收技术鉴定意见，明确是否具备竣工验收条件，为工程竣工验收提供依据。

第十二章 档案信息管理

第一节 信息管理

信息资源是水利工程建设项目实施过程中需要进行充分开发和利用的重要的资源之一，随着信息技术、计算机技术和通讯技术的飞速发展以及建设项目规模的巨大，信息资源的有效组织与管理对建设项目的顺利实施有着越来越重要的意义。本节介绍水利工程建设项目信息管理的含义和任务，信息管理的过程和内容等。

一、项目信息管理的含义和目的

（一）信息的含义和类别

1. 信息的内涵及其特点

从信息管理的角度可把纷繁复杂的建设项目决策和实施过程归纳为两个主要过程，一是信息过程（Information Processes），二是物质过程（Material Processes）。项目规划可研阶段、设计阶段和招投标阶段等的主要任务之一就是生产、处理、传递和应用信息，这些阶段的主要工作成果是建设项目信息。实际上建设项目的施工阶段是物质过程和信息过程的高度融合，项目建设中的信息过程及物质过程如图 12-1 所示。

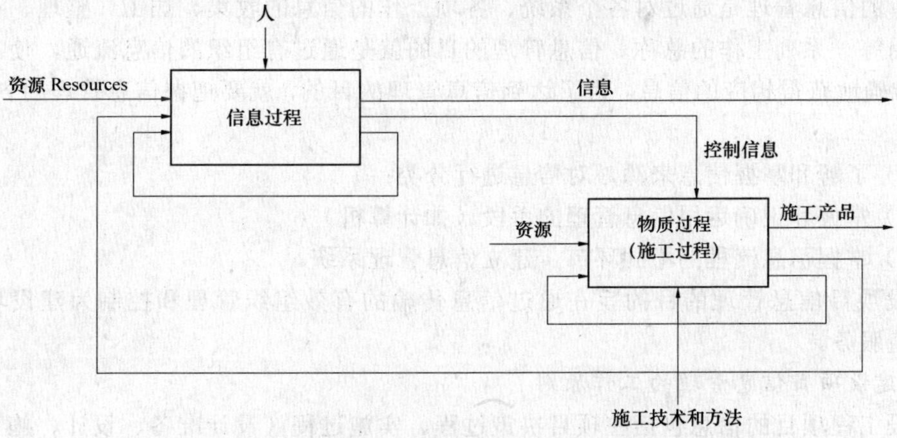

图 12-1 项目建设中的信息工程及物质过程

据国际有关文献资料介绍，建设项目实施过程中存在的诸多问题，其中 3/2 与信息交流（信息沟通）的问题有关；建设项目 10%～33%的费用增加与信息交流存在的问题有关；在大型水利工程建设项目中，信息交流的问题导致工程变更和工程实施的错误占工程总成本的 3%～5%，由此可见建设项目管理中信息管理的重要性。信息（information）一词来源于拉丁文，意思是解释和陈述。人类进行的每一社会实践、生产实践和科学实验都在接触信息、获得信息、处理信息和利用信息。和人们一般意义上理解的消息不同，信息在产生、传递和处理过程中具有以下特性和要求：

（1）信息的准确性；

（2）信息的时效性；

（3）信息的有序性；

（4）信息的共享性；

（5）信息的可存储性；

（6）信息的适用性；

（7）信息的系统性。

2. 信息与数据

数据是用来记录客观事物的性质、形态、数量和特征的抽象符号。不仅文字、数字和图形可以看作是数据，声音、信号和语言也可以认为是数据。信息是根据要求，将数据进行加工处理转换的结果。同一组数据可以按管理层次和职能不同，将其加工成不同形式的信息；不同数据如采用不同的处理方式，也可得到相同的信息。数据转化为信息的方式示意如图 12-2 所示。

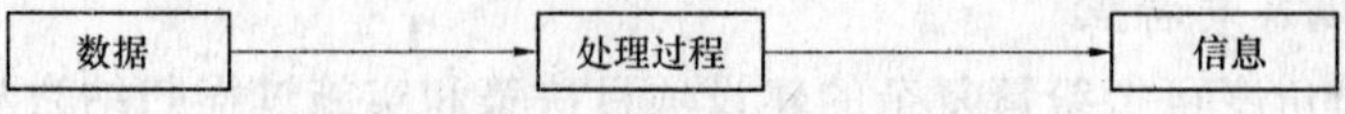

图 12-2　数据转化为信息方式示意图

（二）信息管理的含义和原则

1. 信息管理的内涵

项目的信息管理是通过对各个系统、各项工作的信息的收集、加工、整理、存储、传递与应用等一系列工作的总称。信息管理的目的就是通过有组织的信息流通，使决策者能及时、准确地获得相应的信息。为了达到信息管理的目的，就要把握信息管理的各个环节，并做到：

（1）了解和掌握信息来源，对信息进行分类；

（2）掌握和正确运用信息管理的手段（如计算机）；

（3）掌握信息流程的不同环节，建立信息管理系统。

建设项目信息管理的目的旨在通过信息传输的有效组织管理和控制为建设项目建设提供增值服务。

2. 建设项目信息管理的工作原则

建设工程项目的信息包括在项目决策过程、实施过程（设计准备、设计、施工和物资采购过程等）和运行过程中产生的信息，以及其他与项目建设有关的信息，它包括:项目的组织类信息、管理类信息、经济类信息，）技术类信息和法规类信息。为便于信息的搜集、处理、储存、传递和利用，建设项目信息管理应遵从以下基本原则。

（1）标准化原则；

（2）有效性原则；

（3）定量化原则；

（4）时效性原则；

（5）高效处理原则；

（6）可预见原则。

3. 建设项目信息管理的任务

建设项目一般具有周期较长、参与单位多、单件性和专业性强等特征，一个项目在决策和实施的过程中，项目信息往往会数量巨大、变化多而且错综复杂，项目信息资源的组织与管理任务十分重大，包括编制建设项目信息管理规划、明确建设项目管理班子中信息管理部门的任务、编制和确定信息管理的工作流程、建立建设项目信息管理的处理平台、建立建设项目信息中心等。

（1）业主方和项目参与各方都有各自的信息管理任务，为充分利用和发挥信息资源的价值、提高信息管理的效率，以及实现有序的和科学的信息管理，各方都应编制各自的信息管理手册，以规范信息管理工作。信息管理手册描述和定义信息管理做什么、谁做、什么时候做和其工作成果是什么等，它的主要内容包括：

- 信息管理的任务（信息管理任务目录）；
- 信息管理的任务分工表和管理职能分工表；
- 信息的分类；
- 信息的编码体系和编码；
- 信息输入输出模型；
- 各项信息管理工作的工作流程图；
- 信息流程图；
- 信息处理的工作平台及其使用规定；
- 各种报表和报告的格式，以及报告周期；
- 项目进展的月度报告、季度报告、年度报告和工程总报告的内容及其编制；
- 工程档案管理制度；
- 信息管理的保密制度等制度。

（2）项目管理班子中各个工作部门的管理工作都与信息处理有关，而信息管理部门的主要工作任务是:负责编制信息管理手册，在项目实施过程中进行信息管理手册的必要的修改和补充，并检查和督促其执行；负责协调和组织项目管理班子中各个工作部门的信息处理工作；负责信息处理工作平台的建立和运行维护；与其他工作部门协同组织收集信息、处理信息和形成各种反映项目进展和项目目标控制的报表和报告；负责工程档案管理等。

（3）各项信息管理任务的工作流程，如:信息管理手册编制和修订的工作流程；为形成各类报表和报告，收集信息、录入信息、审核信息、加工信息、信息传输和发布的工作流程；工程档案管理的工作流程等。设计承包人、发包人、监理人、施工承包人之间的信息流向见图 12-3。

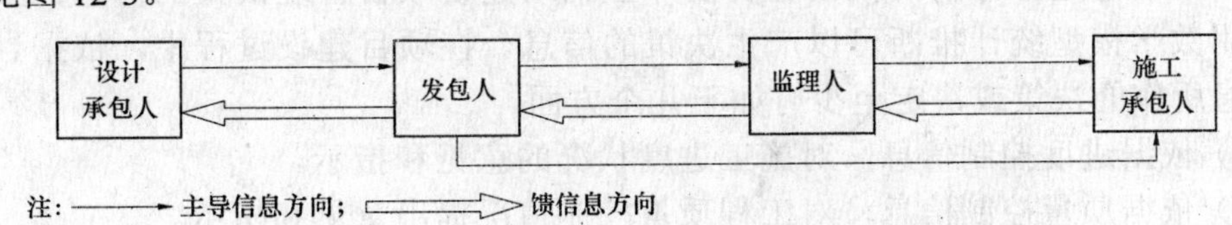

图 12-3　信息流向

二、水利工程建设项目信息管理的过程和内容

水利工程建设项目信息管理的过程主要包括信息的收集、加工整理、存储、检索和传递。在这些信息管理过程中，建设项目信息管理的具体内容很多。

（一）建设项目信息的收集

建设项目信息的收集，就是收集项目决策和实施过程中的原始数据，这是很重要的基础工作，信息管理工作的质量好坏，很大程度上取决于原始资料的全面性和可靠性。其中，建立一套完善的信息采集制度是十分有必要的。

1. 建设项目建设前期的信息收集

建设项目在正式开工之前，需要进行大量的工作，这些工作将产生大量的文件，文件中包含着丰富的内容。

（1）收集设计任务书及有关资料；

（2）设计文件及有关资料的收集；

（3）招标投标合同文件及其有关资料的收集。

2. 建设项目施工期的信息收集

建设项目在整个工程施工阶段，每天都发生各种各样的情况，相应地包含着各种信息，需要及时收集和处理。因此，项目的施工阶段，可以说是大量的信息发生、传递和处理的阶段。

（1）建设单位提供的信息；

（2）承建商提供的信息；

（3）工程监理的记录；

（4）工地会议信息。

3. 工程竣工阶段的信息收集

工程竣工并按要求进行竣工验收时，需要大量的对竣工验收有关的各种资料信息。这些信息一部分是在整个施工过程中，长期积累形成的；一部分是在竣工验收期间，根据积累的资料整理分析而形成的，完整的竣工资料应由承建单位编制，经工程监理单位和有关方面审查后，移交项目法人并通过项目法人移交项目管理运行单位以及相关的政府主管部门。

（二）建设项目信息的加工整理和存储

建设项目的信息管理除应注意各种原始资料的收集外，更重要的要对收集来的资料进行加工整理，并对工程决策和实施过程中出现的各种问题进行处理。按照工程信息加工整理的深浅可分为如下几个类别：第一类为对资料和数据进行简单整理和滤波；第二类是对信息进行分析，概括综合后产生辅助建设项目管理决策的信息；第三类是通过应用数学模型统计推断可以产生决策的信息。在项目建设过程中，依据当时收集到的信息所作的决策或决定至少有如下几个方面。

（1）依据进度控制信息，对施工进度状况的意见和指示。

（2）依据质量控制信息，对工程质量控制情况提出意见和指示。

（3）依据投资控制信息，对工程结算和决算情况的意见和指示。

（4）依据合同管理信息，对索赔的处理意见。

（三）建设项目信息的检索和传递

无论是存入档案库还是存入计算机存储器的信息、资料，为了查找的方便，在入库前都要拟定一套科学的查找方法和手段，作好编目分类工作。健全的检索系统可以使报表、文件、资料、人事和技术档案既保存完好，又查找方便。否则会使资料杂乱无章，无法利用。

信息的传递是指借助于一定的载体（如纸张、软盘、磁带等）在建设项目信息管理工作的各部门、各单位之间的传递。通过传递，形成各种信息流。畅通的信息流，将利用报表、图表、文字、记录、电讯、各种收发文、会议、审批及计算机等传递手段，不断地将建设项目信息输送到项目建设各方手中，成为他们工作的依据。

信息管理的目的，是为了更好地使用信息，为决策服务。处理好的信息，要按照需要和要求编印成各类报表和文件，以供项目管理工作使用。信息检索和传递的效率和质量是随着计算机的普及而提高。存储于计算机数据库中的数据，已成为信息资源，可为各个部门所共享。因此，利用计算机做好信息的加工储存工作，是更好地进行信息检索和传递，信息的使用前提。

三、建设工程项目信息的分类及编码方法

（一）建设工程项目信息的分类

项目法人和项目参与各方可根据各自的项目管理的需求确定其信息管理的分类，但为了信息交流的方便和实现部分信息共享，应尽可能作一些统一分类的规定。可以从不同的角度对建设工程项目的信息进行分类，如：

• 按项目管理工作的对象，即按项目的分解结构，如子项目 1、子项目 2 等进行信息分类；

• 按项目实施的工作过程，如设计准备、设计、招投标和施工过程等进行信息分类；

• 按项目管理工作的任务，如投资控制、进度控制、质量控制等进行信息分类；

• 按信息的内容属性，如组织类信息、管理类信息、经济类信息，技术类信息和法规类信息。

• 为满足项目管理工作的要求，往往需要对建设工程项目信息进行综合分类，即按多维进行分类，如：

第一维：按项目的分解结构；

第二维：按项目实施的工作过程；

第三维：按项目管理工作的任务。

（二）建设工程项目信息编码的方法

（1）编码由一系列符号（如文字）和数字组成，编码是信息处理的一项重要的基础工作。

（2）一个建设工程项目有不同类型和不同用途的信息，为了有组织地存储信息，方便信息的检索和信息的加工整理，必须对项目的信息进行编码，如：

• 项目的结构编码；

• 项目管理组织结构编码；

• 项目的政府主管部门和各参与单位编码（组织编码）；

• 项目实施的工作项编码（项目实施的工作过程的编码）；

·项目的投资项编码（业主方）/成本项编码（施工方）；
·项目的进度项（进度计划的工作项）编码；
·项目进展报告和各类报表编码；
·合同编码；
·函件编码；
·工程档案编码等。

以上这些编码是因不同的用途而编制的，如投资项编码（项目法人）/成本项编码（施工方）服务于投资控制工作/成本控制工作；进度项编码服务于进度控制工作。但是有些编码并不是针对某一项管理工作而编制的，如投资控制/成本控制、进度控制、质量控制、合同管理、编制项目进展报告等都要使用项目的结构编码，因此就需要进行编码的组合。

（3）项目的结构编码依据项目结构图，对项目结构的每一层的每一个组成部分进行编码。

（4）项目管理组织结构编码依据项目管理的组织结构图，对每一个工作部门进行编码。

（5）项目的政府主管部门和各参与单位的编码包括：
·政府主管部门；
·项目法人的上级单位或部门；
·金融机构；
·工程咨询单位；
·设计单位；
·施工单位；
·物资供应单位；
·运行管理单位等。

（6）项目实施的工作项编码应覆盖项目实施的工作任务目录的全部内容，它包括：
·设计准备阶段的工作项；
·设计阶段的工作项；
·招投标工作项；
·施工和设备安装工作项；
·项目动用前的准备工作项等。

（7）项目的投资项编码并不是概预算定额确定的分部分项工程的编码，它应综合考虑概算、预算、标底、合同价和工程款的支付等因素，建立统一的编码，以服务于项目投资目标的动态控制。

（8）项目成本项编码并不是预算定额确定的分部分项工程的编码，它应综合考虑预算、投标价估算、合同价、施工成本分析和工程款的支付等因素，建立统一的编码，以服务于项目成本目标的动态控制。

（9）项目的进度项编码应综合考虑不同层次、不同深度和不同用途的进度计划工作项的需要，建立统一的编码，服务于项目进度目标的动态控制。

（10）项目进展报告和各类报表编码应包括项目管理形成的各种报告和报表的编码。

（11）合同编码应参考项目的合同结构和合同的分类，应反映合同的类型、相应的项目结构和合同签订的时间等特征。

（12）函件编码应反映发函者、收函者、函件内容所涉及的分类和时间等，以便函件的查询和整理。

（13）工程档案的编码应根据有关工程档案的规定、项目的特点和项目实施单位的需求而建立。

四、建设工程项目信息处理的方法

在当今的时代，信息处理已逐步向电子化和数字化的方向发展，但建筑业和基本建设领域的信息化已明显落后于许多其他行业，建设工程项目信息处理基本上还沿用传统的方法和模式。应采取措施，使信息处理由传统的方式向基于网络的信息处理平台方向发展，以充分发挥信息资源的价值，以及信息对项目目标控制的作用。

（1）基于网络的信息处理平台由一系列硬件和软件构成：

数据处理设备（包括计算机、打印机、扫描仪、绘图仪等）；

数据通讯网络（包括形成网络的有关硬件设备和相应的软件）；

软件系统（包括操作系统和服务于信息处理的应用软件）等。

（2）数据通信网络主要有如下三种类型：

局域网（LAN——由与各网点连接的网线构成网络，各网点对应于装备有实际网络接口的用户工作站）；

城域网（MAN——在大城市范围内两个或多个网络的互联）；

广域网（WAN——在数据通信中，用来连接分散在广阔地域内的大量终端和计算机的一种多态网络）。

（3）互联网是目前最大的全球性的网络，它连接了覆盖 100 多个国家的各种网络，如商业性的网络（.com 或.co）、大学网络（.ac 或.edu）、研究网络（.org 或.net）和军事网络（.mil）等，并通过网络连接数以千万台的计算机，以实现连接互联网的计算机之间的数据通信。互联网由若干个学会、委员会和集团负责维护和运行管理。

（4）建设工程项目的项目法人和项目参与各方往往分散在不同的地点，因此其信息处理应考虑充分利用远程数据通信的方式，如：

通过电子邮件收集信息和发布信息；

通过基于互联网的项目专用网站（PSWS——Project Specific WebSite）卖现业主方内部、业主方和项目参与各方）以及项目参与各方之间的信息交流、协同工作和文档管理。

通过基于互联网的项目信息门户（PIP——Project Information Portal）的为众多项目服务的公用信息平台实现业主方内部、业主方和项目参与各方，以及项目参与各方之间的信息交流、协同工作和文档管理；召开网络会议；基于互联网的远程教育与培训等。

（5）基于互联网的项目信息门户（PIP）属于是电子商务（E-Business）两大分支中的电子协同工作（E-Collaboration）。项目信息门户在国际学术界有明确的内涵:即在对项目实施全过程中项目参与各方产生的信息和知识进行集中式管理的基础上，为项目的参与各方在互联网平台上提供一个获取个性化项目信息的单一入口，从而为项目的参与各方提供一个高效的信息交流（Project——Communication）和协同工作（Collaboration）的环境。它的核心功能是在互动式的文档管理的基础上，通过互联网促进项目参与各方之间的信息交流和促进项目参与各方的协同工作，从而达到为项目建设增值的目的。

（6）基于互联网的项目专用网站（PSWS）是基于互联网的项目信息门户的一种方式，是为某一个项目的信息处理专门建立的网站。但是基于互联网的项目信息门户也可以服务于多个项目，即成为为众多项目服务的公用信息平台。

（7）基于互联网的项目信息门户如美国的 Buzzsaw.com（于 1999 年开始运行）和德国的 PKM.com（于 1997 年开始运行），都有大量用户在其上进行项目信息处理。由此可见，建设工程项目的信息处理方式已起了根本性的变化。

五、项目管理信息系统

（一）项目管理信息系统概述

项目管理信息系统（PMIS——Project Management Information System）是基于计算机的项目管理的信息系统，主要用于项目的目标控制，用计算机的手段，进行项目管理有关数据的收集、记录、存储、过滤和把数据处理的结果提供给项目管理班子的成员，项目管理信息系统可以在局域网上或基于互联网的信息平台上运行。

20 世纪 70 年代末期和 80 年代初期国际上已有项目管理信息系统的商品软件，项目管理信息系统现已被广泛地用于业主方和施工方的项目管理。应用项目管理信息系统的主要意义是：

实现项目管理数据的集中存储；

有利于项目管理数据的检索和查询；

提高项目管理数据处理的效率；

确保项目管理数据处理的准确性；

可方便地形成各种项目管理需要的报表。

（二）信息技术在工程管理中的开发和应用的意义

通过信息技术在工程管理中的开发和应用能实现:信息存储数字化和存储相对集中（见图 12-4）；信息处理和变换的程序化；信息传输的数字化和电子化；信息获取便捷；信息透明度提高；信息流扁平化。

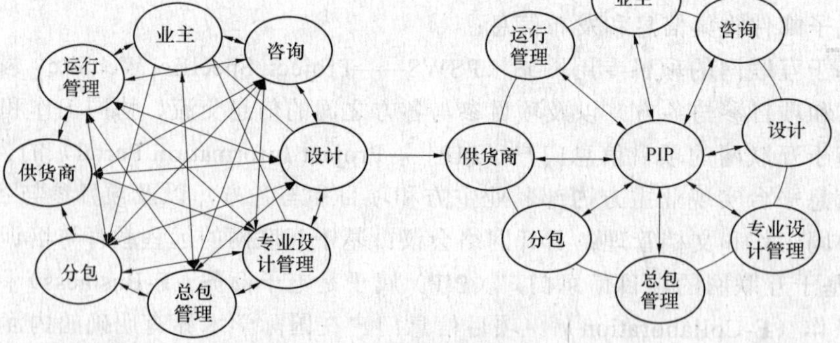

图 12-4　信息存储数字化

信息技术在工程管理中的开发和应用的意义在于：

“信息存储数字化和存储相对集中”有利于项目信息的检索和查询，有利于数据和文件版本的统一，并有利于项目的文档管理；

“信息处理和变换的程序化”有利于提高数据处理的准确性，并可提高数据处理的效率；

“信息传输的数字化和电子化”可提高数据传输的抗干扰能力，使数据传输不受距离限制并可提高数据传输的保真度和保密性；

“信息获取便捷”，“信息透明度提高”以及“信息流扁平化”有利于项目参与方之间的信息交流和协同工作。

（三）项目管理信息系统的功能

包括投资控制（项目法人）或成本控制（施工方）；进度控制；合同管理，有些项目管理信息系统还包括质量控制和一些办公自动化的功能。

1. 投资控制的功能包括

• 项目的估算、概算、预算、标底、合同价、投资使用计划和实际投资的数据计算和分析；

• 进行项目的估算、概算、预算、标底）合同价、投资使用计划和实际投资的动态比较（如概算和预算的比较、概算和标底的比较、概算和合同价的比较、预算和合同价的比较等），并形成各种比较报表；

• 计划资金的投入和实际资金的投入的比较分析；

• 根据工程的进展进行投资预测等。

2. 成本控制的功能包括

• 投标估算的数据计算和分析；

• 计划施工成本；

• 计算实际成本；

• 计划成本与实际成本的比较分析；

• 根据工程的进展进行施工成本预测等。

3. 进度控制的功能包括

• 计算工程网络计划的时间参数，并确定关键工作和关键路线；

• 绘制网络图和计划横道图；

• 编制资源需求量计划；

• 进度计划执行情况的比较分析；

• 根据工程的进展进行工程进度预测。

4. 合同管理的功能包括

• 合同基本数据查询；

• 合同执行情况的查询和统计分析；

• 标准合同文本查询和合同辅助起草等。

六、病险水库除险加固信息报送制度

为掌握各地病险水库除险加固总体进展情况，及时发现和解决项目建设中存在的问题，确保项目的顺利实施，水利部建立了病险水库除险加固信息报送制度。

（1）各级水行政主管部门要及时、准确、全面地掌握本地区每一座《专项规划》项目的进展情况，自2008年3月1日起，于每月5日前，将上个月本省（市、自治区）《专项规划》项目的进展情况报水利部大坝安全管理中心，包括病险水库除险加固专项规划项目进展情况汇总表和实施情况统计表，水利部于每月15日前将各地进展情况予以公布。

（2）流域机构直属项目，由各流域机构建设与管理部门报送。

（3）项目法人每月定期报送工程建设信息，要求各级水行政主管部门要结合本地实际情况层层建立信息报送制度，跟踪每个项目的前期工作进展、“三项制度”落实、建设资金落实和使用管理、工程质量与安全、工程进度与验收，以及水库管理体制改革等情况。

（4）各级水行政主管部门将当月管辖范围病险水库除险加固进展情况报上一级主管部门，并定期编发《病险水库除险加固工作简报》，公布本地病险水库除险加固工作进展情况。

第二节 档案管理

水利工程档案工作是水利工程建设与管理工作的重要组成部分。近年来大规模的水利建设，对水利工程档案工作提出了新的更高的要求。水利建设的全面推进，进一步拓宽了水利工程档案工作的领域，丰富了水利工程档案工作的内容，为水利档案事业的发展提供了难得的历史性机遇。同时，艰巨繁重的水利建设任务，使水利档案工作不仅工作量大大增加，工作的难度和深度也同时加大。水利部印发了《水利工程建设项目档案管理规定》（水办[2005]480号），其主要包括总则、档案管理、归档与移交要求、档案验收、附则，共5章32条和5个附件。该《规定》结合水利系统工程档案工作的实际，提出了许多明确、具体的要求，为进一步加强水利工程建设项目档案管理工作，明确档案管理职责，规范档案管理行为，发挥重要作用。

一、水利工程档案包括的内容

水利工程档案是指水利工程在前期、实施、竣工验收等各建设阶段过程中形成的，具有保存价值的文字、图表、声像等不同形式的历史记录。既包括纸制载体，也包括声像档案。既包括工程建设管理方面的文件材料，也应包括工程可研、勘测、设计、施工、监理、竣工验收等建设过程中及建成后试运行等方面所产生的文件材料。一般分为工程建设前期工作文件材料、工程建设管理文件材料、施工文件材料、监理文件材料、工艺、设备材料（含国外引进设备材料）文件材料、科研项目文件材料、生产技术准备和试生产文件材料、财务、器材管理文件材料、竣工验收文件材料等。项目法人可结合实际，补充制定符合工程建设实际的工程档案分类方案。

二、项目法人的工程档案管理职责

（1）项目法人对水利工程档案工作负总责，将档案工作纳入水利工程建设与管理工作中，及时制定有关工程档案管理工作的规章制度，明确相关部门、人员的岗位职责，统筹安排档案工作经费，认真做好自身产生档案的收集、整理、保管工作，并应加强对各参建单位归档工作的监督、检查和指导。大中型水利工程的项目法人，应设立档案室，落实专职档案人员；其他水利工程的项目法人也应配备相应人员负责工程档案工作。项目法人的档案人员对各职能处室归档工作具有监督、检查和指导职责。

（2）项目法人要准确划分工程档案分类方案及文件材料归档范围和保管期限，召集勘测设计、监理、施工等各参建单位，对工程档案提出要求，明确各自职责；在签订有关合同、协议时，对工程档案的收集、整理及移交等相关内容提出明确要求，并应认真做好有关档案的接收、归档和向流域机构档案馆的移交工作。

（3）大中型水利工程的项目法人均应建设与工作任务相适应的、符合规范要求的专用档案库房，配备必要的档案装具和设备；其他建设项目，也应有满足档案工作需要的库房、装具和设备。所需费用可分别列入工程总概算的管理房屋建设工程项目类和生产准备费中。

（4）项目法人应按照国家信息化建设的有关要求，充分利用新技术，开展水利工程档案数字化工作，建立工程档案数据库，大力开发档案信息资源，提高档案管理水平，为工程建设与管理服务。

（5）项目法人应按时向上级主管单位报送《水利工程建设项目档案管理规定》统一格式的《水利工程建设项目档案管理情况登记表》，国家重点建设项目，还应同时向水利部报送《水利工程建设项目档案管理规定》统一格式的《国家重点建设项目档案管理登记表》。

三、工程档案的归档范围和保管期限

水利工程档案的保管期限分为永久、长期、短期三种。长期档案的实际保存期限，不得短于工程的实际寿命。《水利工程建设项目文件材料归档范围和保管期限表》（见表 12-1）是对项目法人等相关单位应保存档案的原则规定。项目法人可结合实际，补充制定更加具体的工程档案归档范围及符合工程建设实际的工程档案分类方案。

表 12-1 水利工程建设项目文件材料归档范围与保管期限

序号	归档文件	保管期限		
		项目法人	运行管理单位	流域机构档案馆
1	**工程建设前期工作文件材料**			
1.1	勘测设计任务书、报批文件及审批文件	永久	永久	
1.2	规划报告书、附件、附图、报批文件及审批文件	永久	永久	
1.3	项目建议书、附件、附图、报批文件及审批文件	永久	永久	
1.4	可行性研究报告书、附件、附图、报批文件及审批文件	永久	永久	
1.5	初步设计报告书、附件、附图、报批文件及审批文件	永久	永久	
1.6	各阶段的环境影响、水土保持、水资源评价等专项报告及批复文件	永久	永久	
1.7	各阶段的评估报告	永久	永久	
1.8	各阶段的鉴定、实验等专题报告	永久	永久	
1.9	招标设计文件	永久	永久	
1.10	技术设计文件	永久	永久	
1.11	施工图设计文件	长期	长期	
2	**工程建设管理文件材料**			
2.1	工程建设管理有关规章制度、办法	永久	永久	
2.2	开工报告及审批文件	永久	永久	

续表 12-1

序号	归档文件	保管期限		
		项目法人	运行管理单位	流域机构档案馆
2.3	重要协调会议与有关专业会议的文件及相关材料	永久	永久	
2.4	工程建设大事记	永久	永久	永久
2.5	重大事件、事故声像材料	长期	长期	
2.6	有关工程建设管理及移民工作的各种合同、协议书	长期	长期	
2.7	合同谈判记录、纪要	长期	长期	
2.8	合同变更文件	长期	长期	
2.9	索赔与反索赔材料	长期		
2.10	工程建设管理涉及到的有关法律事务往来文件	长期	长期	
2.11	移民征地申请、批准文件及红线图（包括土地使用证）、行政区域图、坐标图	永久	永久	
2.12	移民拆迁规划、安置、补偿及实施方案和相关的批准文件	永久	永久	
2.13	各种专业会议记录	长期	*长期	
2.14	专业会议纪要	永久	*永久	*永久
2.15	有关领导的重要批示	永久	永久	
2.16	有关工程建设计划、实施计划和调整计划	长期		
2.17	重大设计变更及审批文件	永久	永久	永久
2.18	有关质量及安全生产事故处理文件材料	长期	长期	
2.19	有关招标技术设计、施工图设计及其审查文件材料	长期	长期	
2.20	有关投资、进度、质量、安全、合同等控制文件材料	长期		
2.21	招标文件、招标修改文件、招标补遗及答疑文件	长期		
2.22	投标书、资质资料、履约类保函、委托授权书和投标澄清文件、修正文件	永久		
2.23	开标、评标会议文件及中标通知书	长期		
2.24	环保、档案、防疫、消防、人防、水土保持等专项验收的请示、批复文件	永久	永久	
2.25	工程建设不同阶段产生的有关工程启用、移交的各种文件材料	永久	永久	*永久
2.26	出国考察报告及外国技术人员提供的有关文件材料	永久		
2.27	项目法人在工程建设管理方面与有关单位（含外商）的重要来往函电	永久		
3	**施工文件材料**			
3.1	工程技术要求、技术交底、图纸会审纪要	长期	长期	
3.2	施工计划、技术、工艺、安全措施等施工组织设计报批及审核文件	长期	长期	
3.3	建筑原材料出厂证明、质量鉴定、复验单及试验报告	长期	长期	
3.4	设备材料、零部件的出厂证明（合格证）、材料代用核定审批手续、技术核定单、业务联系单、备忘录等		长期	
3.5	设计变更通知、工程更改洽商单等	永久	永久	永久
3.6	施工定位（水准点、导线点、基准点、控制点等）测量、复核记录	永久	永久	

续表 12-1

序号	归档文件	保管期限		
		项目法人	运行管理单位	流域机构档案馆
3.7	施工放样记录及有关材料	永久	永久	
3.8	地质勘探和土（岩）试验报告	永久	长期	
3.9	基础处理、基础工程施工、桩基工程、地基验槽记录	永久	永久	
3.10	设备及管线焊接试验记录、报告，施工检验、探伤记录	永久	长期	
3.11	工程或设备与设施强度、密闭性试验记录、报告	长期	长期	
3.12	隐蔽工程验收记录	永久	长期	
3.13	记载工程或设备变化状态（测试、沉降、位移、变形等）的各种监测记录	永久	长期	
3.14	各类设备、电气、仪表的施工安装记录，质量检查、检验、评定材料	长期	长期	
3.15	网络、系统、管线等设备、设施的试运行、调试、测试、试验记录与报告	长期	长期	
3.16	管线清洗、试压、通水、通气、消毒等记录、报告	长期	长期	
3.17	管线标高、位置、坡度测量记录	长期	长期	
3.18	绝缘、接地电阻等性能测试、校核记录	永久	长期	
3.19	材料、设备明细表及检验、交接记录	长期	长期	
3.20	电器装置操作、联动实验记录	短期	长期	
3.21	工程质量检查自评材料	永久	长期	
3.22	施工技术总结，施工预、决算	长期	长期	
3.23	事故及缺陷处理报告等相关材料	长期	长期	
3.24	各阶段检查、验收报告和结论及相关文件材料	永久	永久	*永久
3.25	设备及管线施工中间交工验收记录及相关材料	永久	长期	
3.26	竣工图（含工程基础地质素描图）	永久	永久	永久
3.27	反映工程建设原貌及建设过程中重要阶段或事件的声像材料	永久	永久	永久
3.28	施工大事记	长期	长期	
3.29	施工记录及施工日记		长期	
4	**监理文件材料**			
4.1	监理合同协议，监理大纲，监理规划、细则、采购方案、监造计划及批复文件	长期		
4.2	设备材料审核文件	长期		
4.3	施工进度、延长工期、索赔及付款报审材料	长期		
4.4	开（停、复、返）工令、许可证等	长期		
4.5	监理通知，协调会审纪要，监理工程师指令、指示，来往信函	长期		
4.6	工程材料监理检查、复检、实验记录、报告	长期		
4.7	监理日志、监理周（月、季、年）报、备忘录	长期		
4.8	各项控制、测量成果及复核文件	长期		
4.9	质量检测、抽查记录	长期		

续表 12-1

序号	归档文件	保管期限		
		项目法人	运行管理单位	流域机构档案馆
4.10	施工质量检查分析评估、工程质量事故、施工安全事故等报告	长期	长期	
4.11	工程进度计划实施的分析、统计文件	长期		
4.12	变更价格审查、支付审批、索赔处理文件	长期		
4.13	单元工程检查及开工（开仓）签证，工程分部分项质量认证、评估	长期		
4.14	主要材料及工程投资计划、完成报表	长期		
4.15	设备采购市场调查、考察报告	长期		
4.16	设备制造的检验计划和检验要求、检验记录及试验、分包单位资格报审表	长期		
4.17	原材料、零配件等的质量证明文件和检验报告	长期		
4.18	会议纪要	长期	长期	
4.19	监理工程师通知单、监理工作联系单	长期		
4.20	有关设备质量事故处理及索赔文件	长期		
4.21	设备验收、交接文件，支付证书和设备制造结算审核文件	长期	长期	
4.22	设备采购、监造工作总结	长期	长期	
4.23	监理工作声像材料	长期	长期	
4.24	其他有关的重要来往文件	长期	长期	
5	**工艺、设备材料（含国外引进设备材料）文件材料**			
5.1	工艺说明、规程、路线、试验、技术总结		长期	
5.2	产品检验、包装、工装图、检测记录		长期	
5.3	采购工作中有关询价、报价、招投标、考察、购买合同等文件材料	长期		
5.4	设备、材料报关（商检、海关）、商业发票等材料	永久		
5.5	设备、材料检验、安装手册、操作使用说明书等随机文件		长期	
5.6	设备、材料出厂质量合格证明、装箱单、工具单，备品备件单等		短期	
5.7	设备、材料开箱检验记录及索赔文件等材料	永久		
5.8	设备、材料的防腐、保护措施等文件材料		短期	
5.9	设备图纸、使用说明书、零部件目录		长期	
5.10	设备测试、验收记录		长期	
5.11	设备安装调试记录、测定数据、性能鉴定		长期	
6	**科研项目文件材料**			
6.1	开题报告、任务书、批准书	永久		
6.2	协议书、委托书、合同	永久		
6.3	研究方案、计划、调查研究报告	永久		
6.4	试验记录、图表、照片	永久		
6.5	实验分析、计算、整理数据	永久		
6.6	实验装置及特殊设备图纸、工艺技术规范说明书	永久		

续表 12-1

序号	归档文件	保管期限		
		项目法人	运行管理单位	流域机构档案馆
6.7	实验装置操作规程、安全措施、事故分析	长期		
6.8	阶段报告、科研报告、技术鉴定	永久		
6.9	成果申报、鉴定、审批及推广应用材料	永久		
6.10	考察报告	永久		
7	**生产技术准备、试生产文件材料**			
7.1	技术准备计划		长期	
7.2	试生产管理、技术责任制等规定		长期	
7.3	开停车方案		长期	
7.4	设备试车、验收、运转、维护记录		长期	
7.5	安全操作规程、事故分析报告		长期	
7.6	运行记录		长期	
7.7	技术培训材料		长期	
7.8	产品技术参数、性能、图纸		长期	
7.9	工业卫生、劳动保护材料、环保、消防运行检测记录		长期	
8	**财务、器材管理文件材料**			
8.1	财务计划、投资、执行及统计文件	长期		
8.2	工程概算、预算、决算、审计文件及标底、合同价等说明材料	永久		
8.3	主要器材、消耗材料的清单和使用情况记录	长期		
8.4	交付使用的固定资产、流动资产、无形资产、递延资产清册	永久	永久	
9	**竣工验收文件材料**			
9.1	工程验收申请报告及批复	永久	永久	永久
9.2	工程建设管理工作报告	永久	永久	永久
9.3	工程设计总结（设计工作报告）	永久	永久	永久
9.4	工程施工总结（施工管理工作报告）	永久	永久	永久
9.5	工程监理工作报告	永久	永久	永久
9.6	工程运行管理工作报告	永久	永久	永久
9.7	工程质量监督工作报告（含工程质量检测报告）	永久	永久	永久
9.8	工程建设声像材料	永久	永久	永久
9.9	工程审计文件、材料、决算报告	永久	永久	永久
9.10	环境保护、水土保持、消防、人防、档案等专项验收意见	永久	永久	永久
9.11	工程竣工验收鉴定书及验收委员签字表	永久	永久	永久
9.12	竣工验收会议其他重要文件材料及记载验收会议主要情况的声像材料	永久	永久	永久
9.13	项目评优报奖申报材料、批准文件及证书	永久	永久	永久

注：保管期限中有*的类项，表示相关单位只保存与本单位有关或较重要的相关文件材料。

四、工程档案资料的归档及移交

（1）水利工程档案的归档工作，一般是由产生文件材料的单位或部门负责。总包单位对各分包单位提交的归档材料负有汇总责任。各参建单位技术负责人应对其提供档案的内容及质量负责；监理工程师对施工单位提交的归档材料应履行审核签字手续，监理单位应向项目法人提交对工程档案内容与整编质量情况的专题审核报告。

（2）水利工程文件材料的收集、整理应符合《科学技术档案案卷构成的一般要求》（GB/T1182—2000）。归档文件材料的内容与形式均应满足档案整理规范要求。即内容应完整、准确、系统；形式应字迹清楚、图样清晰、图表整洁、竣工图及声像材料须标注的内容清楚、签字（章）手续完备，归档图纸应按《技术制图复制图的折叠方法》（GB/T10609.3—1989）要求统一折叠。

（3）参建单位应指定专人，负责各自产生的照片、胶片、录音、录像等声像材料的收集、整理、归档工作，归档的声像材料均应标注事由、时间、地点、人物、作者等内容。工程建设重要阶段、重大事件、事故，必须要有完整的声像材料归档。

（4）电子文件的整理、归档，参照《电子文件归档与管理规范》（GB/T18894—2002）执行。

（5）文件材料的归档份数应满足以下要求：

①项目法人与运行管理单位应各保存1套较完整的工程档案材料（当二者为一个单位时，应异地保存1套）；

②工程涉及多家运行管理单位时，各运行管理单位则只保存与其管理范围有关的工程档案材料；

③当有关文件材料需由若干单位保存时，原件应由项目产权单位保存，其他单位保存复制件；

④流域控制性水利枢纽工程或大江、大河、大湖的重要堤防工程，项目法人应负责向流域机构档案馆移交1套完整的工程竣工图及工程竣工验收等相关文件材料。

（6）工程档案的归档与移交必须编制档案目录。档案目录应为案卷级，并须填写工程档案交接单。交接双方应认真核对目录与实物，并由经手人签字、加盖单位公章确认。

（7）工程档案的归档时间，可由项目法人根据实际情况确定。可分阶段在单位工程或单项工程完工后向项目法人归档，也可在主体工程全部完工后向项目法人归档。整个项目的归档工作和项目法人向有关单位的档案移交工作，应在工程竣工验收后三个月内完成。

五、竣工图

竣工图是水利工程档案的重要组成部分，必须做到完整、准确、清晰、系统、修改规范、签字手续完备。项目法人应负责编制项目总平面图和综合管线竣工图。施工单位应以单位工程或专业为单位编制竣工图。竣工图须由编制单位在图标上方空白处逐张加盖“竣工图章”，有关单位和责任人应严格履行签字手续。每套竣工图应附编制说明、鉴定意见及目录。施工单位应按以下要求编制竣工图：

（1）按施工图施工没有变动的，须在施工图上加盖并签署竣工图章；

（2）一般性的图纸变更及符合更改或划改要求的，可在原施工图上更改，在说明栏内注明变更依据，加盖并签署竣工图章；

（3）凡涉及结构形式、工艺、平面布置等重大改变，或图面变更超过1/3的，应重新绘制竣工图（可不再加盖竣工图章）。重绘图应按原图编号，并在说明栏内注明变更依据，在图标栏内注明“竣工阶段”和绘制竣工图的时间、单位、责任人。监理单位应在图标上方加盖并签署《水利工程建设项目档案管理规定》统一格式的“竣工图确认章”。

六、水利工程档案验收

水利工程项目档案专项验收是水利工程竣工验收的重要内容，可提前或与工程竣工验收同步进行。凡档案内容与质量达不到要求的水利工程不得通过档案专项验收；未通过档案专项验收或档案专项验收不合格的工程，不得进行或通过工程的总体竣工验收。

（一）档案自检

项目法人应认真组织人员做好档案专项验收前的各项准备工作，重点是做好验收前的档案自检工作，并形成自检工作报告。**自检包括以下几个方面：**

（1）工程档案的管理情况：主要包括工程档案工作管理体制和管理状况；

（2）文件材料的收集、整理、归档与保管情况；

（3）竣工图的编制与整编质量；

（4）工程档案完整、准确、系统、安全性的自我评价等。

确认工程档案的内容与质量已达到要求，便可向有关单位报送档案自检报告，并提出档案专项验收申请。档案自检报告应包括：工程概况，工程档案管理情况，文件材料的收集、整理、归档与保管情况，竣工图的编制与整编质量，工程档案完整、准确、系统、安全性的自我评价等内容。

（二）档案专项验收的主要检查内容

大中型水利工程在竣工验收前要进行档案专项验收。小型水库除险加固工程或建设内容单一的其他工程的档案验收应与工程竣工验收同步进行。档案专项验收可分为初步验收和正式验收。初步验收可由工程竣工验收主持单位委托相关单位组织进行；正式验收应由工程竣工验收主持单位的档案业务主管部门负责，实施档案专项验收时，主要检查以下内容：

（1）检查档案资料的完整性。是否制定了本项目档案归档范围，检查工程建设过程中各阶段形成的不同种类应归档的材料是否齐全、内容是否完整。

（2）检查档案的准确性。按照制定的本项目归档范围，检查工程档案的材料是否真实，图物是否相符，数字、图表等是否准确可靠，签字手续是否真实。

（3）检查档案的系统性。根据制定的本项目档案分类表，检查档案的整编是否按照其形成规律、保持了各部分之间的有机联系、分类科学、组卷合理、编号正确。

（4）检查档案的案卷质量。依据有关要求，检查案卷质量是否符合《科学技术档案案卷构成的一般要求》。

（三）档案专项验收工作的步骤、方法与内容

档案专项验收的主持单位在收到申请后，可委托有关单位对其工程档案进行验收前检查评定，对具备验收条件的项目，应成立档案专项验收组进行验收。档案专项验收组由验收主持单位、国家或地方档案行政管理部门、地方水行政管理部门及有关流域机构等单位

组成。必要时，可聘请相关单位的档案专家作为验收组成员参加验收。档案专项验收工作的步骤、方法与内容如下：

（1）听取项目法人有关工程建设情况和档案收集、整理、归档、移交、管理与保管情况的自检报告。

（2）听取监理单位对项目档案整理情况的审核报告。

（3）对验收前已进行档案检查评定的水利工程，还应听取被委托单位的检查评定意见。

（4）查看现场（了解工程建设实际情况）。

（5）根据水利工程建设规模，抽查各单位档案整理情况。抽查比例一般不得少于项目法人应保存档案数量的 8%，其中竣工图不得少于一套竣工图总张数的 10%；抽查档案总量应在 200 卷以上。

（6）验收组成员进行综合评议。

（7）形成档案专项验收意见，并向项目法人和所有会议代表反馈。

（8）验收主持单位以文件形式正式印发档案专项验收意见。档案专项验收意见应包括以下内容：工程概况，工程档案管理情况，存在问题及整改要求，验收结论，验收组成员签字表。

小型水库除险加固工程档案验收工作，可与竣工验收结合，融入竣工验收相应步骤与内容中。

附录　重要法规和文件选编

目　录

◆水利工程建设项目招标投标审计办法

◆招标投标违法行为记录公告暂行办法（发改法规[2008]1531 号）

◆关于进一步做好病险水库除险加固工作的通知（2008 年 2 月 19 日水建管[2008]49 号）

◆关于印发《关于加强小型水库安全管理工作的意见》的通知（2002 年 5 月 21 日水建管[2002]188 号）

◆关于印发水利部病险水库除险加固工作方案的通知（2008 年 2 月 20 日水建管[2008]54 号）

◆印发《关于加强重点小型病险水库除险加固项目建设管理的指导意见》的通知（2008 年 9 月 4 日水建管[2008]348 号）

一、法　律

◆　中华人民共和国水法（2002 年 8 月 29 日中华人民共和国主席令第 74 号）

中华人民共和国水法在 2002 年 8 月 29 日第九届全国人民代表大会常务委员会第二十九次会议通过，于 2002 年 10 月 1 日起施行。

第一章　总　则

第一条　为了合理开发、利用、节约和保护水资源，防治水害，实现水资源的可持续利用，适应国民经济和社会发展的需要，制定本法。

第二条　在中华人民共和国领域内开发、利用、节约、保护、管理水资源，防治水害，适用本法。

本法所称水资源，包括地表水和地下水。

第三条　水资源属于国家所有。水资源的所有权由国务院代表国家行使。农村集体经济组织的水塘和由农村集体经济组织修建管理的水库中的水，归各该农村集体经济组织使用。

第四条　开发、利用、节约、保护水资源和防治水害，应当全面规划、统筹兼顾、标本兼治、综合利用、讲求效益，发挥水资源的多种功能，协调好生活、生产经营和生态环境用水。

第五条　县级以上人民政府应当加强水利基础设施建设，并将其纳入本级国民经济和社会发展计划。

第六条　国家鼓励单位和个人依法开发、利用水资源，并保护其合法权益。开发、利用水资源的单位和个人有依法保护水资源的义务。

第七条　国家对水资源依法实行取水许可制度和有偿使用制度。但是，农村集体经济组织及其成员使用本集体经济组织的水塘、水库中的水的除外。国务院水行政主管部门负责全国取水许可制度和水资源有偿使用制度的组织实施。

第八条　国家厉行节约用水，大力推行节约用水措施，推广节约用水新技术、新工艺，发展节水型工业、农业和服务业，建立节水型社会。

各级人民政府应当采取措施，加强对节约用水的管理，建立节约用水技术开发推广体系，培育和发展节约用水产业。

单位和个人有节约用水的义务。

第九条　国家保护水资源，采取有效措施，保护植被，植树种草，涵养水源，防治水土流失和水体污染，改善生态环境。

第十条　国家鼓励和支持开发、利用、节约、保护、管理水资源和防治水害的先进科学技术的研究、推广和应用。

第十一条　在开发、利用、节约、保护、管理水资源和防治水害等方面成绩显著的单位和个人，由人民政府给予奖励。

第十二条　国家对水资源实行流域管理与行政区域管理相结合的管理体制。

国务院水行政主管部门负责全国水资源的统一管理和监督工作。

国务院水行政主管部门在国家确定的重要江河、湖泊设立的流域管理机构（以下简称流域管理机构），在所管辖的范围内行使法律、行政法规规定的和国务院水行政主管部门授予的水资源管理和监督职责。

县级以上地方人民政府水行政主管部门按照规定的权限，负责本行政区域内水资源的统一管理和监督工作。

第十三条　国务院有关部门按照职责分工，负责水资源开发、利用、节约和保护的有关工作。

县级以上地方人民政府有关部门按照职责分工，负责本行政区域内水资源开发、利用、节约和保护的有关工作。

第二章　水资源规划

第十四条　国家制定全国水资源战略规划。

开发、利用、节约、保护水资源和防治水害，应当按照流域、区域统一制定规划。规划分为流域规划和区域规划。流域规划包括流域综合规划和流域专业规划；区域规划包括区域综合规划和区域专业规划。

前款所称综合规划，是指根据经济社会发展需要和水资源开发利用现状编制的开发、利用、节约、保护水资源和防治水害的总体部署。前款所称专业规划，是指防洪、治涝、灌溉、航运、供水、水力发电、竹木流放、渔业、水资源保护、水土保持、防沙治沙、节约用水等规划。

第十五条　流域范围内的区域规划应当服从流域规划，专业规划应当服从综合规划。

流域综合规划和区域综合规划以及与土地利用关系密切的专业规划，应当与国民经济和社会发展规划以及土地利用总体规划、城市总体规划和环境保护规划相协调，兼顾各地区、各行业的需要。

第十六条　制定规划，必须进行水资源综合科学考察和调查评价。水资源综合科学考察和调查评价，由县级以上人民政府水行政主管部门会同同级有关部门组织进行。

县级以上人民政府应当加强水文、水资源信息系统建设。县级以上人民政府水行政主管部门和流域管理机构应当加强对水资源的动态监测。

基本水文资料应当按照国家有关规定予以公开。

第十七条　国家确定的重要江河、湖泊的流域综合规划，由国务院水行政主管部门会同国务院有关部门和有关省、自治区、直辖市人民政府编制，报国务院批准。跨省、自治区、直辖市的其他江河、湖泊的流域综合规划和区域综合规划，由有关流域管理机构会同江河、湖泊所在地的省、自治区、直辖市人民政府水行政主管部门和有关部门编制，分别经有关省、自治区、直辖市人民政府审查提出意见后，报国务院水行政主管部门审核；国务院水行政主管部门征求国务院有关部门意见后，报国务院或者其授权的部门批准。

前款规定以外的其他江河、湖泊的流域综合规划和区域综合规划，由县级以上地方人民政府水行政主管部门会同同级有关部门和有关地方人民政府编制，报本级人民政府或者其授权的部门批准，并报上一级水行政主管部门备案。

专业规划由县级以上人民政府有关部门编制，征求同级其他有关部门意见后，报本级人民政府批准。其中，防洪规划、水土保持规划的编制、批准，依照防洪法、水土保持法的有关规定执行。

第十八条 规划一经批准，必须严格执行。

经批准的规划需要修改时，必须按照规划编制程序经原批准机关批准。

第十九条 建设水工程，必须符合流域综合规划。在国家确定的重要江河、湖泊和跨省、自治区、直辖市的江河、湖泊上建设水工程，其工程可行性研究报告报请批准前，有关流域管理机构应当对水工程的建设是否符合流域综合规划进行审查并签署意见；在其他江河、湖泊上建设水工程，其工程可行性研究报告报请批准前，县级以上地方人民政府水行政主管部门应当按照管理权限对水工程的建设是否符合流域综合规划进行审查并签署意见。水工程建设涉及防洪的，依照防洪法的有关规定执行；涉及其他地区和行业的，建设单位应当事先征求有关地区和部门的意见。

第三章 水资源开发利用

第二十条 开发、利用水资源，应当坚持兴利与除害相结合，兼顾上下游、左右岸和有关地区之间的利益，充分发挥水资源的综合效益，并服从防洪的总体安排。

第二十一条 开发、利用水资源，应当首先满足城乡居民生活用水，并兼顾农业、工业、生态环境用水以及航运等需要。

在干旱和半干旱地区开发、利用水资源，应当充分考虑生态环境用水需要。

第二十二条 跨流域调水，应当进行全面规划和科学论证，统筹兼顾调出和调入流域的用水需要，防止对生态环境造成破坏。

第二十三条 地方各级人民政府应当结合本地区水资源的实际情况，按照地表水与地下水统一调度开发、开源与节流相结合、节流优先和污水处理再利用的原则，合理组织开发、综合利用水资源。

国民经济和社会发展规划以及城市总体规划的编制、重大建设项目的布局，应当与当地水资源条件和防洪要求相适应，并进行科学论证；在水资源不足的地区，应当对城市规模和建设耗水量大的工业、农业和服务业项目加以限制。

第二十四条 在水资源短缺的地区，国家鼓励对雨水和微咸水的收集、开发、利用和对海水的利用、淡化。

第二十五条 地方各级人民政府应当加强对灌溉、排涝、水土保持工作的领导，促进农业生产发展；在容易发生盐碱化和渍害的地区，应当采取措施，控制和降低地下水的水位。

农村集体经济组织或者其成员依法在本集体经济组织所有的集体土地或者承包土地上投资兴建水工程设施的，按照谁投资建设谁管理和谁受益的原则，对水工程设施及其蓄水进行管理和合理使用。

农村集体经济组织修建水库应当经县级以上地方人民政府水行政主管部门批准。

第二十六条 国家鼓励开发、利用水能资源。在水能丰富的河流，应当有计划地进行多目标梯级开发。

建设水力发电站，应当保护生态环境，兼顾防洪、供水、灌溉、航运、竹木流放和渔业等方面的需要。

第二十七条 国家鼓励开发、利用水运资源。在水生生物洄游通道、通航或者竹木流放的河流上修建永久性拦河闸坝，建设单位应当同时修建过鱼、过船、过木设施，或者经国务院授权的部门批准采取其他补救措施，并妥善安排施工和蓄水期间的水生生物保护、航运和竹木流放，所需费用由建设单位承担。

在不通航的河流或者人工水道上修建闸坝后可以通航的，闸坝建设单位应当同时修建过船设施或者预留过船设施位置。

第二十八条　任何单位和个人引水、截（蓄）水、排水，不得损害公共利益和他人的合法权益。

第二十九条　国家对水工程建设移民实行开发性移民的方针，按照前期补偿、补助与后期扶持相结合的原则，妥善安排移民的生产和生活，保护移民的合法权益。

移民安置应当与工程建设同步进行。建设单位应当根据安置地区的环境容量和可持续发展的原则，因地制宜，编制移民安置规划，经依法批准后，由有关地方人民政府组织实施。所需移民经费列入工程建设投资计划。

第四章　水资源、水域和水工程的保护

第三十条　县级以上人民政府水行政主管部门、流域管理机构以及其他有关部门在制定水资源开发、利用规划和调度水资源时，应当注意维持江河的合理流量和湖泊、水库以及地下水的合理水位，维护水体的自然净化能力。

第三十一条　从事水资源开发、利用、节约、保护和防治水害等水事活动，应当遵守经批准的规划；因违反规划造成江河和湖泊水域使用功能降低、地下水超采、地面沉降、水体污染的，应当承担治理责任。

开采矿藏或者建设地下工程，因疏干排水导致地下水水位下降、水源枯竭或者地面塌陷，采矿单位或者建设单位应当采取补救措施；对他人生活和生产造成损失的，依法给予补偿。

第三十二条　国务院水行政主管部门会同国务院环境保护行政主管部门、有关部门和有关省、自治区、直辖市人民政府，按照流域综合规划、水资源保护规划和经济社会发展要求，拟定国家确定的重要江河、湖泊的水功能区划，报国务院批准。跨省、自治区、直辖市的其他江河、湖泊的水功能区划，由有关流域管理机构会同江河、湖泊所在地的省、自治区、直辖市人民政府水行政主管部门、环境保护行政主管部门和其他有关部门拟定，分别经有关省、自治区、直辖市人民政府审查提出意见后，由国务院水行政主管部门会同国务院环境保护行政主管部门审核，报国务院或者其授权的部门批准。

前款规定以外的其他江河、湖泊的水功能区划，由县级以上地方人民政府水行政主管部门会同同级人民政府环境保护行政主管部门和有关部门拟定，报同级人民政府或者其授权的部门批准，并报上一级水行政主管部门和环境保护行政主管部门备案。

县级以上人民政府水行政主管部门或者流域管理机构应当按照水功能区对水质的要求和水体的自然净化能力，核定该水域的纳污能力，向环境保护行政主管部门提出该水域的限制排污总量意见。

县级以上地方人民政府水行政主管部门和流域管理机构应当对水功能区的水质状况进行监测，发现重点污染物排放总量超过控制指标的，或者水功能区的水质未达到水域使用功能对水质的要求的，应当及时报告有关人民政府采取治理措施，并向环境保护行政主管部门通报。

第三十三条　国家建立饮用水水源保护区制度。省、自治区、直辖市人民政府应当划定饮用水水源保护区，并采取措施，防止水源枯竭和水体污染，保证城乡居民饮用水安全。

第三十四条　禁止在饮用水水源保护区内设置排污口。

在江河、湖泊新建、改建或者扩大排污口，应当经过有管辖权的水行政主管部门或者流域管理机构同意，由环境保护行政主管部门负责对该建设项目的环境影响报告书进行审批。

第三十五条　从事工程建设，占用农业灌溉水源、灌排工程设施，或者对原有灌溉用水、供水水源有不利影响的，建设单位应当采取相应的补救措施；造成损失的，依法给予补偿。

第三十六条 在地下水超采地区，县级以上地方人民政府应当采取措施，严格控制开采地下水。在地下水严重超采地区，经省、自治区、直辖市人民政府批准，可以划定地下水禁止开采或者限制开采区。在沿海地区开采地下水，应当经过科学论证，并采取措施，防止地面沉降和海水入侵。

第三十七条 禁止在江河、湖泊、水库、运河、渠道内弃置、堆放阻碍行洪的物体和种植阻碍行洪的林木及高秆作物。

禁止在河道管理范围内建设妨碍行洪的建筑物、构筑物以及从事影响河势稳定、危害河岸堤防安全和其他妨碍河道行洪的活动。

第三十八条 在河道管理范围内建设桥梁、码头和其他拦河、跨河、临河建筑物、构筑物，铺设跨河管道、电缆，应当符合国家规定的防洪标准和其他有关的技术要求，工程建设方案应当依照防洪法的有关规定报经有关水行政主管部门审查同意。

因建设前款工程设施，需要扩建、改建、拆除或者损坏原有水工程设施的，建设单位应当负担扩建、改建的费用和损失补偿。但是，原有工程设施属于违法工程的除外。

第三十九条 国家实行河道采砂许可制度。河道采砂许可制度实施办法，由国务院规定。

在河道管理范围内采砂，影响河势稳定或者危及堤防安全的，有关县级以上人民政府水行政主管部门应当划定禁采区和规定禁采期，并予以公告。

第四十条 禁止围湖造地。已经围垦的，应当按照国家规定的防洪标准有计划地退地还湖。

禁止围垦河道。确需围垦的，应当经过科学论证，经省、自治区、直辖市人民政府水行政主管部门或者国务院水行政主管部门同意后，报本级人民政府批准。

第四十一条 单位和个人有保护水工程的义务，不得侵占、毁坏堤防、护岸、防汛、水文监测、水文地质监测等工程设施。

第四十二条 县级以上地方人民政府应当采取措施，保障本行政区域内水工程，特别是水坝和堤防的安全，限期消除险情。水行政主管部门应当加强对水工程安全的监督管理。

第四十三条 国家对水工程实施保护。国家所有的水工程应当按照国务院的规定划定工程管理和保护范围。

国务院水行政主管部门或者流域管理机构管理的水工程，由主管部门或者流域管理机构商有关省、自治区、直辖市人民政府划定工程管理和保护范围。

前款规定以外的其他水工程，应当按照省、自治区、直辖市人民政府的规定，划定工程保护范围和保护职责。

在水工程保护范围内，禁止从事影响水工程运行和危害水工程安全的爆破、打井、采石、取土等活动。

第五章 水资源配置和节约使用

第四十四条 国务院发展计划主管部门和国务院水行政主管部门负责全国水资源的宏观调配。全国的和跨省、自治区、直辖市的水中长期供求规划，由国务院水行政主管部门会同有关部门制订，经国务院发展计划主管部门审查批准后执行。地方的水中长期供求规划，由县级以上地方人民政府水行政主管部门会同同级有关部门依据上一级水中长期供求规划和本地区的实际情况制订，经本级人民政府发展计划主管部门审查批准后执行。

水中长期供求规划应当依据水的供求现状、国民经济和社会发展规划、流域规划、区域规划，按照水资源供需协调、综合平衡、保护生态、厉行节约、合理开源的原则制定。

第四十五条 调蓄径流和分配水量，应当依据流域规划和水中长期供求规划，以流域为单元制定水量分配方案。

跨省、自治区、直辖市的水量分配方案和旱情紧急情况下的水量调度预案，由流域管理机构商有关省、自治区、直辖市人民政府制订，报国务院或者其授权的部门批准后执行。其他跨行政区域的水量分配方案和旱情紧急情况下的水量调度预案，由共同的上一级人民政府水行政主管部门商有关地方人民政府制订，报本级人民政府批准后执行。

水量分配方案和旱情紧急情况下的水量调度预案经批准后，有关地方人民政府必须执行。

在不同行政区域之间的边界河流上建设水资源开发、利用项目，应当符合该流域经批准的水量分配方案，由有关县级以上地方人民政府报共同的上一级人民政府水行政主管部门或者有关流域管理机构批准。

第四十六条　县级以上地方人民政府水行政主管部门或者流域管理机构应当根据批准的水量分配方案和年度预测来水量，制定年度水量分配方案和调度计划，实施水量统一调度；有关地方人民政府必须服从。

国家确定的重要江河、湖泊的年度水量分配方案，应当纳入国家的国民经济和社会发展年度计划。

第四十七条　国家对用水实行总量控制和定额管理相结合的制度。

省、自治区、直辖市人民政府有关行业主管部门应当制订本行政区域内行业用水定额，报同级水行政主管部门和质量监督检验行政主管部门审核同意后，由省、自治区、直辖市人民政府公布，并报国务院水行政主管部门和国务院质量监督检验行政主管部门备案。

县级以上地方人民政府发展计划主管部门会同同级水行政主管部门，根据用水定额、经济技术条件以及水量分配方案确定的可供本行政区域使用的水量，制定年度用水计划，对本行政区域内的年度用水实行总量控制。

第四十八条　直接从江河、湖泊或者地下取用水资源的单位和个人，应当按照国家取水许可制度和水资源有偿使用制度的规定，向水行政主管部门或者流域管理机构申请领取取水许可证，并缴纳水资源费，取得取水权。但是，家庭生活和零星散养、圈养畜禽饮用等少量取水的除外。

实施取水许可制度和征收管理水资源费的具体办法，由国务院规定。

第四十九条　用水应当计量，并按照批准的用水计划用水。

用水实行计量收费和超定额累进加价制度。

第五十条　各级人民政府应当推行节水灌溉方式和节水技术，对农业蓄水、输水工程采取必要的防渗漏措施，提高农业用水效率。

第五十一条　工业用水应当采用先进技术、工艺和设备，增加循环用水次数，提高水的重复利用率。

国家逐步淘汰落后的、耗水量高的工艺、设备和产品，具体名录由国务院经济综合主管部门会同国务院水行政主管部门和有关部门制定并公布。生产者、销售者或者生产经营中的使用者应当在规定的时间内停止生产、销售或者使用列入名录的工艺、设备和产品。

第五十二条　城市人民政府应当因地制宜采取有效措施，推广节水型生活用水器具，降低城市供水管网漏失率，提高生活用水效率；加强城市污水集中处理，鼓励使用再生水，提高污水再生利用率。

第五十三条　新建、扩建、改建建设项目，应当制订节水措施方案，配套建设节水设施。节水设施应当与主体工程同时设计、同时施工、同时投产。

供水企业和自建供水设施的单位应当加强供水设施的维护管理，减少水的漏失。

第五十四条 各级人民政府应当积极采取措施，改善城乡居民的饮用水条件。

第五十五条 使用水工程供应的水，应当按照国家规定向供水单位缴纳水费。供水价格应当按照补偿成本、合理收益、优质优价、公平负担的原则确定。具体办法由省级以上人民政府价格主管部门会同同级水行政主管部门或者其他供水行政主管部门依据职权制定。

第六章 水事纠纷处理与执法监督检查

第五十六条 不同行政区域之间发生水事纠纷的，应当协商处理；协商不成的，由上一级人民政府裁决，有关各方必须遵照执行。在水事纠纷解决前，未经各方达成协议或者共同的上一级人民政府批准，在行政区域交界线两侧一定范围内，任何一方不得修建排水、阻水、取水和截（蓄）水工程，不得单方面改变水的现状。

第五十七条 单位之间、个人之间、单位与个人之间发生的水事纠纷，应当协商解决；当事人不愿协商或者协商不成的，可以申请县级以上地方人民政府或者其授权的部门调解，也可以直接向人民法院提起民事诉讼。县级以上地方人民政府或者其授权的部门调解不成的，当事人可以向人民法院提起民事诉讼。

在水事纠纷解决前，当事人不得单方面改变现状。

第五十八条 县级以上人民政府或者其授权的部门在处理水事纠纷时，有权采取临时处置措施，有关各方或者当事人必须服从。

第五十九条 县级以上人民政府水行政主管部门和流域管理机构应当对违反本法的行为加强监督检查并依法进行查处。

水政监督检查人员应当忠于职守，秉公执法。

第六十条 县级以上人民政府水行政主管部门、流域管理机构及其水政监督检查人员履行本法规定的监督检查职责时，有权采取下列措施：

（一）要求被检查单位提供有关文件、证照、资料；

（二）要求被检查单位就执行本法的有关问题作出说明；

（三）进入被检查单位的生产场所进行调查；

（四）责令被检查单位停止违反本法的行为，履行法定义务。

第六十一条 有关单位或者个人对水政监督检查人员的监督检查工作应当给予配合，不得拒绝或者阻碍水政监督检查人员依法执行职务。

第六十二条 水政监督检查人员在履行监督检查职责时，应当向被检查单位或者个人出示执法证件。

第六十三条 县级以上人民政府或者上级水行政主管部门发现本级或者下级水行政主管部门在监督检查工作中有违法或者失职行为的，应当责令其限期改正。

第七章 法律责任

第六十四条 水行政主管部门或者其他有关部门以及水工程管理单位及其工作人员，利用职务上的便利收取他人财物、其他好处或者玩忽职守，对不符合法定条件的单位或者个人核发许可证、签署审查同意意见，不按照水量分配方案分配水量，不按照国家有关规定收取水资源费，不履行监督职责，或者发现违法行为不予查处，造成严重后果，构成犯罪的，对负有责任的主管人员和其他直接责任人员依照刑法的有关规定追究刑事责任；尚不够刑事处罚的，依法给予行政处分。

第六十五条 在河道管理范围内建设妨碍行洪的建筑物、构筑物，或者从事影响河势稳定、危害河岸堤防安全和其他妨碍河道行洪的活动的，由县级以上人民政府水行政主管部门或者流域管理机构依据职权，责令停止违法行为，限期拆除违法建筑物、构筑物，恢复原状；逾期不拆除、不恢复原状的，强行拆除，所需费用由违法单位或者个人负担，并处一万元以上十万元以下的罚款。

未经水行政主管部门或者流域管理机构同意，擅自修建水工程，或者建设桥梁、码头和其他拦河、跨河、临河建筑物、构筑物，铺设跨河管道、电缆，且防洪法未作规定的，由县级以上人民政府水行政主管部门或者流域管理机构依据职权，责令停止违法行为，限期补办有关手续；逾期不补办或者补办未被批准的，责令限期拆除违法建筑物、构筑物；逾期不拆除的，强行拆除，所需费用由违法单位或者个人负担，并处一万元以上十万元以下的罚款。

虽经水行政主管部门或者流域管理机构同意，但未按照要求修建前款所列工程设施的，由县级以上人民政府水行政主管部门或者流域管理机构依据职权，责令限期改正，按照情节轻重，处一万元以上十万元以下的罚款。

第六十六条 有下列行为之一，且防洪法未作规定的，由县级以上人民政府水行政主管部门或者流域管理机构依据职权，责令停止违法行为，限期清除障碍或者采取其他补救措施，处一万元以上五万元以下的罚款：

（一）在江河、湖泊、水库、运河、渠道内弃置、堆放阻碍行洪的物体和种植阻碍行洪的林木及高秆作物的；

（二）围湖造地或者未经批准围垦河道的。

第六十七条 在饮用水水源保护区内设置排污口的，由县级以上地方人民政府责令限期拆除、恢复原状；逾期不拆除、不恢复原状的，强行拆除、恢复原状，并处五万元以上十万元以下的罚款。

未经水行政主管部门或者流域管理机构审查同意，擅自在江河、湖泊新建、改建或者扩大排污口的，由县级以上人民政府水行政主管部门或者流域管理机构依据职权，责令停止违法行为，限期恢复原状，处五万元以上十万元以下的罚款。

第六十八条 生产、销售或者在生产经营中使用国家明令淘汰的落后的、耗水量高的工艺、设备和产品的，由县级以上地方人民政府经济综合主管部门责令停止生产、销售或者使用，处二万元以上十万元以下的罚款。

第六十九条 有下列行为之一的，由县级以上人民政府水行政主管部门或者流域管理机构依据职权，责令停止违法行为，限期采取补救措施，处二万元以上十万元以下的罚款；情节严重的，吊销其取水许可证：

（一）未经批准擅自取水的；

（二）未依照批准的取水许可规定条件取水的。

第七十条 拒不缴纳、拖延缴纳或者拖欠水资源费的，由县级以上人民政府水行政主管部门或者流域管理机构依据职权，责令限期缴纳；逾期不缴纳的，从滞纳之日起按日加收滞纳部分千分之二的滞纳金，并处应缴或者补缴水资源费一倍以上五倍以下的罚款。

第七十一条 建设项目的节水设施没有建成或者没有达到国家规定的要求，擅自投入使用的，由县级以上人民政府有关部门或者流域管理机构依据职权，责令停止使用，限期改正，处五万元以上十万元以下的罚款。

第七十二条 有下列行为之一，构成犯罪的，依照刑法的有关规定追究刑事责任；尚不够刑事处罚，且防洪法未作规定的，由县级以上地方人民政府水行政主管部门或者流域管理机构依据职权，责令停止违法行为，采取补救措施，处一万元以上五万元以下的罚款；违反治安管理处罚条例的，由公安机关依法给予治安管理处罚；给他人造成损失的，依法承担赔偿责任：

（一）侵占、毁坏水工程及堤防、护岸等有关设施，毁坏防汛、水文监测、水文地质监测设施的；

（二）在水工程保护范围内，从事影响水工程运行和危害水工程安全的爆破、打井、采石、取土等活动的。

第七十三条 侵占、盗窃或者抢夺防汛物资，防洪排涝、农田水利、水文监测和测量以及其他水工程设备和器材，贪污或者挪用国家救灾、抢险、防汛、移民安置和补偿及其他水利建设款物，构成犯罪的，依照刑法的有关规定追究刑事责任。

第七十四条 在水事纠纷发生及其处理过程中煽动闹事、结伙斗殴、抢夺或者损坏公私财物、非法限制他人人身自由，构成犯罪的，依照刑法的有关规定追究刑事责任；尚不够刑事处罚的，由公安机关依法给予治安管理处罚。

第七十五条 不同行政区域之间发生水事纠纷，有下列行为之一的，对负有责任的主管人员和其他直接责任人员依法给予行政处分：

（一）拒不执行水量分配方案和水量调度预案的；

（二）拒不服从水量统一调度的；

（三）拒不执行上一级人民政府的裁决的；

（四）在水事纠纷解决前，未经各方达成协议或者上一级人民政府批准，单方面违反本法规定改变水的现状的。

第七十六条 引水、截（蓄）水、排水，损害公共利益或者他人合法权益的，依法承担民事责任。

第七十七条 对违反本法第三十九条有关河道采砂许可制度规定的行政处罚，由国务院规定。

第八章 附 则

第七十八条 中华人民共和国缔结或者参加的与国际或者国境边界河流、湖泊有关的国际条约、协定与中华人民共和国法律有不同规定的，适用国际条约、协定的规定。但是，中华人民共和国声明保留的条款除外。

第七十九条 本法所称水工程，是指在江河、湖泊和地下水源上开发、利用、控制、调配和保护水资源的各类工程。

第八十条 海水的开发、利用、保护和管理，依照有关法律的规定执行。

第八十一条 从事防洪活动，依照防洪法的规定执行。

水污染防治，依照水污染防治法的规定执行。

第八十二条 本法自2002年10月1日起施行。

◆ 中华人民共和国招标投标法(1999年8月30日 中华人民共和国主席令第21号)

中华人民共和国招标投标法 1999年8月30日第九届全国人民代表大会常务委员会第十一次会议通过。

第一章 总 则

第一条 为了规范招标投标活动，保护国家利益、社会公共利益和招标投标活动当事人的合法权益，提高经济效益，保证项目质量，制定本法。

第二条 在中华人民共和国境内进行招标投标活动，适用本法。

第三条　在中华人民共和国境内进行下列工程建设项目包括项目的勘察、设计、施工、监理以及与工程建设有关的重要设备、材料等的采购，必须进行招标：

（一）大型基础设施、公用事业等关系社会公共利益、公众安全的项目；

（二）全部或者部分使用国有资金投资或者国家融资的项目；

（三）使用国际组织或者外国政府贷款、援助资金的项目。

前款所列项目的具体范围和规模标准，由国务院发展计划部门会同国务院有关部门制订，报国务院批准。

法律或者国务院对必须进行招标的其他项目的范围有规定的，依照其规定。

第四条　任何单位和个人不得将依法必须进行招标的项目化整为零或者以其他任何方式规避招标。

第五条　招标投标活动应当遵循公开、公平、公正和诚实信用的原则。

第六条　依法必须进行招标的项目，其招标投标活动不受地区或者部门的限制。任何单位和个人不得违法限制或者排斥本地区、本系统以外的法人或者其他组织参加投标，不得以任何方式非法干涉招标投标活动。

第七条　招标投标活动及其当事人应当接受依法实施的监督。

有关行政监督部门依法对招标投标活动实施监督，依法查处招标投标活动中的违法行为。

对招标投标活动的行政监督及有关部门的具体职权划分，由国务院规定。

第二章　招　标

第八条　招标人是依照本法规定提出招标项目、进行招标的法人或者其他组织。

第九条　招标项目按照国家有关规定需要履行项目审批手续的，应当先履行审批手续，取得批准。

招标人应当有进行招标项目的相应资金或者资金来源已经落实，并应当在招标文件中如实载明。

第十条　招标分为公开招标和邀请招标。

公开招标，是指招标人以招标公告的方式邀请不特定的法人或者其他组织投标。

邀请招标，是指招标人以投标邀请书的方式邀请特定的法人或者其他组织投标。

第十一条　国务院发展计划部门确定的国家重点项目和省、自治区、直辖市人民政府确定的地方重点项目不适宜公开招标的，经国务院发展计划部门或者省、自治区、直辖市人民政府批准，可以进行邀请招标。

第十二条　招标人有权自行选择招标代理机构，委托其办理招标事宜。任何单位和个人不得以任何方式为招标人指定招标代理机构。

招标人具有编制招标文件和组织评标能力的，可以自行办理招标事宜。任何单位和个人不得强制其委托招标代理机构办理招标事宜。

依法必须进行招标的项目，招标人自行办理招标事宜的，应当向有关行政监督部门备案。

第十三条　招标代理机构是依法设立、从事招标代理业务并提供相关服务的社会中介组织。

招标代理机构应当具备下列条件：

（一）有从事招标代理业务的营业场所和相应资金；

（二）有能够编制招标文件和组织评标的相应专业力量；

（三）有符合本法第三十七条第三款规定条件、可以作为评标委员会成员人选的技术、经济等方面的专家库。

第十四条　从事工程建设项目招标代理业务的招标代理机构，其资格由国务院或者省、自治区、直辖市人民政府的建设行政主管部门认定。具体办法由国务院建设行政主管部门会同国务院有关部门制定。从事其他招标代理业务的招标代理机构，其资格认定的主管部门由国务院规定。

招标代理机构与行政机关和其他国家机关不得存在隶属关系或者其他利益关系。

第十五条 招标代理机构应当在招标人委托的范围内办理招标事宜，并遵守本法关于招标人的规定。

第十六条 招标人采用公开招标方式的，应当发布招标公告。依法必须进行招标的项目的招标公告，应当通过国家指定的报刊、信息网络或者其他媒介发布。

招标公告应当载明招标人的名称和地址、招标项目的性质、数量、实施地点和时间以及获取招标文件的办法等事项。

第十七条 招标人采用邀请招标方式的，应当向三个以上具备承担招标项目的能力、资信良好的特定的法人或者其他组织发出投标邀请书。

投标邀请书应当载明本法第十六条第二款规定的事项。

第十八条 招标人可以根据招标项目本身的要求，在招标公告或者投标邀请书中，要求潜在投标人提供有关资质证明文件和业绩情况，并对潜在投标人进行资格审查；国家对投标人的资格条件有规定的，依照其规定。

招标人不得以不合理的条件限制或者排斥潜在投标人，不得对潜在投标人实行歧视待遇。

第十九条 招标人应当根据招标项目的特点和需要编制招标文件。招标文件应当包括招标项目的技术要求、对投标人资格审查的标准、投标报价要求和评标标准等所有实质性要求和条件以及拟签订合同的主要条款。

国家对招标项目的技术、标准有规定的，招标人应当按照其规定在招标文件中提出相应要求。

招标项目需要划分标段、确定工期的，招标人应当合理划分标段、确定工期，并在招标文件中载明。

第二十条 招标文件不得要求或者标明特定的生产供应者以及含有倾向或者排斥潜在投标人的其他内容。

第二十一条 招标人根据招标项目的具体情况，可以组织潜在投标人踏勘项目现场。

第二十二条 招标人不得向他人透露已获取招标文件的潜在投标人的名称、数量以及可能影响公平竞争的有关招标投标的其他情况。

招标人设有标底的，标底必须保密。

第二十三条 招标人对已发出的招标文件进行必要的澄清或者修改的，应当在招标文件要求提交投标文件截止时间至少十五日前，以书面形式通知所有招标文件收受人。该澄清或者修改的内容为招标文件的组成部分。

第二十四条 招标人应当确定投标人编制投标文件所需要的合理时间；但是，依法必须进行招标的项目，自招标文件开始发出之日起至投标人提交投标文件截止之日止，最短不得少于二十日。

第三章 投 标

第二十五条 投标人是响应招标、参加投标竞争的法人或者其他组织。

依法招标的科研项目允许个人参加投标的，投标的个人适用本法有关投标人的规定。

第二十六条 投标人应当具备承担招标项目的能力；国家有关规定对投标人资格条件或者招标文件对投标人资格条件有规定的，投标人应当具备规定的资格条件。

第二十七条 投标人应当按照招标文件的要求编制投标文件。投标文件应当对招标文件提出的实质性要求和条件作出响应。

招标项目属于建设施工的，投标文件的内容应当包括拟派出的项目负责人与主要技术人员的简历、业绩和拟用于完成招标项目的机械设备等。

第二十八条　投标人应当在招标文件要求提交投标文件的截止时间前，将投标文件送达投标地点。招标人收到投标文件后，应当签收保存，不得开启。投标人少于三个的，招标人应当依照本法重新招标。

在招标文件要求提交投标文件的截止时间后送达的投标文件，招标人应当拒收。

第二十九条　投标人在招标文件要求提交投标文件的截止时间前，可以补充、修改或者撤回已提交的投标文件，并书面通知招标人。补充、修改的内容为投标文件的组成部分。

第三十条　投标人根据招标文件载明的项目实际情况，拟在中标后将中标项目的部分非主体、非关键性工作进行分包的，应当在投标文件中载明。

第三十一条　两个以上法人或者其他组织可以组成一个联合体，以一个投标人的身份共同投标。

联合体各方均应当具备承担招标项目的相应能力；国家有关规定或者招标文件对投标人资格条件有规定的，联合体各方均应当具备规定的相应资格条件。由同一专业的单位组成的联合体，按照资质等级较低的单位确定资质等级。

联合体各方应当签订共同投标协议，明确约定各方拟承担的工作和责任，并将共同投标协议连同投标文件一并提交招标人。联合体中标的，联合体各方应当共同与招标人签订合同，就中标项目向招标人承担连带责任。

招标人不得强制投标人组成联合体共同投标，不得限制投标人之间的竞争。

第三十二条　投标人不得相互串通投标报价，不得排挤其他投标人的公平竞争，损害招标人或者其他投标人的合法权益。

投标人不得与招标人串通投标，损害国家利益、社会公共利益或者他人的合法权益。

禁止投标人以向招标人或者评标委员会成员行贿的手段谋取中标。

第三十三条　投标人不得以低于成本的报价竞标，也不得以他人名义投标或者以其他方式弄虚作假，骗取中标。

第四章　开标、评标和中标

第三十四条　开标应当在招标文件确定的提交投标文件截止时间的同一时间公开进行；开标地点应当为招标文件中预先确定的地点。

第三十五条　开标由招标人主持，邀请所有投标人参加。

第三十六条　开标时，由投标人或者其推选的代表检查投标文件的密封情况，也可以由招标人委托的公证机构检查并公证；经确认无误后，由工作人员当众拆封，宣读投标人名称、投标价格和投标文件的其他主要内容。

招标人在招标文件要求提交投标文件的截止时间前收到的所有投标文件，开标时都应当当众予以拆封、宣读。

开标过程应当记录，并存档备查。

第三十七条　评标由招标人依法组建的评标委员会负责。

依法必须进行招标的项目，其评标委员会由招标人的代表和有关技术、经济等方面的专家组成，成员人数为五人以上单数，其中技术、经济等方面的专家不得少于成员总数的三分之二。

前款专家应当从事相关领域工作满八年并具有高级职称或者具有同等专业水平，由招标人从国务院有关部门或者省、自治区、直辖市人民政府有关部门提供的专家名册或者招标代理机构的专家库内的相关专业的专家名单中确定；一般招标项目可以采取随机抽取方式，特殊招标项目可以由招标人直接确定。

与投标人有利害关系的人不得进入相关项目的评标委员会；已经进入的应当更换。

评标委员会成员的名单在中标结果确定前应当保密。

第三十八条 招标人应当采取必要的措施，保证评标在严格保密的情况下进行。任何单位和个人不得非法干预、影响评标的过程和结果。

第三十九条 评标委员会可以要求投标人对投标文件中含义不明确的内容作必要的澄清或者说明，但是澄清或者说明不得超出投标文件的范围或者改变投标文件的实质性内容。

第四十条 评标委员会应当按照招标文件确定的评标标准和方法，对投标文件进行评审和比较；设有标底的，应当参考标底。评标委员会完成评标后，应当向招标人提出书面评标报告，并推荐合格的中标候选人。

招标人根据评标委员会提出的书面评标报告和推荐的中标候选人确定中标人。招标人也可以授权评标委员会直接确定中标人。

国务院对特定招标项目的评标有特别规定的，从其规定。

第四十一条 中标人的投标应当符合下列条件之一：

（一）能够最大限度地满足招标文件中规定的各项综合评价标准；

（二）能够满足招标文件的实质性要求，并且经评审的投标价格最低；但是投标价格低于成本的除外。

第四十二条 评标委员会经评审，认为所有投标都不符合招标文件要求的，可以否决所有投标。

依法必须进行招标的项目的所有投标被否决的，招标人应当依照本法重新招标。

第四十三条 在确定中标人前，招标人不得与投标人就投标价格、投标方案等实质性内容进行谈判。

第四十四条 评标委员会成员应当客观、公正地履行职务，遵守职业道德，对所提出的评审意见承担个人责任。

评标委员会成员不得私下接触投标人，不得收受投标人的财物或者其他好处。

评标委员会成员和参与评标的有关工作人员不得透露对投标文件的评审和比较、中标候选人的推荐情况以及与评标有关的其他情况。

第四十五条 中标人确定后，招标人应当向中标人发出中标通知书，并同时将中标结果通知所有未中标的投标人。

中标通知书对招标人和中标人具有法律效力。中标通知书发出后，招标人改变中标结果的，或者中标人放弃中标项目的，应当依法承担法律责任。

第四十六条 招标人和中标人应当自中标通知书发出之日起三十日内，按照招标文件和中标人的投标文件订立书面合同。招标人和中标人不得再行订立背离合同实质性内容的其他协议。

招标文件要求中标人提交履约保证金的，中标人应当提交。

第四十七条 依法必须进行招标的项目，招标人应当自确定中标人之日起十五日内，向有关行政监督部门提交招标投标情况的书面报告。

第四十八条 中标人应当按照合同约定履行义务，完成中标项目。中标人不得向他人转让中标项目，也不得将中标项目肢解后分别向他人转让。

中标人按照合同约定或者经招标人同意，可以将中标项目的部分非主体、非关键性工作分包给他人完成。接受分包的人应当具备相应的资格条件，并不得再次分包。

中标人应当就分包项目向招标人负责，接受分包的人就分包项目承担连带责任。

第五章　法律责任

第四十九条　违反本法规定，必须进行招标的项目而不招标的，将必须进行招标的项目化整为零或者以其他任何方式规避招标的，责令限期改正，可以处项目合同金额千分之五以上千分之十以下的罚款；对全部或者部分使用国有资金的项目，可以暂停项目执行或者暂停资金拨付；对单位直接负责的主管人员和其他直接责任人员依法给予处分。

第五十条　招标代理机构违反本法规定，泄露应当保密的与招标投标活动有关的情况和资料的，或者与招标人、投标人串通损害国家利益、社会公共利益或者他人合法权益的，处五万元以上二十五万元以下的罚款，对单位直接负责的主管人员和其他直接责任人员处单位罚款数额百分之五以上百分之十以下的罚款；有违法所得的，并处没收违法所得；情节严重的，暂停直至取消招标代理资格；构成犯罪的，依法追究刑事责任。给他人造成损失的，依法承担赔偿责任。

前款所列行为影响中标结果的，中标无效。

第五十一条　招标人以不合理的条件限制或者排斥潜在投标人的，对潜在投标人实行歧视待遇的，强制要求投标人组成联合体共同投标的，或者限制投标人之间竞争的，责令改正，可以处一万元以上五万元以下的罚款。

第五十二条　依法必须进行招标的项目的招标人向他人透露已获取招标文件的潜在投标人的名称、数量或者可能影响公平竞争的有关招标投标的其他情况的，或者泄露标底的，给予警告，可以并处一万元以上十万元以下的罚款；对单位直接负责的主管人员和其他直接责任人员依法给予处分；构成犯罪的，依法追究刑事责任。

前款所列行为影响中标结果的，中标无效。

第五十三条　投标人相互串通投标或者与招标人串通投标的，投标人以向招标人或者评标委员会成员行贿的手段谋取中标的，中标无效，处中标项目金额千分之五以上千分之十以下的罚款，对单位直接负责的主管人员和其他直接责任人员处单位罚款数额百分之五以上百分之十以下的罚款；有违法所得的，并处没收违法所得；情节严重的，取消其一年至二年内参加依法必须进行招标的项目的投标资格并予以公告，直至由工商行政管理机关吊销营业执照；构成犯罪的，依法追究刑事责任。给他人造成损失的，依法承担赔偿责任。

第五十四条　投标人以他人名义投标或者以其他方式弄虚作假，骗取中标的，中标无效，给招标人造成损失的，依法承担赔偿责任；构成犯罪的，依法追究刑事责任。

依法必须进行招标的项目的投标人有前款所列行为尚未构成犯罪的，处中标项目金额千分之五以上千分之十以下的罚款，对单位直接负责的主管人员和其他直接责任人员处单位罚款数额百分之五以上百分之十以下的罚款；有违法所得的，并处没收违法所得；情节严重的，取消其一年至三年内参加依法必须进行招标的项目的投标资格并予以公告，直至由工商行政管理机关吊销营业执照。

第五十五条　依法必须进行招标的项目，招标人违反本法规定，与投标人就投标价格、投标方案等实质性内容进行谈判的，给予警告，对单位直接负责的主管人员和其他直接责任人员依法给予处分。

前款所列行为影响中标结果的，中标无效。

第五十六条　评标委员会成员收受投标人的财物或者其他好处的，评标委员会成员或者参加评标的有关工作人员向他人透露对投标文件的评审和比较、中标候选人的推荐以及与评标有关的其他情况的，给予警告，没收收受的财物，可以并处三千元以上五万元以下的罚款，对有所列违法行为的评标委员会成员取消担任评标委员会成员的资格，不得再参加任何依法必须进行招标的项目的评标；构成犯罪的，依法追究刑事责任。

第五十七条 招标人在评标委员会依法推荐的中标候选人以外确定中标人的，依法必须进行招标的项目在所有投标被评标委员会否决后自行确定中标人的，中标无效。责令改正，可以处中标项目金额千分之五以上千分之十以下的罚款；对单位直接负责的主管人员和其他直接责任人员依法给予处分。

第五十八条 中标人将中标项目转让给他人的，将中标项目肢解后分别转让给他人的，违反本法规定将中标项目的部分主体、关键性工作分包给他人的，或者分包人再次分包的，转让、分包无效，处转让、分包项目金额千分之五以上千分之十以下的罚款；有违法所得的，并处没收违法所得；可以责令停业整顿；情节严重的，由工商行政管理机关吊销营业执照。

第五十九条 招标人与中标人不按照招标文件和中标人的投标文件订立合同的，或者招标人、中标人订立背离合同实质性内容的协议的，责令改正；可以处中标项目金额千分之五以上千分之十以下的罚款。

第六十条 中标人不履行与招标人订立的合同的，履约保证金不予退还，给招标人造成的损失超过履约保证金数额的，还应当对超过部分予以赔偿；没有提交履约保证金的，应当对招标人的损失承担赔偿责任。

中标人不按照与招标人订立的合同履行义务，情节严重的，取消其二年至五年内参加依法必须进行招标的项目的投标资格并予以公告，直至由工商行政管理机关吊销营业执照。

因不可抗力不能履行合同的，不适用前两款规定。

第六十一条 本章规定的行政处罚，由国务院规定的有关行政监督部门决定。本法已对实施行政处罚的机关作出规定的除外。

第六十二条 任何单位违反本法规定，限制或者排斥本地区、本系统以外的法人或者其他组织参加投标的，为招标人指定招标代理机构的，强制招标人委托招标代理机构办理招标事宜的，或者以其他方式干涉招标投标活动的，责令改正；对单位直接负责的主管人员和其他直接责任人员依法给予警告、记过、记大过的处分，情节较重的，依法给予降级、撤职、开除的处分。

个人利用职权进行前款违法行为的，依照前款规定追究责任。

第六十三条 对招标投标活动依法负有行政监督职责的国家机关工作人员徇私舞弊、滥用职权或者玩忽职守，构成犯罪的，依法追究刑事责任；不构成犯罪的，依法给予行政处分。

第六十四条 依法必须进行招标的项目违反本法规定，中标无效的，应当依照本法规定的中标条件从其余投标人中重新确定中标人或者依照本法重新进行招标。

第六章　附　则

第六十五条 投标人和其他利害关系人认为招标投标活动不符合本法有关规定的，有权向招标人提出异议或者依法向有关行政监督部门投诉。

第六十六条 涉及国家安全、国家秘密、抢险救灾或者属于利用扶贫资金实行以工代赈、需要使用农民工等特殊情况，不适宜进行招标的项目，按照国家有关规定可以不进行招标。

第六十七条 使用国际组织或者外国政府贷款、援助资金的项目进行招标，贷款方、资金提供方对招标投标的具体条件和程序有不同规定的，可以适用其规定，但违背中华人民共和国的社会公共利益的除外。

第六十八条 本法自2000年1月1日起施行。

◆ 中华人民共和国安全生产法(2002年6月29日 中华人民共和国主度令第70号)

第一章 总 则

第一条 为了加强安全生产监督管理，防止和减少生产安全事故，保障人民群众生命和财产安全，促进经济发展，制定本法。

第二条 在中华人民共和国领域内从事生产经营活动的单位（以下统称生产经营单位）的安全生产，适用本法；有关法律、行政法规对消防安全和道路交通安全、铁路交通安全、水上交通安全、民用航空安全另有规定的，适用其规定。

第三条 安全生产管理，坚持安全第一、预防为主的方针。

第四条 生产经营单位必须遵守本法和其他有关安全生产的法律、法规，加强安全生产管理，建立、健全安全生产责任制度，完善安全生产条件，确保安全生产。

第五条 生产经营单位的主要负责人对本单位的安全生产工作全面负责。

第六条 生产经营单位的从业人员有依法获得安全生产保障的权利，并应当依法履行安全生产方面的义务。

第七条 工会依法组织职工参加本单位安全生产工作的民主管理和民主监督，维护职工在安全生产方面的合法权益。

第八条 国务院和地方各级人民政府应当加强对安全生产工作的领导，支持、督促各有关部门依法履行安全生产监督管理职责。

县级以上人民政府对安全生产监督管理中存在的重大问题应当及时予以协调、解决。

第九条 国务院负责安全生产监督管理的部门依照本法，对全国安全生产工作实施综合监督管理；县级以上地方各级人民政府负责安全生产监督管理的部门依照本法，对本行政区域内安全生产工作实施综合监督管理。

国务院有关部门依照本法和其他有关法律、行政法规的规定，在各自的职责范围内对有关的安全生产工作实施监督管理；县级以上地方各级人民政府有关部门依照本法和其他有关法律、法规的规定，在各自的职责范围内对有关的安全生产工作实施监督管理。

第十条 国务院有关部门应当按照保障安全生产的要求，依法及时制定有关的国家标准或者行业标准，并根据科技进步和经济发展适时修订。

生产经营单位必须执行依法制定的保障安全生产的国家标准或者行业标准。

第十一条 各级人民政府及其有关部门应当采取多种形式，加强对有关安全生产的法律、法规和安全生产知识的宣传，提高职工的安全生产意识。

第十二条 依法设立的为安全生产提供技术服务的中介机构，依照法律、行政法规和执业准则，接受生产经营单位的委托为其安全生产工作提供技术服务。

第十三条 国家实行生产安全事故责任追究制度，依照本法和有关法律、法规的规定，追究生产安全事故责任人员的法律责任。

第十四条 国家鼓励和支持安全生产科学技术研究和安全生产先进技术的推广应用，提高安全生产水平。

第十五条 国家对在改善安全生产条件、防止生产安全事故、参加抢险救护等方面取得显著成绩的单位和个人，给予奖励。

第二章 生产经营单位的安全生产保障

第十六条 生产经营单位应当具备本法和有关法律、行政法规和国家标准或者行业标准规定的安全生产条件；不具备安全生产条件的，不得从事生产经营活动。

第十七条 生产经营单位的主要负责人对本单位安全生产工作负有下列职责：

（一）建立、健全本单位安全生产责任制；

（二）组织制定本单位安全生产规章制度和操作规程；

（三）保证本单位安全生产投入的有效实施；

（四）督促、检查本单位的安全生产工作，及时消除生产安全事故隐患；

（五）组织制定并实施本单位的生产安全事故应急救援预案；

（六）及时、如实报告生产安全事故。

第十八条 生产经营单位应当具备的安全生产条件所必需的资金投入，由生产经营单位的决策机构、主要负责人或者个人经营的投资人予以保证，并对由于安全生产所必需的资金投入不足导致的后果承担责任。

第十九条 矿山、建筑施工单位和危险物品的生产、经营、储存单位，应当设置安全生产管理机构或者配备专职安全生产管理人员。

前款规定以外的其他生产经营单位，从业人员超过三百人的，应当设置安全生产管理机构或者配备专职安全生产管理人员；从业人员在三百人以下的，应当配备专职或者兼职的安全生产管理人员，或者委托具有国家规定的相关专业技术资格的工程技术人员提供安全生产管理服务。

生产经营单位依照前款规定委托工程技术人员提供安全生产管理服务的，保证安全生产的责任仍由本单位负责。

第二十条 生产经营单位的主要负责人和安全生产管理人员必须具备与本单位所从事的生产经营活动相应的安全生产知识和管理能力。

危险物品的生产、经营、储存单位以及矿山、建筑施工单位的主要负责人和安全生产管理人员，应当由有关主管部门对其安全生产知识和管理能力考核合格后方可任职。考核不得收费。

第二十一条 生产经营单位应当对从业人员进行安全生产教育和培训，保证从业人员具备必要的安全生产知识，熟悉有关的安全生产规章制度和安全操作规程，掌握本岗位的安全操作技能。未经安全生产教育和培训合格的从业人员，不得上岗作业。

第二十二条 生产经营单位采用新工艺、新技术、新材料或者使用新设备，必须了解、掌握其安全技术特性，采取有效的安全防护措施，并对从业人员进行专门的安全生产教育和培训。

第二十三条 生产经营单位的特种作业人员必须按照国家有关规定经专门的安全作业培训，取得特种作业操作资格证书，方可上岗作业。

特种作业人员的范围由国务院负责安全生产监督管理的部门会同国务院有关部门确定。

第二十四条 生产经营单位新建、改建、扩建工程项目（以下统称建设项目）的安全设施，必须与主体工程同时设计、同时施工、同时投入生产和使用。安全设施投资应当纳入建设项目概算。

第二十五条 矿山建设项目和用于生产、储存危险物品的建设项目，应当分别按照国家有关规定进行安全条件论证和安全评价。

第二十六条 建设项目安全设施的设计人、设计单位应当对安全设施设计负责。

矿山建设项目和用于生产、储存危险物品的建设项目的安全设施设计应当按照国家有关规定报经有关部门审查，审查部门及其负责审查的人员对审查结果负责。

第二十七条　矿山建设项目和用于生产、储存危险物品的建设项目的施工单位必须按照批准的安全设施设计施工，并对安全设施的工程质量负责。

矿山建设项目和用于生产、储存危险物品的建设项目竣工投入生产或者使用前，必须依照有关法律、行政法规的规定对安全设施进行验收；验收合格后，方可投入生产和使用。验收部门及其验收人员对验收结果负责。

第二十八条　生产经营单位应当在有较大危险因素的生产经营场所和有关设施、设备上，设置明显的安全警示标志。

第二十九条　安全设备的设计、制造、安装、使用、检测、维修、改造和报废，应当符合国家标准或者行业标准。

生产经营单位必须对安全设备进行经常性维护、保养，并定期检测，保证正常运转。维护、保养、检测应当作好记录，并由有关人员签字。

第三十条　生产经营单位使用的涉及生命安全、危险性较大的特种设备，以及危险物品的容器、运输工具，必须按照国家有关规定，由专业生产单位生产，并经取得专业资质的检测、检验机构检测、检验合格，取得安全使用证或者安全标志，方可投入使用。检测、检验机构对检测、检验结果负责。

涉及生命安全、危险性较大的特种设备的目录由国务院负责特种设备安全监督管理的部门制定，报国务院批准后执行。

第三十一条　国家对严重危及生产安全的工艺、设备实行淘汰制度。

生产经营单位不得使用国家明令淘汰、禁止使用的危及生产安全的工艺、设备。

第三十二条　生产、经营、运输、储存、使用危险物品或者处置废弃危险物品的，由有关主管部门依照有关法律、法规的规定和国家标准或者行业标准审批并实施监督管理。

生产经营单位生产、经营、运输、储存、使用危险物品或者处置废弃危险物品，必须执行有关法律、法规和国家标准或者行业标准，建立专门的安全管理制度，采取可靠的安全措施，接受有关主管部门依法实施的监督管理。

第三十三条　生产经营单位对重大危险源应当登记建档，进行定期检测、评估、监控，并制定应急预案，告知从业人员和相关人员在紧急情况下应当采取的应急措施。

生产经营单位应当按照国家有关规定将本单位重大危险源及有关安全措施、应急措施报有关地方人民政府负责安全生产监督管理的部门和有关部门备案。

第三十四条　生产、经营、储存、使用危险物品的车间、商店、仓库不得与员工宿舍在同一座建筑物内，并应当与员工宿舍保持安全距离。

生产经营场所和员工宿舍应当设有符合紧急疏散要求、标志明显、保持畅通的出口。禁止封闭、堵塞生产经营场所或者员工宿舍的出口。

第三十五条　生产经营单位进行爆破、吊装等危险作业，应当安排专门人员进行现场安全管理，确保操作规程的遵守和安全措施的落实。

第三十六条　生产经营单位应当教育和督促从业人员严格执行本单位的安全生产规章制度和安全操作规程；并向从业人员如实告知作业场所和工作岗位存在的危险因素、防范措施以及事故应急措施。

第三十七条 生产经营单位必须为从业人员提供符合国家标准或者行业标准的劳动防护用品，并监督、教育从业人员按照使用规则佩戴、使用。

第三十八条 生产经营单位的安全生产管理人员应当根据本单位的生产经营特点，对安全生产状况进行经常性检查；对检查中发现的安全问题，应当立即处理；不能处理的，应当及时报告本单位有关负责人。检查及处理情况应当记录在案。

第三十九条 生产经营单位应当安排用于配备劳动防护用品、进行安全生产培训的经费。

第四十条 两个以上生产经营单位在同一作业区域内进行生产经营活动，可能危及对方生产安全的，应当签订安全生产管理协议，明确各自的安全生产管理职责和应当采取的安全措施，并指定专职安全生产管理人员进行安全检查与协调。

第四十一条 生产经营单位不得将生产经营项目、场所、设备发包或者出租给不具备安全生产条件或者相应资质的单位或者个人。

生产经营项目、场所有多个承包单位、承租单位的，生产经营单位应当与承包单位、承租单位签订专门的安全生产管理协议，或者在承包合同、租赁合同中约定各自的安全生产管理职责；生产经营单位对承包单位、承租单位的安全生产工作统一协调、管理。

第四十二条 生产经营单位发生重大生产安全事故时，单位的主要负责人应当立即组织抢救，并不得在事故调查处理期间擅离职守。

第四十三条 生产经营单位必须依法参加工伤社会保险，为从业人员缴纳保险费。

第三章 从业人员的权利和义务

第四十四条 生产经营单位与从业人员订立的劳动合同，应当载明有关保障从业人员劳动安全、防止职业危害的事项，以及依法为从业人员办理工伤社会保险的事项。

生产经营单位不得以任何形式与从业人员订立协议，免除或者减轻其对从业人员因生产安全事故伤亡依法应承担的责任。

第四十五条 生产经营单位的从业人员有权了解其作业场所和工作岗位存在的危险因素、防范措施及事故应急措施，有权对本单位的安全生产工作提出建议。

第四十六条 从业人员有权对本单位安全生产工作中存在的问题提出批评、检举、控告；有权拒绝违章指挥和强令冒险作业。

生产经营单位不得因从业人员对本单位安全生产工作提出批评、检举、控告或者拒绝违章指挥、强令冒险作业而降低其工资、福利等待遇或者解除与其订立的劳动合同。

第四十七条 从业人员发现直接危及人身安全的紧急情况时，有权停止作业或者在采取可能的应急措施后撤离作业场所。

生产经营单位不得因从业人员在前款紧急情况下停止作业或者采取紧急撤离措施而降低其工资、福利等待遇或者解除与其订立的劳动合同。

第四十八条 因生产安全事故受到损害的从业人员，除依法享有工伤社会保险外，依照有关民事法律尚有获得赔偿的权利的，有权向本单位提出赔偿要求。

第四十九条 从业人员在作业过程中，应当严格遵守本单位的安全生产规章制度和操作规程，服从管理，正确佩戴和使用劳动防护用品。

第五十条 从业人员应当接受安全生产教育和培训，掌握本职工作所需的安全生产知识，提高安全生产技能，增强事故预防和应急处理能力。

第五十一条 从业人员发现事故隐患或者其他不安全因素，应当立即向现场安全生产管理人员或者本单位负责人报告；接到报告的人员应当及时予以处理。

第五十二条　工会有权对建设项目的安全设施与主体工程同时设计、同时施工、同时投入生产和使用进行监督，提出意见。

工会对生产经营单位违反安全生产法律、法规，侵犯从业人员合法权益的行为，有权要求纠正；发现生产经营单位违章指挥、强令冒险作业或者发现事故隐患时，有权提出解决的建议，生产经营单位应当及时研究答复；发现危及从业人员生命安全的情况时，有权向生产经营单位建议组织从业人员撤离危险场所，生产经营单位必须立即作出处理。

工会有权依法参加事故调查，向有关部门提出处理意见，并要求追究有关人员的责任。

第四章　安全生产的监督管理

第五十三条　县级以上地方各级人民政府应当根据本行政区域内的安全生产状况，组织有关部门按照职责分工，对本行政区域内容易发生重大生产安全事故的生产经营单位进行严格检查；发现事故隐患，应当及时处理。

第五十四条　依照本法第九条规定对安全生产负有监督管理职责的部门（以下统称负有安全生产监督管理职责的部门）依照有关法律、法规的规定，对涉及安全生产的事项需要审查批准（包括批准、核准、许可、注册、认证、颁发证照等，下同）或者验收的，必须严格依照有关法律、法规和国家标准或者行业标准规定的安全生产条件和程序进行审查；不符合有关法律、法规和国家标准或者行业标准规定的安全生产条件的，不得批准或者验收通过。对未依法取得批准或者验收合格的单位擅自从事有关活动的，负责行政审批的部门发现或者接到举报后应当立即予以取缔，并依法予以处理。对已经依法取得批准的单位，负责行政审批的部门发现其不再具备安全生产条件的，应当撤销原批准。

第五十五条　负有安全生产监督管理职责的部门对涉及安全生产的事项进行审查、验收，不得收取费用；不得要求接受审查、验收的单位购买其指定品牌或者指定生产、销售单位的安全设备、器材或者其他产品。

第五十六条　负有安全生产监督管理职责的部门依法对生产经营单位执行有关安全生产的法律、法规和国家标准或者行业标准的情况进行监督检查，行使以下职权：

（一）进入生产经营单位进行检查，调阅有关资料，向有关单位和人员了解情况。

（二）对检查中发现的安全生产违法行为，当场予以纠正或者要求限期改正；对依法应当给予行政处罚的行为，依照本法和其他有关法律、行政法规的规定作出行政处罚决定。

（三）对检查中发现的事故隐患，应当责令立即排除；重大事故隐患排除前或者排除过程中无法保证安全的，应当责令从危险区域内撤出作业人员，责令暂时停产停业或者停止使用；重大事故隐患排除后，经审查同意，方可恢复生产经营和使用。

（四）对有根据认为不符合保障安全生产的国家标准或者行业标准的设施、设备、器材予以查封或者扣押，并应当在十五日内依法作出处理决定。

监督检查不得影响被检查单位的正常生产经营活动。

第五十七条　生产经营单位对负有安全生产监督管理职责的部门的监督检查人员（以下统称安全生产监督检查人员）依法履行监督检查职责，应当予以配合，不得拒绝、阻挠。

第五十八条　安全生产监督检查人员应当忠于职守，坚持原则，秉公执法。

安全生产监督检查人员执行监督检查任务时，必须出示有效的监督执法证件；对涉及被检查单位的技术秘密和业务秘密，应当为其保密。

第五十九条 安全生产监督检查人员应当将检查的时间、地点、内容、发现的问题及其处理情况，作出书面记录，并由检查人员和被检查单位的负责人签字；被检查单位的负责人拒绝签字的，检查人员应当将情况记录在案，并向负有安全生产监督管理职责的部门报告。

第六十条 负有安全生产监督管理职责的部门在监督检查中，应当互相配合，实行联合检查；确需分别进行检查的，应当互通情况，发现存在的安全问题应当由其他有关部门进行处理的，应当及时移送其他有关部门并形成记录备查，接受移送的部门应当及时进行处理。

第六十一条 监察机关依照行政监察法的规定，对负有安全生产监督管理职责的部门及其工作人员履行安全生产监督管理职责实施监察。

第六十二条 承担安全评价、认证、检测、检验的机构应当具备国家规定的资质条件，并对其作出的安全评价、认证、检测、检验的结果负责。

第六十三条 负有安全生产监督管理职责的部门应当建立举报制度，公开举报电话、信箱或者电子邮件地址，受理有关安全生产的举报；受理的举报事项经调查核实后，应当形成书面材料；需要落实整改措施的，报经有关负责人签字并督促落实。

第六十四条 任何单位或者个人对事故隐患或者安全生产违法行为，均有权向负有安全生产监督管理职责的部门报告或者举报。

第六十五条 居民委员会、村民委员会发现其所在区域内的生产经营单位存在事故隐患或者安全生产违法行为时，应当向当地人民政府或者有关部门报告。

第六十六条 县级以上各级人民政府及其有关部门对报告重大事故隐患或者举报安全生产违法行为的有功人员，给予奖励。具体奖励办法由国务院负责安全生产监督管理的部门会同国务院财政部门制定。

第六十七条 新闻、出版、广播、电影、电视等单位有进行安全生产宣传教育的义务，有对违反安全生产法律、法规的行为进行舆论监督的权利。

第五章 生产安全事故的应急救援与调查处理

第六十八条 县级以上地方各级人民政府应当组织有关部门制定本行政区域内特大生产安全事故应急救援预案，建立应急救援体系。

第六十九条 危险物品的生产、经营、储存单位以及矿山、建筑施工单位应当建立应急救援组织；生产经营规模较小，可以不建立应急救援组织的，应当指定兼职的应急救援人员。

危险物品的生产、经营、储存单位以及矿山、建筑施工单位应当配备必要的应急救援器材、设备，并进行经常性维护、保养，保证正常运转。

第七十条 生产经营单位发生生产安全事故后，事故现场有关人员应当立即报告本单位负责人。

单位负责人接到事故报告后，应当迅速采取有效措施，组织抢救，防止事故扩大，减少人员伤亡和财产损失，并按照国家有关规定立即如实报告当地负有安全生产监督管理职责的部门，不得隐瞒不报、谎报或者拖延不报，不得故意破坏事故现场、毁灭有关证据。

第七十一条 负有安全生产监督管理职责的部门接到事故报告后，应当立即按照国家有关规定上报事故情况。负有安全生产监督管理职责的部门和有关地方人民政府对事故情况不得隐瞒不报、谎报或者拖延不报。

第七十二条 有关地方人民政府和负有安全生产监督管理职责的部门的负责人接到重大生产安全事故报告后，应当立即赶到事故现场，组织事故抢救。

任何单位和个人都应当支持、配合事故抢救，并提供一切便利条件。

第七十三条 事故调查处理应当按照实事求是、尊重科学的原则，及时、准确地查清事故原因，查明事故性质和责任，总结事故教训，提出整改措施，并对事故责任者提出处理意见。事故调查和处理的具体办法由国务院制定。

第七十四条 生产经营单位发生生产安全事故，经调查确定为责任事故的，除了应当查明事故单位的责任并依法予以追究外，还应当查明对安全生产的有关事项负有审查批准和监督职责的行政部门的责任，对有失职、渎职行为的，依照本法第七十七条的规定追究法律责任。

第七十五条 任何单位和个人不得阻挠和干涉对事故的依法调查处理。

第七十六条 县级以上地方各级人民政府负责安全生产监督管理的部门应当定期统计分析本行政区域内发生生产安全事故的情况，并定期向社会公布。

第六章 法律责任

第七十七条 负有安全生产监督管理职责的部门的工作人员，有下列行为之一的，给予降级或者撤职的行政处分；构成犯罪的，依照刑法有关规定追究刑事责任：

（一）对不符合法定安全生产条件的涉及安全生产的事项予以批准或者验收通过的；

（二）发现未依法取得批准、验收的单位擅自从事有关活动或者接到举报后不予取缔或者不依法予以处理的；

（三）对已经依法取得批准的单位不履行监督管理职责，发现其不再具备安全生产条件而不撤销原批准或者发现安全生产违法行为不予查处的。

第七十八条 负有安全生产监督管理职责的部门，要求被审查、验收的单位购买其指定的安全设备、器材或者其他产品的，在对安全生产事项的审查、验收中收取费用的，由其上级机关或者监察机关责令改正，责令退还收取的费用；情节严重的，对直接负责的主管人员和其他直接责任人员依法给予行政处分。

第七十九条 承担安全评价、认证、检测、检验工作的机构，出具虚假证明，构成犯罪的，依照刑法有关规定追究刑事责任；尚不够刑事处罚的，没收违法所得，违法所得在五千元以上的，并处违法所得二倍以上五倍以下的罚款，没有违法所得或者违法所得不足五千元的，单处或者并处五千元以上二万元以下的罚款，对其直接负责的主管人员和其他直接责任人员处五千元以上五万元以下的罚款；给他人造成损害的，与生产经营单位承担连带赔偿责任。

对有前款违法行为的机构，撤销其相应资格。

第八十条 生产经营单位的决策机构、主要负责人、个人经营的投资人不依照本法规定保证安全生产所必需的资金投入，致使生产经营单位不具备安全生产条件的，责令限期改正，提供必需的资金；逾期未改正的，责令生产经营单位停产停业整顿。

有前款违法行为，导致发生生产安全事故，构成犯罪的，依照刑法有关规定追究刑事责任；尚不够刑事处罚的，对生产经营单位的主要负责人给予撤职处分，对个人经营的投资人处二万元以上二十万元以下的罚款。

第八十一条 生产经营单位的主要负责人未履行本法规定的安全生产管理职责的，责令限期改正；逾期未改正的，责令生产经营单位停产停业整顿。

生产经营单位的主要负责人有前款违法行为，导致发生生产安全事故，构成犯罪的，依照刑法有关规定追究刑事责任；尚不够刑事处罚的，给予撤职处分或者处二万元以上二十万元以下的罚款。

生产经营单位的主要负责人依照前款规定受刑事处罚或者撤职处分的，自刑罚执行完毕或者受处分之日起，五年内不得担任任何生产经营单位的主要负责人。

第八十二条 生产经营单位有下列行为之一的，责令限期改正；逾期未改正的，责令停产停业整顿，可以并处二万元以下的罚款：

（一）未按照规定设立安全生产管理机构或者配备安全生产管理人员的；

（二）危险物品的生产、经营、储存单位以及矿山、建筑施工单位的主要负责人和安全生产管理人员未按照规定经考核合格的；

（三）未按照本法**第二十一条**、**第二十二条**的规定对从业人员进行安全生产教育和培训，或者未按照本法**第三十六条**的规定如实告知从业人员有关的安全生产事项的；

（四）特种作业人员未按照规定经专门的安全作业培训并取得特种作业操作资格证书，上岗作业的。

第八十三条 生产经营单位有下列行为之一的，责令限期改正；逾期未改正的，责令停止建设或者停产停业整顿，可以并处五万元以下的罚款；造成严重后果，构成犯罪的，依照刑法有关规定追究刑事责任：

（一）矿山建设项目或者用于生产、储存危险物品的建设项目没有安全设施设计或者安全设施设计未按照规定报经有关部门审查同意的；

（二）矿山建设项目或者用于生产、储存危险物品的建设项目的施工单位未按照批准的安全设施设计施工的；

（三）矿山建设项目或者用于生产、储存危险物品的建设项目竣工投入生产或者使用前，安全设施未经验收合格的；

（四）未在有较大危险因素的生产经营场所和有关设施、设备上设置明显的安全警示标志的；

（五）安全设备的安装、使用、检测、改造和报废不符合国家标准或者行业标准的；

（六）未对安全设备进行经常性维护、保养和定期检测的；

（七）未为从业人员提供符合国家标准或者行业标准的劳动防护用品的；

（八）特种设备以及危险物品的容器、运输工具未经取得专业资质的机构检测、检验合格，取得安全使用证或者安全标志，投入使用的；

（九）使用国家明令淘汰、禁止使用的危及生产安全的工艺、设备的。

第八十四条 未经依法批准，擅自生产、经营、储存危险物品的，责令停止违法行为或者予以关闭，没收违法所得，违法所得十万元以上的，并处违法所得一倍以上五倍以下的罚款，没有违法所得或者违法所得不足十万元的，单处或者并处二万元以上十万元以下的罚款；造成严重后果，构成犯罪的，依照刑法有关规定追究刑事责任。

第八十五 条生产经营单位有下列行为之一的，责令限期改正；逾期未改正的，责令停产停业整顿，可以并处二万元以上十万元以下的罚款；造成严重后果，构成犯罪的，依照刑法有关规定追究刑事责任：

（一）生产、经营、储存、使用危险物品，未建立专门安全管理制度、未采取可靠的安全措施或者不接受有关主管部门依法实施的监督管理的；

（二）对重大危险源未登记建档，或者未进行评估、监控，或者未制定应急预案的；

（三）进行爆破、吊装等危险作业，未安排专门管理人员进行现场安全管理的。

第八十六 条生产经营单位将生产经营项目、场所、设备发包或者出租给不具备安全生产条件或者相应资质的单位或者个人的，责令限期改正，没收违法所得；违法所得五万元以上的，并处违法所得一倍以上五倍以下的罚款；没有违法所得或者违法所得不足五万元的，单处或者并处一万元以上五万元以下的罚款；导致发生生产安全事故给他人造成损害的，与承包方、承租方承担连带赔偿责任。

生产经营单位未与承包单位、承租单位签订专门的安全生产管理协议或者未在承包合同、租赁合同中明确各自的安全生产管理职责，或者未对承包单位、承租单位的安全生产统一协调、管理的，责令限期改正；逾期未改正的，责令停产停业整顿。

第八十七条　两个以上生产经营单位在同一作业区域内进行可能危及对方安全生产的生产经营活动，未签订安全生产管理协议或者未指定专职安全生产管理人员进行安全检查与协调的，责令限期改正；逾期未改正的，责令停产停业。

第八十八条　生产经营单位有下列行为之一的，责令限期改正；逾期未改正的，责令停产停业整顿；造成严重后果，构成犯罪的，依照刑法有关规定追究刑事责任：

（一）生产、经营、储存、使用危险物品的车间、商店、仓库与员工宿舍在同一座建筑内，或者与员工宿舍的距离不符合安全要求的；

（二）生产经营场所和员工宿舍未设有符合紧急疏散需要、标志明显、保持畅通的出口，或者封闭、堵塞生产经营场所或者员工宿舍出口的。

第八十九条　生产经营单位与从业人员订立协议，免除或者减轻其对从业人员因生产安全事故伤亡依法应承担的责任的，该协议无效；对生产经营单位的主要负责人、个人经营的投资人处二万元以上十万元以下的罚款。

第九十条　生产经营单位的从业人员不服从管理，违反安全生产规章制度或者操作规程的，由生产经营单位给予批评教育，依照有关规章制度给予处分；造成重大事故，构成犯罪的，依照刑法有关规定追究刑事责任。

第九十一条　生产经营单位主要负责人在本单位发生重大生产安全事故时，不立即组织抢救或者在事故调查处理期间擅离职守或者逃匿的，给予降职、撤职的处分，对逃匿的处十五日以下拘留；构成犯罪的，依照刑法有关规定追究刑事责任。

生产经营单位主要负责人对生产安全事故隐瞒不报、谎报或者拖延不报的，依照前款规定处罚。

第九十二条　有关地方人民政府、负有安全生产监督管理职责的部门，对生产安全事故隐瞒不报、谎报或者拖延不报的，对直接负责的主管人员和其他直接责任人员依法给予行政处分；构成犯罪的，依照刑法有关规定追究刑事责任。

第九十三条　生产经营单位不具备本法和其他有关法律、行政法规和国家标准或者行业标准规定的安全生产条件，经停产停业整顿仍不具备安全生产条件的，予以关闭；有关部门应当依法吊销其有关证照。

第九十四条　本法规定的行政处罚，由负责安全生产监督管理的部门决定；予以关闭的行政处罚由负责安全生产监督管理的部门报请县级以上人民政府按照国务院规定的权限决定；给予拘留的行政处罚由公安机关依照治安管理处罚条例的规定决定。有关法律、行政法规对行政处罚的决定机关另有规定的，依照其规定。

第九十五条　生产经营单位发生生产安全事故造成人员伤亡、他人财产损失的，应当依法承担赔偿责任；拒不承担或者其负责人逃匿的，由人民法院依法强制执行。

生产安全事故的责任人未依法承担赔偿责任，经人民法院依法采取执行措施后，仍不能对受害人给予足额赔偿的，应当继续履行赔偿义务；受害人发现责任人有其他财产的，可以随时请求人民法院执行。

第七章　附　则

第九十六条　本法下列用语的含义：

危险物品，是指易燃易爆物品、危险化学品、放射性物品等能够危及人身安全和财产安全的物品。

重大危险源，是指长期地或者临时地生产、搬运、使用或者储存危险物品，且危险物品的数量等于或者超过临界量的单元（包括场所和设施）。

第九十七条　本法自2002年11月1日起施行。

二、行政法规、部门规章及部委文件

◆　水库大坝安全管理条例

水库大坝安全管理条例于1991年3月22日中华人民共和国国务院令第78号发布，自发布之日起施行。

第一章　总　则

第一条　为加强水库大坝安全管理，保障人民生命财产和社会主义建设的安全，根据《中华人民共和国水法》，制定本条例。

第二条　本条例适用于中华人民共和国境内坝高十五米以上或者库容一百万立方米以上的水库大坝（以下简称大坝）。大坝包括永久性挡水建筑物以及与其配合运用的泄洪、输水和过船建筑物等。

坝高十五米以下、十米以上或者库容一百万立方米以下、十万立方米以上，对重要城镇、交通干线、重要军事设施、工矿区安全有潜在危险的大坝，其安全管理参照本条例执行。

第三条　国务院水行政主管部门会同国务院有关主管部门对全国的大坝安全实施监督。县级以上地方人民政府水行政主管部门会同有关主管部门对本行政区域内的大坝安全实施监督。

各级水利、能源、建设、交通、农业等有关部门，是其所管辖的大坝的主管部门。

第四条　各级人民政府及其大坝主管部门对其所管辖的大坝的安全实行行政领导负责制。

第五条　大坝的建设和管理应当贯彻安全第一的方针。

第六条　任何单位和个人都有保护大坝安全的义务。

第二章　大坝建设

第七条　兴建大坝必须符合由国务院水行政主管部门会同有关大坝主管部门制定的大坝安全技术标准。

第八条　兴建大坝必须进行工程设计。大坝的工程设计必须由具有相应资格证书的单位承担。

大坝的工程设计应当包括工程观测、通信、动力、照明、交通、消防等管理设施的设计。

第九条　大坝施工必须由具有相应资格证书的单位承担。大坝施工单位必须按照施工承包合同规定的设计文件、图纸要求和有关技术标准进行施工。

建设单位和设计单位应当派驻代表，对施工质量进行监督检查。质量不符合设计要求的，必须返工或者采取补救措施。

第十条　兴建大坝时，建设单位应当按照批准的设计，提请县级以上人民政府依照国家规定划定管理和保护范围，树立标志。

已建大坝尚未划定管理和保护范围的，大坝主管部门应当根据安全管理的需要，提请县级以上人民政府划定。

第十一条　大坝开工后，大坝主管部门应当组建大坝管理单位，由其按照工程基本建设验收规程参与质量检查以及大坝分部、分项验收和蓄水验收工作。

大坝竣工后，建设单位应当申请大坝主管部门组织验收。

第三章 大坝管理

第十二条 大坝及其设施受国家保护，任何单位和个人不得侵占、毁坏。大坝管理单位应当加强大坝的安全保卫工作。

第十三条 禁止在大坝管理和保护范围内进行爆破、打井、采石、采矿、挖沙、取土、修坟等危害大坝安全的活动。

第十四条 非大坝管理人员不得操作大坝的泄洪闸门、输水闸门以及其他设施，大坝管理人员操作时应当遵守有关的规章制度。禁止任何单位和个人干扰大坝的正常管理工作。

第十五条 禁止在大坝的集水区域内乱伐林木、陡坡开荒等导致水库淤积的活动。禁止在库区内围垦和进行采石、取土等危及山体的活动。

第十六条 大坝坝顶确需兼做公路的，须经科学论证和大坝主管部门批准，并采取相应的安全维护措施。

第十七条 禁止在坝体修建码头、渠道、堆放杂物、晾晒粮草。在大坝管理和保护范围内修建码头、鱼塘的，须经大坝主管部门批准，并与坝脚和泄水、输水建筑物保持一定距离，不得影响大坝安全、工程管理和抢险工作。

第十八条 大坝主管部门应当配备具有相应业务水平的大坝安全管理人员。

大坝管理单位应当建立、健全安全管理规章制度。

第十九条 大坝管理单位必须按照有关技术标准，对大坝进行安全监测和检查；对监测资料应当及时整理分析，随时掌握大坝运行状况。发现异常现象和不安全因素时，大坝管理单位应当立即报告大坝主管部门，及时采取措施。

第二十条 大坝管理单位必须做好大坝的养护修理工作，保证大坝和闸门启闭设备完好。

第二十一条 大坝的运行，必须在保证安全的前提下，发挥综合效益。大坝管理单位应当根据批准的计划和大坝主管部门的指令进行水库的调度运用。

在汛期，综合利用的水库，其调度运用必须服从防汛指挥机构的统一指挥；以发电为主的水库，其汛限水位以上的防洪库容及其洪水调度运用，必须服从防汛指挥机构的统一指挥。

任何单位和个人不得非法干预水库的调度运用。

第二十二条 大坝主管部门应当建立大坝定期安全检查、鉴定制度。

汛前、汛后，以及暴风、暴雨、特大洪水或者强烈地震发生后，大坝主管部门应当组织对其所管辖的大坝的安全进行检查。

第二十三条 大坝主管部门对其所管辖的大坝应当按期注册登记，建立技术档案。大坝注册登记办法由国务院水行政主管部门会同有关主管部门制定。

第二十四条 大坝管理单位和有关部门应当做好防汛抢险物料的准备和气象水情预报，并保证水情传递、报警以及大坝管理单位与大坝主管部门、上级防汛指挥机构之间联系通畅。

第二十五条 大坝出现险情征兆时，大坝管理单位应当立即报告大坝主管部门和上级防汛指挥机构，并采取抢救措施；有垮坝危险时，应当采取一切措施向预计的垮坝淹没地区发出警报，做好转移工作。

第四章 险坝处理

第二十六条 对尚未达到设计洪水标准、抗震设防标准或者有严重质量缺陷的险坝，大坝主管部门应当组织有关单位进行分类，采取除险加固等措施，或者废弃重建。

在险坝加固前，大坝管理单位应当制定保坝应急措施；经论证必须改变原设计运行方式的，应当报请大坝主管部门审批。

第二十七条 大坝主管部门应当对其所管辖的需要加固的险坝制定加固计划，限期消除危险；有关人民政府应当优先安排所需资金和物料。

险坝加固必须由具有相应设计资格证书的单位作出加固设计，经审批后组织实施。险坝加固竣工后，由大坝主管部门组织验收。

第二十八条 大坝主管部门应当组织有关单位，对险坝可能出现的垮坝方式、淹没范围作出预估，并制定应急方案，报防汛指挥机构批准。

第五章 罚 则

第二十九条 违反本条例规定，有下列行为之一的，由大坝主管部门责令其停止违法行为，赔偿损失，采取补救措施，可以并处罚款；应当给予治安管理处罚的，由公安机关依照《中华人民共和国治安管理处罚条例》的规定处罚；构成犯罪的，依法追究刑事责任：

（一）毁坏大坝或者其观测、通信、动力、照明、交通、消防等管理设施的；

（二）在大坝管理和保护范围内进行爆破、打井、采石、采矿、取土、挖沙、修坟等危害大坝安全活动的；

（三）擅自操作大坝的泄洪闸门、输水闸门以及其他设施，破坏大坝正常运行的；

（四）在库区内围垦的；

（五）在坝体修建码头、渠道或者堆放杂物、晾晒粮草的；

（六）擅自在大坝管理和保护范围内修建码头、鱼塘的。

第三十条 盗窃或者抢夺大坝工程设施、器材的，依照刑法规定追究刑事责任。

第三十一条 由于勘测设计失误、施工质量低劣、调度运用不当以及滥用职权，玩忽职守，导致大坝事故的，由其所在单位或者上级主管机关对责任人员给予行政处分；构成犯罪的，依法追究刑事责任。

第三十二条 当事人对行政处罚决定不服的，可以在接到处罚通知之日起十五日内，向作出处罚决定机关的上一级机关申请复议；对复议决定不服的，可以在接到复议决定之日起十五日内，向人民法院起诉。当事人也可以在接到处罚通知之日起十五日内，直接向人民法院起诉。当事人逾期不申请复议或者不向人民法院起诉又不履行处罚决定的，由作出处罚决定的机关申请人民法院强制执行。

对治安管理处罚不服的，依照《中华人民共和国治安管理处罚条例》的规定办理。

第六章 附 则

第三十三条 国务院有关部门和各省、自治区、直辖市人民政府可以根据本条例制定实施细则。

第三十四条 本条例自发布之日起施行。

◆ 建设工程质量管理条例

建设工程质量管理条例于2000年1月10日国务院第25次常务会议通过。

第一章 总 则

第一条 为了加强对建设工程质量的管理，保证建设工程质量，保护人民生命和财产安全，根据《中华人民共和国建筑法》制定本条例。

第二条　凡在中华人民共和国境内从事建设工程质量的新建、扩建、改建等有关活动及实施对建设工程质量监督管理的，必须奠定本条例。

本条例所称建设工程，是指土木工程、建筑工程、线路管道和设备安装工程及装修工程。

第三条　建设单位、勘察单位、设计单位、施工单位、工程监理单位依法对建设工程质量负责。

第四条　县级以上人民政府建设行政主管部门和其他有关部门应当加强对建设工程质量的监督管理。

第五条　从事建设工程活动，必须严格执行基本建设程序，坚持先勘察、后设计、再施工的原则。

县级以上人民政府及其有关部门不得超越权限审批建设项目或者擅自简化基本建设程序。

第六条　国家鼓励采用先进的科学技术和管理方法，提高建设工程质量。

第二章　建设单位的质量责任和义务

第七条　建设单位应当将工程发包给具有相应资质等级的单位。

建设单位不得将建设工程肢解发包。

第八条　建设单位应当依法对工程建设项目的勘察、设计、施工、监理以及与工程建设有关的重要设备、材料等的采购进行招标。

第九条　建设单位必须向有关的勘察、设计、施工、工程监理等单位提供与建设工程有关的原始资料。

原始资料必须真实、准确、齐全。

第十条　建设工程发包单位不得迫使承包方以低于成本的价格竞标，不得任意压缩合理工期。

建设单位不得明示或暗示设计单位或施工单位违反工程建设强制性标准，降低建设工程质量。

第十一条　建设单位应当将施工图设计文件报县级以上人民政府建设行政主管部门或者其他有关部门审查。施工图设计文件审查的具体办法，由国务院建设行政主管部门会同国务院其他有关部门制定。

施工图设计文件未经审查批准的，不得使用。

第十二条　实行监理的建设工程，建设单位应当委托具有相应资质等级的工程监理单位进行监理，也可以委托具有工程监理相应资质等级并与监理工程的施工承包单位没有隶属关系或者其他利害关系的该工程的设计单位进行监理。

下列建设工程必须实行监理：

（一）国家重点建设工程；

（二）大中型公用事业工程；

（三）成片开发建设的住宅小区工程；

（四）利用外国政府或者国际组织贷款，援助资金的工程；

（五）国家规定必须实行监理的其他工程。

第十三条　建设单位在领取施工许可证或者开工报告前，应当按照国家有关规定办理工程质量监督手续。

第十四条　按照合同约定，由建设单位采购建筑材料、建筑构配件和设备的，建设单位应当保证建筑材料、建筑构配件和设备符合设计文件和合同要求。

建设单位不得明示或者暗示施工单位使用不合格的建筑材料、建筑构配件和设备。

第十五条　涉及建筑主体和承重结构变动的装修工程，建设单位应当在施工前委托原设计单位或者具有相应资质等级的设计单位提出设计方案，没有设计方案的，不得施工。

房屋建筑使用在装修过程，不得擅自变动房屋建筑主体和承重结构。

第十六条 建设单位收到建设工程竣工报告后，应当组织设计、施工、工程监理等有关单位进行竣工验收。

建设工程竣工验收应当具备下列条件：

（一）完成建设工程设计和合同约定的各项内容；

（二）完整的技术档案和施工管理资料；

（三）有工程使用的主要建筑材料、建筑构配件和设备的进场试验报告；

（四）有勘察、设计、施工、工程监理等单位分别签署的质量合格文件；

（五）有施工单位签署的工程保修书。

建设工程经验收合格的，方可交付使用。

第十七条 建设单位应当严格按照国家有关档案管理的规定，及时收集、整理建设项目各环节的文件资料，建立、健全建设项目档案，并在建设工程竣工验收后，及时向建设行政主管部门或者其他有关部门移交建设项目档案。

第三章 勘察、设计单位的质量责任和义务

第十八条 从事建设工程勘察、设计的单位应当依法取得相应的等级的资质证书，并在其资质等级许可的范围内承揽工程。

禁止勘察、设计单位超越其资质等级许可范围或者以其他勘察、设计单位的名义承揽工程。禁止勘察、设计单位允许其他单位或者个人以本单位的名义承揽工程。

第十九条 勘察、设计单位必须按照工程建设强制性标准进行勘察、设计、并对勘察、设计的质量负责。

注册建筑师、注册结构工程师等注册执业人员应当在文件上签字，对设计文件负责。

第二十条 勘察单位提供的地质、测量、水文等勘察成果必须真实、准确。

第二十一条 设计单位应当根据勘察成果文件进行建设工程设计。

设计文件应当符合国家规定的设计深度要求，注明工程合理使用年限。

第二十二条 设计单位在设计文件中选用的建筑材料、建筑构配件和设备，应当注明规格、型号、性能等技术指标，其质量要求必须符合国家规定的标准。

除有特殊要求的建筑材料、专用设备、工艺生产线等外，设计单位不得指定生产商、供应商。

第二十三条 设计单位应当就审查合格的施工图设计文件向施工单位作出详细说明。

第二十四条 设计单位应当参与建设工程质量事故分析，并对因设计造成的质量事故，提出相应的技术处理方案。

第四章 施工单位的质量责任和义务

第二十五条 施工单位应当依法取得相应等级的资质证书，并在其资质等级许可的范围内承揽工程。

禁止施工单位超越本单位资质等级许可的业务范围或者以其他施工单位的名义承揽工程。禁止施工单位允许其他单位或者个人以本单位名义承揽工程。

施工单位不得转包或者违法分包工程。

第二十六条 施工单位对建设工程的施工质量负责。

施工单位应当建立质量责任制，确定工程项目的项目经理、技术负责人和施工管理负责人。

建设工程实行总承包的，总承包单位应当对全部建设工程质量负责；建设工程勘察、设计、施工、设备采购的一项或者多项实行总承包的，总承包单位应当对其承包的建设工程或者采购的设备的质量负责。

第二十七条　总承包单位依法将建设工程分发给其他单位的，分包单位应当按照合同的约定对其分包工程的质量承担连带责任。

第二十八条　施工单位必须按照工程设计图纸和施工技术标准施工，不得擅自修改工程设计，不得偷工减料。

施工单位在施工过程中发现设计文件和图纸有差错的，应当及时提出意见和建议。

第二十九条　施工单位必须按照工程设计要求、施工技术标准和合同约定的，对建筑材料、建筑构配件、设备和商品混凝土进行检验，检验应当有书面记录和专人签字；未经检验和检验产不合格的，不得使用。

第三十条　施工单位必须建立、健全施工质量的检验制度，严格工序管理，作好隐蔽工程的质量检查和记录。隐蔽工程在隐蔽前，施工单位应当通知建设单位和建设工程质量监督机构。

第三十一条　施工人员对涉及结构安全的试块、试件以及有关材料，应当在建设单位或者工程监理单位监督下现场取样，并送具有相应资质等级的质量检测单位进行检测。

第三十二条　施工人员对施工出现质量问题的建设工程或者竣工验收不合格的建设工程，应当负责返修。

第三十三条　施工单位应当建立、健全教育培训制度，加强对职工的教育培训；未经教育培训或者考核不合格的人员，不得上岗作业。

第五章　工程监理单位的质量责任和义务

第三十四条　工程监理单位应当依法取得相应等级的资质证书，并在其资质等级许可的范围内承担工程监理业务。

禁止工程监理单位超越本单位资质等级许可的范围或者以其他工程监理单位的名义承担工程监理业务，禁止工程监理单位允许其他单位或者个人以本单位的名义承担工程监理业务。

工程监理单位不得转让工程监理业务。

第三十五条　工程监理单位与被监理工程的施工承包单位以及建筑材料、建筑构配件和设备供应单位有隶属关系或者其他利害关系的，不得承担该项建设工程的监理业务。

第三十六条　工程监理单位应当依照法律、法规以及有关技术标准、设计文件和建设工程承包合同，代表建设单位对施工质量实施监理，并对施工质量承担监理责任。

第三十七条　工程监理单位应当选派具有相应资格的总监理工程师进驻施工现场。

未经监理工程师签字，建筑材料、建筑物配件、设备不得在工程上使用或者安装，施工单位不得进行下一道工序的施工，未经总监理工程师签字，建设单位不得拨付工程款，不得进行竣工验收。

第三十八条　监理工程师应当按照工程监理规范的，采取旁站、巡视和平检验等到形式，对建设工程实施监理。

第六章　建设工程质量保修

第三十九条　建设工程实行质量保修制度。

建设工程承包单位在向建设单位提交工程竣工验收报告时，应当向建设单位出具质量保修书。质量保修书应当明确建设工程的保修范围、保修期限和保修责任等。

第四十条　在正常使用条件下，建设工程最低保修期限为：

（一）基础设施工程、房屋建筑的地基基础工程和主体结构工程，为设计文件规定的该工程合理使用年限；

（二）屋面防水工程、有防水要求的卫生间、房间和外墙面的防渗漏，为5年；

（三）供热与供冷系统，为2个采暖期、供冷期；

（四）电气管道、给排水管道、设备安装和装修工程，为2年。

其他项目的保修期限由发包方与承包方约定。

建设工程的保修期，自竣工验收合格之日起计算。

第四十一条 建设工程在各个范围和保修期限内发生质量问题的，施工单位应当履行保修义务，并对造成的损失承担赔偿责任。

第四十二条 建设工程在超过合理使用年限后需要继续使用的，产权所有人应当委托有相应资质等级的勘察、设计单位鉴定，并根据鉴定结果采取加固、维修等措施，重新界定使用期。

第七章 监督管理

第四十三条 国家实行建设工程质量监督管理制度。

国务院建设行政主管部门对全国的建设工程质量实施统一监督管理。国务院铁路、交通、水利等有关部门按照国务院规定的职责分工，负责对全国的有关专业建设工程质量的监督管理。

县级以上地方人民政府建设行政主管部门对本行政区域内的建设工程质量实施监督管理。县级以上地方人民政府交通、水利等有关部门在各自的职责范围内，负责对本行政区域内专业建设工程质量的监督管理。

第四十四条 国务院建设行政主管部门和国务院铁路、交通、水利等有关部门应当加强对有关建设工程质量的法律、法规和强制性标准执行情况的监督管理。

第四十五条 国务院发展计划部门按照国务院规定的职责组织稽察特派员，对国家出资的重大建设项目实施监督检查。

国务院经济贸易主管部门按照国务院规定的职责，对国家重大技术改造项目实施监督检查。

第四十六条 建设工程质量监督管理，可以由建设行政主管部门或者其他有关部门委托的建设工程质量监督机构具体实施。

从事房屋建筑工程和市政基础施工工程质量监督的机构，必须按照国家有关规定经国务院建设行政主管部门或者省、自治区、直辖市人民政府建设行政主管部门考核；从事专业建设工程质量监督的机构，必须按照国家有关规定经国务院有关部门或者省、自治区、直辖市人民政府有关部门考核。经考核合格后，方可实施质量监督。

第四十七条 县级以上地方人民政府建设行政主管部门和其他有关部门应当加强对有关建设工程质量的法律、法规和强制性标准执行情况的监督检查。

第四十八条 县级以上人民政府建设行政主管部门和其他有关部门履行监督检查职责时，有权采取下列措施：

（一）要求被检查的单位提供有关工程质量的文件和资料。

（二）进入被检查的施工现场进行检查；

（三）发现有影响工程质量的问题，责令改正。

第四十九条 建设单位应当自建设工程竣工验收合格之日起15日内，将建设工程竣工验收报告和规划、公安消防、环保等部门出具的认可文件或者准许使用文件报建设行政主管部门或者其他有关部门备案。

建设行政主管部门或者其他部门发现建设单位在竣工验收过程中违反国家有关建设工程质量管理规定行为的，责令停止使用，重新组织竣工验收。

第五十条　有关单位和个人对县级以上人民政府建设行政主管部门和其他有关部门进行监督检查应当支持与配合，不得拒绝或者阻碍建设工程质量监督检查人员依法执行职务。

第五十一条　供水、供电、供气、公安消防等部门或者单位不得明示或者暗示建设单位、施工单位购买其指定的生产供应单位的建筑材料、建筑构配件和设备。

第五十二条　建设工程发生质量事故，有关单位应当在24小时内向当地建设行政主管部门和其他有关部门报告。对重大质量事故，事故发生地的建设行政主管部门和其他有关部门应当按照事故类别和等级向当地人民政府和上级建设行政主管部门和其他有关部门报告。

特别重大事故的调查程序按照国务院有关规定办理。

第五十三条　任何单位和个人对建设工程质量事故、质量缺陷都有权检举、控告、投诉。

第八章　罚 则

第五十四条　违反本条例规定，建设单位将建设工程发包给不具有相应资质等级的勘察、设计、施工单位或者委托给不具有相应资质等级的工程监理单位的，责令改正，处50万元以上100万元以下的罚款。

第五十五条　违反本条例规定，建设单位将建设肢解发包的，责令改正，处工程合同价款百分之零点五以上百分之一以下的罚款；对全部或者部分使用国有资金的项目，并可以暂停项目执行或者暂停资金拨付。

第五十六条　违反本条例规定，建设单位有下列行为之一的，责令改正，处20万元以上50万元以下的罚款：

（一）迫使承包方以低于成本的价格竞标的；

（二）任意压缩合理工期的；

（三）明示或暗示设计单位或者施工单位违反工程建设强制性标准，降低工程质量的；

（四）施工图设计文件未经审查或者审查不合格，擅自施工的；

（五）建设项目必须实行工程监理而未实行工程监理的；

（六）未按照国家规定办理工程质量监督手续的；

（七）明示或者暗示施工单位使用不合格的建筑材料、建筑构配件和设备。

（八）未按照国家规定将竣工验收报告、有关认可文件或者准许使用文件报送备案的。

第五十七条　违反本规定条例，建设单位未取得施工许可证或者开工报告未经批准，擅自施工的，责令停止施工，限期改正，处工程合同价款的百分之一以上百分之二以下的罚款。

第五十八条　违反本条例规定，建设单位有下列行为之一的，责令改正，处工程合同价款百分之二以上百分之四以下的罚款；造成损失的，依法承担赔偿责任：

（一）未组织竣工验收，擅自交付使用的；

（二）验收不合格，擅自交付使用的；

（三）对不合格的建设工程按照合格工程验收的。

第五十九条　违反本条例规定，建设工程竣工验收后，建设单位未向建设行政主管部门或者其他有关部门移交建设项目档案的，责令改正，处1万元以上10万元以下的罚款。

第六十条　违反本条例规定，勘察、设计、施工、工程监理单位超越本单位资质等级承揽工程的，责令停止违法行为，对勘察、设计单位或者工程监理单位处合同约定的勘察费、设计费或者监理酬金1倍以上2倍以下的罚款；对施工单位处工程合同价款百分之二以上百分之四以下的罚款，可以责令停业整顿，降低资质等级；情节严重的，吊销资质证书；有违法所得的，予以没收。

以欺骗手段取得资质证书承揽工程的，吊销资质证书，依照本条第一款规定处以罚款，有违法所得的，予以没收。

第六十一条 违反本条例规定，勘察、设计、施工、工程监理允许其他单位或者个人以本单位名义承揽工程的，责令改正，没收违法所得，对勘察、设计单位和工程监理单位处合同勘察费、设计费和监理酬金1倍以上2倍以下的罚款；对施工单位处工程合同价款百分之二以上百分之四以下的罚款，可以责令停业整顿，降低资质等级；情节严重的，吊销资质证书；有违法所得的，予以没收。

第六十二条 违反本条例规定，承包单位将承包的工程转包或者违法分包的，责令改正，没收违法所得，对勘察、设计单位和工程监理单位处合同勘察费、设计费百分之二十五以上百分之五十以下的罚款；对施工单位处工程合同价款百分之零点五以上百分之一以下的罚款，可以责令停业整顿，降低资质等级；情节严重的，吊销资质证书；有违法所得的，予以没收。

工程监理单位转让工程监理业务的，责令改正，没收违法所得，处合同约定的监理酬金百分之二十五以上五十以下的罚款；可以责令停业整顿，降低资质等级；情节严重的，吊销资质证书。

第六十三条 违反本条例规定，有下列行为之一的，责令改正，处以10万元以上30万元以下的罚款：

（一）勘察单位未按照工程建设强制性标准进行勘察的；

（二）设计单位未根据勘察成果文件进行工程设计的；

（三）设计单位指定建筑材料人、建筑构配件的生产厂、供应商的；

（四）设计单位未按照工程建设强制性标准进行设计的。

有前款所列行为，造成工程质量事故的，责令停业整顿，降低资质等级；情节严重的，吊销资质证书；造成损失的，依法承担赔偿责任。

第六十四条 违反本条例规定，施工单位在施工中偷工减料的，使用不合格的建筑材料、建筑构配件和设备的，或者有不按照工程设计图纸或者施工技术标准施工的其他行为的，责令改正，处工程合同价款百分之二以上百分之四以下的罚款；造成建设工程质量不符合规定的质量标准的，负责返工、修理，并赔偿并因此造成的损失；情节严重的，责令停业整顿，降低资质等级或者吊销资质证书。

第六十五条 违反本条例规定，施工单位未对建筑材料、建筑构配件、设备和商品混凝土进行检验，或者未对涉及结构安全的试块、试件以及有关材料的取样检测的，责令改正，处10万元以上20万元以下的罚款；情节严重的，责令停业整顿，降低资质等级或者吊销资质证书；造成损失的，依法承担赔偿责任。

第六十六条 违反本条例规定，施工单位不履行保修义务或者拖延履行保修义务的，责令改正，处10万元以上20万元以下的罚款，并在保修期内因质量缺陷造成的损失承担赔偿责任。

第六十七条 工程监理单位有下列行为之一的，责令改正，处50万元以上100万元以下的罚款，降低资质等级或者吊销资质证书；有违法所得的，予以没收，造成损失的，承担连带赔偿责任；

与建设单位或者施工单位串通，弄虚作假、降低工程质量的；

将不合格的建设工程、建筑材料、建筑构配件和设备按照合格签字的。

第六十八条 违反本条例规定，工程监理单位与被监理工程的施工承包单位以及建筑材料、建筑构配件和设备供应单位有隶属关系或者其他利害关系承担该项建设工程的监理业务的，责令改正，处5万元以上10万元以下的罚款，降低资质等级或者吊销资质证书的；有违法所得的，予以没收。

第六十九条　违反本条例规定，涉及建筑主体或者承重结构变动的装修工程，没有设计方案擅自施工的，责令改正，处50万元以上100万元以下的罚款，房屋建筑面积在装修过程擅自变动房屋建筑主体和承重结构的，责令改正，处5万元以上10万元以下的罚款。有前款所列行为，造成损失的，依法承担赔偿责任。

第七十条　发生重大工程质量事故隐瞒不报、谎报或者拖延报告期限的，对直接负责的主管人员和其他责任人员依法给予行政处分。

第七十一条　违反本条例规定，供水、供电、供气、公安消防等部门或者单位明示或者暗示建设单位或者施工单位购买其指定的生产供应单位的建筑材料、建筑构配件和设备的，责令改正。

第七十二条　违反本条例规定，注册建筑师、注册结构工程师、监理工程师等注册执业人员因过错造成严重事故的，责令停止执业1年，造成重大质量事故的，吊销执业资格证书，5年以内不予注册；情节特别恶劣的，终身不予注册。

第七十三条　依照本条例规定，给予单位罚款处罚的，对单位直接负责的主管人员和其他直接责任人员处单位罚款百分之五以上百分之十以下的罚款。

第七十四条　建筑单位、设计单位、施工单位、工程监理单位违反国家规定，降低工程质量标准，造成重大安全事故，构成犯罪的，对直接责任人依法追究刑事责任。

第七十五条　本条例规定的责令停业整顿，降低资质等级和吊销资质证书的行政处罚，由颁发资质证书的机关决定，其他行政处罚，由建设行政主管部门或者其他有关部门依照法定职权决定。

依照本条例规定吊销资质证书的，由工商行政管理部门吊销其营业执照。

第七十六条　国家机关工作人员在建设工程质量监督管理工作中玩忽职守、滥用职权、徇私舞弊，构成犯罪的，依法追究刑事责任；尚不构成犯罪的，依法给予行政处分。

第七十七条　建设、勘察、设计、施工、工程监理单位的工作人员因调动工作、退休等原因离开该单位后，被发现在该单位工作期间违反国家有关建设工程质量管理规定，造成重大质量事故的，仍应当依法追究法律责任。

第九章　附　则

第七十八条　本条例所称肢解发包，是指建设单位将应当由一个承包单位完成的建设工程分解成若干部分发包给不同的承包单位的行为。

本条例所称违法分包，是指下列行为：

（一）总承包单位将建设工程分包给不具备相应资质条件的单位的；

（二）建设工程总承包合同中未有约定，又未经建设单位，承包单位将其承包的部分建设工程交由其他单位完成；

（三）施工总承包单位将建设工程主体结构的施工分包给其他单位的；

（四）分包单位将其承包的建设工程再分包的。

本条例所称转包，是指承包单位承包建设工程后，不履行合同约定的责任和义务，将其承包的全部建设工程转给他人或者将其承包的建设工程肢解以后以分包的名义分别转给其他单位承包的行为。

第七十九条　本条例规定的罚款和没收的违法所得，必须全部上缴国库。

第八十条　抢险救灾及其他临时性房屋建筑和农民自建低层住宅的建设活动，不适用本条例。

第八十一条　军事建设工程的管理，按照中央军事委员会的有关规定执行。

第八十二条　本条例自发布之日起施行。

附刑法有关条款

第一百三十七条 建设单位、设计单位、施工单位、工程监理单位违反国家规定，降低工程质量标准，造成重大安全事故的，对直接责任人员处五年以下有期徒刑或者拘役，并处罚金；后果特别严重的，处五年以上十年以下有期徒刑，并处罚金。

◆ 建设工程安全生产管理条例

《建设工程安全生产管理条例》已经2003年11月12日国务院第28次常务会议通过，现予公布，自2004年2月1日起施行。

第一章 总 则

第一条 为了加强建设工程安全生产监督管理，保障人民群众生命和财产安全，根据《中华人民共和国建筑法》、《中华人民共和国安全生产法》，制定本条例。

第二条 在中华人民共和国境内从事建设工程的新建、扩建、改建和拆除等有关活动及实施对建设工程安全生产的监督管理，必须遵守本条例。

本条例所称建设工程，是指土木工程、建筑工程、线路管道和设备安装工程及装修工程。

第三条 建设工程安全生产管理，坚持安全第一、预防为主的方针。

第四条 建设单位、勘察单位、设计单位、施工单位、工程监理单位及其他与建设工程安全生产有关的单位，必须遵守安全生产法律、法规的规定，保证建设工程安全生产，依法承担建设工程安全生产责任。

第五条 国家鼓励建设工程安全生产的科学技术研究和先进技术的推广应用，推进建设工程安全生产的科学管理。

第二章 建设单位的安全责任

第六条 建设单位应当向施工单位提供施工现场及毗邻区域内供水、排水、供电、供气、供热、通信、广播电视等地下管线资料，气象和水文观测资料，相邻建筑物和构筑物、地下工程的有关资料，并保证资料的真实、准确、完整。

建设单位因建设工程需要，向有关部门或者单位查询前款规定的资料时，有关部门或者单位应当及时提供。

第七条 建设单位不得对勘察、设计、施工、工程监理等单位提出不符合建设工程安全生产法律、法规和强制性标准规定的要求，不得压缩合同约定的工期。

第八条 建设单位在编制工程概算时，应当确定建设工程安全作业环境及安全施工措施所需费用。

第九条 建设单位不得明示或者暗示施工单位购买、租赁、使用不符合安全施工要求的安全防护用具、机械设备、施工机具及配件、消防设施和器材。

第十条 建设单位在申请领取施工许可证时，应当提供建设工程有关安全施工措施的资料。

依法批准开工报告的建设工程，建设单位应当自开工报告批准之日起15日内，将保证安全施工的措施报送建设工程所在地的县级以上地方人民政府建设行政主管部门或者其他有关部门备案。

第十一条 建设单位应当将拆除工程发包给具有相应资质等级的施工单位。

建设单位应当在拆除工程施工15日前，将下列资料报送建设工程所在地的县级以上地方人民政府建设行政主管部门或者其他有关部门备案：

（一）施工单位资质等级证明；

（二）拟拆除建筑物、构筑物及可能危及毗邻建筑的说明；

（三）拆除施工组织方案；

（四）堆放、清除废弃物的措施。

实施爆破作业的，应当遵守国家有关民用爆炸物品管理的规定。

第三章 勘察、设计、工程监理及其他有关单位的安全责任

第十二条 勘察单位应当按照法律、法规和工程建设强制性标准进行勘察，提供的勘察文件应当真实、准确，满足建设工程安全生产的需要。

勘察单位在勘察作业时，应当严格执行操作规程，采取措施保证各类管线、设施和周边建筑物、构筑物的安全。

第十三条 设计单位应当按照法律、法规和工程建设强制性标准进行设计，防止因设计不合理导致生产安全事故的发生。

设计单位应当考虑施工安全操作和防护的需要，对涉及施工安全的重点部位和环节在设计文件中注明，并对防范生产安全事故提出指导意见。

采用新结构、新材料、新工艺的建设工程和特殊结构的建设工程，设计单位应当在设计中提出保障施工作业人员安全和预防生产安全事故的措施建议。

设计单位和注册建筑师等注册执业人员应当对其设计负责。

第十四条 工程监理单位应当审查施工组织设计中的安全技术措施或者专项施工方案是否符合工程建设强制性标准。

工程监理单位在实施监理过程中，发现存在安全事故隐患的，应当要求施工单位整改；情况严重的，应当要求施工单位暂时停止施工，并及时报告建设单位。施工单位拒不整改或者不停止施工的，工程监理单位应当及时向有关主管部门报告。

工程监理单位和监理工程师应当按照法律、法规和工程建设强制性标准实施监理，并对建设工程安全生产承担监理责任。

第十五条 为建设工程提供机械设备和配件的单位，应当按照安全施工的要求配备齐全有效的保险、限位等安全设施和装置。

第十六条 出租的机械设备和施工机具及配件，应当具有生产（制造）许可证、产品合格证。

出租单位应当对出租的机械设备和施工机具及配件的安全性能进行检测，在签订租赁协议时，应当出具检测合格证明。

禁止出租检测不合格的机械设备和施工机具及配件。

第十七条 在施工现场安装、拆卸施工起重机械和整体提升脚手架、模板等自升式架设设施，必须由具有相应资质的单位承担。

安装、拆卸施工起重机械和整体提升脚手架、模板等自升式架设设施，应当编制拆装方案、制定安全施工措施，并由专业技术人员现场监督。

施工起重机械和整体提升脚手架、模板等自升式架设设施安装完毕后，安装单位应当自检，出具自检合格证明，并向施工单位进行安全使用说明，办理验收手续并签字。

第十八条 施工起重机械和整体提升脚手架、模板等自升式架设设施的使用达到国家规定的检验检测期限的，必须经具有专业资质的检验检测机构检测。经检测不合格的，不得继续使用。

第十九条 检验检测机构对检测合格的施工起重机械和整体提升脚手架、模板等自升式架设设施，应当出具安全合格证明文件，并对检测结果负责。

第四章 施工单位的安全责任

第二十条 施工单位从事建设工程的新建、扩建、改建和拆除等活动，应当具备国家规定的注册资本、专业技术人员、技术装备和安全生产等条件，依法取得相应等级的资质证书，并在其资质等级许可的范围内承揽工程。

第二十一条 施工单位主要负责人依法对本单位的安全生产工作全面负责。施工单位应当建立健全安全生产责任制度和安全生产教育培训制度，制定安全生产规章制度和操作规程，保证本单位安全生产条件所需资金的投入，对所承担的建设工程进行定期和专项安全检查，并做好安全检查记录。

施工单位的项目负责人应当由取得相应执业资格的人员担任，对建设工程项目的安全施工负责，落实安全生产责任制度、安全生产规章制度和操作规程，确保安全生产费用的有效使用，并根据工程的特点组织制定安全施工措施，消除安全事故隐患，及时、如实报告生产安全事故。

第二十二条 施工单位对列入建设工程概算的安全作业环境及安全施工措施所需费用，应当用于施工安全防护用具及设施的采购和更新、安全施工措施的落实、安全生产条件的改善，不得挪作他用。

第二十三条 施工单位应当设立安全生产管理机构，配备专职安全生产管理人员。

专职安全生产管理人员负责对安全生产进行现场监督检查。发现安全事故隐患，应当及时向项目负责人和安全生产管理机构报告；对违章指挥、违章操作的，应当立即制止。

专职安全生产管理人员的配备办法由国务院建设行政主管部门会同国务院其他有关部门制定。

第二十四条 建设工程实行施工总承包的，由总承包单位对施工现场的安全生产负总责。

总承包单位应当自行完成建设工程主体结构的施工。

总承包单位依法将建设工程分包给其他单位的，分包合同中应当明确各自的安全生产方面的权利、义务。总承包单位和分包单位对分包工程的安全生产承担连带责任。

分包单位应当服从总承包单位的安全生产管理，分包单位不服从管理导致生产安全事故的，由分包单位承担主要责任。

第二十五条 垂直运输机械作业人员、安装拆卸工、爆破作业人员、起重信号工、登高架设作业人员等特种作业人员，必须按照国家有关规定经过专门的安全作业培训，并取得特种作业操作资格证书后，方可上岗作业。

第二十六条 施工单位应当在施工组织设计中编制安全技术措施和施工现场临时用电方案，对下列达到一定规模的危险性较大的分部分项工程编制专项施工方案，并附具安全验算结果，经施工单位技术负责人、总监理工程师签字后实施，由专职安全生产管理人员进行现场监督：

（一）基坑支护与降水工程；

（二）土方开挖工程；

（三）模板工程；

（四）起重吊装工程；

（五）脚手架工程；

（六）拆除、爆破工程；

（七）国务院建设行政主管部门或者其他有关部门规定的其他危险性较大的工程。

对前款所列工程中涉及深基坑、地下暗挖工程、高大模板工程的专项施工方案，施工单位还应当组织专家进行论证、审查。

本条第一款规定的达到一定规模的危险性较大工程的标准，由国务院建设行政主管部门会同国务院其他有关部门制定。

第二十七条 建设工程施工前，施工单位负责项目管理的技术人员应当对有关安全施工的技术要求向施工作业班组、作业人员作出详细说明，并由双方签字确认。

第二十八条 施工单位应当在施工现场入口处、施工起重机械、临时用电设施、脚手架、出入通道口、楼梯口、电梯井口、孔洞口、桥梁口、隧道口、基坑边沿、爆破物及有害危险气体和液体存放处等危险部位，设置明显的安全警示标志。安全警示标志必须符合国家标准。

施工单位应当根据不同施工阶段和周围环境及季节、气候的变化，在施工现场采取相应的安全施工措施。施工现场暂时停止施工的，施工单位应当做好现场防护，所需费用由责任方承担，或者按照合同约定执行。

第二十九条 施工单位应当将施工现场的办公、生活区与作业区分开设置，并保持安全距离；办公、生活区的选址应当符合安全性要求。职工的膳食、饮水、休息场所等应当符合卫生标准。施工单位不得在尚未竣工的建筑物内设置员工集体宿舍。

施工现场临时搭建的建筑物应当符合安全使用要求。施工现场使用的装配式活动房屋应当具有产品合格证。

第三十条 施工单位对因建设工程施工可能造成损害的毗邻建筑物、构筑物和地下管线等，应当采取专项防护措施。

施工单位应当遵守有关环境保护法律、法规的规定，在施工现场采取措施，防止或者减少粉尘、废气、废水、固体废物、噪声、振动和施工照明对人和环境的危害和污染。

在城市市区内的建设工程，施工单位应当对施工现场实行封闭围挡。

第三十一条 施工单位应当在施工现场建立消防安全责任制度，确定消防安全责任人，制定用火、用电、使用易燃易爆材料等各项消防安全管理制度和操作规程，设置消防通道、消防水源，配备消防设施和灭火器材，并在施工现场入口处设置明显标志。

第三十二条 施工单位应当向作业人员提供安全防护用具和安全防护服装，并书面告知危险岗位的操作规程和违章操作的危害。

作业人员有权对施工现场的作业条件、作业程序和作业方式中存在的安全问题提出批评、检举和控告，有权拒绝违章指挥和强令冒险作业。

在施工中发生危及人身安全的紧急情况时，作业人员有权立即停止作业或者在采取必要的应急措施后撤离危险区域。

第三十三条 作业人员应当遵守安全施工的强制性标准、规章制度和操作规程，正确使用安全防护用具、机械设备等。

第三十四条 施工单位采购、租赁的安全防护用具、机械设备、施工机具及配件，应当具有生产（制造）许可证、产品合格证，并在进入施工现场前进行查验。

施工现场的安全防护用具、机械设备、施工机具及配件必须由专人管理，定期进行检查、维修和保养，建立相应的资料档案，并按照国家有关规定及时报废。

第三十五条 施工单位在使用施工起重机械和整体提升脚手架、模板等自升式架设设施前，应当组织有关单位进行验收，也可以委托具有相应资质的检验检测机构进行验收；使用承租的机械设备和施工机具及配件的，由施工总承包单位、分包单位、出租单位和安装单位共同进行验收。验收合格的方可使用。

《特种设备安全监察条例》规定的施工起重机械，在验收前应当经有相应资质的检验检测机构监督检验合格。

施工单位应当自施工起重机械和整体提升脚手架、模板等自升式架设设施验收合格之日起 30 日内，向建设行政主管部门或者其他有关部门登记。登记标志应当置于或者附着于该设备的显著位置。

第三十六条 施工单位的主要负责人、项目负责人、专职安全生产管理人员应当经建设行政主管部门或者其他有关部门考核合格后方可任职。

施工单位应当对管理人员和作业人员每年至少进行一次安全生产教育培训，其教育培训情况记入个人工作档案。安全生产教育培训考核不合格的人员，不得上岗。

第三十七条 作业人员进入新的岗位或者新的施工现场前，应当接受安全生产教育培训。未经教育培训或者教育培训考核不合格的人员，不得上岗作业。

施工单位在采用新技术、新工艺、新设备、新材料时，应当对作业人员进行相应的安全生产教育培训。

第三十八条 施工单位应当为施工现场从事危险作业的人员办理意外伤害保险。

意外伤害保险费由施工单位支付。实行施工总承包的，由总承包单位支付意外伤害保险费。意外伤害保险期限自建设工程开工之日起至竣工验收合格止。

第五章 监督管理

第三十九条 国务院负责安全生产监督管理的部门依照《中华人民共和国安全生产法》的规定，对全国建设工程安全生产工作实施综合监督管理。

县级以上地方人民政府负责安全生产监督管理的部门依照《中华人民共和国安全生产法》的规定，对本行政区域内建设工程安全生产工作实施综合监督管理。

第四十条 国务院建设行政主管部门对全国的建设工程安全生产实施监督管理。国务院铁路、交通、水利等有关部门按照国务院规定的职责分工，负责有关专业建设工程安全生产的监督管理。

县级以上地方人民政府建设行政主管部门对本行政区域内的建设工程安全生产实施监督管理。县级以上地方人民政府交通、水利等有关部门在各自的职责范围内，负责本行政区域内的专业建设工程安全生产的监督管理。

第四十一条 建设行政主管部门和其他有关部门应当将本条例**第十条**、**第十一条**规定的有关资料的主要内容抄送同级负责安全生产监督管理的部门。

第四十二条 建设行政主管部门在审核发放施工许可证时，应当对建设工程是否有安全施工措施进行审查，对没有安全施工措施的，不得颁发施工许可证。

建设行政主管部门或者其他有关部门对建设工程是否有安全施工措施进行审查时，不得收取费用。

第四十三条 县级以上人民政府负有建设工程安全生产监督管理职责的部门在各自的职责范围内履行安全监督检查职责时，有权采取下列措施：

（一）要求被检查单位提供有关建设工程安全生产的文件和资料；

（二）进入被检查单位施工现场进行检查；

（三）纠正施工中违反安全生产要求的行为；

（四）对检查中发现的安全事故隐患，责令立即排除；重大安全事故隐患排除前或者排除过程中无法保证安全的，责令从危险区域内撤出作业人员或者暂时停止施工。

第四十四条 建设行政主管部门或者其他有关部门可以将施工现场的监督检查委托给建设工程

安全监督机构具体实施。

第四十五条　国家对严重危及施工安全的工艺、设备、材料实行淘汰制度。具体目录由国务院建设行政主管部门会同国务院其他有关部门制定并公布。

第四十六条　县级以上人民政府建设行政主管部门和其他有关部门应当及时受理对建设工程生产安全事故及安全事故隐患的检举、控告和投诉。

第六章　生产安全事故的应急救援和调查处理

第四十七条　县级以上地方人民政府建设行政主管部门应当根据本级人民政府的要求，制定本行政区域内建设工程特大生产安全事故应急救援预案。

第四十八条　施工单位应当制定本单位生产安全事故应急救援预案，建立应急救援组织或者配备应急救援人员，配备必要的应急救援器材、设备，并定期组织演练。

第四十九条　施工单位应当根据建设工程施工的特点、范围，对施工现场易发生重大事故的部位、环节进行监控，制定施工现场生产安全事故应急救援预案。实行施工总承包的，由总承包单位统一组织编制建设工程生产安全事故应急救援预案，工程总承包单位和分包单位按照应急救援预案，各自建立应急救援组织或者配备应急救援人员，配备救援器材、设备，并定期组织演练。

第五十条　施工单位发生生产安全事故，应当按照国家有关伤亡事故报告和调查处理的规定，及时、如实地向负责安全生产监督管理的部门、建设行政主管部门或者其他有关部门报告；特种设备发生事故的，还应当同时向特种设备安全监督管理部门报告。接到报告的部门应当按照国家有关规定，如实上报。

实行施工总承包的建设工程，由总承包单位负责上报事故。

第五十一条　发生生产安全事故后，施工单位应当采取措施防止事故扩大，保护事故现场。需要移动现场物品时，应当做出标记和书面记录，妥善保管有关证物。

第五十二条　建设工程生产安全事故的调查、对事故责任单位和责任人的处罚与处理，按照有关法律、法规的规定执行。

第七章　法律责任

第五十三条　违反本条例的规定，县级以上人民政府建设行政主管部门或者其他有关行政管理部门的工作人员，有下列行为之一的，给予降级或者撤职的行政处分；构成犯罪的，依照刑法有关规定追究刑事责任：

（一）对不具备安全生产条件的施工单位颁发资质证书的；

（二）对没有安全施工措施的建设工程颁发施工许可证的；

（三）发现违法行为不予查处的；

（四）不依法履行监督管理职责的其他行为。

第五十四条　违反本条例的规定，建设单位未提供建设工程安全生产作业环境及安全施工措施所需费用的，责令限期改正；逾期未改正的，责令该建设工程停止施工。

建设单位未将保证安全施工的措施或者拆除工程的有关资料报送有关部门备案的，责令限期改正，给予警告。

第五十五条　违反本条例的规定，建设单位有下列行为之一的，责令限期改正，处20万元以上50万元以下的罚款；造成重大安全事故，构成犯罪的，对直接责任人员，依照刑法有关规定追究刑事责任；造成损失的，依法承担赔偿责任：

（一）对勘察、设计、施工、工程监理等单位提出不符合安全生产法律、法规和强制性标准规定的要求的；

（二）要求施工单位压缩合同约定的工期的；

（三）将拆除工程发包给不具有相应资质等级的施工单位的。

第五十六条 违反本条例的规定，勘察单位、设计单位有下列行为之一的，责令限期改正，处10万元以上30万元以下的罚款；情节严重的，责令停业整顿，降低资质等级，直至吊销资质证书；造成重大安全事故，构成犯罪的，对直接责任人员，依照刑法有关规定追究刑事责任；造成损失的，依法承担赔偿责任：

（一）未按照法律、法规和工程建设强制性标准进行勘察、设计的；

（二）采用新结构、新材料、新工艺的建设工程和特殊结构的建设工程，设计单位未在设计中提出保障施工作业人员安全和预防生产安全事故的措施建议的。

第五十七条 违反本条例的规定，工程监理单位有下列行为之一的，责令限期改正；逾期未改正的，责令停业整顿，并处10万元以上30万元以下的罚款；情节严重的，降低资质等级，直至吊销资质证书；造成重大安全事故，构成犯罪的，对直接责任人员，依照刑法有关规定追究刑事责任；造成损失的，依法承担赔偿责任：

（一）未对施工组织设计中的安全技术措施或者专项施工方案进行审查的；

（二）发现安全事故隐患未及时要求施工单位整改或者暂时停止施工的；

（三）施工单位拒不整改或者不停止施工，未及时向有关主管部门报告的；

（四）未依照法律、法规和工程建设强制性标准实施监理的。

第五十八条 注册执业人员未执行法律、法规和工程建设强制性标准的，责令停止执业3个月以上1年以下；情节严重的，吊销执业资格证书，5年内不予注册；造成重大安全事故的，终身不予注册；构成犯罪的，依照刑法有关规定追究刑事责任。

第五十九条 违反本条例的规定，为建设工程提供机械设备和配件的单位，未按照安全施工的要求配备齐全有效的保险、限位等安全设施和装置的，责令限期改正，处合同价款1倍以上3倍以下的罚款；造成损失的，依法承担赔偿责任。

第六十条 违反本条例的规定，出租单位出租未经安全性能检测或者经检测不合格的机械设备和施工机具及配件的，责令停业整顿，并处5万元以上10万元以下的罚款；造成损失的，依法承担赔偿责任。

第六十一条 违反本条例的规定，施工起重机械和整体提升脚手架、模板等自升式架设设施安装、拆卸单位有下列行为之一的，责令限期改正，处5万元以上10万元以下的罚款；情节严重的，责令停业整顿，降低资质等级，直至吊销资质证书；造成损失的，依法承担赔偿责任：

（一）未编制拆装方案、制定安全施工措施的；

（二）未由专业技术人员现场监督的；

（三）未出具自检合格证明或者出具虚假证明的；

（四）未向施工单位进行安全使用说明，办理移交手续的。

施工起重机械和整体提升脚手架、模板等自升式架设设施安装、拆卸单位有前款规定的第（一）项、第（三）项行为，经有关部门或者单位职工提出后，对事故隐患仍不采取措施，因而发生重大伤亡事故或者造成其他严重后果，构成犯罪的，对直接责任人员，依照刑法有关规定追究刑事责任。

第六十二条 违反本条例的规定，施工单位有下列行为之一的，责令限期改正；逾期未改正的，责令停业整顿，依照《中华人民共和国安全生产法》的有关规定处以罚款；造成重大安全事故，构成犯罪的，对直接责任人员，依照刑法有关规定追究刑事责任：

（一）未设立安全生产管理机构、配备专职安全生产管理人员或者分部分项工程施工时无专职安全生产管理人员现场监督的；

（二）施工单位的主要负责人、项目负责人、专职安全生产管理人员、作业人员或者特种作业人员，未经安全教育培训或者经考核不合格即从事相关工作的；

（三）未在施工现场的危险部位设置明显的安全警示标志，或者未按照国家有关规定在施工现场设置消防通道、消防水源、配备消防设施和灭火器材的；

（四）未向作业人员提供安全防护用具和安全防护服装的；

（五）未按照规定在施工起重机械和整体提升脚手架、模板等自升式架设设施验收合格后登记的；

（六）使用国家明令淘汰、禁止使用的危及施工安全的工艺、设备、材料的。

第六十三条 违反本条例的规定，施工单位挪用列入建设工程概算的安全生产作业环境及安全施工措施所需费用的，责令限期改正，处挪用费用20%以上50%以下的罚款；造成损失的，依法承担赔偿责任。

第六十四条 违反本条例的规定，施工单位有下列行为之一的，责令限期改正；逾期未改正的，责令停业整顿，并处5万元以上10万元以下的罚款；造成重大安全事故，构成犯罪的，对直接责任人员，依照刑法有关规定追究刑事责任：

（一）施工前未对有关安全施工的技术要求作出详细说明的；

（二）未根据不同施工阶段和周围环境及季节、气候的变化，在施工现场采取相应的安全施工措施，或者在城市市区内的建设工程的施工现场未实行封闭围挡的；

（三）在尚未竣工的建筑物内设置员工集体宿舍的；

（四）施工现场临时搭建的建筑物不符合安全使用要求的；

（五）未对因建设工程施工可能造成损害的毗邻建筑物、构筑物和地下管线等采取专项防护措施的。

施工单位有前款规定第（四）项、第（五）项行为，造成损失的，依法承担赔偿责任。

第六十五条 违反本条例的规定，施工单位有下列行为之一的，责令限期改正；逾期未改正的，责令停业整顿，并处10万元以上30万元以下的罚款；情节严重的，降低资质等级，直至吊销资质证书；造成重大安全事故，构成犯罪的，对直接责任人员，依照刑法有关规定追究刑事责任；造成损失的，依法承担赔偿责任：

（一）安全防护用具、机械设备、施工机具及配件在进入施工现场前未经查验或者查验不合格即投入使用的；

（二）使用未经验收或者验收不合格的施工起重机械和整体提升脚手架、模板等自升式架设设施的；

（三）委托不具有相应资质的单位承担施工现场安装、拆卸施工起重机械和整体提升脚手架、模板等自升式架设设施的；

（四）在施工组织设计中未编制安全技术措施、施工现场临时用电方案或者专项施工方案的。

第六十六条 违反本条例的规定，施工单位的主要负责人、项目负责人未履行安全生产管理职责的，责令限期改正；逾期未改正的，责令施工单位停业整顿；造成重大安全事故、重大伤亡事故或者其他严重后果，构成犯罪的，依照刑法有关规定追究刑事责任。

作业人员不服管理、违反规章制度和操作规程冒险作业造成重大伤亡事故或者其他严重后果，构成犯罪的，依照刑法有关规定追究刑事责任。

施工单位的主要负责人、项目负责人有前款违法行为，尚不够刑事处罚的，处2万元以上20万元以下的罚款或者按照管理权限给予撤职处分；自刑罚执行完毕或者受处分之日起，5年内不得担任任何施工单位的主要负责人、项目负责人。

第六十七条 施工单位取得资质证书后，降低安全生产条件的，责令限期改正；经整改仍未达到与其资质等级相适应的安全生产条件的，责令停业整顿，降低其资质等级直至吊销资质证书。

第六十八条 本条例规定的行政处罚，由建设行政主管部门或者其他有关部门依照法定职权决定。

违反消防安全管理规定的行为，由公安消防机构依法处罚。

有关法律、行政法规对建设工程安全生产违法行为的行政处罚决定机关另有规定的，从其规定。

第八章 附 则

第六十九条 抢险救灾和农民自建低层住宅的安全生产管理，不适用本条例。

第七十条 军事建设工程的安全生产管理，按照中央军事委员会的有关规定执行。

第七十一条 本条例自2004年2月1日起施行。

◆ 国务院批转国家计委、财政部、水利部、建设部关于加强公益性水利工程建设管理的若干意见（2000年7月15日 国发[2000]20号）

为了加强公益性水利工程（以下简称水利工程）的建设管理，进一步明确水利工程建设的项目法人及各个环节的责任，提高水利工程建设质量，现提出以下意见。

一、建立、健全水利工程建设项目法人责任制

（一）按照《水利产业政策》规定，根据作用和受益范围，水利工程建设项目划分为中央项目和地方项目。中央项目由水利部（或流域机构）负责组织建设并承担相应责任，地方项目由地方人民政府组织建设并承担相应责任。项目的类别在审批项目建议书或可行性研究报告时确定。已经安排中央投资进行建设的项目，由水利部与有关地方人民政府协商确定类别，报国家计委备案。

（二）中央项目由水利部（或流域机构）负责组建项目法人（即项目责任主体，下同），任命法人代表。地方项目由项目所在地的县级以上地方人民政府组建项目法人，任命法人代表，其中总投资在2亿元以上的地方大型水利工程项目，由项目所在地的省（自治区、直辖市及计划单列市，下同）人民政府负责或委托组建项目法人，任命法人代表。

（三）项目法人对项目建设的全过程负责，对项目的工程质量、工程进度和资金管理负总责。其主要职责为：负责组建项目法人在现场的建设管理机构；负责落实工程建设计划和资金；负责对工程质量、进度、资金等进行管理、检查和监督；负责协调项目的外部关系。

（四）项目法人应当按照《中华人民共和国合同法》和《建设工程质量管理条例》的有关规定，与勘察设计单位、施工单位、工程监理单位签订合同，并明确项目法人、勘察设计单位、施工单位、工程监理单位质量终身责任人及其所应负的责任。

（五）在长江中下游堤防工程项目中，长江水利委员会负责组织建设的一、二级堤防等重点堤防中的穿堤建筑物、基础加固、防渗处理、抛石固基等施工难度大、技术要求高的工程，由长江水利委员会负责组建项目法人，任命法人代表。

工程建设的征地、拆迁、移民、施工影响补偿、防汛抢险、与地方实施工程的衔接、竣工验收和工程移交等与地方有关的事宜，由长江水利委员会与工程项目所在地的省人民政府（或授权部门）签定协议，并确定协议双方执行责任人，明确双方的责权关系，保证互相配合，防止互相推诿，以免影响工程施工和防汛。

二、加强水利工程项目的前期工作

（一）大江大河的综合治理规划及重大专项规划，由水利部负责组织编制，在充分听取有关部门、地方和专家意见的基础上，报国务院审批。尚未经过审批和需要进行修订的规划，要抓紧做好修订和报审工作。

（二）水利工程项目应符合流域规划要求，工程建设必须履行基本建设程序。水利工程项目的项目建议书、可行性研究报告、初步设计、开工报告或施工许可（按照国务院规定的权限和程序批准开工报告的建筑工程，不再领取施工许可证）等前期工作文件的审批，按照现行的基本建设程序办理。

（三）水利工程勘察设计单位承担水利工程的勘察设计任务，必须具备相应的水利水电勘察设计资质，严禁无证或越级承担勘察设计任务。各级建设行政主管部门在审批勘察设计单位的水利水电勘察设计资质前，须征得水利行政主管部门的同意。

（四）地质、水文、气象、社会经济等水利工程设计的基础资料，凡不涉密的，要向社会公开，实行资料共享。

（五）水利工程项目的安排必须符合流域规划所确定的轻重缓急建设要求，既要考虑需要，也要充分研究投资方向、投资可能、前期工作深度等多种因素，严格按照基本建设程序审批。水利部门、受委托的咨询机构要对有关技术、经济问题严格把关，提出明确意见。不具备条件的项目不予审批。

（六）前期工作费用按照项目类别分别由中央和地方承担，其中用于规划和跨流域、跨地区、跨行业的基础性工作的，在中央和地方基本建设财政性投资中列支，严格按照基本建设程序进行管理；用于建设项目的，按规定纳入工程概算。中央和地方在安排建设计划和建设资金时，应优先保证用于项目建设的前期工作费用，并要合理安排资金进行勘察设计工作。

（七）年度计划中安排的水利工程项目，必须符合经过批准的可行性研究报告所确定的建设方案。工程施工必须具备设计图纸，完备各项校核、审核手续。

三、加强水利工程建设的施工组织

（一）水利工程建设必须按照有关规定认真执行项目法人责任制、招标投标制、工程监理制、合同管理制等管理制度。未按规定执行上述制度的，计划部门不安排计划，财政部门停止拨付资金。

（二）各级水利部门对水利工程质量和建设资金负行业管理责任。

（三）承建水利工程的施工企业必须具备相应的水利水电工程施工资质，并由项目法人按照《中华人民共和国招标投标法》的规定通过招标择优选定，严禁无证或越级承建水利工程。各级建设行政主管部门在审批施工企业的水利水电施工资质前，须征得水利行政主管部门的同意。工程施工不得分标过细或化整为零，严禁违法分包及层层转包。需组织群众进行土料运输、平整土地等单纯的工序和以群众投工投劳为主的堤防工程，必须采取相应的保证质量的措施，具体措施由水利部负责制定。

（四）承担水利工程监理的监理单位必须具备与所监理工程相应的资质等级，并由项目法人按照《中华人民共和国招标投标法》的规定通过招标择优选定。堤防工程中，长江一、二级堤防工程的监理由长江水利委员会负责归口管理，其中一级堤防工程的监理由其所属的具备资质条件的监理公司承担；二级堤防工程依法通过招标方式择优选定监理单位，报长江水利委员会批准。其他流域一、二级堤防工程的监理，属流域机构直接负责建设的堤防工程，由流域机构通过招标方式择优选定监理单位，报水利部批准；不属流域机构直接负责建设的堤防工程，由项目法人依法通过招标方式择优选定监理单位，报流域机构批准。三级堤防等其他水利工程的监理单位，也要依法通过招标方式择优选择。

（五）进一步完善合同管理制。由水利部商有关部门，尽快组织制定《堤防工程施工合同范本》，并严格按要求组织实施。

四、严格水利工程项目验收制度

（一）水利工程建设必须执行国家水利工程验收规程和规范。水利工程验收包括分部工程验收、阶段验收、单位工程验收和竣工验收。堤防工程的分部工程验收由监理单位主持；阶段验收、单位工程验收由项目法人主持。竣工验收，一级堤防由水利部（或委托流域机构）主持；二级堤防由流域机构主持；三级及三级以下堤防由地方水利部门主持。工程验收必须有专家参加，充分听取专家的意见。

（二）水利工程竣工验收前，质量监督单位要按水利工程质量评定规定提出质量监督意见报告，项目法人要按照财政部关于基本建设财务管理的规定提出工程竣工财务决算报告。在以上工作基础上，验收委员会鉴定工程质量等级，对工程进行验收。

（三）要充分考虑堤防工程应急度汛的特点，当工程具备验收条件时，要及时组织验收。验收中发现不符合施工质量要求的，由项目法人责成施工单位限期返工处理，直至达到质量要求；对未经验收及验收不合格就交付使用或进行后续工程施工的，要追究项目法人的责任。未经验收而参与度汛的工程，由项目法人负责组织研究制定度讯方案，保证安全度汛。

五、加强水利工程建设项目的计划与资金管理

（一）水利工程建设项目法人必须按照国家批准的建设方案和投资规模编制年度计划，严格控制工程概算。

（二）中央项目的年度计划由水利部报国家计委，地方项目的年度计划由省计划和水利部门进行初审，其中一、二级堤防和列入国家计划的大中型项目的年度计划，须报送流域机构审核，由省计划和水利部门联合报送国家计委、水利部，同时抄送流域机构备案。

（三）地方要求审批项目或在年度计划中要求中央安排投资的，要在申请报告中说明地方资金的具体来源，并出具出资证明。凡不通过规定渠道报送的项目，一律不予受理。地方资金不落实的项目，不予审批，不得安排中央资金。地方已承诺安排资金，但实际执行中到位不足的，中央计划、财政、水利等部门要督促地方补足，必要时可采取停止审批其他项目、调整计划、停止拨付中央资金等措施，督促地方将建设资金落实到位。

（四）完善协商和制约机制，减少计划下达和资金拨付的层次和环节。中央项目的计划和基本建设支出预算分别由国家计委和财政部下达到水利部，地方项目的计划由国家计委和水利部联合下达到省计划和水利部门。地方项目的基本建设支出预算，由财政部下达到省财政部门。国家计划和基本建设支出预算下达后，省计划、财政和水利部门应及时办理相应的手续，凡可将计划和基本建设支出预算直接下达到项目法人的，要直接下达到项目法人。项目法人应根据国家下达的投资计划和基本建设支出预算，合理安排各项建设任务。

（五）各级计划、水利部门要根据规划，按项目的轻重缓急安排计划，对特别急需的项目尤其是起关键作用的工程（如重要干堤的重点险段、重点病险水库的度汛应急工程等）应优先安排。

（六）水利基本建设资金管理要严格执行国家水利基本建设资金管理办法的规定，开设专户，专户存储，专款专用，严禁挤占、挪用和滞留。水利基本建设资金必须按规定用于经过批准的水利工程，任何单位和个人不得以任何名义改变基本建设支出预算，不得改变资金的使用性质和使用方向。

（七）各级计划（稽察）、财政、水利等部门下达计划、预算、稽察情况的文件要同时抄送各有关部门，做到互相监督，互相配合，及时通气，堵塞漏洞。对查出问题的责任单位，有关部门要采取有效措施督促其整改，追究有关人员的责任并按规定严肃处理。

（八）设计变更、子项目调整、建设标准调整、概算预算调整等，须按程序上报原审批单位审批。由以上原因形成中央投资节余的，应按国家有关规定报国家计委、财政部、水利部审批后，将节余资金用于其他经过批准的水利工程建设项目。

（九）任何单位和个人，不得以任何借口和理由收取概算外的工程管理费。

六、加强对水利工程建设的检查监督

（一）各级计划、财政、水利及建设部门要充实检查监督力量，对水利工程建设项目及移民建镇项目的工程质量、建设进度和资金管理使用情况经常进行稽察、检查和监督，发现问题及时提出整改意见，按管理权限查处，并应及时将有关情况向同级人民政府和上级主管部门报告。上级主管部门要定期和不定期对项目执行情况进行检查和稽察。

（二）地方水利部门负责对地方投资的水利工程进行检查监督，定期将工程进度、工程质量、资金管理、工程监理和工程施工队伍等情况的检查和抽样检测结果，向上一级水利部门作出书面报告。水利部（或流域机构）负责对中央投资的水利工程进行检查监督，发现问题要及时查处，督促有关项目法人进行整改。

（三）加强专家对项目前期工作和项目实施过程的监督。对重大项目和关键问题，要组织专家进行充分的论证。对专家提出的意见和建议要认真研究，对合理可行的意见要及时采纳。

（四）欢迎新闻媒体、人民群众和社会各方面的监督。各有关部门要设立举报电话，完善举报制度。对群众用各种形式提出的意见和建议，要认真分析，及时处理。

七、其他

（一）各地区和各有关部门可根据本意见制订相应的实施细则。

（二）本意见由国家计委商财政部、水利部、建设部负责解释。

◆ 国务院办公厅关于加强基础设施工程质量管理的通知（1999年2月13日　国发[1999]16号）

各省、自治区、直辖市人民政府，国务院各部委、各直属机构：

基础设施项目，特别是重大基础设施项目的工程质量状况，不仅关系到国家建设资金的有效使用，而且关系到国民经济持续快速健康发展和人民群众生命财产安全。从近年来的情况看，工程质量总体上是比较好的，但由于一些地区、部门和单位忽视工程质量，违反建设程序，执法监督不力，建筑市场混乱，腐败现象严重，造成恶性工程质量事故频发，给国家和人民生命财产造成很大损失。对这些问题必须采取强有力的措施认真加以解决。经国务院同意，现将有关问题通知如下：

一、建立和落实工程质量领导责任制

（一）建立工程质量行政领导人责任制。对基础设施项目工程质量，实行行业主管部门、主管地区行政领导责任人制度。中央项目的工程质量，由国务院有关行业主管部门的行政领导人负责；地方项目的工程质量，按照项目所属关系，分别由各级地方政府行政领导人负责。如发生重大工程质量事故，除追究当事单位和当事人的直接责任外，还要追究相关行政领导人在项目审批、执行建设程序、干部任用和工程建设监督管理等方面失察的领导责任。

（二）建立项目法人责任制。基础设施项目，除军事工程等特殊情况外，都要按政企分开的原则组成项目法人，实行建设项目法人责任制，由项目法定代表人对工程质量负总责。凡没有实行项目法人责任制的在建项目，要限期进行整改。项目法定代表人必须具备相应的政治、业务素质和组织能力，具备项目管理工作的实际经验。项目法人单位的人员素质、内部组织机构，必须满足工程管理和技术上的要求。

（三）建立参建单位工程质量领导人责任制。勘察设计、施工、监理等单位的法定代表人，要按各自职责对所承建项目的工程质量负领导责任。因参建单位工作失误导致重大工程质量事故的，除追究直接责任人的责任外，还要追究参建单位法定代表人的领导责任。

（四）建立工程质量终身负责制。项目工程质量的行政领导责任人，项目法定代表人，勘察设计、施工、监理等单位的法定代表人，要按各自的职责对其经手的工程质量负终身责任。如发生重大工程质量事故，不管调到哪里工作，担任什么职务，都要追究相应的行政和法律责任。

二、严格执行建设程序，确保建设前期工作质量

（五）严格执行建设程序，按照国家规定履行报批手续。基础设施项目建设程序包括：项目建议书、可行性研究报告、初步设计、开工报告和竣工验收等工作环节。严禁任何部门、地区和项目法人擅自简化建设程序和超越权限、化整为零进行项目审批。对违反建设程序和审批权限的，要追究有关单位及其领导人的责任。

（六）严格把好建设前期工作质量关。建设项目的项目建议书、可行性研究报告和初步设计文件，必须按照国家规定的内容，达到规定的工作深度。各级项目审批机关对前期工作达不到规定要求和工作深度的项目不得审批。项目审批机关违反规定审批的，由上级机关追究其直接责任人和领导人的责任。

（七）严格实行项目决策咨询评估制度。建设项目可行性研究报告未经有资质的咨询机构和专家的评估论证，有关审批部门不予审批。重大项目的项目建议书也要经过评估论证。咨询机构要对出具的评估论证意见承担责任。对评估论证意见严重失实的，要依法降低资质等级，直至吊销营业执照。

三、健全工程管理制度，整顿建设市场

（八）必须实行招标投标制。基础设施项目的勘察设计、施工和主要设备、材料采购都要实行公开招标，确需采取邀请招标和议标形式的，要经过项目主管部门或主管地区政府批准。招标投标活动要严格按照国家有关规定进行，体现公开、公平、公正和择优、诚信的原则。对未按规定进行公开招标、未经批准擅自采取邀请招标和议标形式的，有关地方和部门不得批准开工。工程监理单位也应通过竞争择优确定。

招标单位要合理划分标段、合理确定工期、合理标价定标。中标单位签订承包合同后，严禁进行转包。总承包单位如进行分包，除总承包合同中有约定的外，必须经发包单位认可，但主体结构不得分包。禁止分包单位将其承包的工程再分包。

严禁任何单位和个人以任何名义、任何形式干预正当的招标投标活动，严禁搞地方和部门保护主义，严禁在同一经营实体或同一行政单位直接管辖范围内搞设计、施工、监理“一条龙”作业。对违反规定干预招标投标活动的单位和个人，不论有无谋取私利，都要根据情节轻重作出处理；对转包和违法分包的单位，要依法降低资质等级，情节严重的要依法吊销营业执照，并追究法律责任。

（九）必须实行工程监理制。基础设施项目的施工，必须由具备相应资质条件的监理单位进行监理。监理单位必须配备足够的、合格的监理人员。未经监理人员签字认可，建筑材料、构配件和设备不得在工程上使用或安装，不得进入下一道工序的施工，不得拨付工程进度款，不得进行竣工验收。监理人员要按规定采取旁站、巡视和平行、跟踪检测等形式，按作业程序即时跟班到位进行监督检查，对达不到质量要求的工程不得签字，并有权责令返工，有权向有关主管部门报告。对未能履行职责的监理单位，要依法降低资质等级，直至吊销营业执照；对未能履行职责的监理人员，要取消其执业资格；对因失职造成重大工程质量事故的监理单位和监理人员，要追究法律责任。

（十）必须实行合同管理制。建设工程的勘察设计、施工、设备材料采购和工程监理都要依法订立合同。各类合同都要有明确的质量要求、履约担保和违约处罚条款。违约方要承担相应的法律责任。

（十一）必须实行竣工验收制度。项目建成后必须按国家有关规定进行严格的竣工验收，由验收人员签字负责。项目竣工验收合格后，方可交付使用。对未经验收或验收不合格就交付使用的，要追究项目法定代表人的责任，造成重大损失的，要追究其法律责任。

（十二）必须把好市场准入关。建设部、国家工商行政管理局和有关行业主管部门，要通过制定规章制度、颁布资质等级标准和执法检查，依法加强对建设市场的监管。各有关部门对参加建设各单位的资质认定和市场准入，要严格把关。对咨询、设计、施工和工程监理执业人员的素质要从严要求。因把关不严造成损失的，要追究有关部门及领导人的责任。

参加建设的单位必须具备与工程建设要求相应的资质等级和业绩，具备足够的技术管理能力和装备水平，严禁无证、越级承揽工程。对违反规定承揽工程的，要依法吊销营业执照并追究法律责任。

（十三）必须实行政企分开。勘察设计、施工单位和工程咨询、工程监理、招标代理等中介服务机构，都要实行政企分开，与行政管理部门脱钩，成为自主经营、自负盈亏、自担风险的法人实体。

四、精心勘察设计，强化施工管理

（十四）工程建设要坚持先勘察、后设计、再施工的原则。严禁搞边勘察、边设计、边施工的“三边”工程。

（十五）工程勘察单位要全面加强对现场踏勘、勘察纲要编制、原始资料收集和成果资料审核等环节的管理，必须对所提供的地质、地震、水文、气象等勘察资料的质量负责。设计单位要严格依据批准的可行性研究报告。按照国家规定的设计规范、规程和技术标准进行工程设计。对违反规定的勘察、设计单位，根据情节轻重，给予依法停业整顿，降低资质等级等处罚，直至吊销资质证书，并对有关责任人给予行政处分，造成重大损失的，要追究法律责任。

（十六）施工单位要严格按照设计图纸和施工标准、规范进行施工，在施工组织设计中要有保证工程质量的措施，建立推广使用有利提高工程质量的先进技术和施工手段，建立健全现场质量自检体系。对工程的重要结构部位和隐蔽工程要有质量预检和复检制度。实行施工总承包的，总承包单位必须对全部工作质量负责。对违反规定的施工企业，根据情节轻重，给予依法停业整顿，降低资质等级处罚，直到吊销资质证书，并对有关责任人给予行政处分，造成重大损失的，要追究法律责任。

（十七）材料设备要严格进行质量检验。项目法人和施工单位要对采购的材料和设备质量负责，监理单位要严格检验进场的材料和设备，严禁使用不合格的产品。对违反规定的单位和个人，要依法严肃惩处。

（十八）建设资金要严加管理。各有关部门和银行要健全项目建设资金监管制度，对出现质量事故、存在质量隐患以及缺乏质量安全保障的项目，要停止拨款和贷款。对连续出现严重工程质量事故的地区和部门，有关部门要核减下年度投资并暂停审批新项目。

五、加大执法和监督力度，把好工程质量关

（十九）加强执法力度。要把工程质量管理纳入法制化轨道，建立健全工程质量管理的法律法规。各地区、各部门要严格执法，切实做到有法必依，执法必严，违法必究。各级监察部门要加大对建设领域腐败行为的惩处力度，对玩忽职守、弄虚作假、贪污受贿和截留、挤占、挪用、克扣工程建设资金的单位和个人，给予严厉处罚，构成犯罪的移交司法机关追究刑事责任。

（二十）加强政府监督。要继续发挥各行业主管部门和地方政府质量监督机构的作用，对基础设施和住宅建设实行强制性工程质量监督检查，对在质量监督中发现的问题，各有关单位要及时处理。对使用国家拨款的建设项目和国家重大项目，要派出重大项目稽察特派员进行稽察，并把工程质量作为稽察的重点。对稽察中发现有重大工程质量问题的项目，行业主管部门要及时发出整改通知，限期进行整顿，整改期间暂停拨付建设资金。

（二十一）加强审计监督。审计部门要依据《中华人民共和国审计法》对国家拨款的基础设施建设项目加强审计。对重大项目要进行专项审计和跟踪审计。对审计中发现的问题，要依法严肃处理。

（二十二）加强社会监督。建设项目的施工现场，要将项目法人、勘察设计、施工、监理等单位的名称和责任人姓名挂牌公示。项目主管部门和主管地区政府要公布质量举报电话，自觉接受社会监督。所有单位、个人和新闻媒体都有权举报和揭发工程质量问题。

（二十三）加强报告制度。各地区、各部门要建立工程质量报告制度，加强施工现场检查。各项目法人的质量报告必须如实反映工程质量情况，工程质量负责人和监理负责人要对填报的内容签字负责。对重大项目的工程质量问题，有关部门和地区要及时报告国务院。对弄虚作假和隐瞒不报的，要追究有关领导责任人和项目法定代表人的责任。

（二十四）加强项目档案工作。所有建设项目都要按照《中华人民共和国档案法》的有关规定，建立健全项目档案。从项目筹划到工程竣工验收各环节的文件资料，都要严格按照规定收集、整理、归档，项目档案管理单位和档案管理人员要严格履行职责。对失职的单位和人员，要依法严肃处理。通知强调，各地区、各部门，尤其是各级领导干部必须牢固树立“百年大计，质量第一”的思想，以对国家、对人民、对子孙后代高度负责的精神，妥善处理好发展速度、经济效益与工程质量的关系，把工程质量管理工作摆在重要位置，加强领导，强化管理，采取有力措施，确保工程质量。要加强队伍建设，搞好培训和教育工作，增强职工的质量意识，努力提高工程建设队伍的整体素质。各地区、各部门要按照本通知的要求，对本地区、本部门基础设施项目和其他使用财政债券资金项目的工程质量进行一次全面检查，针对存在的问题采取整改措施，并将检查结果于1999年3月31日前报国家发展计划委员会。

本通知适用于基础设施建设项目和国家投资的建设项目、其他建设项目也要参照执行。

◆ 关于贯彻落实《国务院批转国家计委、财政部、水利部、建设部关于加强公益性水利工程建设管理若干意见的通知》的实施意见（2001年7月4日　水建管[2001]74号）

为贯彻落实《国务院批转国家计委、财政部、水利部、建设部关于加强公益水利工程建设管理若干意见的通知》（国发[2000]20号，以下简称《若干意见》）精神，进一步加强公益性水利工程的建设管理，提高水利工程建设管理水平，确保工程质量和投资效益，现提出如下实施意见：

一、进一步理顺和明确建设管理体制

（一）项目类别

1．按照《若干意见》规定，凡报送水利部、国家发展计划委员会审批及核报国务院审批的公益性水利工程建设项目，在报送项目建议书或可行性研究报告中，应增加项目类别（中央项目、地方项目）的建议内容，如项目中有不同类别的子项目也应提出子项目类别的建议内容。项目审批部门在批准文件中明确项目类别。

2．项目类别一般按以下原则划分：

（1）中央项目是指跨省（自治区、直辖市）的重大水利项目及大江大河的骨干治理工程项目，跨省（自治区、直辖市）、跨流域的引水和国际河流工程项目及水资源综合利用等对国民经济全局有重大影响的项目。

（2）地方项目是指局部受益的防洪除涝、灌溉排水、河道整治、蓄滞洪区建设、水土保持、水资源保护等项目。

3．在《若干意见》发布之前已经开工或已经审批但未划分类别的项目，应根据项目类别划分原则，由流域机构与项目所在地省级水行政主管部门协商后，提出项目类别意见，报水利部核准。

（二）项目法人组建

1．项目主管部门应在可行性研究报告批复后，施工准备工程开工前完成项目法人组建。

2．组建项目法人要按项目的管理权限报上级主管部门审批和备案。

中央项目由水利部（或流域机构）负责组建项目法人。流域机构负责组建项目法人的报水利部备案。

地方项目由县级以上人民政府或其委托的同级水行政主管部门负责组建项目法人并报上级人民政府或其委托的水行政主管部门审批，其中总投资在2亿元以上的地方大型水利工程项目由项目所在地的省（自治区、直辖市及计划单列市）人民政府或其委托的水行政主管部门负责组建项目法人，任命法定代表人（以下简称法人代表）。

新建项目一般应按建管一体的原则组建项目法人。除险加固、续建配套、改建扩建等建设项目，原管理单位基本具备项目法人条件的，原则上由原管理单位作为项目法人或以其为基础组建项目法人。

一、二级堤防工程的项目法人可承担多个子项目的建设管理，项目法人的组建应报项目所在流域的流域机构备案。

3．组建项目法人需上报材料的主要内容：

（1）项目主管部门名称。

（2）项目法人名称、办公地址。

（3）法人代表姓名、年龄、文化程度、专业技术职称、参加工程建设简历。

（4）技术负责人姓名、年龄、文化程度、专业技术职称、参加工程建设简历。

（5）机构设置、职能及管理人员情况。

（6）主要规章制度。

4．长江重要提防隐蔽工程按照《若干意见》的有关规定执行。

5．大中型建设项目的项目法人应具备的基本条件：

（1）法人代表应为专职人员。法人代表应熟悉有关水利工程建设的方针、政策和法规，有丰富的建设管理经验和较强的组织协调能力。

（2）技术负责人应具有高级专业技术职称，有丰富的支柱管理经验和扎实的专业理论知识，负责过中型以上水利工程的建设管理，能独立处理工程建设中的重大技术问题。

（3）人员结构合理，应包括满足工程建设需要的技术、经济、财务、招标、合同管理等方面的管理人员。大型工程项目法人具有高级专业技术职称的人员不少于总人数的10%，具有中级专业技术职称的人员不少于总人数的25%，具有各类专业技术职称的人员一般不少于总人数的50%。中型工程项目法人具有各级专业技术职称的人员比例，可根据工程规模的大小参照执行。

（4）有适应工程需要的组织机构，并建立完善的规章制度。

项目法人的建设管理定员编制，按照水利部的有关规定执行。

（三）项目法人的职责

1. 项目法人是项目建设的责任主体，对项目建设的工程质量、工程进度、资金管理和生产安全负总责，并对项目主管部门负责。

项目法人在建设阶段的主要职责是：

（1）组织初步设计文件的编制、审核、申报等工作。

（2）按照基本建设程序和批准的建设规模、内容、标准组织工程建设。

（3）根据工程建设需要组建管理机构并负责任免其主要行政及技术、财务负责人。

（4）负责办理工程质量监督、工程报建和主体工程开工报告报批手续。

（5）负责与项目所在地地方人民政府及有关部门协调解决好工程建设外部条件。

（6）依法对工程项目的勘测、设计、监理、施工和材料及设备等组织招标，并签订有关合同。

（7）组织编制、审核、上报项目年度建设计划，落实年度工程建设资金，严格按照概算控制工程投资，用好、管好建设资金。

（8）负责监督检查现场管理机构建设管理情况，包括工程投资、工期、质量、生产安全和工程建设责任制情况等。

（9）负责组织制订、上报在建工程度汛计划、相应的安全度汛措施，并对在建工程安全度汛负责。

（10）负责组织编制竣工决算。

（11）负责按照有关验收规程组织或参与验收工作。

（12）负责工程档案资料的管理，包括对各参建单位所形成档案资料的收集、整理、归档工作进行监督、检查。

2. 现场建设管理机构是项目法人的派出机构，其职责应根据实际情况由项目法人制定，一般应包括以下主要内容：

（1）协助、配合地方政府征地、拆迁和移民等工作。

（2）组织施工用水、电、通讯、道路和场地平整等准备工作及必要的生产、生活临时设施的建设。

（3）编制、上报年度建设计划，负责按批准后的年度建设计划组织实施。

（4）加强施工现场管理，严格禁止转包、违法分包行为。

（5）按照项目法人与参建各方签订的合同进行合同管理。

（6）及时组织研究和处理建设过程中出现的技术、经济和管理问题，按时办理工程结算。

（7）组织编制度讯方案，落实有关安全度汛措施。

（8）负责建设项目范围内的环境保护、劳动卫生和安全生产等管理工作。

（9）按时编制和上报计划、财务、工程建设情况等统计报表。

（10）按规定做好工程验收工作。

（11）负责现场应归档材料的收集、整理和归档工作。

（四）对项目法人的考核管理

1. 项目主管部门负责对项目法人及其法定代表人和技术、经济负责人的考核管理工作。

2. 项目主管部门要根据项目法定代表人、技术负责人和经济负责人等岗位的特点，确定考核内容、考核指标和考核标准，对其实行年度考核和任期考核，重点考核工作业绩，并建立业绩档案。

3．考核的主要内容包括：

（1）遵守国有颁布的固定资产投资、资金管理与建设管理的法律、法规和规章的情况。

（2）年度建设计划和批准的设计文件的执行情况。，

（3）建设工期、工程质量和生产安全情况。

（4）概算控制、资金使用和工程组织管理情况。

（5）生产能力和国有资产形成及投资效益情况。

（6）土地、环境保护和国有资源利用情况。

（7）精神文明建设情况。

（8）信息管理、工程档案资料管理情况。

（9）其他需考核的事项。

4．建立奖惩制度。根据项目建设的考核情况，项目主管部门可在工程造价、工期和生产安全得到有效控制，工程质量优良的前提下，对为建设项目做出突出成绩的项目法定代表人及有关人员进行奖励，资金可在工程建设结余中列支；对在项目建设中出现较大工程质量和生产安全事故的项目法定代表人及有关人员进行处罚。

（五）地方人民政府在公益性水利工程建设中的作用

1．工程项目所在地人民政府应负责协调工程建设外部条件和与地方有关的征地移民等重大问题。

2．负责按工程投资计划落实地方配套资金。

二、加强工程项目的前期管理工作

（一）加强设计文件审批管理

工程项目的建设，要严格执行国家的基本建设程序，杜绝边勘察、边设计、边施工的“三边”工程。项目建议、可行性研究报告、初步设计和开工报告等各阶段文件的审批权限，按照有关规定执行。要按照有关编制规程审查设计文件，并注意审查建设管理体制是否明确，筹资方案是否落实等。

（二）项目报建按照《水利工程建设项目报建管理办法》（水建[1998]275号）有关规定执行。

三、加强建设管理

（一）加强各级水行政主管部门的建设管理

各级水行政主管部门认真履行建设管理职责，严格监督、检查基建程序、招标投标、建设监理、工程质量和资金管理等有关法规、规章的执行情况，对违反规定的要及时纠正和查处。

对在项目建设管理中因人为失误给工程项目造成重大损失以及严重违反国家有关法律、法规和规章的人员给予必要的经济和行政处罚，构成犯罪的要依法追究刑事责任。

（二）加强招标投标管理

1．建设项目招标活动应按照《中华人民共和国招标投标法》、《国务院办公厅印发国务院有关部门实施招标投标活动行政监督职责分工意见的通知》（国办发[2000]34号）和国家发展计划委员会、水利部有关规定执行。

2．项目法人应合理划分标段，分标不得过细。标段的划分应有利于现场管理，有利于公平竞争。

3．项目法人要严格核验勘测、设计、施工、监理等单位的资质等级，不得让无资质或资质等级不够的单位参与投标。

4．自行组织招标和不宜进行招标的项目，项目法人应国家有关规定在项目可研报告中注明报上级主管部门审批。

5．水利部和地方水行政主管部门要依法对水利工程招标投标活动进行行政监督，对招标过程不

规范、标段划分不合理、中标单位不符合资质要求、转包和违法分包等问题，要依法进行处理。

（三）加强建设监理管理

1、承担水利工程监理的监理单位必须具备经水利部批准并与所监理工程相适应的资格等级。监理单位应采用招标方式择优选定。

2. 项目法人应与监理单位签订工程建设监理合同，授予监理单位全面开展监理工作的职责，保证监理单位权利和责任的统一，充分发挥监理单位的作用。

3. 监理单位要依据监理合同选派有资格的监理人员组成工程项目监理机构，派驻施工现场。监理工作实行总监理工程师负责制。项目监理机构要按照“公正、独立、自主”的原则和合同规定的职责开展监理工作，并承担相应的监理责任。

4. 监理人员要严格履行职责，根据合同的约定，对工程的关键工序和关键部位采取旁站方式进行监督检查。要强化施工过程中的质量控制，上一工序施工质量不合格，监理人员不得签字，不准进行下一工序施工。

5. 监理单位应按国家有关取费标准和与项目法人签订的合同收取费用，项目法人不得以任何形式和借口压减监理费用。

6. 监理单位从事工程监理活动，应遵循守法、诚信、公平、科学的准则。监理人员应遵守职业道德，廉洁从业、公正办事，严禁以权谋私。

（四）加强和完善合同管理

1. 编制监理、施工合同文件应采用已颁发的《水利工程建设监理合员示范文本》（水建管[2000]47号）、《水利水电工程施工合同和招标文件示范文本》（水建管[2000]62 号）和《堤防和疏浚工程施工合同范本》（水建管[1999]765 号）。

2. 签订合同各方应严格履行合同，加强合同管理。

3. 在水利工程中推行合同争议调解制度。

（五）加强施工管理

1. 加强施工企业资质管理

（1）施工企业承担水利工程施工业务，必须持有水利水电工程施工企业资质证书。按照《若干意见》，“各级建设行政主管部门在审批施工企业的水利水电施工资质前，须征得水行政主管部门的同意”。

（2）对未经水行政主管部门同意已取得水利水电工程施工企业资质证书的施工企业，在参加水利工程施工投标前，必须到水行政主管部门确认（备案）。水利部负责一级水利水电工程施工企业资质证书的确认（备案），省级水行政主管部门负责二级及其以下水利水电工程施工企业资质证书的确认（备案）。

（3）加强对施工企业资格的预审。水利工程建设项目在招标前，项目法人必须加强对投标企业的资格预审。即要核验施工企业的施工资质证书和确认证明，还要核查施工企业是否具有承建同类工程的业绩和技术力量，又要核查所需的施工设备是否落实。

2. 施工企业在签订承包合同时，必须以书面形式对工程质量及施工现场生态环境保护作出承诺，建立质量承诺制度及生态环境保护承诺制度。

3. 施工企业要严格执行《水利工程建设项目施工分包管理暂行规定》（水建管[1998]481 号），严禁转包和违法分包。

4. 施工企业必须按照承包合同的约定，派出满足工程施工需要的施工人员及机械从事中标项目施工，不得用从事修造、房建、服务等施工为主的非水利专业施工队伍，防止以次充好从事水利工程建设。

5．承担一级堤防工程施工的项目经理必须具备二级以上项目经理资质，承担二级堤防工程施工的项目经理必须具备三级以上项目经理资质。上述项目经理同时应具有三年以上从事堤防工程或土石坝施工经历。一、二级提防施工单位技术负责人应具有中级以上技术职称，且在中级职称技术岗位上有三年以上工作经历。项目经理及技术负责人必须是投标书中填报并经招标单位审查确认的人员。

6．项目经理原则上只能承担一个堤防工程项目的管理工作。确因工作需要，经项目法人同意，可允许一、二级项目经理同时承担不超过两个相近堤防标段施工的管理工作。项目经理应对承建的堤防工程施工质量负直接责任。

7．施工单位施工中应严格执行国家和水利部颁布的技术标准和档案资料管理规定；施工单位应按照有关规定配备现场检测人员和设备，完善质量保证体系，保证工程质量。

（六）加强对群众投工投劳参加堤防工程建设的管理

1．一、二、三级堤防工程，应由符合资质要求的专业施工队伍承建。如确需群众投工投劳参加堤防工程建设，地方人民政府（或项目法人）须向上级水行政主管部门提出《群众投工投劳参加堤防工程建设申请报告》，经上级水行政主管部门批准后方可组织施工。群众投工投劳只限于取料、运料的施工，摊铺、碾压必须由承包工程的专业施工队伍承担。

2．《群众投工投劳参加堤防工程建设申请报告》的内容包括：地方人民政府（或项目法人）所指定责任人的基本情况，拟投劳建设堤防工程的范围（堤段桩号）、内容、投劳人数、机械设备名称和数量，施工组织和安排，质量控制措施以及现场技术管理人员的配备情况。申请报告及其批复文件作为工程施工依据并纳入工程竣工验收资料档案。群众投工投劳施工的工序（取料、运输）须与项目法人签定工序承包协议并接受堤防工程建设施工责任单位的管理。

3．群众投工投劳为主的四级和五级堤防工程建设，由地方人民政府负责组建专门的建设管理机构，并指定责任人对工程建设负全责。建设管理机构应编制详细的施工方案和施工工序报水利主管部门或项目法人批准。建设管理机构应指派专业技术人员对取料、运料、摊铺、碾压等工序施工进行指导、质量检测记录并负责保存资料。对未按设计及规程、规范要求进行施工的，项目法人和质量监督机构有权要求整改、返工直至停止施工。

4．群众投工投劳进行建设的堤防工程，必须按堤防工程施工规范要求进行质量检测（如土料的含水量、土方的干密度等指标），并形成质量检测资料或报告等。未按规定进行质量检测和检测资料不完整的堤防工程，不得进行验收。

5．地方人民政府对群众投工投劳进行堤防工程建设的工程质量负总责，责任人负终身责任。

6．对群众投工投劳参加建设的工程项目，是否实行招标投标制和建设监理制，由项目上级主管部门决定。

（七）加强质量管理

1．项目法人、监理、设计、施工、材料和设备供应等单位要严格按照《水利工程质量管理规定》（水利部第 7 号令，1997），建立和健全质量管理体系。各单位要对因本单位的工作质量所产生的工程质量承担责任。

2．质量监督机构要严格按照《水利工程质量监督管理规定》（水建[1997]339 号）开展质量监督工作。

3．中央项目原则上由水利部水利工程质量监督总站或其流域分站实施质量监督，地方项目由地方水利工程质量监督机构实施质量监督，也可采取联合质量监督的方式，但必须明确责任方。

由水利部水利工程质量监督总站组织实施质量的范围为：

（1）水利部直接组织建设的项目；

（2）流域机构主要负责人兼任项目法人代表的建设项目；

（3）国家重点水利建设项目（包括中央项目和地方项目）；

（4）水利部和地方政府要求水利部水利工程质量监督总站进行质量监督的项目；

（5）建设过程中出现重大质量问题需要重新调整工程质量监督职责（权限）的水利建设项目。

4．建立质量缺陷备案及检查处理制度

（1）对因特殊原因，使得工程个别部位或局部达不到规范和设计要求（不影响使用），且未能及时进行处理的工程质量缺陷问题（质量评定仍为合格），必须以工程质量缺陷备案形式进行记录备案。

（2）质量缺陷备案的内容包括：质量缺陷产生的部位、原因，对质量缺陷是否处理和如何处理以及对建筑物使用的影响等。内容必须真实、全面、完整，参建单位（人员）必须在质量缺陷备案表上签字，有不同意见应明确记载。

（3）质量缺陷备案资料必须按竣工验收的标准制备，作为工程竣工验收备查资料存档。质量缺陷备案表由监理单位组织填写。

（4）工程项目竣工验收时，项目法人必须向验收委员会汇报并提交历次质量缺陷的备案资料。

四、严格工程验收制度

（一）验收工作要严格按照《水利水电建设工程验收规程》（SL223—1999）、《堤防工程施工质量评定与验收规程》（SL239—1999）和《水利基本建设项目竣工财务决算编制规程》（SL19—2001）的有关规定执行。

（二）建设项目应在验收前进行竣工决算审计，审计工作按照《审计机关对国家建设项目竣工决算审计实施办法》（审投发[1996]346号）执行。

（三）长江重要堤防隐蔽工程验收按有关规定执行。

（四）初验工作组和竣工验收委员会的组成人员中，应包括各相关专业的专家，其人数初验工作组不少于总人数的2/3，竣工验收委员会不少于总人数的1/3。

（五）验收人员要严格把住工程验收关，并对所签署的验收意见承担个人责任。

五、加强对水利工程建设的稽察

（一）水利部水利工程建设稽察办公室应按照《水利基本建设项目稽察暂行办法》（水利部令第11号，1999）及有关规定，负责对中央投资为主的水利基本建设项目的工程质量、建设进度、资金管理以及执行基本建设程序和“三项制度”情况进行稽察和监督，对稽察中发现的问题，及时提出整改意见。

（二）工程项目主管部门对稽察中发现的问题，要明确责任，并督促有关项目法人落实整改意见。

（三）流域机构和省级水行政主管部门设有工程建设稽察机构的可参照《水利基本建设项目稽察暂行办法》开展工作。

（四）水利部和各省级水行政主管部门应设立公开举报电话，制订举报问题处理办法，完善举报管理制度。

六、其他

（一）原水利部颁发的有关文件，如有与本实施意见不一致的，以本实施意见为准。

（二）本实施意见由水利部负责解释。

（三）本实施意见自印发之日起施行。

◆　水利工程建设程序管理暂行规定（1998 年 1 月 7 日　水利部水建[1998]16 号）

第一条　为加强水利建设市场管理，进一步规范水利工程建设程序，推进项目法人责任制、建设监理制、招标投标制的实施，促进水利建设实现经济体制和经济增长方式的两个根本性转变，根据国家有关法律、法规，制定本规定。

第二条　水利工程建设程序，按《水利工程建设项目管理规定》（水利部水建[1995]128 号）明确的建设程序执行，水利工程建设程序一般分为：项目建议书、可行性研究报告、初步设计、施工准备（包括招标设计）、建设实施、生产准备、竣工验收、后评价等阶段。

第三条　本暂行规定适用于由国家投资、中央和地方合资、企事业单位独资或合资以及其他投资方式兴建的防洪、除涝、灌溉、发电、供水、围垦等大中型（包括新建、续建、改建、加固、修复）工程建设项目。小型水利工程建设项目可以参照执行。利用外资项目的建设程序，同时还应执行有关外资项目管理的规定。

第四条　项目建议书阶段

1. 项目建议书应根据国民经济和社会发展长远规划、流域综合规划、区域综合规划、专业规划，按照国家产业政策和国家有关投资建设方针进行编制，是对拟进行建设项目的初步说明。

2. 项目建议书应按照《水利水电工程项目建议书编制暂行规定》（水利部水规计[1996]608 号）编制。

3. 项目建议书编制一般由政府委托有相应资格的设计单位承担；并按国家现行规定权限向主管部门申报审批。项目建议书被批准后，由政府向社会公布，若有投资建设意向，应及时组建项目法人筹备机构，开展下一建设程序工作。

第五条　可行性研究报告阶段

1. 可行性研究应对项目进行方案比较，在技术上是否可行和经济上是否合理进行科学的分析和论证。经过批准的可行性研究报告，是项目决策和进行初步设计的依据。可行性研究报告，由项目法人（或筹备机构）组织编制。

2. 可行性研究报告应按照《水利水电工程可行性研究报告编制规程》（电力部、水利部电办[1993]112 号）编制。

3. 可行性研究报告，按国家现行规定的审批权限报批。申报项目可行性研究报告，必须同时提出项目法人组建方案及运行机制、资金筹措方案、资金结构及回收资金的办法，并依照有关规定附具有管辖权的水行政主管部门或流域机构签署的规划同意书、对取水许可预申请的书面审查意见。审批部门要委托有项目相应资格的工程咨询机构对可行性报告进行评估，并综合行业归口主管部门、投资机构（公司）、项目法人（或项目法人筹备机构）等方面的意见进行审批。

4. 可行性研究报告经批准后，不得随意修改和变更，在主要内容上有重要变动，应经原批准机关复审同意。项目可行性报告批准后，应正式成立项目法人，并按项目法人责任制实行项目管理。

第六条　初步设计阶段

1. 初步设计是根据批准的可行性研究报告和必要而准确的设计资料，对设计对象进行通盘研究，阐明拟建工程在技术上的可行性和经济上的合理性，规定项目的各项基本技术参数，编制项目的总概算。初步设计任务应择优选择有项目相应资格的设计单位承担，依照有关初步设计编制规定进行编制。

2. 初步设计报告应按照《水利水电工程初步设计报告编制规程》（电力部、水利部电办[1993]113号）编制。

3. 初步设计文件报批前，一般须由项目法人委托有相应资格的工程咨询机构或组织行业各方面（包括管理、设计、施工、咨询等方面）的专家，对初步设计中的重大问题，进行咨询论证。设计单位根据咨询论证意见，对初步设计文件进行补充、修改、优化。初步设计由项目法人组织审查后，按国家现行规定权限向主管部门申报审批。

4. 设计单位必须严格保证设计质量，承担初步设计的合同责任。初步设计文件经批准后，主要内容不得随意修改、变更，并作为项目建设实施的技术文件基础。如有重要修改、变更，须经原审批机关复审同意。

第七条 施工准备阶段

1. 项目在主体工程开工之前，必须完成各项施工准备工作，其主要内容包括：

（1）施工现场的征地、拆迁；

（2）完成施工用水、电、通信、路和场地平整等工程；

（3）必须的生产、生活临时建筑工程；

（4）组织招标设计、咨询、设备和物资采购等服务；

（5）组织建设监理和主体工程招标投标，并择优选定建设监理单位和施工承包队伍；

2. 施工准备工作开始前，项目法人或其代理机构，须依照《水利工程建设项目管理规定（试行）》（水利部水建[1995]128号）中“管理体制和职责”明确的分级管理权限，向水行政主管部门办理报建手续，项目报建须交验工程建设项目的有关批准文件。工程项目进行项目报建登记后，方可组织施工准备工作。

3. 工程建设项目施工，除某些不适应招标的特殊工程项目外（须经水行政主管部门批准），均须实行招标投标。水利工程建设项目的招标投标，按《水利工程建设项目施工招标投标管理规定》（水利部水建[1995]130号）执行。

4. 水利工程项目必须满足如下条件，施工准备方可进行：

（1）初步设计已经批准；

（2）项目法人已经建立；

（3）项目已列入国家或地方水利建设投资计划，筹资方案已经确定；

（4）有关土地使用权已经批准；

（5）已办理报建手续。

第八条 建设实施阶段

1. 建设实施阶段是指主体工程的建设实施，项目法人按照批准的建设文件，组织工程建设，保证项目建设目标的实现；

2. 项目法人或其代理机构必须按审批权限，向主管部门提出主体工程开工申请报告，经批准后，主体工程方能正式开工。主体工程开工须具备《水利工程建设项目管理规定（试行）》（水利部水建[1995]128号）明确的条件，即：

（1）前期工程各阶段文件已按规定批准，施工详图设计可以满足初期主体工程施工需要；

（2）建设项目已列入国家或地方水利建设投资年度计划，年度建设资金已落实；

（3）主体工程招标已经决标，工程承包合同已经签订，并得到主管部门同意；

（4）现场施工准备和征地移民等建设外部条件能够满足主体工程开工需要。

3. 随着社会主义市场经济机制的建立，实行项目法人责任制，主体工程开工前还须具备以下条件：

（1）建设管理模式已经确定，投资主体与项目主体的管理关系已经理顺；

（2）项目建设所需全部投资来源已经明确，且投资结构合理；

（3）项目产品的销售，已有用户承诺，并确定了定价原则。

4. 项目法人要充分发挥建设管理的主导作用，为施工创造良好的建设条件。项目法人要充分授权工程监理，使之能独立负责项目的建设工期、质量、投资的控制和现场施工的组织协调。监理单位选择必须符合《水利工程建设监理规定》（水利部水建[1996]396 号）的要求；

5. 要按照“政府监督、项目法人负责、社会监理、企业保证”的要求，建立健全质量管理体系，重要建设项目，须设立质量监督项目站，行使政府对项目建设的监督职能。

第九条 生产准备阶段

1. 生产准备是项目投产前所要进行的一项重要工作，是建设阶段转入生产经营的必要条件。项目法人应按照建管结合和项目法人责任制的要求，适时做好有关生产准备工作。

2. 生产准备应根据不同类型的工程要求确定，一般应包括如下主要内容：

（1）生产组织准备。建立生产经营的管理机构及相应管理制度；

（2）招收和培训人员。按照生产运营的要求，配备生产管理人员，并通过多种形式的培训，提高人员素质，使之能满足运营要求。生产管理人员要尽早介入工程的施工建设，参加设备的安装调试，熟悉情况，掌握好生产技术和工艺流程，为顺利衔接基本建设和生产经营阶段做好准备；

（3）生产技术准备。主要包括技术资料的汇总、运行技术方案的制定、岗位操作规程制定和新技术准备；

（4）生产的物资准备。主要是落实投产运营所需要的原材料、协作产品、工器具、备品备件和其他协作配合条件的准备；

（5）正常的生活福利设施准备。

3. 及时具体落实产品销售合同协议的签订，提高生产经营效益，为偿还债务和资产的保值增值创造条件。

第十条 竣工验收

1. 竣工验收是工程完成建设目标的标志，是全面考核基本建设成果、检验设计和工程质量的重要步骤。竣工验收合格的项目即从基本建设转入生产或使用。

2. 当建设项目的建设内容全部完成，并经过单位工程验收（包括工程档案资料的验收），符合设计要求并按《水利基本建设项目（工程）档案资料管理暂行规定》（水利部水办[1997]275 号）的要求完成了档案资料的整理工作；完成竣工报告、竣工决算等必须文件的编制后，项目法人按《水利工程建设项目管理规定（试行）》（水利部水建[1995]128 号）规定，向验收主管部门，提出申请，根据国家和部颁验收规程，组织验收。

3. 竣工决算编制完成后，须由审计机关组织竣工审计，其审计报告作为竣工验收的基本资料。

4. 工程规模较大、技术较复杂的建设项目可先进行初步验收。不合格的工程不予验收；有遗留问题的项目，对遗留问题必须有具体处理意见，且有限期处理的明确要求并落实责任人。

第十一条 后评价

1. 建设项目竣工投产后，一般经过 1 至 2 年生产运营后，要进行一次系统的项目后评价，主要内容包括：影响评价——项目投产后对各方面的影响进行评价；经济效益评价——项目投资、国民经济效益、财务效益、技术进步和规模效益、可行性研究深度等进行评价；过程评价——对项目的立项、设计施工、建设管理、竣工投产、生产运营等全过程进行评价。

2．项目后评价一般按三个层次组织实施，即项目法人的自我评价、项目行业的评价、计划部门（或主要投资方）的评价。

3．建设项目后评价工作必须遵循客观、公正、科学的原则，做到分析合理、评价公正。通过建设项目的后评价以达到肯定成绩、总结经验、研究问题、吸取教训、提出建议、改进工作，不断提高项目决策水平和投资效果的目的。

第十二条 凡违反工程建设程序管理规定的，按照有关法律、法规、规章的规定，由项目行业主管部门，根据情节轻重，对责任者进行处理。

第十三条 本暂行规定是《水利工程建设项目管理规定（试行）》（水利部水建[1995]128 号）的补充。

第十四条 本暂行规定由水利部负责解释。

第十五条 本暂行规定自发布之日起试行。

◆ 国家计委关于重申严格执行基本建设程序和审批规定的通知（1999 年 7 月 29 日　计投资[1999]693 号）

近年来，为了防止盲目重复建设、保证工程质量和提高投资效益，国家一方面积极推进投融资决策体制改革，一方面加强了建设项目的审批管理。从实际情况看，大部分地区、部门和企业，能够严格执行基本建设程序、认真做好项目前期工作，并按照规定的审批权限审批建设项目，对保证工程质量和投资效益起到了积极的作用。

但是，仍有个别地区、部门和企业，无视国家有关规定，违反基本建设程序，越权审批项目，擅自对外签约，甚至自行开工建设国家已明确否决的项目，事后又要求国家予以确认、帮助解决项目建设中和建成后遇到的困难和问题。这种行为，不利于防止重复建设，造成资金浪费和不良的社会影响。为坚决制止此类现象，维护国家有关规定的严肃性，特作如下通知：

一、严格执行基本建设程序。尤其是在建设项目前期工作阶段，必须严格按照现行建设程序执行。现行基本建设前期工作程序包括：项目建议书、可行性研究报告、初步设计、开工报告等工作环节。只有在完成上一环节工作后方可转入下一环节。除国家特别批准外，各地方、部门和企业不得简化项目建设程序。

二、严禁越权审批建设项目。在国家投融资体制改革方案出台之前，投资项目审批权限仍按现行规定执行。任何部门、地方和企业，不得超越规定审批权限擅自审批建设项目，不得采取“化整为零”等方式逃避上级主管部门的审批管理。

三、严禁擅自对外签约。各地方、部门和企业，必须严格执行国家有关规定，只有当建设项目的可行性研究报告经有权审批部门批准后，方可对外正式签定贷款协议、设备购买合同、合资合作协议和合同等。在可行性研究报告批准之前，不得擅自对外签约。

四、今后对违反基本建设程序的建设项目，国家计委不予审批。凡超越规定审批权限擅自审批的大中型基本建设项目，以及擅自对外签约的基本建设项目，一经发现，将追究有关审批部门负责人的责任，并视情节轻重采取暂停审批项目等处罚措施。

五、今后对违反基本建设程序、越权审批和擅自对外签约等造成的不良后果及善后处理，国家计委将不予受理，一概由违反规定的有关部门、地区或企业自行负责。

◆ 水库大坝安全鉴定办法（2003年6月24日　水利部水建管[2003]271号）

第一章　总　则

第一条　为加强水库大坝（以下简称大坝）安全管理，规范大坝安全鉴定工作，保障大坝安全运行，根据《中华人民共和国水法》、《中华人民共和国防洪法》和《水库大坝安全管理条例》的有关规定，制定本办法。

第二条　本办法适用于坝高15m以上或库容100万m^3以上水库的大坝。坝高小于15m或库容在10万～100万m^3之间的小型水库的大坝可参照执行。

本办法适用于水利部门及农村集体经济组织管辖的大坝。其他部门管辖的大坝可参照执行。

本办法所称大坝包括永久性挡水建筑物，以及与其配合运用的泄洪、输水和过船等建筑物。

第三条　国务院水行政主管部门对全国的大坝安全鉴定工作实施监督管理。水利部大坝安全管理中心对全国的大坝安全鉴定工作进行技术指导。

县级以上地方人民政府水行政主管部门对本行政区域内所辖的大坝安全鉴定工作实施监督管理。

县级以上地方人民政府水行政主管部门和流域机构（以下称鉴定审定部门）按本条第四、五款规定的分级管理原则对大坝安全鉴定意见进行审定。

省级水行政主管部门审定大型水库和影响县城安全或坝高50m以上中型水库的大坝安全鉴定意见；市（地）级水行政主管部门审定其他中型水库和影响县城安全或坝高30m以上小型水库的大坝安全鉴定意见；县级水行政主管部门审定其他小型水库的大坝安全鉴定意见。

流域机构审定其直属水库的大坝安全鉴定意见；水利部审定部直属水库的大坝安全鉴定意见。

第四条　大坝主管部门（单位）负责组织所管辖大坝的安全鉴定工作；农村集体经济组织所属的大坝安全鉴定由所在乡镇人民政府负责组织（以下称鉴定组织单位）。水库管理单位协助鉴定组织单位做好安全鉴定的有关工作。

第五条　大坝实行定期安全鉴定制度，首次安全鉴定应在竣工验收后5年内进行，以后应每隔6～10年进行一次。运行中遭遇特大洪水、强烈地震、工程发生重大事故或出现影响安全的异常现象后，应组织专门的安全鉴定。

第六条　大坝安全状况分为三类，分类标准如下：

一类坝：实际抗御洪水标准达到《防洪标准》（GB50201—94）规定，大坝工作状态正常；工程无重大质量问题，能按设计正常运行的大坝。

二类坝：实际抗御洪水标准不低于部颁水利枢纽工程除险加固近期非常运用洪水标准，但达不到《防洪标准》（GB50201—94）规定；大坝工作状态基本正常，在一定控制运用条件下能安全运行的大坝。

三类坝：实际抗御洪水标准低于部颁水利枢纽工程除险加固近期非常运用洪水标准，或者工程存在较严重安全隐患，不能按设计正常运行的大坝。

第二章　基本程序及组织

第七条　大坝安全鉴定包括大坝安全评价、大坝安全鉴定技术审查和大坝安全鉴定意见审定三个基本程序。

（一）鉴定组织单位负责委托满足第十一条规定的大坝安全评价单位（以下称鉴定承担单位）对大坝安全状况进行分析评价，并提出大坝安全评价报告和大坝安全鉴定报告书；

（二）由鉴定审定部门或委托有关单位组织并主持召开大坝安全鉴定会，组织专家审查大坝安全评价报告，通过大坝安全鉴定报告书；

（三）鉴定审定部门审定并印发大坝安全鉴定报告书。

第八条 鉴定组织单位的职责：

（一）按本办法的要求，定期组织大坝安全鉴定工作；

（二）制定大坝安全鉴定工作计划，并组织实施；

（三）委托鉴定承担单位进行大坝安全评价工作；

（四）组织现场安全检查；

（五）向鉴定承担单位提供必要的基础资料；

（六）筹措大坝安全鉴定经费；

（七）其他相关职责。

第九条 鉴定承担单位的职责：

（一）参加现场安全检查，并负责编制现场安全检查报告；

（二）收集有关资料，并根据需要开展地质勘探、工程质量检测、鉴定试验等工作；

（三）按有关技术标准对大坝安全状况进行评价，并提出大坝安全评价报告；

（四）按鉴定审定部门的审查意见，补充相关工作，修改大坝安全评价报告；

（五）起草大坝安全鉴定报告书；

（六）其他相关职责。

第十条 鉴定审定部门的职责：

（一）成立大坝安全鉴定委员会（小组）；

（二）组织召开大坝安全鉴定会；

（三）审查大坝安全评价报告；

（四）审定并印发大坝安全鉴定报告书；

（五）其他相关职责。

第十一条 大型水库和影响县城安全或坝高50m以上中型水库的大坝安全评价，由具有水利水电勘测设计甲级资质的单位或者水利部公布的有关科研单位和大专院校承担。

其他中型水库和影响县城安全或坝高30m以上小型水库的大坝安全评价由具有水利水电勘测设计乙级以上（含乙级）资质的单位承担；其他小型水库的大坝安全评价由具有水利水电勘测设计丙级以上（含丙级）资质的单位承担。上述水库的大坝安全评价也可以由省级水行政主管部门公布的有关科研单位和大专院校承担。

鉴定承担单位实行动态管理，对业绩表现差，成果质量不能满足要求的鉴定承担单位应当取消其承担大坝安全评价的资格。

第十二条 大坝安全鉴定委员会（小组）应由大坝主管部门的代表、水库法人单位的代表和从事水利水电专业技术工作的专家组成，并符合下列要求：

（一）大型水库和影响县城安全或坝高50m以上中型水库的大坝安全鉴定委员会（小组）由9名以上专家组成，其中具有高级技术职称的人数不得少于6名；其他中型水库和影响县城安全或坝高30m以上小型水库的大坝安全鉴定委员会（小组）由7名以上专家组成，其中具有高级技术职称的人数不得少于3名；其他小型水库的大坝安全鉴定委员会（小组）由5名以上专家组成，其中具有高级技术职称的人数不得少于2名；

（二）大坝主管部门所在行政区域以外的专家人数不得少于大坝安全鉴定委员会（小组）组成人员的三分之一；

（三）大坝原设计、施工、监理、设备制造等单位的在职人员以及从事过本工程设计、施工、监理、设备制造的人员总数不得超过大坝安全鉴定委员会（小组）组成人员的三分之一；

（四）大坝安全鉴定委员会（小组）应根据需要由水文、地质、水工、机电、金属结构和管理等相关专业的专家组成。

（五）大坝安全鉴定委员会（小组）组成人员应当遵循客观、公正、科学的原则履行职责。

第三章　工作内容

第十三条　现场安全检查包括查阅工程勘察设计、施工与运行资料，对大坝外观状况、结构安全情况、运行管理条件等进行全面检查和评估，并提出大坝安全评价工作的重点和建议，编制大坝现场安全检查报告。

第十四条　大坝安全评价包括工程质量评价、大坝运行管理评价、防洪标准复核、大坝结构安全、稳定评价、渗流安全评价、抗震安全复核、金属结构安全评价和大坝安全综合评价等。

大坝安全评价过程中，应根据需要补充地质勘探与土工试验，补充混凝土与金属结构检测，对重要工程隐患进行探测等。

第十五条　鉴定审定部门应当将审定的大坝安全鉴定报告书及时印发鉴定组织单位。

省级水行政主管部门应当及时将本行政区域内大中型水库及影响县城安全或坝高30m以上小型水库的大坝安全鉴定报告书报送相关流域机构和水利部大坝安全管理中心备案，并于每年二月底前将上年度本行政区域内小型水库的大坝安全鉴定结果汇总后报送相关流域机构和水利部大坝安全管理中心备案。

第十六条　鉴定组织单位应当根据大坝安全鉴定结果，采取相应的调度管理措施，加强大坝安全管理。

对鉴定为三类坝、二类坝的水库，鉴定组织单位应当对可能出现的溃坝方式和对下游可能造成的损失进行评估，并采取除险加固、降等或报废等措施予以处理。在处理措施未落实或未完成之前，应制定保坝应急措施，并限制运用。

第十七条　经安全鉴定，大坝安全类别改变的，必须自接到大坝安全鉴定报告书之日起3个月内向大坝注册登记机构申请变更注册登记。

第十八条　鉴定组织单位应当按照档案管理的有关规定及时对大坝安全评价报告和大坝安全鉴定报告书进行归档，并妥善保管。

第四章　附　则

第十九条　大坝安全鉴定工作所需费用，由鉴定组织单位负责筹措，也可在基本建设前期费、工程岁修等费用中列支。

第二十条　违反本办法规定，不按要求进行大坝安全鉴定，由县级以上人民政府水行政主管部门责令其限期改正；对大坝安全鉴定工作监管不力，由上一级人民政府水行政主管部门责令其限期改正；造成严重后果的，对负有责任的主管人员和其他直接责任人员依法给予行政处分，触犯刑律的，依法追究刑事责任。

第二十一条　各省、自治区、直辖市人民政府水行政主管部门可根据本办法结合本地实际制定实施细则。

第二十二条　本办法由水利部负责解释。

第二十三条 本办法自2003年8月1日起施行。1995年3月20日发布的《水库大坝安全鉴定办法》同时废止。

◆ **病险水库除险加固工程项目建设管理办法**（国家发改委办公厅、水利部办公厅“关于进一步加强病险水库除险加固工程管理有关问题的通知”之附件一，2005年4月26日 发改办农经[2005]806号）

第一章 总 则

第一条 为搞好病险水库除险加固工作，加强对建设和资金的管理，制定本办法。

第二条 按照《水库大坝安全鉴定办法》（2003年8月1日前后分别执行水管[1995]86号、水建管[2003]271号），通过规定程序确定为三类坝的水库，属病险水库。

第三条 要按照病险程度和重要程度，将本流域和本地区的病险水库进行合理排队，优先安排与防洪保安关系密切的水库的除险加固工程建设。要集中投资，加强管理，抓紧建设，确保工程质量，尽可能缩短建设工期。

第二章 前期工作

第四条 病险水库除险加固应按照国家规定的建设程序进行管理。

1．安全鉴定：在大坝安全鉴定工作中，必须委托有相应资质的单位根据《大坝安全评价导则》对水库进行安全评价。按照水利部颁布的《水库大坝安全鉴定办法》的有关规定，按照分级负责的原则，由各级水行政主管部门组织安全鉴定。

2．安全鉴定核查：中央补助投资的病险水库，必须按照有关规定将安全鉴定成果报水利部大坝安全管理中心及相应的核查承担单位（水利部大坝安全管理中心、水利建设与管理总站、水利水电规划设计总院江河水利水电咨询中心、中国水利水电科学研究院、长江水利委员会长江勘测规划设计研究院水利水电病险工程治理咨询研究中心五家单位之一），由核查承担单位核查后提出安全鉴定成果核查意见，经水利部大坝安全管理中心确认后印送地方。安全鉴定成果核查意见必须具体指出大坝病险的部位、程度和成因，不得涉及与大坝安全无关的内容。

3．项目审批：病险水库必须进行安全评价和安全鉴定，并在履行建设程序后安排开工建设。

总投资2亿元（含2亿元）以上或总库容在10亿立方米（含10亿立方米）以上的病险水库除险加固工程，必须编制可行性研究报告，在此项工作中，要充分论证加固的必要性，根据大坝安全鉴定成果核查意见明确建设内容，可行性研究报告由水利部提出审查意见后报国家发展改革委审批。要严格按照经批准的可行性研究报告确定的建设规模和内容编制初步设计，初步设计的建设内容要与安全鉴定成果核查意见指出的问题相对应，超出安全鉴定成果核查意见的建设任务，一律不得列入初步设计的建设内容。初步设计在其概算经国家发展改革委核定后，由水利部审批。

总投资2亿元以下且总库容在10亿立方米以下的大中型和单位库容（每立方米）建设投资大于4元的小型病险水库除险加固工程，可直接编制初步设计，初步设计编制要求同上所述。其中：初步设计由省级水行政主管部门提出初步审查意见，经流域机构复核后，由省级发展改革部门审批，抄送水利部和国家发展改革委备案。

其他病险水库除险加固工程的审批程序，由省发展改革部门和省水行政主管部门协商确定。

第三章 项目和计划申报

第五条 病险水库除险加固项目和年度计划要按照管理权限逐级申报，由省级发展改革部门、水行政主管部门共同审查后，联合上报国家发展改革委和水利部。

第六条 申报项目和年度计划应提交以下文件和材料：

1．大坝安全鉴定书和水利部大坝安全管理中心出具的安全鉴定成果核查意见报告。

2．初步设计批复文件。

3．地方各级政府有关部门对建设投资的承诺文件。

4．水库管理体制改革实施方案和进度。

5．水库除险加固工程所在地政府及主管部门、水库管理单位责任人名单。

6．病险水库除险加固项目年度建设投资计划建议。

第七条 国家发展改革委和水利部根据国家财力和全国水利建设任务，综合平衡后，按照量力而行和区分轻重缓急的原则，考虑水管体制改革实施情况，对各省上报的项目进行研究，联合下达项目年度投资计划。

第四章 建设投资

第八条 各地要对各个渠道承诺的配套投资落实情况进行督促和检查，确保投资按时、足额到位。各省在报送年度病险水库除险加固建设计划建议的同时，要将上年的项目建设配套投资到位和完成情况一并上报国家发展改革委、水利部。

第九条 凡经稽察、审计发现地方配套资金不按承诺文件到位，将视情况停止对该项目的中央补助投资。

第十条 中央补助投资全部用于大坝稳定、基础防渗、泄洪安全等主体工程建设，专户存储，专款专用。

第五章 建设管理

第十一条 工程建设实行项目法人责任制、招标投标制、工程监理制和竣工验收等各项制度，严格执行《工程建设项目招标范围和规模标准规定》（国家计委主任令第3号）及有关规定，加强计划管理和财务审计。

第十二条 凡进行施工的项目，必须有经过批准的施工设计方案，严禁边施工、边勘察、边设计的“三边工程”。

第十三条 病险水库除险加固工程各阶段工作必须实行严格的资质管理，大中型水库除险加固的勘察、设计、施工和监理任务，要由具有甲级或乙级（大型水库必须是甲级）资质的单位承担。

第十四条 项目法人、监理、设计及施工单位要按照有关规定，建立健全工程质量管理和监督体系，各单位要严把质量关，对因本单位的工作质量所产生的工程质量问题承担责任，避免加固工程完成后再发生病险情况，确保工程质量和按期完工。

第十五条 病险水库除险加固工程完工后，按《水利水电建设工程验收规程》（SL223—1999）和水利部《关于切实做好病险水库除险加固工作的通知》（水建管[2004]68号）的有关规定，严格组织竣工验收，并将验收结果报送水利部和国家发展改革委。

第六章 监督管理

第十六条 省级水行政主管部门负责将中央补助投资项目的工程实施情况及所辖地区的病险水库除险加固工程基本情况定期上报水利部，水利部整理、汇总后，于当年12月31日以前报送国家发展改革委。

第十七条 水利部对全国病险水库除险加固实施统一监督管理；县级以上地方人民政府水行政主管部门对本行政区域内的病险水库除险加固实施监督管理。

第十八条 为保证项目的顺利完成，水利部建立病险水库除险加固工程销号公告制度，落实除险加固责任单位及责任人，做到加固一批，公告一批，销号一批。

第十九条 在项目实施阶段，省级发展改革和水利部门不定期对项目执行情况进行检查，主要检查国家规定的落实、工程进度、工程质量、资金到位及使用、合同执行管理等情况，对违反规定和存在问题限期改正，逾期不改将追究有关单位和当事人的责任。

第七章 建后管护

第二十条 加快改革，加强管理。各地在抓紧病险水库除险加固工程建设的同时，要抓紧研究和制定水库管理体制和运行机制的改革方案，与加固工程同步实施。要通过提高效率、精简机构和人员、减少费用等办法，降低管理成本。要明确管护经费渠道，建立严格的责任制和奖惩办法，加强和改善对水库的管理。建立和完善水库管理的良性体制和机制。

第二十一条 项目竣工验收后，要及时办理交接手续，完善各项工程管理措施，确保大坝安全。

第八章 附则

第二十二条 本办法由国家发展改革委商水利部负责解释。各地可根据本办法，结合当地实际，制定实施细则。

第二十三条 本办法自 2005 年 4 月 26 日起施行，与本办法相矛盾的其他规定同时废止。

◆ **水利工程建设项目实行项目法人责任制的若干意见**（1995 年 4 月 21 日 水利部水建[1995]129 号）

实行项目法人责任制是适应发展社会主义市场经济，转换项目建设与经营体制，提高投资效益，实现我国建设管理模式与国际接轨，在项目建设与经营全过程中运用现代企业制度进行管理的一项具有战略意义的重大改革措施。为了在水利工程建设中实行项目法人责任制，现提出以下若干意见：

一、各级水行政主管部门，要把实行项目法人责任制作为水利建设与改革的大事来抓，领导要亲自抓，抓出成效。同时要采取组织措施，建立或明确一个管理机构（如建设管理部门）具体负责这项工作。要组织职工全面系统地学习和研究有关项目法人责任制的理论及有关政策法规。

二、实行项目法人责任制的范围

根据水利行业特点和建设项目不同的社会效益、经济效益和市场需求等情况，将建设项目划分为生产经营性、有偿服务性和社会公益性三类项目。今后新开工的生产经营性项目原则上都要实行项目法人责任制；其他类型的项目应积极创造条件，实行项目法人责任制。

三、项目法人及组成

投资各方在酝酿建设项目的同时，即可组建并确立项目法人，做到先有法人，后有项目。国有单一投资主体投资建设的项目，应设立国有独资公司；两个及两个以上投资主体合资建设的项目，要组建规范的有限责任公司或股份有限公司。具体办法按《中华人民共和国公司法》、国家体改委颁发的《有限责任公司规范意见》、《股份有限公司规范意见》和国家计委颁发的《关于建设项目实行业主责任制的暂行规定》等有关规定执行，以明晰产权，分清责任，行使权力。独资公司、有限责任公司、股份有限公司或其他项目建设组织即为项目法人。

四、项目法人的主要管理职责

项目法人对项目的立项、筹资、建设和生产经营、还本付息以及资产的保值增值的全过程负责，并承担投资风险。

1．负责筹集建设资金，落实所需外部配套条件，做好各项前期工作。

2．按照国家有关规定，审查或审定工程设计、概算、集资计划和用款计划。

3．负责组织工程设计、监理、设备采购和施工的招标工作，审定招标方案。要对投标单位的资质进行全面审查，综合评选，择优选择中标单位。

4．审定项目年度投资和建设计划；审定项目财务预算、决算；按合同规定审定归还贷款和其他债务的数额，审定利润分配方案。

5．按国家有关规定，审定项目（法人）机构编制、劳动用工及职工工资福利方案等，自主决定人事聘任。

6．建立建设情况报告制度，定期向水利建设主管部门报送项目建设情况。

7．项目投产前，要组织运行管理班子，培训管理人员，做好各项生产准备工作。

8．项目按批准的设计文件内容建成后，要及时组织验收和办理竣工决算。

五、项目法人与各方的关系

项目法人与各方的关系是一种新型的适应社会主义市场经济机制运行的关系。实行项目法人责任制后，在项目管理上要形成以项目法人为主体，项目法人向国家和各投资方负责，咨询、设计、监理、施工、物资供应等单位通过招标投标和履行经济合同为项目法人提供建设服务的建设管理新模式。政府部门要依法对项目进行监督、协调和管理，并为项目建设和生产经营创造良好的外部环境，帮助项目法人协调解决征地拆迁、移民安置和社会治安等问题。

六、实行项目法人责任制的项目，其投资应在主体工程开工前（筹资阶段）落实，并签订投资（合资）协议。协议中除明确（各投资方的）总投资额外，还要明确分年度投资数。工程开工后，各投资方要严格按协议拨付建设资金，以保证工程的顺利建设。

七、与实行项目法人责任制有关的部门和单位要充分认识推行这一改革措施的重要意义。要把国家或主管部门赋予项目法人的职责和自主权不折不扣地交给他们。要按照建立社会主义市场经济体制目标的要求，加快投资体制改革和各项配套改革。

八、项目法人责任制是在改革中诞生的一个新事物，同时也是一项艰巨复杂的系统工程，在推行过程中，既要解放思想，实事求是，大胆试点，又要注意积累经验，不断完善，逐步推开。

◆ 水利工程建设项目招标投标管理规定（2001年10月29日　水利部令第14号）

第一章　总　则

第一条　为加强水利工程建设项目招标投标工作的管理，规范招标投标活动，根据《中华人民共和国招标投标法》和国家有关规定，结合水利工程建设的特点，制定本规定。

第二条　本规定适用于水利工程建设项目的勘察设计、施工、监理以及与水利工程建设有关的重要设备、材料采购等的招标投标活动。

第三条　符合下列具体范围并达到规模标准之一的水利工程建设项目必须进行招标。

（一）具体范围

1．关系社会公共利益、公共安全的防洪、排涝、灌溉、水力发电、引（供）水、滩涂治理、水土保持、水资源保护等水利工程建设项目；

2．使用国有资金投资或者国家融资的水利工程建设项目；

3．使用国际组织或者外国政府贷款、援助资金的水利工程建设项目。

（二）规模标准

1．施工单项合同估算价在200万元人民币以上的；

2．重要设备、材料等货物的采购，单项合同估算价在100万元人民币以上的；

3．勘察设计、监理等服务的采购，单项合同估算价在50万元人民币以上的；

4．项目总投资额在3000万元人民币以上，但分标单项合同估算价低于本项第1、2、3目规定的标准的项目原则上都必须招标。

第四条 招标投标活动应当遵循公开、公平、公正和诚实信用的原则。建设项目的招标工作由招标人负责，任何单位和个人不得以任何方式非法干涉招标投标活动。

第二章 行政监督与管理

第五条 水利部是全国水利工程建设项目招标投标活动的行政监督与管理部门，其主要职责是：

（一）负责组织、指导、监督全国水利行业贯彻执行国家有关招标投标的法律、法规、规章和政策；

（二）依据国家有关招标投标法律、法规和政策，制定水利工程建设项目招标投标的管理规定和办法；

（三）受理有关水利工程建设项目招标投标活动的投诉，依法查处招标投标活动中的违法违规行为；

（四）对水利工程建设项目招标代理活动进行监督；

（五）对水利工程建设项目评标专家资格进行监督与管理；

（六）负责国家重点水利项目和水利部所属流域管理机构（以下简称流域管理机构）主要负责人兼任项目法人代表的中央项目的招标投标活动的行政监督。

第六条 流域管理机构受水利部委托，对除**第五条**第六项规定以外的中央项目的招标投标活动进行行政监督。

第七条 省、自治区、直辖市人民政府水行政主管部门是本行政区域内地方水利工程建设项目招标投标活动的行政监督与管理部门，其主要职责是：

（一）贯彻执行有关招标投标的法律、法规、规章和政策；

（二）依照有关法律、法规和规章，制定地方水利工程建设项目招标投标的管理办法；

（三）受理管理权限范围内的水利工程建设项目招标投标活动的投诉，依法查处招标投标活动中的违法违规行为；

（四）对本行政区域内地方水利工程建设项目招标代理活动进行监督；

（五）组建并管理省级水利工程建设项目评标专家库；

（六）负责本行政区域内除第五条第六项规定以外的地方项目的招标投标活动的行政监督。

第八条 水行政主管部门依法对水利工程建设项目的招标投标活动进行行政监督，内容包括：

（一）接受招标人招标前提交备案的招标报告；

（二）可派员监督开标、评标、定标等活动。对发现的招标投标活动的违法违规行为，应当立即责令改正，必要时可做出包括暂停开标或评标以及宣布开标、评标结果无效的决定，对违法的中标结果予以否决；

（三）接受招标人提交备案的招标投标情况书面总结报告。

第三章 招 标

第九条 招标分为公开招标和邀请招标。

第十条　依法必须招标的项目中，国家重点水利项目、地方重点水利项目及全部使用国有资金投资或者国有资金投资占控股或者主导地位的项目应当公开招标，但有下列情况之一的，按第十一条的规定经批准后可采用邀请招标：

（一）属于第三条第二项第4目规定的项目；

（二）项目技术复杂，有特殊要求或涉及专利权保护，受自然资源或环境限制，新技术或技术规格事先难以确定的项目；

（三）应急度汛项目；

（四）其他特殊项目。

第十一条　符合第十条规定,采用邀请招标的，招标前招标人必须履行下列批准手续：

（一）国家重点水利项目经水利部初审后，报国家发展计划委员会批准；其他中央项目报水利部或其委托的流域管理机构批准；

（二）地方重点水利项目经省、自治区、直辖市人民政府水行政主管部门会同同级发展计划行政主管部门审核后，报本级人民政府批准；其他地方项目报省、自治区、直辖市人民政府水行政主管部门批准。

第十二条　下列项目可不进行招标，但须经项目主管部门批准：

（一）涉及国家安全、国家秘密的项目；

（二）应急防汛、抗旱、抢险、救灾等项目；

（三）项目中经批准使用农民投工、投劳施工的部分（不包括该部分中勘察设计、监理和重要设备、材料采购）；

（四）不具备招标条件的公益性水利工程建设项目的项目建议书和可行性研究报告；

（五）采用特定专利技术或特有技术的；

（六）其他特殊项目。

第十三条　当招标人具备以下条件时，按有关规定和管理权限经核准可自行办理招标事宜：

（一）具有项目法人资格（或法人资格）；

（二）具有与招标项目规模和复杂程度相适应的工程技术、概预算、财务和工程管理等方面专业技术力量；

（三）具有编制招标文件和组织评标的能力；

（四）具有从事同类工程建设项目招标的经验；

（五）设有专门的招标机构或者拥有3名以上专职招标业务人员；

（六）熟悉和掌握招标投标法律、法规、规章。

第十四条　当招标人不具备**第十三条**的条件时，应当委托符合相应条件的招标代理机构办理招标事宜。

第十五条　招标人申请自行办理招标事宜时，应当报送以下书面材料：

（一）项目法人营业执照、法人证书或者项目法人组建文件；

（二）与招标项目相适应的专业技术力量情况；

（三）内设的招标机构或者专职招标业务人员的基本情况；

（四）拟使用的评标专家库情况；

（五）以往编制的同类工程建设项目招标文件和评标报告，以及招标业绩的证明材料；

（六）其他材料。

第十六条 水利工程建设项目招标应当具备以下条件：

（一）勘察设计招标应当具备的条件

1．勘察设计项目已经确定；

2．勘察设计所需资金已落实；

3．必需的勘察设计基础资料已收集完成。

（二）监理招标应当具备的条件

1．初步设计已经批准；

2．监理所需资金已落实；

3．项目已列入年度计划。

（三）施工招标应当具备的条件

1．初步设计已经批准；

2．建设资金来源已落实，年度投资计划已经安排；

3．监理单位已确定；

4．具有能满足招标要求的设计文件，已与设计单位签订适应施工进度要求的图纸交付合同或协议；

5．有关建设项目永久征地、临时征地和移民搬迁的实施、安置工作已经落实或已有明确安排。

（四）重要设备、材料招标应当具备的条件

1．初步设计已经批准；

2．重要设备、材料技术经济指标已基本确定；

3．设备、材料所需资金已落实。

第十七条 招标工作一般按下列程序进行：

（一）招标前，按项目管理权限向水行政主管部门提交招标报告备案。报告具体内容应当包括：招标已具备的条件、招标方式、分标方案、招标计划安排、投标人资质（资格）条件、评标方法、评标委员会组建方案以及开标、评标的工作具体安排等；

（二）编制招标文件；

（三）发布招标信息（招标公告或投标邀请书）；

（四）发售资格预审文件；

（五）按规定日期接受潜在投标人编制的资格预审文件；

（六）组织对潜在投标人资格预审文件进行审核；

（七）向资格预审合格的潜在投标人发售招标文件；

（八）组织购买招标文件的潜在投标人现场踏勘；

（九）接受投标人对招标文件有关问题要求澄清的函件，对问题进行澄清，并书面通知所有潜在投标人；

（十）组织成立评标委员会，并在中标结果确定前保密；

（十一）在规定时间和地点，接受符合招标文件要求的投标文件；

（十二）组织开标评标会；

（十三）在评标委员会推荐的中标候选人中，确定中标人；

（十四）向水行政主管部门提交招标投标情况的书面总结报告；

（十五）发中标通知书，并将中标结果通知所有投标人；

（十六）进行合同谈判，并与中标人订立书面合同。

第十八条　采用公开招标方式的项目，招标人应当在国家发展计划委员会指定的媒介发布招标公告，其中大型水利工程建设项目以及国家重点项目、中央项目、地方重点项目同时还应当在《中国水利报》发布招标公告，公告正式媒介发布至发售资格预审文件（或招标文件）的时间间隔一般不少于10日。招标人应当对招标公告的真实性负责。招标公告不得限制潜在投标人的数量。

采用邀请招标方式的，招标人应当向3个以上有投标资格的法人或其他组织发出投标邀请书。

投标人少于3个的，招标人应当依照本规定重新招标。

第十九条　招标人应当根据国家有关规定，结合项目特点和需要编制招标文件。

第二十条　招标人应当对投标人进行资格审查，并提出资格审查报告，经参审人员签字后存档备查。

第二十一条　在一个项目中，招标人应当以相同条件对所有潜在投标人的资格进行审查，不得以任何理由限制或者排斥部分潜在投标人。

第二十二条　招标人对已发出的招标文件进行必要澄清或者修改的，应当在招标文件要求提交投标文件截止日期至少15日前，以书面形式通知所有投标人。该澄清或者修改的内容为招标文件的组成部分。

第二十三条　依法必须进行招标的项目，自招标文件开始发出之日起至投标人提交投标文件截止之日止，最短不应当少于20日。

第二十四条　招标文件应当按其制作成本确定售价，一般可按1000元至3000元人民币标准控制。

第二十五条招标文件中应当明确投标保证金金额，一般可按以下标准控制：

（一）合同估算价10000万元人民币以上，投标保证金金额不超过合同估算价的千分之五；

（二）合同估算价3000万元至10000万元人民币之间，投标保证金金额不超过合同估算价的千分之六；

（三）合同估算价3000万元人民币以下，投标保证金金额不超过合同估算价的千分之七，但最低不得少于1万元人民币。

第四章　投　标

第二十六条　投标人必须具备水利工程建设项目所需的资质（资格）。

第二十七条　投标人应当按照招标文件的要求编写投标文件，并在招标文件规定的投标截止时间之前密封送达招标人。在投标截止时间之前，投标人可以撤回已递交的投标文件或进行更正和补充，但应当符合招标文件的要求。

第二十八条　投标人必须按招标文件规定投标，也可附加提出“替代方案”，且应当在其封面上注明“替代方案”字样，供招标人选用，但不作为评标的主要依据。

第二十九条　两个或两个以上单位联合投标的，应当按资质等级较低的单位确定联合体资质（资格）等级。招标人不得强制投标人组成联合体共同投标。

第三十条　投标人在递交投标文件的同时，应当递交投标保证金。

招标人与中标人签订合同后5个工作日内，应当退还投标保证金。

第三十一条　投标人应当对递交的资质（资格）预审文件及投标文件中有关资料的真实性负责。

第五章　评标标准与方法

第三十二条　评标标准和方法应当在招标文件中载明，在评标时不得另行制定或修改、补充任何评标标准和方法。

第三十三条 招标人在一个项目中，对所有投标人评标标准和方法必须相同。

第三十四条 评标标准分为技术标准和商务标准，一般包含以下内容：

（一）勘察设计评标标准

1．投标人的业绩和资信；

2．勘察总工程师、设计总工程师的经历；

3．人力资源配备；

4．技术方案和技术创新；

5．质量标准及质量管理措施；

6．技术支持与保障；

7．投标价格和评标价格；

8．财务状况；

9．组织实施方案及进度安排。

（二）监理评标标准

1．投标人的业绩和资信；

2．项目总监理工程师经历及主要监理人员情况；

3．监理规划（大纲）；

4．投标价格和评标价格；

5．财务状况。

（三）施工评标标准

1．施工方案（或施工组织设计）与工期；

2．投标价格和评标价格；

3．施工项目经理及技术负责人的经历；

4．组织机构及主要管理人员；

5．主要施工设备；

6．质量标准、质量和安全管理措施；

7．投标人的业绩、类似工程经历和资信；

8．财务状况。

（四）设备、材料评标标准

1．投标价格和评标价格；

2．质量标准及质量管理措施；

3．组织供应计划；

4．售后服务；

5．投标人的业绩和资信；

6．财务状况。

第三十五条 评标方法可采用综合评分法、综合最低评标价法、合理最低投标价法、综合评议法及两阶段评标法。

第三十六条 施工招标设有标底的，评标标底可采用：

（一）招标人组织编制的标底A；

（二）以全部或部分投标人报价的平均值作为标底B；

（三）以标底A和标底B的加权平均值作为标底；

（四）以标底A值作为确定有效标的标准，以进入有效标内投标人的报价平均值作为标底。

施工招标未设标底的，按不低于成本价的有效标进行评审。

第六章 开标、评标和中标

第三十七条 开标由招标人主持，邀请所有投标人参加。

第三十八条 开标应当按招标文件中确定的时间和地点进行。开标人员至少由主持人、监标人、开标人、唱标人、记录人组成，上述人员对开标负责。

第三十九条 开标一般按以下程序进行：

（一）主持人在招标文件确定的时间停止接收投标文件，开始开标；

（二）宣布开标人员名单；

（三）确认投标人法定代表人或授权代表人是否在场；

（四）宣布投标文件开启顺序；

（五）依开标顺序，先检查投标文件密封是否完好，再启封投标文件；

（六）宣布投标要素，并作记录，同时由投标人代表签字确认；

（七）对上述工作进行纪录，存档备查。

第四十条 评标工作由评标委员会负责。评标委员会由招标人的代表和有关技术、经济、合同管理等方面的专家组成，成员人数为七人以上单数，其中专家（不含招标人代表人数）不得少于成员总数的三分之二。

第四十一条 公益性水利工程建设项目中，中央项目的评标专家应当从水利部或流域管理机构组建的评标专家库中抽取；地方项目的评标专家应当从省、自治区、直辖市人民政府水行政主管部门组建的评标专家库中抽取，也可从水利部或流域管理机构组建的评标专家库中抽取。

第四十二条 评标专家的选择应当采取随机的方式抽取。根据工程特殊专业技术需要，经水行政主管部门批准，招标人可以指定部分评标专家，但不得超过专家人数的三分之一。

第四十三条 评标委员会成员不得与投标人有利害关系。所指利害关系包括：是投标人或其代理人的近亲属；在5年内与投标人曾有工作关系；或有其他社会关系或经济利益关系。

评标委员会成员名单在招标结果确定前应当保密。

第四十四条 评标工作一般按以下程序进行：

（一）招标人宣布评标委员会成员名单并确定主任委员；

（二）招标人宣布有关评标纪律；

（三）在主任委员主持下，根据需要，讨论通过成立有关专业组和工作组；

（四）听取招标人介绍招标文件；

（五）组织评标人员学习评标标准和方法；

（六）经评标委员会讨论，并经二分之一以上委员同意，提出需投标人澄清的问题，以书面形式送达投标人；

（七）对需要文字澄清的问题，投标人应当以书面形式送达评标委员会；

（八）评标委员会按招标文件确定的评标标准和方法，对投标文件进行评审，确定中标候选人推荐顺序；

（九）在评标委员会三分之二以上委员同意并签字的情况下，通过评标委员会工作报告，并报招标人。评标委员会工作报告附件包括有关评标的往来澄清函、有关评标资料及推荐意见等。

第四十五条 招标人对有下列情况之一的投标文件，可以拒绝或按无效标处理：

（一）投标文件密封不符合招标文件要求的；

（二）逾期送达的；

（三）投标人法定代表人或授权代表人未参加开标会议的；

（四）未按招标文件规定加盖单位公章和法定代表人（或其授权人）的签字（或印鉴）的；

（五）招标文件规定不得标明投标人名称，但投标文件上标明投标人名称或有任何可能透露投标人名称的标记的；

（六）未按招标文件要求编写或字迹模糊导致无法确认关键技术方案、关键工期、关键工程质量保证措施、投标价格的；

（七）未按规定交纳投标保证金的；

（八）超出招标文件规定，违反国家有关规定的；

（九）投标人提供虚假资料的。

第四十六条 评标委员会经过评审，认为所有投标文件都不符合招标文件要求时，可以否决所有投标，招标人应当重新组织招标。对已参加本次投标的单位，重新参加投标不应当再收取招标文件费。

第四十七条 评标委员会应当进行秘密评审，不得泄露评审过程、中标候选人的推荐情况以及与评标有关的其他情况。

第四十八条 在评标过程中，评标委员会可以要求投标人对投标文件中含义不明确的内容采取书面方式作出必要的澄清或说明，但不得超出投标文件的范围或改变投标文件的实质性内容。

第四十九条 评标委员会经过评审，从合格的投标人中排序推荐中标候选人。

第五十条 中标人的投标应当符合下列条件之一：

（一）能够最大限度地满足招标文件中规定的各项综合评价标准；

（二）能够满足招标文件的实质性要求，并且经评审的投标价格合理最低；但投标价格低于成本的除外。

第五十一条 招标人可授权评标委员会直接确定中标人，也可根据评标委员会提出的书面评标报告和推荐的中标候选人顺序确定中标人。当招标人确定的中标人与评标委员会推荐的中标候选人顺序不一致时，应当有充足的理由，并按项目管理权限报水行政主管部门备案。

第五十二条 自中标通知书发出之日起30日内，招标人和中标人应当按照招标文件和中标人的投标文件订立书面合同，中标人提交履约保函。招标人和中标人不得另行订立背离招标文件实质性内容的其他协议。

第五十三条 招标人在确定中标人后，应当在15日之内按项目管理权限向水行政主管部门提交招标投标情况的书面报告。

第五十四条 当确定的中标人拒绝签订合同时，招标人可与确定的候补中标人签订合同，并按项目管理权限向水行政主管部门备案。

第五十五条 由于招标人自身原因致使招标工作失败（包括未能如期签订合同），招标人应当按投标保证金双倍的金额赔偿投标人，同时退还投标保证金。

第七章　附　则

第五十六条 在招标投标活动中出现的违法违规行为，按照《中华人民共和国招标投标法》和国务院的有关规定进行处罚。

第五十七条　各省、自治区、直辖市可以根据本规定，结合本地区实际制订相应的实施办法。

第五十八条　本规定由水利部负责解释。

第五十九条　本规定自2002年1月1日起施行，《水利工程建设项目施工招标投标管理规定》（水建[1994]130号1995年4月21日颁发，水政资[1998]51号1998年2月9日修正）同时废止。

◆ 水利建设工程施工分包管理规定（2005年7月22日　水利部水建管[2005]304号）

第一条　为了加强水利工程建设管理，规范水利建设工程施工分包活动，维护水利建筑市场秩序，保证工程质量和施工安全，根据《中华人民共和国招标投标法》、《建设工程质量管理条例》等有关法律法规，结合水利工程特点，制定本规定。

第二条　本规定适用于政府参与投资且依照《水利工程建设项目招标投标管理规定》（水利部令第14号）必须进行招标的水利建设工程。

第三条　水利部负责全国水利建设工程施工分包的监督管理工作。

各流域机构和各级水行政主管部门负责本辖区内有管辖权的水利建设工程施工分包的监督管理工作。

第四条　本规定所称施工分包，是指施工企业将其所承包的水利工程中的部分工程发包给其他施工企业，或者将劳务作业发包给其他企业或组织完成的活动,但仍需履行并承担与项目法人所签合同确定的责任和义务。

第五条　水利工程施工分包按分包性质分为工程分包和劳务作业分包。

本规定所称工程分包，是指承包人将其所承包工程中的部分工程发包给具有与分包工程相应资质的其他施工企业完成的活动。

本规定所称劳务作业分包，是指承包人将其承包工程中的劳务作业发包给其他企业或组织完成的活动。

本规定所称承包人是指已由发包人授标,并与发包人正式签署协议书的企业或组织以及取得该企业或组织资格的合法继承人。

本规定所称分包人是指从承包人处分包某一部分工程或劳务作业的企业或组织。

第六条　水利建设工程的主要建筑物的主体结构不得进行工程分包。

本规定所称主要建筑物是指失事以后将造成下游灾害或严重影响工程功能和效益的建筑物，如堤坝、泄洪建筑物、输水建筑物、电站厂房和泵站等。主要建筑物的主体结构，由项目法人要求设计单位在设计文件或招标文件中明确。

第七条　承揽工程分包的分包人必须具有与所分包承建的工程相应的资质，并在其资质等级许可范围内承揽业务。

第八条　工程分包应在施工承包合同中约定，或经项目法人书面认可。劳务作业分包由承包人与分包人通过劳务合同约定。

分包人必须自行完成所承包的任务。

第九条　在合同实施过程中，有下列情况之一的，项目法人可向承包人推荐分包人：

（一）由于重大设计变更导致施工方案重大变化，致使承包人不具备相应的施工能力；

（二）由于承包人原因，导致施工工期拖延，承包人无力在合同规定的期限内完成合同任务；

（三）项目有特殊技术要求、特殊工艺或涉及专利权保护的。

如承包人同意，则应由承包人与分包人签订分包合同，并对该推荐分包人的行为负全部责任；

如承包人拒绝，则可由承包人自行选择分包人，但需经项目法人书面认可。

第十条 项目法人一般不得直接指定分包人。但在合同实施过程中，如承包人无力在合同规定的期限内完成合同中的应急防汛、抢险等危及公共安全和工程安全的项目，项目法人经项目的上级主管部门同意，可根据工程技术、进度的要求，对该应急防汛、抢险等项目的部分工程指定分包人。因非承包人原因形成指定分包条件的，项目法人的指定分包不得增加承包人的额外费用；因承包人原因形成指定分包条件的，承包人应负责因指定分包增加的相应费用。

由指定分包人造成的与其分包工作有关的一切索赔、诉讼和损失赔偿由指定分包人直接对项目法人负责，承包人不对此承担责任。职责划分可由承包人与项目法人签订协议明确。

第十一条 承包人和分包人应当依法签订分包合同，并履行合同约定的义务。分包合同必须遵循承包合同的各项原则，满足承包合同中技术、经济条款。承包人应在分包合同签订后 7 个工作日内，送发包人备案。

第十二条 发包人或其委托的监理单位要对承包人和分包人签订的分包合同的实施情况进行监督检查。

第十三条 除本规定**第十条**规定的指定分包外，承包人对其分包项目的实施以及分包人的行为向发包人负全部责任。承包人应对分包项目的工程进度、质量、安全、计量和验收等实施监督和管理。

第十四条 分包人应当按照分包合同的约定对其分包的工程向承包人负责，分包人应接受承包人对分包项目所进行的工程进度、质量、安全、计量和验收的监督和管理。承包人和分包人就分包项目对发包人承担连带责任。

第十五条 承包人和分包人应当设立项目管理机构，组织管理所承包或分包工程的施工活动。

项目管理机构应当具有与所承担工程的规模、技术复杂程度相适应的技术、经济管理人员。其中项目负责人、技术负责人、财务负责人、质量管理人员、安全管理人员必须是本单位人员。

第十六条 禁止将承包的工程进行转包。

承包人有下列行为之一者，属转包：

（一）承包人未在施工现场设立项目管理机构和派驻相应管理人员，并未对该工程的施工活动（包括工程质量、进度、安全、财务等）进行组织管理的；

（二）承包人将其承包的全部工程发包给他人的，或者将其承包的全部工程肢解后以分包的名义分别发包给他人的。

第十七条 禁止将承包的工程进行违法分包。

承包人有下列行为之一者，属违法分包：

（一）承包人将工程分包给不具备相应资质条件的分包人的；

（二）将主要建筑物主体结构工程分包的；

（三）施工承包合同中未有约定，又未经项目法人书面认可，承包人将工程分包给他人的；

（四）分包人将工程再次分包的；

（五）法律、法规、规章规定的其他违法分包工程的行为。

第十八条 禁止通过出租、出借资质证书承揽工程或允许他人以本单位名义承揽工程。

下列行为，视为允许他人以本单位名义承揽工程：

（一）投标人法定代表人的授权代表人不是投标人本单位人员；

（二）承包人在施工现场所设项目管理机构的项目负责人、技术负责人、财务负责人、质量管理人员、安全管理人员不是工程承包人本单位人员。

第十九条　本规定所指本单位人员，必须同时满足以下条件：

（一）聘用合同必须由承包人单位与之签订；

（二）与承包人单位有合法的工资关系；

（三）承包人单位为其办理社会保险关系，或具有其他有效证明其为承包人单位人员身份的文件。

第二十条　设备租赁和材料委托采购不属于分包、转包管理范围。承包人可以自行进行设备租赁或材料委托采购，但应对设备或材料的质量负责。

第二十一条　违反本办法规定，进行转包、违法分包和出租、出借资质、允许他人以本单位名义承揽工程的，按照《中华人民共和国招标投标法》和《建设工程质量管理条例》等国家法律、法规的规定予以处罚。

第二十二条　本规定由水利部负责解释。

第二十三条　本规定自发布之日起施行。水利部于1998年11月10日发布的《水利工程建设项目施工分包管理暂行规定》（水建管[1998]481号）同时废止。

◆　水利工程建设监理规定（2006年12月18日　水利部令第28号）

第一章　总　则

第一条　为规范水利工程建设监理活动，确保工程建设质量，根据《中华人民共和国招标投标法》、《建设工程质量管理条例》、《建设工程安全生产管理条例》等法律法规，结合水利工程建设实际，制定本规定。

第二条　从事水利工程建设监理以及对水利工程建设监理实施监督管理，适用本规定。

本规定所称水利工程是指防洪、排涝、灌溉、水力发电、引（供）水、滩涂治理、水土保持、水资源保护等各类工程（包括新建、扩建、改建、加固、修复、拆除等项目）及其配套和附属工程。

本规定所称水利工程建设监理，是指具有相应资质的水利工程建设监理单位（以下简称监理单位），受项目法人（建设单位，下同）委托，按照监理合同对水利工程建设项目实施中的质量、进度、资金、安全生产、环境保护等进行的管理活动，包括水利工程施工监理、水土保持工程施工监理、机电及金属结构设备制造监理、水利工程建设环境保护监理。

第三条　水利工程建设项目依法实行建设监理。

总投资200万元以上且符合下列条件之一的水利工程建设项目，必须实行建设监理：

（一）关系社会公共利益或者公共安全的；

（二）使用国有资金投资或者国家融资的；

（三）使用外国政府或者国际组织贷款、援助资金的。

铁路、公路、城镇建设、矿山、电力、石油天然气、建材等开发建设项目的配套水土保持工程，符合前款规定条件的，应当按照本规定开展水土保持工程施工监理。

其他水利工程建设项目可以参照本规定执行。

第四条　水利部对全国水利工程建设监理实施统一监督管理。

水利部所属流域管理机构（以下简称流域管理机构）和县级以上地方人民政府水行政主管部门对其所管辖的水利工程建设监理实施监督管理。

第二章　监理业务委托与承接

第五条 按照本规定必须实施建设监理的水利工程建设项目，项目法人应当按照水利工程建设项目招标投标管理的规定，确定具有相应资质的监理单位，并报项目主管部门备案。

项目法人和监理单位应当依法签订监理合同。

第六条 项目法人委托监理业务，应当执行国家规定的工程监理收费标准。

项目法人及其工作人员不得索取、收受监理单位的财物或者其他不正当利益。

第七条 监理单位应当按照水利部的规定，取得《水利工程建设监理单位资质等级证书》，并在其资质等级许可的范围内承揽水利工程建设监理业务。

两个以上具有资质的监理单位，可以组成一个联合体承接监理业务。联合体各方应当签订协议，明确各方拟承担的工作和责任，并将协议提交项目法人。联合体的资质等级，按照同一专业内资质等级较低的一方确定。联合体中标的，联合体各方应当共同与项目法人签订监理合同，就中标项目向项目法人承担连带责任。

第八条 监理单位与被监理单位以及建筑材料、建筑构配件和设备供应单位有隶属关系或者其他利害关系的，不得承担该项工程的建设监理业务。

监理单位不得以串通、欺诈、胁迫、贿赂等不正当竞争手段承揽水利工程建设监理业务。

第九条 监理单位不得允许其他单位或者个人以本单位名义承揽水利工程建设监理业务。

监理单位不得转让监理业务。

第三章 监理业务实施

第十条 监理单位应当聘用具有相应资格的监理人员从事水利工程建设监理业务。监理人员包括总监理工程师、监理工程师和监理员。监理人员资格应当按照行业自律管理的规定取得。

监理工程师应当由其聘用监理单位（以下简称注册监理单位）报水利部注册备案，并在其注册监理单位从事监理业务；需要临时到其他监理单位从事监理业务的，应当由该监理单位与注册监理单位签订协议，明确监理责任等有关事宜。

监理人员应当保守执（从）业秘密，并不得同时在两个以上水利工程项目从事监理业务，不得与被监理单位以及建筑材料、建筑构配件和设备供应单位发生经济利益关系。

第十一条 监理单位应当按下列程序实施建设监理：

（一）按照监理合同，选派满足监理工作要求的总监理工程师、监理工程师和监理员组建项目监理机构，进驻现场；

（二）编制监理规划，明确项目监理机构的工作范围、内容、目标和依据，确定监理工作制度、程序、方法和措施，并报项目法人备案；

（三）按照工程建设进度计划，分专业编制监理实施细则；

（四）按照监理规划和监理实施细则开展监理工作，编制并提交监理报告；

（五）监理业务完成后，按照监理合同向项目法人提交监理工作报告、移交档案资料。

第十二条 水利工程建设监理实行总监理工程师负责制。

总监理工程师负责全面履行监理合同约定的监理单位职责，发布有关指令，签署监理文件，协调有关各方之间的关系。

监理工程师在总监理工程师授权范围内开展监理工作，具体负责所承担的监理工作，并对总监理工程师负责。

监理员在监理工程师或者总监理工程师授权范围内从事监理辅助工作。

第十三条 监理单位应当将项目监理机构及其人员名单、监理工程师和监理员的授权范围书面通知被监理单位。监理实施期间监理人员有变化的，应当及时通知被监理单位。

监理单位更换总监理工程师和其他主要监理人员的，应当符合监理合同的约定。

第十四条　监理单位应当按照监理合同，组织设计单位等进行现场设计交底，核查并签发施工图。未经总监理工程师签字的施工图不得用于施工。

监理单位不得修改工程设计文件。

第十五条　监理单位应当按照监理规范的要求，采取旁站、巡视、跟踪检测和平行检测等方式实施监理，发现问题应当及时纠正、报告。

监理单位不得与项目法人或者被监理单位串通，弄虚作假、降低工程或者设备质量。

监理人员不得将质量检测或者检验不合格的建设工程、建筑材料、建筑构配件和设备按照合格签字。

未经监理工程师签字，建筑材料、建筑构配件和设备不得在工程上使用或者安装，不得进行下一道工序的施工。

第十六条　监理单位应当协助项目法人编制控制性总进度计划，审查被监理单位编制的施工组织设计和进度计划，并督促被监理单位实施。

第十七条　监理单位应当协助项目法人编制付款计划，审查被监理单位提交的资金流计划，按照合同约定核定工程量，签发付款凭证。

未经总监理工程师签字，项目法人不得支付工程款。

第十八条　监理单位应当审查被监理单位提出的安全技术措施、专项施工方案和环境保护措施是否符合工程建设强制性标准和环境保护要求，并监督实施。

监理单位在实施监理过程中，发现存在安全事故隐患的，应当要求被监理单位整改；情况严重的，应当要求被监理单位暂时停止施工，并及时报告项目法人。被监理单位拒不整改或者不停止施工的，监理单位应当及时向有关水行政主管部门或者流域管理机构报告。

第十九条　项目法人应当向监理单位提供必要的工作条件，支持监理单位独立开展监理业务，不得明示或者暗示监理单位违反法律法规和工程建设强制性标准，不得更改总监理工程师指令。

第二十条　项目法人应当按照监理合同，及时、足额支付监理单位报酬，不得无故削减或者拖延支付。

项目法人可以对监理单位提出并落实的合理化建议给予奖励。奖励标准由项目法人与监理单位协商确定。

第四章　监督管理

第二十一条　县级以上人民政府水行政主管部门和流域管理机构应当加强对水利工程建设监理活动的监督管理，对项目法人和监理单位执行国家法律法规、工程建设强制性标准以及履行监理合同的情况进行监督检查。

项目法人应当依据监理合同对监理活动进行检查。

第二十二条　县级以上人民政府水行政主管部门和流域管理机构在履行监督检查职责时，有关单位和人员应当客观、如实反映情况，提供相关材料。

县级以上人民政府水行政主管部门和流域管理机构实施监督检查时，不得妨碍监理单位和监理人员正常的监理活动，不得索取或者收受被监督检查单位和人员的财物，不得谋取其他不正当利益。

第二十三条　县级以上人民政府水行政主管部门和流域管理机构在监督检查中，发现监理单位和监理人员有违规行为的，应当责令纠正，并依法查处。

第二十四条 任何单位和个人有权对水利工程建设监理活动中的违法违规行为进行检举和控告。有关水行政主管部门和流域管理机构以及有关单位应当及时核实、处理。

第五章 罚 则

第二十五条 项目法人将水利工程建设监理业务委托给不具有相应资质的监理单位，或者必须实行建设监理而未实行的，依照《建设工程质量管理条例》**第五十四条、第五十六条**处罚。

项目法人对监理单位提出不符合安全生产法律、法规和工程建设强制性标准要求的，依照《建设工程安全生产管理条例》第五十五条处罚。

第二十六条 项目法人及其工作人员收受监理单位贿赂、索取回扣或者其他不正当利益的，予以追缴，并处违法所得3倍以下且不超过3万元的罚款；构成犯罪的，依法追究有关责任人员的刑事责任。

第二十七条 监理单位有下列行为之一的，依照《建设工程质量管理条例》**第六十条、第六十一条、第六十二条、第六十七条、第六十八条**处罚：

（一）超越本单位资质等级许可的业务范围承揽监理业务的；

（二）未取得相应资质等级证书承揽监理业务的；

（三）以欺骗手段取得的资质等级证书承揽监理业务的；

（四）允许其他单位或者个人以本单位名义承揽监理业务的；

（五）转让监理业务的；

（六）与项目法人或者被监理单位串通，弄虚作假、降低工程质量的；

（七）将不合格的建设工程、建筑材料、建筑构配件和设备按照合格签字的；

（八）与被监理单位以及建筑材料、建筑构配件和设备供应单位有隶属关系或者其他利害关系承担该项工程建设监理业务的。

第二十八条 监理单位有下列行为之一的，责令改正，给予警告；无违法所得的，处1万元以下罚款，有违法所得的，予以追缴，处违法所得3倍以下且不超过3万元罚款；情节严重的，降低资质等级；构成犯罪的，依法追究有关责任人员的刑事责任：

（一）以串通、欺诈、胁迫、贿赂等不正当竞争手段承揽监理业务的；

（二）利用工作便利与项目法人、被监理单位以及建筑材料、建筑构配件和设备供应单位串通，谋取不正当利益的。

第二十九条 监理单位有下列行为之一的，依照《建设工程安全生产管理条例》第五十七条处罚：

（一）未对施工组织设计中的安全技术措施或者专项施工方案进行审查的；

（二）发现安全事故隐患未及时要求施工单位整改或者暂时停止施工的；

（三）施工单位拒不整改或者不停止施工，未及时向有关水行政主管部门或者流域管理机构报告的；

（四）未依照法律、法规和工程建设强制性标准实施监理的。

第三十条 监理单位有下列行为之一的，责令改正，给予警告；情节严重的，降低资质等级：

（一）聘用无相应监理人员资格的人员从事监理业务的；

（二）隐瞒有关情况、拒绝提供材料或者提供虚假材料的。

第三十一条 监理人员从事水利工程建设监理活动，有下列行为之一的，责令改正，给予警告；其中，监理工程师违规情节严重的，注销注册证书，2年内不予注册；有违法所得的，予以追缴，并处1万元以下罚款；造成损失的，依法承担赔偿责任；构成犯罪的，依法追究刑事责任：

（一）利用执（从）业上的便利，索取或者收受项目法人、被监理单位以及建筑材料、建筑构配件和设备供应单位财物的；

（二）与被监理单位以及建筑材料、建筑构配件和设备供应单位串通，谋取不正当利益的；

（三）非法泄露执（从）业中应当保守的秘密的。

第三十二条 监理人员因过错造成质量事故的，责令停止执（从）业1年，其中，监理工程师因过错造成重大质量事故的，注销注册证书，5年内不予注册，情节特别严重的，终身不予注册。

监理人员未执行法律、法规和工程建设强制性标准的，责令停止执（从）业3个月以上1年以下，其中，监理工程师违规情节严重的，注销注册证书，5年内不予注册，造成重大安全事故的，终身不予注册；构成犯罪的，依法追究刑事责任。

第三十三条 水行政主管部门和流域管理机构的工作人员在工程建设监理活动的监督管理中玩忽职守、滥用职权、徇私舞弊的，依法给予处分；构成犯罪的，依法追究刑事责任。

第三十四条 依法给予监理单位罚款处罚的，对单位直接负责的主管人员和其他直接责任人员处单位罚款数额百分之五以上、百分之十以下的罚款。

监理单位的工作人员因调动工作、退休等原因离开该单位后，被发现在该单位工作期间违反国家有关工程建设质量管理规定，造成重大工程质量事故的，仍应当依法追究法律责任。

第三十五条 降低监理单位资质等级、吊销监理单位资质等级证书的处罚以及注销监理工程师注册证书，由水利部决定；其他行政处罚，由有关水行政主管部门依照法定职权决定。

第六章 附 则

第三十六条 本规定所称机电及金属结构设备制造监理是指对安装于水利工程的发电机组、水轮机组及其附属设施，以及闸门、压力钢管、拦污设备、起重设备等机电及金属结构设备生产制造过程中的质量、进度等进行的管理活动。

本规定所称水利工程建设环境保护监理是指对水利工程建设项目实施中产生的废（污）水、垃圾、废渣、废气、粉尘、噪声等采取的控制措施所进行的管理活动。

本规定所称被监理单位是指承担水利工程施工任务的单位，以及从事水利工程的机电及金属结构设备制造的单位。

第三十七条 监理单位分立、合并、改制、转让的，由继承其监理业绩的单位承担相应的监理责任。

第三十八条 有关水利工程建设监理的技术规范，由水利部另行制定。

第三十九条 本规定自2007年2月1日起施行。《水利工程建设监理规定》（水建管[1999]637号）、《水土保持生态建设工程监理管理暂行办法》（水建管[2003]79号）同时废止。

《水利工程设备制造监理规定》（水建管[2001]217号）与本规定不一致的，依照本规定执行。

◆ 水利工程质量管理规定（1997年12月21日 水利部令第7号）

第一章 总 则

第一条 根据国务院《质量振兴纲要（1996年-2010年）》和有关规定，为了加强对水利工程的质量管理，保证工程质量，制定本规定。

第二条 凡在中华人民共和国境内从事水利工程建设活动的单位（包括项目法人（建设单位）、监理、设计、施工等单位）或个人，必须遵守本规定。

第三条　本规定所称水利工程是指由国家投资、中央和地方合资、地方投资以及其他投资方式兴建的防洪、除涝灌溉、水力发电、供水、围垦等（包括配套与附属工程）各类水利工程。

第四条　本规定所称水利工程质量是指在国家和水利行业现行的有关法律、法规、技术标准和批准的设计文件及工程合同中，对兴建的水利工程的安全、适用、经济、美观等特性的综合要求。

第五条　水利部负责全国水利工程质量管理工作。

各流域机构受水利部的委托负责本流域由流域机构管辖的水利工程的质量管理工作，指导地方水行政主管部门的质量管理工作。

各省、自治区、直辖市水行政主管部门负责本行政区域内水利工程质量管理工作。

第六条　水利工程质量实行项目法人（建设单位）负责、监理单位控制、施工单位保证和政府监督相结合的质量管理体制。

水利工程质量由项目法人（建设单位）负全面责任。监理、施工、设计单位按照合同及有关规定对各自承担的工作负责。质量监督机构履行政府部门监督职能，不代替项目法人（建设单位）、监理、设计、施工单位的质量管理工作。水利工程建设各方均有责任和权利向有关部门和质量监督机构反映工程质量问题。

第七条　水利工程项目法人（建设单位）、监理、设计、施工等单位的负责人，对本单位的质量工作负领导责任。各单位在工程现场的项目负责人对本单位在工程现场的质量工作负直接领导责任。各单位的工程技术负责人对质量工作负技术责任。具体工作人员为直接责任人。

第八条　水利工程建设各单位要积极推行全面质量管理，采用先进的质量管理模式和管理手段，推广先进的科学技术和施工工艺，依靠科技进步和加强管理，努力创建优质工程，不断提高工程质量。

各级水行政主管部门要对提高工程质量做出贡献的单位和个人实行奖励。

第九条　水利工程建设各单位要加强质量法制教育，增强质量法制观念，把提高劳动者的素质作为提高质量的重要环节，加强对管理人员和职工的质量意识和质量管理知识的教育，建立和完善质量管理的激励机制，积极开展群众性质量管理和合理化建议活动。

第二章　工程质量监督管理

第十条　政府对水利工程的质量实行监督的制度。

水利工程按照分级管理的原则由相应水行政主管部门授权的质量监督机构实施质量监督。

第十一条　水利工程质量监督机构，必须按照水利部有关规定设立，经省级以上水行政主管部门资质审查合格，方可承担水利工程的质量监督工作。

各级水利工程质量监督机构，必须建立健全质量监督工作机制，完善监督手段，增强质量监督的权威性和有效性。

各级水利工程质量监督机构，要加强对贯彻执行国家和水利部有关质量法规、规范情况的检查，坚决查处有法不依、执法不严、违法不究以及滥用职权的行为。

第十二条　水利部水利工程质量监督机构负责对流域机构、省级水利工程质量监督机构和水利工程质量检测单位进行统一规划、管理和资质审查。

各省、自治区、直辖市设立的水利工程质量监督机构负责本行政区域内省级以下水利工程质量监督机构和水利工程质量检测单位统一规划管理和资质审查。

第十三条　水利工程质量监督机构负责监督设计、监理、施工单位在其资质等级允许范围内从事水利工程建设的质量工作；负责检查、督促建设、监理、设计、施工单位建立健全质量体系。

水利工程质量监督机构，按照国家和水利行业有关工程建设法规、技术标准和设计文件实施工程质量监督，对施工现场影响工程质量的行为进行监督检查。

第十四条　水利工程质量监督实施以抽查为主的监督方式，运用法律和行政手段，做好监督抽查后的处理工作。工程竣工验收时，质量监督机构应对工程质量等级进行核定。未经质量核定或核定不合格的工程，施工单位不得交验，工程主管部门不能验收，工程不得投入使用。

第十五条　根据需要，质量监督机构可委托经计量认证合格的检测单位，对水利工程有关部位以及所采用的建筑材料和工程设备进行抽样检测。

水利部水利工程质量监督机构认定的水利工程质量检测机构出具的数据是全国水利系统的最终检测。

各省级水利工程质量监督机构认定的水利工程质量检测机构所出具的检测数据是本行政区域内水利系统的最高检测。

第三章　项目法人（建设单位）质量管理

第十六条　项目法人（建设单位）应根据国家和水利部有关规定依法设立，主动接受水利工程质量监督机构对其质量体系的监督检查。

第十七条　项目法人（建设单位）应根据工程规模和工程特点，按照水利部有关规定，通过资质审查招标选择勘测设计、施工、监理单位并实行合同管理。在合同文件中，必须有工程质量条款，明确图纸、资料、工程、材料、设备等的质量标准及合同双方的质量责任。

第十八条　项目法人（建设单位）要加强工程质量管理，建立健全施工质量检查体系，根据工程特点建立质量管理机构和质量管理制度。

第十九条　项目法人（建设单位）在工程开工前，应按规定向水利工程质量监督机构办理工程质量监督手续。在工程施工过程中，应主动接受质量监督机构对工程质量的监督检查。

第二十条　项目法人（建设单位）应组织设计和施工单位进行设计交底；施工中应对工程质量进行检查，工程完工后，应及时组织有关单位进行工程质量验收、签证。

第四章　监理单位质量管理

第二十一条　监理单位必须持有水利部颁发的监理单位资格等级证书，依照核定的监理范围承担相应水利工程的监理任务。监理单位必须接受水利工程质量监督机构对其监理资格质量检查体系及质量监理工作的监督检查。

第二十二条　监理单位必须严格执行国家法律、水利行业法规、技术标准，严格履行监理合同。

第二十三条　监理单位根据所承担的监理任务向水利工程施工现场派出相应的监理机构，人员配备必须满足项目要求。监理工程师上岗必须持有水利部颁发的监理工程师岗位证书，一般监理人员上岗要经过岗前培训。

第二十四条　监理单位应根据监理合同参与招标工作，从保证工程质量全面履行工程承建合同出发，签发施工图纸；审查施工单位的施工组织设计和技术措施；指导监督合同中有关质量标准、要求的实施；参加工程质量检查、工程质量事故调查处理和工程验收工作。

第五章　设计单位质量管理

第二十五条　设计单位必须按其资质等级及业务范围承担勘测设计任务，并应主动接受水利工程质量监督机构对其资质等级及质量体系的监督检查。

第二十六条　设计单位必须建立健全设计质量保证体系，加强设计过程质量控制，健全设计文件的审核、会签批准制度，做好设计文件的技术交底工作。

第二十七条 设计文件必须符合下列基本要求：

（一）设计文件应当符合国家、水利行业有关工程建设法规、工程勘测设计技术规程、标准和合同的要求。

（二）设计依据的基本资料应完整、准确、可靠，设计论证充分，计算成果可靠。

（三）设计文件的深度应满足相应设计阶段有关规定要求，设计质量必须满足工程质量、安全需要并符合设计规范的要求。

第二十八条 设计单位应按合同规定及时提供设计文件及施工图纸，在施工过程中要随时掌握施工现场情况，优化设计，解决有关设计问题。对大中型工程，设计单位应按合同规定在施工现场设立设计代表机构或派驻设计代表。

第二十九条 设计单位应按水利部有关规定在阶段验收、单位工程验收和竣工验收中，对施工质量是否满足设计要求提出评价意见。

第六章 施工单位质量管理

第三十条 施工单位必须按其资质等级和业务范围承揽工程施工任务，接受水利工程质量监督机构对其资质和质量保证体系的监督检查。

第三十一条 施工单位必须依据国家、水利行业有关工程建设法规、技术规程、技术标准的规定以及设计文件和施工合同的要求进行施工，并对其施工的工程质量负责。

第三十二条 施工单位不得将其承接的水利建设项目的主体工程进行转包。对工程的分包，分包单位必须具备相应资质等级，并对其分包工程的施工质量向总包单位负责，总包单位对全部工程质量向项目法人（建设单位）负责。工程分包必须经过项目法人（建设单位）的认可。

第三十三条 施工单位要推行全面质量管理，建立健全质量保证体系，制定和完善岗位质量规范、质量责任及考核办法，落实质量责任制。在施工过程中要加强质理检验工作，认真执行“三检制”，切实做好工程质量的全过程控制。

第三十四条 工程发生质量事故，施工单位必须按照有关规定向监理单位、项目法人（建设单位）及有关部门报告，并保护好现场，接受工程质量事故调查，认真进行事故处理。

第三十五条 竣工工程质量必须符合国家和水利行业现行的工程标准及设计文件要求，并应向项目法人（建设单位）提交完整的技术档案、试验成果及有关资料。

第七章 建筑材料、设备采购的质量管理和工程保修

第三十六条 建筑材料和工程设备的质量由采购单位承担相应责任。凡进入施工现场的建筑材料和工程设备均应按有关规定进行检验。经检验不合格的产品不得用于工程。

第三十七条 建筑材料和工程设备的采购单位具有按合同规定自主采购的权利，其他单位或个人不得干预。

第三十八条 建筑材料或工程设备应当符合下列要求：

（一）有产品质量检验合格证明；

（二）有中文标明的产品名称、生产厂名和厂址；

（三）产品包装和商标式样符合国家有关规定和标准要求；

（四）工程设备应有产品详细的使用说明书，电气设备还应附有线路图；

（五）实施生产许可证或实行质量认证的产品，应当具有相应的许可证或认证证书。

第三十九条 水利工程保修期从工程移交证书写明的工程完工日起一般不少于一年。有特殊要求的工程，其保修期限在合同中规定。

工程质量出现永久性缺陷的，承担责任的期限不受以上保修期限制。

第四十条 水利工程在规定的保修期内，出现工程质量问题，一般由原施工单位承担保修，所需费用由责任方承担。

第八章 罚 则

第四十一条 水利工程发生重大工程质量事故，应严肃处理。对责任单位予以通报批评、降低资质等级或收缴资质证书；对责任人给予行政纪律处分，构成犯罪的，移交司法机关进行处理。

第四十二条 因水利工程质量事故造成人身伤亡及财产损失的，责任单位应按有关规定，给予受损方经济赔偿。

第四十三条 项目法人（建设单位）有下列行为之一的，由其主管部门予以通报批评或其他纪律处理。

（一）未按规定选择相应资质等级的勘测设计、施工、监理单位的；

（二）未按规定办理工程质量监督手续的；

（三）未按规定及时进行已完工程验收就进行下一阶段施工和未经竣工或阶段验收，而将工程交付使用的；

（四）发生重大工程质量事故没有按有关规定及时向有关部门报告的。

第四十四条 勘测设计、施工、监理单位有下列行为之一的，根据情节轻重，予以通报批评、降低资质等级直至收缴资质证书，经济处理按合同规定办理，触犯法律的，按国家有关法律处理：

（一）无证或超越资质等级承接任务的；

（二）不接受水利工程质量监督机构监督的；

（三）设计文件不符合本规定**第二十七条**要求的；

（四）竣工交付使用的工程不符合本规定**第三十五条**要求的；

（五）未按规定实行质量保修的；

（六）使用未经检验或检验不合格的建筑材料和工程设备，或在工程施工中粗制滥造、偷工减料、伪造记录的；

（七）发生重大工程质量事故没有及时按有关规定向有关部门报告的；

（八）经水利工程质量监督机构核定工程质量等级为不合格或工程需加固或拆除的。

第四十五条 检测单位伪造检验数据或伪造检验结论的，根据情节轻重，予以通报批评、降低资质等级直至收缴资质证书。因伪造行为造成严重后果的，按国家有关规定处理。

第四十六条 对不认真履行水利工程质量监督职责的质量监督机构，由相应水行政主管部门或其上一级水利工程质量监督机构给予通报批评、撤换负责人或撤销授权并进行机构改组。

从事工程质量监督的工作人员执法不严，违法不究或者滥用职权、贪污受贿，由其所在单位或上级主管部门给予行政处分，构成犯罪的，依法追究刑事责任。

第九章 附 则

第四十七条 本规定由水利部负责解释。

第四十八条 本规定自发布之日起施行。

◆ 水利工程建设安全生产管理规定（2005年9月1日 水利部令第26号）

第一章 总 则

第一条 为了加强水利工程建设安全生产监督管理，明确安全生产责任，防止和减少安全生产事故，保障人民群众生命和财产安全，根据《中华人民共和国安全生产法》、《建设工程安全生产管理条例》等法律、法规，结合水利工程的特点，制定本规定。

第二条 本规定适用于水利工程的新建、扩建、改建、加固和拆除等活动及水利工程建设安全生产的监督管理。

前款所称水利工程，是指防洪、除涝、灌溉、水力发电、供水、围垦等（包括配套与附属工程）各类水利工程。

第三条 水利工程建设安全生产管理，坚持安全第一，预防为主的方针。

第四条 发生生产安全事故，必须查清事故原因，查明事故责任，落实整改措施，做好事故处理工作，并依法追究有关人员的责任。

第五条 项目法人（或者建设单位，下同）、勘察（测）单位、设计单位、施工单位、建设监理单位及其他与水利工程建设安全生产有关的单位，必须遵守安全生产法律、法规和本规定，保证水利工程建设安全生产，依法承担水利工程建设安全生产责任。

第二章 项目法人的安全责任

第六条 项目法人在对施工投标单位进行资格审查时，应当对投标单位的主要负责人、项目负责人以及专职安全生产管理人员是否经水行政主管部门安全生产考核合格进行审查。有关人员未经考核合格的，不得认定投标单位的投标资格。

第七条 项目法人应当向施工单位提供施工现场及施工可能影响的毗邻区域内供水、排水、供电、供气、供热、通讯、广播电视等地下管线资料，气象和水文观测资料，拟建工程可能影响的相邻建筑物和构筑物、地下工程的有关资料，并保证有关资料的真实、准确、完整，满足有关技术规范的要求。对可能影响施工报价的资料，应当在招标时提供。

第八条 项目法人不得调减或挪用批准概算中所确定的水利工程建设有关安全作业环境及安全施工措施等所需费用。工程承包合同中应当明确安全作业环境及安全施工措施所需费用。

第九条 项目法人应当组织编制保证安全生产的措施方案，并自开工报告批准之日起15日内报有管辖权的水行政主管部门、流域管理机构或者其委托的水利工程建设安全生产监督机构（以下简称安全生产监督机构）备案。建设过程中安全生产的情况发生变化时，应当及时对保证安全生产的措施方案进行调整，并报原备案机关。

保证安全生产的措施方案应当根据有关法律法规、强制性标准和技术规范的要求并结合工程的具体情况编制，应当包括以下内容：

（一）项目概况；

（二）编制依据；

（三）安全生产管理机构及相关负责人；

（四）安全生产的有关规章制度制定情况；

（五）安全生产管理人员及特种作业人员持证上岗情况等；

（六）生产安全事故的应急救援预案；

（七）工程度汛方案、措施；

（八）其他有关事项。

第十条 项目法人在水利工程开工前，应当就落实保证安全生产的措施进行全面系统的布置，明确施工单位的安全生产责任。

第十一条 项目法人应当将水利工程中的拆除工程和爆破工程发包给具有相应水利水电工程施

工资质等级的施工单位。

项目法人应当在拆除工程或者爆破工程施工15日前，将下列资料报送水行政主管部门、流域管理机构或者其委托的安全生产监督机构备案：

（一）施工单位资质等级证明；

（二）拟拆除或拟爆破的工程及可能危及毗邻建筑物的说明；

（三）施工组织方案；

（四）堆放、清除废弃物的措施；

（五）生产安全事故的应急救援预案。

第三章 勘察（测）、设计、建设监理及其他有关单位的安全责任

第十二条 勘察（测）单位应当按照法律、法规和工程建设强制性标准进行勘察（测），提供的勘察（测）文件必须真实、准确，满足水利工程建设安全生产的需要。

勘察（测）单位在勘察（测）作业时，应当严格执行操作规程，采取措施保证各类管线、设施和周边建筑物、构筑物的安全。

勘察（测）单位和有关勘察（测）人员应当对其勘察（测）成果负责。

第十三条 设计单位应当按照法律、法规和工程建设强制性标准进行设计，并考虑项目周边环境对施工安全的影响，防止因设计不合理导致生产安全事故的发生。

设计单位应当考虑施工安全操作和防护的需要，对涉及施工安全的重点部位和环节在设计文件中注明，并对防范生产安全事故提出指导意见。

采用新结构、新材料、新工艺以及特殊结构的水利工程，设计单位应当在设计中提出保障施工作业人员安全和预防生产安全事故的措施建议。

设计单位和有关设计人员应当对其设计成果负责。

设计单位应当参与与设计有关的生产安全事故分析，并承担相应的责任。

第十四条 建设监理单位和监理人员应当按照法律、法规和工程建设强制性标准实施监理，并对水利工程建设安全生产承担监理责任。

建设监理单位应当审查施工组织设计中的安全技术措施或者专项施工方案是否符合工程建设强制性标准。

建设监理单位在实施监理过程中，发现存在生产安全事故隐患的，应当要求施工单位整改；对情况严重的，应当要求施工单位暂时停止施工，并及时向水行政主管部门、流域管理机构或者其委托的安全生产监督机构以及项目法人报告。

第十五条 为水利工程提供机械设备和配件的单位，应当按照安全施工的要求提供机械设备和配件，配备齐全有效的保险、限位等安全设施和装置，提供有关安全操作的说明，保证其提供的机械设备和配件等产品的质量和安全性能达到国家有关技术标准。

第四章 施工单位的安全责任

第十六条 施工单位从事水利工程的新建、扩建、改建、加固和拆除等活动，应当具备国家规定的注册资本、专业技术人员、技术装备和安全生产等条件，依法取得相应等级的资质证书，并在其资质等级许可的范围内承揽工程。

第十七条 施工单位应当依法取得安全生产许可证后，方可从事水利工程施工活动。

第十八条 施工单位主要负责人依法对本单位的安全生产工作全面负责。施工单位应当建立健全安全生产责任制度和安全生产教育培训制度，制定安全生产规章制度和操作规程，保证本单位建立和完善安全生产条件所需资金的投入，对所承担的水利工程进行定期和专项安全检查，并做好安全检查记录。

施工单位的项目负责人应当由取得相应执业资格的人员担任，对水利工程建设项目的安全施工负责，落实安全生产责任制度、安全生产规章制度和操作规程，确保安全生产费用的有效使用，并根据工程的特点组织制定安全施工措施，消除安全事故隐患，及时、如实报告生产安全事故。

第十九条 施工单位在工程报价中应当包含工程施工的安全作业环境及安全施工措施所需费用。对列入建设工程概算的上述费用，应当用于施工安全防护用具及设施的采购和更新、安全施工措施的落实、安全生产条件的改善，不得挪作他用。

第二十条 施工单位应当设立安全生产管理机构，按照国家有关规定配备专职安全生产管理人员。施工现场必须有专职安全生产管理人员。

专职安全生产管理人员负责对安全生产进行现场监督检查。发现生产安全事故隐患，应当及时向项目负责人和安全生产管理机构报告；对违章指挥、违章操作的，应当立即制止。

第二十一条 施工单位在建设有度汛要求的水利工程时，应当根据项目法人编制的工程度汛方案、措施制定相应的度汛方案，报项目法人批准；涉及防汛调度或者影响其他工程、设施度汛安全的，由项目法人报有管辖权的防汛指挥机构批准。

第二十二条 垂直运输机械作业人员、安装拆卸工、爆破作业人员、起重信号工、登高架设作业人员等特种作业人员，必须按照国家有关规定经过专门的安全作业培训，并取得特种作业操作资格证书后，方可上岗作业。

第二十三条 施工单位应当在施工组织设计中编制安全技术措施和施工现场临时用电方案，对下列达到一定规模的危险性较大的工程应当编制专项施工方案，并附具安全验算结果，经施工单位技术负责人签字以及总监理工程师核签后实施，由专职安全生产管理人员进行现场监督：

（一）基坑支护与降水工程；

（二）土方和石方开挖工程；

（三）模板工程；

（四）起重吊装工程；

（五）脚手架工程；

（六）拆除、爆破工程；

（七）围堰工程；

（八）其他危险性较大的工程。

对前款所列工程中涉及高边坡、深基坑、地下暗挖工程、高大模板工程的专项施工方案，施工单位还应当组织专家进行论证、审查。

第二十四条 施工单位在使用施工起重机械和整体提升脚手架、模板等自升式架设设施前，应当组织有关单位进行验收，也可以委托具有相应资质的检验检测机构进行验收；使用承租的机械设备和施工机具及配件的，由施工总承包单位、分包单位、出租单位和安装单位共同进行验收。验收合格的方可使用。

第二十五条 施工单位的主要负责人、项目负责人、专职安全生产管理人员应当经水行政主管部门安全生产考核合格后方可任职。

施工单位应当对管理人员和作业人员每年至少进行一次安全生产教育培训，其教育培训情况记入个人工作档案。安全生产教育培训考核不合格的人员，不得上岗。

施工单位在采用新技术、新工艺、新设备、新材料时，应当对作业人员进行相应的安全生产教育培训。

第五章 监督管理

第二十六条 水行政主管部门和流域管理机构按照分级管理权限，负责水利工程建设安全生产的监督管理。水行政主管部门或者流域管理机构委托的安全生产监督机构，负责水利工程施工现场的具体监督检查工作。

第二十七条 水利部负责全国水利工程建设安全生产的监督管理工作，其主要职责是：

（一）贯彻、执行国家有关安全生产的法律、法规和政策，制定有关水利工程建设安全生产的规章、规范性文件和技术标准；

（二）监督、指导全国水利工程建设安全生产工作，组织开展对全国水利工程建设安全生产情况的监督检查；

（三）组织、指导全国水利工程建设安全生产监督机构的建设、考核和安全生产监督人员的考核工作以及水利水电工程施工单位的主要负责人、项目负责人和专职安全生产管理人员的安全生产考核工作。

第二十八条 流域管理机构负责所管辖的水利工程建设项目的安全生产监督工作。

第二十九条 省、自治区、直辖市人民政府水行政主管部门负责本行政区域内所管辖的水利工程建设安全生产的监督管理工作，其主要职责是：

（一）贯彻、执行有关安全生产的法律、法规、规章、政策和技术标准，制定地方有关水利工程建设安全生产的规范性文件；

（二）监督、指导本行政区域内所管辖的水利工程建设安全生产工作，组织开展对本行政区域内所管辖的水利工程建设安全生产情况的监督检查；

（三）组织、指导本行政区域内水利工程建设安全生产监督机构的建设工作以及有关的水利水电工程施工单位的主要负责人、项目负责人和专职安全生产管理人员的安全生产考核工作。

市、县级人民政府水行政主管部门水利工程建设安全生产的监督管理职责，由省、自治区、直辖市人民政府水行政主管部门规定。

第三十条 水行政主管部门或者流域管理机构委托的安全生产监督机构，应当严格按照有关安全生产的法律、法规、规章和技术标准，对水利工程施工现场实施监督检查。

安全生产监督机构应当配备一定数量的专职安全生产监督人员。安全生产监督机构以及安全生产监督人员应当经水利部考核合格。

第三十一条 水行政主管部门或者其委托的安全生产监督机构应当自收到本规定**第九条**和**第十一条**规定的有关备案资料后20日内，将有关备案资料抄送同级安全生产监督管理部门。流域管理机构抄送项目所在地省级安全生产监督管理部门，并报水利部备案。

第三十二条 水行政主管部门、流域管理机构或者其委托的安全生产监督机构依法履行安全生产监督检查职责时，有权采取下列措施：

（一）要求被检查单位提供有关安全生产的文件和资料；

（二）进入被检查单位施工现场进行检查；

（三）纠正施工中违反安全生产要求的行为；

（四）对检查中发现的安全事故隐患，责令立即排除；重大安全事故隐患排除前或者排除过程中无法保证安全的，责令从危险区域内撤出作业人员或者暂时停止施工。

第三十三条 各级水行政主管部门和流域管理机构应当建立举报制度，及时受理对水利工程建设生产安全事故及安全事故隐患的检举、控告和投诉；对超出管理权限的，应当及时转送有管理权限的部门。举报制度应当包括以下内容：

（一）公布举报电话、信箱或者电子邮件地址，受理对水利工程建设安全生产的举报；

（二）对举报事项进行调查核实，并形成书面材料；

（三）督促落实整顿措施，依法作出处理。

第六章 生产安全事故的应急救援和调查处理

第三十四条 各级地方人民政府水行政主管部门应当根据本级人民政府的要求，制定本行政区域内水利工程建设特大生产安全事故应急救援预案，并报上一级人民政府水行政主管部门备案。流域管理机构应当编制所管辖的水利工程建设特大生产安全事故应急救援预案，并报水利部备案。

第三十五条 项目法人应当组织制定本建设项目的生产安全事故应急救援预案，并定期组织演练。应急救援预案应当包括紧急救援的组织机构、人员配备、物资准备、人员财产救援措施、事故分析与报告等方面的方案。

第三十六条 施工单位应当根据水利工程施工的特点和范围，对施工现场易发生重大事故的部位、环节进行监控，制定施工现场生产安全事故应急救援预案。实行施工总承包的，由总承包单位统一组织编制水利工程建设生产安全事故应急救援预案，工程总承包单位和分包单位按照应急救援预案，各自建立应急救援组织或者配备应急救援人员，配备救援器材、设备，并定期组织演练。

第三十七条 施工单位发生生产安全事故，应当按照国家有关伤亡事故报告和调查处理的规定，及时、如实地向负责安全生产监督管理的部门以及水行政主管部门或者流域管理机构报告；特种设备发生事故的，还应当同时向特种设备安全监督管理部门报告。接到报告的部门应当按照国家有关规定，如实上报。

实行施工总承包的建设工程，由总承包单位负责上报事故。

发生生产安全事故，项目法人及其他有关单位应当及时、如实地向负责安全生产监督管理的部门以及水行政主管部门或者流域管理机构报告。

第三十八条 发生生产安全事故后，有关单位应当采取措施防止事故扩大，保护事故现场。需要移动现场物品时，应当做出标记和书面记录，妥善保管有关证物。

第三十九条 水利工程建设生产安全事故的调查、对事故责任单位和责任人的处罚与处理，按照有关法律、法规的规定执行。

第七章 附 则

第四十条 违反本规定，需要实施行政处罚的，由水行政主管部门或者流域管理机构按照《建设工程安全生产管理条例》的规定执行。

第四十一条 省、自治区、直辖市人民政府水行政主管部门可以结合本地区实际制定本规定的实施办法，报水利部备案。

第四十二条 本规定自 2005 年 9 月 1 日起施行。

◆ **水利工程建设项目验收管理规定**（2006 年 12 月 18 日水利部令第 30 号）

《水利工程建设项目验收管理规定》已经 2006 年 11 月 9 日水利部部务会议审议通过，现予公布，自 2007 年 4 月 1 日起施行。

第一章 总 则

第一条　为加强水利工程建设项目验收管理，明确验收责任，规范验收行为，结合水利工程建设项目的特点，制定本规定。

第二条　本规定适用于由中央或者地方财政全部投资或者部分投资建设的大中型水利工程建设项目（含1、2、3级堤防工程）的验收活动。

第三条　水利工程建设项目验收，按验收主持单位性质不同分为法人验收和政府验收两类。

法人验收是指在项目建设过程中由项目法人组织进行的验收。法人验收是政府验收的基础。

政府验收是指由有关人民政府、水行政主管部门或者其他有关部门组织进行的验收，包括专项验收、阶段验收和竣工验收。

第四条　水利工程建设项目具备验收条件时，应当及时组织验收。未经验收或者验收不合格的，不得交付使用或者进行后续工程施工。

第五条　水利工程建设项目验收的依据是：

（一）国家有关法律、法规、规章和技术标准；

（二）有关主管部门的规定；

（三）经批准的工程立项文件、初步设计文件、调整概算文件；

（四）经批准的设计文件及相应的工程变更文件；

（五）施工图纸及主要设备技术说明书等。

法人验收还应当以施工合同为验收依据。

第六条　验收主持单位应当成立验收委员会（验收工作组）进行验收，验收结论应当经三分之二以上验收委员会（验收工作组）成员同意。

验收委员会（验收工作组）成员应当在验收鉴定书上签字。验收委员会（验收工作组）成员对验收结论持有异议的，应当将保留意见在验收鉴定书上明确记载并签字。

第七条　验收中发现的问题，其处理原则由验收委员会（验收工作组）协商确定。主任委员（组长）对争议问题有裁决权。但是，半数以上验收委员会（验收工作组）成员不同意裁决意见的，法人验收应当报请验收监督管理机关决定，政府验收应当报请竣工验收主持单位决定。

第八条　验收委员会（验收工作组）对工程验收不予通过的，应当明确不予通过的理由并提出整改意见。有关单位应当及时组织处理有关问题，完成整改，并按照程序重新申请验收。

第九条　项目法人以及其他参建单位应当提交真实、完整的验收资料，并对提交的资料负责。

第十条　水利部负责全国水利工程建设项目验收的监督管理工作。

水利部所属流域管理机构（以下简称流域管理机构）按照水利部授权，负责流域内水利工程建设项目验收的监督管理工作。

县级以上地方人民政府水行政主管部门按照规定权限负责本行政区域内水利工程建设项目验收的监督管理工作。

第十一条　法人验收监督管理机关对项目的法人验收工作实施监督管理。

由水行政主管部门或者流域管理机构组建项目法人的，该水行政主管部门或者流域管理机构是本项目的法人验收监督管理机关；由地方人民政府组建项目法人的，该地方人民政府水行政主管部门是本项目的法人验收监督管理机关。

第二章　法人验收

第十二条　工程建设完成分部工程、单位工程、单项合同工程，或者中间机组启动前，应当组织法人验收。项目法人可以根据工程建设的需要增设法人验收的环节。

第十三条 项目法人应当在开工报告批准后60个工作日内，制定法人验收工作计划，报法人验收监督管理机关和竣工验收主持单位备案。

第十四条 施工单位在完成相应工程后，应当向项目法人提出验收申请。项目法人经检查认为建设项目具备相应的验收条件的，应当及时组织验收。

第十五条 法人验收由项目法人主持。验收工作组由项目法人、设计、施工、监理等单位的代表组成；必要时可以邀请工程运行管理单位等参建单位以外的代表及专家参加。

项目法人可以委托监理单位主持分部工程验收，有关委托权限应当在监理合同或者委托书中明确。

第十六条 分部工程验收的质量结论应当报该项目的质量监督机构核备；未经核备的，项目法人不得组织下一阶段的验收。

单位工程以及大型枢纽主要建筑物的分部工程验收的质量结论应当报该项目的质量监督机构核定；未经核定的，项目法人不得通过法人验收；核定不合格的，项目法人应当重新组织验收。质量监督机构应当自收到核定材料之日起20个工作日内完成核定。

第十七条 项目法人应当自法人验收通过之日起30个工作日内，制作法人验收鉴定书，发送参加验收单位并报送法人验收监督管理机关备案。

法人验收鉴定书是政府验收的备查资料。

第十八条 单位工程投入使用验收和单项合同工程完工验收通过后，项目法人应当与施工单位办理工程的有关交接手续。

工程保修期从通过单项合同工程完工验收之日算起，保修期限按合同约定执行。

第三章 政府验收

第一节 验收主持单位

第十九条 阶段验收、竣工验收由竣工验收主持单位主持。竣工验收主持单位可以根据工作需要委托其他单位主持阶段验收。

专项验收依照国家有关规定执行。

第二十条 国家重点水利工程建设项目，竣工验收主持单位依照国家有关规定确定。

除前款规定以外，在国家确定的重要江河、湖泊建设的流域控制性工程、流域重大骨干工程建设项目，竣工验收主持单位为水利部。

除前两款规定以外的其他水利工程建设项目，竣工验收主持单位按照以下原则确定：

（一）水利部或者流域管理机构负责初步设计审批的中央项目，竣工验收主持单位为水利部或者流域管理机构；

（二）水利部负责初步设计审批的地方项目，以中央投资为主的，竣工验收主持单位为水利部或者流域管理机构，以地方投资为主的，竣工验收主持单位为省级人民政府（或者其委托的单位）或者省级人民政府水行政主管部门（或者其委托的单位）；

（三）地方负责初步设计审批的项目，竣工验收主持单位为省级人民政府水行政主管部门（或者其委托的单位）。

竣工验收主持单位为水利部或者流域管理机构的，可以根据工程实际情况，会同省级人民政府或者有关部门共同主持。

竣工验收主持单位应当在工程开工报告的批准文件中明确。

第二节 专项验收

第二十一条　枢纽工程导（截）流、水库下闸蓄水等阶段验收前，涉及移民安置的，应当完成相应的移民安置专项验收。

工程竣工验收前，应当按照国家有关规定，进行环境保护、水土保持、移民安置以及工程档案等专项验收。经商有关部门同意，专项验收可以与竣工验收一并进行。

第二十二条　项目法人应当自收到专项验收成果文件之日起10个工作日内，将专项验收成果文件报送竣工验收主持单位备案。

专项验收成果文件是阶段验收或者竣工验收成果文件的组成部分。

第三节　阶段验收

第二十三条　工程建设进入枢纽工程导（截）流、水库下闸蓄水、引（调）排水工程通水、首（末）台机组启动等关键阶段，应当组织进行阶段验收。

竣工验收主持单位根据工程建设的实际需要，可以增设阶段验收的环节。

第二十四条　阶段验收的验收委员会由验收主持单位、该项目的质量监督机构和安全监督机构、运行管理单位的代表以及有关专家组成；必要时，应当邀请项目所在地的地方人民政府以及有关部门参加。

工程参建单位是被验收单位，应当派代表参加阶段验收工作。

第二十五条　大型水利工程在进行阶段验收前，可以根据需要进行技术预验收。技术预验收参照本章第四节有关竣工技术预验收的规定进行。

第二十六条　水库下闸蓄水验收前，项目法人应当按照有关规定完成蓄水安全鉴定。

第二十七条　验收主持单位应当自阶段验收通过之日起30个工作日内，制作阶段验收鉴定书，发送参加验收的单位并报送竣工验收主持单位备案。

阶段验收鉴定书是竣工验收的备查资料。

第四节　竣工验收

第二十八条　竣工验收应当在工程建设项目全部完成并满足一定运行条件后1年内进行。不能按期进行竣工验收的，经竣工验收主持单位同意，可以适当延长期限，但最长不得超过6个月。逾期仍不能进行竣工验收的，项目法人应当向竣工验收主持单位作出专题报告。

第二十九条　竣工财务决算应当由竣工验收主持单位组织审查和审计。竣工财务决算审计通过15日后，方可进行竣工验收。

第三十条　工程具备竣工验收条件的，项目法人应当提出竣工验收申请，经法人验收监督管理机关审查后报竣工验收主持单位。竣工验收主持单位应当自收到竣工验收申请之日起20个工作日内决定是否同意进行竣工验收。

第三十一条　竣工验收原则上按照经批准的初步设计所确定的标准和内容进行。

项目有总体初步设计又有单项工程初步设计的，原则上按照总体初步设计的标准和内容进行，也可以先进行单项工程竣工验收，最后按照总体初步设计进行总体竣工验收。

项目有总体可行性研究但没有总体初步设计而有单项工程初步设计的，原则上按照单项工程初步设计的标准和内容进行竣工验收。

建设周期长或者因故无法继续实施的项目，对已完成的部分工程可以按单项工程或者分期进行竣工验收。

第三十二条　竣工验收分为竣工技术预验收和竣工验收两个阶段。

第三十三条　大型水利工程在竣工技术预验收前，项目法人应当按照有关规定对工程建设情况进行竣工验收技术鉴定。中型水利工程在竣工技术预验收前，竣工验收主持单位可以根据需要决定是否进行竣工验收技术鉴定。

第三十四条 竣工技术预验收由竣工验收主持单位以及有关专家组成的技术预验收专家组负责。

工程参建单位的代表应当参加技术预验收，汇报并解答有关问题。

第三十五条 竣工验收的验收委员会由竣工验收主持单位、有关水行政主管部门和流域管理机构、有关地方人民政府和部门、该项目的质量监督机构和安全监督机构、工程运行管理单位的代表以及有关专家组成。工程投资方代表可以参加竣工验收委员会。

第三十六条 竣工验收主持单位可以根据竣工验收的需要，委托具有相应资质的工程质量检测机构对工程质量进行检测。

第三十七条 项目法人全面负责竣工验收前的各项准备工作，设计、施工、监理等工程参建单位应当做好有关验收准备和配合工作，派代表出席竣工验收会议，负责解答验收委员会提出的问题，并作为被验收单位在竣工验收鉴定书上签字。

第三十八条 竣工验收主持单位应当自竣工验收通过之日起30个工作日内，制作竣工验收鉴定书，并发送有关单位。

竣工验收鉴定书是项目法人完成工程建设任务的凭据。

第五节 验收遗留问题处理与工程移交

第三十九条 项目法人和其他有关单位应当按照竣工验收鉴定书的要求妥善处理竣工验收遗留问题和完成尾工。

验收遗留问题处理完毕和尾工完成并通过验收后，项目法人应当将处理情况和验收成果报送竣工验收主持单位。

第四十条 工程通过竣工验收，验收遗留问题处理完毕和尾工完成并通过验收的，竣工验收主持单位向项目法人颁发工程竣工证书。

工程竣工证书格式由水利部统一制定。

第四十一条 项目法人与工程运行管理单位不同的，工程通过竣工验收后,应当及时办理移交手续。

工程移交后，项目法人以及其他参建单位应当按照法律法规的规定和合同约定，承担后续的相关质量责任。项目法人已经撤消的，由撤消该项目法人的部门承接相关的责任。

第四章 罚 则

第四十二条 违反本规定，项目法人不按时限要求组织法人验收或者不具备验收条件而组织法人验收的，由法人验收监督管理机关责令改正。

第四十三条 项目法人以及其他参建单位提交验收资料不真实导致验收结论有误的，由提交不真实验收资料的单位承担责任。竣工验收主持单位收回验收鉴定书，对责任单位予以通报批评；造成严重后果的，依照有关法律法规处罚。

第四十四条 参加验收的专家在验收工作中玩忽职守、徇私舞弊的，由验收监督管理机关予以通报批评；情节严重的，取消其参加验收的资格；构成犯罪的，依法追究刑事责任。

第四十五条 国家机关工作人员在验收工作中玩忽职守、滥用职权、徇私舞弊，尚不构成犯罪的，依法给予行政处分；构成犯罪的，依法追究刑事责任。

第五章 附 则

第四十六条 本规定所称项目法人，包括实行代建制项目中，经项目法人委托的项目代建机构。

第四十七条　水利工程建设项目验收应当具备的条件、验收程序、验收主要工作以及有关验收资料和成果性文件等具体要求，按照有关验收规程执行。

第四十八条　政府验收所需费用应当列入工程投资，由项目法人列支。

第四十九条　其他水利工程建设项目的验收活动，可以参照本规定执行。

第五十条　流域管理机构、省级人民政府水行政主管部门可以根据本规定制定验收管理实施细则。

第五十一条　现行水利工程建设项目有关验收规定以及标准与本规定不一致的，按照本规定执行。

第五十二条　本规定自2007年4月1日起施行。

◆　水利工程质量监督管理规定（1997年8月25日水利部水建[1997]339号）

第一章　总　则

第一条　根据《质量振兴纲要（1996年～2010年）》和《中华人民共和国水法》，为加强水行政主管部门对水利工程质量的监督管理，保证工程质量，确保工程安全，发挥投资效益，制订本规定。

第二条　水行政主管部门主管水利工程质量监督工作。水利工程质量监督机构是水行政主管部门对水利工程质量进行监督管理的专职机构，对水利工程质量进行强制性的监督管理。

第三条　在我国境内新建、扩建、改建、加固各类水利水电工程和城镇供水、滩涂围垦等工程（以下简称水利工程）及其技术改造，包括配套与附属工程，均必须由水利工程质量监督机构负责质量监督。工程建设、监理、设计和施工单位在工程建设阶段，必须接受质量监督机构的监督。

第四条　工程质量监督的依据：

（一）国家有关的法律、法规；

（二）水利水电行业有关技术规程、规范，质量标准；

（三）经批准的设计文件等。

第五条　工程竣工验收前，必须经质量监督机构对工程质量进行等级核验。未经工程质量等级核验或者核验不合格的工程，不得交付使用。

工程在申报优秀设计、优秀施工、优质工程项目时，必须有相应质量监督机构签署的工程质量评定意见。

第二章　机构与人员

第六条　水利部主管全国水利工程质量监督工作，水利工程质量监督机构按总站、中心站、站三级设置。

（一）水利部设置全国水利工程质量监督总站，办事机构设在建设司。水利水电规划设计管理局设置水利工程设计质量监督分站，各流域机构设置流域水利工程质量监督分站作为总站的派出机构。

（二）各省、自治区、直辖市水利（水电）厅（局），新疆生产建设兵团水利局设置水利工程质量监督中心站。

（三）各地（市）水利（水电）局设置水利工程质量监督站。

各级质量监督机构隶属于同级水行政主管部门，业务上接受上一级质量监督机构的指导。

第七条　水利工程质量监督项目站（组），是相应质量监督机构的派出单位。

第八条　各级质量监督机构的站长一般应由同级水行政主管部门主管工程建设的领导兼任，有条件的可配备相应级别的专职副站长。各级质量监督机构的正副站长由其主管部门任命，并报上一级质量监督机构备案。

第九条 各级质量监督机构应配备一定数量的专职质量监督员。质量监督员的数量由同级水行政主管部门根据工作需要和专业配套的原则确定。

第十条 水利工程质量监督员必须具备以下条件：

（一）取得工程师职称，或具有大专以上学历并有五年以上从事水利水电工程设计、施工、监理、咨询或建设管理工作的经历。

（二）坚持原则，秉公办事，认真执法，责任心强。

（三）经过培训并通过考核取得"水利工程质量监督员证"。

第十一条 质量监督机构可聘任符合条件的工程技术人员作为工程项目的兼职质量监督员。为保证质量监督工作的公正性、权威性，凡从事该工程监理、设计、施工、设备制造的人员不得担任该工程的兼职质量监督员。

第十二条 各质量监督分站、中心站、地（市）站和质量监督员必须经上一级质量监督机构考核、认证，取得合格证书后，方可从事质量监督工作。质量监督机构资质每四年复核一次，质量监督员证有效期为四年。

第十三条 "水利工程质量监督机构合格证书"和"水利工程质量监督员证"由水利部统一印制。

第三章 机构职责

第十四条 全国水利工程质量监督总站的主要职责：

（一）贯彻执行国家和水利部有关工程建设质量管理的方针、政策。

（二）制订水利工程质量监督、检测有关规定和办法，并监督实施。

（三）归口管理全国水利工程的质量监督工作，指导各分站、中心站的质量监督工作。

（四）对部直属重点工程组织实施质量监督。参加工程的阶段验收和竣工验收。

（五）监督有争议的重大工程质量事故的处理。

（六）掌握全国水利工程质量动态。组织交流全国水利工程质量监督工作经验，组织培训质量监督人员。开展全国水利工程质量检查活动。

第十五条 水利工程设计质量监督分站受总站委托承担的主要任务：

（一）归口管理全国水利工程的设计质量监督工作。

（二）负责设计全面质量管理工作。

（三）掌握全国水利工程的设计质量动态，定期向总站报告设计质量监督情况。

第十六条 各流域水利工程质量监督分站的主要职责：

（一）对本流域内下列工程项目实施质量监督：

1.总站委托监督的部属水利工程。

2.中央与地方合资项目，监督方式由分站和中心站协商确定。

3.省（自治区、直辖市）界及国际边界河流上的水利工程。

（二）监督受监督水利工程质量事故的处理。

（三）参加受监督水利工程的阶段验收和竣工验收。

（四）掌握本流域内水利工程质量动态，及时上报质量监督工作中发现的重大问题，开展水利工程质量检查活动，组织交流本流域内的质量监督工作经验。

第十七条 各省、自治区、直辖市，新疆生产建设兵团水利工程质量监督中心站的职责：

（一）贯彻执行国家、水利部和省、自治区、直辖市有关工程建设质量管理的方针、政策。

（二）管理辖区内水利工程的质量监督工作；指导本省、自治区、直辖市的市（地）质量监督站工作。

（三）对辖区内除**第十四条**、**第十六条**规定以外的水利工程实施质量监督；协助配合由部总站和流域分站组织监督的水利工程的质量监督工作。

（四）参加受监督水利工程的阶段验收和竣工验收。

（五）监督受监督水利工程质量事故的处理。

（六）掌握辖区内水利工程质量动态和质量监督工作情况，定期向总站报告，同时抄送流域分站；组织培训质量监督人员，开展水利工程质量检查活动，组织交流质量监督工作经验。

第十八条 市（地）水利工程质量监督站的职责，由各中心站根据本规定制订。

第四章 质量监督

第十九条 水利工程建设项目质量监督方式以抽查为主。大型水利工程应建立质量监督项目站，中、小型水利工程可根据需要建立质量监督项目站（组），或进行巡回监督。

第二十条 从工程开工前办理质量监督手续始，到工程竣工验收委员会同意工程交付使用止，为水利工程建设项目的质量监督期（含合同质量保修期）。

第二十一条 项目法人（或建设单位）应在工程开工前到相应的水利工程质量监督机构办理监督手续，签订《水利工程质量监督书》，并按规定缴纳质量监督费，同时提交以下材料：

（一）工程项目建设审批文件；

（二）项目法人（或建设单位）与监理、设计、施工单位签订的合同（或协议）副本；

（三）建设、监理、设计、施工等单位的基本情况和工程质量管理组织情况等资料。

第二十二条 质量监督机构根据受监督工程的规模、重要性等，制订质量监督计划，确定质量监督的组织形式。在工程施工中，根据本规定对工程项目实施质量监督。

第二十三条 工程质量监督的主要内容为：

（一）对监理、设计、施工和有关产品制作单位的资质进行复核。

（二）对建设、监理单位的质量检查体系和施工单位的质量保证体系以及设计单位现场服务等实施监督检查。

（三）对工程项目的单位工程、分部工程、单元工程的划分进行监督检查。

（四）监督检查技术规程、规范和质量标准的执行情况。

（五）检查施工单位和建设、监理单位对工程质量检验和质量评定情况。

（六）在工程竣工验收前，对工程质量进行等级核定，编制工程质量评定报告，并向工程竣工验收委员会提出工程质量等级的建议。

第二十四条 工程质量监督权限如下：

（一）对监理、设计、施工等单位的资质等级、经营范围进行核查，发现越级承包工程等不符合规定要求的，责成建设单位限期改正，并向水行政主管部门报告。

（二）质量监督人员需持“水利工程质量监督员证”进入施工现场执行质量监督。对工程有关部位进行检查，调阅建设、监理单位和施工单位的检测试验成果、检查记录和施工记录。

（三）对违反技术规程、规范、质量标准或设计文件的施工单位，通知建设、监理单位采取纠正措施。问题严重时，可向水行政主管部门提出整顿的建议。

（四）对使用未经检验或检验不合格的建筑材料、构配件及设备等，责成建设单位采取措施纠正。

（五）提请有关部门奖励先进质量管理单位及个人。

（六）提请有关部门或司法机关追究造成重大工程质量事故的单位和个人的行政、经济、刑事责任。

第五章 质量检测

第二十五条 工程质量检测是工程质量监督和质量检查的重要手段。水利工程质量检测单位，必须取得省级以上计量认证合格证书，并经水利工程质量监督机构授权，方可从事水利工程质量检测工作，检测人员必须持证上岗。

第二十六条 质量监督机构根据工作需要，可委托水利工程质量检测单位承担以下主要任务：

（一）核查受监督工程参建单位的试验室装备、人员资质、试验方法及成果等。

（二）根据需要对工程质量进行抽样检测，提出检测报告。

（三）参与工程质量事故分析和研究处理方案。

（四）质量监督机构委托的其他任务。

第二十七条 质量检测单位所出具的检测鉴定报告必须实事求是，数据准确可靠，并对出具的数据和报告负法律责任。

第二十八条 工程质量检测实行有偿服务，检测费用由委托方支付。收费标准按有关规定确定。在处理工程质量争端时，发生的一切费用由责任方支付。

第六章 工程质量监督费

第二十九条 项目法人（或建设单位）应向质量监督机构缴纳工程质量监督费。工程质量监督费属事业性收费。工程质量监督收费，根据国家计委等部门的有关文件规定，收费标准按水利工程所在地域确定。原则上，大城市按受监工程建筑安装工作量的 0.15%，中等城市按受监工程建设安装工作量的 0.20%，小城市按受监工程建筑安装工作量的 0.25%收取。城区以外的水利工程可比照小城市的收费标准适当提高。

第三十条 工程质量监督费由工程建设单位负责缴纳。大中型工程在办理监督手续时，应确定缴纳计划，每年按年度投资计划，年初一次结清年度工程质量监督费。中小型水利工程在办理质量监督手续时缴纳工程质量监督费的 50%，余额由质量监督部门根据工程进度收缴。

水利工程在工程竣工验收前必须缴清全部的工程质量监督费。

第三十一条 质量监督费应用于质量监督工作的正常经费开支，不得挪作他用。其使用范围主要为：工程质量监督、检测开支以及必要的差旅费开支等。

第七章 奖 惩

第三十二条 项目法人（或建设单位）未按**第二十一条**规定要求办理质量监督手续的，水行政主管部门依据《中华人民共和国行政处罚法》对建设单位进行处罚，并责令限期改正或按有关规定处理。

第三十三条 质量检测单位伪造检测数据、检测结论的，视情节轻重，报上级水行政主管部门对责任单位和责任人按有关规定进行处罚，构成犯罪的由司法机关依法追究其刑事责任。

第三十四条 质量监督员滥用职权、玩忽职守、徇私舞弊的，由质量监督机构提交水行政主管部门视情节轻重，给予行政处分，构成犯罪的由司法机关依法追究其刑事责任。

第三十五条 对在工程质量管理和质量监督工作中做出突出成绩的单位和个人，由质量监督部门或报请水行政主管部门给予表彰和奖励。

第八章 附 则

第三十六条 各水利工程质量监督中心站可根据本规定制订实施细则，并报全国水利工程质量监督总站核备。

第三十七条 本规定由水利部负责解释。

第三十八条 本规定自发布之日起施行，原《水利基本建设工程质量监督暂行规定》同时废止。

◆ 关于规范水利资金管理的意见（1999年6月1日 水利部水经调[1999]293号）

随着国家加快水利基础设施建设步伐，水利投入逐年增加，水利在面临着难得的发展机遇的同时，也面临着严峻的考验。当前水利资金使用管理中存在着一些不容忽视的问题，水利资金使用管理中的违规违纪问题不断发生，一些单位违规操作、挤占、挪用问题比较突出，个别单位管理混乱，资金控制不严，逃避财务管理监督现象时有发生等。上述问题必须引起各级水利部门的高度重视。要切实加强领导，以对党和国家、对水利事业高度负责精神，珍惜人民的血汗钱，管好用好水利资金，真正发挥资金的使用效益。为此，特对加强和规范水利资金管理工作提出如下意见：

一、依法依规加强计划、预算管理，规范资金安排程序

各级水利部门的水利资金计划、预算安排，要以国家有关法律、法规及政府有关部门的具体使用管理制度、办法以及正式批准的文件为依据，规范资金使用程序。要做到以下几点：

1. 水利资金的计划、预算的申报按自下而上的原则，逐级审核，汇总上报上级单位。

2. 水利基本建设资金，首先由计划部门按照规定的用途提出安排意见，会签业务主管部门、财务部门，经行政分管领导批准后，正式下达，作为下级单位安排执行的依据；水利事业费（包括国家通过财政安排的各项事业性资金），首先由财务部门按照各项资金规定的用途提出安排意见，其中专项资金部分会签有关业务主管部门，经行政分管领导批准后正式下达，作为下级单位预算安排执行的依据。

3. 下级单位计划、预算的使用安排，必须同上级下达的计划、预算项目和任务保持一致，对上级未明确具体项目或任务的计划、预算，下级单位应在规定的使用范围内进行细化安排。

4. 各级计划、预算一经审批下达，一般不得调整；执行过程中确需调整的，必须按原审批程序逐级报批。

5. 各单位立项、设计、概（预）算及计划、预算审批下达、调整必须以正式文件形式进行。

二、建立健全水利资金的申请与拨付制度

1. 资金申请。

（1）水利基本建设资金申请。水利基本建设资金计划下达后，各计划项目实施单位要根据投资计划安排和工程项目建设进度需要，向上级主管单位提出“用款计划表”。该表主要包括年度内计划下达金额、各季度用款金额、上年度（季度）项目资金到位情况（含配套资金和自筹资金）、投资完成情况、工程形象进度、特殊情况说明等。

（2）正常事业经费的申请。各级主管单位及事业单位要根据预算安排及任务需要，按季编报“用款计划表”，内容包括：预算安排情况、上年度（季度）资金到位情况、事业支出情况及特殊情况说明等。

（3）各事业专项资金的申请。各使用事业专项资金的单位，要根据预算安排及任务的需要，向事业专项资金安排单位提出详细的专项资金安排使用预算及说明。

2. 资金拨付。

基本建设资金及事业专项资金拨付的原则，要坚持以投资计划、用款计划为根据，按工作程序、工程进度、支出预算进行拨款。主管单位，一般应在收到上级拨款的十五日内拨出，特殊紧急资金应随时拨付。

正常事业经费根据预算和审核后的“用款计划”按月或按季拨付，主管单位一般应在预算确定及收到上级拨款的十五日内拨出。

具有下列情况之一者，上级单位可以暂缓或停止资金拨付：

（1）未按规定要求报送“用款计划”或会计报表及其有关信息资料不实的可以暂缓资金拨付。

（2）基本建设资金银行支出达不到已到位资金的70%，主管单位银行支出达不到60%，可以暂缓资金拨付。

（3）多渠道资金项目，其他配套资金严重不到位的，可以暂停资金拨付。

（4）有重大工程质量问题，造成经济损失或社会影响尚未处理完毕，可以停止资金拨付。

（5）资金使用有严重违纪违规问题未经审计处理的，可以停止资金拨付。

（6）资金安排不符合资金使用范围的可以停止资金拨付。

（7）不具备独立核算、立帐管理条件的项目建设单位，在整改期间暂停资金拨付。

三、严格水利资金的使用管理

各级水利部门要严格按照各项水利资金的使用管理及核算制度、办法规定的用途和使用范围，分账分项管好用好水利资金。加强财务统一管理及单位内部监督约束机制的建立，严格按规定的程序、手续办理水利资金的拨付业务，加强资金流转各环节的财务监督。各项水利资金的拨付业务不得由非财务部门经办，各项水利资金的支付，不得脱离单位财务部门的管理和监督。水利资金的使用必须经过以下三个程序方可办理支付手续。

1．经办人审查。经办人要对支付凭证的合法性、手续的完备性和金额的真实性进行审查，实行工程监理制的项目，还须监理工程师签发的支付凭证。

2．财务等有关部门审核。经办人审查无误后报单位有关业务部门和财务部门负责人审核。

3．单位主管领导核准签字。

四、加强财会机构建设，规范银行帐户管理，保证资金安全完整

各级水利部门要按照“一个单位只能设立一个财会机构”的原则，对现有财会机构进行认真检查清理。规模较大、实行多级财务管理体制的单位；单位本级只容许设立一个财会机构一二级或三级财会机构必须在单位本级财会机构领导下开展工作。非法人单位或虽有法入资格但不具备设立财会机构条件的，一律不得设立财务机构。对一些过干分散，不便于管理，规模过小，不具备独立极算条件的单位财务机构要予以撤并，实行集中统一管理。在清理整顿的同时要充实加强财会人员，要把那些经过正规专业训练，高素质的优秀人才放在财会重要岗位上。要坚持会计、出纳人员持证上岗制，未取得会计证的人员不得从事会计工作。

规范单位银行帐户管理，按照国家有关规定，要坚持按资金性质，每个单位对每种性质的资金只允许开设一个基本帐户，包括基本建设帐户、事业经费帐户、水利建设基金帐户、自有资金帐户。单位各类水利资金各类帐户必须由本单位财务机构集中统一管理和核算，严禁私设“小金库”和资金体外循环。

五、建立水利资金使用管理的报告制度

各级水利部门要重视和加强水利资金使用管理情况信息管理工作，建立信息反馈制度。报送的信息资料主要包括反映资金到位、使用情况的财务月、季、年的决算报告、工程进度报告、项目竣工财务决算、投资效益分析报告等。建立重大事项报告制度，有下列情况者，水利部门、单位必须向上级主管部门报告：

1. 基建投资计划及概、预算调整，水利事业经费预算变更。

2. 重大质量事故损失。

3. 较大金额索赔。

4. 审计发现的重大违纪问题。

5. 配套资金严重不到位。

6. 工期延误时间较长。

7. 单位财务负责人的任免。

六、建立水利资金使用管理责任制度

各级水利部门要建立健全水利资金使用管理责任制度，明确各有关部门、单位、人员的水利资金使用管理职责，要做到一级抓一级，层层落实。要把水利资金使用管理纳入党政领导的廉政建设责任制的主要内容。

1. 计划、预算环节。计划、预算主管部门要按照规定的程序和权限负责立项、申报、审批、调整以及资金落实，未按上述程序或越权行事的，计划、预算主管部门负有直接责任，经过会签的，会签部门负有连带责任。

2. 资金拨付环节：财务部门要根据计划、工程进度或合同按规定程序负责请款、拨款和资金调度，未按上述规定履行职责的，财务部门负有直接责任；对不符合规定程序或无资金渠道等事项，财务部门应提出意见和向领导报告，财务部门未履行上述职责的应负有连带责任。

3. 使用环节：计划、预算执行部门，根据计划、预算及资金使用范围和开支标准严格控制费用支出，未按上述规定执行的部门负有直接责任，财务部门未进行严格审核和监督的，负有同等责任。

4. 开户环节：未按规定滥开户的，谁决定谁负责；主管部门发现滥开户的而未予以及时纠正者，主管部门负有领导责任。

上述各环节中的违规事项，凡领导决定的，单位负责人负有直接责任；未经领导研究同意的，单位负责人负有领导责任。

七、水利资金使用管理的监督检查

各级水利部门要加强水利资金使用管理的监督检查，建立经常检查制度，定期或不定期地检查水利资金使用管理情况，研究管理中存在的问题，采取切实措施改进。各部门、各单位都要建立和健全内部约束机制，加强资金拨付的稽核制，坚持会计出纳分设制和票据印鉴分管制。各主管单位可依据工作需要实行会计委派制和派出稽查人员对所属单位的水利资金使用管理进行监督检查，也可以委托会计师事务所、审计师事务所等中介机构对所属单位的水利资金的使用管理进行检查、指导。对于人为滞留、挤占、挪用水利资金、私设“小金库”、转移资金、逃避财务监督等严重违反财经纪律的行为，除按有关规定严肃认真查处外；还要追究单位主要负责人和责任人的责任。

◆ 基本建设财务管理规定（2002年9月27日　财政部财建[2002]394号）

第一条　为了适应社会主义市场经济体制和投融资体制改革的需要,规范基本建设投资行为,加强基本建设财务管理和监督,提高投资效益,根据《中华人民共和国预算法》、《中华人民共和国会计法》和《中华人民共和国政府采购法》等法律、行政法规、规章,制定本规定。

第二条　本规定适用于国有建设单位和使用财政性资金的非国有建设单位,包括当年安排基本建设投资、当年虽未安排投资但有在建工程、有停缓建项目和资产已交付使用但未办理竣工决算项目的建设单位。其他建设单位可参照执行。

实行基本建设财务和企业财务并轨的单位,不执行本规定。

第三条 基本建设财务管理的基本任务是:贯彻执行国家有关法律、行政法规、方针政策;依法、合理、及时筹集、使用建设资金;做好基本建设资金的预算编制、执行、控制、监督和考核工作,严格控制建设成本,减少资金损失和浪费,提高投资效益。

第四条 各级财政部门是主管基本建设财务的职能部门,对基本建设的财务活动实施财政财务管理和监督。

第五条 使用财政性资金的建设单位,在初步设计和工程概算获得批准后,其主管部门要及时向同级财政部门提交初步设计的批准文件和项目概算,并按照预算管理的要求,及时向同级财政部门报送项目年度预算,待财政部门审核确认后,作为安排项目年度预算的依据。

建设项目停建、缓建、迁移、合并、分立以及其他主要变更事项,应当在确立和办理变更手续之日起30日内,向同级财政部门提交有关文件、资料的复制件。

第六条 建设单位要做好基本建设财务管理的基础工作,按规定设置独立的财务管理机构或指定专人负责基本建设财务工作;严格按照批准的概预算建设内容,做好账务设置和账务管理,建立健全内部财务管理制度;对基本建设活动中的材料、设备采购、存货、各项财产物资及时做好原始记录;及时掌握工程进度,定期进行财产物资清查;按规定向财政部门报送基建财务报表。

主管部门应指导和督促所属的建设单位做好基本建设财务管理的基础工作。

第七条 经营性项目,应按照国家关于项目资本金制度的规定,在项目总投资(已经批准的动态投资计算)中筹集一定比例的非负债资金作为项目资本金。

本规定中有关经营性项目和非经营性项目划分,由财政部门根据国家有关规定确认。

第八条 经营性项目筹集的资本金,须聘请中国注册会计师验资并出具验资报告。投资者以实物、工业产权、非专利技术、土地使用权等非货币资产投入项目的资本金,必须经过有资格的资产评估机构依照法律、行政法规评估作价。

经营性项目筹集的资本金,在项目建设期间和生产经营期间,投资者除依法转让外,不得以任何方式抽走。

第九条 经营性项目收到投资者投入项目的资本金,要按照投资主体的不同,分别以国家资本金、法人资本金、个人资本金和外商资本金单独反映。项目建成交付使用并办理竣工财务决算后,相应转为生产经营企业的国家资本金、法人资本金、个人资本金、外商资本金。

第十条 凡使用国家财政投资的建设项目应当执行财政部有关基本建设资金支付的程序,财政资金按批准的年度基本建设支出预算到位。

实行政府采购和国库集中支付的基本建设项目,应当根据政府采购和国库集中支付的有关规定办理资金支付。

第十一条 经营性项目对投资者实际缴付的出资额超出其资本金的差额(包括发行股票的溢价净收入)、接受捐赠的财产、外币资本折算差额等,在项目建设期间,作为资本公积金,项目建成交付使用并办理竣工财务决算后,相应转为生产经营企业的资本公积金。

第十二条 建设项目在建设期间的存款利息收入计入待摊投资,冲减工程成本。

第十三条 经营性项目在建设期间的财政贴息资金,作冲减工程成本处理。

第十四条 建设项目在编制竣工财务决算前要认真清理结余资金。应变价处理的库存设备、材料以及应处理的自用固定资产要公开变价处理,应收、应付款项要及时清理,清理出来的结余资金

按下列情况进行财务处理:

经营性项目的结余资金,相应转入生产经营企业的有关资产。非经营性项目的结余资金,首先用于归还项目贷款。如有结余，30%作为建设单位留成收入，主要用于项目配套设施建设、职工奖励和工程质量奖，70%按投资来源比例归还投资方。

第十五条 项目建设单位应当将应交财政的竣工结余资金在竣工财务决算批复后30日内上交财政。

第十六条 建设成本包括建筑安装工程投资支出、设备投资支出、待摊投资支出和其他投资支出。

第十七条 建筑安装工程投资支出是指建设单位按项目概算内容发生的建筑工程和安装工程的实际成本，其中不包括被安装设备本身的价值以及按照合同规定支付给施工企业的预付备料款和预付工程款。

第十八条 设备投资支出是指建设单位按照项目概算内容发生的各种设备的实际成本，包括需要安装设备、不需要安装设备和为生产准备的不够固定资产标准的工具、器具的实际成本。

需要安装设备是指必须将其整体或几个部位装配起来,安装在基础上或建筑物支架上才能使用的设备；不需要安装设备是指不必固定在一定位置或支架上就可以使用的设备。

第十九条 待摊投资支出是指建设单位按项目概算内容发生的,按照规定应当分摊计入交付使用资产价值的各项费用支出,包括:建设单位管理费、土地征用及迁移补偿费、土地复垦及补偿费、勘察设计费、研究试验费、可行性研究费、临时设施费、设备检建费、负荷联合试车费、合同公证及工程质量监理费、（贷款）项目评估费、国外借款手续费及承诺费、社会中介机构审计（查）费、招投标费、经济合同仲裁费、诉讼费、律师代理费、土地使用税、耕地占用税、车船使用税、汇兑损益、报废工程损失、坏帐损失、借款利息、固定资产损失、器材处理亏损、设备盘亏及毁损、调整器材调拨价格折价、企业债券发行费用、航道维护费、航标设施费、航测费、其他待摊投资等。

建设单位要严格按照规定的内容和标准控制待摊投资支出,不得将非法的收费、摊派等计入待摊投资支出。

第二十条 其他投资支出是指建设单位按项目概算内容发生的构成基本建设实际支出的房屋购置和基本畜禽、林木等购置、饲养、培育支出以及取得各种无形资产和递延资产发生的支出。

第二十一条 建设单位管理费是指建设单位从项目开工之日起至办理竣工财务决算之日止发生的管理性质的开支。包括:不在原单位发工资的工作人员工资、基本养老保险费、基本医疗保险费、失业保险费、办公费、差旅交通费、劳动保护费、工具用具使用费、固定资产使用费、零星购置费、招募生产工人费、技术图书资料费、印花税、业务招待费、施工现场津贴、竣工验收费和其他管理性质开支。

业务招待费支出不得超过建设单位管理费总额的10%。

施工现场津贴标准比照当地财政部门制定的差旅费标准执行。

第二十二条 建设单位管理费实行总额控制,分年度据实列支。

建设单位管理费的总额控制数以项目审批部门批准的项目投资总概算为基数,并按投资总概算的不同规模分档计算。具体计算方法见附件一（略）。

特殊情况确需超过上述开支标准的,须事前报同级财政部门审核批准。

第二十三条 建设单位发生单项工程报废,必须经有关部门鉴定。报废单项工程的净损失经财政部门批准后,作增加建设成本处理,计入待摊投资。

第二十四条 非经营性项目发生的江河清障、航道清淤、飞播造林、补助群众造林、退耕还林（草）、封山（沙）育林（草）、水土保持、城市绿化、取消项目可行性研究费、项目报废及其他经财政部门认可的不能形成资产部分的投资,作待核销处理。在财政部门批复竣工决算后,冲销相应的资金。形成资产部分的投资,计入交付使用资产价值。

第二十五条 非经营性项目为项目配套的专用设施投资,包括专用道路、专用通讯设施、送变电站、地下管道等,产权归属本单位的,计入交付使用资产价值;产权不归属本单位的,作转出投资处理,冲销相应的资金。

经营性项目为项目配套的专用设施投资,包括专用铁路线、专用公路、专用通讯设施、送变电站、地下管道、专用码头等,建设单位必须与有关部门明确界定投资来源和产权关系。由本单位负责投资但产权不归属本单位的,作无形资产处理;产权归属本单位的,计入交付使用资产价值。

第二十六条 建设项目隶属关系发生变化时,应及时进行财务关系划转,要认真做好各项资产和债权、债务清理交接工作,主要包括各项投资来源、已交付使用的资产、在建工程、结余资金、各项债权和债务等,由划转双方的主管部门报同级财政部门审批,并办理资产、财务划转手续。

第二十七条 基建收入是指在基本建设过程中形成的各项工程建设副产品变价净收入、负荷试车和试运行收入以及其他收入。

（一）工程建设副产品变价净收入包括:煤炭建设中的工程煤收入,矿山建设中的矿产品收入,油（汽）回钻井建设中的原油（汽）收入和森工建设中的路影材收入等。

（二）经营性项目为检验设备安装质量进行的负荷试车或按合同及国家规定进行试运行所实现的产品收入包括:水利、电力建设移交生产前的水、电、热费收入,原材料、机电轻纺、农林建设移交生产前的产品收入,铁路、交通临时运营收入等。

（三）其他收入包括:1.各类建设项目总体建设尚未完成和移交生产,但其中部分工程简易投产而发生的营业性收入等;2.工程建设期间各项索赔以及违约金等其他收入。

第二十八条 各类副产品和负荷试车产品基建收入按实际销售收入扣除销售过程中所发生的费用和税金确定。负荷试车费用计入建设成本。

试运行期间基建收入以产品实际销售收入减去销售费用及其他费用和销售税金后的纯收入确定。

第二十九条 试运行期按照以下规定确定:引进国外设备项目按建设合同中规定的试运行期执行;国内一般性建设项目试运行期原则上按照批准的设计文件所规定期限执行。个别行业的建设项目试运行期需要超过规定试运行期的,应报项目设计文件审批机关批准。

第三十条 建设项目按批准的设计文件所规定的内容建成,工业项目经负荷试车考核（引进国外设备项目合同规定试车考核期满）或试运行期能够正常生产合格产品,非工业项目符合设计要求,能够正常使用时,应及时组织验收,移交生产或使用。凡已超过批准的试运行期,并已符合验收条件但未及时办理竣工验收手续的建设项目,视同项目已正式投产,其费用不得从基建投资中支付,所实现的收入作为生产经营收入,不再作为基建收入。试运行期一经确定,各建设单位应严格按规定执行,不得擅自缩短或延长。

第三十一条 各项索赔、违约金等收入,首先用于弥补工程损失,结余部分按本规定**第三十二条**处理。

第三十二条 基建收入应依法缴纳企业所得税,税后收入按以下规定处理:

经营性项目基建收入的税后收入,相应转为生产经营企业的盈余公积。

非经营性项目基建收入的税后收入,相应转入行政事业单位的其他收入。

第三十三条 试生产期间一律不得计提固定资产折旧。

第三十四条 建设单位应当严格执行工程价款结算的制度规定,坚持按照规范的工程价款结算程序支付资金。建设单位与施工单位签订的施工合同中确定的工程价款结算方式要符合财政支出预算管理的有关规定。工程建设期间,建设单位与施工单位进行工程价款结算,建设单位必须按工程价款结算总额的5%预留工程质量保证金,待工程竣工验收一年后再清算。

第三十五条 基本建设项目竣工时,应编制基本建设项目竣工财务决算。建设周期长、建设内容多的项目,单项工程竣工,具备交付使用条件的,可编制单项工程竣工财务决算。建设项目全部竣工后应编制竣工财务总决算。

第三十六条 基本建设项目竣工财务决算是正确核定新增固定资产价值,反映竣工项目建设成果的文件，是办理固定资产交付使用手续的依据。各编制单位要认真执行有关的财务核算办法，严肃财经纪律，实事求是地编制基本建设项目竣工财务决算，做到编报及时，数字准确，内容完整。

第三十七条 建设单位及其主管部门应加强对基本建设项目竣工财务决算的组织领导，组织专门人员，及时编制竣工财务决算。设计、施工、监理等单位应积极配合建设单位做好竣工财务决算编制工作。建设单位应在项目竣工后三个月内完成竣工财务决算的编制工作。在竣工财务决算未经批复之前，原机构不得撤销,项目负责人及财务主管人员不得调离。

第三十八条 基本建设项目竣工财务决算的依据,主要包括：可行性研究报告、初步设计、概算调整及其批准文件；招投标文件（书）；历年投资计划；经财政部门审核批准的项目预算；承包合同、工程结算等有关资料；有关的财务核算制度、办法；其他有关资料。

第三十九条 在编制基本建设项目竣工财务决算前,建设单位要认真做好各项清理工作。清理工作主要包括基本建设项目档案资料的归集整理、账务处理、财产物资的盘点核实及债权债务的清偿，做到账账、账证、账实、账表相符。各种材料、设备、工具、器具等，要逐项盘点核实，填列清单，妥善保管，或按照国家规定进行处理，不准任意侵占、挪用。

第四十条 基本建设项目竣工财务决算的内容,主要包括以下两个部分：

（一）基本建设项目竣工财务决算报表

主要有以下报表（表式见附件二，略）：

1.封面

2.基本建设项目概况表

3.基本建设项目竣工财务决算表

4.基本建设项目交付使用资产总表

5.基本建设项目交付使用资产明细表

（二）竣工财务决算说明书

主要包括以下内容：

1.基本建设项目概况

2.会计账务的处理、财产物资清理及债权债务的清偿情况

3.基建结余资金等分配情况

4.主要技术经济指标的分析、计算情况

5.基本建设项目管理及决算中存在的问题、建议

6.决算与概算的差异和原因分析

7.需说明的其他事项

第四十一条 基本建设项目的竣工财务决算，按下列要求报批：

（一）中央级项目

1. 小型项目

属国家确定的重点项目,其竣工财务决算经主管部门审核后报财政部审批,或由财政部授权主管部门审批；其他项目竣工财务决算报主管部门审批。

2. 大、中型项目

中央级大、中型基本建设项目竣工财务决算,经主管部门审核后报财政部审批。

（二）地方级项目

地方级基本建设项目竣工财务决算的报批,由各省、自治区、直辖市、计划单列市财政厅（局）确定。

第四十二条 财政部对中央级大中型项目、国家确定的重点小型项目竣工财务决算的审批实行“先审核、后审批”的办法，即先委托投资评审机构或经财政部认可的有资质的中介机构对项目单位编制的竣工财务决算进行审核，再按规定批复。对审核中审减的概算内投资，经财政部审核确认后,按投资来源比例归还投资方。

第四十三条 基本建设项目竣工财务决算大中小型划分标准。经营性项目投资额在 5000 万元（含 5000 万元）以上、非经营性项目投资额在 3000 万元（含 3000 万元）以上的为大中型项目。其他项目为小型项目。

第四十四条 已具备竣工验收条件的项目,3 个月内不办理竣工验收和固定资产移交手续的,视同项目已正式投产,其费用不得从基建投资中支付,所实现的收入作为生产经营收入,不再作为基建收入管理。

第四十五条 各省、自治区、直辖市、计划单列市财政厅（局）可以根据本规定,结合本地区建设项目的实际,制定实施细则并报财政部备案。

第四十六条 本规定自发布之日起 30 日后施行。财政部 1998 年印发的《基本建设财务管理若干规定》（财基字[1998]4 号文）同时废止。

◆ **水利工程建设项目档案管理规定**（2005 年 12 月 10 日　水利部水办[2005]480 号）

第一章　总　则

第一条 为加强水利工程建设项目（以下简称“水利工程”）档案管理工作，明确档案管理职责，规范档案管理行为，充分发挥档案在水利工程建设与管理中的作用，根据《中华人民共和国档案法》、《水利档案工作规定》及有关业务建设规范，结合水利工程的特点，制定本规定。

第二条 水利工程档案是指水利工程在前期、实施、竣工验收等各建设阶段过程中形成的，具有保存价值的文字、图表、声像等不同形式的历史记录。

第三条 水利工程档案工作是水利工程建设与管理工作的重要组成部分。有关单位应加强领导，将档案工作纳入水利工程建设与管理工作中，明确相关部门、人员的岗位职责，健全制度，统筹安排档案工作经费,确保水利工程档案工作的正常开展。

第四条 本规定适用于大中型水利工程，其他水利工程可参照执行。

第二章　档案管理

第五条 水利工程档案工作应贯穿于水利工程建设程序的各个阶段。即从水利工程建设前期就应进行文件材料的收集和整理工作；在签订有关合同、协议时，应对水利工程档案的收集、整理、移交提出明确要求；检查水利工程进度与施工质量时，要同时检查水利工程档案的收集、整理情况；在进行项目成果评审、鉴定和水利工程重要阶段验收与竣工验收时，要同时审查、验收工程档案的内容与质量，并作出相应的鉴定评语。

第六条 各级建设管理部门应积极配合档案业务主管部门,认真履行监督、检查和指导职责，共同抓好水利工程档案工作。

第七条 项目法人对水利工程档案工作负总责，须认真做好自身产生档案的收集、整理、保管工作，并应加强对各参建单位归档工作的监督、检查和指导。大中型水利工程的项目法人，应设立档案室，落实专职档案人员；其他水利工程的项目法人也应配备相应人员负责工程档案工作。项目法人的档案人员对各职能处室归档工作具有监督、检查和指导职责。

第八条 勘察设计、监理、施工等参建单位，应明确本单位相关部门和人员的归档责任，切实做好职责范围内水利工程档案的收集、整理、归档和保管工作；属于向项目法人等单位移交的应归档文件材料，在完成收集、整理、审核工作后，应及时提交项目法人。项目法人应认真做好有关档案的接收、归档和向流域机构档案馆的移交工作。

第九条 工程建设的专业技术人员和管理人员是归档工作的直接责任人，须按要求将工作中形成的应归档文件材料，进行收集、整理、归档，如遇工作变动,须先交清原岗位应归档的文件材料。

第十条 水利工程档案的质量是衡量水利工程质量的重要依据,应将其纳入工程质量管理程序。质量管理部门应认真把好质量监督检查关，凡参建单位未按规定要求提交工程档案的，不得通过验收或进行质量等级评定。工程档案达不到规定要求的，项目法人不得返还其工程质量保证金。

第十一条 大中型水利工程均应建设与工作任务相适应的、符合规范要求的专用档案库房，配备必要的档案装具和设备；其他建设项目，也应有满足档案工作需要的库房、装具和设备。所需费用可分别列入工程总概算的管理房屋建设工程项目类和生产准备费中。

第十二条 项目法人应按照国家信息化建设的有关要求，充分利用新技术，开展水利工程档案数字化工作，建立工程档案数据库，大力开发档案信息资源，提高档案管理水平，为工程建设与管理服务。

第十三条 项目法人应按时向上级主管单位报送《水利工程建设项目档案管理情况登记表》(附件 1)。国家重点建设项目，还应同时向水利部报送《国家重点建设项目档案管理登记表》(附件 2)。

第三章　归档与移交要求

第十四条 水利工程档案的保管期限分为永久、长期、短期三种。长期档案的实际保存期限，不得短于工程的实际寿命。

第十五条《水利工程建设项目文件材料归档范围和保管期限表》（附件 3）是对项目法人等相关单位应保存档案的原则规定。项目法人可结合实际，补充制定更加具体的工程档案归档范围及符合工程建设实际的工程档案分类方案。

第十六条 水利工程档案的归档工作，一般是由产生文件材料的单位或部门负责。总包单位对各分包单位提交的归档材料负有汇总责任。各参建单位技术负责人应对其提供档案的内容及质量负责；监理工程师对施工单位提交的归档材料应履行审核签字手续，监理单位应向项目法人提交对工程档案内容与整编质量情况的专题审核报告。

第十七条 水利工程文件材料的收集、整理应符合《科学技术档案案卷构成的一般要求》（GB/T1182—2000）。归档文件材料的内容与形式均应满足档案整理规范要求。即内容应完整、准确、系统；形式应字迹清楚、图样清晰、图表整洁、竣工图及声像材料须标注的内容清楚、签字（章）

手续完备，归档图纸应按《技术制图复制图的折叠方法》（GB/T10609.3—1989）要求统一折叠。

第十八条 竣工图是水利工程档案的重要组成部分，必须做到完整、准确、清晰、系统、修改规范、签字手续完备。项目法人应负责编制项目总平面图和综合管线竣工图。施工单位应以单位工程或专业为单位编制竣工图。竣工图须由编制单位在图标上方空白处逐张加盖"竣工图章"（附件4-1），有关单位和责任人应严格履行签字手续。每套竣工图应附编制说明、鉴定意见及目录。施工单位应按以下要求编制竣工图：

（一）按施工图施工没有变动的，须在施工图上加盖并签署竣工图章；

（二）一般性的图纸变更及符合杠改或划改要求的，可在原施工图上更改，在说明栏内注明变更依据，加盖并签署竣工图章；

（三）凡涉及结构形式、工艺、平面布置等重大改变，或图面变更超过1/3的，应重新绘制竣工图（可不再加盖竣工图章）。重绘图应按原图编号，并在说明栏内注明变更依据，在图标栏内注明"竣工阶段"和绘制竣工图的时间、单位、责任人。监理单位应在图标上方加盖并签署"竣工图确认章"（见附件4-2）。

第十九条 水利工程建设声像档案是纸制载体档案的必要补充。参建单位应指定专人，负责各自产生的照片、胶片、录音、录像等声像材料的收集、整理、归档工作，归档的声像材料均应标注事由、时间、地点、人物、作者等内容。工程建设重要阶段、重大事件、事故，必须要有完整的声像材料归档。

第二十条 电子文件的整理、归档，参照《电子文件归档与管理规范》（GB/T18894—2002）执行。

第二十一条 项目法人可根据实际需要，确定不同文件材料的归档份数，但应满足以下要求：

（一）项目法人与运行管理单位应各保存1套较完整的工程档案材料（当二者为一个单位时，应异地保存1套）；

（二）工程涉及多家运行管理单位时，各运行管理单位则只保存与其管理范围有关的工程档案材料；

（三）当有关文件材料需由若干单位保存时，原件应由项目产权单位保存，其他单位保存复制件；

（四）流域控制性水利枢纽工程或大江、大河、大湖的重要堤防工程，项目法人应负责向流域机构档案馆移交1套完整的工程竣工图及工程竣工验收等相关文件材料（具体内容参见附件3）。

第二十二条 工程档案的归档与移交必须编制档案目录。档案目录应为案卷级，并须填写工程档案交接单（见附件5）。交接双方应认真核对目录与实物，并由经手人签字、加盖单位公章确认。

第二十三条 工程档案的归档时间，可由项目法人根据实际情况确定。可分阶段在单位工程或单项工程完工后向项目法人归档，也可在主体工程全部完工后向项目法人归档。整个项目的归档工作和项目法人向有关单位的档案移交工作，应在工程竣工验收后三个月内完成。

第四章 档案验收

第二十四条 水利工程档案验收是水利工程竣工验收的重要内容，应提前或与工程竣工验收同步进行。凡档案内容与质量达不到要求的水利工程，不得通过档案验收；未通过档案验收或档案验收不合格的，不得进行或通过工程的竣工验收。

第二十五条 各级水行政主管部门组织的水利工程竣工验收，应有档案人员作为验收委员参加。水利部组织的工程验收，由水利部办公厅档案部门派员参加；流域机构或省级水行政主管部门组织的工程验收，由相应的档案管理部门派员参加；其他单位组织的有关工程项目的验收，由组织工程验收单位的档案人员参加。

第二十六条 大中型水利工程在竣工验收前要进行档案专项验收。其他工程的档案验收应与工程竣工验收同步进行。档案专项验收可分为初步验收和正式验收。初步验收可由工程竣工验收主持单位委托相关单位组织进行；正式验收应由工程竣工验收主持单位的档案业务主管部门负责。

第二十七条 水利工程在进行档案专项验收前，项目法人应组织工程参建单位对工程档案的收集、整理、保管与归档情况进行自检，确认工程档案的内容与质量已达要求后，可向有关单位报送档案自检报告，并提出档案专项验收申请。

档案自检报告应包括:工程概况，工程档案管理情况，文件材料的收集、整理、归档与保管情况，竣工图的编制与整编质量，工程档案完整、准确、系统、安全性的自我评价等内容。

第二十八条 档案专项验收的主持单位在收到申请后，可委托有关单位对其工程档案进行验收前检查评定，对具备验收条件的项目，应成立档案专项验收组进行验收。档案专项验收组由验收主持单位、国家或地方档案行政管理部门、地方水行政管理部门及有关流域机构等单位组成。必要时，可聘请相关单位的档案专家作为验收组成员参加验收。

第二十九条 档案专项验收工作的步骤、方法与内容如下：

（一）听取项目法人有关工程建设情况和档案收集、整理、归档、移交、管理与保管情况的自检报告；

（二）听取监理单位对项目档案整理情况的审核报告；

（三）对验收前已进行档案检查评定的水利工程，还应听取被委托单位的检查评定意见；

（四）查看现场（了解工程建设实际情况）；

（五）根据水利工程建设规模，抽查各单位档案整理情况。抽查比例一般不得少于项目法人应保存档案数量的8%，其中竣工图不得少于一套竣工图总张数的10%；抽查档案总量应在200卷以上；

（六）验收组成员进行综合评议；

（七）形成档案专项验收意见，并向项目法人和所有会议代表反馈；

（八）验收主持单位以文件形式正式印发档案专项验收意见。

第三十条 档案专项验收意见应包括以下内容：

（一）工程概况。

（二）工程档案管理情况：

1．工程档案工作管理体制与管理状况

2．文件材料的收集、整理、立卷质量与数量

3．竣工图的编制质量与整编情况

4．工程档案的完整、准确、系统性评价

（三）存在问题及整改要求。

（四）验收结论。

（五）验收组成员签字表。

第五章 附 则

第三十一条 本规定由水利部负责解释。

第三十二条 本规定自2005年12月10日起施行，原水利部制定的《水利基本建设项目档案资料管理规定》（水办[1997]275号），同时废止。

◆ 重点小型病险水库除险加固项目管理办法（2007年12月29日　财政部水利部财建[2007]1025号）

第一章　总　则

第一条　根据党中央、国务院提出的用三年时间完成全国重点小型病险水库除险加固任务的部署，为切实加强重点小型病险水库除险加固项目管理，制定本办法。

第二条　本办法所称重点小型病险水库，是指列入《全国病险水库除险加固专项规划》（以下简称《专项规划》）的小型病险水库：

（一）中部地区影响建制镇以上城镇安全、西部地区影响建制镇或人口密集村屯安全的小型水库；

（二）危及下游重要交通干线以及国家大型厂矿企业和重要军事、通讯设施的小型水库；列入《专项规划》的小型病险水库原则上不包括1990年以后建成和1998年以来中央已补助投资完成的除险加固项目。

第三条　重点小型病险水库除险加固项目（以下简称小型病险水库项目）实行项目管理，按照地方负总责、中央定额补助、投资按省包干使用、由地方履行基本建设程序、部门监督检查、限期完成的原则实施。

第四条　建立小型病险水库项目责任制度：

（一）各省、自治区、直辖市人民政府，新疆生产建设兵团对本省（区、市或兵团）小型病险水库除险加固工作负总责，地方各级人民政府负责本行政区域内（或所管辖）的小型病险水库除险加固工作，并组织有关主管部门做好项目的实施工作。

（二）财政部及地方各级财政部门负责专项资金预算管理和财务管理，并参与项目前期及建设等相关工作。

（三）水利部及地方各级水行政主管部门负责对全国小型病险水库项目各项前期工作和建设管理工作进行监督管理。

（四）建设单位负责小型病险水库项目具体实施。

第二章　专项资金补助范围和标准

第五条　专项资金的补助范围是《专项规划》确定的小型病险水库项目。专项资金不得用于《专项规划》以外的项目和规划内前期准备不充分的项目。

第六条　专项资金按《专项规划》内小型病险水库项目实行定额补助。

第七条　中央财政对省（区、市、兵团）分年度专项资金的分配计算公式：

省（区、市、兵团）分年度专项补助资金额=规划内省（区、市、兵团）项目个数×每座水库平均投资额450万元×地区差别系数×(年度中央财政专项补助规模／规划内中央财政专项补助总规模)

其中：地区差别系数中部为1／2、西部为2／3、东部为1／3；地区补助标准中部地区为225万元／座、西部地区为300万元／座、东部地区为150万元／座。每座水库平均投资额较高的地区，适当调整补助基数。

第三章　前期工作

第八条　水利部会同财政部等有关部门在安全鉴定的基础上编制《专项规划》，并视工作需要适时修订。

第九条 省级水行政主管部门会同财政等部门负责全省小型病险水库项目的前期工作。有关工作按以下程序进行：

（一）安全鉴定：县级以上水行政主管部门按照水利部《水库大坝安全鉴定办法》组织有关单位对小型水库进行安全鉴定。大坝安全鉴定承担单位必须具备合格资质。省级水行政主管部门负责对安全鉴定成果进行核查。

（二）初步设计：必须委托有相应资质的设计单位承担。初步设计要根据大坝安全鉴定成果核查意见明确的建设内容，充分论证加固方案的合理性。超出安全鉴定核查意见的建设任务，原则上不得列入初步设计的建设内容。省级水行政主管部门会同财政等部门对初步设计及概算进行审查并批复。

第十条 省级水行政主管部门要加强全省小型病险水库项目前期工作质量管理，建立小型病险水库项目前期工作管理责任制度，将前期工作各环节责任落实到人，实行责任追究制。

第四章 专项资金安排和拨付

第十一条 地方财政部门要会同地方水行政主管部门对《专项规划》内的小型病险水库项目，在上一年制定下一年的年度实施计划。实施方案要体现轻重缓急的原则，优先考虑病险程度重，垮坝失事后影响范围广、损失大，与水库下游经济社会和生态关系密切，除险加固后水库效益明显，且前期工作扎实的病险水库，对遭受洪灾和地震破坏严重的小型水库要优先安排。

第十二条 中央财政专项资金通过财政转移支付方式下拨，财政部下达预算时会签水利部。专项资金拨付到省级财政部门后省级财政部门应会同水行政主管等部门做好相关工作，落实具体实施项目，按有关规定及时将资金拨付到位。

省级财政部门在收到专项资金后，会同水行政主管部门在两个月内将资金落实到具体项目，并将具体项目清单报财政部、水利部备案。

第十三条 地方财政部门应会同水行政主管部门积极筹措地方配套资金，确保地方配套资金及时、足额到位。国家扶贫开发重点县及新疆维吾尔自治区南疆等地方配套资金全部由省级财政部门会同省级水行政主管部门负责解决，不得将地方配套任务压给县级及县以下。

第十四条 小型病险水库除险加固项目要严格按照《基本建设财务管理规定》（财建[2002]394号）和《国有建设单位会计制度》（财会字[1995]45号）及补充规定进行管理和核算，并按照规定编报竣工财务决算。

第十五条 地方财政、水行政主管部门应督促项目建设单位做好项目财务管理工作，加强财政资金管理，提高财政资金使用效益。

第五章 建设管理

第十六条 小型病险水库项目严格按规定的基本建设程序进行建设管理，落实"三制"（项目法人责任制、招标投标制、建设监理制）。

（一）各地要严格按照有关规定和程序组建和完善项目建设管理机构，选择符合任职条件的人员担任项目法人代表和技术负责人，严格按照工程项目等级、重要性和技术复杂程度确定建设管理人员的数量、质量。各地可根据实际积极探索集中建设管理模式。

（二）地方财政、水行政主管等部门要加强对招标投标行为的监督管理，维护招标投标秩序。要严格按照有关规定进行招标，规范招标、评标和定标行为，严格控制邀请招标，严禁转包和违法分包。

（三）监理单位必须具备相应的监理资质。要通过公开招标的方式确定监理单位。要选配足够的、符合要求的监理力量承担小型病险水库项目的监理任务。确实难以落实监理单位的，应采取多座小型水库监理业务打捆发包的方式确定监理单位。监理人员必须全部持证上岗。

第十七条 小型病险水库项目原则上应在中央财政专项补助资金下达之日起一年内完工，并在规定的期限内进行竣工验收。

第十八条 专项资金主要用于规划内小型病险水库项目的大坝稳定、基础防渗、泄洪安全等主体工程建设。有关单位应严格按规定使用专项资金，任何单位和个人不得以任何理由、任何形式截留挪用，也不得用于平衡本级预算。

第十九条 项目法人、监理、设计及施工单位要按照有关规定，建立健全工程质量、安全管理和监督体系，严把质量和安全关，确保工程质量、安全和进度。

第六章 工程验收

第二十条 小型病险水库项目建设各个阶段、各个环节的验收工作参照《水利水电建设工程验收规程》（SL223—1999）和国家其他有关规定进行。具体办法由省级水行政主管部门会同财政部门制定。项目竣工验收由省级水行政主管部门组织，并将竣工验收结果于每年 12 月底前报送水利部和财政部。

第二十一条 项目竣工验收后，要及时办理交接手续，完善各项管理措施，积极推进水库管理体制改革，建立长效、良性运行机制。完成除险加固并已消除险情的水库，因管理不善，维修养护不到位，再次成为病险水库的，将追究有关责任人的责任。

第七章 监督检查

第二十二条 财政部、水利部对专项资金的安排、使用及项目进度、质量、建设、管理等进行监督检查。地方各级财政、水行政主管等部门也要健全监督机制，加强监督检查，确保工程建设质量及资金使用安全和投资效益。对于违反相关规定造成损失应依法追究有关责任人员的行政责任。

第二十三条 财政部会同水利部根据各地项目完成情况采取适当的奖惩措施。对于年度完成情况较好的地区，适当奖励；对于年度完成情况较差的地区，适当扣减下一年度专项补助资金。

第二十四条 对于违反规定，截留挪用、虚报项目骗取中央专项资金或其他违规行为，中央财政将相应扣减或取消其下一年度专项资金。同时，按照国务院《财政违法行为处罚处分条例》（国务院令第 427 号）的规定进行处理，并依法追究有关责任人员的行政责任。

第二十五条 使用专项资金的相关省（区、市、兵团）财政部门要按期汇总专项资金收支和结余情况，于每年 9 月底之前将项目完成情况等相关资料一并报财政部、水利部备案。

第八章 附 则

第二十六条 本办法自印发之日起实施。

第二十七条 本办法由财政部、水利部负责解释。

第二十八条 相关省（区、市、兵团）财政部门会同水行政主管部门，可以根据本办法，结合当地实际，制定具体实施办法，并报财政部、水利部备案。

◆ 水利工程建设项目招标投标审计办法

第一章 总 则

第一条 为了加强对水利工程建设项目招标投标的审计监督，规范水利招标投标行为，提高投资效益，根据《中华人民共和国审计法》、《中华人民共和国招标投标法》、《中华人民共和国政府采购法》等法律、法规，结合水利工作实际，制定本办法。

第二条 各级水利审计部门（以下简称审计部门）在本单位负责人领导下，依法对本单位及其所属单位水利工程建设项目的招标投标进行审计监督。

上级水利审计部门对下级单位的招标投标审计工作进行指导和监督。

第三条 本办法适用于《水利工程建设项目招标投标管理规定》所规定的水利工程建设项目的勘察设计、施工、监理以及与水利工程建设项目有关的重要设备、材料采购等的招标投标的审计监督。

第四条 审计部门根据工作需要，对水利工程建设项目的招标投标进行事前、事中、事后的审计监督，对重点水利建设项目的招标投标进行全过程跟踪审计，对有关招标投标的重要事项进行专项审计或审计调查。

第二章 审计职责

第五条 在招标投标审计中，审计部门具有以下职责：

（一）对招标人、招标代理机构及有关人员执行招标投标有关法律、法规和行业制度的情况进行审计监督；

（二）对招标项目评标委员会成员执行招标投标有关法律、法规和行业制度的情况进行审计监督；

（三）对属于审计监督对象的投标人及有关人员遵守招标投标有关法律、法规和行业制度的情况进行审计监督；

（四）对与招标投标项目有关的投资管理和资金运行情况进行审计监督；

（五）协同行政监督部门、行政监察部门查处招标投标中的违法违纪行为。

第三章 审计权限

第六条 在招标投标审计中，审计部门具有以下权限：

（一）有权参加招标人或其代理机构组织的开标、评标、定标等活动，招标人或其代理机构应当通知同级审计部门参加。

（二）有权要求招标人或其代理机构提供与招标投标活动有关的文件、资料，招标人或其代理机构应当按照审计部门的要求提供相关文件、资料；

（三）对招标人或其代理机构正在进行的违反国家法律、法规规定的招标投标行为，有权予以纠正或制止；

（四）有权向招标人、投标人、招标代理机构等调查了解与招标投标有关的情况；

（五）监督检查招标投标结果执行情况。

第四章 审计内容

第七条 审计部门对水利工程建设项目招标投标中的下列事项进行审计监督：

（一）招标项目前期工作是否符合水利工程建设项目管理规定，是否履行规定的审批程序；

（二）招标项目资金计划是否落实，资金来源是否符合规定；

（三）招标文件确定的水利工程建设项目的标准、建设内容和投资是否符合批准的设计文件；

（四）与招标投标有关的取费是否符合规定；

（五）招标人与中标人是否签订书面合同，所签合同是否真实、合法；

（六）与水利工程建设项目招标投标有关的其他经济事项。

第八条 审计部门会同行政监督部门、行政监察部门对招标投标中的下列事项进行审计监督：

（一）招标项目的招标方式、招标范围是否符合规定；

（二）招标人是否符合规定的招标条件，招标代理机构是否具有相应资质，招标代理合同是否真实、合法；

（三）招标项目的招标、投标、开标、评标和中标程序是否合法；

（四）招标项目评标委员会、评标专家的产生及人员组成、评标标准和评标方法是否符合规定；

（五）对招投标过程中泄露保密资料、泄露标底、串通招标、串通投标、规避招标、歧视排斥投标等违法行为进行审计监督；

（六）对勘察、设计、施工单位转包、违法分包和监理单位违法转让监理业务，以及无证或借用资质承接工程业务等违法违规行为进行审计监督。

第九条 审计部门和审计人员对招标投标工作中涉及保密的事项负有保密责任。

第五章 审计程序

第十条 招标人编制的年度招标工作计划，以及重大水利工程建设项目的招投标文件，应当报送同级审计部门备案。

第十一条 审计部门根据年度审计工作计划、招标人年度招标计划和招标项目具体情况，确定招标投标项目审计计划，经单位主管审计工作负责人批准后实施审计。

第十二条 审计部门根据审计项目计划确定的审计事项组成审计组，并应在实施审计三日前，向被审计单位送达审计通知书。

被审计单位以及与招标投标活动有关的单位、部门，应当配合审计部门的工作，并提供必要的工作条件。

第十三条 审计人员通过审查招标投标文件、合同、会计资料，以及向有关单位和个人进行调查等方式实施审计，并取得证明材料。

第十四条 审计组对招标投标事项实施审计后，应当向派出的审计部门提出审计报告。审计报告应当征求被审计单位的意见。被审计单位应当自接到审计报告之日起十日内，将其书面意见送交审计组或者审计部门。

第十五条 审计部门审定审计报告，对审计事项作出评价，出具审计意见书；对违反国家规定的招标投标行为，需要依法给予处理、处罚的，在职权范围内作出审计决定或者向有关主管部门提出处理、处罚意见。

被审计单位应当执行审计决定并将结果反馈审计部门；有关主管部门对审计部门提出的处理、处罚意见应及时进行研究，并将结果反馈审计部门。

第六章 罚 则

第十六条 被审计单位违反本办法，拒绝或者拖延提供与审计事项有关的资料，或者拒绝、阻碍审计的，审计部门责令改正；拒不改正的，可以通报批评，对负有直接责任的主管人员和其他直接责任人员提出给予行政处分的建议，被审计单位或者其主管单位、监察部门应当及时作出处理，并将结果抄送审计部门。

第十七条 被审计单位拒不执行审计决定的，对负有直接责任的主管人员和其他直接责任人员提出给予行政处分的建议，被审计单位或者其主管单位、监察部门应当及时作出处理，并将结果抄送审计部门。

第十八条 招标人、招标代理机构及其有关人员违反国家招标投标的法律、法规的，依照《中华人民共和国招标投标法》予以处理。

第十九条 审计人员滥用职权、徇私舞弊、玩忽职守，涉嫌犯罪的，依法移送司法机关处理；

不构成犯罪的，给予行政处分。

第七章　附　则

第二十条　各省、自治区、直辖市水行政主管部门、流域机构、新疆生产建设兵团，可以根据本办法制定实施细则并报部备案。

第二十一条　本办法由水利部负责解释。

第二十二条　本办法自2008年4月1日起执行。

◆　招标投标违法行为记录公告暂行办法（发改法规[2008]1531号）

第一章　总　则

第一条　为贯彻《国务院办公厅关于进一步规范招投标活动的若干意见》（国办发[2004]56号），促进招标投标信用体系建设，健全招标投标失信惩戒机制，规范招标投标当事人行为，根据《中华人民共和国招标投标法》等相关法律规定，制定本办法。

第二条　对招标投标活动当事人的招标投标违法行为记录进行公告，适用本办法。

本办法所称招标投标活动当事人是指招标人、投标人、招标代理机构以及评标委员会成员。

本办法所称招标投标违法行为记录，是指有关行政主管部门在依法履行职责过程中，对招标投标当事人违法行为所作行政处理决定的记录。

第三条　国务院有关行政主管部门按照规定的职责分工，建立各自的招标投标违法行为记录公告平台，并负责公告平台的日常维护。

国家发展改革委会同国务院其他有关行政主管部门制定公告平台管理方面的综合性政策和相关规定。

省级人民政府有关行政主管部门按照规定的职责分工，建立招标投标违法行为记录公告平台，并负责公告平台的日常维护。

第四条　招标投标违法行为记录的公告应坚持准确、及时、客观的原则。

第五条　招标投标违法行为记录公告不得公开涉及国家秘密、商业秘密、个人隐私的记录。但是，经权利人同意公开或者行政机关认为不公开可能对公共利益造成重大影响的涉及商业秘密、个人隐私的违法行为记录，可以公开。

第二章　违法行为记录的公告

第六条　国务院有关行政主管部门和省级人民政府有关行政主管部门（以下简称“公告部门”）应自招标投标违法行为行政处理决定作出之日起20个工作日内对外进行记录公告。

省级人民政府有关行政主管部门公告的招标投标违法行为行政处理决定应同时抄报相应国务院行政主管部门。

第七条　对招标投标违法行为所作出的以下行政处理决定应给予公告：

（一）警告；

（二）罚款；

（三）没收违法所得；

（四）暂停或者取消招标代理资格；

（五）取消在一定时期内参加依法必须进行招标的项目的投标资格；

（六）取消担任评标委员会成员的资格；

（七）暂停项目执行或追回已拨付资金；

（八）暂停安排国家建设资金；

（九）暂停建设项目的审查批准；

（十）行政主管部门依法作出的其他行政处理决定。

第八条 违法行为记录公告的基本内容为：被处理招标投标当事人名称（或姓名）、违法行为、处理依据、处理决定、处理时间和处理机关等。

公告部门可将招标投标违法行为行政处理决定书直接进行公告。

第九条 违法行为记录公告期限为六个月。公告期满后，转入后台保存。

依法限制招标投标当事人资质（资格）等方面的行政处理决定，所认定的限制期限长于六个月的，公告期限从其决定。

第十条 公告部门负责建立公告平台信息系统，对记录信息数据进行追加、修改、更新，并保证公告的违法行为记录与行政处理决定的相关内容一致。

公告平台信息系统应具备历史公告记录查询功能。

第十一条 公告部门应对公告记录所依据的招标投标违法行为行政处理决定书等材料妥善保管、留档备查。

第十二条 被公告的招标投标当事人认为公告记录与行政处理决定的相关内容不符的，可向公告部门提出书面更正申请，并提供相关证据。

公告部门接到书面申请后，应在5个工作日内进行核对。公告的记录与行政处理决定的相关内容不一致的，应当给予更正并告知申请人；公告的记录与行政处理决定的相关内容一致的，应当告知申请人。

公告部门在作出答复前不停止对违法行为记录的公告。

第十三条 行政处理决定在被行政复议或行政诉讼期间，公告部门依法不停止对违法行为记录的公告，但行政处理决定被依法停止执行的除外。

第十四条 原行政处理决定被依法变更或撤销的，公告部门应当及时对公告记录予以变更或撤销，并在公告平台上予以声明。

第三章　监督管理

第十五条 有关行政主管部门应依法加强对招标投标违法行为记录被公告当事人的监督管理。

第十六条 招标投标违法行为记录公告应逐步实现互联互通、互认共用，条件成熟时建立统一的招标投标违法行为记录公告平台。

第十七条 公告的招标投标违法行为记录应当作为招标代理机构资格认定，依法必须招标项目资质审查、招标代理机构选择、中标人推荐和确定、评标委员会成员确定和评标专家考核等活动的重要参考。

第十八条 有关行政主管部门及其工作人员在违法行为记录的提供、收集和公告等工作中有玩忽职守、弄虚作假或者徇私舞弊等行为的，由其所在单位或者上级主管机关予以通报批评，并依纪依法追究直接责任人和有关领导的责任；构成犯罪的，移送司法机关依法追究刑事责任。

第四章　附　则

第十九条 各省、自治区、直辖市发展改革部门可会同有关部门根据本办法制定具体实施办法。

第二十条 本办法由国家发展改革委会同国务院有关部门负责解释。

第二十一条 本办法自2009年1月1日起施行。

◆ **关于进一步做好病险水库除险加固工作的通知**（2008 年 2 月 19 日　水建管[2008]49 号）

各流域机构，各省、自治区、直辖市水利（水务）厅（局），各计划单列市水利（水务）局，新疆生产建设兵团水利局，各有关单位：

为深入贯彻落实胡锦涛总书记、温家宝总理等中央领导同志关于做好病险水库除险加固工作的一系列重要指示和全国病险水库除险加固工作电视电话会议精神，实现中央提出的在 3 年内完成全国大中型和重点小型病险水库除险加固任务的目标，确保工程建设进度、质量和安全，现就进一步做好病险水库除险加固工作通知如下。

一、充分认识病险水库除险加固工作的重要性和艰巨性

如期完成病险水库除险加固任务，是保障人民群众生命财产安全的迫切需要，是完善我国综合防洪减灾体系的迫切需要，是有效缓解我国干旱缺水状况的迫切需要。3 年内完成《全国病险水库除险加固专项规划》（以下简称《专项规划》）确定的 6240 座水库的除险加固任务，其强度之大、时间之紧、责任之重，均前所未有。各级水利部门要充分认识病险水库除险加固的重要性、紧迫性和艰巨性，把思想和认识统一到中央的决策上来，把行动和力量凝聚到中央的部署上来，以对国家和人民高度负责的精神，切实把病险水库除险加固作为当前一项重要而紧迫的政治任务，作为水利工作的重中之重和当务之急，强化组织领导，加大投入力度，加快建设步伐，坚决打好病险水库除险加固攻坚战，确保如期完成中央提出的目标任务。

二、全面落实病险水库除险加固工作责任制

各省级水行政主管部门要按照全国病险水库除险加固工作电视电话会议要求，督促市（地）、县（市）全面建立以各级政府行政首长负责制为核心的病险水库除险加固责任制。地方各级水行政主管部门主要负责同志是本部门病险水库除险加固工作的第一责任人，要加强组织领导，做好部署和安排；分管负责同志要狠抓落实。要按照隶属关系和分级管理的原则，逐库明确地方政府责任人、主管部门责任人和项目建设单位责任人，并以适当方式公布，接受社会各界监督。要建立责任追究制度，对责任不落实，工作进度明显滞后，管理和安全问题突出的，要按照有关规定对责任单位和责任人进行责任追究，严肃处理。涉嫌犯罪的，要移送司法机关依法处理。

我部近期将与各省（自治区、直辖市）、计划单列市人民政府及新疆生产建设兵团签订病险水库除险加固责任书，并公布大型病险水库除险加固项目责任人，请各省级水行政主管部门于 2008 年 2 月底前，将本省（自治区、直辖市）所有大型病险水库除险加固项目的责任人名单报我部建设与管理司。中型及重点小型病险水库除险加固项目的责任人名单由各省级水行政主管部门以适当方式予以公布。

三、切实抓好病险水库除险加固前期工作

各地要高度重视并切实抓好病险水库除险加固前期工作，确保前期工作进度和质量满足工程建设需要。一是建立健全前期工作责任制，明确前期工作行政和技术责任人。二是加快前期工作进度，确保在 2008 年 3 月底前完成 2008 年中央安排投资计划和财政预算项目的全部前期工作，4 月底前完成《专项规划》内项目安全鉴定核查工作，9 月底前完成《专项规划》内所有项目的全部前期工作。三是严把安全鉴定核查、初步设计及其审查、复核、审批关，确保前期工作质量。四是严格审批程序，对大中型项目，要严格按照国家发展改革委、水利部有关规定做好审批工作，不得随意增加或简化程序；对重点小型项目，省级水行政主管部门要会同财政部门按照国家有关规定制定严格的审批程序，切实做好项目审批工作。我部将继续组织开展大中型项目安全鉴定核查、初步设计复核，以及初步设计对口帮扶、指导巡查等工作。

四、严格病险水库除险加固项目建设管理

病险水库除险加固项目必须按基建程序进行管理，严格执行项目法人责任制、招标投标制、建设监理制和竣工验收等制度。各地要制定切实可行的工作方案，确保除险加固任务在3年内完成；对项目多、任务重的市（地）、县（市），要创新建设管理模式，推行集中建设管理，由县级以上人民政府负责组建统一的项目法人；省级水行政主管部门要组织对项目法人单位的行政和技术负责人进行培训，未经培训，不得上岗；要建立项目法人负责、监理单位控制、施工单位保证、政府部门监督的质量管理体系，防止发生质量事故；要按照国家有关规定做好验收工作，及时进行主体工程完工验收和项目竣工验收，大中型项目在主体工程完工验收后3年内必须进行竣工验收，重点小型项目原则上应在中央财政专项补助资金下达之日起1年内完工并验收，确保加固一座，验收一座，销号一座，发挥效益一座。

五、着力抓好病险水库除险加固资金配套与管理

各级水利部门要积极向政府汇报，加强与发展改革、财政部门沟通，多渠道筹集资金，切实保证地方配套资金及时、足额到位；要结合当地实际，明确省、市、县各级资金配套比例，对财政困难、配套资金难以到位的市县应加大省级配套比例；建设资金要及时拨付建设单位，专款专用，严禁挤占、挪用和滞留资金；要确保中央补助资金主要用于大坝稳定、基础防渗、泄洪安全等主体工程建设。要督促项目建设单位严格按照《基本建设财务管理规定》和《国有建设单位会计制度》做好项目财务管理工作,加强资金管理,提高资金使用效益。

六、建立健全病险水库除险加固安全监督管理体系

国务院安委会把2008年确定为安全生产“隐患治理年”，各地要高度重视水库安全，采取切实有效措施，确保病险水库除险加固项目施工和度汛安全。一要进一步强化安全意识，牢固树立以人为本、科学发展、安全发展、和谐发展的理念，坚决贯彻安全第一、预防为主、综合治理的方针。二要全面落实责任制，进一步明确各级水行政主管部门的监管责任和水库管理单位、项目法人单位及参建各方的主体责任，切实做到工作到位、任务到岗、责任到人。三要妥善处理施工进度、质量与安全的关系，确保施工安全，防止发生重大安全事故，坚决杜绝在建项目垮坝失事。四要制订完善水库大坝安全管理应急预案和病险水库控制运用方案，加强安全检查、隐患排查、应急管理等各项工作，确保水库度汛和运行安全。

七、进一步加大病险水库除险加固监督检查力度

各地要加大对病险水库除险加固项目的稽察和监督检查力度，同时要积极配合国家有关部门开展的稽察、审计和检查工作。对检查中发现的问题，要及时组织整改；对发生质量和安全事故的，要做到原因没有查清不放过，事故责任者没有处理不放过，干部职工没有受到教育不放过，防范措施没有落实不放过。各地要将检查与考核相结合，建立起科学、合理、有效的考核奖惩机制。

我部将继续把病险水库除险加固项目作为稽察和监督检查的重点，建立各司局及直属单位包省（自治区、直辖市）、各流域机构包片的对口指导监督检查机制，实行年度考核，对工程建设和水管体制改革进度严重滞后、资金使用和建设管理混乱、质量和安全等问题突出的省（自治区、直辖市），将暂停其新建水利项目的审批和投资安排。近期，我部将对各地病险水库除险加固工作组织全面检查。

八、加快完成水库管理体制改革任务

各地要按照国务院办公厅转发的《关于水利工程管理体制改革实施意见》（国办发[2002]45号）

要求，对纳入《专项规划》的水库实行定岗和定编，落实人员基本支出和工程维修养护经费，理顺管理体制，健全管理制度，确保在2008年底前完成改革任务。

九、建立完善病险水库除险加固信息报送制度

各省级水行政主管部门要及时掌握本地区病险水库除险加固工作进展情况，做好信息报送工作。从2008年3月起，在每月5日前将上个月本省病险水库除险加固进展情况报我部；每年1月10日前，将上年度工作总结报我部。我部将定期公布各省（自治区、直辖市）进展情况。有关信息报送的具体事项另行通知。

◆ 关于印发《关于加强小型水库安全管理工作的意见》的通知（2002年5月21日 水建管[2002]188号）

各流域机构，各省、自治区、直辖市水利（水务）厅（局），各计划单列市（水务）局，新疆生产建设兵团水利局：

为加强小型水库安全管理，确保工程安全运行，保障人民群众生命财产安全，充分发挥工程效益，根据《中华人民共和国防洪法》和《水库大坝安全管理条例》，我部制定了《关于加强小型水库安全管理工作的意见》，现印发给你们，请认真贯彻执行，并于2002年9月30日前将贯彻落实情况报我部建设与管理司。

附件：关于加强小型水库安全管理工作的意见

为加强小型水库安全管理，确保工程安全运行，保障人民群众生命财产安全，充分发挥工程效益，根据《中华人民共和国防洪法》和《水库大坝安全管理条例》，现就加强小型水库安全管理工作提出如下意见：

一、明确责任主体，落实安全责任

（一）小型水库安全管理的各项责任必须有明确的责任主体。小型水库安全管理的责任主体包括相应的地方人民政府、水行政主管部门、水库主管部门或水库所有者（业主）及水库管理单位。农村集体组织所有的小型水库，所在地的乡镇人民政府承担其主管部门的职责。各地要进一步明确各责任主体的安全管理责任，要逐级、逐库签定责任书，将责任落实到人。

（二）小型水库安全管理实行政府行政领导负责制，每座小型水库要确定一名相应的政府行政领导为安全责任人，对水库安全负总责，协调有关部门做好水库安全管理工作，包括建立管理机构、配备管理人员、筹措管理经费、组织抢险和除险加固等。

（三）县级以上水行政主管部门负责对本行政区域内所有小型水库的安全管理实施监督，向同级人民政府报告小型水库的安全状况、提出建议，切实履行行业主管部门的职责。

（四）水库主管部门或所有者（业主）负责组织水库管理单位进行大坝注册登记、安全鉴定、管理人员培训、实施年度检查、除险加固等，对每座小型水库要确定一名技术责任人。

（五）水库管理单位负责水库安全管理的日常工作，包括巡视检查、工程养护、实施水库调度、抢险救灾及水毁工程修复等。无专门管理机构的小型水库，水库主管部门或所有者（业主）应根据实际情况，采取有效的管理方式，将安全管理的日常工作落到实处。

二、健全管理机构，落实管理经费

（六）小（1）型水库和对村镇、交通干线、军事设施、工矿校区等人口集中区安全有重要影响的重点小（2）型水库，必须建立专门的管理机构，小（1）型水库配备不少于3名专职管理人员，重点小（2）型水库配备不少于2名专职管理人员。其他小（2）型水库可根据实际需要，或建立管理单位，或指派专职管理人员。

（七）采取措施筹措小型水库管理经费。逐步核定小型水库的供水成本，加大水价改革力度，减少水费征收环节，杜绝搭车收费现象，探索有效的水费收取方式，努力为水价及水费征收足额到位创造条件。国家所有的水库，水费收入不能满足管理经费需要的，同级财政应足额拨付；农村集体组织或其他经济组织所有的水库，可通过财政补助、受益者集资，推行租赁、承包等管理方式，拓宽管理经费渠道。

三、加强安全检查，推进规范管理

（八）积极推行小型水库安全年度检查制度。水库主管部门或所有者（业主）每年汛前应组织有关专业技术人员对所管辖的小型水库逐库进行年度安全检查，提出检查报告（内容应包括检查内容、存在问题及整改意见），对查出有安全隐患的小型水库要限期处理，将处理方案和处理结果报送当地水行政主管部门和人民政府备案。各级水行政主管部门应对检查情况进行抽查。

（九）坚持大坝安全鉴定和注册登记制度。省级水行政主管部门可按照《水库大坝安全鉴定办法》（水管[1995]86号）、《水库大坝安全评价导则》（SL258—2000）的要求，制定符合本地实际的小型水库大坝安全鉴定的具体规定，规范小型水库大坝安全鉴定工作。水库主管部门或所有者（业主）应组织做好大坝安全鉴定工作。水库主管部门或所有者（业主）要按照《水库大坝注册登记管理办法》（水管[1995]290号）的要求做好水库大坝的注册登记工作。省级水行政主管部门要加强监督检查。

通过安全鉴定和注册登记，县级水行政主管部门应集中建立、健全辖区内小型水库的技术档案。

（十）加强工程巡查和维修养护。小型水库管理单位应当参照《水库工程管理通则》（SLJ702—81）和《土石坝养护修理规程》（SL210—98）的规定对工程设施等做好现场巡查、观测和维修养护工作。小型水库应当具备基本的观测、监测设施。

（十一）强化安全意识，严格运行管理。有防洪任务的小型水库，县级水行政主管部门每年汛前应根据国家防汛抗旱总指挥部办公室颁发的《防洪预案编制要点（试行）》（办河[1996]26号）组织编制防洪预案，并严格按管理权限报批和监督实施。存在安全隐患的小型水库，在未除险加固之前，水库主管部门或所有者（业主）每年汛前应根据水库病险情况，降低水位或空库运行，严禁带病、带险按原标准运行。

四、搞好前期工作，加快除险加固

（十二）按照“突出重点，确保安全，兼顾效益”的原则，对本地区小型病险水库分类排队，按轻重缓急分期分批进行除险加固。重视小型病险水库除险加固前期工作，提高前期工作质量，加快前期工作进度；加大地方水利资金对小型病险水库除险加固的投入力度。农村集体或其他经济组织所有的小型病险水库，乡镇政府或水库所有者（业主）要多渠道筹集除险加固资金，加快除险加固进度。

五、加大培训力度，提高管理人员素质

（十三）小型水库管理人员逐步实行持证上岗制度，小型水库的专职管理人员须取得《全国小型水库岗位培训合格证书》后方可上岗。

（十四）按照水利部颁发的《小型水库管理人员岗位培训考核及颁发培训合格证书暂行办法》（水管[1995]15号）的规定做好管理人员培训工作，提高管理人员素质。

六、积极推行水库降等运行与报废制度

（十五）对符合降等运行或报废条件的小型水库予以降等或报废。需降等运行或报废的小型水库，水库主管部门或所有者（业主）应按有关规定履行报批手续，并做好善后处理工作。在部《水库降等运行和报废管理办法》（试行）发布之前，各地可结合本地实际制定相关办法，规范水库降等运行和报废工作。

◆ **关于印发水利部病险水库除险加固工作方案的通知**（2008年2月20日 水建管[2008]54号）

部机关各司局，部直属各单位：

为贯彻落实国务院全国病险水库除险加固工作电视电话会议和全国水利厅局长会议精神，进一步明确任务，落实责任，举全系统之力打好病险水库除险加固攻坚战，实现中央提出的在3年内完成全国大中型和重点小型病险水库除险加固任务的目标，按照部领导的指示要求，部制定了《水利部病险水库除险加固工作方案》，现印发你们，请认真贯彻执行。

附：水利部病险水库除险加固工作方案

为实现中央提出的在3年内完成大中型和重点小型病险水库除险加固任务的目标，保证《全国病险水库除险加固专项规划》（以下简称《专项规划》）中的病险水库除险加固项目的顺利实施，明确任务，落实责任，确保工程建设质量、进度和安全，特制定本工作方案。

一、全面建立病险水库除险加固工作责任制

（一）督促各省（自治区、直辖市）建立省级人民政府负总责的病险水库除险加固责任制度。督促各地按照隶属关系和分级管理的原则，逐库建立以各级地方政府行政首长负责制为核心的病险水库除险加固工作责任制，明确政府责任人、主管部门责任人和项目建设单位责任人，并以适当方式公布，接受社会和人民群众的监督。要把责任制落实到每座水库、每个重要环节，落实到相关单位和具体人员，并实行责任追究。（建设与管理司牵头，会同规划计划司、财务经济司等相关司局负责）

（二）起草并协调与各省（自治区、直辖市）、各计划单列市人民政府和新疆生产建设兵团签订《病险水库除险加固专项规划项目责任书》。（建设与管理司牵头，会同规划计划司、财务经济司等相关司局负责）

二、落实建设资金，统筹项目年度安排

（三）与国家发展改革委协调落实《专项规划》内大中型项目中央基建投资并及时下达；与财政部协调落实《专项规划》内重点小型项目中央财政专项补助资金并及时下达。（规划计划司负责大中型项目，财务经济司负责重点小型项目，建设与管理司配合）

（四）积极与国家有关部门沟通，争取提高对国家扶贫开发工作重点县以及新疆南疆三地州（和田地区、喀什地区和克孜勒苏柯尔克孜自治州）等病险水库除险加固项目的中央补助比例。对中部6省比照实施西部大开发有关政策的县（市、区），争取落实病险水库除险加固项目中央补助政策。（规划计划司牵头，会同财务经济司、建设与管理司负责）

（五）督促地方落实配套资金，保证及时、足额到位。（规划计划司牵头，会同财务经济司、建设与管理司负责）

三、加强前期工作，确保进度和质量

（六）组织做好病险水库安全鉴定核查工作。组织大坝安全管理中心等单位在2008年4月底前完成大中型项目安全鉴定核查工作。（建设与管理司牵头，会同大坝安全管理中心、水规总院、水科院、建管总站、各流域机构等负责）

（七）加强对前期工作组织协调，督促地方建立前期工作责任制，落实前期工作经费，严格设计单位准入机制，严格前期工作程序。确保全部设计及审批工作于2008年9月底之前全部完成，严格设计质量的检查监督。（规划计划司牵头，会同建设与管理司、水规总院、流域机构设计院等负责）

（八）协调、组织有关设计单位对除险加固项目多、任务重、技术力量不足的省（自治区、直辖市）进行初步设计对口帮扶。组织勘测设计和科研单位专家对病险水库除险加固项目进行初步设计指导巡查。（规划计划司牵头，会同建设与管理司、水规总院、建管总站、各流域机构设计院等负责）

四、加强建设管理，确保工程质量、进度和安全

（九）2008年1月由财政部、水利部联合印发《重点小型病险水库除险加固项目管理办法》。（建设与管理司牵头，会同财务经济司、规划计划司负责）

（十）2008年3月底前修改《病险水库除险加固工程建设管理办法》，由国家发展改革委、水利部联合印发《大中型病险水库除险加固项目管理办法》。（规划计划司牵头，会同建设与管理司、财务经济司负责）

（十一）2008年春节前后，印发水利部《关于进一步加强病险水库除险加固工作的通知》，根据中央确定的病险水库除险加固三年目标任务和全国病险水库除险加固电视电话会议精神，进一步部署落实病险水库除险加固工作。（建设与管理司牵头，会同规划计划司、财务经济司负责）

（十二）督促地方严格执行项目法人责任制、招标投标制、建设监理制和竣工验收等制度，对病险水库除险加固项目按基本建设程序进行管理。指导地方创新建设管理模式。对除险加固项目多、任务重的县市，为保证建设质量和进度，积极推行集中建设管理。（建设与管理司牵头，会同稽察办、水规总院、建管总站等负责）

（十三）指导、督促、配合地方组织对病险水库除险加固项目法人的行政和技术负责人进行培训。（人事劳动教育司、建设与管理司牵头，会同建管总站、大坝安全管理中心等负责）

（十四）加强工程质量与安全监督。督促各地建立质量与安全管理体系和相关制度，落实工程质量与安全监督措施，确保工程建设质量和安全，防止发生质量与安全事故。对重大质量与安全事故组织调查，提出处理建议和意见，督促地方进行责任追究和整改。（建设与管理司、人事劳动教育司牵头，会同监察局、稽察办、水规总院等负责）

（十五）督促地方加强对建设资金的管理，严格项目建设单位财务管理工作，防止截留、挪用，确保专款专用。（财务经济司牵头，会同规划计划司、建设与管理司、监察局、审计室、稽察办等负责）

（十六）加强验收工作。督促地方按照国家有关规定，及时进行主体工程完工验收和项目竣工验收。大中型项目在主体工程完工验收后2年内必须进行竣工验收，小型项目原则上应在中央财政专项补助资金下达之日起1年内完工并验收。（建设与管理司牵头，会同规划计划司、财务经济司、审计室、水规总院等负责）

（十七）组织开展经常性稽察、审计和专项检查工作，对发现的问题，提出整改意见，督促限期整改，对问题严重的予以通报；对重大质量和安全事故、严重违规违纪行为等，组织调查，提出处理建议和意见，督促责任追究和整改。指导、督促地方对病险水库除险加固项目开展稽察、审计和专项检查。配合国家有关部门开展稽察、审计和专项检查。（建设与管理司、审计室牵头，会同规划计划司、财务经济司、稽察办、建管总站等负责）

（十八）督促各地处理好施工质量、进度与安全度汛的关系，切实加强施工期的水库安全监管，确保施工期水库安全。督促各地制定病险水库控制运用方案并严格执行，存在重大安全隐患的水库，必须空库迎汛，确保水库度汛安全。督促各地制定水库大坝安全管理应急预案，确保水库运行安全。（建设与管理司、国家防办牵头，会同规划计划司、人事劳动教育司、财务经济司、稽察办等负责）

（十九）指导、督促地方于2008年底前全面完成《专项规划》内水库的管理体制改革工作，理顺管理体制，健全管理制度，落实公益性管理人员基本支出和公益性工程维修养护经费，确保水库良性运行。（建设与管理司牵头，会同办公厅、规划计划司、政策法规司、人事劳动教育司、财务经济司、农村水利司、发展研究中心等负责）

五、建立对口分片联系制度，加强指导和监督检查

（二十）建立部领导分省联系制度。部领导对口联系的省（自治区、直辖市）如下：

陈雷：江苏、浙江（含宁波）、福建、天津

鄂竟平：黑龙江、吉林、山西、陕西

张印忠：河南、安徽、河北、云南

矫勇：江西、湖北、辽宁（含大连）、重庆、青海、新疆、新疆兵团、内蒙、宁夏、山东（含青岛）

周英：广东、海南、湖南、西藏

胡四一：甘肃、四川、贵州、广西

（部领导的检查指导活动，由办公厅、建设与管理司牵头，会同各相关司局、流域机构等负责安排）

（二十一）建立部内司局牵头、部直属事业单位参加的包省（自治区、直辖市）和各流域机构包片的对口指导监督检查机制，负责对责任省（自治区、直辖市）和责任片（流域）内病险水库除险加固项目进行指导和监督检查。建设与管理司牵头负责制定对口监督检查机制落实指导性意见，指导对口监督检查工作。

各牵头司局和参与单位分工如下：

1．办公厅牵头，会同报社负责浙江（含宁波）；

2．规划计划司牵头，会同水规总院负责河南、河北、安徽、青海；

3．政法司牵头，会同发展研究中心负责广东、海南；

4．水资源管理司牵头，会同调水局负责四川、甘肃；

5．财务经济司牵头，会同综合事业局、预算中心负责黑龙江、吉林、新疆、新疆兵团；

6．人事劳动教育司牵头，会同老干局、南科院负责辽宁（含大连）；

7．国际合作与科技司牵头，会同水科院负责天津、云南；

8．建设与管理司牵头，会同建管总站、大坝中心负责内蒙、江西、湖南、西藏；

9．农村水利司牵头，会同灌排中心负责山东（含青岛）、宁夏；

10．水土保持司牵头，会同移民局负责山西、陕西；

11．国家防办牵头，会同水文局负责湖北、江苏、重庆；

12．监察局牵头，会同水电局、出版社负责广西、贵州；

13．机关党委牵头，会同机关服务局负责福建。

各流域机构负责本流域（片）内项目。

各司局、直属单位和流域机构根据实际需要对责任范围内项目的实施情况组织检查，每年的检查次数不少于2次。司局、直属单位检查和流域机构检查可结合进行。检查完成后15日内，牵头单位要向部病险水库除险加固领导小组提交检查报告。

（二十二）开展以“春查秋会”为主要形式的指导和监督检查工作。每年春季，由部统一组织部内司局、部直属事业单位、流域机构和省（区、市）相关厅（局），对全国各省（区、市）病险水库除险加固工作进行全面检查，掌握情况、发现问题、提出整改意见并限期整改；秋季以全国病险水库除险加固工作会议的形式，对一年的工作进行全面总结，对下一年工作进行全面部署。（建设与管理司牵头，会同各相关单位负责）

（二十三）建立年度综合考核制度。制定年度考核办法，对各省（自治区、直辖市）病险水库除险加固工作责任制落实、前期工作、建设管理、资金筹措及使用管理、工程进度、质量与安全、验收及体制改革等重点内容，提出考核量化指标。考核工作可与"春查秋会"制度、司局和流域对口监督检查工作统筹安排。（建设与管理司牵头，会同规划计划司、财务经济司、人事劳动教育司等负责）

六、做好信息报送、宣传和培训等工作

（二十四）建立病险水库除险加固信息报送制度。实行月报制度，从2008年3月起，要求各省在每月5日前将上个月本省病险水库除险加固进展情况报部，水利部每月15日前公布各省进展情况；每年1月10日前，各省将上年度病险水库除险加固工作总结报告报部；水利部编发《病险水库除险加固工作简报》。（建设与管理司牵头，会同建管总站、大坝安全管理中心负责）

（二十五）做好病险水库除险加固宣传工作。（办公厅牵头，会同建设与管理司、中国水利报社、水利信息中心等负责）

七、加强组织领导

（二十六）为加强对全国病险水库除险加固工作的领导、组织和协调，水利部组建以分管副部长为组长、总工程师为副组长，规划计划司、财务经济司、建设与管理司、机关党委（审计室）、驻部监察局、稽察办和水规总院等单位组成的水利部病险水库除险加固工作领导小组。领导小组办公室设在建设与管理司，具体承担领导小组日常工作。（人事劳动教育司牵头，会同规划计划司、财务经济司、建设与管理司等负责）

◆ 印发《关于加强重点小型病险水库除险加固项目建设管理的指导意见》的通知（2008年9月4日　水建管[2008]348号）

部机关各司局，部直属各单位，各省、自治区、直辖市水利（水务）厅（局），各计划单列市水利（水务）局，新疆生产建设兵团水利局：

为进一步加强《全国病险水库除险加固专项规划》内重点小型病险水库除险加固项目建设管理，确保工程建设进度、建设质量、工程安全和资金安全，我部制定了《关于加强重点小型病险水库除险加固项目建设管理的指导意见》，现印发给你们，请结合本地实际贯彻执行。

附件：关于加强重点小型病险水库除险加固项目建设管理的指导意见

关于加强重点小型病险水库除险加固项目建设管理的指导意见

为加强《全国病险水库除险加固专项规划》内重点小型病险水库除险加固项目（以下简称小型项目）建设管理，确保工程建设进度、建设质量、工程安全和资金安全，现提出如下指导意见：

一、全面落实责任制

（一）小型项目必须逐座落实政府、主管部门和建设单位责任人。要明确责任人对项目建设进度、建设质量、工程安全和资金安全的具体责任。责任人要相对固定，因人事变动，应及时调整。要建立责任追究制度，对不能按期完成任务、工程出现质量和安全事故、资金使用管理违规的，实行责任追究。省级水行政主管部门负责对本行政区域内小型项目的组织实施，要切实加强监督管理。

二、规范项目法人组建

（二）在初步设计文件批复后，根据国家和部门有关规定，由县级以上人民政府按程序组建建设管理机构，明确法定代表人和技术负责人。项目法人组成人员结构要合理，专业性强的技术工作，必须由中级以上职称的专业技术人员承担；从事一般技术和管理工作的人员必须具备相应的初级以上技术职称。省级水行政主管部门要加强对小型项目建设管理人员的培训和指导。

（三）除险加固项目多、任务重的县（市）或地（市），应推行集中建设管理模式，在县（市）或地（市）范围内组建一个或多个统一的项目法人，负责建设管理。

三、严格招标投标

（四）对小型项目的施工、监理及重要设备材料采购等，严格按照《水利工程建设项目招标投标管理规定》（水利部令第14号）及其他有关规定进行招标。

（五）严格控制邀请招标，确需进行邀请招标的，由项目法人提出申请，按程序报批后实施。

（六）采取集中建设管理模式的项目法人，可对小型项目施工、监理及重要设备材料采购等进行打捆招标，引进资质高、实力强、信誉好的承包商参与项目建设。

四、规范监理行为

（七）承担小型项目监理任务的监理单位，要严格按照合同及有关规定配备监理力量。

（八）监理单位应按照规范和合同的要求，编制监理工作细则。监理日志、监理月报等监理文件要严格按要求进行记录和填写。监理人员必须持证上岗。

五、强化质量与安全管理

（九）小型项目要严格按照基本建设项目质量与安全管理规定，逐个落实工程质量与安全监督措施，建立和健全项目法人负责、施工单位保证、监理控制、政府监督的质量保证体系，明确和落实参建各方的质量与安全责任。

（十）小型项目的质量与安全监督工作由项目的竣工验收组织单位负责，并由其质量与安全监督机构具体实施，也可采取联合监督的方式，但必须明确责任方。

（十一）质量与安全监督机构要对参建各方的质量与安全管理体系和控制措施进行监督检查，对重要的阶段验收和竣工验收进行监督，并提出质量与安全鉴定报告。

（十二）参建单位必须严格按照批准的设计文件、图纸和有关技术标准组织建设。

（十三）参建单位要全面落实安全生产责任制，防止发生安全生产事故，特别是要防止在建水库垮坝失事和群死群伤事件。

（十四）正在实施除险加固的病险水库，项目法人要按规定制定度汛方案报主管部门批准，并严格按照施工组织设计和度汛方案的要求安排施工，正确处理施工进度、质量与水库运用、安全度汛的关系。有管辖权的水行政主管部门要组织制定好除险加固期间水库的调度运用方案，并监督实施。

（十五）尚未实施除险加固的病险水库，要按照分级管理的原则，科学确定调度运用方案，按规定报批后严格实施。水库运行管理单位要严格执行调度运用方案，加强对病险部位的日常巡视检查。

（十六）要加强重大质量与安全事故应急管理，制定相应的应急预案，提高质量与安全事故应急管理能力。

六、加强市场监管

（十七）承担小型项目安全鉴定、设计、施工、监理等的单位，必须具备相应的资质。有条件的地方，小型项目主体工程施工尽可能由具备二级以上资质的施工企业承担。

（十八）禁止转包、违法分包和出租、出借资质、允许他人以本单位名义承揽工程，一经发现，要依法予以查处。

七、加快工程建设和验收步伐

（十九）各地要按照3年完成任务的目标，制定切实可行的小型项目实施计划，确保3年内完成全部小型项目的除险加固任务。

（二十）小型项目除险加固要优先实施涉及大坝安全的大坝稳定、大坝及基础防渗、泄水建筑物等建设内容。

（二十一）小型项目要参照《水利水电建设验收规程》（SL223—2008）和国家其他有关规定，做好各个阶段、各个环节的验收工作。对具备竣工验收条件的，要及时组织竣工验收。对主体工程已完工的，要及时进行主体工程完工验收。

（二十二）小型项目应在中央财政专项补助资金下达之日起12个月内完工并验收；所有小型项目应于2010年底前完工并验收。

（二十三）小型项目的竣工验收由省级水行政主管部门组织，由省级水行政主管部门或由其委托的地（市）级水行政主管部门主持，不得随意下放验收权限。具体的竣工验收方案由省级水行政主管部门制定。

八、建立长效良性运行机制

（二十四）小型项目在工程建设的同时，要按照水管体制改革总体进度要求积极推进并全面完成水库管理体制改革工作，要健全管理机构，落实“两项经费”，建立水库长效、良性运行机制。

（二十五）小型项目要按照水利部《关于加强小型水库安全管理工作的意见》（水建管[2002]188号），做好安全和日常管理工作，特别是对乡镇和农村集体经济组织管理的水库、无专门管理机构的水库，水行政主管部门要强化监管和指导，确定相应的政府行政领导责任人，落实看护人员和管护经费，加强日常巡视检查和管护工作。